EMDR
外傷記憶を処理する心理療法

Eye Movement Desensitization
and Reprocessing

Basic Principles, Protocols, and Procedures

フランシーン・シャピロ 著
市井雅哉 監訳

二瓶社

Eye Movement Desensitization and Reprocessing: basic principles, protocols,and procedures/ 2nd ed.
by Francine Shapiro
Copyright © 1995, 2001 by Francine Shapiro
Japanese translation rights arranged with Gilford Press and Paterson Marsh Ltd.
through Japan UNI Agency, Inc., Tokyo.

日本語版への序文

　眼球運動による脱感作と再処理法（EMDR）を使うためのテキストの翻訳が出版されることを大変嬉しく思っています。1995年に第1回環太平洋ブリーフサイコセラピー会議のゲストスピーカーとして日本を訪れてから、全ての日本の臨床家と研究者たちがEMDRの原理と手続きを利用できるようになる日を楽しみにしてきました。九州会議における討論参加者の方々とのやりとりは、その機制を検討しようとする、同志の意識や知的な熱意の両方が感じられ、満足のいくものでした。その時以来出会った日本の臨床家たちのことを考えると、その明晰さと焦点の的確さを併せ持っていると感じ、さらには実用性と新しいアイデアへの開放性に感動させられ続けています。臨床のトレーニングにこのテキストを携帯することで、その作用がずっと分かりやすくなることを嬉しく思います。

　EMDRは現在およそ70カ国で臨床病理の治療に使われています。EMDR-Network, JapanのようなEMDRを普及するための組織が、その方法論の標準化されたトレーニングの普及に努めています。その実践家の多くが、しばしば奉仕の形で、各地域で、そして世界的に、苦しみの軽減に専心しています。個人的に、そして集団で、EMDR-HAP（人道支援プログラム）とよばれる国際的な組織を通じて、人災・天災の両方の被害者が世界中で臨床家たちによって助けられています。実践家たちがトラウマの治療におけるEMDRの急速な効果を観察したことにより、この組織が成立しました。こうした可能性があるので、日本における最初のEMDR適用のひとつが数年前の阪神大震災の被災者に対してであったことは驚くべきことではありません。この目的に初めてEMDRを用いた、この本の監訳者である市井雅哉氏に心より感謝します。また、彼の努力を通じて、日本全国の臨床家や研究者が実践の援助を受けるでしょう。新しい洞察や臨床的革新が、この共同作業によって可能になることを楽しみにしています。

Francine Shapiro, Ph.D.

序　文

自分の仕事を見いだした人は至福を与えられている。それ以上の
至福はないであろう。　　　　　　　　　　　トーマス・カーライル

発見の経路

　50年少々という年月で我々はキティ・ホークから月面上に人類が立つところまで進歩したが、心理学では、約1世紀前のフロイト以来、パラダイムの移行は起こらなかった。明らかに、態度の変化はテクノロジーの変化より遅い。時々私たちは変化のために快適な状態から追い出されることも必要である。時々、最も悪い悲劇のようにみえる変化は私たちが想像できない贈物を隠し持っている。私の人生でも、そうしたことが言えそうだ。

　私は1987年に、眼球運動による脱感作と再処理法（EMDR）の開発につながる最初の発見をした。あの発見に通じる道は、およそ10年前に始まった。1979年に私はニューヨーク大学での英文学の博士論文を終えようとしており、その分野ではすでに論文も発表していた。私たちの文化と文学に光を当てる者の一人となることは重要な仕事と思えたし、その繊細なニュアンス、豊富な手触りおよび、登場人物の複雑な人生は、私にとって常に魅惑に満ちていた。

　同時に、私はアンドリュー・ソルターおよびジョセフ・ウォルピー（Joseph Wolpe）の論文をずっと以前に読んでいて、行動療法に長らく興味を持っていた。人間心理学に対する、焦点づけた、予測可能な、原因結果のアプローチの考え方は、文学の登場人物や構想の発展の概念と完全に両立しているように思われた。結局、多くの有名な作家がほのめかしていることは、登場人物たちが現実そのままに描かれ、解放されていれば、彼ら自身が物語を創造するということである。私が英文学の教授と楽しく議論したのは、私が読んでいた豊かで

多面的なテキストと、行動の公式化における生理学の原因結果との間の相互作用についてであった。しかし、心理学は私の興味の端の方に位置していた。私は、人間の完全性を信じる作家たちに全面的に同意していた。私は英文学の名作の中で、人間の苦しみが芸術に変えられていくという栄光に酔いしれた。文学批評家および学者としての、長く、実り豊かな経歴がまさしく目の前に拡がっていた。そのとき、トーマス・ハーディーの詩に関する私の博士論文にとりかかろうとするまさにそのとき、私は癌の診断を受けた。

　潜在的に致死的な病気を言い渡された時、それは人生のコースに変化を印す分岐点であることがあり得る。私にとって、時間は新しい次元を意味した。もはや私の前途に人生は無限に拡がってはいない。突然、行動主義者の「生理学的原因および結果」は新しい意味を持った。私は、心と外部のストレッサーの相互作用に焦点を当てた。また、私たちは技術的には大変進歩してきたのに、何故自分自身の心および体をマスターする方法では進んでいないように見えるのかを不思議に思った。

　運よく、私は精神神経免疫学の分野におけるノーマン・カズンズやその他の人々の業績を発見した。それはまさしく発表されたばかりであった。病気とストレスには関連があるという考えは私には自明に思えたが、何をするべきかは別の話であった。今までに、私の担当医によれば、私の癌は完治したが、それが再び起こらない保証は全くなかった。私は彼らとのやりとりがこんなふうだったと憶えている。「あなたの癌はもうないが、Xパーセントの確率で再発する。誰も知らないし、どのようにしてかも知らない。幸運を祈ります」

　今や、どの心理学的・生理学的方法が現実に身体的健康を高めるのに働くのかという問題が第1になった。私は有用な心理学的、生理学的接近がすでに開発されているに違いないと信じていたが、何故それらはよく知られていなかったのか？　これらの方法を見いだし、それについての情報を生命が脅威にさらされる病気の人たちに普及させることが、19世紀の文学について学び伝えることよりも、私にとって突然重要になった。私はニューヨークを離れ、身体的・精神的幸福を高めるための心身および心理学的方法についてのワークショップやセミナーを探し求めた。

　しばらくすると、人々がよりストレスの少ない生活を送れるよう援助するための実際的な方法を提供する、私が発見したすべてについてのワークショップ

を、私自身が一般的な聴衆のために主催するようになった。そうする間に、私は公式的な教育を完了するために、臨床心理学の博士課程のプログラムにも入学手続きをした。論文のテーマを探し始めていた時に公園を散歩していたのだが、それは眼球運動の効果の発見が導かれる重大な散歩となった。あの一つの瞬間において、精神の変化のメカニズムを国を横断して求めることと、博士論文用の研究計画のための私の必要は、きちんと一点に集まった。

EMDRの発展の話の残りは、第1章で述べる。眼球運動の効果に関する私の発見の後に、方法が発展し、その複雑さと適用において急速に成長した、とだけ今は言っておこう。今日EMDRを用いての肯定的な臨床効果は、その使用方法を訓練された10,000人の臨床家の大部分の者によって常時報告されている。EMDRを用いた我々の臨床的な仕事は、次のことを示している。苦難は形を変える、芸術だけではなく人生も。

この本は、EMDRを洗練し教えてきた私の、8年間の個人的な経験の産物である。EMDRの訓練を受けた実践家の経験に基づいた警告とともにケースの記録もある。

トレーニングの必要性

1979年以来、私の人生における重要なことは、精神の健康を高めるために本当に働く手続きを一般の人々に伝えることだったので、私の第1の関心がクライエントに関することであるのは驚くに当たらない。クライエントが最も利益を得られる臨床家というのは、進んで学ぼうとし、自分の技能を拡大し、革新的な方法を実験する者である。そして、これも明白なことだが、最も利益を得られるのは、臨床家が精神衛生の分野の資格を持ち、用いている方法の訓練を受けていて、その方法の妥当性が充分に研究されているときである。こうした信念はEMDRの核心であり、EMDRの成功が、そしてそのトレーニングのポリシーが築かれてきた基盤である。私はこれらの信念を共有する多くの臨床家に会うという幸いを得た。

EMDRのトレーニング・ポリシーの説明は、EMDR専門家問題委員会（トレーニングを監督する独立した監視グループ）のガイドラインの主題である。これは付録Bに収められている。これらのポリシーの他の存在理由は、論理

および同情から発している。EMDRの訓練を受けた最初の1,200名の臨床家の調査によれば、たった2パーセントの者のみがスーパービジョンを受ける必要はないと考えている。さらに、この調査の結果（付録Eに収録されている）によれば、EMDRを使えば、クライエントが持っていた「抑圧」された記憶が他のどの方法を使ったときよりも現れることに臨床家の85パーセントが気づいた。機能不全の記憶がEMDRのセッションで一貫して出てくるなら、そして除反応のような高いレベルの苦痛を伴って終わるのなら、これらの記憶を沈澱させ解決する可能性を持っている方法の教育を臨床家は受けるべきだと結論づけることは妥当にみえる。より簡潔に繰り返すなら、臨床家を訓練すれば、クライエントの利益は最大になる。要点は人々を助けることである。

　もちろん、トレーニングはすべてのクライエントに対して成功するという保証にはならない。EMDRは万能薬ではない。どんな方法でもそうであるように、治療の失敗は存在する。しかしながらアメリカ心理学会倫理綱領は、トレーニングおよびスーパービジョンはクライエントの治療や研究以前に能力を得るために必要だと述べている。十分なトレーニングによって、害の可能性を減らし、成功の可能性を増やすことができる。そのため、この本にはEMDRを使い始めるのに必要な説明を書いているが、EMDRは適切なスーパービジョンとトレーニングとが結びついて使われるべきであると私は強く信じる。私は本書を通してこの主張を繰り返すであろう。

原理および手続き

　ことわざにもあるように、空腹の人には魚を釣る方法を教える方が魚を与えるよりも良い。同様に、実践家に臨床実践のガイドとなる概念的な枠組みやモデルを与えることは、単にEMDRを実行するための融通の利かない段階的な手続きを与えるよりも良い。

　EMDRを行なう際の一連の記述された段階を提供しようとした初期の論文（Shapiro, 1989a, 1989b）は、不十分であることが分かった。それは、臨床家の報告や、EMDRの「トレーニング」の論文を読んだだけの治療者から治療を受けたクライエントの報告から分かったのである。それで本書は、段階的な指示と共に、理論と一致した病理学や治療的処置についての新しい考え方、理論

と整合性のある臨床適用から進化した代替療法の包括的なまとまりを、臨床家に提供する。

EMDRの基礎の前提の一つは、ほとんどの精神病理が初期の人生経験に基づいているということである。EMDRの治療の目標は、過去からの非機能の残りかすを素早く代謝させ、それを有用な何かに変えることである。本質的に、EMDRによって機能不全状態の情報は形が自発的に変化し、意味を含んだ洞察や感情が起こる。こうした変化はクライエントにとって自己否定的ではなく、むしろ自己肯定的なものである。この本で扱われた情報が、この過程に必要な要素や戦略を与えてくれ、それによって、クライエントの元々の情報処理システムが解決をもたらすために活動を始める、ということを臨床家は発見するだろう。

方法の名前

EMDRが最初に眼球運動から名づけられたのは1987年だが、それは眼球運動が、この方法の最も目立つ部分のようであったからである。しかし数年来、この名前がその評価と適用を非常に限定しているように感じられる。この本が示すように、EMDRは多くの構成要素を含む複雑な方法論である。さらに、眼球運動以外の多くの他の刺激が有用であることが分かった。もし、もう一度、命名の機会を与えられるなら、単に再処理療法と名づけるかも知れない。にもかかわらず、幅広く世界的にこの名が認識されたために、私はこの省略語と初めの呼称を維持することを決心した。記述的とか意義深いとかいう理由でなく、それが歴史的であるという究極の役割を理解してのことである（コカイン誘導体にちなんで名を付けられ、成分からそれが取り除かれた後にも、その名が残ったコカ・コーラの例のように。また精神分裂病の診断のカテゴリーでは、もはや「分裂した心」という見方はされなくなったが、その名称は残っている。眼球運動による脱感作と再処理法という名前は、同一の運命をたどる）。したがってEMDRという省略語は、眼球運動はクライエントの情報処理システムを賦活し治療効果を上げるために用いられる多くの注意刺激の単なる一つだという了解とともに用いられる。

この本の使用

　資格を持つ精神衛生の専門家か、資格を持つ臨床家の直接的なスーパービジョンを受けた者のみが、この本の中の手続きおよびプロトコルを使うべきである。この警告は重要である。心理治療の一つとして、EMDR は、完全で詳細な治療計画の文脈の中で、適切な安全装置とともに使われるべきで、訓練を受け資格を持つ臨床家は、こうしたことに気づくように教育を受けている。臨床の大学院生を持つ教員は、この方法を教える前に、学生をスーパービジョンのあるインターンのプログラムに入れたいと思うだろう。EMDR でのスーパービジョンを受けながらの実習の形式およびタイミングのための提案がこの本には書かれているが、全ての場合で、資格があり、訓練を受け経験を積んだ EMDR の教師による正式なトレーニングコースは、この方法の学習のための最も適切なフォーラムだと考えられる。

　この本は、4 種類の読者を念頭に置いて書かれた。学者、研究者、臨床家、および臨床の大学院生である。私は言語および組織がすべての人に適切であるように企図してきた（成功の程度はさまざまであろう）。歴史、支持データ、研究、理論、および外傷治療の領域での EMDR の位置に特に関心がある読者は、1、2、12 章に関連事項を見いだすであろう。この方法の修得にまず関心のある治療者はこの 3 つの章（特に第 2 章）の様々な項に重要な臨床の材料を見いだすであろうが、こうした材料は、テキストの残りの部分に特に集中している。

ジェンダー

　「彼もしくは彼女」といったぎこちない文体を使わずに、性差別を避けるため、人称代名詞は本文を通して交互に使っている。

研究および展開

　単純な技法から複雑な方法論への EMDR の未だに続いている展開は、臨床の観察に大部分基礎を置いている。EMDR の方法のさらなる妥当性を得るた

めに、研究が必要なことは明白である。というのは、臨床的な評価は個人的な観察の歪みや誤信に影響を受けやすいからである。それにもかかわらず、心的外傷の治療で使われた他のどの方法よりもEMDRに関して、現在のより肯定的な統制群を用いた研究がある。研究の意義と更なる調査のための提案、調査の意味に沿って、これらの研究は第12章で詳しく論じられる。

よく計画されよく実行された臨床の効果研究の代用品はないことは明らかで、もっと行なわれることが求められている。しかしそのような研究は、周知のように少ない。例えば、性的虐待、自然災害、事故の被害者についての臨床効果研究は、まだ全く出版されていない。こうした心的外傷の領域での「硬いデータ」の欠如の意味することについては、第12章で広く検討する。

広大な比較研究がEMDRの有効性を示すまで、EMDRは最近開発された方法として、インフォームドコンセントの目的のためにクライエントに適切な情報を提供しながら扱われるべきであると銘記することは、臨床家にとって重要である。すでにたいへん有望な証拠がある一方で、EMDRの効果は普遍的に証明された事実ではない。これは、EMDRの資格のある精神衛生の専門家にトレーニングを制限するもう一つの理由である。EMDRがある状況でうまくいかなければ、そのような臨床家は、自分が使えるより伝統的な手続きのレパートリーの一つを自由に使うことができる。

不運な分離が起こっている。臨床の領域ではEMDRが非常に成功していると分かっているが、学術的・研究領域では、クライエントに使用する前に更なるEMDRの研究を求めているのだ。これは本質的に誤った2分法である。すべての臨床家が、自分たちの道具が研究によって検証されるほうを好むのは自然なことである。しかしながら、苦しんでいるクライエントを治療するという切迫した毎日のニーズが最初に来ているのであり、臨床実践は研究が追いつくのを待つことができないだけなのである。

それまでは、EMDRが研究および臨床観察を経て進化を続ける間、主要な原理と現在の実践の要旨はこの本で提供される。読者は、適度に懐疑的で、しかし、開かれた心を持って頂きたい。精神療法の慣れ親しんだ方法を変えることは容易でない。この本は学習過程のほんの初めであり、そして、有意義な探険旅行のほんの初めでもあることを望んでいる。臨床的な評価や個人的な観察は絶対確実というのとはほど遠いものであるが、健全な科学的発見や癒しの喜

びにもなくてはならないものである。

もくじ

日本語版への序文　iii
序　文　v

1章　背　景　1
　偶然の発見　8
　最初の統制群を用いた研究　9
　さらに進んだ臨床および実験からの知見　12
　パラダイムの変化　15
　適応的な情報処理　18
　理論的収束　22
　　外傷後ストレス障害　23
　　精神力動的アプローチ　23
　　行動療法的アプローチ　24
　　認知-行動的アプローチ　27
　　統合的アプローチ　30
　要約と結論　31

2章　適応的な情報処理——作業仮説としてのモデル——　33
　情報処理　34
　　代替刺激　37
　記憶のネットワーク　38
　EMDRのサンプルセッション　39
　　サンプルセッションの部分的な逐語録　40
　　サンプルセッションの評価　45
　機能不全から機能へ　46
　異なる神経ネットワーク　47
　EMDRの他の障害への適用　48
　静止状態の経験：感情と信念の陳述　49
　解　決　52
　子ども時代での凍結　53
　「時間のかからない」心理療法　55
　ターゲット　57

　　　　否定的な材料に限定したアクセス　58
　　　　記憶の欠如　59
　　　　解　離　59
　　統合された心理療法　60
　　要約と結論　63
3章　EMDR治療の要素と基本的な治療効果　65
　　EMDR手続きの基本要素　65
　　　　イメージ　66
　　　　否定的認知　66
　　　　肯定的認知　70
　　　　感情と障害レベル　74
　　　　身体感覚　75
　　情報処理システムの活性化　75
　　　　眼球運動　75
　　　　その他の刺激形態　79
　　EMDR治療の8段階　80
　　　　第1段階：生育歴・病歴聴取と治療計画の設定　81
　　　　第2段階：準備　82
　　　　第3段階：評価　83
　　　　第4段階：脱感作　84
　　　　第5段階：植え付け　84
　　　　第6段階：ボディスキャン　86
　　　　第7段階：終了　87
　　　　第8段階：再評価　88
　　標準的な三つ股熊手のEMDRのプロトコル　88
　　ターゲットの選択　89
　　反応パターン　91
　　　　いくつかの記憶を関連させて処理する　93
　　　　単一記憶を処理する効果　96
　　治療効果の分かれめ　103
　　スーパービジョンを受けての実習　104
　　要約と結論　104
4章　第1段階――クライエントの生育歴・病歴の聴取――　107
　　クライエントの準備性　108
　　クライエントの安全性の要因　109
　　　　ラポートのレベル　110

　　　　感情の動揺　110
　　　　安定性　111
　　　　生活の支援　112
　　　　一般的な身体的健康　112
　　　　外来治療　対　入院治療　113
　　　　神経学的障害　113
　　　　てんかん　114
　　　　目の問題　114
　　　　薬物、アルコール乱用　115
　　　　法的な必要性　116
　　　　システムのコントロール　117
　　　　二次的疾病利得　117
　　　　タイミング　119
　　　　薬物療法の必要性　120
　　　　解離性障害　121
　　治療計画　123
　　生育歴・病歴聴取の逐語録　127
　　スーパービジョンを受けての実習　140
　　要約と結論　140

5章　第2、3段階――準備と評価――　143
　　第2段階：準備　143
　　　　臨床的姿勢の選択　144
　　　　クライエントとの絆の構築　144
　　　　理論の説明　145
　　　　眼球運動のテスト　146
　　　　安全な場所の創造　147
　　　　モデルの説明　150
　　　　期待の設定　153
　　　　クライエントの恐怖を扱うこと　155
　　第3段階：評価　157
　　　　映像の選択　158
　　　　否定的認知の同定　159
　　　　肯定的認知の開発　162
　　　　認知の妥当性（VOC）の評価　164
　　　　感情の言語化　165
　　　　主観的障害単位の評価　165
　　　　身体感覚の同定　166

要素の重要性　**167**
　　　スーパービジョンを受けての実習　**169**
　　　要約と結論　**169**
6 章　第 4〜7 段階──脱感作、植え付け、ボディスキャン、終了──　173
　　　記憶の加速処理　**174**
　　　第 4 段階：脱感作　**180**
　　　　　関連した処理　**182**
　　　　　評　価　**190**
　　　第 5 段階：植え付け　**192**
　　　第 6 段階：ボディスキャン　**195**
　　　第 7 段階：終了　**196**
　　　　　イメージ誘導　**197**
　　　　　安全性の評価　**197**
　　　　　デブリーフィングと日誌　**198**
　　　スーパービジョンを受けての実習　**202**
　　　要約と結論　**203**
7 章　除反応とブロックへの対処　205
　　　除反応　**206**
　　　　　除反応の対処のガイドライン　**208**
　　　　　除反応の技法　**216**
　　　ブロックされている処理への方策　**217**
　　　　　主要ターゲット　**217**
　　　　　補助的ターゲット　**226**
　　　スーパービジョンを受けての実習　**238**
　　　要約と結論　**238**
8 章　第 8 段階──再評価と標準的な EMDR プロトコルの使用──　241
　　　第 8 段階：再評価　**243**
　　　標準的 EMDR プロトコル　**243**
　　　　　過去に関する作業　**243**
　　　　　現在に関する作業　**249**
　　　　　未来に関する作業　**252**
　　　治療の終結　**257**
　　　　　フォローアップ　**257**
　　　　　治療の終結　**259**
　　　スーパービジョンを受けての実習　**261**

　　　　要約と結論　262
9章　特殊な状況に対するプロトコルと手続き　265
　　11ステップの標準手続き　266
　　単一の外傷的出来事のプロトコル　267
　　現在の不安と行動のプロトコル　268
　　最近の外傷的出来事のプロトコル　269
　　恐怖症のプロトコル　272
　　　　単一恐怖　273
　　　　過程恐怖　273
　　過剰な悲嘆のプロトコル　277
　　疾病と身体的障害のプロトコル　280
　　眼球運動をストレス低減のために自分で使う方法　288
　　　　警告と提案　288
　　　　技術的考察　289
　　セルフコントロールと終了の手続き　290
　　　　安全な場所のイメージ　291
　　　　視覚化をテープ録音　291
　　　　光の流れの技法　292
　　　　垂直の眼球運動　293
　　デブリーフィングと安全性の評価　294
　　要約と結論　294
10章　認知の編みこみ――難しいクライエントに対処するときの積極的戦略――　297
　　編みこみの基礎　300
　　責任、安全、そして選択　301
　　介入をクライエントに合わせる　312
　　編みこみの選択　313
　　　　新しい情報　314
　　　　「私は混乱しています」　315
　　　　「もし、それがあなたのお子さんだったらどうしますか？」　315
　　　　比喩・類推　316
　　　　「振りをしましょう」　317
　　　　ソクラテス的方法　318
　　同　化　319
　　言語化　320
　　教　育　327

スーパービジョンを受けての実習　329
要約と結論　329

11章　さまざまな対象　331

ノンコンプライアンスの問題　332
子ども　337
　感情の具体的な定義　339
　目で追うこと　339
　子どもの注意を保つこと　340
　肯定的認知　340
　子どもの認知の利用　341
　治療効果の般化　341
　創作的な治療　342
カップル　343
　配偶者の幼児期の性的虐待　343
　同席セッションと個人セッション　344
　不倫　346
性的虐待の被害者の治療　347
　適切な治療目標　348
　クライエントの準備性　349
　安全性と安定性　349
　構造　350
　統合　351
　情報の山場　353
　感情の段階　353
　偽りの記憶　356
　記憶を扱う治療に関する注意点　356
戦闘帰還兵　361
　自己卑下感を扱うこと　361
　コントロールの喪失感を扱うこと　362
　二次的疾病利得の問題　363
　自己所属感と忘れることへの恐れ　364
　否認と移行状態をどのように扱うか　365
　怒りを扱うこと　366
　認知の編みこみを利用すること　368
　高齢帰還兵の治療　369
　女子帰還兵の治療　369

解離性障害　370
　　全体的評価　373
　　要約と結論　375
12章　理論、研究および、臨床的意味　379
　　理論的説明　379
　　　手続きの要素　381
　　　　　中断ありのイクスポージャー　382
　　　　　統制感　384
　　　　　身体感覚への注意　385
　　　　　認知的リフレーミング　385
　　　　　記憶の要素に沿うこと　386
　　　　　自由連想　386
　　　　　マインドフルネス　387
　　　　　眼球運動と他の二重注意刺激　388
　　定位反応　389
　　気そらし　391
　　催　眠　391
　　細胞レベル、脳レベルの変化　392
　　夢見の睡眠　399
　　リラクセーション反応　400
　　皮質の同調化　401
　　皮質の機能　403
　　統合的効果　405
　　統制群を用いた研究　406
　　PTSDの治療研究の全般的不足　406
　　提唱されたEMDR研究基準　407
　　　　　方法の妥当性　408
　　　　　心理学的測度の選択　409
　　　　　参加者選択　411
　　　　　比較研究　411
　　　　　要因分析　412
　　PTSD治療でのEMDRの統制群を用いた臨床効果の研究　413
　　　　　市民を対象にした研究　415
　　　　　戦闘帰還兵の研究　419
　　　　　EMDRの効果研究における方法論的問題　421
　　　　　EMDRと他のPTSD治療の比較　425

　　　　臨床効果の比較研究のために提案された基準　428
　多様な臨床適用　430
　活動的な要因の重みづけ　434
　　　要因分析　435
　　　臨床効果の要因分析研究における要因分析のための変数の提案　435
　　　現存の臨床的要因分析の展望　439
　　　シングルサブジェクトデザインの使用　441
　　　テスト可能な仮説を見極める　442
　　　さまざまな現在の仮説のテスト　444
　　　要因分析研究への推奨のまとめ　447
　より広い臨床上の意味，専門的意味　449
　　　研究と展望の不十分な基準　449
　　　臨床上の責任　452
　　　全般的な責任　455
　要約と結論　457

付録A　臨床の補助道具　461
　EMDRのスクリーニングとデータのチェックリスト　461
　EMDR治療計画チェックリスト　462
　1週間の日誌報告のための推奨される用紙　463
　否定的認知、肯定的認知の選択　463
　一般的な否定的認知と肯定的認知のリスト　464
　EMDR手続きの概略　466
　EMDRターゲットの評価用紙　468
　過去の出来事を同定するためのフロートバックテクニックの用紙と手順　469
　EMDR資源の開発と植え付けのためのガイドラインと手続き　470
　　　クライアントの基準と安定の段階を拡張する必要を示唆するもの　470
　　　資源の開発を植え付けるための適切な資源の特性、タイプ　471
　　　EMDRの資源の開発と植え付けを進めるのに
　　　　さらに資源の開発を続ける必要がある場合がある　472
　　　資源の開発と植え付けを考慮する際の予防措置　472
　　　EMDRの資源の開発と植え付けの基本プロトコル　473
　　　資源の開発と植え付けの使用　477

付録B　クライエントの安全　478
　第1節　EMDR解離性障害課題班推奨ガイドライン：
　　　　解離性障害の治療にEMDRを使う際の一般的な手引き　479
　　　追加のトレーニング　483

推薦図書　483
第2節　EMDR専門委員会が推薦するガイドライン　484
　　　クライエントの福利　484
　　　訓　練　486
　　　EPICのメンバー　488
　　　参考文献　488
第3節　EMDR国際学会の専門的基準・訓練委員会　488

付録C　EMDRの資源　491
　　EMDR国際学会　491
　　EMDR人道支援プログラム　492
　　訓練が受けられる機関　493
　　　EMDR研究所　493

付録D　様々な臨床上の適用評価　495
　　第1節　付加的なプロトコルとマニュアル化された資源　495
　　第2節　適応的情報処理モデル　497

付録E　EMDRの臨床家調査　501
　　眼球運動による脱感作と再処理法（EMDR）：
　　　臨床家の効果と訓練の必要性に関する印象の量的研究　501
　　　　方　法　502
　　　　結　果　505
　　　　全般的考察　512
　　　　謝　辞　514
　　　　文　献　514

References　515
索　引　551
監訳者あとがき　565
訳者紹介　567

装幀・森本良成

1章
背　景

　　どんな情報に対しても障壁となり、どんな議論に対しても障害と
　　なり、人を永遠に無知なままにとどめておく法則がある。それは、
　　よく調べもしないで軽視することだ。　　ハーバート・スペンサー

　1987年の最初の開発の日以来、眼球運動による脱感作と再処理法（EMDR）は、多くの臨床家たちの間に、広く普及してきた。一貫した治療効果と、手続きやプロトコルを包括的な治療アプローチへと洗練する探求から、方法と理論的枠組みが徐々に発展してきた。我々がこれから見ていくように、臨床実践を導く現在の手続きと情報処理理論は多くの要素を統合しており、こうした要素は多くの臨床家、学者、研究者にとって既知の事柄に違いない。

　EMDR は最初、眼球運動の利用から命名され有名になったが、システム全体としてとらえることを忘れてはならない。眼球運動は用いられる刺激の一形態に過ぎないし、複雑なアプローチの一つの成分に過ぎない。さらに、治療の目的は、「脱感作」という言葉で示されるような不安の低減ではない。実際、序文に示したように、もう一度命名し直せるならば、名前を再処理療法と変えたい。したがって、「EMDR」というイニシャルはまだこの療法の名前として通用しているが、本書を通じて、この点を強調したい。

1. 二重注意の刺激はさまざまな手続き要素に組み入れられた単なる一つの成分に過ぎず、こうした手続き要素はすべての主要な心理療法を合成したものである。
2. 包括的なアプローチとして、EMDR の効果を達成するのに、イメージ、信念、感情、身体反応、気づきの増加、対人システムへの注意深い注意が払われる。

3．臨床家は、病理のタイプによって異なったEMDRプロトコルを用いるべきで、クライエントのニーズに合わせてあつらえた治療手続きに従う必要がある。
4．8つの段階のEMDR治療の目的は、クライエントを過去から、健康で、生産的な現在に解き放つ援助をすることである。

　EMDRの基礎的な原理、手続き、プロトコルをマスターすれば、否定的な経験をクライエントが適応的な学習経験に変えられるための援助へ、臨床家を導く。たとえば単純なレイプ被害者を治療する際にも、臨床家はクライエントを苦しめている心的外傷の様々な側面を確認する必要がある。侵入的イメージ、クライエントが自分自身またはレイプでの自分の役割について抱いている否定的な思考や信念、恐怖、罪悪感、恥辱感といった否定的な感情、随伴する身体感覚、そして、そのかわりに、クライエントが望ましいと考える自己イメージなどである。レイプ被害者は、初め、強い恐怖と恥辱感を感じているかも知れない。現在の生活の中にも、レイプの場面が絶えず侵入してくることがあり、「私は汚れている」「私が悪かったのだ」というような否定的な思考を経験することもあるだろう。臨床家がEMDR手続きを、各々の内的反応に注意を向けながら行なえば、レイプ被害者は恐怖や恥辱感を感じずにレイプ事件を思い出せるようになる可能性がある。実際に、力づけられて、「私はよくやったのよ。犯人は喉にナイフを突きつけていた。けれど、私はなんとか生き延びたのよ」と言えるようになることもある。思考や信念が肯定的に変化したことに加えて、もはや、レイプの侵入的なイメージに悩まされることはなくなるだろう。もし、後になってその事件を思い出したとしても、それに関連する感情、思考、身体感覚は、苦しめるというよりもむしろ、中立的もしくは肯定的になっている可能性がある。EMDRによる治療を受けたあるレイプ被害者は自分の事件について次のように語った。「まだ嫌な映像だけど、でも私のせいじゃないの」。実際、自身に関して内面化した信念は「私は強く、立ち直れる女性だ」というものだった。
　この例で示されているように、EMDRは学習を触媒する。ターゲットが苦痛な記憶である場合、否定的なイメージ、否定的な信念、否定的な感情が鮮明さを減じ、より拡散的になり、より妥当性が低下する。より適当な情報と結び

つくようになるようで、クライエントは苦痛な過去の経験から必要なもの、有益なものを学び、出来事は、適応的な、健康的な、ストレスのない形で記憶に貯蔵される。しかし、学習は連続体である。ターゲットが肯定的で、別の望ましい想像上の未来のようなものであれば、イメージ、信念、感情はより鮮明に、より強く、よりもっともらしくなる。したがって、EMDRは（1）クライエントが過去の否定的な経験から学ぶことを援助する、（2）不適当にストレスとなっている現在の引き金を脱感作する、（3）クライエントが対人システムの中で個人的に秀でられるような適当な将来の行動のための鋳型を組み入れる、のに用いられる。

その時、明らかに、標準的な三つ股熊手のプロトコルのこの単純な記述から、我々はEMDRが多くの主要な心理療法の流派の要素を1つにしているのを見ることができる。精神力動療法が強調した生態学的出来事への注意、行動療法が強調した条件反応、認知療法の信念、経験主義療法の感情、催眠療法のイメージワーク、システム理論の文脈での理解である。本書全体を通して、さまざまな流派の統合を見ていくこととなる。

統合的なアプローチとして、EMDRの手続き、プロトコルのすべては、クライエントの抑制と情報処理の相互作用を通して肯定的な治療効果へと貢献するように準備されている（Shapiro, 1999, 印刷中aも参照）。すべての治療効果は、クライエントと臨床家と方法の間の相互作用である。臨床家が理解しなければいけないのは、クライエントに適切な準備をさせる方法と、情報処理システムが活性化され続けているときに、学習が起こるように、彼らの個人的なニーズにチューニングを合わせ続ける方法である。処理に適切なターゲットを見つけるために、包括的な生育歴聴取をしなければいけないし、発達面の欠損も調べておく必要があるだろう。大きなトラウマの治療にEMDRが非常に有効であると証明されてきた（例えば、Carlson, Chemtob, Rusnak, Hedlund, & Muraoka, 1998; Ironson, Freund, Strauss, & Williams, 印刷中; Marcus, Marquis, & Sakai, 1997; Rothbaum, 1997; Scheck, Schaeffer, & Gillette, 1998; Wilson, Becker, & Tinker, 1995, 1997）その一方で、過去13年間以上の何千というクライエントのセッションの観察から明らかに示されたことは、すべての種類の初期の苦痛な経験は、似たような否定的で、長く続く影響を持ちうるということである。

例えば、もし、我々が頭の中で子ども時代を振り返り、恥ずかしい思いをし

た出来事を思い描けば、多くの者は、感情の発露をまだ感じ、その時点のその場所での思考が自動的に湧き上がるのを感じる。体がたじろぐのも感じる。EMDRを導く適応的な情報処理モデル（第２章参照）によれば、この出来事は不十分に処理され、この自動的に湧き起こる思考、感情、身体反応は、現在の似たような環境での我々の知覚や行動を不適切に色づけているかもしれないと言える。権威者や、集団や、新しい学びの経験、その記憶で明らかなどんな要素にも否定的に反応するかもしれない。これらは条件反応ではない。貯蔵された記憶に固有の反応である。出来事が十分に処理されていると、我々はそれを憶えてはいるが、古い感情も感覚も今経験しない。我々は自分の記憶から情報を得ているが、コントロールはされていない。

　次章で詳細が展望されるように、心的外傷後ストレス障害（PTSD）の症状は明らかにこうした機能不全なまま貯蔵された経験から発している。悪夢、フラッシュバック、侵入思考、高いレベルの覚醒は、この状態依存の貯蔵のサインとして見ることが可能かも知れない。被害者は恐怖や無力感を不適当なほどに感じ、そのように振る舞う。しかし、EMDRが何年にもわたって示してきたことは、ありきたりな出来事でも、例えば、子ども時代の恥をかかされたこととか、落胆でさえ、相対的に長引く否定的な影響を残しうる。これらはPTSDの侵入的イメージを生みはしないかもしれないが、感情、信念、身体感覚は体や頭に起こり、現在の知覚を色づけ、現在での不幸で不適切な行動を導いている。したがって、PTSDを引き起こす大文字のTのトラウマティックな出来事であるのか、子ども時代にあふれている小文字のtのありきたりな出来事であるのかは問題ではない。自己や精神に対して長く続く否定的な影響がある。辞書の定義によればトラウマで、情報処理の用語では、記憶の間違った形態での機能不全なままの貯蔵と仮定できる（すなわち、明示的／ナラティブな記憶ではなく、暗示的／運動的記憶である。記憶システムの包括的議論はArmony & LeDoux, 1997; LeDoux, 1996; Squire, 1992; Stickgold, 印刷中; van der Kolk, 1994; van der Kolk, Osterman, & Hopper, 2000参照）。EMDR治療の第一の目標はこれらの経験を処理し、クライエントを現在に解き放つ援助をすることである。

　現場の臨床家のために、適応的に処理された出来事と機能不全なまま貯蔵された出来事の重要な区別は、前者では十分な学習が起こり、適切な感情と共に貯蔵され、将来において、その人を導けるのである。機能不全なまま貯蔵され

た出来事は、その中に出来事のその時、その場所にいるかの感覚知覚と思考がある。本質的に、子ども時代の見方が固定され、欠点（例えば、私は愛されない、十分でない）、安全の欠如、コントロールの欠如の視点から現在を見るようにしむけられる。臨床家はこのことを毎日実践の中で見ている。クライエントは、自分は絶望的に感じるべきでないし、無力に感じるべきでないし、愛されないと感じるべきでないと「知っている」が、そう感じてしまう。人生早期の経験について話すときに、子ども時代の口調が入ってくるかもしれない。したいこととできることの乖離があり、可能性とそれについて見たり、行動したりする能力の間に乖離がある。それゆえ、EMDR の臨床家は機能不全なまま貯蔵され、成長を妨げ、現在の知覚を色づけてしまう出来事を見つけだし(Shapiro, 1998; Shapiro, & Forrest, 1997)、その処理を援助しなくてはいけない。本質的に、EMDR は多次元的に感情、認知、生理学的レベルについて学習を促進する。

　外傷的な出来事の被害を受けた個人が、統制群を用いた数多くの PTSD 研究に参加し、EMDR で急速な改善を手に入れ、幅広い測度において、「健常」範囲に入った（展望は第12章参照）。自己効力と幸福の指標は増加し、一方、不安とうつは下がった。こうした同様の指標は、一般的な臨床実践において現われ、同じように機能不全なまま貯蔵された子ども時代の経験の処理により、クライエントがすっかり、全体的に大人になることを可能にするという理論を支持しているようだ。すなわち、心理的障害の連続体を通して表われるほとんどの機能不全的な特性は、寄与する経験に基礎を置いていると見なされるかも知れない。明らかに、疲労、物質乱用などのような、回復力と妥協している遺伝的な特性と環境の相互作用のすべてが、全体の臨床像の中で、それぞれの役割を演じている。いくつかの種類のうつのような障害は、有機的な欠損によって純粋に引き起こされ、EMDR 治療の適切な候補者ではないと推測されるかもしれない。しかし、臨床経験が示しているのは、いくつかの種類のうつも含めて多くの病理が「無力感」「絶望感」の感情や、自己否定の感覚や自己効力の欠如の感覚を形成する感情の連続体全体を含んだ初期経験によって作られることである。もちろん万能薬ではないが、EMDR の一つの役割は現在の機能不全に寄与している経験の代謝を助けることである。この経験はレイプや暴行のような簡単に見つけられる事件から、家族、仲間、先生、見知らぬ人などとの、一見より無害な否定的なやりとりまで幅広く、長く続く否定的な感情を残して

いる。

　我々のクライエントの多くにとって、これらの初期経験を単純に処理することで、適切な認知的感情的連結がなされ、適応的な行動が洞察や肯定的な自己概念とともに自然に現われることが可能となるようだ。しかし、子ども時代にひどくネグレクトされたり、虐待されてきたクライエントにとって、重要な基盤整備を整える前に、どんな発達的窓が閉ざされてきたかを見定めることも重要であろう。トラウマを負った子どもは対象の一貫性を学んでいるか、もしくは治療中に教えられる必要があるか？　必要な交流やパターンが現われるようにどのような経験が必要なのだろうか？　いったんこうした肯定的なやりとりが治療関係の中に生まれれば、それらも記憶に貯蔵され、EMDRの手続きを通して強められ得る。

　治療者として、我々はクライエントを、感覚、思考、感情、行動、信念のすべてのレベルで機能する複雑な存在として注意深く見なければならない。外顕的な苦痛を単に取り除くことで満足すべきでない。我々のクライエントはそれ以上の価値がある。彼らは、愛する能力、絆を持つ能力、向上する能力、そして彼らが選べば、人に奉仕する希望を見つける能力にも値する。Maslow (1970) が自己実現として記述した特性すべてに値する。その目的のために、標準的な三つ股熊手のEMDRプロトコルを用いて、すべてのクライエントに、過去、現在、将来の包括的な治療を与える。どの一つも消耗品でないことが望まれている。

　我々は、心が単に「ブラックボックス」であると見なされていた日から長い道のりを歩んできた。発達的神経心理学者は初期の子ども時代のネグレクトと愛着の欠如が、自己を落ち着かせ、自己制御するのに必要な皮質組織の欠如へ導くことを示してきた（Schore, 1994, 1997, 2001c; Siegel, 1999, 印刷中）。これらや他の発見は、臨床実践に情報を伝え結果として、これらのクライエントでの最初の安定化の必要性を強く強調することとなり、肯定的な感情や経験にアクセスするEMDRプロトコルの使用を導いた（Leeds & Shapiro, 2000; 付録A）。最も深刻に虐待された者への可能な治療法のあり方はまだ決まっていないが、有害な神経生物学的知見が必ずしも永続的でないことは強調すべきである。SPECTスキャン、fMRI、そして神経伝達物質理解の進展の到来に伴って、予備的なデータが示していることは、EMDR処理に続いて生物学的な変化が起こると

いうことだが（Heber, Kellner, & Yehuda, 印刷中; Lansing, Amen, & Klindt, 2000; Levin et al., 1999）、こうした変化はどのうまくいく治療においても観察できることであった。EMDRの利用は、相対的に素早い変化を与える能力があると分かっている。それで、介入は素早く評価されるし、治療的修正も行なわれる。しかし、EMDRの真の強さは治療に対する統合的なアプローチにあるとわかっている。すべての流派の知恵が、どの一つも置き去りにできないことを確認するために必要である。EMDRの目標は最も深く包括的な治療効果が最短の時間の中で可能となり、クライエントの安定性をバランスの取れたシステムの中で維持することである。しかし、存在と機能のすべてのレベルにおいて、こうした変化が適切に現われた。臨床家の仕事はより包括的となり、片側性のモデルを越えて進むように作られ、相互関連した社会システムの文脈の中で、人全体を治療する。

　多くの臨床家が共有している記銘事項は、クライエントの欲求が個人の成長に向くようにすべきであるということであるが、心理学の領域で最初に強調されるのは、外顕的症状とある障害の標準的な分類システムを発展させるという方向である。患者の特性、反応スタイルを見定め、2次的には、ある障害に対する様々な治療のテストを見定めることに研究は大きく向けられてきた。統制群を用いた研究で、EMDRがPTSDの治療において効果的であると示されてきた一方で、明らかに、他の無数の適用におけるEMDRとすべての他の心理療法の評価が求められている。アメリカ心理学会第12部会の実証的に支持された治療に関する課題班の独立した展望論文の著者（Chambless et al., 1998）が始めて、数百の診断と治療すべての中で、「頭痛」「ストレッサーへの対処」を含んだ個々の条件における統制群を用いた研究でおよそ12の技法が「よく確立された」ものと見なされたと記した。言い換えれば、精神疾患の診断・統計マニュアルにリストアップされたほとんどすべての条件が、どれもよく確立された実証的に支持された治療がないのである。EMDRの到来により、PTSDの統制群を用いた研究は急上昇で増加し（van Etten & Taylor, 1998）、他の経験に基づいた障害への適用も同じであると期待している。そのような研究への提案は第12章で探求する。

偶然の発見

　眼球運動の役割はより高次の認知過程と皮質の機能との関連がよく言及されてきたが（Amadeo & Shagass, 1963; Antrobus, 1973; Antrobus, Antrobus and Singer, 1964; Corbetta et al., 1998; Gale & Johnson, 1984; Leigh & Zee, 1983; Monty, Fisher, & Senders, 1978; Monty & Senders, 1976; Ringo, Sobotka, Diltz, & Bruce, 1994）、そして、確かに認知的内容の変化と関連があることが前に見定められていたが、EMDRにおける眼球運動の使用は1987年の春に、私の偶然の観察に端を発している。ある日公園を散歩していると、私が抱いていた何かいやな思考が突然消失したことに気づいた。この思考をもう一度考えてみても、前ほど動揺もしないし、正しくなく思えることにも気づいた。嫌な思考はたいていある「堂々巡り」に陥っていることを、私は以前の経験から知っていた。つまり、思考を止めたり変えるために、意識的に何かをするまで、その思考は繰り返し浮かんでくる傾向がある。その日私の注意を引いたのは、私の嫌な思考が意識的な努力もなしに消失し変化したということだった。

　これは何かあると感じたので、何が起こったのか、細かく注意を払い始めた。そこで気づいたのは嫌な思考が心に浮かんできたとき、私の目は自発的にきわめて素早い斜め方向の往復運動を始めていたということだった。その思考が消失した後に再度思い出そうとすると、否定的な力が大幅に薄らいでいた。そこで、様々な不快な思考や記憶を思い浮かべながら、故意に眼球運動を行なうと、これらの思考も消えて、否定的な力が消失することに気づいた。この効果の潜在的な可能性に気づくと、私の興味はますます膨らんだ。

　数日後、友人、同僚、自分も出席した心理学ワークショップの参加者など、他の人々にもこれを試み始めた。彼らは病的ではないが、多種多様な悩みを持っていた。他の人々と同様に様々な心理療法も受けてきていた。私が「どんなことについてやってみたい？」と尋ねると、いやな記憶、信念、現在の状況を述べた。悩み事は、子ども時代の恥ずかしい経験から、現在の仕事のストレスにいたるまで、さまざまであった。その後、私はいかに素早く眼をきょろきょろ動かしたかを見せ、心にその問題を思い浮かべながら、同時にその眼の動きを真似て欲しいと言った。最初に分かったことは、ほとんどの人がたとえ短時間でも、眼を動かし続けるだけの筋肉の制御はできないということだった。し

かし、調べ続けようと決めていたので、あの日公園で私が経験したのと同様の速さと方向の眼球運動ができるまで、私が手を動かして、眼で私の指を追うようにと頼んだ。これはかなりうまくいった。しかし、次に分かったことは、よくなってきたと感じ始めたとしても、障害となっている事柄で行き詰まってしまうことだった。これを克服するために、私は異なった眼球運動を試した（速く、遅く、異なった方向で）。また、多種多様な事柄（たとえばある記憶の違う側面、別の感じ方）に集中してほしいと頼んだ。続けるにしたがって、どの方法が最も肯定的で完全な結果を得られるのかが分かり始めた。さらに、肯定的な結果を得るのにつながるような、眼球運動による面接の開始から終了までの標準的な方法をつかみ始めた。

　手短に言えば、約6カ月間、70人余りに対して施行し、確実に悩みを和らげるような標準的な手続きを開発した。私が最初に注目したのは、不安の軽減（眼球運動による私自身の経験のように）であり、当時の私の、主な治療技法は行動療法だったので、この方法を眼球運動による脱感作法（EMD）と呼ぶことにした。

最初の統制群を用いた研究

　1987年の冬、統制条件下で、EMDの有効性が実証されるかを検証することにした。最初の研究では、古い記憶に対して、EMDを、非常に簡便かつ効果的に使用できた。そのため最初の研究報告として、古い記憶に関する問題を抱える均一な対象者を見つけることにした。まず思い浮かんだのは、レイプ被害者・性的虐待の被害者・ベトナム戦争帰還兵といった、当時の精神疾患の診断及び分類の手引き（DSM-III；アメリカ精神医学会、1980）で、外傷後ストレス障害（PTSD）の診断に相当する人たちだった。最初は、古い記憶に関するという点で、理想的な対象に思えた。しかし、大きな問題が横たわっていた。その手続きが心的外傷の記憶を解消するのに効果的であると実証できるのか否か、私には分からなかった。なぜなら、病理的な対象で試したことがなかったからだ。脳が心的外傷を異なった方法で貯蔵するとしたらどうだろうか？　外傷的でない記憶では可能だったが、機能不全状態の記憶はその手続きで処理されないとしたらどうだろうか？

EMDが心的外傷の記憶を持つ人々に効果を持つかどうかを確かめるために、私は戦闘の心的外傷に苦しむボランティアを探すことにした。"ダグ"はある地域の帰還兵支援プログラムのカウンセラーだった。普段の彼は、非常に社会適応もよく、何でもうまくこなしていたが、今でも恐ろしい記憶に悩み続けていた。1960年代後半、ベトナムでの兵役で、ダグは歩兵として従軍した。ある日救助用ヘリコプターから死傷兵を下ろそうとしていた時のこと、仲間がやってきて、たった今下ろしたばかりの遺体について、非常に悲しいことを伝えてきた。私の手の動きを目で追ってもらいながら、心の中にあるその瞬間の記憶を思い出して欲しいと頼んだ。彼は2から3セットの眼球運動の後、その光景が変化したと話した。記憶から音が消え去った。そのかわりに仲間の口が動いている様子だけが見えると言うのだ。声は出てこない。さらに、何セットか眼球運動をした後で、ダグは、その光景が心の眼の中で変わっていき、まるで「水の中に絵のかけらが溶けていく」ように見えてきて、今は落ち着いていられると言った。「戦争は終わった、みんな帰ろうって、やっと言えるようになりました」と言った。その後、ベトナムについて思い出してほしいというと、出てきたイメージは、遺体の一つではなく、「樹木の楽園」のように見えた、初めて飛行機に乗って空中から眺めた景色の記憶だった。ベトナムに関する良いイメージを思い出したのは20年経ってこれが初めてのことだった。6カ月後、もう一度、彼に確認したとき、ダグは肯定的な効果は続いていると言った。治療後、外傷記憶の侵入はなかった。さらに、記憶を思い出すと、絵のかけらのようで、それを見ても、ストレスは感じなかった。

　ダグでの成功で、10年・20年といった心的外傷体験の記憶がこの方法で扱い、処理できることが確認されたかのように思えた。これをきっかけに、私は、心的外傷の記憶に苦しむレイプ被害者、性的虐待の被害者とベトナム帰還兵の計22例に対して統制群を用いた研究を始めた。被験者は無作為に治療群と統制群に振り分けられた。

　治療群にはEMDを施行し、統制群（グループA）の症例には心的外傷を詳細に聞くことを「プラセボ」に使用した。両群ともに同じ回数だけ、不安の程度をはかり、面接中に「今どんなふうに感じますか？」という同じ質問をして、応答してもらった。統制群を設けた目的は、個々の症例が直接研究者に注意を向けられながら、同じ時間だけ記憶を思い出すと、良い効果が得られる可能性

を検証することであった。患者が、意識的に長時間、記憶を思い出すといった刺激に曝されることは、フラッディングの変法とも考えられる。しかし、一回の面接による直接的イクスポージャー法（DTE）では治療効果は期待できない（Keane & Kaloupek, 1982）ので、プラセボにすぎないと考えた。

　両群の症例に心的外傷の記憶の辛いイメージを各々話してもらった。その場面や状況での役割について、あらゆる否定的な思考や信念（たとえば「私は汚い」「私には値打ちがない」「私は自分をコントロールできない」）についても聞いた。私はこれを否定的認知と呼ぶことにした。そして記憶と否定的認知を浮かべながら、11点の主観的障害単位（SUD）スケールを用いて不安を評価してほしいと頼んだ。0は特に気にならない、10は考えられるうちで最も不安に感じるというスケールである（Wolpe, 1990）。また、自分自身についてこう思えたらいいなあという肯定的認知・信念を言葉にするように頼んだ。たとえば、「私には価値がある」「私は自分をコントロールできる」「私はできるだけのことをした」というように。最後に、この肯定的信念がどれほど本当に感じられるのかを、認知の妥当性スケール（VOC）と名づけた7段階のSDスケールを用いて評価してほしいと頼んだ。1は「全く間違い」7は「全く正しい」というスケールである。対象者には論理的に考えるよりも、直感を判断基準にしてほしいと念を押した。

　治療群では著明な変化が2点観察された。不安度は減少し、著しい脱感作効果があったことが示された。また、肯定的信念の妥当性が大きく上昇し、強力な認知の再構成が起きたことが示された。統制群では最初は不安度の上昇を認めたが、これは他の研究者が示しているようにフラッディング手続きにおける最初の反応と同様である（Boudewyns & Shipley, 1983）。さらに付け加えると、統制群の症例で不安が増大するにつれ、自己効力感が低下するのも通常見られることだった。倫理的理由から、プラセボ条件の終了後に、EMDを対照群に対しても施行した。後に施行した群（コントロールB）でも良好な効果が得られた。肯定的な治療効果が1カ月後と3カ月後のフォローアップで維持されており、本質的な脱感作と、外傷的な出来事に関する知覚の明らかな認知的再構成と主要な症状の減少が達成されていたことを示していた。

　1週間に1～2回、暴力的で恐ろしい夢にずっと悩まされてきたある参加者は、このようなことを話してくれた。EMDによる治療を行なった夜にも襲わ

れる夢を見たが、その時には何の恐ろしさも感じず、夢の中で「サムライの姿をした敵軍に礼儀正しくおじぎをし、仲間に加わった」。それからは、もう二度と襲われたり恐ろしい目に遭う夢は見なかった。覚えている限りで、悪夢にうなされず、いつも「気分良く安心できて、途中で目を覚ますこともなくなった」のは、これが初めてのことだったそうだ。もうベッドの中で、のたうち回ることは二度となくなったことを妻にも確かめることができた。

ある出来事に関するフラッシュバック、侵入的思考の症状、悪夢を21年間持ち続けていたベトナム帰還兵もまた、「迫力のない」悪夢を1回だけ経験したと言っている。さらに、彼はこうも話した。「夢の中で僕の喉を掻き切ろうとしたのは僕だって分かったんだ」と。彼はもう二度と恐ろしい夢を見ることはなくなった。侵入的思考の症状を時に経験するものの、どれも迫力のないものだった。その事件に関係するすべての物事や記憶に関して、比較的冷静でいられるようになったという。

この研究は標準化された測度とブラインドの評価が欠けているという欠陥があるが、この対象で公刊された統制群を用いた研究はただ1つ（同じように混乱したもの）しかなかった（Peniston, 1986）。バイオフィードバックを補助的に用いた系統的脱感作の45セッションの後に、中程度の効果を報告していた。したがって、同じ年に公刊された長時間のイクスポージャー療法についての2つの他の研究では、30％の症状の低減が見いだされているのだが、EMDRの予備的研究は、PTSDの症状を評価した最初の公刊された統制群を用いた研究の1つとなった（Shapiro, 1989a）。

さらに進んだ臨床および実験からの知見

最初の予備的研究（Shapiro, 1989a）以来12年の間に、EMDRのきっちり統制された研究が12を越えて公刊されており、その効果を実証している（Feske, 1998; Maxfield & Hyer, 印刷中; Waller, Mulick, & Spates, 2000; Spector & Read, 1999; van Etten & Taylor, 1998）。結果的に、国際トラウマティックストレス学会の実践ガイドラインがEMDRをPTSDに対する効果的な治療ととして明示した(Chemtob, Tolin, van der Kolk, & Pitman, 2000; Shalev, Friedman, foa, & Keane, 2000)。現存する統制群を用いた研究、残っている論争の領域、将来の研究への提案の展

望の詳細は方法が十分に説明された後に、12章でカバーされる。

統制群を用いた研究に加えて、EMDR の臨床実績からこの方法は広範囲にわたる適用症例を持つことが示された。例えば、帰還兵問題対策部門（DVA）医療部によって認められ、一部資金援助を受けた調査が、EMDR の講習を受け、クライエントを治療した１万人以上の治療者に対して行なわれた。それによれば約74％の治療者が他の方法を用いるよりも EMDR の方が高い治療効果が得られるとしている。それに対してわずか４％がうまくいかないと答えているのみである（Lipke, 1992b; 付録 E を参照）。最初の効果研究（Shapiro, 1989a）以来、EMDR を用いた肯定的な治療結果が広範囲におよぶ臨床例で報告され、以下のような症例や統制群を用いた研究が文書化されている。

１．前治療によっては改善しなかったが、フラッシュバック、悪夢、他の PTSD 症状のような症状で大きな改善を示した湾岸戦争、ベトナム戦争、朝鮮戦争、第二次世界大戦の帰還兵(Blore, 1997b; Carlson, Chemtob, Rusnak, & Hedlund, 1996; Carlson et al., 1998; Daniels, Lipke, Richardson, & Silver, 1992; Lipke, 2000; Lipke & Botkin, 1992; Silver, Brooks, Obenchain, 1995; Thomas & Gafner, 1993; White, 1998; Young, 1995)．

２．恐怖感と臨床症状が速やかに消退した恐怖症とパニック障害（Doctor, 1994; De Jongh & Ten Broeke, 1998; De Jongh, Ten Broeke, & Renssen, 1999; Feske & Goldstein, 1997; Goldstein, 1992; Goldstein & Feske, 1994; Kleinknecht, 1993; Nadler, 1996; O'Brien, 1993)．

３．暴力事件の後遺症に悩まされなくなった犯罪被害者や警官(Baker & McBride, 1991; Kleinknecht & Morgan, 1992; McNally, & Solomon, 1999; Page & Crino, 1993; Shapiro & Solomon, 1995; Solomon, 1995, 1998)。

４．愛する人の死亡や、電車が避けきれず歩行者を死亡させたために罪悪感で打ちのめされたエンジニアのような業務上の死亡に対する過剰な嘆きが癒された症例(Puk, 1991a; Solomon, 1994, 1995, 1998; Solomon & Kaufman, 1994; Shapiro & Solomon, 1995)。

５．暴行事件や自然災害による心的外傷による症状から治癒した小児の症例 (Chemtob, Nakashima, Hamada, & Carlson, 印刷中; Cocco & Sharpe, 1993; Datta & Wallace, 1994, 1996; Greenwald, 1994, 1998, 1999; Lovett, 1999; Pellicer, 1993; Puffer,

Greenwald & Elrod, 1998; Shapiro, 1991a; Tinker & Wilson, 1999; Wilson & Tinker, 2000)。

6．苦痛な症状から解放され、正常な生活を送り、性交渉が持てるまでに回復した性暴力被害者の症例（Edmond, Rubin, & Wambach, 1999; Hyer, 1995; Ironson et al., 印刷中; Parnell, 1999; Puk, 1991a; Rothbaum, 1997; Scheck et al., 1998; Shapiro, 1989b, 1991a, 1994a; Wolpe & Abrams, 1991)。

7．身体的、精神的にも疲弊したが、現在では生産的生活を再開できた事故、外科手術、火傷の被害者の症例（Blore, 1997a; Hassard, 1993; McCann, 1992; Puk, 1992; Solomon & Kaufman, 1994)。

8．現在では健康な性生活を遅れるようになった性機能障害者（Levin, 1993; Wernik, 1993)。

9．現在では安定した回復状態にあり再発可能性が減少した、あらゆる段階の薬物依存症、病的ギャンブラー（Henry, 1996; Shapiro, Vogelmann-Sine, & Sine, 1994)。

10．従来の治療法に比較してより速やかな回復を示している解離性障害の症例（Fine, 1994; Fine & Berkowitz, 2000; Lazrove, 1994; Lazrove & Fine, 1996; Marquis & Puk, 1994; Paulsen, 1995; Rouanzoin, 1994; Young, 1994)。

11．パフォーマンス不安者、及び、ビジネス、パフォーミングの芸術、学校、スポーツ活動でのパフォーマンスの向上を求める人、でEMDRから利益を得られた者（Crabbe, 1996; Foster & Lendl, 1995, 1996, 印刷中; Maxfield & Melnyk, 2000)

12．身体醜形障害、慢性疼痛のような身体表現性障害の罹患者(Broun, McGoldrick, & Buchanan, 1997; Grant & Threlfo, 印刷中)。

13．安定性と機能を増加させた人格障害もしくは複雑性PTSDと診断された者（Fensterheim, 1996; Heber et al., 印刷中; Manfield, 1998; Korn & Leeds, 印刷中)

14．EMDRが奏効した広範囲におよぶPTSDや他疾患の症例（Allen & Lewis, 1996; Balcom, Call, & Pearlman, 2000; Cohn, 1993; Forbes, Creamer, & Rycroft, 1994; Grainger, Levin, Allen-Byrd, Doctor, & Lee, 1997; Lazrove, Triffleman, Kite, McGlasshan, & Rounsaville, 1998; Lee, Gavriel, Drummond, Richards, & Greenwald, 印刷中; Lipke, 1994, 1995, 2000; Marcus et al., 1997; Marquis, 1991; Parnell, 1996, 1997; Phillips, 2000; Puk, 1991b; Shapiro & Forrest, 1997; Spates & Burnette, 1995;

Spector & Huthwaite, 1993; Vaughan, Wiese, Gold, & Tarrier, 1994; Wilson, Silver, Covi, & Foster, 1996; Wolpe & Abrams, 1991)。

パラダイムの変化

　私の初期の報告（Shapiro, 1989a, b）で記したように、私が最初の研究で得た肯定的な治療効果に寄与していると思われる手続きのうち、紙数の都合で論文に含まれていなかったものが数多くある。こうした手続きをずっと洗練してきて、数百に及ぶトレーニングを受けた臨床家のケース報告の評価から、適切な手続きが十分実現された。それにより、脱感作と同時に記憶の認知的再構成をし、自発的な洞察を引き起こし、自己効力感が増すが、これらはすべて苦痛な記憶の適応的な処理の副産物に思える。この実現により、私は眼球運動による脱感作と再処理法（EMDR）と名前を付けなおした。

　1990年に EMD から EMDR に呼称を変更したことは、単に不安の脱感作という当初の行動学的公式にとどまらず、より統合的な情報処理というパラダイムへの個人的な変化を意味することになった。このパラダイムは Lang（1977）と Bower（1981）によって最初に提唱された情報処理とそれに関連するネットワークという用語や概念を臨床実践に応用することも含んでいる。大きな利点を持つ他の情報処理理論もいくつかあったが（Barnard & Teasdale, 1991; Chemtob, Roitblat, Hamada, Carlson, & Twentyman, 1988; Foa & Kozak, 1986; Horowitz, 1979, 1998; Litz & Keane, 1989; McClelland, 1995; Rachman, 1978, 1980; Teasdale, 1999）、EMDR の基づく情報処理モデルはそれらにも概ね合致し、構成要素と適用面で独創的なものである。

　すべての情報処理モデルは本来推論的であるが、現存する概念的感情的枠組みの中での知覚と新しい情報の統合を支配する背景の原理を大いに理解させてくれると期待できる。その利用で、臨床効果を説明のみでなく、予測もできる。しかし、個々のモデルはしばしば、ある臨床適用を書き留めているが、臨床適用の成功はそのモデルを"証明"し、他のものを排除するのではない。それぞれのモデルは一組の原理を呼び起こし、前もって決定された条件で肯定的な治療効果へと導く可能性がある。冒険は、法則の例外を見つけ、予測と異なる結果の臨床現象を説明し、引き起こす定式化を行なう。

「EMD」のために最初用いていた行動論的な脱感作の定式化は確かに肯定的な効果をもたらしたが、それでは幅広い臨床現象を説明できないし、さまざまな手続きの適用による臨床的な成功も説明できないと気がついた。これは異常なことではない。総じて、それぞれのモデルも適切な効果のために必要な臨床適用のいくつかのタイプを予測でき、数多くの現存する治療がその利用を生み出した。例えば、Teasdale（1999）によって説明された「マインドフルネス」の適用は、マインドフルネスに基づいた認知療法（Teasdale et al., 2000; Williams, Teasdale, Segal, & Soulsby, 2000）の臨床適用において、実証的な支持を受け、Rachman（1980）、Foa と Kozak（1986）によって支持された原理は長期的イクスポージャー療法の適用を通して実証的支持を得た（Foa et al., 1999; Foa, Rothbaum, Riggs, & Murdoch, 1991; Keane, Fairbank, Cadell, & Zimering, 1989; Marks, Lovell, Noshirvani, Livanou, & Thrasher, 1998; Tarrier et al., 1999）。しかし、Teasdale（1999）によって支持されたその原理とマインドフルネスの実践は、EMDR の実践（5章参照）では容易に見つけることができるのだが、他の価値ある理論が禁忌とした実践が EMDR では成功したのである。

　たとえば、Rachman（1978）は、多くの実践のうち、沈黙、気そらし、短い提示は処理を遅らせるものとして、鮮明で、長く、繰り返された提示が処理を促すとしてリストアップした。こうした臨床適用の形態は Foa と Kozak（1986）や Foa と McNally（1996）によっても提案されている。しかし、本書で見ていくように、EMDR は静かで短いイクスポージャーを用い、一定ではない、しばしば広範囲に拡散する内的な刺激にさらされるが、その時に、「気をそらせるもの」と見なされうるような注意の外的な源も同時にある。実際、何人かのイクスポージャーの研究者によれば、「厳密なイクスポージャーの治療では、『EMDR の本質的な治療要素の一群は』その多くの使用が理論に反すると考えられていた」（Boudewyns & Hyer, 1996, p.192）。したがって、イクスポージャー療法の重要性を傷つけるつもりはないが、その使用を支配している広く普及した原理は EMDR の実践も一般的に観察された臨床現象も予測も説明もしないようである（McCullough, 印刷中; Rogers & Silver, 印刷中; 第12章の詳しい議論を参照）。EMDR の実践を導く情報処理モデルは、その多くがこれらの観察された臨床現象に基づいている。その現象とは、身体醜形障害（Brown, McGoldrick & Buchanan, 1997）、幻肢痛（Shapiro & Forrest, 1997; Wilson, Tinker, Hofmann, Becker,

Marshall, 2000)、PTSD（第12章参照）のような以前は抵抗性の障害と関連した症状が急速に緩和することを含んでいる。

　幻肢痛のケースへのEMDRの成功した適用は文脈の有用なポイントを証明してくれるかも知れない。切断手術を受けた者の約65%が幻肢痛を思い（Jensen, Krebs, Nielsen, & Rasmussen, 1985; Melzack, 1992)、わずかな治療しか一貫した長期的な効果をあげていない。しかし、適応的な情報処理モデルは、EMDRの適用による肯定的な治療効果の可能性を予測した。これは独立した実践家により、ここまでのところ臨床的に達成されている（Shapiro & Forrest, 1997; Vanderlaan, 2000; Wilensky, 2000; Wilson et al., 1999, 2000)。基本的に、幻肢痛は貯蔵された身体記憶の現われと見ることができる。実は、欠落した脚に感じる痛みは機能不全の記憶貯蔵の完璧な例である。いったん、生態学的な記憶と痛みの感覚がEMDRでターゲットとされると、痛みは全般的に和らげうる。貯蔵された記憶の情報処理を触媒する必要の例は、全般的なEMDR治療のための一つの像として働く。記憶が機能不全なまま貯蔵されている限り、もう脚はないんだという認知的な気づきにもかかわらず、否定的な感情が維持される。他の病気で言えば、もう恐れる必要や苦痛はないんだと分かっていてもということである。

　多数のEMDR治療例を観察し、情報処理と記憶の関連についてある一定のパターンが確認できた。その結果、いくつかの原理を公式化し、さらにEMDRの実施とプロトコル・手続きを洗練、発展できるようになった。（他の情報処理理論では確認されていないが）EMDRの実践において決定的な原理として、この方法を臨床適用していく過程で一貫して示されるようになったことがある。それは私たちには皆、健康な精神状態へと情報を組み込んでいくシステムが生理的に備わっているということである。この適応的な解決は、否定的な感情が癒され、学習が起こり、適切に統合され、将来に活かされることを意味している。このシステムは心的外傷あるいは発達過程で被ったストレスのためにバランスを崩すことがあるかもしれない。しかし、いったんEMDRによって適切に賦活され、活動的な状態が維持されるようになれば、適切な解決に向けた治療的な状態に情報を変化させる。脱感作、自然な洞察、認知の再構成、肯定的な感情と資源への連想は、神経学的なレベルでの適応的な再処理の副産物と考えられる。

神経生理学的レベルの祈りは、ここがすべての変化の究極的に起こる場所であるという一つの単純な認識である。EMDRに限ったことではないが、うまくいく治療はどんな形態であれ、神経生理学的変化と関連している。神経生理学的変化のようなものは長時間イクスポージャー療法(Foa & Kozak, 1986; Marks et al., 1998)に情報を与えるモデルで明らかで、いくつかの精神力動的なモデル（Horowitz, 1979）でも暗示されている。情報処理のパラダイムは私が最初持っていた行動論的方向性も包括している。それは、学習された材料、条件反応、生理学的付随物と、行動論的に観察可能な結果を出すための治療者の構成された形で介入する能力との相互作用の認識を含んでいる。実際、EMDRを単に条件づけとイクスポージャーもしくはそのどちらかの言葉で解釈しようとする行動学者も少なくないし（第12章のイクスポージャーパラダイムの議論を参照）、多くの学派はなるほど共存できる。しかし、これから十年の間には間違いなくEMDRの基礎となるメカニズムについて多くが明らかにされていくだろうし、臨床家は可能なかぎり最も有効で臨床使用が可能な手段を必要としている。私が適応的情報処理モデルと名づけたこの情報処理パラダイムは、EMDRの治療効果を説明すると同時に、現在の多種多様な問題に対してこの方法が有効に適用されることをみごとに予言している。次の節でモデルの変数について簡単に触れる。さらに広範な議論については第２章で論じる（付録Ｄも参照）。

適応的な情報処理

　適応的情報処理モデルは、EMDRによって臨床効果が急速に現われることと、多数の反応パターンに見られる一貫性を説明するために展開された。数千に及ぶEMDR治療面接の観察に基づいて、当初の脱感作理論は、このモデルに席を譲ることになった。治療効果をより簡明に説明できるだけではなく、いくつかの疾病に対しても臨床的に有益な効果をもたらすのではないかと正確に予測できるように思われる。そこで、新しい情報処理モデルに基づいた治療原理とプロトコル、手続きを適用した結果、元来EMDとして報告したもの(Shapiro, 1989a, 1989b; see Beere, 1992; Lipke & Botkin, 1992; Shapiro, 1991a, 1993)に比べて、治療効果が格段に上昇した。すなわち、手続きを導く原理がしばしば臨床適用の限界を設定しているのである。

手短に言えば、このモデルでは、以前の人生経験に由来する多くの疾病は、感情・行動・認知の継続的なパターンとその結果である自我構造を動かしている（これについては第２章で、その詳細に触れる）。病理は、障害が起こった時点で、固定したままで不十分な情報処理システムに貯蔵されたままになる。単純なPTSDや恐怖症から、パニック障害・いくつかのうつ状態・解離性障害・人格障害のようなさらに複雑な病態にいたるまで、その病理は神経系の中に状況特異的な状態として、以前の経験の衝撃により形成されたものであると考えられる。

　これら以前の体験が、影響を及ぼし続けると、多くの場合、現時点での刺激でさえ、これらの記憶に伴う否定的感情や信念を引き出し、クライエントがその外傷体験で振る舞ったような行動形式で振る舞い続ける要因になる。クライエントの記憶は、実際の出来事についてだったり、その苦痛な状況では適切だった行動に関するものだったりするのだが、適応的に同化できなければ、クライエントが、以前の心的外傷を引きずったまま、感情面でも行動面でも反応し続けるということを意味する。例えば、大人に脅迫された子どもなら、理解できない恐怖を感じ身動きできなくなるかもしれないが、同様の状況に対して大人が同じ反応を示すと不適切なものである。同様に、大人がハリケーンの最中に恐怖を感じて身動きがとれなくなることはあっても、数カ月後に、少し強いそよ風に対して、同様の反応を示すのは病的である。そのままの形で貯蔵されるという心的外傷の機能不全的な性質のために、クライエントは過去の否定的な感情と信念が、現在にも広がるのである。このような記憶をEMDRで処理することにより、神経生理学的なネットワークを通じて、より肯定的で力づけられた現在の感情や認知を引き出し、関連した記憶に対しても般化できるようになる。そして、クライエントが自発的により適切な行動をとれるようになる。

　機能不全の状態で神経系に蓄積された情報を、臨床家が適切にターゲットとできれば、容易に臨床的な病理は変化しうると言えよう。生育歴・病歴聴取の過程の部分はクライエントの否定的な自己評価と行動を形成する基盤となった記憶を同定することである。たとえば、人々を懐疑的に見る妄想型人格障害や、安全感のない回避型人格障害のような、深い病理構造を持つ人格障害であろうと、機能障害を起こしている性格の中に、活動している記憶を再処理するという観点で見れば、原因となった記憶をターゲットとするという形での治療も可

能であろう。さらに、もちろん発達的で経験的な欠損も、適切な処理と肯定的な情報の同化を通して処理される（第8章参照）。

適応的な情報処理モデルを採用した結果、EMDRの講習を受けた多くの治療者が重要で、包括的な治療効果を達成できるようになった。既に持っていた信念との自然な統合であると感じる治療者もいれば、臨床的な概念化を個人的に変化させることも必要とする治療者もいるだろう。提唱されたパラダイムに対して、批判的な要素もある。ここでそれらをあげるが、第2章でもさらに検討する。

1．既に蓄積された病的な要素に対する、直接的、非侵襲的かつ生理的な関与の可能性

EMDRによる治療効果を観察した結果、病理は、機能不全の情報に集約されること、しかも、これらの情報は、生理的に蓄積され、投薬なしでも、取り扱え、十分に変えることができるものであることが示唆された。すなわち、バイオフィードバックやフラッディングあるいはリラクセーション訓練では、障害を引き起こす出来事に対するクライエントの反応に焦点を絞るが、EMDRでは記憶そのものに焦点を当てる。ターゲットの記憶についての情報が変化した結果、自発的にクライエントの反応が変化していくように思われる。

EMDRによってもたらされた記憶の変化そのものと貯蔵状態の変化を観察した結果は、言語化可能な記憶と不可能な記憶は表出様式が異なるという最近の知見と一致する（Lipke, 1992a, 2000; Stickgold, 印刷中; van der Kolk, 1994, 印刷中）。例えば、EMDRによる治療前には、外傷的なターゲット記憶の要素である、映像、認知、感情、身体感覚は、状況特異的であり、当時体験されたままの苦痛な形式を取る。研究者の中には、外傷記憶は非宣言的記憶に貯蔵されると提唱している者もいる（例えば、van der Kolk, 1994）。しかしながら、効果的なEMDRによる治療後には、記憶はあまり苦痛を伴わない画像や、肯定的認知や適切な感情として保持される。さらに、付随していた苦痛を伴う身体感覚も消失する。おそらく情報が処理された結果、言語化可能な記憶として適切に貯蔵され、病的な反応からは開放されるという発展も起こるのだろう。

2．固有の適応的な情報処理システム

情報処理システムは元来備わっており、このメカニズムがブロックされると

病気におちいると考えられる。それゆえ、心的外傷の記憶に触れ、このシステムが活性化されると、情報は適応的な解決へと動く。数千というEMDR治療面接の観察から、このような推測を生み出した。身体の他の部分が傷ついた場合、治癒へと向かうように生理的な力が備わっているのと同様に、このシステムは情報を処理し精神衛生を守るように構築されているように見える。EMDR治療の中でクライエントの認知と感情レベルは治療者の介入を最低限に留めたまま、最適な状態へと変化していくということは、まずクライエント中心モデルであるというEMDRの基礎理念になっている。

心的外傷自体が何らかの形で適切な処理能力を妨害するようなアンバランスを引き起こすということはJanet (1889/1973) とPavlov (1927) によって提唱されたが、現在でも神経伝達物質の影響に関する研究で続けられている（van der Kolk, 1994; Watson, Hoffman, & Wilson, 1988; Zager & Black, 1985）。さらに付け加えれば、いったんシステムが活性化されると、心的外傷そのものに関する肯定的認知への変化が完成するという説が、EMDRによる治療症例を観察し続けた結果、得られるようになった。たとえば、その事件に関して平穏でいられたレイプ被害者がEMDRによって自己嫌悪の状態に変化したという報告はない。しかしながら、恥と罪悪感の状態で治療に入ったレイプ被害者は、治療の終わりには、肯定的な状態、たとえば自己受容や平穏な状態いられるようになった。EMDRのクライエントは、解離や否認の感じを突破すると一時的にはより苦痛を感じるようになることもあるが、これは健康的な解決に向かう一時的な状態にすぎない。

情報処理がEMDRの利用によって変化しやすい状態に維持されている時期に、肯定的な状態に移るという動きは確かにRogers (1951) とMaslow (1970) によって提唱された推論に合致する。一方、投薬や処置が人体の自然治癒力に対する妨害を除去し、その速度を速めるという医学的モデルにも一致する。心的外傷に対するEMDR治療では、情報処理機構のブロックが除去されたときに同様の治癒機構が働くと推測される。

3. 自我の構造はその根底にある情報が移行するにつれて変化する

障害となっている情報が変化すると、認知構造、行動、感情、感覚などもそれに伴い変化する。臨床経験から、いったん特定の記憶が再処理されると、クライエントの自己価値や自己効力感も自動的に移行することが分かった。こう

して、自然に新しくより自発的な行動ができるようになる。適応的な情報処理モデルは、潜んでいる機能不全の記憶が病的な人格特性の原因であり、構造的に変わりうるものだという可能性を有している。（薬物もしくは器質的な条件によるものを除いて）重症の人格障害でも、鍵となっている記憶に焦点を当て再処理し、発達的な欠損の治療に注意を向けることにより、比較的速やかな変化がもたらされることもあることが、理論的に予測され、EMDRを利用する臨床家たちの知見にも一致した（例えば、Fensterheim, 1996; Manfield, 1998）。

4．従来受け入れられてきた時間に関する限界からの解放

EMDRは、心的外傷が生じてから何年経過しているかにかかわらず、従来なら必要とされてきたよりも大幅に短時間で、深い治療効果を生み出すことができる。EMDRで臨床的に強調されるのは、情報処理システムにおいて関連した神経生理的なネットワークが、より適応的な連絡を形成することを治療的に促進することである。これらのネットワークが生理学的に非常に近接していることから、治療効果は時間を必要とするものでは決してないことが理論的に示される。実例として、数多くの統制群を用いた研究で、77～90％の市民のPTSDが3回の90分セッション以内で消去できた（第12章参照）。

あらゆる臨床的方法が、究極的には脳に生理的に貯蔵された情報に働きかけることだと定義しうるので、情報処理というパラダイムは、精神力動、行動療法、認知療法、ゲシュタルト療法、（精神薬理学を含む）身体指向の治療のような他の異なった流派の統合的なアプローチを与えてくれる。それは、鍵となるような重要な側面を含み、かつ解釈できるものである。

理論的収束

EMDRは、既知の心理学流派の多くに十分に相互乗り入れできる。幼少時の記憶の重要性は、精神力動モデルとまさに一致する（Freud, 1900/1953; Jung, 1916; Wachtel, 印刷中）。一方で、現在の機能不全な反応や行動への着目を重要視するという点は、古典的行動主義の条件づけと般化のパラダイム（Salter, 1961; Wolpe, 1990）とまさに合致する。強力な経験的基礎を持った（Bohart & Greenberg, 印刷中; Greenberg & Safran, 1987）クライエント中心療法（Rogers, 1951）

であることに加えて、EMDR は肯定的・否定的な自己評価に働きかける。そ
れは、認知療法（Beck, 1967; Ellis, 1962; Meichenbaum, 1977; Young, 1990; Young,
Zangwill, & Behary, 印刷中）の分野より分派したものである。クライエントが
呈している機能不全に関連した生理的反応に注目することは（Lang, 1979; van
der Kolk, 印刷中)、その治療的応用の際の重要な要素であることが示されつつ
ある。

外傷後ストレス障害

EMDR は、PTSD の人々に対する特殊な治療法として始まった。そのため、
基本となるアプローチやいくつかの治療手続きは、この人々を対象とした研究
報告に基づいていた。例えば、ベトナム帰還兵を対象とした研究は、心的外傷
そのものに着目した。ストレッサーの強さが直接的関数として、ストレスに対
する心理的な反応が残存するということを示した（Figley, 1978b; Kadushin, Boulanger, & Martin, 1981; Laufer, Yager, Frey-Wouters, & Donnellan, 1981; McDermott,
1981; Strayer & Ellenhorn, 1975; Wilson, 1978）。本書で見ていくように、EMDR
治療セッションの観察が示すのは、病前の出来事は PTSD になりやすい性格に
多大な影響を与えうる。この観察は独立した研究で生まれてきた（Bernat, Ronfeldt, Calhoun, & Arias, 1998; Blanchard & Hickling, 1997; Breslau, Chilcoat, Kessler,
& Davis, 1999; Bromet, Sonnega, & Kessler, 1998; King, King, Foy, & Gudanowski,
1996)。

心的外傷をもつ人たちを扱う治療者間では、PTSD の緩和のためには心的外
傷を把握し、広範囲におよぶ治療技法が導入されることに同意がなされている。
有効性を実証するような統制群を用いた研究は、残念なことに、論文として相
対的にごく少数しか発表されていないし（Foa, Keane & Friedman, 2000参照）、
プロトコルは一般的に独立した研究チームによって評価されてこなかった(Shapiro,
印刷中 b)。それにもかかわらず、いくつもの理論と治療法の様々な面が EMDR
の実践には取り入れられており、きわめて有効であることが証明されてきた。

精神力動的アプローチ

精神力動的な情報処理モデル（Horowitz, 1979）は、EMDR とかなり相互乗
り入れが可能である。すなわち、人間の自然な「補完傾向」が、活動的な記憶

の中の、心的外傷にまつわる情報を、内的な世界観に統合されるまで、再生し続けようとするというのである。心的外傷が現在の思考に取り込まれなければ、情報は活動的な記憶として残り、侵入的思考として出現するだろう。この過程は何らかの統合が結果として起こるまで、麻痺や回避となることもある。

精神力動的アプローチは、疾患の段階（もしくは治療過程）に応じた様々な技法を用いながら、心的外傷の再統合をめざす。それはクライエントの人格の発達状態にもよる（Blackburn, O'Connell, & Richman, 1984; Brende, 1981; Brende & McCann, 1984; Crump, 1984; Horowitz, 1973, 1974, 1976, 1998; Horowitz & Kaltreider, 1980; Kudler, Blank, & Krupnick, 2000の包括的な展望を参照）。侵入記憶の段階では、ストレスマネージメントのような「覆いをかける」技法を使用し、否認の段階ではサイコドラマのような「覆いを取る」技法を使用するなど、いくつかの治療技法を用いる（Horowitz, 1973, 1974）。残念ながら、精神力動的アプローチの有効性を調べた研究(Horowitz, Marmar, Weiss, Dewitt, & Rosenbaum, 1984; Lindy, Green, Grace, & Titchener, 1983)は、統制群を欠き、対象として PTSD と診断できる症例が一部分にすぎない様々な疾患群であるために、滞ったままである。一つの例外は約60％の参加者で中程度の効果を報告した統制群を用いた研究である（Brom et al., 1989）。しかしながら、「補完傾向」理論は明らかに処理過程のブロックという EMDR の理論と一致するものであり、セルフコントロール技法、想像上の再外傷体験の統合、行動変化の導入というような多面的アプローチを利用するなど、有効な治療のために様々な技法を駆使するところも EMDR と同様である。さらに、Wachtel（印刷中）が記しているように、EMDR は精神力動療法の自由連想の処理を用いているので、洞察と統合両方を通って、記憶の「通過」を強めるようである。Solomon & Neborsky（印刷中）も、EMDR は新しい短期精神力動モデルと十分に相互乗り入れできると報告した。

行動療法的アプローチ

PTSD に対する行動論的アプローチは Keane, Zimering と Caddell（1985）によって、明らかにされつつあるが、これは Mowrer（1960）の二要因学習理論を踏襲したものであり、古典的条件づけとオペラント条件づけの両者をまとめたものである。この理論の支持者は、PTSD における恐怖と回避行動の発症と

実験で条件づけられた動物に類似点があるということに言及している。

　Mowrer 理論の第 1 の要因は、ベルを条件刺激（CS）、ショックを無条件刺激（UCS）として組み合わせたパブロフの初期の実験のような、連合あるいは古典的条件づけによる学習に関するものである。この対呈示で、ベルの音に対して、恐怖のような不快な感情が起きるようになる（Pavlov, 1927）。第 2 の要因は、道具的学習あるいは回避行動である。すなわち、条件刺激（ベル）と無条件刺激（ショック）の両方を生体が常に回避しようとするようになるということである。このパラダイムでは、戦時中の銃火やレイプにより引き起こされた恐怖が他の付随した手がかりと連合するようになる。例えば、大きな騒音や暗い道のようなすべての要素を、被害者はそれ以後、できるかぎり回避しようとする。戦闘手がかりに対する帰還兵の反応に関する 2 つのコントロール研究は、この条件づけモデルを支持するものである（Blanchard, Kolb, Pallmayer, & Gerardi, 1982; Malloy, Fairbank, & Keane, 1983）。さらに、多くの学習理論に基づいた治療的介入が成功を収めていると報告されている（Fairbank & Nicholson, 1987）。

　PTSD の診断基準には、心的外傷に関連した侵入的思考、フラッシュバック、外傷に関わる詳細を含むような悪夢がある。それゆえ、行動療法は、付随する不安や恐怖による行動と生理的な覚醒状態を消去するために、条件刺激にさらされる時間を増加させてきた。心的外傷の存在が心理面および行動面の不適応の原因となっているので、行動療法は、フラッディング（Malleson, 1959）やインプロージョン（Stampfl, London にて発表, 1964）としても知られる直接的な治療的イクスポージャー（DTE; Boudewyns & Shipley, 1983）技法を、PTSD の緩和に適用してきた。これらの技法は多くの症例検討（Black & Keane, 1982; Fairbank, Gross, & Keane, 1983; Fairbank & Keane, 1982; Johnson, Gilmore, & Shenoy, 1982; Keane, Fairbank, Caddell, Zimering, & Bender, 1985; Keane & Kaloupek, 1982; Miller & Buchbinder, 1979; Schindler, 1980; Scrignar, 1983）と 5 つの効果研究（Boudewyns & Hyer, 1990; Boudewyns, Hyer, Woods, Harrison, & McCranie, 1990; Cooper & Clum, 1989; Glynn et al., 1999; Keane, Fairbank et al., 1989）で、使用されてきた。

　PTSD に対する DTE 治療において、不安が減少するまでの数回のセッション中に、外傷記憶がしばしばよみがえることがある。その意図は許容時間内に

最大量の不安を維持することにある。不安を引き起こす刺激（ただし無条件の嫌悪刺激によって強化されない）に対するいつもの回避反応を禁止して、強制的に暴露すると、不安感は消失していくという仮説に、治療は基づいている（Levis, 1980; Stampfl & Levis, 1967）。代表例として、5人のチームの中でただ一人生き残ったという心的外傷体験の記憶に悩まされていたベトナム戦争帰還兵の症例がある。1回に60から70分にわたる9回の面接が、治療の成功のためには必要であった（Fairbank et al., 1983）。

DTEによる脱感作を終了するために惹起される不安の強さと面接回数は、治療からドロップアウトしやすい傾向を示すかもしれないが、ドロップアウトに関するデータはない。しかしながら、治療者たちは、これほど長い期間クライエントの高い不安反応を引き起こし、強制的に消去することに懸念を表明している（Fairbank & Brown, 1987b; Pitman et al., 1991; Pitman et al., 1996a; Shalev, Bonne, & Eth, 1996a, b）。幸いにも、EMDRは外傷記憶の治療法に新しい選択肢として登場し、強い不安を引き起こす刺激に長期にわたってさらす必要はなく、速やかに心的外傷を脱感作できる。

EMDRはイクスポージャー法であるかもしれないと考える者がいる。というのも、直接治療効果を及ぼすために、クライエントは、心的外傷を意識し続けなさいと最初言われるからだ。しかしながら、標準的なイクスポージャー療法でのように、注意を事件に向け続けないし、EMDRで必要とされる暴露量は、DTE法により制止過程が発達し、クライエントに不安の軽減した兆候が現われるまでに必要とされる長期の暴露に比べれば（Rogers & Silver, 印刷中; Rogers et al., 1999）、はるかに少ない（例えば、治療時間にして4時間半、Ironson et al., 印刷中; Marcus et al., 1997; Rothbaum, 1997; Wilson, Silver, Covi & Foster, 1996; S.Wilson et al., 1995, 1997）。イメージイクスポージャーのみの統制群を用いた研究が示したのは、7〜15セッションでPTSDの消去において、50〜60%の成功率であった（Foa et al, 1991, 1999; Tarrier et al., 1999）。そして、診断の75%の緩和を得るのに、現実イクスポージャーを加え、50〜100時間のホームワークを課すことが必要だった(Marks et al., 1998; Richards, Lovell, & Marks, 1994)。前に記したように、前に引用したEMDRの研究では、77〜100%のPTSDの消去が報告された（さらなる議論は第12章）。さらに付け加えれば、EMDRでは、DTEのように、不安のレベルを高めたり悪化させることを意図しているわけ

ではない。それが、多くの治療者がEMDRをより満足できる方法と感じる差になっているのだろう（Boudewyns & Hyer, 1996; Lipke, 1992b, 1994, 1995; Pitman et al., 1996a）。

しかしながら、引用文献にあるように、連合した刺激を脱条件づけする必要があるように、心的外傷にいくぶんか暴露される必要性は否定できない。これらの理由から、EMDRのプロトコルは、きっかけとなった出来事、現在の刺激、将来の行動に反映される否定的な反応の再処理を備えた、三つ股熊手に例えられるアプローチとなっている。

認知-行動的アプローチ

EMDRに認知療法的側面を取り入れることは、レイプ被害者の治療に関する報告に基づいている。レイプ被害者はPTSDに悩む人々の中でも大きな比率を占め、ベトナム戦争帰還兵以外では、臨床上コントロール研究で取り上げられてきた唯一の同質の疾患群である。治療はしばしば多方面にわたるアプローチを含み、対処技能、認知的介入、ストレスマネージメント技法や被害者の否定的な自己陳述を一層悪化させるような社会的誤解を晴らす情報を提供することにまで及ぶ（Forman, 1980; Kilpatrick & Veronen, 1983; Veronen & Kilpatrick, 1980）。3段階のストレス免疫プログラムが用いられてきた。この中には、教育段階、リラクセーションと認知的対処技能が探索されるリハーサルの段階、そして適用段階が含まれる（Meichenbaum, 1977）。イクスポージャー法がうまく用いられるのは適用段階の期間中、もしくは適用段階そのものである（Pearson, Poquette, & Wasden, 1983; Rychtarik, Silverman, Van Landingham, & Prue, 1984; Wolff, 1977）。

治療過程の認知的な側面が重視されているが（Foa & Kozak, 1986, 1998）、文献を見てみると、イクスポージャー法は治療の一部としても、また主たる治療技法の一つとしても用いられていることが分かる（Fairbank & Brown, 1987a; Foa & Rathbaum, 1998）。強くない不安に段階的にさらされることとリラクセーションを組み合わせた系統的脱感作（Walpe, 1958）が、レイプ被害者には有効であり、治療では、レイプに関係した手がかりとクライエントの恐怖や不安に焦点を絞られる。この技法は様々な症例に対して、恐怖、不安、抑うつを減弱し、社会的適応力を高めるのに役立ってきた（Frank et al., 1988; Frank & Stewart,

1983a, 1983b; Pearson et al., 1983; Turner, 1979; Wolff, 1977)。しかし、統制群の欠如と症例数の少なさのために多くは語れない。付け加えると、DTEを有効に利用できたのは、性的虐待の被害者4例に関する研究で（Haynes & Mooney, 1975)、近親姦の1例（Rychtarik et al., 1984）では、連日80分から90分の治療を5日間も要したのである。

　外傷的な手がかりに対する脱感作が効果的だと思われるが、その一方で、レイプ被害者に対するDTEの使用に関して、治療者たちはとりわけ懸念を抱いていたようである。というのも、治療脱落度の高いことがよく知られているこの群では（Veronen & Kilpatrick, 1980)、不合理な認知を特定するのに失敗したり、別の対処技法を提供するのに失敗したり、治療によって不安に長くさらされるために高率にドロップアウトする傾向があるからだ（Kilpatrick et al., 1982; Kilpatrick & Best, 1984）。これらの問題点は、体系的に反証されたが（Rychtarik et al., 1984)、レイプ被害者に対するDTE利用に関する発表は少数に留まったままである。おそらく、治療の成功のためには強度の不安を惹起され、それに曝されなければならないためだろう。このようなPTSD群に関する最初の対照比較研究では（Foa et al., 1991)、支持的なカウンセリング（SC)、ストレス免疫訓練（SIT)、フラッディングの変法の一つである長時間イクスポージャー（PE）を比較している。治療直後には、SITがPEより優れているように見えたが、4カ月後のフォローアップ観察では結果が逆になった。PEとSITはいずれもSCより優れていた。しかしながら、PEまたはSITのいずれかを7回施行された症例の45%が、治療の3.5カ月後もPTSDの診断を受けていた。それゆえ、（Frankらの知見〔1988〕に加えて）この研究から、イクスポージャーと認知の再構成を組み合わせると非常に有効な治療手段となるだろうと示唆しているように思われる（この知見は最近報告された実験によって確認された。Resick & Schnicke, 1992参照)。しかし、Foaら（1999）による引き続いた研究ではイクスポージャーとSIT条件がPTSDの消去に約60%成功したのに対し、この2つの組み合わせは、フラッディングのみと成功率では変わらなかった。Marksら（1998）によるさまざまなトラウマの入り交じった対象の研究も、組み合わせがより優れていることは示されなかった（Rothbaum et al., 2000に包括的な展望参照)。

　戦闘体験によるPTSDに関する文献と同様に、レイプ被害者のPTSDに関す

るコントロール研究はほとんどない（Echeburua et al., 1997; Foa et al., 1991, 1999; Resick & Schnicke, 1992）。しかし、個々の症例に関する報告は豊富である。これらの症例に対する治療手続きの有効性を評価するために既に発表された論文を検索する上でもう一つの難点は、多くの治療法が事件直後三カ月以内に開始され、この期間はPTSD症状の自然治癒も起こりやすいことである（Fairbank & Brown, 1987b; Kilpatrick & Calhoun, 1988）。しかし、これらの難点があったとしても、レイプや近親姦の被害者の認知を再構成する必要は大いにあると考えられる。なぜなら、レイプ被害者であることに対する自己卑下的な思考と自己評価、つまり、自責感、罪悪感、恥辱感を反映した認知が、社会的により強められるからである（Bart & Scheppele, 1980; Burgess & Holmstrom, 1974; Forman, 1980; Hepper & Hepper, 1977, Scheppele & Bart, 1983; Veronen & Kilpatrick, 1980）。

　喪失に関した悲哀、脆弱さに関した不快感、襲われた恐怖、自分の責任であるという罪悪感といったレイプ症例で繰り返し問題になるテーマが扱われる必要がある（Krupnick & Horowitz, 1981）。被害に遭ったがために、損なわれた3つの基本的な信念に注意を払うべきだろう。その3つとは、性格的な強靱さ、外界を意味あるものとして捉えること、そして肯定的な自己イメージである（Janoff-Bulman, 1985）。認知療法はレイプ被害者に関した研究において、恐怖、抑うつ感、不安を減少させることに成功してきた（Frank, Turner, & Duffy, 1979; Frank & Stewart, 1983b; Resick, Jordan, Girelli, Hutter & Marhoerfer-Dvorak, 1988; Turner & Frank, 1981）。また、認知療法と脱感作を比較して同等の効果を示したという報告も1つ見られる（Frank et al., 1988）。しかし、適当な統制群を欠いたり、ごくわずかを除いてランダムな割り付けを欠いているために、効果に関して予想される結論には限界がある。認知処理療法（Resick & Schnicke, 1992）も、この対象を治療するのに大変有効であるようである。しかし、独立した評価でなく統制群が無作為割り付けでないので、結論には限定がある。それにもかかわらず、自己言及的な信念の評価はEMDR治療での重要な要素であり（第3章参照）、臨床報告はEMDRがさまざまな臨床対象において認知と感情のレベルで認知の再構成の統合を加速することを示している（Young et al., 印刷中）。

統合的アプローチ

回避を予防し脱感作を可能にするためには、外傷の手がかりに、何らかの形でさらされることが、PTSDの効果的な治療には必要であることは、研究上のコンセンサスとなっている(Fairbank & Brown, 1987a; Fairbank & Nicholson, 1987; Rothbaum et al., 2000参照)。しかしながら、上記のように、十分研究されているとは言えないが、イクスポージャー法単独よりも、認知療法とイクスポージャー法を組み合わせるとより効果的であり、恐怖症の治療でも同様であることが提案されてきた（Rachman, 1978）。恐怖症とPTSDの治療では、報告されている限りでもかなりの類似点が見られる（Fairbank & Brown, 1987a; Kuch, 1987）。こうした観察から、また、導入された手続きへの臨床反応の評価から、EMDRは、外傷的な事柄に対して速やかに脱感作を可能にする一方、新しく望ましい自己陳述を作り上げるのにきわめて効果的な方法として発展を遂げてきた。このパラダイムの中では、事件を再定義し、その意味を見いだし、不適切な自己批判を和らげるといった認知の再評価（Janoff-Bulman, 1985）が、外傷経験者に対するEMDR治療の重要な側面である。さらに、EMDRは臨床家によってもたらされた新しい情報、対処技能や行動のすばやい統合を促進するように構成されている。認知行動アプローチが多くの多様な技法を含むようになってきていたように、これらの多くがEMDRの統合的な手続きにも含まれている(Lazarus & Lazarus, 印刷中; Smyth & Poole, 印刷中; Young et al., 印刷中)。しかし、心理療法の際だった、統合的な形態のように、EMDRは、眼球運動や、タッピングや音といった二重注意の使用に加えて、経験的な側面も（Bohart & Greenberg, 印刷中)、精神力動的な側面も（Solomon & Neborsky, 印刷中; Wachtel, 印刷中)、フェミニストの側面も（Brown, 印刷中)、多くの他の心理学的流派の側面も(Norcross & Shapiro, 印刷中; Shapiro, 印刷中; Zabukovec, Lazrove & Shapiro, 2000)組み込んでいる。

先駆的な神経生物学的研究者が二重注意刺激の効果を説明する理論を提唱しており（Andrade, Kavanaugh & Baddeley, 1997; Stickgold, 印刷中; van der Kolk, 印刷中)、初期的な実証的研究が視空間的テンプレートについて（Andrade et al., 1997)、半球の情報処理について（Christman & Garvey, 2000）の直接的効果を示してきた。提案された定位反応(Armstrong & Vaughan, 1996; Lipke, 1992a, 2000;

MacCulloch & Feldman, 1996; Stickgold, 印刷中）の意味に関するこうした研究と推測は、将来の研究への提案もしながら、第12章で展望されるだろう。他の手続き的な要素の使用とともに、二重注意刺激は処理を促進するようで、いくつかの行動学的研究によれば、臨床家や治療者に好まれている（Boudewyns, Stwertka, Hyer, Albrecht, & Sperr, 1993; Boudewyns & Hyer, 1996）。これが、障害の滴下によるのか、連想処理の促進によるのかはまだ決定できない（Rogers & Silver, 印刷中参照）。

要約と結論

　当初は EMD と呼ばれた EMDR の始まりは、自発的に繰り返した眼球運動が不快な思考に対して明らかに脱感作作用を持っていたという私自身の観察であった。特に病的ではない訴えを持った70名のボランティアに対して方向を決めた眼球運動を使用すると、障害の減弱に効果的な者がいることが分かった。これらの試みを通じて、この技法は臨床適用でも最大の効果を示すように改訂されてきた。1989年に *Journal of Traumatic Stress*（Shapiro, 1989a）に掲載された、PTSD に罹患した22症例に関するコントロール研究では、脱感作と認知の再構成、そして心的外傷に由来する根強い侵入症状の除去にきわめて効果的であることが示された。

　EMD から EMDR への命名の変更は、この方法が、単に脱感作の治療効果のみでなく、情報処理機構に作用することが明らかになった時点で行なった。統合された加速情報処理モデルは、生来備わった情報処理機構に存在すると考えられる自己治癒力を刺激する生理的な方法であることに力点を置いている。初期の記憶が、現存する多くの病理の基礎になっていると考えられ、EMDR の効果は現在の臨床像を変化させるために、これらの記憶の衝撃度を速やかに変化させると思われる。三つ股熊手のアプローチは生態学的出来事、現在の引き金、将来の適切な行動のための鋳型をターゲットとするのに使われている。

　EMDR の要素の多くは、生化学の分野と精神力動的・認知的・経験主義的・行動的方向性の心理療法の分野での、PTSD に関する研究や症例検討から引き出された。EMDR が十分に効果を持つために、多彩な要素を含む複雑な方法であることは、臨床的にも研究的にも重要な課題となるだろう。次章では、臨

床適用のモデルについてさらに詳細に述べる。

2章

適応的な情報処理
──作業仮説としてのモデル──

　　　　　数学の諸法則は、現実に照応している限り正確なものにならない
　　　　　し、それが正確なものである限り、現実には照応していない。
　　　　　　　　　　　　　　　　　　　　　　　アルバート・アインシュタイン

　第一章で述べたように、EMDRは眼球運動が情動-認知処理に対して有効であるという私の経験的観察に基づいている。私は臨床成績を見定めながら、試行錯誤を重ねつつ基本的手続きを発展させた。目に見える素早い効果があったため、私はさまざまな臨床効果のパターンを詳述でき、それらを説明するためのさまざまな理論をごく自然に公式化していけた。理論的原理が明らかになっていくにつれ、この手続きの新たな適用を予言し検証できるようになった。そして次々に方法を発展させていくことができ、今でも進行中である。結果として生じた理論が生理学的に進行しつつあることを適切に表現できているかどうかは明白ではないが、それは観察結果と矛盾しないし、基本原理を論理的に当てはめることは、臨床的な決断をする助けとなった。加えて、多くの人は、このモデルを治療的な変化の特質を理解する上でのパラダイムの変化とみなすことができる。

　この章で私は、適応的な情報処理に関して述べるつもりである。それはEMDR療法がどのように作用しているかを説明する助けとなる。最初に私は、EMDRがどれほど適応的な情報処理モデルに適合しているかを説明する。そして機能不全のまま脳に貯蔵された材料に対し、いかにアクセスし、影響を与え得るかを説明する。実際のクライエントとの面接の逐語録が、説明の重要な部分を照らし出すだろう。私はまた、精神病理学上の特徴、臨床適用の多様性、そしてEMDR治療アプローチの統合的な特質について概観する。

この章ではEMDR使用の現行モデルを詳細にわたり提示するが、これはあくまでも作業仮説であり、実験室や臨床上での新たな観察結果によって修正される可能性があることを理解しておいてほしい。このモデルは、臨床に実際に適用されているが、説明のためにBower（1981）とLang（1979）によって導入された神経生理学における情報処理の用語を使用していることを銘記してほしい。さらに私は神経生理学や神経ネットワークの用語を利用することによって、精神生理学的概念を扱っている。この構造は、神経心理学者によって近年使用されている神経ネットワークという用語の使い方を包含し、さらにその方法を認知処理／情動処理の諸層にまで拡張してくれるだろう。正確な神経生理学上の指示対象を持たない用語を使っているのは、EMDRの効果が、今現在、与えられている生理学モデルの妥当性には基づいていないということであり、これは特に重要な点である。大脳生理学はこのモデルの妥当性を確証するレベルまで、まだ十分に解明されてはいないからである。しかしモデルは、既に事実として認知されているものと何ら矛盾せず、観察されたEMDRの治療効果とも一致し、そして広範囲の病理を扱う場合に臨床上のロードマップの役割を果たしてくれる。これまでのところ、このモデルは、新しい領域に適用するとき、治療に対して生ずる反応を説明し、正確に予測し得ると分かってきた。

情報処理

　EMDRは一つの治療方法である。一方、適応的な情報処理(Shapiro, 1993, 1994c)は、その理論的枠組みと原理を規定する普遍的モデルを示す。一連の適応的な情報処理治療は、一つの方法としてEMDRを包含している。一つの方法としてEMDRは、広範囲の病理に対する、原理と手続きと種々のプロトコルをもつ。一連の適応的な情報処理治療の中では、別のプロトコルと手続きをもつ他の方法も、いつかきっと生まれてくるだろう。確かに、電気刺激（Schmitt, Capo, & Boyd, 1986）や写真覚醒（photo arousal; Ochs, 1993）を含む他の方法の報告がされるようになり、良い目的で使われている。
　適応的な情報処理モデルは、初期にFreud（1919/1955）やPavlov（1927）が理解を示し、現在では情報処理と呼ばれているモデルと矛盾しない。具体的に言えば、情報を「適応的な解決」へ処理する生理学上のシステムには、神経学

的なバランスが存在するようだ。適応的な解決とは、ここでは、適切な連想に結びつき、経験がその人にとって建設的に使われ、肯定的な感情と認知のスキーマへ統合されていくことを意味する。本質的に、有用なことは適切な感情とともに学習し、貯蔵され、将来有効に使用し得る。例えば、仕事中に恥をかかされるような否定的な出来事が起こったとして、我々は苦痛を感じるだろう。我々はそれについて考え、夢を見、そして話す。しばらくすると、我々はもうそれには煩わされず、その経験を将来の行動を導くための情報として有益に使うだろう。こうして、我々は自分自身や他の人々について何かを学び、過去の状況をより良く理解するようになり、将来同じような状況になったとき、もっとうまく処理できるようになるだろう。

しかしひどい心的外傷を経験すると、神経伝達物質やアドレナリンなどの変化によって神経系統のアンバランスが生じるようである。このアンバランスのため生体システムは機能を果たすことができなくなり、その出来事の際のイメージ・音・感情や身体感覚を含む情報は神経学的に混乱した状態のまま維持される。従って、ストレスに満ちた、興奮状態の形で保存されたもともとの情報は、内界や外界からのさまざまな刺激が引き金になり続け、悪夢やフラッシュバック、侵入的思考などの、PTSDの陽性症状として表出される。仮説として、EMDRに使用される眼球運動（あるいは代替刺激）は情報処理システムを賦活する生理的メカニズムを作動させる、と考えられる。このように情報処理が活性化され、促進される理由として、以下の1～3を含めさまざまなメカニズムが提案されてきた。

1．クライエントが現在の刺激と過去の心的外傷の両方に同時に注意を向ける二重焦点による情報処理の活性化と促進
2．種々の刺激によって引き起こされる神経発火の特異な効果、そしてそれが低電圧電流と等しい役割を果たし、シナプス電位に直接的な影響を与える可能性の示唆（Barrionuevo, Schottler & Lynch, 1980; Larson & Lynch, 1989）
3．リラクセーション反応によって引き起こされる解条件づけ（Shapiro, 1989a, 1989b, Wilson et al., 1995）

それゆえ、外傷記憶を想起させながらEMDRを行なうとき、我々は、クライ

エントの意識と、情報が貯蔵されている脳のその部位との連結を刺激しているのかもしれない。眼球運動（あるいは代替刺激）は情報処理システムを賦活し、良好なバランスに戻そうとする。眼球運動の各セットごとに、我々は混乱した情報を、適切な神経生理学的チャンネルに沿って、適応的な解決に至るまで、加速したスピードで動かしていく。例えば、古い孤立し混乱した情報が、現在の適応的な情報（「父が私をレイプしたのは私のせいではない」のように）に結びつき、解決に導かれるかもしれない。EMDRの主要な仮説の一つは、外傷記憶の処理を賦活することが、自然に解決を必要とする適応的な情報へと動いていくというものである。

　心理的な自然治癒という概念が加速情報処理モデルに内在しているが、それは身体的損傷への身体的治癒反応に基づいた構成概念である。例えば、あなたが手を切ったとき、あなたの身体は傷口を塞ぎ、傷を治すよう働くだろう。もし異物や繰り返される外傷のような何かが回復をブロックするなら、傷口は化膿し、痛むだろう。障害物が取り除かれたら、自然治癒反応が再開されるだろう。同じようなひとまとまりの出来事が、心の過程でも起こっているように思われる。心を健康な状態へと動かしていくのは脳の情報処理システムの持つ自然な傾向である。だが、もしシステムがブロックされたり、外傷経験の衝撃によってバランスが崩されるならば、不適応的な反応が観察されるだろう。これらの反応は現在の刺激や、その事件を処理しようとする情報処理メカニズムが引き起こしているようだ。例えば、レイプ被害者は、その解決と完全な処理を目指して、レイプされたときのイメージを何度も何度も自動的に思い出すといった試みを続け、うまくいかずにいるかもしれない（Horowitz, 1979）。もし障害が取り払われたなら、処理が再び始まり、適応的な解決と機能的に統合された状態に向かって情報は動いていく。この解決は、クライエントがその出来事と連合させているイメージや感情や認知の変化によって明らかになる。比喩的に、処理メカニズムを情報の「消化」あるいは「代謝」と考えることができる。処理メカニズムは健康的で人生の質を高めるような方法で使用できる。

　虐待の被害者は、その出来事に関して否定的な自己イメージしか持てずにEMDR治療を始めるが、治療を終えるころには肯定的な自己価値観を獲得するという点からも、情報処理システムはそれが賦活されるときには適応的なものになる——という理論を私は立てている。さらに言えば、逆は起こらない。それはEMDR

治療は機能不全（不適当な非難や自己嫌悪）に向かってではなく、健康（肯定的な感情とより高い自尊感情）に向かって加速的発展をとげていくことが明らかになっているからである。適応的な情報処理メカニズムを賦活するという考え方がEMDR治療の中心であり、またさまざまな病理への適用に際しても不可欠なものである。

代替刺激

　以前に述べた通り、方向づけをした眼球運動の他に、情報処理システムを賦活する代替刺激がある。例えば、手のタッピングと聴覚的合図の繰り返しも効果的であると証明された（Shapiro, 1994b）。このような刺激が、方向づけられた眼球運動と同じぐらい効果的であるかどうかはまだ明確ではないが、以前に言及した二重焦点仮説がEMDRの効果の最も有用な説明であると証明されるかもしれない限りは、可能性は排除されるべきではない。つまり、情報処理メカニズムは、眼球運動を維持すること（あるいは手のタッピングや聴覚的な合図に注目すること）に注意を集中する動作、あるいはただ単に刺激を凝視する動作によって、活性化されるものなのかもしれない。心的外傷記憶に同時に注意を集中することは、機能不全の状態で貯蔵されてきた材料を処理するシステムを賦活するのかもしれない。それとも、もし情報処理システムを賦活するのが眼球運動そのものによって生成される神経-電気刺激であるなら、類似の効果をもつ一定した、あるいは反復する他のリズミカルな動きでも良いだろう。

　事実、臨床家は眼球運動に代わる代替刺激を使用したケースでも、肯定的治療結果を報告している。これらの代替刺激は第3章で述べ、その研究の意味は第12章で論じる。

　以前に述べた通り、私はその存在を証明するためではなく、臨床における効果を解釈するために理論的なモデルを提示している。　例えば、REM睡眠仮説は、治療の効果の点で眼球運動の果たす明らかな役割を説明しようとしだだけである。手のタッピングあるいは聴覚的合図のような、他の刺激が有用かもしれないことを排除するものではない。例えば、眼球運動が方向づけられ、点から点に（saccadic）追う場合でも、連続的に（tracking）追う場合でも、指の動きに従って眼球運動を行なうことが、REM睡眠時と同じメカニズムを刺激すると証明されたとしても、この発見は覚醒状態での代替刺激の潜在的な有用性

の価値を下げるわけではない。睡眠状態の身体では、聴覚刺激、手のタッピング、明滅する光、あるいは外部に集中する工夫を生み出すことはできないだろうが、明らかに代替刺激の選択の余地はあるだろう。EMDR の効果をもたらす正確なメカニズムがどういうものであれ、情報処理システムを賦活するということが、治療のための臨床的な焦点を与えてくれる。それゆえ、このテキストを通じて「セット」と「眼球運動」という用語が使われるが、それは効果的な代替刺激のセットをも意味していることを覚えていてほしい。

記憶のネットワーク

　脳の生来の情報処理システムに関しての我々の仮説は、記憶のネットワークの概念へと行き着く。非常に単純な言い方だが、記憶のネットワークは情報の連合システムを代表するものである。誰も記憶のネットワークが実際にどのようなものかは知らない。けれども我々は関連した思い出、思考、イメージ、感情そして感覚が貯蔵され、お互いに結合しあっている一連のチャンネルとして、比喩的に描写することができる。

　EMDR 治療は、図1で図示されるような配列の記憶のネットワークを通って進行すると概念化される。　EMDR を使うとき、我々はクライエントにター

ターゲット／かなめ

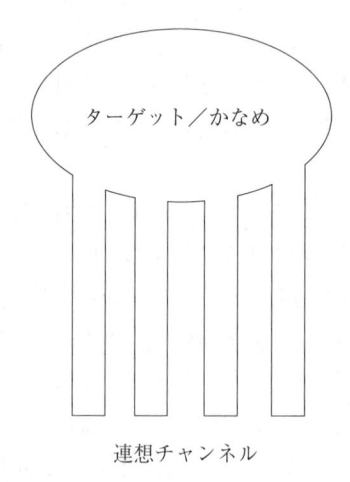

連想チャンネル

図1．記憶ネットワークを通じての EMDR 治療の進展の説明図

ゲットに焦点を合わせるようにと言う。ターゲットとは、すなわち、具体的な記憶あるいは夢のイメージ、人、実際の、あるいは夢想された、または投影された出来事、身体感覚や思考のような経験の側面である。適応的な情報処理モデルでは、このターゲットはかなめ（ノード）と呼ばれるが、それは生理学的に連合しあった材料の間で重要な位置を占めているからである。例えば、もしクライエントの上司に対する反応が今の訴えならば、臨床家は上司の顔のイメージをターゲットにするかもしれない。上司の顔は、一連の連合した経験が配列されているかなめであると思われるからである。もしクライエントが過度の怒りあるいは不安を感じながらターゲットに反応するなら、それはターゲットにつながる連想のせいである。これらの連想には、上司や、他の権威者（クライエントの父親のような）との経験が含まれるかもしれない。従って、もしクライエントがターゲットに対して穏やかに反応することが治療のゴールなら、かなめにつながる、機能不全状態のまま貯蔵されているすべての題材を再処理し、それぞれのチャンネルを「きれいに掃除する」必要がある。再処理は眼球運動（あるいは代替刺激）の各セットの間に起こり、我々はその各々の進歩をイメージや思考や感情が変化した山場と見、治療的な解決へと向かっていく。

EMDRのサンプルセッション

　EMDRの基礎となっている概念を例示するために、実際の治療セッションの一部のやりとりを見ていこう。クライエントは、戦争の心的外傷体験に関して既に何度も治療を受けているベトナム帰還兵である。彼は、数回の入院治療も含め、長年にわたる治療にもかかわらず、未だに中度のPTSD症状に苦しんでいた。最初の4回のEMDRセッションで、彼は苦痛となる記憶を再処理した。そして彼の侵入的思考はやわらいだ。このセッションでの訴えは、無能な同僚に対する自分の否定的な反応である。同僚の無能さは確かに誰をも不快にさせるが、このクライエントはあまりにも大きな怒りと不安を感じ、その同僚と一緒に働けないほどだった。クライエントは（既に）何週間も怒りやフラストレーションと闘い、とうとう最後に援助を求めてきた。なぜなら進行中のプロジェクトにおいて、その同僚と一緒に働くのが避けられなかったからである。この同僚への思いが、クライエントにとって不快の源だったので、我々は会話

などでなく、この同僚そのものをターゲットとして用いた。以下に示すように、臨床家はクライエントのストレスの原因となっている情報を処理するために一連の眼球運動を用いた。

最初に治療者はクライエントに、無能な同僚の顔を思い浮かべ、そこから湧き起こる不安を感じるようにと言った。次に彼は、否定的感情がどの程度か、SUD（主観的障害単位）尺度を用いて評価するように求められる。0は中立か穏やかな感じを表わし、10が想像し得る最大の障害の程度を表わす。次に治療者は、クライエントにリズミカルな指の動きを目で追うように指示する（具体的な施行の説明は第3章でなされる）。臨床家はセットとセットの間に、新しい情報や気づきが起こっていないかどうかを尋ね、クライエントの状態をチェックする。臨床家は、クライエントが情報処理し、適応的な山場へ達しているかどうかを判断するために、各セットごとに明らかにされる情報を吟味する。

各セットの終わりに、治療者はクライエントに「良いですよ」と言い、強化を与える。治療者は、頭の中に最後まであったものを消し去るよう指示し、「今何がありますか？」と尋ねる。すると彼はそのときの最も支配的な思考、感情（あるいは強度レベル）、感覚、あるいはイメージを報告する。そして治療者は新たな情報処理の山場に達したことを読みとることができるのだ。クライエントの変化に基づき、臨床家はクライエントの注意を、新しい情報、あるいは最初のターゲットのどちらかに向ける。図2は、かなめ（無能な同僚）と、クライエントの連続した応答によって明らかになった情報連合のチャンネルを示す。縦の各欄の最初の見出し（例えば、大きな不安、笑えるなど）は、ターゲットを頭に浮かべたときの、クライエントの最初の反応を表わしている。そして、各表現の下の表示は、引き続くセットの開始後に出現した連想である。治療セッションにおける一段階（脱感作）のみが図示されている。

サンプルセッションの部分的な逐語録

クライエントはエリック（Eric）、39歳。コンピュータ・プログラマー。

治療者：それでは、あなたが職場で無能であると考えている同僚を思い浮かべることから始めましょう。彼の顔を思い浮かべ、彼がどれほど無能か、感じてください。0から10までのどのくらいに感じられますか？

2章 適応的な情報処理

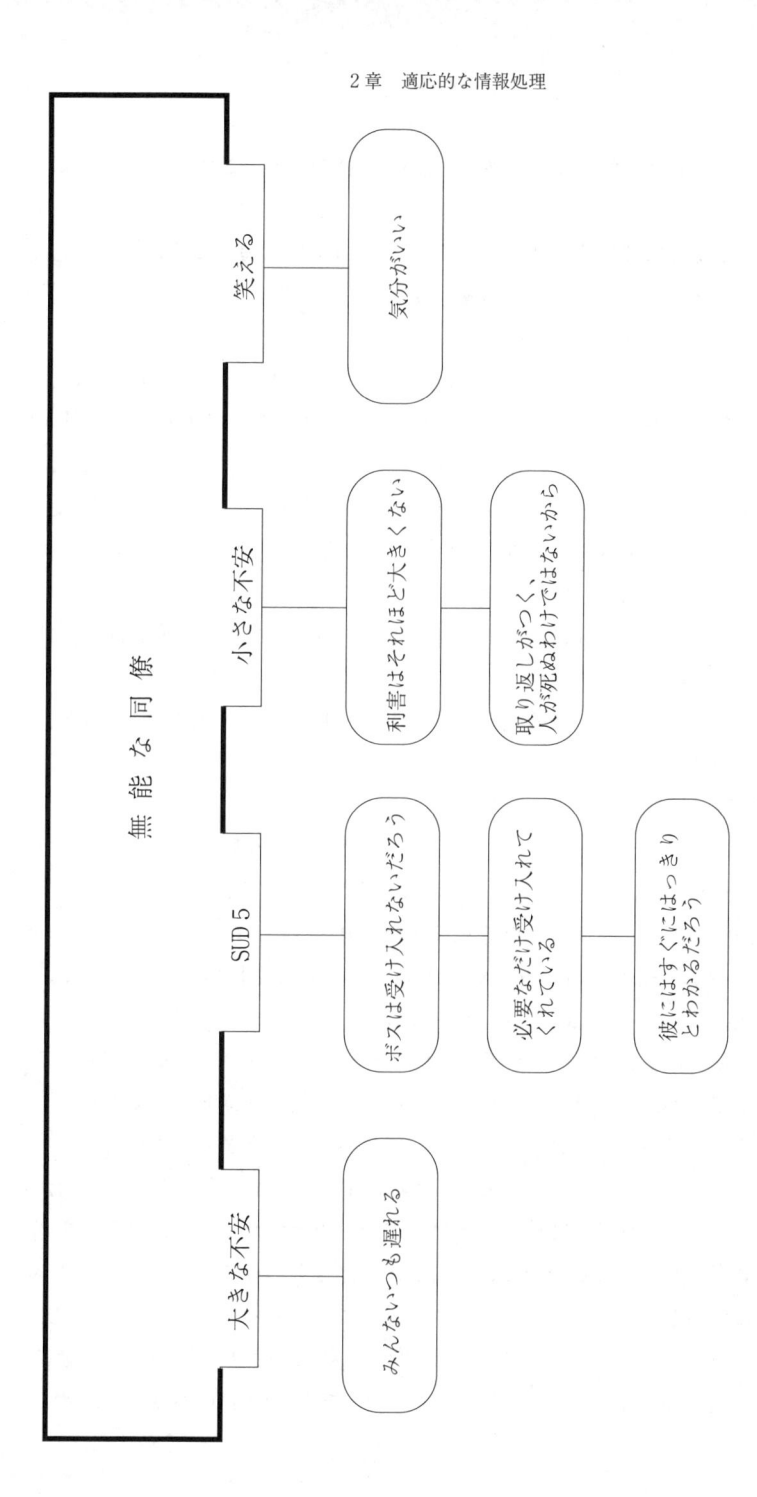

```
                        無 能 な 同 僚
┌──────────┬──────────┬──────────┬──────────┐
大きな不安   SUD 5      小さな不安    笑える
    │          │          │          │
みんないつも  ボスは受け   利害はそれ  気分がいい
も遅れる    入れないだ   ほど大きく
            ろう        ない
               │          │
            必要なだけ   取り返しが
            受け入れて   つく、
            くれている   人が死ぬわけ
                        ではないから
               │
            彼にはすぐに
            はっきりと
            わかるだろう
```

図2．ターゲット（無能な同僚）とEMDR治療によって生じてきた情報のチャンネル。クライエントの反応とその反応に関連して引き起こされた一連の連想の形で表わされている。

Eric：7です。

〔クライエントは同僚の顔を想像し、最初のSUD尺度において7と評定した〕

治療者：その感じに注意を集中し、そして私の指を目で追ってください。（クライエントを、1セットの眼球運動に導く）。いいですよ。それを消して、深呼吸をしてください。今、何に気づきましたか？

Eric：分かりません。ほんの少しだけ、良い感じだと思う。ここに来る前に、今日私はある仕事をこなしました。そして少なくとも知的なレベルでは分かったんですよ……。えーと、これは仕事なんだ、スケジュールが遅れそうになったけれど、周りの同僚はイライラしかけたけれど、いつもこうなんだ。コンピュータビジネスでは、誰かがいつも遅れるって意味ですよ。それで私はちょっとあれと結びつけ始めたんだ。

〔これは利用できるようになった最初のチャンネルである。治療者は最初のターゲットに戻ることに決める〕

治療者：そうですね。今同僚の顔を思い浮かべ、彼の無能さを感じてみると、0から10の間のどれくらいですか？

Eric：多分5くらいです。

治療者：ではそのまま。（再び臨床家は1セットの眼球運動に導く）。いいですよ。ではすべてを消して、深呼吸をしてください。今、何を感じていますか？

〔この後分かるが、クライエントが最初のターゲットに戻れたので、新しいチャンネルが利用できるようになっている。この2番目のチャンネルは、「個人的受容」の概念によって結びついた連合を表わしている〕

Eric：一つ思い出してきた。イライラさせられる理由の一つなんだが、上司の状態なんだ。彼は人の能力を評価できないんだ。他の人はそれができるという点で、少しは良いように感じられる。僕以外にも、上司の様子を見て、イライラしている人がいるってことで。だけどね、まるで、僕がみんなに何が起こっているかを理解してほしいと思っているみたいだな。上司がそれを認めず、同意もしてくれないので、僕自身が有能だということ、そしてそれを他の人にも感じてほしいって、僕が強く思っているんだな。

治療者：そう、今言ったすべてを考えながら。（新しい1セットの眼球運動に導く）。いいですよ。それを消し去って、そして深呼吸してください。今、

どんな感じですか？

Eric：多分4か3です。ゆっくり、だが確実に、僕は他の人々に受容される必要がないんだと分かり始めている。僕はたくさんの人々に受け入れてもらっていて、その一人ひとりが重要なんだろう。今すぐには難しいかもしれない、僕の上司は多分僕を受け入れてくれていない一人だろうから。でもそれは彼の問題であって僕のじゃない（笑い）。

〔この時点で、伝統的療法を使っている臨床家は、クライエントの態度に関しての援助に焦点をあてた議論を始めようという気になるかもしれない。しかし、EMDR においては、そういう応答は禁忌である。むしろ、治療者はクライエントが言ったことをそのまま心に留めさせ、次の眼球運動のセットに導入し、さらなる処理を刺激するようにする。クライエントは、何が起きているかについて、他の解釈を示し始める。後述のごとく、このクライエントは新しい山場に到達し、彼からの情報はより適応的な形態へと発展していく〕

治療者：いいですね。それについて考えて。（クライエントを眼球運動の次のセットに導入する）。いいですよ。それを消し去って、深呼吸をしてください。今、何を感じていますか？

Eric：僕は彼に十分受け入れられているみたいだ。僕は必要とするものを得てきている。彼は今、僕をひどく必要としているってこと。確かに僕の仕事は危機的状況じゃあない。だから恐らく僕は必要とするものを得てきている。

治療者：いいですね。それについて考えて。（クライエントを次の眼球運動のセットに導き）、いいですよ。それを消して、深呼吸をしてください。今、何を感じていますか？

Eric：ああ、……数ヵ月のうちに、プロジェクトのプレッシャーは一段落つくだろう。そしてそのころまでには彼もきっと分かってくれるだろう。

治療者：いいですね。そのままいきましょう。（クライエントをもう1セットの眼球運動に導く）。いいですよ。それを消し去って、深呼吸してください。今、何を感じていますか？

Eric：ほとんど同じようなことです。

〔クライエントが何の変化も示さなくてもわりと快適そうであれば、臨床家は彼が2番目のチャンネルも「片付けた」と推定し、そして彼を元のターゲ

ットに連れ戻す〕

治療者：いいですよ。今、あなたが無能と感じる同僚の顔を思い出すと、何が起きますか？　今、何を感じていますか？

Eric：煩わしい。将来彼によってイライラさせられるのは分かっているんだ。でも何が起こっているかを僕が見失う度合いは小さくなりそうに思える。

　〔クライエントの不安レベルは低下したが、まだ厄介な段階であることに、注意しておこう。眼球運動の次のセットでは、処理は第3のチャンネルに連合して貯蔵されていた情報を刺激する。ここで我々は、ベトナム戦争での出来事の影響を発見する。それは、ベトナムではもし誰かが無能だったら、周りの人々が巻き込まれて死んでしまう可能性があった〕

治療者：もう一度同僚を思い出し、その無能さを感じてください（次の眼球運動のセットに導入する）。いいですよ。それを消して、そして深呼吸してください。今、何を感じていますか？

Eric：心に浮かんできたのは、この場合は大博打ではないってこと。つまり、この分野では僕が正しくて彼が無能だと仮定してだけれど、彼が仲間に入ると全部台なしになるんだ。それがどうしたって言うんだ？（笑う）僕らはそれを変えていける。

治療者：本当ね。じゃあ、それと一緒に。(次の眼球運動のセットに導入する)。いいですよ。それを消して、そして深呼吸をしてください。今、何を感じていますか？

Eric：うーん、分かるっていいなあ……危険について思い巡らし、そしてそれが単なるコンピュータの問題だってことが分かり、そしてたとえ逆転できなくても人が死ぬような問題じゃあないってことが明らかになるっていいなあ。

治療者：では、もしあなたが彼のイメージをもう一度思い浮かべるなら、何を感じますか？

Eric：うーん、なんだか笑えるな〜！

　〔繰り返すが、前の2つの回答が同じであり、クライエントがかなり楽そうになったので、第3のチャンネルはきれいに整理されたと考えられる。そして最初のターゲットが引き出される。我々は、クライエントの無能な同僚への反応が、今、非常に変化したのが分かる。ベトナムでの経験の心理的圧迫感から解放されてからでなければ、クライエントはよりリラックスした様子

で反応することができなかったのだ〕

治療者：そう。

Eric：つまり、彼はとても明るい奴なんだ。それに非常に有能な奴なのさ。彼がするたぐいの失敗を見ると笑えるよ。僕らみんなが、最初にこの手のものをいろいろ試みてやったのと同じ失敗さ。問題を見つけ出し、問題の小さな破片を解決するんだ。大きな問題はちゃんと残ってる。しかし「やあ！ すごい、解決しちゃった」って言っちまう。なぜなら、見つけることができたたった一つの問題だったから（笑い）。自分の発見にとても興奮し、それが全体であるかのような素振りなんだ。他の人々もそれを見てるけど、僕よりもずっとうまくやっているんだ。他の人たちは、いつもクスクス笑う程度なんだと思うよ。「彼のレベルで、彼に何を期待するか」ってこと。みんなはもっとうまくやっているけれど、同じようにみんな気づいている。彼が自分で世界を解決に導けるって思っているのは、まあ可愛い部類だと思うなあ。

治療者：いいですね。それを考えてください。（さらに眼球運動をもう1セット施行する）。いいですよ。それを消し去って、そして深呼吸してください。今、何を感じますか？

Eric：同じような感じ。

治療者：素晴らしい。

Eric：うん、いい感じだよ。フラストレーションと怒りで我を忘れないって素敵だな。先週は我を忘れていたんだ。僕は自分を見失っていて、できることなんて何もないように感じてたんだ。なんとか自分を取り戻そうとしたんだけれど、できなかったんだ。

サンプルセッションの評価

　サンプルセッションにおいてクライエントが見せた理解と自己効力感の最後の感覚は、EMDRセッションが成功した場合の顕著な特徴である。しかし、このように障害のない平凡な情報処理（すなわち、追加の臨床指導の必要がない処理）は、EMDR施行例のうちの約半数でしかない。残りは、眼球運動が不十分で、情報処理の連続が中断してしまい、クライエントが極めて強い不安喚起情報にさらされ、再外傷化してしまう危険性があり、臨床家は多くの場面で介入を要求される。重度の障害を持っているクライエントにこの方法を使う

とき、情報処理のブロックを解除する EMDR のさまざまな応用技法が特に重要となる（第7章と第10章参照）。

　クライエントが抱えているかもしれない連想を完全に予測することは不可能である。例えば、もしエリックが、友人が誰かの無能のために戦場で死ぬのを見ていたなら、激しい除反応、あるいはその経験の再体験を始めたかもしれない。従って、臨床家はクライエントに EMDR を試みる前に、EMDR セッションでは高く負荷のかかった材料が出てくることがあるのを分かっていなければならない。そしてもし除反応を扱ったことがないなら、注意しながら進めなければならない。さらに臨床家は、常に臨床的に安全な環境のもとで、クライエントが完全にその出来事を処理できる時間的ゆとり、あるいは平静な状態に戻れる十分な時間的ゆとりを確保し、EMDR を施行しなくてはならない。再度言うが、いったん処理が始まると、非常な勢いで吹き出してくるかもしれない解離に関する出来事がそのチャンネルの中に、含まれているかどうかを前もって知ることはできない。言い換えれば、クライエントの障害レベルは、改善されるよりも前に、悪化する場合さえある。臨床家はこれに対して完璧に準備しなければならない（第4章で触れている生育歴・病歴聴取と警告についての議論、第5章で述べている準備段階を参照せよ。どちらも、適切な治療的背景を構築するための義務について述べている）。

機能不全から機能へ

　訓練された治療者は、EMDR 治療の結果、クライエントの否定的なイメージと感情や認知は以前よりもぼやけて、疑わしくなり、肯定的なイメージと感情や認知はより鮮やかに、かつ妥当になると、終始一貫して報告している。臨床家がここで使用するとよい比喩は、線路を走る列車に乗っているイメージである。初めに、情報は機能不全の形で出発する。情報処理が刺激され始めると、それは列車が線路を走るように動き始める。各セットで引き起こされる加速処理の間に、列車は線路をたどってさらに次の停車駅まで行く。それぞれの山場、すなわち駅で、一部の機能不全の情報が抜け落ちていき、適応した（あるいは問題の少ない）情報が加えられる。それは、ちょうど各駅において列車から一部の乗客が降り、別の人が乗ってくるように。EMDR 治療の終わりには、タ

ーゲットの情報は完全に処理され、クライエントはより適応した解決に至る。比喩的に言うと、列車は終点に到着したことになる。

臨床家は、処理が完了するまでは、ターゲットの材料に関して語るクライエントの話が十分に機能的にはならないことを覚えていなければならない。これらの言語化は、単に当面の山場を示すか記述するだけである。そして、それは処理された情報の現時点での状態を示す。クライエントが一時的にふさわしくないことを言うとき、臨床家はクライエントに言葉で働きかけたくなったり、認知の再構成を使おうとするかもしれない。しかし、これは間違いだろう。それは途中の（しかも動揺するような）駅でクライエントを列車から降ろしてしまうことと同じだからである。EMDRは自己治癒力を強調するので、治療者による介入が未熟な試みである場合、クライエントの情報処理を遅らせたり中止させてしまうかもしれない。実際、情報のひとつの山場から次のセットに移動するとき、臨床家はクライエントに（可能な限り）ただ単に、今言ったことについて考えるように指示するべきで、それを繰り返そうとしてはならない。クライエントは、今、自分が何を言ったか覚えている。もう一度比喩的に繰り返すが、我々が情報処理システムを開放するとき、列車が順調に線路をたどっていくようにさせるだけである。臨床家の仕事は、可能な限りいつでもその進路を邪魔しないことである。

異なる神経ネットワーク

繰り返しになるが、PTSDの諸症状は神経システムに貯蔵された、心を乱す情報によって引き起こされるというのが我々の作業仮説である。この情報は最初に経験されたのと同じ形のままで貯蔵されている。なぜなら情報処理システムが、何らかの理由でブロックされているからである。何年もたった後でさえ、レイプ被害者は、ちょうど今まさに再び襲われようとしているかのように、恐怖感を経験し、レイプ犯の顔が浮かび、体の上に加害者の手を感じるだろう。実際、情報の時間は凍りつき、神経ネットワーク自身の中で孤立し、不安を引き起こす特異な状態のままで貯蔵される。生物学的な／化学的な／電気的な受容器が神経機構間に適切に伝わっていくように促すことができないため、古い情報を貯蔵した神経ネットワークは全く孤立している。新しい学習は成立しな

い。それは、治療によって引き出される役立つ情報が、それと連合的に結びつくことができないからである。それゆえに、事件の思考がよみがえるときには、すべて最初の出来事の否定的な帰属と結びついている。言語的な治療やセルフヘルプの本を読んだり、反例の経験を積み重ねることを何年間か続ければ、それらも貯蔵されるが、古い情報も自分の神経ネットワーク内に残存しているだろう。治療を求めて治療者の面接室へとクライエントを駆り立て、「こんなことではいけないんだ」と言わせるのは、治療的な情報と、機能不全のまま保有されている情報の間の食い違っている部分である。

　戦闘帰還兵、性的虐待被害者やレイプ被害者は、知的には自分に起こったことについて自分に責任がないと知っているかもしれないが、しばしば否定的認知や苦痛となる感情と戦い続ける。繰り返しになるが、この葛藤は異なる情報が別々の神経ネットワークに貯蔵されていることによると思われる。適応的な情報処理モデルは、2つの神経ネットワークが相互に連結できれば、洞察と統合の機会が訪れると示唆している。情報処理システムがダイナミックな形で賦活され維持されるとき、2つのネットワークの間に適切な接続が形成される。ターゲットの材料が連結しあい、肯定的に方向づけられた情報に作り直されるので、臨床家は個々のセットの後で情報の変化を観察し得る。EMDR治療の終了時に、臨床家はクライエントにもともとのターゲットを想起するように求める。成功したセッションの後では、その記憶は自然により肯定的な形で現われ、適切な感情や自己帰属感と統合されるだろう。

EMDRの他の障害への適用

　心的外傷の被害者に対するEMDRの治療面での成功は、他の広範囲の障害に対する適用につながっていった。本質的に、前述した再処理の原理が適用される。我々を苦しめる多くの生活経験は、その原因がどんなものであれ、加速情報処理モデルにより、治療に成功するだろう。

　レイプ、性的虐待、あるいは戦闘経験のような心的外傷は、被害者の行動、思考、自己感覚の面で衝撃を与えており、また悪夢やフラッシュバックや侵入的思考のような顕著な症候への感受性において、衝撃を与えている。これらの被害者は「私は無力だ」「価値がない」あるいは「私は自分自身をコントロー

ルできない」というような自己帰属をするだろう。もちろん、このような心的外傷を経験しなかったクライエントの中にも、同じように「私には価値がない」「私は無力だ」「私は見捨てられる」のような否定的自己帰属に支配されている場合もあるだろう。これらのクライエントは、幼少期の経験から否定的な自己陳述を引き出したように思われる。だから、0～10のスケールの上に、このような信念をもつようになった源である家族から受けた代表的な出来事への感覚を評価するように頼むと、8、9、あるいは10という点数を述べるだろう。心的外傷の被害者と同じように、彼らはその出来事を見、感じ、深く影響を受けている。

　このようなクライエントは、もちろん地雷敷設地帯で吹き飛ばされてもいないし、親に襲われたわけでもない。それにもかかわらず、投げかけられた言葉や何らかの出来事の記憶は神経システム内に封じ込められ、心的外傷経験と類似した効果を持つようになったと思われる。機能不全が示しているのは、その出来事の記憶が、最初作られたその日のままの否定的な自己帰属、感情そして身体的感覚を引き出し続けているという事実である。治療のターゲットは、現在貯蔵されている苦しい記憶である。なぜなら機能不全になっている情報が現在の病理の基盤となっているからである。多種多様な条件が変わる可能性があるかぎり、クライエントの機能不全の症候や性格特性や行動を生じさせる早期の経験に対し、適切にターゲットを絞り込めれば、特定の診断名は重要ではなくなる。

静止状態の経験：感情と信念の陳述

　機能不全の状態で貯蔵された記憶の苦痛となる側面が静止状態で連合されているのは、その記憶が新しい適切な連合を形成することができないからである。神経ネットワークに貯蔵された情報はその出来事のすべての要素、すなわち、イメージ、身体的感覚、味覚、におい、音、感情、そして評価や信念体系のような認知によって表わすことができるかもしれない。未解決の心的外傷が刺激されるとき、クライエントはそのとき何が起こったかを見るだけでなく、そのときに感じたのと同じ感情と身体感覚をも再体験するかもしれない。研究者の中には、クライエントが強烈な身体感覚を含んだ苦痛な要素をずっと維持し続

けているのは、適切な長期記憶としてではなく不適切な短期記憶の形で保管され続けたためであると信じていたり（Horowitz & Becker, 1972）、宣言的（物語られる）システムとしてではなく非宣言的（運動系）システムとして保管されているせいだと信じている者がいる（Lipke, 1992a; van der Kolk, 1994）。もしそうなら、成功したEMDR治療は、記憶そのものを代謝し同化できるような機能的な貯蔵に、情報をダイナミックに移行させる。それは将来の使用のために、有益なものが適切な感情を伴って学習され、使用できるようになることを意味する。

　その人の否定的信念と自己帰属は、心的外傷の他の表出と同時に変化させられるのだが、感覚経験を変化させることも同様に重要である。それはメタ知覚と呼ばれる。なぜならそれは感覚経験ではなく、むしろ経験の解釈であって言語を必要とするからである。

　言語は、例えば言語習得前の幼児への性的・身体的虐待の否定的な影響からも分かるように、心的外傷が生ずる際に必要な構成要素ではない。例えば、多くの子どもたちは、言葉を発する前に押し入れに閉じこめられ、虐待されており、彼らは明らかにPTSDの兆候を持っている。子どもがトラと一緒の部屋に入れられた場合、その危険性が分かるほど大きくない場合怖がらないだろうとある認知療法家は言うかもしれない。しかし、もしトラが振り返り、子どもに向かって吠えたなら、どんな年齢の子どもであろうと、恐怖と外傷化が生じることは明らかだと思われる。これは、人類の遺伝子の暗号の反応、すなわち進化を通して発展し、言語刺激を必要としない反応の1つの例証である。このように、人々の信念は言語を通して語られ、経験の臨床的に有益な集約ではあるが、病理上重要な要素は感情であり、信念を支え続けているのである。

　過去の経験が現在の不安定な状態の基礎を形作っているという考え方は、全く陳腐な概念である。しかし、特に記憶の貯蔵と情報処理の言葉を使って、EMDRの考え方の流れに沿って検討してみよう。少女が父親の横を歩いていて、父と手をつなごうと手を伸ばしたと想像してみよう。その瞬間、父親はわざと、あるいは不注意に腕を大きく振り、子どもの顔に当たった。子どもは強烈な否定的感情を経験し、もし言語化されるなら「私は欲しいものを手に入れることができない、私には何か悪いところがある」となる。（この自責感はほぼ予測可能である。すなわち、子どもたちは親のミスあるいは欠点に対してさえ、自分

を責める。「虐待は自分が悪いからだ」と自分を責めている性的虐待被害者のケースのような、非常に痛々しい事実からも明らかである。この傾向もまた、生存していくために必要な属性としての権力への服従をコード化した進化の過程によって引き起こされたのかもしれない)。このときの感情、恐らく価値がなく、無力だという強烈な感じ、ぶたれたときのイメージ、音、そして痛みは、子どもの神経システムに貯蔵されるだろう。この経験は彼女の人生における試金石となり、自己を規定する最初の主要な出来事となる。そして適応的な情報処理モデルでは、それをかなめと呼ぶ。記憶は明らかに連合して貯蔵されるので、次に同じように拒絶されることが起これば、神経ネットワークの作成中のかなめに結びつき、少女の中で自分自身の価値を定義づける枢軸の考えとなっていくだろう。母親、きょうだい、友人そして他の人たちによって次に拒絶された経験もすべて、連合した情報チャンネルのかなめに連結されるかもしれない。言語が十分に発達する前でさえ、無力さ、絶望、無能感に似た感情を含むさまざまな子ども時代の経験は、情報として貯蔵され、早期の試金石的経験のかなめの周りに組織化され、神経ネットワークに結びつく。かなめが否定的感情によって定義づけられているため、肯定的な経験はネットワークに同化されない。

　自己概念を形づくれるほど十分な言語がある場合、「私は欲しいものを手に入れられない、私には何か悪いところがある」といった言語化は、その言葉の意味を引き出す感情によって、ネットワークに結びつけられる。本質的に、感情を乗せた言葉の概念化が神経ネットワーク上で確立されてしまうと、継続して経験する１回１回の体験がネットワーク上に情報として貯蔵され、一般化されてしまう。その過程は思春期にも続く。例えば例の少女が教師あるいはボーイフレンドによって拒否されたときに、引き続き起こる関連したすべての出来事は同じかなめに連結され、最初の経験の帰属に加えられていくかもしれない。それゆえに、このような出来事と関連づけられた評価は、機能面に特定された陳述（例えば、「私はこの場合、欲するものを手に入れることができない」）に限定されず、「私は欲しいものを手に入れることができない。私には何か悪いところがある」。のような一般化された機能不全の陳述に連結される。

　少女が大人になり、拒絶されるような何かが起きたとき、あるいはその恐れがあるようなとき、どうなるだろうか？　この新しい情報は神経ネットワーク

と同化し、「私は欲しいものを手に入れることができない、私にはどこか悪いところがある」という概念とその感情は一般化され、神経ネットワークに連合していくだろう。長期間にわたり、貯蔵され連合されてきた出来事は、自己完結性の予言能力を持つに至る。それで、このように誰かに拒否される兆しがあるとき、あるいはそういう機会に、「私には悪いところがある」という支配的な認知を持った神経ネットワークの引き金が引かれる可能性が生まれる。現在この人が、結果としてとる行動とその帰属は、機能不全状態にある。なぜならそれに動機を与え、たきつけているものは、最初の経験での強烈な感情と恐れ、痛み、無力感であり、今やそれはその後のあらゆる経験によって増強されているからである。このように、子ども時代の痛みは現在も絶えず引き金を引き続け、記憶と行動の連合性故に、その女性の現在の自分や外界に対する反応や評価は機能不全状態のままとなるであろう。その女性が対人場面や職場へ入って、何かを願ったとき、「私は欲しいものを手に入れることができない。私には悪いところがある」と言語化される感情によって神経ネットワークが刺激され、連合された感情、障害のレベル、そして自己卑下の信念が、現時点の彼女の機能的な行動をひどく妨害するだろう。

解　決

　障害の解決は、クライエントの本来の自己治癒過程を刺激することによって達せられる。既に論じたように、適応的な情報処理モデルの基本的な原理の1つは、精神の健康状態へ向かって進むダイナミックな動因があるという考えである。ちょうど身体の休息が身体的なケガを治すように用意されているのと同様で、情報処理メカニズムは、心理的障害を解決できるように生理学的にデザインされている。我々のモデルによれば、心理的な機能不全は、自尊心と自己効力感の欠如という複雑にからんだ要因のすべてを伴っており、神経系に貯蔵された情報によって引き起こされている。EMDRという手段によって、この情報は呼び出され、処理され、そして適応的な解決がなされる。以前説明したように、クライエントに最初の出来事の映像を意識するように依頼することは、生理的に貯蔵されていた情報を刺激することになる。眼球運動（あるいは代替刺激）は情報処理メカニズムを賦活し、そのセットごとに、新しい適応的な情

報が神経ネットワークに同化され、ターゲットの材料を最終的には健康的で機能的な状態にまで変化させる。

例えば、まるで目の前にそびえ立つ塔のように恐ろしげな虐待者である父親の映像からスタートしたクライエントが、EMDRセッションの間に、父と「目と目」の高さまで、自身が成長したと自然に報告したりするだろう。連続したセットによって、古い情報が治療的、健康的解決に向けて発展していくと、クライエントが以下のようなことを自然に述べるかもしれない。「私は悪くない、問題を持っていたのはお父さんだ」と。このように改善された評価は、新しい感情と感覚の経験に不可欠な部分であり、神経ネットワークが内部、あるいは外部からの刺激によって賦活されるときはいつでも、新たに支配的になる経験である。言い換えれば、情報が変化し、変化したイメージが感情と自己評価の変化に照応し、そしてその経験が新たに貯蔵される貯蔵され方の一部となるのだ。

クライエントの隠された信念が「私には何か悪いところがある」から「私はOKだ」に変化することによって、クライエントは、自然に異なったふうに振る舞えるだろう。たいていのクライエントにとって、成功したEMDR治療は、新しい肯定的な認知をもたらし、それは全神経ネットワークに般化している。それゆえに、治療の後に呼び出されるどのような関連した記憶(例えば我々の例で、ある女性が虐待者である父から受ける他の脅しについて)も、適切な感情とともに肯定的認知(「私は大丈夫だ」)をもたらす結果となるだろう。治療的な解決は、ターゲットのすべての面(イメージ、身体感覚、感情など)に、そして過去および現在の関連する出来事にも表われ、また、同じく行動面の適切な変化にも明らかに表われる。

子ども時代での凍結

EMDR治療セッションを臨床的に観察すると、大人の視点が段々現われることで治療効果が得られる。特に子ども時代の心的外傷の情緒的反応をずっと以前から心に閉じ込めていた患者の場合にそうである。多くの子ども時代の経験は、無力さ、選択肢の欠如、コントロール欠如と不十分さの感覚で満たされている。どんなに最良の子ども時代を過ごした人でさえ、親が夜間外出したと

きのように、見捨てられ、無力で、顧みられていないと感じる瞬間がある。適応的な情報処理モデルは、このような普通の経験でさえ、多くの機能不全状態の原因として、生理学的レベルで貯蔵され得ると仮定する。

クライエントの言語には、無力さ、選択の欠如、恐れと不十分さなどのような子ども時代の状態の表現がしばしば含まれる。例えば、長距離電話で母親と話している50歳のクライエントは、恐れ、葛藤と不安をよみがえらせ、現在75歳の病弱な人との電話に応答できないでいる。もっと正確に言えば、彼女の母に結び付けられた神経ネットワークが刺激されて、子ども時代の感情が経験されるのだ。このネットワークは、強い恐怖と安全感の欠如の感じを含んだ幼少期の試金石的な記憶に基づいている。本質的にクライエントは、幼少期の記憶が適切に処理され、過去の適切な場所に格納されるまで、彼女の母親に穏やかに対応することができない。

EMDRが情報処理システムを賦活し、それを動的な状態に保つと、罪悪感と恐れに満ちた子どもの見方は適切な責任感や安心感や自分の選択能力への自信に満ちた大人の見方に次第に変わっていく。子ども時代、あるいはレイプ時や戦闘状態時に非常に確かであったコントロールの欠如というような見方は、大人である現在、もはや真実ではない。

子ども時代の経験と心的外傷被害者の経験の相似性を理解することは大切である。両方とも、自責感と不十分さ、そしてコントロールすることや安全であること、あるいは選択するということへの欠如の感じがある。苦痛な経験の直後の危機的な時期(例えば、子どもがケガをした後に慰めを受けられない場合)に肯定的な情報が神経ネットワークに同化されないような場合、恐らく子ども時代（発達段階）において一定の場所に機能不全をきたすかなめがセットされる。以前から存在するかなめの性質が、その後に起こるストレッサーと同程度の強さのとき、顕著なPTSD症状の形成を決定づけるかもしれない。成人の心的外傷被害者において、EMDRで成人期にこうむった心的外傷の慢性的な記憶をターゲットとしたときに、なぜクライエントが類似の感情を伴った子ども時代早期の記憶の出現をしばしば語り始めるのかは、以前から機能不全なかなめが存在していたことがその説明となるかもしれない。クライエントにおいて十分な情報の再処理が起これば、認知レベルと同様に、情緒的レベルでも、適切な現在の状態あるいは状況を認識することができる。我々が膨大な数のEMDR

クライエントと接して分かったことは、自分を許し受け入れられる状態まで段々と進歩していくことで、彼らは現在の安全とコントロールの感覚を持つのである。

「時間のかからない」心理療法

　伝統的な心理療法は、かなりの時間をかけないと効果が現われないという意味では時間の支配を受けてきた。これは従来の療法が、神経系において機能不全の状態で封じ込められている情報を変化させる手段として、(生理学的基礎に基づくというよりも) 言語手続きを使うために起こるのだろう。適応的な情報処理モデルでは、心理的機能不全の治療に、相対的に時間がかからない。それは、EMDRを使えば、苦しい出来事の数や記憶の古さにかかわらず、急速な治療効果が観察されるからである。

　既に論じられたように、EMDR治療は肯定的治療効果を引き出すために、子ども時代早期の記憶や後の心的外傷、あるいは現在の境遇にターゲットを当てることができる。なぜなら神経ネットワークは、同様の出来事すべてに対して連想の結合を持っているからである。クライエントが意識上にターゲットを保持すると、機能不全の情報が刺激される。情報処理システムは一連の眼球運動 (あるいは代替刺激) を通して賦活され、そして外傷性の出来事は、適切な感情、自己帰属と総合的評価を伴った適応的な解決へと変化していく。情報は連想的に結合しているので、治療セッションの間に多くの類似した記憶が影響を受け得る。そして新しい肯定的な感情と肯定的な認知が、神経ネットワークに群がっているすべての出来事へと般化されていく。

　あるいは、頻回のレイプ被害者、性的虐待被害者やベトナム帰還兵は生育歴の中で多くの心的外傷となる出来事を経験しているかもしれないので、臨床家はクライエントの記憶を、例えば僚友が戦闘で傷ついているのを見た記憶や兄によって虐待された記憶のような、類似したきっかけや刺激をもっているグループにまとめることができる。EMDR治療において、ひとまとまりを代表する出来事を実際にターゲットにした場合、関連した経験すべてに、しばしば般化された効果が起こる。

　EMDR治療による改善は、従来の治療と比較して急速に引き起こされる。

なぜならば、（1）記憶をまとめてターゲットにできるから、（2）機能不全の状態に依存している題材を直接呼び出せるから、（3）（後の章で説明されるように）焦点づけられたプロトコルが使われるから、（4）生来の情報処理システムへの刺激は、生理学的レベルで情報を直接的に変化させるから、である。

相対的に時間がかからないというEMDR治療の効果の能力は、個人がちょうど45分のREM睡眠中に、非常に長い一続きの夢を見る能力に類似している。多分、夢の状態とEMDRの加速情報処理の状態の両方にある類似したメカニズムが、認知的材料、感情的材料を通して急速な生理的な変移を引き起こすのだろう。こういった処理効果は、軽い苦痛となる出来事に関しては夢の後で多くの人に認められるものだろうが、種々の心的外傷となる材料にも同様に影響を与えるためには、意識的で積極的な契約を結ぶことが必要であろう。EMDR治療の間、記憶の適応的な処理はダイナミックに維持される。すなわち、EMDR自体が情報処理メカニズムを賦活させ続けるのだ。これは長期にわたる言語的療法において典型的な静的再生と比較しても、際だった特徴である。

EMDRにおける病歴聴取や指示的な手続きや治療プロトコルは、すべて鮮明な治療上の焦点を強調したモデルの反映である。前に述べた通り、モデルは自己治癒の考えを含んでおり、いったん適切なかなめが呼び出されて情報処理システムが賦活されれば、（化学的または組織的な基盤を持つ障害という明らかな例外を除いて）自然に回復を生み出す。

身体疾患の治療との共通点がここにある。すなわち、近年の薬物療法が種々の身体的疾患の治療にかかる時間の長さに関して我々の仮説を修正させたように、EMDRの使用は我々に心理的な傷の治療に要する時間についての先入観を検討するようしむけている。精神保健の領域では、我々は既に生理学的な変化は急速な改善と等しいとみなしている。薬物療法が施行されるとき、不安、うつ、双極性障害（躁うつ病）、あるいは強迫神経症からの回復には、もう長期間の治療を必要としない。

適応的な情報処理モデルによれば、EMDRを行なう臨床家の果たす役割は、電気的なパルスと器官のシステムの間の相互作用を利用して、適切な生化学的バランスを引き出す触媒の役割である。例えば、注意を集中させ、同時に眼球運動（あるいは代替刺激）を施行することによって引き起こされるニューロンの発火が、大脳辺縁系や皮質系と相互に影響しあうのかもしれない（第12章参

照)。この相互作用が速やかな治療効果を引き起こす基礎となるものだろう。しかし、完全な治療には、治療効果を最大にする臨床上の手続きとプロトコルを必要とする。第4章で論じられるように、個々のクライエントの生育歴には、クライエントの持つ準備性の指標が含まれ、個別の治療計画とどの程度の治療的支援のレベルが要求されるかも含まれている。EMDRを行なう臨床家は、構造化されたプロトコルの使用により、わずかなセッションで、EMDR施行前数カ月も続いた治療抵抗とも思える機能不全の領域を取りさることができることに気づいている。

　臨床家が使うモデルは、クライエントに急速かつ深い多面的変化を起こし、それを長時間にわたって持続するという明らかな事実に開かれている必要がある。精神分析のような長期間を要するモデルで訓練された臨床家には、これは受け入れにくいことかもしれない。しかしながら、EMDRセッションの臨床観察からは、どんな癒しの段階も省略されていないことが明らかであると強調しておこう。すなわち、加速された様式においてであるにもかかわらず、シンボルは明瞭となり、洞察力が生じ、学習が行なわれ、さまざまな段階の情緒的解決が経験される。

　臨床家によって使われた心理学の流派がどうであれ、どんな治療上の変化も、究極的には脳に貯蔵された情報の生理学レベルでの移行に基づいているに違いないと考察することは極めて論理的である。シナプスの交差に比較的短い距離が関係していることを認識するのは、臨床家にとって有益なことかもしれない。長期にわたる精神分析療法でさえ、ある一瞬に洞察が起こる。そして、適応的な情報処理モデルでは、2つの神経ネットワークが連結するとき、洞察が起こるのだ。

ターゲット

　心理的な変化の鍵となるのは、適切な情報処理を促進する能力である。これは、より健康な連合間に結合を形成していくことを意味する。特定のターゲットは、ブロックされた記憶ネットワークへのアクセスを獲得するために使われる。臨床での観察に基づくと、貯蔵された情報ならどのようなものでもEMDRセッションのターゲットとして用いることができるようだ。つまり、夢、記憶

そして今現在の行動はすべてが焦点として有用である。すべて苦痛となる情報を含んだ特定の神経ネットワークを刺激するからである。例えば、ベトナム帰還兵は、殺される悪夢を何度も見たり、銃撃される記憶や大きな音への不安反応を持っていて、それらはコントロールできないとすっかり信じ込んでいるかもしれない。これらすべての要素は、適切な治療計画で組み合わせることができる。いったん情報処理システムが賦活されると、機能不全の要素は代謝できるし、表出されている訴えはより適応的な材料がターゲットに段々とにつながっていき、解決できる。

さらに、記憶の欠如、解離を含めて、ターゲットにされ得るブロックされた記憶ネットワークには幾つかの目印があり、アクセスが否定的な材料に限定されてしまうという事実がある。

否定的な材料に限定したアクセス

ブロックされた記憶ネットワークの1つの目印は、クライエントが他の肯定的な出来事を経験しているときでさえ、否定的な記憶しか想起できないということである。例えば、あるクライエントが、2年の間「黒い雲」が彼女の頭の上にかかっていたと感じると訴えたとする。彼女は父親と非常に親密な関係だったが、彼女が無力で何もできない間に、父は老人ホームで悲惨な死を遂げてしまった。彼女が父親について考えようとすると、あるいは彼に関する記憶が刺激されたときはいつでも、老人ホームで苦しむイメージしか浮かんでこない。EMDR治療がこれらのイメージに向けられた。その後、治療効果のチェックのために、クライエントは父親について考えるように言われ、そして尋ねられた。「あなたは何に気づいていますか？」。彼女は、パーティに二人が出席している映像が自然に見えてきたと報告した。彼女が、その映像を消し去り、そしてもう一度父親について考えるように言われたとき、同じような結果が得られた。肯定的なイメージは平和な感じに結びつけられ、黒い雲は消え去っていた。

加速情報処理モデルによれば、否定的な情報は機能不全の状態、興奮した形で保持され、結果として、他の連想物よりもはるかに刺激を受けやすいようだ。それで、多くの種類の情報が記憶ネットワークに貯蔵されるが、高く帯電した否定的な材料以外のすべてのものへのアクセスはブロックされている。苦痛な出来事が処理されたとき、それは、より適切な感情を言語化する形の認知を伴

って（我々の例では、そのような認知の一つは「彼は今安らいでいる」といったものだが）、もっと中立的な形へと適応的に解決される。そのとき、肯定的記憶が出現する。結果として、ターゲットにされた記憶ネットワークから情報を引き出す内的あるいは外的な手がかりは、もはや機能不全の情報だけにアクセスするものではないだろう。例えば、もし例のクライエントが父親について考えるように依頼されたとき、あるいはほかの誰かの父親の話を聞くとき、彼女の思いは、もはや老人ホームでの出来事だけに限定されないであろう。いったん苦痛な記憶が十分に処理されると、手がかりは神経ネットワークの他の、より肯定的な局面へつながっていく。

記憶の欠如

子ども時代に性的虐待を受けた被害者は、しばしばその虐待を受けていた期間の記憶想起ができないと報告する。虐待についての高く帯電した情報が、子ども時代の記憶ネットワークの残りの部分を呼び出すのをブロックしているように思われる。いったん、心的外傷が処理されると、クライエントはその間の友人との楽しい経験などの多くの肯定的な出来事を思い出す。すべての記憶ネットワークが利用可能となり、幸せだった記憶への障害が取り除かれて、クライエントの自己概念は自然に変化する。クライエントの子ども時代の記憶と連想の領域が増加した結果として、彼女は、肯定的な能力と過去と未来を持った一人の人間として自分自身を再定義することが可能となる。

解 離

非常に多くの兆候を示し、それに見合うような心的外傷の記憶が一切ないクライエントが存在するかもしれない。この場合でも、現在の兆候は、機能不全の状態で貯蔵された情報の表出と考えられる。しかしながら、この兆候が試金石となる出来事の特質としてのものか、あるいは事実にもとづく正確なものかは、推定することができない。臨床家は、クライエントに対して誘導したり、解釈したりしないように最大限の注意を払わなければならない（第11章の「誤った記憶」参照）。

解離された材料は、孤立した神経ネットワーク内に状態依存的な形で貯蔵されているため、意識にのぼらない情報でしかないかもしれないことを、銘記し

ておくべきだろう。情報が処理されるにつれて、それは意識の上に浮かび上がってくる。しかしながら、イメージはただ機能不全の状態で貯蔵された情報の多くの可能な表現型のうちの一つに過ぎず、そして出来事の実際の視覚的記憶は、決して取り戻せないかもしれない。にもかかわらず、臨床家がクライエントの現在の兆候、あるいは危険に対する感覚にターゲットを当てると、50%に近いクライエントが解離された出来事の視覚イメージを想起することを見いだした。しかし、より重要なことは、現在の兆候はたとえイメージが取り戻せなくても沈静化するかもしれないということだ。EMDR セッションは、情報がイメージとしてクライエントの意識・気づきの表面に出てくるか否かにかかわらず、効率的な処理が起こり得ることを示している。比喩的に言えば、モニターのスイッチがオンになっているかどうかにかかわらず、ビデオテープは動き続けることができる（すなわち、情報を処理し続けることができる）ということになる。

　他の形の解離が起こるクライエントは、除反応の間に、過去の経験と融合してしまっている。その出来事にアクセスしたときに経験される圧倒的な感覚と情緒的な反応は、情報が機能不全の形で保たれ続けていることのしるしである。情報がうまく処理されると、クライエントはしばしば、「ああ、私はここにいる」と声高に言い、加えて「私はもうベトナムにいない」とか「私は昔の家にはいない」とか「私はもう危険ではない」と叫ぶ。

　同様に、適切な感情の完全な欠落も、心的外傷を引き起こした出来事にアクセスしたときに「麻痺している」とか「ブロックされている」というような言葉を使うクライエントが示すものだが、その場合も情報が不適切に貯蔵され続けていることを示唆する。これらのケースでは、処理の初期段階において、クライエントはしばしば高度の苦痛レベルの中で感情を取り戻すことが可能となる。心的外傷となった出来事に対して過剰であれ過小であれ、不適当な解離反応は、ブロックされた記憶ネットワークのしるしと考えられ、それゆえに EMDR の適切なターゲットとなり得る。

統合された心理療法

　今までの論議から分かるように、多くの心理学の流派が EMDR に適合する。

現在のパラダイムは、新しい治療の可能性を開いている。それは、主要な心理学の流派の鍵となっている要素を統合するような、効果的な治療適用を理論的に支持しているからである。

典型的なEMDRの90分1セッションの施行の中で、臨床家はクライエントの急速な変化を観察する。精神力動的アプローチを用いる臨床家は、自由連想法、カタルシス、除反応、シンボリズムと「原家族」の問題を扱うのと似ていると感じるだろう。行動主義者は、学習連鎖、般化、条件反応、連合された材料などをたやすく観察するであろう。認知療法家は、認知の構造と信念の漸進的移行を見いだすであろう。ゲシュタルト療法家は、感情的な混乱がなくなるのを観察するだろう。そしてそれはクライエントに、もっと容易に図と地の関係を識別させる。ライヒ派は、機能不全の材料につながっている身体感覚が変化するのに気づくであろう。

いろいろな意味で状況は、盲目の男たちが象を記述しようとした物語に似ている。すなわち、尾に触れた者は象がロープのようであったと言い張り、足に触った者は象が木のようだったと言った、そして鼻に触った者はそれが大蛇のようであったと主張した。それぞれの結論は、一人ひとりが調査した部分だけに基づいていた。しかしながら、明らかにそれはすべて一頭の象のことだった。我々がEMDRに見いだすのは、伝統的な心理療法で有効と思われているものの多くを織り交ぜたものである。なぜなら真実であるものは、どんなものでも緊密につながり合っているに違いないからである。本質的に、使用された用語にかかわらず、すべての心理学の流派に共通しているのは、情報が生理的に脳に蓄えられるということである。癒しが起こるとき、ほとんどの心理学的アプローチの鍵となる要素が現われる。

しかし、適応的な情報処理モデルは、すべての心理学の流派の基礎と見なされ得る統一理論を提供する一方、病理を機能不全状態で貯蔵された情報として定義し、それは、ダイナミックに賦活された情報処理システムによって適切に同化することができるという、新しい領域を開拓している。だから、EMDRの臨床家は、肯定的な治療効果を促進する手助けをするという新しい役割を与えられている。

人格障害のような、包括的な診断は、しばしばクライエントを動かない山に縛りつけてしまう役割を果たす。適応的な情報処理モデルとEMDRが提案す

るのは、臨床家が、診断のラベル貼りに専心するよりも、むしろ診断を引き出す元となる行動を惹起する性質に焦点を合わせることである。性質は、親のモデリングを含む幼児期早期の体験により作られ、変化が可能、と見なされる。このように、子ども時代と思春期と成人期の膨大な経験は心的外傷の連続体上の一点に位置づけられ、EMDRによって賦活される自己治癒と解決への移行を起こりやすくすることができる。

　それぞれの臨床家は、その立場の違いにもかかわらず、EMDRの治療効果を観察し、自分が所属する心理学の流派で真実として信じられてきたものすべてを再発見するだろう。しかし、臨床家は、かつて導き出された理論的アプローチを未熟にEMDRに重ねて考察するより、むしろEMDRが現在提案している情報処理モデルとして考察してほしい。

　適応的な情報処理モデルとEMDR手続きの洗練、そして治療プロトコルは、治療効果を説明し、かつその効果を最大にするように発展してきている。それゆえ、臨床家には、EMDRを定義づけて（それによって限界設定をして）既に確立されている流派に合わせるより前に、EMDRを実際に使い（後の章で記述するように）、臨床結果を観察することをお勧めしたい。この注意によって、EMDRがこれまでに達成してきたものの限定に縛られずにすむかもしれない。例えば、もしEMDRがただ催眠と定義されるなら、その有効性は、既に催眠療法家が手に入れている効果に限定されるであろう。もしそれが脱感作としてのみなら、本質的なダイナミズムと適用の広さを、治療者は無視するかもしれない。EMDRを定義する際に、その治療効果に基づく指標を用いれば、他の流派で観察された限界を越えられるかもしれない。それゆえ臨床家が先入観念による限界設定をせず、クライエントの反応のみを観察することこそ、治療が最大に効果を発揮するために極めて大切である。実際の臨床場面で、もしかするとEMDRは、相互作用的な、相互に影響を与える、精神内界の、認知的な、行動学的な、身体志向の療法と定義できるかもしれない。これらすべての流派の鍵となる要素が、クライエントを全体としての人として取り扱うために利用される。

要約と結論

　適応的な情報処理モデルは、神経生理学的作業仮説として提示される。なぜなら、現時点での大脳生理学の理解は、その正確さを実証するのに、まだ十分ではないからである。しかし、このモデルは治療効果の観察に基づいているため、説明的かつ予言的な臨床的ロードマップの役割を果たせるだろう。たとえ後に、この仮説の神経生理学レベルでの細部が不正確だと判明しても、とりあえずの役割に意味がある。

　適応的な情報処理モデルでは、苦痛の入力を適応的な解決と心理的に健康な統合へと変化させていくように設計された、生来の生理システムがあると述べている。心的外傷は情報処理システムを混乱させているかもしれず、状況に依存する形態で知覚の貯蔵がなされ、顕著なPTSDの症状が表出されているのである。ブロックされた情報処理システムは、以下の（1）〜（3）を含む種々の生理学的要素を通して刺激を受けると考えられる。（1）強制的リラクセーション反応、（2）シナプスの電位あるいは受容器の電価の移行によって引き起こされるニューロンの発火、あるいは（3）二重に焦点づけられた情報処理メカニズムの他の幾つかの機能、である。手のタッピングや音などの代替刺激は眼球運動に似た臨床的効果があることが分かってきている。仮説は、本質的には、ターゲットにされた情報が自己治癒の漸進的な段階を通って、連合する記憶のチャンネルに沿って代謝され変換されるというものである。情報のイメージ、感覚、そして信念のすべての要素で変化が見いだされる。情報が機能不全の形態から機能的な形態に移行すると、ターゲットの否定的な兆候は散在するようになり、肯定的な兆候はより明瞭となる。さらに、かつて解離していた材料が現われ、異なった神経ネットワークが徐々に互いに連合しあうようになって、適応的な解決が成し遂げられることが相対的に多く起こる。

　ほとんどの精神病理は、状態依存の形で保持されている人生早期の経験に基づいていると想定される。記憶のネットワークが連合しあうという性質は、肯定的な治療効果を般化させ、現在の自己評価と行動は修正されるようになる。病気が単純なPTSDであろうと、もっと複雑な診断であろうと、適応的な大人の見方への変化は、焦点づけられた生理学に基盤を置くアプローチにより比較的急速に達成されるかもしれない。そしてそれは、情報処理システムと記憶の

ネットワークの障害を取り去るようである。

　深い心理的な変化の指標と同じように、基本的な心理学の流派の際立った要素のすべてが、統合された EMDR アプローチの中に見えるだろう。しかし、臨床家は、異常な速さで達成される心理的な変化を可能にするための臨床上のロードマップとして、柔軟な姿勢で提案されたモデルを使用するように気をつけなければならない。臨床家が適切な教育と資格を持っていることは、もちろん必要である。というのも、EMDR を使用する人が、以前から身につけてきた臨床訓練と技能のすべてを使用するとき、治療が成功するからである。

3章

EMDR治療の要素と基本的な治療効果

　きみが建てたのが空中楼閣だったとしても、その努力を無駄にする手はないよ。それは、あるべきところにあるわけさ。さあ、その基礎工事をしようじゃないか。

ヘンリー・ディヴィッド・ソロー

　本章ではまず最初に、はっきりとした治療のターゲットを設定することの重要性を探究した上で、EMDR手続きの基本要素を定義することにしよう。基本要素とは、イメージ、否定的認知と肯定的認知、感情、身体感覚、感情および認知についての2つの測定尺度であるSUD（主観的障害単位 Subjective Units of Disturbance）尺度とVOC（認知の妥当性 Validity of Cognition）尺度である。次いで、眼球運動そのものならびに代替刺激について述べる。その上で、EMDR治療の8つの段階（生育歴・病歴聴取と治療計画の設定、準備、アセスメント、脱感作、植え付け、ボディスキャン、終了、再評価）について取り上げる。最後に、ターゲットを決めることの臨床効果とEMDR処理中に生じる典型的なクライエントの体験について考察する。治療のこういった側面についてはすべて本章で定義しておいたが、続く数章では、クライエント－治療者間の相互作用の文脈で、この治療法を施行する上での具体的な教示を与える。

EMDR手続きの基本要素

　EMDR処理の効果は、有効なターゲットを設定できるかどうかにかかっている。不適切なターゲット（ないしは不適切な要素）を用いると、望ましい治療効果が得られにくい。性的虐待の被害者なら、幼少期の記憶、現在の障害を起こす引き金となった最近の出来事、未来における望ましい行動につながるよ

うな想像上の出来事などが適切なターゲットとなる。病理構造がそれほど複雑でない症例、例えば比較的最近に自然災害のような外傷体験に遭遇して単純性PTSDになった人であれば、その外傷体験の記憶ただ一つをターゲットとするだけですむこともある。

　治療を要する臨床的側面が幾つあろうが、いずれのターゲットもクライエントの個人的な事情に合わせた上で十分に処理されなければならない。こういったターゲットはEMDR治療のブロック（阻害因子）を形成しているので、ターゲットを扱うには慎重な臨床的注意を要する。ターゲットがうまく設定できれば、クライエントと治療者の双方が、外傷体験の文脈と構成（外傷体験とそれへの反応を作り上げている細部のすべて）を理解するのに役立ち、結果として処理のスピードを速めることができる。治療上最も有用な変数は、イメージ、否定的認知、肯定的認知、感情とその障害のレベル、それに身体感覚である。EMDR治療を開始し、処理を行ない、終了するに当たっては、ターゲットのこういった諸側面を明確に定義しておかねばならない。それでは、それら諸側面について詳しく見ていくことにしよう。

イメージ

　治療者はまずクライエントにその出来事について思い浮かべてもらい、その体験全体を代表するような、もしくはその体験の中でクライエントを最も動揺させるような部分を代表するイメージに焦点を当てるように言う。そのイメージが明瞭なものであるかどうかは、大して問題ではない。実際に、クライエントは、その体験についてぼやけた、断片的なことしか覚えていないということがよくある。我々が目的とするのは、ただ、脳内で情報が貯蔵されている部位を意識と結び付けるということなのである。

否定的認知

　次にクライエントに、イメージを思い浮かべた際に生じてくる背景的な否定的信念すなわち不適応的な自己評価を表わす陳述を見つけるように言う。この陳述を、「否定的認知」と呼ぶ。認知という用語は、意識されている体験表象の総体と定義されることが多いが、EMDRでは信念あるいは評価といった意味合いで用いている。従って、認知という語で問題にされるのは、現在におけ

る自己についてのクライエントの解釈なのであり、それは単なる描写ではない。一つの解釈として、否定的な認知とは、「その出来事に関連したどのような信念が自分をおとしめているのか」という問いに対する自分なりの解答である。否定的な認知には、「私は悪い／価値がない／成功できない」などがある。レイプの被害者が、縛り上げられ、さるぐつわをかまされたときのことを回想して、「私は無力だった」とか「私はおびえていた」という陳述をなしたとしても、それでは否定的な認知を提示したことにはならない。それは事実についての陳述、描写である。このレイプの被害者の陳述を、EMDRで処理することはできない。というのも、EMDRという方法は、不適切な内容や機能不全をこうむっている題材にしか効果を持ち得ないからである。描写が正確なときには、観察できるような再処理効果がもたらされる余地はないのである。レイプの被害者を想定した場合に考えられる適切な否定的認知は、「私は無力である」である。この言い方なら、彼女がレイプされたときのことを思い出したときに今自分自身のことをどのように感じるかについての陳述であると言える。外傷体験の記憶が一度刺激されると、機能不全状態で貯蔵されていた感情が感じられ、否定的認知がその意味を伝えるはたらきを担う。「私は無力である」という陳述は、不適切で機能不全な考えである（現在は危険も脅しもないのだから）。それゆえ、EMDRが再処理に用いられ得るのである。

　性的虐待の被害者では、「私は一生傷を負っている」「私は無力だ」「私は愛されるに値しないし、愛することもない」などが適切な否定的認知である。ここで、こういった否定的認知には、以下に挙げる3つの特徴があることに注意していただきたい。まず、それらはすべて「私は〜である」型の陳述であるということである。次に、現在形で語られるということ。最後に、否定的認知は、自分が外傷的出来事に参加してしまった（たとえ強いられてであったにせよ）という否定的な自己帰属感を内包しているということである。こういった陳述は病理を示すものである。イメージと同じく、否定的な認知もまた、処理を必要とする機能不全な題材に結びついている。

　否定的な認知は、被害者が現在持っている否定的な自己評価であると定義される。クライエントが訴える外傷体験の記憶が何年も前のことであったとしても、臨床家は現在において体験される障害の程度を確かめなければならない。クライエントは、出来事に関連して自分自身についての不適切な（自責感、自

分の無能さ、無力さ、自己卑下といった感じを伴った) 考えを持ち続けているかもしれない。それは、記憶が未だに解決されていないことを示している。レイプの被害者がレイプされた光景を思い浮かべて、「私は無力である」「私は汚れている」とか「私は価値がない人間です」と言うとき、それらは現在における自分自身についての解釈である。そういった不適切で(客観的に正しくない)否定的な信念こそが、EMDRの主たるターゲットとなる。

　ここで強調しておきたいのは、臨床的な見地からみて、EMDRの影響でクライエントが虚偽の歴史を獲得することはないということである。従って、否定的認知であっても実際に正しい内容の認知であれば変化を受けない。これまでの臨床的知見は一貫して、EMDRを用いて正しい否定的認知を取り除いたり、虚偽の認知を植え付けたりすることはできないということを示している。このことに私が初めて気づいたのは、あるレイプ被害者にEMDRを施行したときであった。彼女が示した否定的な認知は、「私は罪深い」だった。治療を続けていく中で、その否定的認知の妥当性は軽減するどころか強まっていった。よくよく尋ねてみると、彼女はその事件の実際に起こった事実について警察官や検察官に嘘をついたことを言っているのだということが分かった。つまり、彼女は"偽証"という罪を犯したというのだ。そこで、治療には別の否定的認知を用いることにした。

　繰り返すが、否定的認知は解釈的なもの(「私には何かよくないところがある」)であって、描写的なもの(「母は私を愛してくれなかった」)ではない。もし後者の陳述が正しいものであるとするなら(例えば母親が精神病であったり加虐的な人であったりした場合)、それをEMDRで変えることなどできない(するべきでもない) ことは明白である。すなわち、虐待する母親を慈しみ深い親に変換することはできない。しかし、その結果として生じた否定的な自己帰属(「私には何かよくないところがある」)というものに向けて適切な再処理を行なうことで、クライエントの病理に変化をもたらす援助をすることは可能である。子どものときに母親からの愛を得られないということでクライエントは自分を責めたことがあったかもしれないが、そういった不適切な考えが残り続けた場合に、それは再処理すべき真のターゲットとなる。実際、一般的な否定的認知のうちでも、児童虐待の被害者にしばしば用いられるのは「私は愛されない」というものである。

否定的認知を設定するのが困難なクライエントもいる。治療者は、そのようなクライエントに対して否定的認知の例をリストで示して、否定的認知とはどういうものかということを理解させる一助としてもよい。しかしこういった示唆を行なう際には、治療者はオープンで押しつけがましくない態度をとって、選択の余地があること——すなわちもっとぴったりくるものを思いつけばそれを選べばよいこと——を、つまりこれは完全にクライエントにゆだねられた選択であると示すことが重要である。この認知はクライエント自身の体験に由来するものでなければならず、治療者の捏造物であってはならないことは言うまでもない。

　クライエントが否定的認知をうまく言葉にできないときには、臨床所見からみてそのクライエントに適当と考えられる否定的認知の例を幾つか提示する。例えば、次に示すようなものである。

　　私は何かすべきだった。
　　私には力がない。
　　私はコントロールできない。
　　私は何か間違いを犯した。
　　私には価値がない。
　　私には何かよくないところがある。
　　私は悪い人間だ。
　　私は汚れている。
　　私は見捨てられてしまうだろう。
　　私は愛されない。
　　私は成功できない。

　否定的認知を同定することは、クライエントがその不合理性をよりよく認識するのを助け、ベースラインを確定し、機能不全で再処理を必要としている情報への刺激を促進する。否定的認知と肯定的認知のより包括的なリストは、付録Aとして巻末に掲げてある。

肯定的認知

EMDRのセッションでは、クライエントと治療者がターゲットに関連する否定的認知を同定したら、次にクライエントが望む肯定的認知を同定して、クライエント自身にその肯定的認知をVOC尺度（認知の妥当性尺度）で測定してもらう。VOC尺度は1点（完全な誤り）から7点（完全に正しい）の7段階評定である。VOCは、クライエントにとってその肯定的認知がどれほど正しく、どれほど信用できると感じられるかということに基づいて測定されるべきものであって、それが客観的にみてどれだけ正しいかを測定するものではない。たとえ感情的には混乱のさ中にあっても、クライエントは肯定的な何かを信じるべきだと意識しているものである。従って、クライエントが「本音のところで」答えるように治療者は促さなければならない。例えばレイプの被害者は、レイプは自分の落ち度でないと分かっていても、なおも罪悪感を感じていることがある。そのような場合にはクライエントは、「私はよい人間である」という肯定的認知に対して最初はVOC尺度上で4点くらいしか与えられないものである。

望ましい肯定的認知を測定する目的は、治療に向けた方向性を設定することである。すなわち、代わりの適切な神経ネットワークを刺激することと、治療者とクライエントが治療の進み具合を評定するためのベースライン（VOCによる測定）を提供することにある。再処理を始める前に肯定的認知を同定しておけば、治療中にもっと適当な肯定的認知が出現しなくても、それを手早く植え付けに用いることができる（後にも簡単にふれるが、植え付け段階は脱感作のすぐ次の段階である）。

EMDRのセッション報告が一貫して述べるところによれば、クライエントの肯定的認知が不適切であったり、不可能であったりすれば、再処理が混乱してしまうという。普通混乱が起きるのは、クライエントの肯定的認知がなんらかの願望思考を取り入れてしまっているときである。非現実的な望ましい肯定的認知は、クライエントの自己システムに組み込まれることは決してない。こういった状態を見分けるしるしの一つは、初めのVOCが1点（「完全な誤り」）であるということである。通常VOC1点は、その願望が達成不可能であると考えられていることを示す。雇い主にレイプされたクライエントの例を挙げて

みよう。そのクライエントが欲する状態とは、「私は反撃できる」であった。それは合理的なものであるように彼女の治療者には思えた。ところがEMDR治療を進めても、この「私は反撃できる」に対するVOCは初期値から一向に上昇しない。いぶかった治療者はクライエントに、「VOCが7点になるのを妨げているものが何かありますか」と尋ねた。するとクライエントは、「彼は身長2メートル、体重が160キロもあるんです」と答えた。なるほどそれでは、武術の訓練でも受けていない限り、身長150センチそこそこの彼女が「反撃できる」というのは完全に絵空事である。従ってこの場合、「私は反撃できる」というのはEMDR治療のための肯定的認知としては不適切だったのである。

　肯定的認知を設定するときには可能な限りいつでも、「私は〜である」型の陳述であって自分の内面でコントロールできる性質のものにするようにと、クライエントに教示すべきである。初めのうちにはクライエントはしばしば、自分の力が遠く及ばないようなことを選んでしまう。例えば、「彼は私を愛してくれるようになる」とか「彼らが私の欲しいものをくれる」などといったものである。そのような言い方から方向転換させるには、クライエントに適切な肯定的認知の実例を示すことである。その上で、「私の子どもは決してけがをしない」といった類の陳述は真実たらしめることはできないということを指摘する。適切な肯定的認知（例えば「私は状況に対処できる」「私は自分を信頼できる」「私は責任を持って振る舞える」といったもの）は、クライエント自身の潜在能力を再評価することにつながる。「彼は私を愛してくれるようになる」よりも「私は愛すべき人間だ」の方が力に満ちた言いまわしであることは明らかである。クライエントが他人の考えや行動をコントロールするなど、本当はできないのである。クライエントが外力にまどわされず、合理化や未来についてのまやかしの希望に訴えることなく自分に価値がある感覚と心の平衡を取り戻すことこそが、治療の目標である。

　ときには、一応肯定的認知といえるものは見いだせるものの、「それは終わったことだ」とか「私は最善を尽くした」とか「私は今、選択できる」という程度の言い方しかできないことがある。特に犯罪者の罪責感の場合がそうであって、せいぜい「それは昔のことだ」あるいは「私はその経験から学ぶことができる」と言うのがやっとであったとしても当然である。そのような症例では、過去の行動に対する責任感は適切なレベルにあり、現在および未来の行為に強

調が置かれているのである。臨床報告の示すところ、EMDR は適切な認知や正しい認知をぼやけさせたり改変したりすることはできない。とはいえ、クライエントは新しいレッスンから学んでいくことが可能であるし、体験から受けた衝撃の方向づけを変えることはできる。未来において建設的な行為をすることを妨げるような負の感情からクライエントを解き放つことは可能である。

　クライエントが肯定的認知を同定できるように援助することは、回復のための重要な一里塚である。理性的な言葉を用いて外傷体験について別の見方ができれば、自己卑下の苦痛から逃れる希望がもたらされる。この行為は、どのような形態の治療においても有用なものである。しかし治療セッションが進むにつれ、クライエントによって最初に設定された肯定的認知が、より適切なものにとって代わられることがある。実際、EMDR では、機能不全を起こしていた古い題材が処理されるにつれ、より有益な認知が現われてくるということが非常によくある。治療者は特に細心の注意を払って、治療に取り上げ得るような好ましい認知を書きとめておくべきである。その際可能ならば、クライエント自身が言ったのと同じ言葉を用いておく。例を挙げて説明しよう。「私は成功できる」という肯定的認知から始めたクライエントがいるとする。処理の過程で彼は、自分は今までに多くの課題に成功をおさめてきたことを思い起こしただけではなく、人間の価値をその人の仕事で測るというものでもなかろうと思い当たった。そうして、セッションを終えるときには彼は、「私は価値のある人間である」という認知に到達していた。後者の認知の方が前者に比べて強力であり、治療の植え付け段階では後者を用いるべきである。

　クライエントが肯定的認知を構成する際に援助を必要とすることもある。クライエントが肯定的認知を言葉にするのに苦慮しているようなら、以下の言い回しの中にそのクライエントに適したものがないかどうか考えてみるとよい。

　　私は最善を尽くした。
　　それは昔のことだ。
　　私はそれから学んだ。
　　私は自分をコントロールできる。
　　私は愛すべき人間だ。
　　私はよい人間だ。

私は今、選択できる。
私は成功できる。
私は対処できる。
私は今、安全だ。

　肯定的認知の設定に当たっては、「〜ではない」という否定語を用いること（「私は悪い人間ではない」とか「私は無力ではない」など）は避ける。治療的な意図は、クライエントが自分自身を肯定的に定義し直す手助けをするということにある。新しい自己概念は、最も肯定的な自己帰属を可能にできるものでなければならない。「〜ではない」という語を用いると、完全に肯定的であるという性質が損なわれてしまう。それゆえ、「私は無力ではない」よりも「私には力がある」の方が治療的である。同様に、「私は悪い人間ではない」よりも「私はよい人間である」の方が有効である。とはいえ、例外がないわけではない。例えば、児童虐待の被害者は治療初期には、「母親の行為は、私の責任ではない」という肯定的認知から多くのものを得ることがあるだろう。そして続くセッションで、そのクライエントの事情に合わせて自己陳述を強めることに重点を移していけばよいのである。

　機能不全を起こしていた古い題材が処理されたら、次の段階として、肯定的認知とこれまでクライエントを動揺させていた情報とを結びつけ、関連づけることを目指す。これが、「植え付け」である。別な言い方をすると、ターゲットにした題材を保持している記憶ネットワークに肯定的認知を挿入するのである。そうすることで、その肯定的認知がネットワークを通じて、関連するあらゆる体験にいきわたることが可能になる。さらにそれ以降は、処理を受けた情報が刺激されて意識にのぼるときには、優勢な肯定的認知を伴うようになる。加えて、この結びつきによって、好ましい結果に関するあらゆる情報が以前は外傷的だった題材と関連づけられることになる。このような神経ネットワークの接続は、我々のモデルからみれば、再処理の成功の直接的な結果である。

　治療者は、機能不全状態の題材を可能な限り広範に般化するようなかたちで肯定的認知が言語化されるよう、クライエントを援助しなければならない。そうすることで、EMDRがクライエントの未来における関連する行為にもたらす利益を最大にすることができる。簡潔に言うならば、特異性の低い内容の肯

定的認知ほど、般化されやすい。例えばここに、はしごから落ちた記憶を再処理しているクライエントがいて、彼の否定的認知は「私は失敗者である」だとする。その場合には、「私は成功できる」というのが適切な肯定的認知となろう。「私ははしごを使いこなせる」では不十分なのである。なぜなら、後者の陳述ははしごに関連した事柄にしか般化され得ないからである。もう1例、不適切な肯定的認知の例を挙げよう。そのクライエントは、みんなが見ている前で滑って転んでしまったという記憶を再処理しようとしている。彼女は、「それは誰にでも起こることだ」というのを肯定的認知として用いようとしたが、治療者は思いとどまらせた。というのは、この陳述は彼女のもとの体験の性質をよく言い表わしてはいるが、もしまた彼女が公衆の面前で転倒してしまったときに彼女の自己評価を支えてくれるものではないからである。肯定的認知は可能な限り、未来の出来事にわたってクライエントの自己を力づけるような性質のものであるようにすることである。

感情と障害レベル

クライエントにその記憶の映像と否定的認知を心に浮かべさせたら、感じる感情を挙げ、現在感じられる SUD 尺度得点を言うように指示する。その際、クライエントが事件当時に感じたストレスのレベルを報告するのではないことを確認しておく。EMDR のターゲットは、機能不全状態の情報である。人をその場で動揺させるような出来事というものはたくさんあるが、そのすべてがその後もストレスを与え続けるというものではない。ひとりでに自然な情報処理を受けて、適応的に解決されるものもある。未だに解決されていない過去の出来事のみが、治療のターゲットとされるべきである。多くの場合、未解決の題材というものは、現在の感情的な障害という形で示される。

SUD 尺度を用いてクライエントに感情面での障害を評価させることで、治療者はどの記憶をターゲットにしたらよいかを決めることができる。治療計画を立てる際、治療者は「私は見捨てられるだろう」といった支配的な否定的認知を取り上げて、関連する出来事についてのより以前の記憶で SUD 得点が 5 点以上のものがないかどうか、クライエントに聞くことができる。もしあれば、そういった記憶は EMDR 処理の最初のターゲットとして格好のものとなる。

治療者は、クライエントがどの感情を測定しているのか、注意深く見極めて

おかなければならない。混乱して肯定的な感情についてのSUD得点を報告してしまうクライエントもいる。そのようなクライエントには、SUDは障害となる感情についてのみ用いるものであるということを再確認する。また、EMDR処理中にはさまざまな感情が湧き起こってくることがあるので、その感情の種類を言ってもらうことが肝要である。さらに、SUD尺度で測定された障害の強度に変化が見られないクライエントにおいても、実際には感情の質に変化が起きていることがある。例えば、怒りが悲嘆へと変化しているのに、クライエントは前と同じSUD得点を報告するといった場合である。治療者は、今測定されているのはどの感情なのかを見極めて適切に反応し、支持し、処理の進行を確認する必要がある。

身体感覚

クライエントが心的外傷記憶に集中したときに生起する身体感覚は、臨床経験から言って、実に有用な治療上の焦点である。こういった身体感覚、例えば頸部の筋肉のこわばりや心拍数の増加は、感情としての緊張と関係している。あるいは、加害者に手をつかまれているように感じるといった、ターゲットとする外傷体験中の知覚体験の一部である場合もある。顕著な身体感覚は、否定的認知とも関連している。それゆえ、外傷体験を想起した際に起こってくるすべての身体感覚が適切に処理されるまでは、EMDRセッションは完了したとはいえない。治療の最後には、クライエントに自分の身体を心の中でスキャンしてもらい、緊張感や違和感が残っていないことを確認するようにする。

情報処理システムの活性化

クライエントが生来的に有している情報処理システムは、方向付けされた眼球運動およびそれに代わる刺激形態、手のタッピングや音刺激などによって賦活され得る。

眼球運動

後に取り上げるように、EMDRで用いることができる眼球運動には幾つかの種類がある。治療者は、そのクライエントに最も適した方法を選ぶことが必

要である。クライエントが眼球を動かすのに苦痛を感じずに済むことを確認する。どのような場合であれ、手続きそのもののせいでクライエントが眼痛、眼の乾燥感、不安などを訴えるようであれば、治療者は眼球運動を続けさせるべきではない。例えば、治療者が手を振るのを見ると、両親に顔を打たれた記憶を思い出してしまうというクライエントもいる。そのような場合には、眼球運動の代わりに手のタッピングや音刺激を用いることを考えればよかろう。

　治療者は、クライエントが視野の端からもう一方の端へと眼球を運動させるようにする。この大きな往復運動を、苦痛のない程度にできるだけ速く行なう。治療者は2本以上の指を用いて、患者の注視点とする。この方法では、患者は小さな物体を注視する必要はないし、人差し指が一本だけ動くのを見ていやな連想が呼び起こされる（大人に叱られた記憶など）こともなしに指の動きを追視できる。治療者は、指の代わりにペン、定規などを用いてクライエントの眼球運動を起こしてもよい。しかし、2本指を用いる方法は有効性が高いし、より対人関係を良好にするということで好むクライエントが多い。

　典型的なやり方としては、クライエントの顔からおよそ30〜35センチのところで治療者が2本の指を垂直に立て、掌はクライエントの方に向ける。ここで、「これでいいですか」とクライエントに尋ねてみて、もし「いいえ」という答えが返ってきたら、治療者はクライエントが最も楽になるように位置と距離を変える。次に治療者は、眼球運動の方向を提示するために、指を水平にゆっくりとクライエントの視野の右端から左端まで（あるいはその逆）少なくとも30センチほど動かしてみる（図3参照）。このとき動く指を追視するクライエントの能力を評価するために、まず治療者は指をゆっくりと動かし、徐々にスピードを増していって、苦痛なく維持できる最大スピードを決めるようにする。これまでの報告では速いスピードを好むクライエントが多いが、ゆ

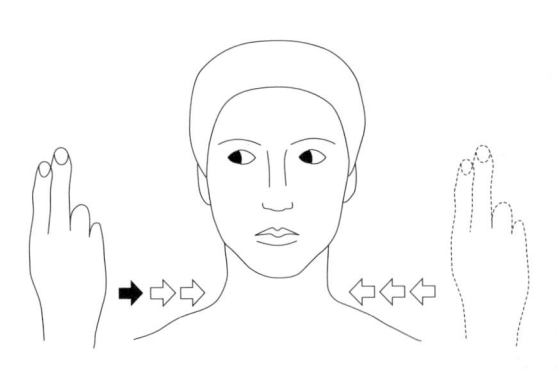

図3．EMDR施行の際に用いる水平方向の手の動き

っくりしたスピードの方がうまくいくというクライエントもいる。感情的な障害となっている題材に注意を集中する前のテスト段階のうちに、スピード、距離、高さなどについてのクライエントの好みを聞くようにしている治療者が多い。機能不全状態の題材にターゲットを設定した後では、治療者は各セットの最後でクライエントの感想に傾聴し、それまでに処し得た量を評定しなければならない。クライエントがそれほど苦痛を感

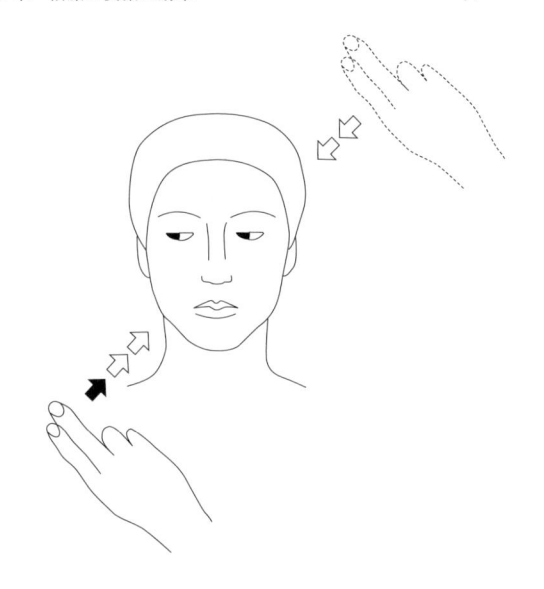

図4．EMDR施行の際に用いる斜め方向の手の動き

じずに、機能不全的な題材が変移してきているようなら、指を動かすスピードはそのままでよい。しかし、題材に変化がみられないかクライエントが苦痛を感じているようなら、スピードや方向（後で簡単にふれる）や1セット中の眼球運動の回数を調節した方がよい。

　この予備段階で、クライエントが指の動きをうまく目で追うことができないと治療者が気づくこともあろう。それは、止まったり動いたり、突進したりという不規則な眼球運動が特徴として見られる。この場合には、「この指をあなたの目で押すようにしてください」と言うのがよい。このように指導すれば、自分とガイド役の指とがダイナミックにつながっているような感覚がクライエントに生まれ、練習によって自分が動きをコントロールしているという感覚が得られるようになり、よりスムーズな追視が可能になる。

　次に、対角線方向の眼球運動の効果についても検討する。治療者は、右下方から顔の正中線を通って左上方へ（またはその逆方向）手を動かす。高さでいえば、下顎のレベルから反対側の前額のレベルまでである（図4参照）。ここでもう一度、眼球運動のやりやすさとスピードについて評価する。ある方向よりも別のある方向の方が眼を楽に動かせるのであれば、その方向を主にEMDR

に用いるようにする。

　その他、垂直方向の眼球運動や、円、8の字などといった眼球運動に導くこともあり得る。垂直運動には鎮静作用があり、感情的動揺やふらつき、吐き気を減じるのに役立つようである。この方向が有用であることに私が気づいたのは、めまいを起こしやすいクライエントの治療に当たっているときだった。処理が行き詰まったように見えるとき（眼球運動を何セットかうまくこなせたのに、情報の変化が報告されないとき）には、治療者は眼球運動を変化させてみるべきである。まずは運動方向を変えてみることである。垂直運動と同様に、円運動や8の字運動も多くの症例で鎮静効果を発揮する。

　眼球運動の1セットをどれくらいの長さに設定するかということも、クライエントからのフィードバックに基づいて決める。最初のセットは24往復とする。眼球を右から左へと動かしさらに右に戻したら、1往復である。この最初のセットで治療者は、クライエントの快適度、好みのスピード、それに眼球運動を維持する能力を知ることができる。クライエントは最初のセットでは、自分に起こる反応の観察あるいは「安全な場所のエクササイズ」だけに集中するかすればよい。「安全な場所のエクササイズ」については、改めて第5章で取り上げる。再処理の第1セットも、同じ運動回数にするのがよいだろう。再処理の第1セットが済んだら、「何か起こりましたか？」と尋ねてみる。そう質問することで、クライエントはイメージ、洞察、感情、身体感覚といった領域で体験していることを表現する機会を得ることになる。クライエントが何らかの治療的適応性の向上の兆候を示したら（気分がよくなったとか新しい情報が出現したとか）、治療者は同じ方向・スピード・長さのセットを繰り返す。とはいえ、運動を変化させてみてよりよい効果が得られないかどうか、治療者は積極的に探求するのが好ましい。これまでの臨床家の報告によれば、平均的なクライエントが認知的な題材を処理し新しい適応レベルに到達するには、1セット当たり24往復が必要だとされている。しかし、クライエント個人の反応こそが最終決定要因である。クライエントによっては、処理のために1セット36往復以上の眼球運動を要する。より感情的な反応については第7章で扱うが、純粋に認知的な題材（より深い理解をもたらすような新たな洞察といった）に比べて、通常ずっと多くの眼球運動を必要とする。

　一方で、連続して数回以上の眼球運動ができないような身体的状態にあるク

ライエントがいる。眼球を動かす筋肉（外眼筋）が生来弱いということかもしれない。もしそうなら、眼科専門医に受診して適度な眼球運動についての指示を受けるようにさせる（このようなクライエントでも、1セット2往復から始めて徐々に回数を増やすことが

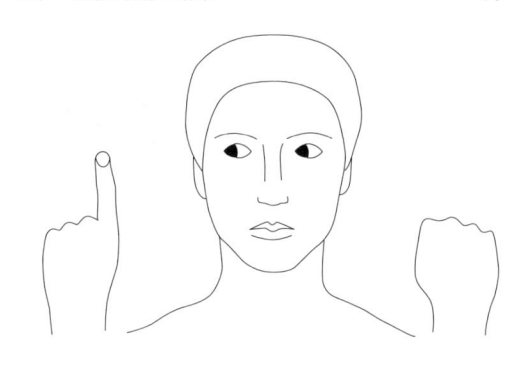

図5．EMDR施行の際に用いる両手法

できる場合がある）。また、不安が強過ぎるために手の動きについていけないというクライエントもいるし、高度な追視障害を呈する者もいるだろうし、追視運動に嫌悪感を感じる者もいるかもしれない。そのようなクライエントには、両手法（図5）を用いるとよい。

両手法では、治療者が握った両手をクライエントの視野の両端の目の高さに置き、左右交互に人差し指を立てる。治療者はクライエントに、立てた人差し指からもう一方へと目を動かすように指示する。クライエントによっては、この方法の方が原法の追視運動よりも定位反応や注意反応を維持しやすい。しかも、しばしばひけをとらない治療効果が得られる。しかし、この方法では、処理が行き詰まったときなどに眼球運動の方向を変えようとした場合に、原法ほどの柔軟性はない。

多くの臨床家が気づいていることだが、スムーズな追視運動を維持するのに困難を感じるクライエントは、処理の初期には実に多い。不安が減少するにつれて眼球運動がより滑らかにかつ容易に維持できるようになるということがあり得るし、それは逆制止の概念（第1章、第12章参照）が治療効果に貢献していることを支持するものであるように思われる。以上から、両手法を用いて眼球運動させるしかない場合でも、SUDレベルが低くなってから片手による追視眼球運動法に切り替えるとよいこともあると言える。

その他の刺激形態

眼球運動が身体的・心理的に不快に感じられるクライエントには、それに代

わる刺激形態（手のタッピング、音刺激）を用いることができ、その有効性も確かめられている。手のタッピングとは、クライエントの掌を上に向けてももにのせてもらい、治療者がクライエントの掌を左右交互に、眼球運動させるときと同じスピードでリズミカルにタッピングする（1〜2本の指で）というものである。クライエントがタッピングをいちいち凝視しなくとも治療効果が得られるが、この手続き中にしばしばひとりでに速い眼球運動が出現するとの臨床報告がなされている。

　聴覚刺激を用いる場合、クライエントの目を開けたままあるいは閉じたままにしておいて、治療者はクライエントの耳の近くで眼球運動で用いるのと同じ快適な速さで、左右交互に指を鳴らす。こういった代替刺激では、方向を変えることはできないが、刺激のスピードと強度は変化させることができる。もちろんこういった方法を用いれば、全盲の人や視覚障害者にEMDRを施行することができる。ただし、治療者に向ける注意や治療者と結びついているという感覚に関するクライエントからのフィードバックは、眼球運動の観察で得られるほど高度なものではない。

　ここでは、眼球運動に代わるものとして2つの技法を取り上げたにすぎないが、他の刺激形態（あるいは二重注意）にも効果が認められることが期待される。

EMDR治療の8段階

　EMDR治療は8段階からなる。いずれも欠くことのできない段階である。1つの段階に何セッションかかるか、あるいは1回のセッションで何段階をこなせるかは、全くクライエントによってまちまちである（後の章で、そのガイドラインについて考察する）。第一段階でクライエントの生育歴・病歴を聴取し、治療計画を立てる。続く第2段階は準備段階であって、治療者はクライエントにEMDRの手続きについて紹介し、EMDRの理論を説明し、治療効果に期待をもたせる。同時に、次のセッションまでの間に起こり得る障害にクライエントが対処できるよう準備する。第3段階は評価の段階であり、ターゲットを設定したり、SUDとVOCを用いてベースライン反応を測定することが含まれる。第4段階は脱感作の段階で、クライエントの苦痛な感情を取り扱う。第

5段階は植え付け段階で、認知の再構成に焦点を当てる。第6段階では、残遺している身体の緊張を評価し取り扱うボディスキャンを行なう。その次の第7段階が終了段階で、デブリーフィングを含み、次のセッションまでのクライエントの安定のために不可欠なものである。最後の第8段階は、再評価段階と呼ばれている。

各段階はそれぞれ治療の異なった側面に重点をおいているが、その効果（自己効力感の増加、否定的な感情の脱感作、身体緊張の移動、認知的再構成）の多くが、機能不全的な題材が処理されると同時に現われることは覚えておくとよい。各段階の詳細については、第4章から第8章で取り上げる。本章では、この複雑な治療の全範囲を概観することにする。

第1段階：生育歴・病歴聴取と治療計画の設定

効果的なEMDR治療を行なうには、どのようなときにどのようにしてそれを用いればよいかということを知っておく必要がある。それゆえEMDRの第1段階では、どのようなクライエントを選ぶべきかということに関わる、クライエントの安全要因を評価する。EMDRの適用基準は主に、機能不全的な情報を処理すれば生じる可能性のある障害が高いレベルの場合に、それを処理する能力がクライエントにあるかどうかということにある。従って、人格の安定度や現在の日常生活上の束縛も評価の対象となる。例えば、締め切りのある大きな仕事を抱えているときには、クライエントは心的外傷体験を処理していくことで煩わされたくないと考えるかもしれない。そのような場合には、そのような仕事上の重圧が軽減するまで、処理に取りかかるのを延期する。また、クライエントは激しい感情に対して身体的にも堪えなければならないので、治療者はクライエントの年齢や呼吸器系・心臓血管系の既存症などの潜在的な問題点を考慮しておかねばならない。

そのクライエントにEMDR治療を行なうことに決定したら、治療者は治療計画を立てる上で必要な情報を収集する。生育歴・病歴聴取のこの部分では、クライエントの機能不全の行動、症状、性格といった治療で取り扱うべき問題をはじめとして、クライエントの全体的な臨床像を評価しておく。それから治療者は、再処理すべき明確なターゲットを決定する。ここでいうターゲットには、現在問題になっている病理を最初に引き起こした出来事、機能不全的な題

材を刺激する現在の引き金、未来に向けて必要とされる肯定的な行動および態度が含まれる。EMDR を情報の再処理に用いるのは、その臨床像を十分に評価し細部にわたる治療計画を立てることができてからである。

第 2 段階：準備

　治療同盟を確立することは、この準備段階での仕事である。つまり、EMDR のプロセスと効果について説明し、クライエントの懸念を取り上げ、リラクセーションと安全確保の手続きを開始する。EMDR 施行中あるいは施行後に感情的な障害が起きる可能性があることを、治療者がクライエントに明言しておくことが不可欠である。それをして初めて、クライエントは真の意味でインフォームド・コンセントをするかどうかという場に立つのである。この警告さえすればそれだけでクライエントが適切な選択をする機会を得るというものではないが、この警告を受けたクライエントたちは、感情がどんなにかき乱されてもなんとかやっていけるように仕事上・社会生活上のスケジュールを調整するものである。治療者は、ガイド付きのリラクセーション練習法を収録したテープ（ミラー〔Miller〕の『ストレスよさようなら（Letting Go of Stress）』 1994 など）をクライエントにもたせるようにし、EMDR 再処理セッションを開始する前に練習させておく。クライエントがそういったリラクセーション技法に習熟し、テープを利用して次のセッションまでの間に生じるかもしれない障害に自信をもって対処できるようになることを目標とする。

　処理を始める前に治療者は、視覚化誘導技法も用いるようにする（第 6 章の「第 7 段階：終了」の項参照）。この方法で中等度の障害を完全に除去できないようなら、EMDR を続けてはならない。こういったリラクセーション技法が必要とされるのは、不完全なセッションを終了させる際に治療者の役に立つし、クライエントにとってはセッション後に出現してくるかもしれない記憶や不快な感情に対処する際に役立つからである。これらの技法をうまく用いることでクライエントは、高いレベルの苦痛な題材がセッション中に出現してきても対処できるという自信をもつようになる。他方、苦痛な感情をうまく扱うことができなければクライエントの恐怖感が強まり、処理はますます困難となろう。

　そのほか準備段階では、EMDR の理論と用いる手続きの要点を解説し、処理の成功に向けて役立つようなたとえを提示し、クライエントが治療効果とし

て現実的に期待できることを告げる。これらの側面については、教示の仕方の例とともに第5章で詳しくふれる。

治療者は、クライエントの二次的疾病利得の問題についても、この準備段階で探っておかねばならない。病が治ったときにクライエントが失わなければならないもの、あるいは直面しなければならないものは何なのか。もしこの領域でなんらかの懸念があるならば、外傷体験の再処理を始める前にこの問題を取り上げなければならない。新しい職を探さねばならなくなるとか、住む場所を変えねばならなくなるといった、起こり得る個々の状況に対応する行動計画を立てることも、ここに含まれる。もしその二次的利得が、低い自尊心や不合理な恐怖感といった気持ちに基づいているなら、それらの感情を処理の最初のターゲットとするべきである。そういった恐怖感が解決されないうちは、他に有意義な治療効果は期待できないし維持もできない。

第3段階：評価

評価段階では治療者は、処理を始める前にターゲットの構成要素を同定し、反応のベースラインを設定する。その記憶がいったん同定されたら、その記憶を最もよく代表するイメージを選ぶようクライエントに言う。次に、クライエントがその出来事に関与してしまったことに関連して生じた、機能不全的あるいは適応不全的な自己評価を表現する否定的認知を選択させる。このような否定的信念は、苦痛な感情を実際に言語化したものであり、「私は役立たずだ／価値がない／愛されない／汚い／悪い」などという陳述で表わされる。次にクライエントは、肯定的認知を設定する。これは、後の植え付け段階（第5段階）で否定的認知に置き換わるものとして用いられる。可能ならばこの陳述は、統制の位置が内的な内容にするのがよい（例、「私は価値がある人間だ／愛すべき人間だ／よい人間だ／自分をコントロールできる」あるいは「私は成功できる」）。クライエントはVOC尺度の7段階評価で、肯定的認知の妥当性を評定する。

この時点で、イメージと否定的認知とを結びつけて、感情と障害のレベルを同定し、前述のSUD尺度の11段階評価で測定する。その記憶を現在想起した場合に湧き起こる感情の強さを評点するようにクライエントに言うのである。再処理が始まると、感情とその強度は変化していくことになるが、障害の程度

はしばしば一時的に悪化する。

次にクライエントは、ターゲットとした出来事に意識を集中させたときに刺激される身体感覚の部位を同定する。

以上のように評価段階においては、ターゲットの記憶と処理を完遂するために必要な個々の要素について、ベースライン反応を得るのである。

第4段階：脱感作

第4段階では、SUD尺度に反映されたクライエントの否定的感情に焦点を当てる。この治療段階においては、クライエントの苦痛が増加するか減少するか、あるいは変化しないかにかかわりなく、あらゆる反応を扱う。

脱感作段階では、眼球運動を何セットも繰り返し行ない、必要ならば、治療焦点に適切な変動と変化を起こす。クライエントのSUDレベルが0か1になるまで繰り返す（「生態学的に妥当な」場合、つまりクライエントが現在置かれている状況に鑑みて適切と考えられるならば）。それが達成できれば、ターゲットとした出来事に関わる一次性の機能不全が解消されたということである。しかし、それではまだ再処理は完全ではない。情報は、続いての欠くべからざる諸段階を踏んで、さらに扱われていく必要がある。

ここで強調しておきたいのだが、多くの症例においては、眼球運動（あるいは代替刺激の形態）のセットだけで完全な処理が行なえるというものではない。臨床報告によれば、少なくとも半数は、セッションの途中で処理が停滞してしまうので、治療者はさまざまな付加的戦略やより高度なEMDR手続きを用いて再刺激を心がけなければならない。こういった変法については、第7章および第10章で詳しく扱う。

第5段階：植え付け

治療の第5段階は植え付け段階と呼ばれている。というのは、もとの否定的認知に代わるものとして設定された肯定的認知を植え付けて増強することに主眼がおかれるからである。例として、性的虐待のイメージと「私は無力だ」という否定的認知で治療を開始したクライエントを想定してみる。第5段階で、「私は今、自分をコントロールできる」という肯定的認知を植え付けたとする。その場合の治療効果の程度（つまり、クライエントがどの程度強固にその肯定

的認知を確信しているか）は、VOC 尺度によって測定される。

　ターゲットとした出来事についての感情のレベルが SUD 尺度上で 1 点か 0 点にまで下降したなら、植え付け段階に入る。その時点で治療者は、最もぴったりくるような肯定的認知をターゲット記憶とともに思い浮かべるようにクライエントに言う。その上で、クライエントの肯定的認知が VOC 尺度で 6 点か 7 点になるまで眼球運動セットを続ける。ここで、肯定的認知を今ここで感じるままに直観的にクライエントに測定させることを、忘れてはならない。

　最もぴったりくるような肯定的認知は、評価段階でクライエントが同定したものと同じかもしれないし、その後の眼球運動のセットをするうちに自然に出現してきたものかもしれない。新しい肯定的認知が現われなくとも、もとの肯定的認知に対するクライエントの VOC 得点は、通常は脱感作段階の終了時には上昇している。治療者はセットを続け（クライエントには、肯定的認知とターゲットの出来事の両方に同時に注意を集中させながら）、肯定的な認知を可能な限り強化するようにする。一般にセットを重ねる度に、否定的なイメージ、思考、感情は拡散し、妥当性を欠いたものとなっていく。一方で、肯定的なイメージ、思考、感情は、より鮮明な妥当性のあるものとなる。クライエントの妥当性、自信、確信が増加している限り、セットを続けるべきである。

　VOC 尺度は、治療セッションを成功に導くためにはさらに何をすればよいかを決める上で、実に有用なものである。例えば、2 セットを施行したのに VOC 得点が 7 に達しない場合には、治療者はクライエントに、現在の VOC 得点が適切と感じられるかどうか尋ねてみるとよい。例えば、クライエントは、「7 点なんて極端なことは考えられないもので、7 点はちょっと……」と言うかもしれず、また、「本当に兄に立ち向かえるかどうか確かめるには、実際に兄に会ってからでないと分かりませんもの」などという答えが返ってくるかもしれない。これらは素朴というか当然な考え方であって、病的なものではない。従って次の段階に進んでよい。しかし、クライエントが「私は真に幸せになるには値しない人間ですから」と言うような場合、この種の否定的信念は肯定的認知の完全な植え付けをブロックするので、EMDR 治療のターゲットとして取り上げねばならない。我々の究極の目標は、強力で完全な妥当性を有する肯定的認知を植え付け、クライエントの自己効力感と自尊心を高めることにあるのである。

肯定的認知をターゲット記憶と結びつけることで連想的結合が強固になり、もとの出来事についての記憶が呼び起こされ意識にのぼる際には、「それは終わったことだ。私は今安全だ」といった、新たに強く結びつけられた肯定的認知を伴うようになる。クライエントが肯定的認知に集中するうちに、それはターゲット記憶のネットワークに取り入れられて、関連する題材に般化が可能となる。前にも述べたように肯定的認知は、般化しやすく、また機能不全を起こしている題材の見方を整え直すようなものであって、現在および未来においてクライエントに力を与えるようなものという条件に基づいて選ばれる。比喩的に言えば、否定的認知と肯定的認知は、過去と現在の出来事に色を与える（クライエントはあたかも、濃い色かバラ色のサングラスを通して世界を見ているようなものである）。肯定的認知は、それまでとはちがった色合いの染料として、記憶ネットワークにしみこんでいく。

　肯定的認知の植え付けと強化は、EMDR治療セッションの中でも特に肝心な要素である。否定的認知の存在自体が、外傷体験がその人の人生を大きく左右する要因であって、しかも適応的な枠組みの中にまだ十分に組み入れられてはいないということを示す。未解決の外傷体験は、自己コントロールと力づけることへの否定的な見方を特徴とし、さまざまな形でクライエントの生活に現われる。それに対して十分に処理された情報では、適応的な観点を包含した記憶を呼び出すと必ず肯定的認知や適切な感情が結びついて出てくるのが特徴である。

　以上のように、EMDR治療セッションにおける植え付け段階は、クライエントの肯定的自己評価の強さに重点をおいており、望ましい治療効果を得るための重要な段階である。

第6段階：ボディスキャン

　肯定的認知が十分に植え付けられたら、クライエントは頭にターゲットと肯定的認知の両方を思い浮かべて、自分の身体を心の中で上から下までスキャンする。身体感覚の形で残っている緊張感がないかどうか確認する。もしそのような身体感覚があれば、それをターゲットとして、眼球運動セットを行なう。多くの場合、こういった緊張は容易に解消されるが、症例によっては新たな機能不全的な情報が顕になってくることもある。前にも述べたように、機能不全

的な題材に対して身体が共鳴するということがある。機能不全的な題材とその生理学的な貯蔵のされ方とは、関連していることがある。残遺している身体感覚を同定し、第6段階においてターゲットとして扱うことは、処理されずに残っていた情報を解決するのに役立つ。本段階は、それまで隠れていた緊張や抵抗の領域を顕にできる可能性のある重要な段階である。

第7段階：終了

　再処理が完全になされたどうかにもかかわらず、各セッションの終了時にはクライエントの感情が安定した状態に戻るようにしなければならない。（セッションを終了させる技法については、第9章で述べる）。それだけでなく、各セッションの終了時には、クライエントに適切な指示を与えることが重要である。つまり、次のセッションまでの間に苦痛なイメージ、考え、感情が湧き起こってくるのは処理が進行している証拠であって、好ましい兆候であるということをクライエントが思い起こせるように、治療者ははからねばならない。クライエントには、次のセッションまでの間に生じた否定的認知、状況、夢、記憶についての記録や日誌をつけるように指導する。この指導によってクライエントは、書くという行為を通して自分自身と感情的障害との間に認知的な距離をおくことができるようになる。特に、障害場面の「スナップショットを撮る」ようにクライエントに言っておくと、それを次のセッションでターゲットとして用いることができる。日記とビジュアライゼーション技法（治療者またはリラクセーション・テープ〔第5章と第9章で解説する〕を通して教えておく）とを併用することは、次のセッションまでのクライエントの安定を維持する上で非常に重要である。EMDRを受けたクライエントに治療者が適切にこうした情報を与えておかないと、クライエントが自分の苦痛な感情を過大視したり一生癒えないしるしと見なした際には、自分で補うことができなくなる危険があり、極端な場合には自殺に至る可能性がある。治療者はクライエントに対して、治療中あるいは治療後に表面化してくる否定的な反応（および肯定的な反応）についての現実的な予想を与えておくべきである。そのような知識を与えられていればクライエントは、機能不全状態の題材が刺激されてしかるべき障害が引き起こされることに直面しても、なんとか平衡感覚を維持できるようになる可能性が高まる。情報処理が進むにつれて別の否定的な記憶が刺激される

という、「ドミノ倒し効果」とでも呼ぶべきものがあるようである。この問題についてのさらに踏み込んだ展望と治療例は、第6章に掲げる。

第8段階：再評価

再評価は治療の第8段階と位置づけられているが、毎回新しいセッションの最初に施行すべきものである。治療者はクライエントに前回処理したターゲットを思い起こさせて、クライエントの反応を見て、治療効果が維持されているかどうか判断する。治療者は、前回ターゲットとした題材についてクライエントが今どのように感じるかを尋ね、日誌を点検して、これまでに処理した情報の余韻がないかどうか、あるとすればそれをターゲットにしたり他の方法で扱う必要がないかどうか見極めなければならない。前回治療した外傷体験が完全に統合されていた場合に限って、治療者は新しい題材をターゲットにすることが許される。

統合の可否は精神内の諸要素とでも言うべきものによって規定されているとともに、諸システムの関与にもかかっている。外傷体験が再処理されてクライエントの行動に新しい役割行動がもたらされたために、治療者が家族や社会システム上に生じた問題に取り組む必要が出てくる、といったことも起こる。再評価段階によって、さまざまなEMDRのプロトコルと完全な治療計画に治療者は導かれる。再処理と行動面での効果とを十分に再評価できた後に、初めて治療は成功する。

標準的な三つ股熊手のEMDRのプロトコル

標準的なEMDR手続きということばが各再処理セッションで行なわれるものを指すのに対して、標準的なEMDRプロトコルとは一人のクライエントの治療全体の指針のことである。それぞれの再処理セッションは、特定のターゲットに向けて方向づけられたものでなくてはならない。ターゲットは標準EMDRプロトコルでは、次の3つに分類される。（1）病理の基盤をなしている過去の体験、（2）現在の状況あるいは現在において障害を賦活するような引き金、（3）未来において適切な行動をとるために必要な「鋳型」。特定の目的のためのEMDRプロトコル（例えば、恐怖症や身体障害についての手順）はすべて、

標準プロトコル形式につながるものである。

ターゲットの選択

　単回性の外傷体験の被害者を治療する場合、ターゲットの選択は容易である。しかし、多数の外傷体験を経てきた被害者ではそうはいかない。治療者は、数ある外傷体験をよく似たもの同士のグループにまとめて、それぞれのグループを代表する出来事をターゲットとして選び出さなくてはならない。通常、代表的な出来事を処理すると般化現象が生じて、すべての関連した出来事に治療成果が及ぶことになる。クライエントに、「最も苦痛な記憶を十個挙げてください」と言うことで、クライエントは過去の体験を分類・統合し、処理可能なターゲットとすることができるようになる。それぞれの出来事についてのSUDレベルを確定し、苦痛の大きい順に並べてみると、どの記憶をEMDR治療の最初にターゲットにすればよいか、治療者とクライエントが一致して決めることができる。

　苦痛の大きな記憶を最初のターゲットとするか、あるいは苦痛の小さなものから取りかかるかは、治療者の好みと見立てによる。SUDレベルの高いものより低いものから始めた方が、扱う題材の変化と解消に伴うストレスが小さく、達成感が得られやすいので、クライエントはより困難な題材に取り組むことに自信がもてるようになると考えている臨床家もいる。それは確かに合理的な戦略と言えるが、SUDの低い出来事をターゲットとしているうちに急速に苦痛な連想に変化したり、苦痛な体験を思い出したりしてクライエントが狼狽してしまい、自分には治療を続ける用意がないと感じてしまうようなことが実際によく経験される。こうした可能性は、クライエントに適切な準備が必要であることを過小評価しているのである。

　私自身は、クライエントが同意してくれるなら、最も強い動揺を与える出来事を最初にターゲットにする方を好む。その理由は、最悪の事態と最大の苦痛に対して準備しておけば、後で不意打ちを食らわなくて済むからである。また、クライエントはセッションの終わりに、大きな達成感を得ることがしばしばある。最もつらい記憶が取り除かれたと感じることができるだけでなく、その最もつらい記憶というのは予想していたほどにつらいものではなかったと分かる

かもしれない。さらに、最もひどい外傷体験の記憶が解決されたということで、その後のセッションはもっと楽になるにちがいないと期待される。この再処理はしばしば般化効果をもたらし（関連する障害全般が軽減され）、続く1週間における不安・恐怖は著しく減少するという報告がある。

これまでにも述べたように、次のセッションまでの間に高いレベルの苦痛な感情に見舞われるクライエントもいる。特に、再処理が不完全な場合で、しかも非常に苦痛な外傷体験を数多くくぐり抜けてきたクライエントに起こることが多い。それゆえ最初のターゲットは、クライエントの準備性と安定性に基づいて査定されねばならない。EMDRは、高いレベルの苦痛な感情を抱えきれないクライエントや、治療者と適切な治療関係を結べないクライエントに用いてはならない。

外傷体験を解決しようとする際には、治療者は次に挙げる4つの項目のすべてをターゲットにしなければならない。（1）実際の出来事の記憶、（2）あらゆるフラッシュバック（それが実際に起こった外傷体験と異なっていることもあるので）、（3）悪夢に現われるイメージのすべて、（4）以前の外傷体験に関連した恐怖や混乱の感じを再現させるような「引き金」（ある種の大きな音など）。引き金とは、機能不全状態のイメージや認知、感情、感覚を呼び起こすあらゆる刺激のことであり、完全なフラッシュバックの形をとることもあれば、機能不全的な題材を部分的に思い起こさせるようなもののときもある。治療者は、それぞれの引き金を別々に治療せねばならない。というのは、二次条件づけによって、つまりこれまでに連想の対が形成されていて、それらの引き金は独立した障害となっているかもしれないからである。それゆえ、外傷体験を完全に解決するには、以上4つの要素を順にターゲットとしていかねばならないのである。

EMDRセッションにおける適切なターゲットは、なんらかの意味で機能不全な情報の表現を含んでいる。例えば、重要かつしばしば有用な治療上の焦点になるものとして、繰り返す悪夢がある。臨床的観察によると、クライエントが最初は夢の本当の意味に気づいていなかった場合であっても、悪夢をターゲットとすることで治療効果が得られる。夢の象徴的な修飾はしばしばEMDRによって取り除かれ、不快感の源泉である生活上の体験が顕になる。加速情報処理モデルでは、無意識的な題材はREM睡眠の夢見状態（急速眼球運動睡眠

期）において呼び出されて処理されるとされている。悪夢のイメージは、クライエントの感情および認知上の評価と関連しているらしい。障害があまりに高度な場合にはREM睡眠状態自体が損なわれ、題材は同化されずに残っている。

　EMDRセッションで悪夢イメージをターゲットにするときには、そのイメージを、伏在している外傷的題材を貯蔵しているネットワークへの直接の連結点として取り扱う。この連結点を通して、題材に治療的解決が及び得るのである。例えば、性的虐待の被害者の女性が、洞穴の中で怪物に追いかけられるという夢をたどり直したところで、夢の意義を理解したことにはならないとしても、圧倒的な恐怖と脅威を感じはするだろう。そのイメージをEMDRのターゲットにしてセットを重ねるうちに、加害者であった彼女の義父が家の中で彼女を追い回していたという子どものころのイメージにひとりでに変わっていくというようなことが起こり得る。そうしたら、その新しいイメージをさらに処理の対象として用いることができる。夢のイメージが、はっきりした出典や洞察を伴うことなしにそのまま消えることもある。

　体験から引き出された洞察の程度にもかかわらず、夢のイメージや繰り返す悪夢の光景がターゲットにされ処理されると、その夢はもう繰り返し現われなくなるのが普通である。次のセッションでのターゲットとするために、クライエントがそれまでに見た苦痛な夢を（日誌の一部として）報告させるという臨床家もいる。苦痛を伴わない夢や、目覚めるまでの間に解決する夢（夢の中でケンカに勝つなどして）は、恐らく既に処理が成功している夢であるので、ターゲットにはしない。

反応パターン

　臨床的な観察によれば、クライエントがターゲットとした出来事の解決に向けて断続的に前進していくのを経験する時間は約40％を占める。こういった変化についてのクライエントの報告を聞けば、外傷記憶のあらゆる側面に処理が及ぶことが分かるが、その進行様式たるやさまざまである。セットが終了する度に、クライエントは、ターゲット記憶が変化したり、別の記憶に置き換わったりしたと報告することがある。セットの間じゅう新たな記憶が刻々と出現したり、現われた記憶がセットの間中持続したり、セットが終了した途端に表面

化したりするなどと、クライエントは報告する。出来事の視覚イメージだけについての報告であることもあれば、思考、声、におい、感情、それに身体感覚を含む完全なひと揃いの描写であったりすることもある。クライエントはこうした要素を最初のものの影として体験したり、圧倒的な除反応として体験することもある。

　処理が進んでいることを示す変化はどのようなものであろうか。それを考えるには、記憶ネットワークは連想によってつながれた情報のチャンネルであるという概念に立ち戻ってみるとよい。ターゲット記憶は、ある特定のチャンネルに貯蔵された数ある出来事のうちの一つである。眼球運動を開始してそのチャンネルで情報処理が始まると、別の記憶が新たに意識にのぼってくることがあり得る。こういった新たに出現した記憶は、クライエントにはフラッシュを浴びたものとして（あたかもその出来事に突然スポットライトが当たったかのように）感じられることがある。多くの出来事が一度にコラージュのように姿を現わすこともあるし、それらが身体感覚として意識されることもある。情報の現われ方がどのようなものであっても、処理が続いている限り、クライエントには「そのことを考えてください」という包括的な指示だけを与えて、次のセットへと導くべきである。言い換えると、治療者はターゲット記憶を、湧き起こってくるそのままの形で扱うことが必要なのである。

　何年にもわたってクライエントにEMDRを施行していくと、一般的な関連のパターンが幾つか明らかになってくる。情報処理の進行中に出現するクライエントの反応の種類を、リストにして後に示す。こういった反応は、なんらかのより高度なEMDR的介入（第7章参照）を必要とせずにEMDRの手続きを続けてよいかどうかの指針となるものなので、治療者は周到な注意を払わねばならない。つまり、クライエントが新しい連想を形成していく限りは、セットを続けていけばよいのである。

　あるターゲットに対して起こる結びつきのさまざまな形態を、図6に示した。7つある連想チャンネルのうち最初の6つは、種々の異なった出来事が共通項の糸でたばねられて一つの結合をなしているものである。それに対して7番目のチャンネルは、ターゲットとしたある単一の出来事に限定された情報の変化（例えば、イメージ、洞察）を示している。

　セットの後で、最初にターゲットにした出来事に連想でつながった出来事が

新たに出現してくることがある。
どのような連想が起こってくるか
は、処理を始めてみるまでは分か
らない。しかしながら、どのよう
なタイプの連想であっても、前述
のたばね糸のどれか一つによって
結びつけられたものなのである。
治療的見地からすると、いずれか
のパターンが他のものよりも好ま
しいということはない。どのタイ
プの連想反応であっても、そのク
ライエント個人に特有な題材の解
決に進むことができる。

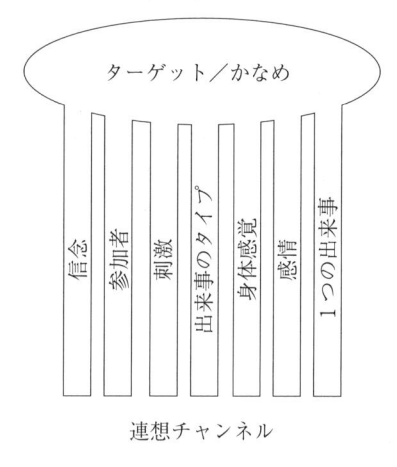

図6．ターゲット／かなめとさまざまな連想チャンネルタイプ

以降の数節では、まずクライエントがさまざまな記憶を報告するときのパターンについて概説し、続いてクライエントが治療セッション中ずっとただ一つの記憶を保持し続ける場合にみられる処理のパターンについて述べる。

いくつかの記憶を関連させて処理する
外傷体験に内在する信念

　EMDRセッションにおいて現われてくる記憶は、ターゲットとした外傷体験に内在する支配的な信念と結びついていることがある。例えば、自動車事故の記憶と性的虐待の記憶とが、いずれも「私は無力だ」という認知を共有することによって関連を有しているということがあるかもしれない。とするならば、そのいずれの出来事も、クライエントが仕事場で無力感を感じたときに極度に不安になることの原因となっている枢軸記憶であることが、処理によって明らかになるだろう。治療者は、「連想で結びつけられた記憶に共通するものは何だろうか」と考えてみることで、重要な機能不全的信念を見いだせることがよくある。このような信念を見つけることは、より完全な治療プランを策定するのに役立つが、このような題材についてクライエントと話し合うのは、治療セッションの中でも眼球運動が終了してからにすべきである。

連想というものは、クライエントの実体験に基づいているということを忘れてはならない。ターゲットと何の関わりももたない記憶が浮かんでくることはない。しかし、治療者は、クライエントが自然な形でその記憶の結びつき（否定的認知というたばね糸）に気づくようにしなければならない。治療者が処理の早い段階から重ね合わせたり、クライエントがそれを認めるようせかしたり押しつけたりしないようにする。クライエントが否定的認知と記憶の結びつきに気づいているかどうかには関わりなく、EMDRの植え付け段階で認知の再構成がもたらされる。

主要な参加者と加害者

　ターゲット記憶と新たに想起した記憶とが、同じ加害者によるものであるということで結びつけられることがある。例えば、父親に性的虐待をされたという記憶が、父親に殴られた記憶やあるとき父親に置き去りにされた記憶とつながるようになる。こういった連想を処理することは、虐待する親についてのクライエントの"未完の仕事"を解決する助けとなる。虐待する親はしばしばこれまでに、クライエントが権威や自尊心の欠如などに関して抱えている問題を刺激してきた。親に結びついた記憶が処理されると、クライエントは現在置かれている状況に対して自然にこれまでと違ったやり方で反応するようになることが多い（職場で自説を主張できるようになるなど）。

顕著な刺激

　湧き起こってくる記憶は、その出来事に内在した主たる刺激と結びついていることがある。例えばベトナム帰還兵は、地震の記憶を処理しているときに戦闘体験を突然思い出すことがある。それは、物が落ちてくる音や轟音が、両方の出来事を共通して特徴づけている場合である。恐怖のような感情や「私は無力である」などといった認知を、外的な引き金と区別することは必ずしも容易ではないが、一連の連想がある感覚を手がかりとして一次的に結びつけられていることはあり得る。処理を続けていてこのような手がかりが接続点であることが分かるのは、こういった刺激に対するクライエントの反応には機能不全的な側面があるからである。ある反応が機能不全的であることは、激しい感情と否定的認知を帯びていることで分かるのである。

特定の出来事

　湧き起こってくる記憶がそれ自体の性質によって、ターゲット記憶と結びつけられることがある。例えば何度も暴行被害にあった人で、あるレイプ体験をターゲットにすると、他のレイプの記憶が連鎖的に浮かんでくることがある。それらの体験とターゲットとしたレイプ体験とは同じ否定的認知と感情を有しているのでこれは当然のことだが、但しこの場合のたばね糸はレイプそのものである。同様に、子どものころに性的虐待体験をしてその記憶を解離していた人が、他の形態の性的虐待体験を一次的なターゲットとしたときに、それを思い出すということもあり得る。レイプや性的虐待の体験が何度もある人では、セッション中に被害体験の記憶がたくさん浮かんできて圧倒されることがあることは銘記しておかなくてはならない。そのようなクライエントに対しては安全感をはぐくみ、特に配慮すべきは、必要ならば休息をとってよいと保証することである。これについての手続きのステップは後に第5章でふれるが、このような人々の治療についてはさらに、第11章で取り上げた。

優勢な身体感覚

　その出来事の時点で体験された身体感覚は神経系に貯蔵され、一連の連想のたばね糸になることがあるということを忘れてはならない。幼児期に身体的虐待を受けた人を例に引こう。母親は昔、彼女の手をベッドにくくりつけて箒の柄で殴りつけたことがよくあった。この記憶を処理してみると、彼女は手と手首の周りに圧迫感を感じた。そして次に、父親のペニスをむりやり握らされたときの触感をはじめ、性的虐待を受けたときの記憶が意識上に浮かんできた。続いて、レイプされたときに犯人に両手をつかまれた記憶が浮かんできた。そして最後に、病院で手術を受けた後に手術台に固定されたままで覚醒したとき、理由も分からず叫んでしまったことを思い出した。こうして一連の記憶の連鎖をたどってみれば、病院で彼女が感じた恐怖感というものが、手首の周りの圧迫感と関連した暴力と危険の感覚であったことが分かる。

優勢な感情

　湧き起こってくる記憶は、その出来事に内在した感情と結びつくことがあるかもしれない。例えば、ベンチャー・ビジネスに失敗して絶望した体験を処理

してみると、親に見捨てられた記憶が浮かんでくるというような場合において、この２つの体験は絶望という同じ感情を伴っている点で関連している。この２つの出来事を的確に結びつけるような認知もあるだろうが、なによりも患者にとっては圧倒されるような感情の方が先である。このような場合、わざわざクライエントに記憶についての認知的評価をさせなくともよい。

　もう一度繰り返すが、治療者は、クライエントが処理中にこうむる感情の苦痛の程度に注意を払わなくてはならない。深い絶望感を引き起こすような記憶の連鎖を処理するときや、何度もレイプされた経験のある人で今までのすべてのレイプ体験が心の中で連なったような場合には、機関車が自分の上にのしかかってくるかのように感じられたとして不思議ではない。次章で詳しく述べることになるが、クライエントが治療を中断してほしいという素振りを少しでも示したら、治療者はただちにそれを尊重しなければならない。このような治療者の反応は、クライエントの「ノー」という能力を強化しクライエント自身が治療をコントロールしているという感覚を維持するだけでなく、激しい処理を行なっているときにいつ休憩をとるかという最終判断はクライエントにゆだねられていると示すことにもなる。しかし、気をつけなければならないのは、例えばレイプ被害者が「やめて」と口にする場合である。それは、事件のときに彼女が犯人に言ったこと、あるいは言いたくて言えなかったことを処理中に言語化したもの、つまりレイプされたときの彼女の思考が表面化したものかもしれない。クライエントの注意が犯人に向けられたようなら、「いや」とか「やめて」をセットのターゲットとする。そうではなくて、直接治療者に対して「やめて」と言ったのなら、クライエントが再開する気になるまでセットは中断しておくべきである。この２つを混同しないために、クライエントには、セットを中断したくなったら手を挙げて合図するようにと予め言っておくようにする。どちらかよく分からないときにはとりあえずセットを中断して、クライエントに尋ねてみることである。

単一記憶を処理する効果

　新たに出現した記憶はしばしば処理が起こっていることの指標となるが、前節で説明したように、そういった新たな記憶はごく短期間表面化しただけで再び最初のターゲットの記憶に戻ってしまうことも多い。それどころか新たに浮

かんでくる記憶が全くみられず、ターゲットとした出来事だけが持続的に意識されることもある。さらに別の場合には、ターゲットが他の記憶に移ってしまって、そのままそのセッションの間じゅう居座り続けることもある。以上のどの場合でも（一つの出来事が次のセットでも出てくるところで）、処理の成否について他の指標を用いてそのターゲットを査定しなければならない。

　処理の指標となるのは、一つには、記憶の5つの主要側面（イメージ、音、認知、感情、身体感覚）の変化または推移をクライエントがいつ口にするかということである。これらの側面がすべて同時に変化した場合（認知の実質的な変化が身体感覚や感情の変化に関連して生じたような場合）であっても、クライエントの意識の中ではそのうちのどれか一つの変化が優越していることがある。それゆえクライエントには、どの側面であれ、変化が現われたら言うように予め促しておかねばならない。はっきりとした変化が現われたときになって、クライエントが自分から口にしていない側面について聞いて、クライエントを処理過程から引きずり出すことがないよう、気をつけねばならない。

　次に、EMDR処理の中で治療者が期待できる変化または推移について取り上げる。

イメージの変化

　既に述べてきたように、ターゲットとした出来事のイメージは、関連した別の事件のイメージに変わったり、あるいは同じ出来事の別の側面に移ったりすることがある。ところで、イメージの内容や外観が変わるようなこともあるのである。内容の変化とは、イメージの中で意地悪な表情を浮かべていた顔が笑顔に変わったり、武器が消えたりするなどといったことである。外観の変化とは、視点の変化や情景の広がりの変化、光景の詳細さが増すなどといったことである。症例を挙げて説明しよう。そのクライエントは、会議で侮辱された記憶をターゲットとして取り出した。しかし、目に浮かんできたのは、彼を侮辱した同僚の顔だけだった。ところが処理が進むうちに、ブラインドが取り除かれたように光景が広がった。広がった光景では、彼に対して好意的支持的な発言をしてくれた他の人々の顔も見えるようになった。この症例で興味深いのは、より自己肯定的な情報がそれまでにもクライエントの神経系内に貯蔵されていたということである。それまではその記憶を思い起こしても、恐らく同僚の顔

のイメージと関連した不安や屈辱感といった感情が特に優勢であったために、その肯定的な情報は利用できない状態にあったわけである。機能不全的な情報が処理されると、関連ネットワーク系の隅々までが参照可能になる。治療後、このクライエントは、彼を侮辱した人物の表情だけでなく、他の人物やその場のもっと肯定的な詳細について思い出せるようになった。それというのも、不安が後退したからである。その後彼は、そのときのことについて思い出すように言われると、自然と広がった光景を思い浮かべられるようになった。

それ以外のイメージに関する変化の報告も、処理が奏効したことを示す。イメージが大きくなったり小さくなったりすることもあるし、ぼやけてしまうこともある。灰色になったり、近づいてきたり遠のいていったりすることもある。完全に消え去ってしまうこともある。こういった変化を厳密に予言することはできない。事件についての詳細を警察で供述したり法廷で証言しなければならないクライエントには、そのイメージは治療後消えることがあるかもしれないと警告しておくべきである。イメージが消え始めると、混乱したり苦痛を感じたりするクライエントがいる。「私は何か間違ったことをしているにちがいない。イメージが戻らなくなってしまった」と彼らはよく言う。治療者は、処理が続く間じゅうはあらゆる変化は自然なもので、従ってイメージが消えてしまってもその出来事のことを心に浮かぶままにただ考えていればよい、と再度保証しておくべきである。

イメージが消え始めると、よい記憶まで消えてしまうのではないかとか、実際に起こった出来事についてすっかり忘れてしまうのではないかと恐れて不安になるクライエントもいる。そのようなクライエントに対しては、EMDR 治療では、ターゲットとした出来事を忘れてしまうことはないし、好ましい記憶や感情が失われることもないと再度保証せねばならない。次のように言うのがよいだろう。機能不全状態の情報は「消化」されて、もっと好ましい形態の情報へと転化された。そのような変化はすなわち情報が神経系に貯蔵されたということであり、従ってあなたを動転させていたイメージや感情がもはや優勢ではなくなったのだ、と。

クライエントが報告するイメージの変化はどのようなものであっても、情報処理が進んでいることを示すものであり、その変化についてクライエントがどのように感じるかという主観的な性質について治療者がいちいち問い質す必要

はない。言い換えると、イメージがどんなに大きくなろうが小さくなろうが、はたまたぼやけてこようが大した問題ではない。ただ、変化を示すなんらかのしるしがあるとき、治療者は処理が起こったことを知るのである。「違って見えます」という一言さえあれば、それで十分である。治療者は、イメージの変化についてとやかく質問することは避けるべきである。イメージの内容について詳細に描写しようとしたり、漠然とした変化の特性を表現しようとすると、処理効果が遮られたり損なわれたりすることがある。

音の変化

クライエントが、ターゲットの記憶の中の人々の声が小さくなっていくとか、全く消えてしまったと言うことがある。ある症例では、ターゲット記憶の中で赤ちゃんが泣き叫んでいたのが、数セットを経た後には泣き声は全く止んでしまった。同様に、銃の発射音や爆発音の音量も、処理が続く中で増大したり減少したりする。

クライエントがターゲット記憶の聴覚的要素に変化があったと報告するのは、通常、処理過程が加害者や親、それにさまざまな社会的状況における他者とのやりとりに及んだときである。職場での不快な対立の記憶が処理されると、記憶の中のクライエントは自然と主張的な言い方で語るようになり、一方で同僚の方はより丁寧な口調になる、といった具合に記憶の中での会話が変化することがある。セットの最中に、自分を虐待した親に対して自己主張を始めるクライエントもしばしばいる。クライエントが確信し強く実感できるようになるまで、そういった主張を心の中であるいは口に出して繰り返すよう治療者は励ますようにする。このように言葉にすることで、それまでは親やその他の権威的な人物を畏怖して幼児的な役割にとらわれていた人が、一気にそれを脱することがしばしばある。

イメージを思い浮かべると、同時に事件当時に話したことや考えたことが浮かんでくるとクライエントが言う。英語を第二の言語とする家庭で育った人は、幼少時の記憶に処理が及ぶと母国語でしゃべり始める。クライエントが外国語でしゃべり出しても、それまでと同じように「ただそのことを考えてください」と誘導して、セットを続ける。幼少時の言語でしゃべっていても、クライエントは英語の指示を理解できるものである。

認知の変化

　クライエントの洞察の程度は、しばしばセットを重ねるごとに向上する。第２章の逐語録で分かるように、無能な同僚をなんとかせねばならなかったクライエントの場合のように、情報が処理されていくにつれてクライエントの認知はより治療的適応的なものになっていく可能性がある。とはいえ、情報処理が完全になされるまでは、認知が十分に適切なものとはならない。たとえて言うならば、列車は最後の停車駅に停車するまでは、目的地に到達したとはいえないのと同じである。治療の途中、セットとセットの間での小休止時においては、今後処理すべき機能不全の題材がまだ残っている。治療者はそこで、処理が停滞してない限り、特定の情報の山場を探険したいという誘惑に打ち勝たねばならない。変化が報告され続けているうちは、治療者は前回のセットで言語化した認知のことを考えるよう、クライエントを導かねばならない。

　ときにはクライエントが、「極的な」反応を示すことがある。つまり、処理の早期において、否定的な認知から一足飛びに肯定的な認知へと劇的に推移することがある。この現象は、情報処理の用語で言うと、神経ネットワークの「ダメ」の構成から「大丈夫」に関連した構成へのシフトであると解釈される。別の言い方をすると、社会的状況に関連した「私には何かよくないところがある」という認知から出発したクライエントが、たった１回のセットで「私はうまくいっている」と考え始めるのである。こういった「180°転回」現象は、クライエントが情報チャンネルの末端に到達したことを示すものと考えられる。従って治療者はこの現象に出合ったら、クライエントをもとのかなめ（ターゲット記憶）に戻らせてから治療を続行するようにする。それ以外にも機能不全を起こしているチャンネルがある場合もあれば、ないこともあるだろう。

感情の変化

　記憶が処理されていくにつれて、その記憶にまつわる感情の強さは減少していく。しかし、その記憶が適応的な解決を得るまでには、感情のレベルが劇的に増加することもあり得るということは忘れてはならない。クライエントが報告する感情レベルが変動する限りは、それが上昇であろうが下降であろうが、情報処理が続いていると考えられる。感情がその記憶の最も優勢な要素であるときには、SUD尺度を用いてその変化の程度を測定することができる。

このSUD尺度は確かに便利なものではあるが、場合によっては十分な測定器具とはいえない場合があることも忘れてはならない。感情の強度のみでなく、感情の種類も変化する（例えば悲嘆から怒りへといった具合に）クライエントが多いのである。別の感情を測定してしまうことによって、例えばSUD3点の不安がSUD7点の悲しみに転化したような場合に、SUDレベルが上昇したようにみえることがある。同様に、減少したり同得点を維持する場合もある。従って治療者は、クライエントのニーズに対応するためには、セッション中に新たに生じてくるあらゆる感情に対して鋭敏であらねばならない。例えば、極度の怒りに包まれているクライエントを安心させるための言語的・非言語的な支持の方法は、悲哀や絶望を感じ始めたクライエントを支持する場合とは全く異なるからである。

　クライエントは、より生態学的に妥当な、もしくは適切な方向へと感情が推移していくと報告することがしばしばある。これは感情の「層」から「層」への推移の顕れである（例えば、罪悪感から、激怒、悲哀、受容、といったように）。前にも述べたように、クライエントにはそれぞれの特性があり、悲哀が先に来るクライエントもいる。ときには、特に何の感情も表現しない者もいる。よって、特定の感情や表現のレベルをクライエントに要求してはならない。激しい感情を示して除反応を起こすクライエントもいる一方で、外には感情をほとんどもらさずにあっさりと処理が進行するクライエントもいる。

身体感覚の変化

　記憶が処理を受けると多くのクライエントは、なんらかの情報が身体レベルで現われることを経験する。身体感覚は、処理中に体験された感情と結びついて現われることがある（恐怖に関連して心拍数が上がり、胃がしめつけられるように感じるなど）。また、その出来事当時の身体感覚がよみがえる場合もある（ベッドにしばりつけられた記憶を処理しているときに、手首の周囲に圧迫感を感じたという症例を先にも挙げた）。あるいは、機能不全状態の認知に対する身体の非特異的な共鳴現象というものもある（第6章で説明する）。

　処理の進行は、身体感覚の解放を通して身体的にも確かめられる。つまり、セットを重ねるごとにクライエントの身体感覚の強度が減じていくならば、処理は進行していると言える。このような変化は、心拍数の減少といった単純な

かたちで現われることもあるし、体験そのものをたどり直すというかたちをとることもある。後者の例として、手をガスレンジにかざされるという折檻を母親から受けたクライエントのことを引いてみよう。彼は最初に、焼けつくような感覚が今起きているように再体験した。しかし、その感覚はセットを繰り返すごとに減っていった。もっとも、EMDRセッションの開始直後には曖昧模糊としていた身体感覚が、突然強度を増すことがいつでも起こり得るということを忘れてはならない。

クライエントが身体感覚を感じるのは、端的に言って情報が処理されている証拠である。概念的に言えば、心的外傷場面で感じた身体感覚もまた神経系の中に閉じこめられている。その感覚刺激の情報は、その身体感覚がもともと感じられた身体部分において（求心性／遠心性の神経系を通じて）体験されることになる。その感覚刺激は、あらゆる痛覚がそうであるように、身体のある部分が痛むものとして感じられるのであるが、痛覚中枢は言うまでもなく脳内に存在している。

身体感覚は神経ネットワークの中に貯蔵されているという概念的な言い方をここではしたが、実際には記憶の（除反応のような）再体験は、何の準備もなく立ち向かうにはクライエントにとっても治療者にとってもあまりにも恐ろしいものである。身体的暴行による痛みを再体験して多大なストレスをこうむっているクライエントにはその苦痛をねぎらい、今さしせまった危険があるわけではないことをセット中にも思い起こさせるようにする。それでも、クライエントが激しい感情と強度の身体感覚に襲われることを快く思えないようなら、その治療者はEMDRを用いるべきではない。この禁則は是非銘記しておいていただきたい。というのは、処理中の自分の反応に対して治療者が恐怖や嫌悪感を示したなら、クライエントはさらに深く傷ついてしまうにちがいないからである。

身体感覚の部位の移動も、情報処理が進行していることの目印となり得る。例えば、初めのうちは胃がしめつけられるように感じていたクライエントにセットを重ねるごとに、その感覚が上方に（胸へ、そしてのど、頭部へと）移動していくように思われたとする。そのようなときには治療者は、その感覚の性状や原因を云々するのはやめて、ただ感覚の移動したその部位のことだけを考えるように指示する。一方で身体感覚の移動を示さず、「その感覚は頭の中に

あるかのように感じられる」と一貫して言うクライエントもかなりの割合でいる。そのような場合にも、この訴えは、比喩としてではなく実際の身体感覚として治療されるべきである。治療者は、感覚が現在やどっている部位にクライエントの注意を集中させる。以前のセットの中で感じられた感覚について尋ねることはしない。2セットを終了した時点でクライエントが、ふらつき、痛み、吐き気を訴えたり、もしくはその身体感覚に何の変化も起こらないようなら、眼球運動の方向を変えてみる。方向を変えてやれば、通常身体感覚は何らかの変化を起こす。

　EMDR処理中に生じた身体感覚は、続くセットにおいて適切なターゲットとなると考えられる。もっとも、治療者は常識に基づいて判断する必要がある。そういった身体感覚が、現時点における身体的問題によって引き起こされたかもしれないからだ。極端なことを言えば、EMDRセッション中に心臓発作が起こることだって、コーラスの練習中に起こる程度にはあり得るのである。特に高齢者の治療をするときなどには、気をつけておく必要がある。

　先にも述べたように、クライエントが眼の痛みを訴えたら、眼球運動は即座に中止する。眼科専門医に紹介して、EMDRセッションでどのような眼球運動を用いればよいかという判断を仰ぐようにする。それでもクライエントが眼痛を訴えるようなら、決して眼球運動を続けてはならない。(眼筋虚弱については、この章の前半にある眼球運動の項を参照のこと)。代替刺激を用いることは容易であろう。

治療効果の分かれめ

　これまでに述べてきたEMDRによってもたらされる変化は、EMDR治療に期待できることについての全般的な理念である。このことに留意しておいてほしい。というのは、EMDRは型にはまった方法ではなく、どの治療セッションも全く同じではあり得ないからである。それぞれのクライエントは、時々刻々と移ろいゆくかけがえのない個人としての扱いを受けるべきである。治療者は機敏に手続きを修正して、いつもクライエントの要求に応えていくようにしなければいけない。EMDRを、治療効果を競うレースだと考えるようなことがあってはならない。次章以下の各章はEMDR治療モデルを実際に施行する上

での助けとなろうが、それ以外にも治療者はあらゆるラポート形成技術と臨床的資源を駆使してクライエントを支えるように努めなければならない。EMDRの成否は、目的地の設定にかかっているのと同じくらい、その旅程の質にかかっているのである。

スーパービジョンを受けての実習

　指導者は、実習生をさまざまな状況設定に置いて、否定的認知および肯定的認知を引き出すロールプレイの練習をさせようとするものである。実際にも多くの臨床家が、EMDR治療の中でも、この肯定的認知および否定的認知の設定を難しいと感じている。治療者（およびクライエント）の参考に供するために、否定的認知および肯定的認知の一般的なものを巻末の付録Aに掲げておいた。実習生に、眼球運動のさまざまなタイプや代替刺激の使用を教えるのにも有用であろう。実際の脱感作に用いる前に、臨床家は眼球運動および代替刺激の使用についてのスーパービジョンを受けておくことが勧められるが、この表は実習生が指導を受けるときにも役立つだろう。

要約と結論

　EMDRの治療効果は、ターゲットを設定する能力と機能不全の題材にアクセスする能力とにかかっている。最初はその題材の特徴のうち、出来事に関連したイメージ、否定的認知、身体感覚をターゲットとする。次にベースラインとして刺激された感情を同定し、障害の強度を示すSUD得点を測定し、クライエントが望む肯定的認知がどのくらい真実であると信じられるかということをVOC得点で測定する。ターゲットとした題材の処理は、まずはクライエントに適切な刺激（眼球運動、手のタッピング、音刺激）を与えて注意を向けさせながら、その一方、同時にターゲットの諸要素（イメージ、認知、身体感覚）をひとまとめにして思い浮かべるよう集中させることから始める。刺激セットを繰り返すうちに、処理が進行する。クライエントと話し合い、次に何をターゲットにするかを決める。

　EMDR治療の8段階はすべて、加速情報処理を促進することを目的とした

ものである。第1段階では、そのクライエントがEMDRに適しているかどうかを見定めた上で治療計画を立てる。第2段階では、セッション中あるいは次のセッションまでの間に起こってくるあらゆる障害に対する準備を行なう。第3段階は評価段階とも呼ばれ、ターゲットを設定して、その要素を確定しかつ測定する。第4〜第6段階は、治療者が刺激セットを用いる段階である。第4段階は脱感作段階と呼ばれ、クライエントの障害に焦点を当てる。障害の程度はSUD尺度で判定する。脱感作が完了したら、第5段階の植え付けに移る。この段階では肯定的認知（VOC尺度で測定する）を植え付け、強化することに専念する。第6段階では、ボディスキャンを行なう。ボディスキャンによって顕わにされたあらゆる題材をターゲットにすることで、再処理の残留物を処理し尽くす。第7段階は終了段階で、クライントの感情的平衡を回復させ、次のセッションまでの間にも処理が進行する可能性があることをクライエントに思い起こさせる。デブリーフィング（情報提供）する中でクライエントには、引き続いて生じてくる障害を日誌に書き留め、さまざまなリラクセーション技法を駆使して心の平静を保つように言っておく。適切なクライエントを選んで準備を施し、周到に方法を適用し、十分な情報提供を行なうことは、クライエントの安全のために特に重要である。なぜなら、EMDRのセッション中ないし次のセッションまでには、まだ解決されていない題材が予期せず表面化することがあるからである。最後の第8段階は、再評価の段階である。この段階では治療効果の質を判定し、その結果に応じて治療者は拡大プロトコルを用いることを考える。

　EMDRを、病的な症状の原因となっている心的外傷体験の記憶の治療に用いる場合には、その体験を一まとまりにするようにする。次に、それぞれのグループの重要で代表的な記憶だけでなく、悪夢のイメージ、フラッシュバックの光景、現在の引き金をもターゲットとして取り上げる。臨床的な侵入症状を最小限にして、自己治癒のプロセスをつかさどるクライエントの内なるシステムを賦活せねばならない。処理過程が進行すると、クライエントは別の記憶が新たに湧き起こってきたと報告することがあるが、それによって臨床効果を判断する。それらの記憶は、類似した手がかり（信念、登場人物、身体感覚といった）によって結びつけられている関連記憶ネットワークのパターンを有している。一方、全セッションを通じてただ一つの記憶が維持されているような場

合には、その変化の質、すなわちイメージ、音、認知、感情、それに身体感覚の変化によって臨床的な成果を判定する。クライエントの半数では治療は直線的に進行するが、残りの半分ではもっと複雑な臨床的関与が必要となる（第7章を参照のこと）。とはいえ、いつであれ臨床的な注意力と焦点化が不可欠なことには変わりがない。EMDRの治療効果は高く、かつ多様であるからである。治療過程のガイドとなる個々の教示については、以下の章で述べる。

4章

第1段階
――クライエントの生育歴・病歴の聴取――

　　　奇妙な逆説は、私が私自身をあるがままに受け入れると、私は変
　　　われるということである。　　　　　　　　　　カール・ロジャース

　この章では、我々はEMDR治療の第一段階に注目する。そこではクライエントがEMDRから利益を得られるかどうかを決定するため、生育歴と病歴を聴取し、治療計画を立てる。EMDRによる情報処理は、セッション中やセッション後に、クライエントに苦痛を与えることがある。この章の最初の節では起こり得る苦痛の性質や強さについての知識を提供する。これは臨床家がクライエントの準備性を評価するのに役立つ。非常に強い感情に直面しながらも安定した感覚を維持し確かな治療的課題を遂行する能力をクライエントがどれくらい持っているかについて、臨床家はクライエントをよく理解した上で判断することが必須である。
　クライエントの安全性の要因に関する次の節では、EMDR治療が適切なクライエントを選択するのに、どのようなことを調べなければならないかを概説する。経験的に、この情報はスーパービジョンを受けての実習によって補われるべきであると示されてきた。大部分の臨床家はEMDRがもたらす変化の程度を、自分自身が個人的にそれを体験した後にのみ正しく評価できるようにみえる。EMDR治療が適切と判断されるクライエントに対しては、次に臨床家はおおまかな治療計画を立てるためと治療対象としている問題を扱うのに必要な特定の情報を確認するために、詳細な病歴と生育歴をとる。臨床家とクライエントのやりとりを示すため、この章は実際の生育歴・病歴聴取面接の逐語録を含んでいる。

クライエントの準備性

　EMDRはどんなクライエントにも適切であるわけではない。クライエントがEMDRの治療に適しているかの査定と、セッション中、あるいはセッション後に出てくる心理的要求を見積もるため、臨床家は念入りで詳細なクライエントの生育歴と病歴を聴取する。面接は毎回同じではないし、クライエントにとって必要なことや反応もそれぞれ独特であることを覚えておくことが重要である。クライエントの事情をよく理解した上で判断を行なうために、EMDRをいったん始めた後に面接室の内外で生じる情報処理の間にクライエントがどのような体験をするのかに対して、臨床家は敏感でなければいけない。

　クライエントのターゲット記憶を構成する情報を刺激することは、記憶のさまざまな構成要素を意識の中に持ち込むことになる。解離した情報がすぐに意識にのぼるかもしれない。それはそのターゲットの出来事が起こったときに体験された多くの感情や身体感覚かもしれない。これはクライエントに極端な苦痛を与えることがある。もしそれが臨床家によって適切に取り扱われれば、EMDRが賦活する加速された情報処理は、この情報を伝統的な治療よりもずっと早く解決する。けれども臨床家は、記憶の治療に伴って生じる不快感が収まるところまでクライエントを誘導できるかどうかを確かめるために、そのターゲットの情報を意識化してそれに耐えられるだけの準備性と能力の有無を査定しなくてはならない。

　EMDRによる情報処理は、セッション後もゆっくりした速度かもしれないが続くことがあるというのが重要な特徴である。従って、セッション後のクライエントは新しい記憶が意識の中あるいは意識下で刺激されるため、何らかの不快感を感じることがある。有用な比喩はドミノ倒しである。つまり、それぞれの記憶が刺激され、処理されると、その記憶から連想される別の記憶も倒される。さらに、それぞれの記憶は情報処理されると、不快なイメージや感情を放出するかもしれない。治療が成功するためには、絶望、無力感、傷つきやすさなど、治療対象となっている記憶に結びついた感情ならどんなものであっても、それらをうまくクライエントが扱うことができなければならない。

　特定の出来事をクライエントがどう処理するか正確に予測する方法はない。クライエントの反応は、弱い感情反応から極端に強い除反応までの幅がある。

EMDRでは除反応は、高いレベルの苦痛を伴って刺激された記憶を再体験することと単純に定義している。EMDRが情報を処理するにつれ、イメージ、思考、感情や身体感覚が意識の中に現われてくる。除反応の間、感情や身体反応はかなり強い。恐らく元の出来事のときとほとんど同じくらいの強さである。しかしクライエントは、現在の安全の中に身を置きながら、不快な過去への意識を維持するという二重焦点を保つよう教示されているため、EMDRが完全なフラッシュバックを引き起こすことはない。これは、ターゲットに集中することと臨床家の指を追うことの2つの課題によって助けられる。

身体感覚が非常に強くて、クライエントをおびえさせるかもしれない。例えば、あるクライエントは小さいときにカウボーイとインディアンを演じていて、友達が彼女を捕まえ、彼女の首にロープを巻き付け、木から吊り下げた。幸運なことに母親の一人が駆けつけ、ロープを切って、すんでのところで助けた。EMDR治療が始まったとき、彼女は息がつまりそうな音を立て始め、顔色が悪くなり、とても息苦しくなった。この事例では処理はうまくいったが、安全性の要因を決定する際に、そのように激しくクライエントが反応することがあるのを、臨床家は分かっているべきである。

ターゲットの記憶が取るに足らないように見えるときでさえ、それが非常に負荷のかかった記憶へとすぐに変化することがある。行動療法のフラッディング治療では、ターゲット記憶がとても不快であることを予期しており、その結果についても心の準備ができている。EMDR治療の特徴は、加速情報処理であり、以前には意識下にあった題材を急速に意識化させることができるが、それらの題材の中には極端にストレスとなるものもある。そのため、クライエントの準備性は注意深く検討されなければならない。

クライエントの安全性の要因

以下の要素はクライエントの安全性を維持するのに重要であり、どのクライエントがEMDRに適当かを決定するために注意深く査定されなければならない。

ラポートのレベル

ターゲットの記憶に固有の出来事から生じる高いレベルの傷つきやすさ、コントロールできない感じ、身体感覚を体験する可能性について聞いても、クライエントは動じずにいられるべきである。これは、クライエントは自分が体験しているものについて治療者に積極的に真実を話すべきだということを意味している。自分の外傷体験の細かいところを全部打ち明ける必要はないが、出てくる感情は何であれ、治療者のいるところで体験しようとすべきだし、この感情の特徴や強さを正確に報告しようとすべきである。臨床家への信頼感が不十分であったり、ターゲットの特徴を知らせるよう要求されることに対してひどく敏感であったり、より苦痛のある題材を避けるために、クライエントが正確な報告をせずに実際より低いレベルの不快感を報告したり、セッションを不適切に早く終わらせようとすることが時々ある。こうなった場合、クライエントはセッション後に不快になるかもしれないし、十分な臨床的支持がないにもかかわらず、除反応を起こすレベルの題材を扱うよう強いられるかもしれない。クライエントが非常に苦痛を感じているにもかかわらず、この情報を臨床家に話していない場合、クライエントには自殺念慮や自殺企図の危険が相当あると報告されている。これはいかなる種類の治療にも当てはまるが、EMDR 治療では次のセッションまでの間にクライエントの苦痛が強まることがあるので、強い治療同盟、真実を話すことについての同意、安全性や柔軟性や無条件の肯定というメッセージを伝えられる治療者が必要であることが強調される。

重症の虐待の背景を持つクライエントには、治療前に十分な配慮をすべきである。というのは、彼らは一般的に、安全や真実の問題について困難を抱えているからである。伝統的な治療での普通のやりとりでクライエントが臨床家に対して感じる程度の安心感を得るまでは、EMDR を使うべきでない。

感情の動揺

クライエントは、EMDR のセッション中や次のセッションまでの間に生じるかもしれない高いレベルの感情の動揺に耐えられ、それを処理できるようでなくてはならない。外傷的題材の一つをターゲットとする前に、この能力をテストするため、臨床家は生育歴・病歴を聴取するときに、クライエントがセル

フコントロールやリラクセーション技法に反応する能力があるかどうかを見つけることを強く勧めたい。臨床家は面接室でクライエントにこれらのさまざまな技法を試してみるべきである。そして、クライエントが中程度レベルの動揺をうまく消せるように誘導できた場合にのみ、EMDRを先にすすめるべきである。

　何度目のセッションであっても、ターゲットの題材が完全に処理されなかった場合、適当なデブリーフィング（第6章に定義している）が絶対必要である。そして、クライエントが感情的バランスを回復する援助として、イメージ誘導か催眠が使われる。臨床家は次のセッションまでの間に生じる動揺のレベルを予測できないので、EMDR治療を導入する前にこれらのセルフコントロール技法をクライエントに訓練しておくのは有用である。私は次のセッションまでに使えるテープ（「ストレスよ、さようなら」Miller, 1994）の使用を勧めている。これらのリラクセーション技法の幾つかは第9章で述べているし、不完全なセッションを終了させるのにも使える。これらを毎日クライエントが使うようにすべきであり、もし、次のセッションまでに、自然に生じた情報処理が感情の動揺を引き起こした場合は、平静を得るためにそれを使うべきである。

　クライエントがそのようなセルフコントロール技法を使えない場合は、EMDR治療を試みてはいけない。臨床家はクライエントが感情の大きな動揺を鎮められるようになるまで、別の方法を試す必要がある。動揺を減少できなければ、機能不全状態の題材が取り扱われたとき、クライエントに恐怖を与えるのは確実であり、肯定的な治療効果を大きく妨げることになるだろう。

安定性

　クライエントの人格的安定性の査定は必要不可欠である。何度も性的虐待にあっている重症の被害者のようなある種のクライエントについては、EMDR治療の後で自殺念慮が生じるのはまれではない。臨床家はそのようなクライエントに対しては、適切なデブリーフィング（情報提供）をしなければならないし（第6章参照）、最初の評価には、デブリーフィングでの指示をクライエントが覚えておける能力や、必要があれば助けを求める能力があるかどうかを調べることが含まれる。

環境の安定性のレベルもまた重要である。例えば、臨床家はクライエントが現在大きな生活上の圧力（家族あるいは社会的な危機、または経済的あるいは仕事上の問題）のもとにあって、再処理が引き起こす新たな感情の動揺をうまく処理できないのならば、それと無関係な外傷体験を再処理しようとすべきでない。

　もちろん臨床家は、人生初期の外傷体験がクライエントの今の生活状況に本当に関係ないかどうか、見定める必要があるだろう。常に危機状態にあるクライエントは、より早期の人生体験によって動かされていることがあるので、現在の問題から解放される前に、人生早期の問題が解決されねばならない。現在の機能不全の直接の原因として、どの外傷記憶は今 EMDR で再処理すべきか、そして現在の危機に付随して起きたものとして、現在の問題が適切な計画のもとに治療されている間、どの外傷記憶はいったん保留にしておけるのか——を決定することは重要である。

生活の支援

　クライエントの生活には、支援がなければならない。それは次のセッションまでの間にどんな感情的動揺が生じても、クライエントが乗り切れるように支える友人や家族がいることを意味する。クライエントが孤立、すなわち支援ネットワークなしで自分の世話をする世話役であったら、臨床家は注意して手順を踏まなければならない。臨床家は、クライエントが自分を心理的に維持していくことができるか、またはもしクライエントが助けを必要としたときに、電話で十分に元気づけることができるかどうかを見定めなくてはならない。

一般的な身体的健康

　クライエントは、記憶の再処理による身体の苦痛に十分耐えられる程度に健康でなければならない。窒息に関する記憶の前述した例のクライエントは、治療を受けたとき30歳代で、治療のために生じる身体の苦痛に十分耐えられる強さがあった。けれども、もし彼女が心臓の問題を持つ、70歳だったら、身体に対する打撃に耐えられるかどうか、私たちは深刻に心配しただろう。事実、第2次世界大戦の帰還兵で、この懸念があるため、入院して EMDR 治療を受けている人たちがいる。

妊娠している女性に対しては、感情を喚起することがどのような潜在的影響を与えるかも考慮すべきである。今までのところ、そうした場合に身体への重大な副作用があるとの報告はないが、いつも注意しておく方が望ましい。呼吸器や心臓の状態を含む身体的問題が臨床像の一部にある場合は、高レベルの感情反応が悪影響を与える可能性について医師に相談すべきである。

外来治療 対 入院治療

　外来治療で扱える記憶と入院治療が必要な記憶とを区別するための査定が必要である。臨死体験に対する再処理を行なったところ、クライエントが呼吸を止めてしまったことがあった。幸運なことに、精神科看護師である臨床家は蘇生法の心得があった。別の事例では、クライエントは精神科医による入院治療を受けていた。電気による拷問の記憶を再処理している最中に、彼はまるで再びショックを受けているかのようにベッドの中でのたうち回り、手足を痙攣させた。その精神科医は処理を完遂するよう彼と作業することはできたが、それが守られた環境の中でなかったなら、その体験はクライエントと精神科医の両方にとって、より一層の外傷になったことは明らかであろう。臨床家は精神分裂病、精神活性物質やアルコールへの嗜癖、臨死体験の記憶、身体的障害のあるクライエントを治療しているとき、または自殺傾向、クライエントの安定性、適切な生活の支援について疑問が生じたときは、適切な拘束、医学的注意、薬物投与の必要性を常に考えていなければならない。もし、クライエント自身や他者の身に危険が迫りつつあるという疑念が少しでもあるなら、入院治療を考えるべきだろう。

神経学的障害

　神経学的障害を持つクライエントが障害を受けたという報告はない。しかし、加速情報処理モデルはある種の生理的プロセスを背景に仮定しているため、臨床家はいかなる神経学的異常や器質的脳損傷の病歴に対しても敏感であるべきである。最近までコカイン中毒だったクライエントが眼球運動を用いたEMDRで改善されなかったという報告がある（Rothbaum, 1992）。そして、代替刺激であれば効果があったかどうかは、はっきりしない（この欠陥のマーカーは、眼窩前頭皮質の代謝異常であるように思われる）。注意欠陥・多動障害のクラ

イエントに関して言えば、今のところEMDRの使用の禁忌は報告されていない。

器質的脳損傷を持つクライエントの中には治療効果の般化が少ない傾向があって、十分な治療効果を得るためには通常より多くの記憶をターゲットにする必要があることが、臨床家によって報告されている。また、ある範囲の神経学的疾患があるクライエントへのEMDRの適用も成功しているが、この種のクライエントに治療を試みるときは注意すべきである。というのは、EMDRが無効であったり、セッション中に極端に強い苦痛を生じさせるようなある種の脳損傷があるかもしれないからである。臨床家は神経学的障害を含む身体的状態が問題となる可能性を疑った場合は、医師のコンサルテーションを求めるべきである。そのような人に対してEMDRを試みようとする臨床家は、セッションを中止すべきいかなる異常反応も認識できるよう、広い範囲のEMDR治療効果に精通していることも必要である。

てんかん

てんかんを持つクライエントの多くがEMDR治療に成功しているが、神経学的障害を持つクライエントと同様、当然注意するべきである。

私は、EMDRセッション中に小発作ではあったが発作を体験したクライエントの報告を2度見たことがある。その一例では、再処理されている記憶は発作と関連したものだった。クライエントは5分以内に意識を回復し、顔を洗い、その後は何事もなく、セッションを続けた（これは12セッション中、唯一クライエントが体験した発作だった）。別のクライエントはEMDRセッション中に小発作を体験したが、治療終了後再び発作にみまわれることはなかった。治療が始まる前に、てんかんを持つクライエントには、EMDRの間に発作が生じる可能性について説明しておく必要がある。

PTSDの治療を受けて成功した、てんかんのクライエントもいる。彼女は「オーラ」を感じたり発作が生じる別のサインがあるときは、いつも自分で眼球運動を試みた。彼女は眼球運動で発作を回避できることを発見した。

目の問題

眼球運動による治療が原因で、失明に至る重大な目の障害を受けたクライエ

ントの報告が一例ある。これは、EMDR の使用を訓練されていない臨床家のせいで生じた。クライエントが持続する目の痛みを訴えたのが明白であったにもかかわらず、EMDR 治療の効果についての知識のないその臨床家は、眼球運動のセットを続行したのである。いかなる環境の下であれ、クライエントが目の痛みを報告したら、臨床家は EMDR を続行してはいけない。もし、これが起こったら、臨床家はクライエントを眼科専門医へ紹介し、EMDR 治療に必要な種類の眼球運動について知ってもらうべきである。専門医はこの種の運動に対するクライエントの身体的耐性を評価し、その使用の当否に関する判断を与えてくれるはずである。

　クライエントの中には、眼筋が弱いため眼球運動のセットを持続的に維持できない人もいるかもしれない。彼らもまた、検査のために眼科専門医へ紹介すべきであり、適切であれば、連続した眼球運動に必要な筋力を増強させるため、目の練習が教示されるべきである。

　コンタクトレンズを使っているクライエントには、目の乾燥や違和感の兆候が生じたとき、いつでもレンズをはずせるよう、治療セッションにレンズケースを持ってきてもらうのがよい。大部分のクライエントに関しては、コンタクトレンズを装着しているときは EMDR を避けるのが好ましい。

　眼球運動が使えないときは、臨床家は手のタッピングや音のような代替刺激（第3章で述べた）を使うことが可能である。

薬物、アルコール乱用

　物質乱用歴のあるクライエントは、EMDR 治療の開始前に、12ステッププログラムのような適切なサポートをしてくれる場所に行ってもらうべきである。治療の期間、クライエントの中には物質乱用をやめたり、物質に対する欲求を持たないことが簡単にできる人がいる一方で、恐らく、苦痛となる心理的題材が刺激されるせいで、そうした活動を再開したいという非常に強い欲求を持つ人もいる。化学物質乱用を再開することが、治療で現われてきたストレスの大きな題材に対処するための試みなのか、昔の欲求が刺激された結果なのかははっきりしていない。いかなる場合であれ、臨床家はこういう人たちに対しては、起こり得る問題の可能性について簡潔に説明し、乱用行動の再発や激化の可能性に対して対応策を立てるといった、特別な配慮をすべきである。

前に述べたように、眼球運動以外の刺激が最近のクラック、コカイン嗜癖には最も効果的な選択かもしれない。嗜癖では、25年間毎日アンフェタミンを乱用していたクライエントに EMDR を行なったところ、入院を必要とする程重症の焦燥感が生じたという事例が報告されている。臨床家は、長期のアンフェタミン乱用者については注意して治療を進めるべきである。

法的な必要性

　もし、犯罪の被害者や、目撃者、警察官が危機的な事件のために治療を求めているなら、法的な証言、または何らかの法廷での宣誓証言をすることが、その個人に要求されているか、要求されそうかを確認するのが重要である。EMDR 治療の間にその出来事のイメージは薄れたり、不明瞭になったり、完全に消えてしまうかもしれない。クライエントは何が起こったのかを話すことはできるかもしれないが、その出来事の生々しい詳細な描写はできないかもしれない。別の事例では、クライエントは、EMDR 治療の後で、もっと詳しい描写ができて、実際にもっとはっきりとした映像を見ることができるかもしれない。しかし、事前に、特定の出来事がどのように処理されるかを知る方法はない。

　結論としては、法的な訴訟の最中にあっては（またはそれが予想されるときは）、すべての関係機関に対してインフォームドコンセントを得るべきである。臨床家は、以下のことを説明せねばならない。（1）クライエントは EMDR 治療の後で、その事件の生々しい映像を思い出せなくなるかもしれない。（2）クライエントはもはや、その事件のことを感情的に物語ることはなくなるかもしれない（非常に感情的な目撃者が証言台で必要であれば、問題になるかもしれない）。（3）EMDR は催眠ではないが（第12章を参照）、法的には十分定義されていないので、法廷で結局は催眠と同様のものと見なされるかもしれない。例えば、性被害を受けた人がある状態での催眠治療を受けたとすると、彼女は加害者を告訴する権利を失うかもしれない。さらに、催眠で引き出された証言は法廷では採用されない。これを書いている時点では、法廷での EMDR の審査は2例しか知られていない（第11章参照）。そのため、臨床家は用心深くあらねばならないし、インフォームドコンセントを得るようにしなければならない。法的な目的のためには、治療前にクライエントと面接し、それを録画しておくことがすすめられる。例えば、そのような録画をすることで、子どもの性

的虐待の被害者が、EMDR 治療を始める前に加害者や重要な出来事を同定していたことを立証できる。けれども、これらのテープは訴訟において、法廷での弁護には十分でないこともあり得る。そのため、多くのクライエントは、訴訟が終わるまで EMDR 治療を受けないことを選択してきている。

システムのコントロール

あらゆる種類の心理療法と同様に、EMDR 治療はクライエントだけでなく、家族や友人にも影響を与える。機能不全状態の情報が処理されて新しい自己評価が生まれてくるにつれ、クライエントの行動は変化する。クライエントに新しい選択が開かれてくるにつれ、彼らに技能訓練を行なう必要が生じる。例えば、自己主張性やデートする技能や職業関連の事柄の教示を受けながら、問題のある人々や新しい状況にどのようにして対処するかを学ぶ必要があるだろう。治療の初期に臨床家は、クライエントが適切な仲間からの支援を受けられるようにしたり、訓練グループをクライエントのために準備したりしなければならないかもしれない。EMDR のクライエントは驚くべき早さで題材を処理できるため、仲間や家族や友人から受けるかもしれない抵抗を扱えるよう準備をしなければならない。例えばあるクライエントが、自己主張できるようになることで危険な環境にとどまることを希望していたとすると（暴力をふるうアルコール依存症の夫と同居している妻の事例など）、クライエントに潜在的に起こり得る問題について告げ、別の自己表現の方法を治療者は提案しなければならない。

クライエントと周囲との人間関係が機能不全である場合（そんなとき、クライエントは傷つきやすそうに見られれば、他人によいように利用されるかもしれない）、外傷体験の処理の後には、そうした関係を避けるようクライエントに注意しなくてはならない。このため、刑務所のような場所にいるクライエントの治療は、そのシステムにつきものの仲間からの圧力があるので、多くの例では禁忌かもしれない。

二次的疾病利得

主訴があるために維持されている肯定的な結果、ニーズ、同一性の問題の可能性を査定するため、特に配慮がなされなければならない。クライエントは彼

らの病理に基づいて自分の存在を構成してきたのかもしれないため、この可能性は少なくとも認知的には、EMDR治療で期待される変化が起こる前の段階で考慮されねばならない。特に臨床家は、治療が始まったり成功したときにクライエントが直面しなければならないもの、あきらめなければならないものを同定し、クライエントがその変化を取り扱う安定性と資源を持っているかどうかを見定めなければならない。

　この問題の最初の例は、あるベトナム帰還兵たちの中に見ることができる。20年以上前、18歳の少年たちが戦争に送られた。彼らは、ドラッグカルチャーを含むぞっとするような環境へと強制的に送られた。彼らが家に戻ったとき、抱きしめられ、大切にされる代わりに、しばしば軽蔑され、排斥された。25年にわたってフラッシュバックや悪夢、侵入的思考に苦しんだ後に、彼らは今や、次のような宣言とともにEMDR治療を提案される。「私たちはあなたのフラッシュバックや悪夢、侵入的思考、そして障害の証明書を取り去ってしまいます」と。収入が断たれてホームレスになるのを帰還兵が恐れるのは（それを彼は意識上のレベルでは拒絶するかもしれないが）、全く筋の通ったことだ。この問題を扱わずにいれば、彼の機能不全は解決されないままになるだろう。臨床家は、感情的な障害のために補償や特別な保護を受けているクライエントの外傷体験を治療しようとする前に、適切な治療計画を立て、この心配を（他の心配も）治療の中で扱うべきである。

　社会的同一性を喪失する恐れもまた、問題になるかもしれない。多くの帰還兵が「もし自分が傷ついたベトナム帰還兵でなければ、自分は何なんだ」と言っている。戦闘帰還兵は、治療グループで苦しんでいる仲間という同士関係の感覚を失うことを恐れている可能性がある。彼らは感情的痛みが減少するにつれ、死ぬことを名誉だと感じなくなることを恐れてもいる。外傷体験を取り扱う前に、こうした心配があるかどうか調べることを強くすすめる。戦闘帰還兵に直接関係することは、第11章でより十分に議論される。

　仲間集団の同一性を失ってしまうことに対する恐れは、性的虐待の被害者にも当てはまることがある。彼らは、自分の痛みがやわらぐにつれ、もはや他の被害者との連帯感を昔ほどは強く感じなくなるのではないかと考えるために、治癒を恐れている。つまり、長年治療グループにいるクライエントは自分たちの機能不全の存在を前提とした自己同一性や人間関係を築いていることがある。

そのような人は、治療が成功したときは、別のやり方でグループと連帯する必要がある。

タイミング

クライエントの感情的反応と、次のセッションまでの苦痛の強度は非常にさまざまである。処理が始まる前にこれらの反応を正確に予測する方法はない。従って、問題の生じる可能性を減少させるために、クライエントの（そして臨床家の）現在の生活の状況を査定することは重要である。例えば、クライエントが仕事でとても重要なプレゼンテーションをひかえているなら、EMDRを使用すべきでない。もしEMDRを実施すれば、彼女は混乱したり不快な体験をして自分の最大能力を発揮できないこともあり得るからである。

さらに、セッション終了時にどれくらい多くの機能不全状態の題材が残ってしまうか、また、関連した情報処理がどれくらい自然に持続するかを知る方法はないため、クライエントが心理的な支持を受けていないなら、高レベルのストレスを回避するためのケアが必要となる。例えば、クライエントが遠方への旅行をする予定であるとか、臨床家が2週間の休暇を予定しているとかであれば、大きな外傷体験の再処理は始めてはいけない。

臨床家はクライエントに、EMDRは強い感情を引き起こす作業を伴うかもしれないこと、重要な約束や長時間の労働は治療セッションの直後は計画しない方がよいことを、クライエントに説明しなければならない。クライエントは、仕事の予定をこれらの制約に合わせる必要がある。これが不可能なら、外傷体験の治療は禁忌である。

臨床家は外傷的記憶の処理と必要とされる終了手続きを実行するため、それぞれのセッションには十分な時間をかけなければならない。最初の生育歴・病歴聴取を50分（もしくはそれ以上）の独立したセッションで行ない、それに続く外傷体験のEMDR治療を90分のセッションで行なうことをすすめる。伝統的なセッション時間の標準からみれば長いが、90分セッションでも、第3段階から第7段階を実行し、1つの外傷体験を十分に処理するのに十分な時間であるにすぎない。少なくとも、90分セッションであれば、記憶の最も不快な側面を十分に扱うことが可能である。もし、単一の外傷体験が急速に治癒したなら、複数の記憶をそのセッションで治療対象にすることができる。

前に言及したように、もし外傷体験の処理が不十分だった場合、クライエントは、セッション後も続き、ひどくなることさえある比較的高レベルの苦痛を感じる状態におかれることがある。セッションの長さにもかかわらず、未解決の除反応が生じている最中や、その直後のクライエントを面接室から帰すことは、どんなことがあってもしてはいけない。臨床家やクライエントの中には、より通常の50分のセッション時間を守るのを余儀なくされている人もいるが、これはすすめられない。こうした状況ではクライエントは、セッションの終了時やその後も続く処理の間に、比較的高いレベルの苦痛を感じたままになりやすいことを理解した上で、EMDRは実施されなければならない。伝統的な50分の時間を維持すると、クライエントの主訴を十分に治療するには、一般的に倍以上のセッション数が必要になる。このため多くの保険会社は、二倍分のセッションに対しては会社が払った治療費の返還を求めている。他方、クライエントによってはより長時間の治療セッションは、経済的事情が改善するまでEMDR治療の開始を延期することを強いるかもしれない。

治療直後には、何らかの見当識喪失が起こるかもしれないので、臨床家はクライエントが面接室から出て安全に自動車の運転ができるかを査定しなければならない。クライエントに情報を与えたり、セッションに関する感想を聞いたり、もし必要なら心の平静を回復させるための時間は、セッション終了時に十分にとっておくのがよい。最高の治療状況であっても、90分セッションの後で外傷体験の処理が不十分である可能性はある。外傷体験の中には、その悪影響が減少するのに何回かのセッションが必要である場合がある。クライエントが苦痛を感じていないかにいつも注意し、帰宅したり仕事に戻るのに特別に必要なことは何かを考えるべきである。セッションの時刻は、クライエントに固有のニーズに合わせるのがよい。例えば、仕事で大きな責任を持たされているクライエントは、一日の早い時間や週の初めよりも、一日の終わりか週末に面接すべきである。というのは、そうしなければ、精神的な重圧を感じる状況のもとへ戻るのにクライエントが抵抗を感じるかもしれないからである。

薬物療法の必要性

時々、クライエントが既に薬物を処方されて安定している場合や、次のセッションまでの間の感情的安定を維持するため、そのような薬物療法が必要であ

ると査定されることがある。今までのところ、ベンゾジアゼピンは治療効果を減少させるとの報告があるが、薬物がEMDRの効果を完全に阻止してしまうことはないようだ。感情的なストレスのために投薬を受けているクライエントの場合、適切な時点で薬物を減量したり中止したりできるよう注意深くモニターすべきである。恐らく、機能不全状態の心理的題材が処理されるにつれ、随伴する不安や抑うつは軽減し、そのためその問題を治療するための薬物療法の必要性も減少する。

　臨床家は、クライエントがもはや薬物療法を受けなくなった後で、もう一度問題となっている外傷体験の処理をすべきである。薬物療法を終えた後で、クライエントにもう一度既に治療の終わった記憶を思い出してもらうよう求めると、それにもともと伴っていた苦痛の約50パーセントがまた再現されるとの臨床家の報告がある。例えば、最初の戦闘に関連した外傷体験がSUD尺度で10点で、治療後にそれが0点になり、その間、クライエントは投薬を受けていたとする。しかし、いったん投薬が中止されると、その外傷体験の記憶は評点5の不快感を生み出すかもしれない。この悪化は、状態依存的な形態の何らかの機能不全、すなわち、薬物療法を受けていない患者に典型的に見られる安定した治療効果と対比される問題があることを示している。このように、そうした問題の存在が、治療の成功に必要な時間を増加させてしまう可能性があるため、薬物の必要性は注意深く査定されるべきである。

解離性障害

　解離性障害と適切なEMDRプロトコルについてのスーパーバイズを受けずに、解離性障害、特に解離性同一性障害、すなわちDID（DSM-IV以前には、多重人格障害MPDとして知られていた）にEMDRを適用するのは、全くすすめられない。さらに、この種の臨床群に属するクライエントは、活性化された記憶が変化しないままになりやすい傾向を持つため、より高度なEMDR手続き（第11章に記述されている）が必要になる（付録BのEMDR解離性障害課題班推奨ガイドラインを参照）。DSM-IVでは解離性障害は独立したセクションを構成しているが、EMDRの専門家たちはDIDをPTSDの複雑な形態とみなしている（Spiegel, 1984, 1993）。その場合、外傷体験による苦痛があまりに大きいため、生き残りのために被害者の記憶の全体は、その痛みや苦痛の異

なった側面を保持するよう別々に分割される。つまり、記憶の分断として作用するような神経ネットワークの断片化として、別の人格は概念化されるのである。EMDR（または催眠による除反応のような別の治療）が外傷的な題材を変化させるのに成功すると、分割化への必要性は減少し、人格同士の間にある健忘の障壁は消退し、「共通の意識」が現われる。

　臨床家は、EMDRをDIDに適切に使えば、比較的急速に人格の自発的な統合が観察されると報告している。けれども、クライエントの病理が誤診されていたり、治療が解離性障害に対する適切な訓練を受けていない臨床家によってなされるならば、クライエントはかなりリスクの高い状態になる。もし、DIDのクライエントが適切な安全対策なしに治療されると、外傷体験の記憶の処理が、結果的に高いレベルの苦痛が生じたままの状態で止まってしまうことがあり得る。その上、ある題材がセッション中にはうまく処理されたようにみえても、その賦活が（残った記憶システムの中で）「感情の連結」による高いレベルの苦痛を発生させて、次のセッションまでの間に入院や救急治療の必要が生じることがある。さらに、DIDの別人格がEMDR治療の開始時に自然に現われるということが、数多く報告されている。この現象は、関連する神経ネットワークが刺激されて活性化するせいであろう。

　臨床家の多くは解離性障害の治療について教育されておらず、また、罹患率を過小評価しているため、適切な安全策を取ることが、強調されなければならない。多くの人にとっては驚くべきことだろうが、Ross（1991）の研究によると、ある代表的な都市で調査を受けた臨床的問題を抱えている人の中で10パーセントが解離性障害を病んでいたということである。DIDであるクライエントに共通の特徴は、彼らをDIDであると診断するのは簡単ではないため、それまでにさまざまな診断を受けているということである（Kluft, 1985; Putnam, 1989）。そのため、EMDRを始めようとする臨床家は、どのクライエントに対しても解離性障害尺度（Bernstein & Putnam, 1986; Carlson & Putnam, 1993）の適用と徹底した臨床評価をすべきである。ここではDIDの主要な兆候の幾つかについて簡単に述べようと思う。多くの臨床家はDIDを記憶の欠落と関連づけて考えているが、よく組織化された多重性はクライエントが語る生育歴・病歴にうまく埋め込まれているため、解離性のエピソードが起こったのに気づかないことがある（Putnam, 1989）ことを銘記しておいてほしい。

標準的な精神状態査定のための面接（standard mental status exam）で以下のような兆候があれば、それは解離性障害の可能性を示唆する。（1）難治性の説明できない身体症状、（2）睡眠障害、（3）フラッシュバック、（4）非現実感、離人感、（5）シュナイダー症状（例えば、声、説明できない感覚）、（6）記憶の欠落、（7）何回もの精神科入院歴、（8）さまざまな診断がなされているが、治療効果がほとんどなかったという治療歴（Kluft, 1987a, 1987b; Putnam, 1989; Ross, 1991）。解離性障害はその存在が見逃されて診断されないでいることが今までは多かったが、逆に過剰に診断することにも注意すべきである。付録 B に示した EMDR 解離性障害課題班推奨ガイドラインではより詳しい診断補助情報を提供している。疑いのあるときは、臨床家はクライエントを解離性障害の専門家のところへ、より詳しい評価のため紹介することを強く勧める。

治療計画

他の形態の心理療法と同様、生育歴・病歴を得る目的は、クライエントの治療を始める前に完全な臨床像を同定することにある。EMDR の生育歴・病歴聴取の第一段階では、このクライエントに対して外傷体験の処理を行なうのが適当かどうかを決定し、第二段階では、ターゲットをできるだけ狭く特定する。有用な比喩として、提示されている病理はクライエントの頭の上にねじで止められている板だと想像してみるとよい。臨床家の役目は、クライエントが成長する余地を作るため、その板をはずすことにある。その板を金槌で叩いて取ってしまうよりも、ターゲットにする必要のあるねじを見つける方が、より適当である。言わば、EMDR はこれらのねじをより素早く取ってしまう強力な道具の役割を果たす。

同じ主訴のクライエントが治療にやってきたとしても、二人のニーズはかなり違っているかもしれない。臨床家は、どの問題を教育、問題解決、ストレスマネジメント技法によって取り扱い、どれが処理を必要とする機能不全状態の情報に基づいているのかを決定しなければならない。EMDR は新しい技能を自分のものとして身に付けるのを促進するために使えるかもしれないが、一般的には存在する機能不全のパターンを第一に治療対象とすべきである。

例えば、クライエントが夫の暴力のために助けを求めてきたとする。生育歴・病歴聴取の過程では、EMDRによる介入の焦点を第1にどこにするかをはっきりさせる必要があるだろう。クライエントの夫が自動車事故の後で最近暴力的になったとしたら、それにふさわしい治療計画は、強い父親との関係を含む、長年の虐待的人間関係の生育歴・病歴を持つクライエントに必要な治療計画とははっきり違う。後者の例では、結婚生活で生じた暴力的出来事の再処理が必要かもしれないが、夫が負傷して、性格の変化が生じる前に正常な夫婦関係があったなら、臨床家は現在の要因、刺激、問題解決だけに集中することができる。

第2の例では、虐待・被虐待という人間関係の生育歴・病歴がクライエントにあるため、性格学的要素を特に調べる必要がある。この観察は、心理療法の領域では一般的に言って、新しいものではない。けれども、この事例では、EMDRの治療計画は、何千もの再処理セッションの臨床的な観察からの結論、すなわち人生早期の虐待体験がしばしば現在の機能不全的な人間関係の直接の原因であるという結論に基づいて成立している。現在の機能不全と人生早期の出来事との関連（第2章で、適応的な情報処理モデルの文脈で述べられている）は、現在の状況をターゲットとするEMDRセッション中のクライエントの報告によって一貫して示されている。人生早期に虐待を受けたか、何度も虐待された生育歴・病歴を持つクライエントの現在の人間関係における機能不全を治療しようとするなら、それらに広く認められる特徴を（否定的信念と関連する性格傾向や行動を含んで）同定しなければならない。現在の人間関係の中で生じた虐待とともに、一般的には、より早期に生じた重大な出来事（すなわち人生早期の中核的な自己のあり方を決定する出来事）を標的にして、再処理する必要がある。そうすれば、現在の行動において、広い範囲で本質的変化が生じる。

単一の出来事によるPTSD患者の中には単に外傷的な記憶をターゲットにするだけで治療可能な者もいるが、大部分のクライエントには、もっと包括的な治療が必要である。この治療では、より人生早期の決定的な体験、機能不全を刺激している現在の状況、治療目標を達成するために将来必要となる代替行動を、時間的に古いものから順番にターゲットとすることが必要になる。臨床家は主訴の概略とそれに先行して生じる出来事をできるだけ細かく特定するようにすべきである。以下のものは網羅的ではないが、臨床家にいくらかの基本的

なガイドラインを提供する。臨床家は以下の事項を明確にするよう注意すべきである。

1．症状　主な機能不全の行動、感情、否定的認知は何か。フラッシュバック、侵入的思考、パニック発作など、クライエントの訴える症状は何か。症状を引き起こす引き金は何で、症状の頻度、起きるタイミング、場所などの特徴は何か。

ずっと虐待を受ける人間関係を体験し、最近の結婚生活でも虐待を受けているクライエントの事例を例として考えてみたい。臨床家は、クライエントの主要な病理が恥の感覚や自分には力がないという感覚によって規定されており、それは「私には価値がない」という認知を伴っていることをつきとめた。それらすべてが、虐待を行なうパートナーに彼女が魅力を感じることや自分自身を主張できないことの原因となっていた。生育歴・病歴をとる中で、クライエントの夫が冷たく振る舞うとき、上司が怒ったとき、店の主人に対して自己主張するときなどに、パニックの感覚や子どものときにぶたれた記憶がよみがえることが分かった。

2．罹病期間　どれくらいの期間にわたって、その病理がはっきり現われているのだろうか。時間が経つにつれて、それはどのように変化したのだろうか。病理に影響する要因に何か変化が生じたのだろうか。

私たちのサンプル事例では、クライエントの病理は子ども時代から存在していたが、パニック発作の回数や強さは最近ひどくなっていた。子どもが生まれてから、クライエントは傷つきやすくなり、自制ができないように感じるようになっていた。

3．発症の原因　機能不全のもとになるような最初の出来事、すなわち最も苦痛な最初の出来事、モデリング、学習などはどのようなものだったか。他者との間の相互作用、社会的要因、家族システムなどの環境因子は、最初の出来事が起こったとき、どのようなものであったか。

私たちのサンプル事例では、クライエントは3人きょうだいの一番下だった。彼女はちょっとしたことで父親からたたかれ、兄たちにはいじめられた。彼女が思い出すことができる最初のパニック発作は、助けを求めて母親のもとに走っていき、突き飛ばされたときに起こった。母親は彼女の兄たちの言うことを信じて、彼女に「お父さんが帰ってくるまで、待ってなさい」と怒鳴った。

4．付加的な過去の出来事　病理に影響を与えたり強化したりする、どんな副次的出来事があったか。どのような別の重要な変数が存在しているか。誰が主な参加者なのか。参加者をカテゴリー化できるのか。どんな不適応反応、否定的認知などが明らかなのか。治療効果の般化を最大にするには、出来事をどのようにグループとしてまとめたらよいか。クライエントに「最も苦痛な記憶を10個あげてください」と尋ねるのもよい。これらは、治療対象にしなければならない否定的認知のタイプや体験のタイプを決めるのに役立つことが多い。

　私たちのサンプル事例では、クライエントは子ども時代にずっと、何度も虐待されたり、殴られたりしたことで悪い影響を受けていた。それは難読症のために学校で侮辱されたり、思春期にはデートでレイプされたり、何人も暴力をふるうボーイフレンドと付き合っていたことなどである。いろいろな種類の暴力や恥をかいた体験をまとめることができた。両親、兄たち、3人の教師や暴力をふるったボーイフレンドは、主な加害者としてターゲットとされた。そして以下に述べる否定的認知を同定した。それらは「私には価値がない」「私は汚れている」「私は自分を抑えられない」「私はうまくやれない」である。そのような認知は職場や社会的関係で浮上して、クライエントが権威者との関係が生じたときに表面化した。

5．その他の訴え　クライエントはどんな別の困難に出会うのだろうか。主要な訴えの陰に、別のどのような機能不全が隠されているのだろうか。

　サンプル事例では、仕事に関連した困難と娘を十分に養育できないことが治療対象にされなければならなかった。

6．現在の制限　クライエントは現在どのような影響を受けているのか。どんな機能不全の感情や行動が誘発されているのか。クライエントはどういった行動がとれないのか。（機能不全の家族、社会構造などの）システムのうちで、どこを治療対象としなければならないのだろうか。

　私たちのサンプル事例のクライエントは、家や職場でも不幸で、何事もうまくできない感じや自分が劣っている感じにとらわれていた。彼女は自分を主張することができず、今いるところを出ていくこともできず、娘をきちんと世話することもできなかった。その上、彼女の両親と夫も、彼女の自尊心が高まって行動が変わることを歓迎しないだろうということがはっきりしていた。

7. **望まれる状態** クライエントはどのように行動したり、評価されたり、感じたり、信じたりするのを好むのか。特に何がそれを妨げているのか。治療がうまく行くと、結果として何が起こりそうか。

私たちの事例のクライエントは、もっと自己主張ができて、今よりも自己価値感を高くしたいと希望していたが、幼少時からの虐待の記憶と夫や上司によって引き起こされる否定的な感情にいつも圧倒されていた。彼女の感情の何割かは現在の状況に見合ったものだったが、それらの感情は、子どものときに経験した出来事の記憶によって増強されていた。そのため、彼女はしばしば感情に圧倒されて、何もできなくなった。治療がうまく行けば、クライエントは、夫と離婚して、自分と子どもの生活のためにもっと給料のよい仕事を探さなくてはならないという結論が予想された。当然、自立するという予想は「私はうまくやれない」という否定的認知を呼び起こした。もちろん、疾病利得は、いかなるものであっても最初に治療対象にしなければならない。

全体を通して、臨床家は治療計画を立てるに当たって、クライエントの反応パターンを同定するために、クライエントの過去と現在において同様のパターンがあるかどうかを発見しようとする。現在ある刺激、機能不全の認知、感情、行動の大まかな状態を捉えながら、臨床家は特定のターゲットを取り出さなくてはならない。それはクライエントの最も幼いときの記憶から、最も最近の苦痛な体験に至るまでの幅があり得る。治療計画には、（1）機能不全の基盤を形成している幼少期の記憶、（2）現在、その記憶を刺激する引き金、（3）クライエントが望んでいる将来の反応（標準プロトコルは第3章と第8章で議論される）をターゲットにすること、が含まれている。

生育歴・病歴聴取の逐語録

以下に示す逐語録は、治療計画の立案を含む生育歴・病歴聴取セッションの部分である。クライエントは性的虐待の被害者で、性的被害の後遺症の苦痛を癒すために治療を受けていた。注釈は、その質問をするときの治療者の意図と、治療者が後のセッションで聞きただそうとするクライエントの返答を示している。

治療者：どのようなわけで、ここに来られたのですか。

クライエント：私は物心ついてからずっと悪夢を見ていて、よく眠れません。それがなかったときのことはよく思い出せません。私は、それは5歳くらいのときに叔父から受けた性的虐待のせいだと思います。叔父とのことと、感情的近親姦と呼べる状態にあった父親とのこととの組み合わせによって起こったと思います。父は決して私に触らなかったし、それに近いことも何もしなかったけれども、本当によくない性的なことを言っていました。それから、母は、私が子どものころ、よくすごく怒ってました。先生はこうした児童虐待の訓練用映画を見たことがありますか。子どもをまさに叩こうとしている親の怒りがどんどんひどくなるんです。そんな具合にひどくなるんです。今にも叩こうとしていて、毎日のことなんです。それは三重苦です。3つすべてです。私は何度も治療を受け、何度も瞑想し、そんなようなことをたくさんやってきました。私は5年前、週に6日間は恐ろしくて目が覚めました。今や、それは睡眠障害以上のものだと言いたいです。そして、ストレスがあると、本当に悪い夢を見るんです。

〔治療者は主訴が眠れないことであると同定している。クライエントの父親、母親、叔父が主要なターゲットになりそうである〕

治療者：どれくらいの回数ですか。

〔治療者は、ベースラインとして頻度をはっきりさせようとしている〕

クライエント：私は、それを考えようとしていました。先生がそれを私に聞くだろうと思っていましたから。ストレスレベルによります。多分、1カ月に数回です。

治療者：どれくらいですか。4回？　3回？

クライエント：それくらいです。

治療者：分かりました。そこで幾分よくなっているのは何のせいだと考えておられますか。5年前は、週に6日だったのが、今や月に3回だけになっていますよね。

クライエント：それは私がやってきたことすべてが組み合わさって、そうなったんだと思います。私は何度も瞑想し、絵を描き、文章にし、治療を受けています。5年前には外傷体験は無意識であるという感覚があり、そのため、外傷体験はもっともっと力を持っていたと考えています。そして、今この時

点では多分、私にはもっと力があるんだと考えています。外傷体験がいかに私に影響を与えていたか、いろんな人間関係に影響を与えていたかについて、より意識化しており、それで、負荷が下がっているのです。

治療者：どうしたら、もっと意識化ができそうですか。

クライエント：5歳から20歳までの15年間、私は抑圧されていました。学校がお休みのとき、何かがあったのです。それのすぐ後で、私は思い出したのです。その記憶は、よみがえりました。私自身の治療の数年の間でさえ、それが本当に起こったのかは確信が持てませんでした。というのは、5歳のときのことなど、夢のようなものだからです。そして数年後、私は両親と話をして、彼が私の家族の女性の大部分を性的に虐待していたことが分かりしました。

〔このやりとりにおいて［そして、以下の削除された部分において］、治療者は記憶の再生の変数と限界を探索している。そして、状況が正式な報告書を書くに値するかどうか決定しようとしている〕

治療者：性的被害に関してあなたが覚えていることを、ちょっと話してもらえませんか。

〔治療者は主要なターゲットの一つを同定する〕

クライエント：その記憶はとても夢のようなものです。私が覚えているのは、誕生日のパーティで、私のパンツを脱がせて四つんばいになって私の上に乗っているような彼です。私は4カ月前に自動車事故に遭い、リハビリを受けていました。とくに私のお尻のこの辺りにです。2、3回のセッションの間、私は押さえつけられて、お尻に何かを入れられるという記憶を思い出しました。それがペニスだったとは思いません。それは指か物か何かそんな風なものでした。

治療者：分かりました。何か他の記憶は？

クライエント：いいえ。

治療者：それで、そのときはそのひとつの記憶だけなんですね。誕生会で彼があなたの上に乗り、あなたを押さえつけて、何かを入れたという。

クライエント：それは2つの別の記憶なんです。誕生会は一つの記憶です。それで、押さえつけられて、何かを私の中に入れられたのは、別の記憶のようでした。それは2つの別の断片からできているようです。

治療者：分かりました。どこで起こったかについて、何か思い当たりませんか。
〔治療者は明瞭さをチェックする〕

クライエント：私の家、最初の家。私はそれをはっきりと覚えています。私が育った私の家。

治療者：それで、誕生会はあなたの家であったんですか。別の記憶は？

クライエント：分かりません。

治療者：結構です。彼は何歳でしたか。

クライエント：恐らく、30歳代では。

治療者：そして、あなたは5歳だったんですね。いいです。それで、私たちはその辺りにいる60歳代になった誰かに注目していますね。
〔治療者は将来の作業のために、現在の安全性に関する変数を定義している〕

クライエント：はい。

治療者：分かりました。あなたは悪夢がそこから生じたと確信していると言っておられましたよね。それについてもう少し詳しくおっしゃってもらえませんか。

クライエント：えーと。それはいつも、私を男たちが性的に攻撃しているというものでした。

治療者：分かりました。それで、それはいつも同じ夢でしょうか。いつも同じ男たちでしょうか。
〔治療者は夢のイメージのターゲットを定義しようとしている〕

クライエント：いいえ、違います。でも、同じテーマなんです。

治療者：それをはっきりと思い出すことができますか。
〔治療者は、処理のためのターゲットを同定しようとしている〕

クライエント：一番最近私が見た夢は、実際には叔父ではなく、私の父親が出てくるものでした。その夢は、本当にいやな夢だったんですが、父はマスターベーションをしており、私を射精するための想像の対象にしていました。私は彼にそうさせまいとして、叫び声を夢の中であげていました。

治療者：分かりました。

クライエント：いつもおびえて、目を覚ますのです。部屋の中に誰かいて私を傷つけようとする。誰かがアパートの部屋に侵入している。

治療者：分かりました。

クライエント：私が子どものころに見た非常に恐ろしい夢は、私を銃でおどかそうと一群の男たちが銃を持ってドアの中に入ってくる夢でした。一人は私の父でした。父は自動車修理工場で働いていて、彼の振りをする邪悪な替え玉としての人物が別にいました。それは子どもの私には恐ろしいことでした。

治療者：分かりました。今も続いている悪夢のこととは別に、現在あなたがそれに影響されていることについてどう感じますか。

〔治療者は他の訴えを引き出している〕

クライエント：ええ、私はこんなふうにいつもびくびくしているんです。心を落ち着けるのは本当に難しいのです。それから、私は男性との人間関係にたくさん問題があるのです。

治療者：どんなふうにですか。

クライエント：全部です。私は、父のような精神病質の男性を選ぶ傾向があると最近気づきました。とてもカリスマ的で、愉快で、魅力があって、でも、本当の絆は築くことができないのです。彼らは誰か他の人とも関係を持っていて、そのことでは私にうそをつきます。普通とても怒りっぽくて、敵意があって、感情的になってののしるような男たちなんです。

治療者：今もそういう人と関係があるんですか。

クライエント：いいえ。（笑う）

治療者：一番最近のそうした関係はいつのことでしたか。

〔治療者は、ターゲットに使えるような人間関係を探している〕

クライエント：6カ月前に関係が終わりました。8カ月間の交際でしたが、とても大変で、私がさっきしゃべったようなこと全部がありました。彼は他の人のことも好きになったと言いました。彼はとても情け容赦のない人です。そのことは私を圧倒しましたけれど、私の中ではもう終わっています。

治療者：分かりました。今、あなたのお父さんとの関係はどうでしょうか。

クライエント：いやあ、難しいです。叔父ならば、幾分切り離しておくこともできますが、父は、私の家族の中では私をかわいがってくれた人です。恐らく他の誰よりも。私は父から独立するのが本当に難しかった。どうしたらうまくそのことが話せるでしょうか。まだ、思いやりや愛情はたくさんあります。2、3年前、彼が性的なことを言うのを私は本当に制限しました。そんなことを言うのなら一緒にはいられないと言いましたら、性的なことを言う

のをやめました。

〔現在の父との関係がターゲットとなるだろう〕

治療者：さきほどの男性は、精神病質であるという点で、あなたのお父さんを思い出させるとあなたはおっしゃったと思いますが、それはどのようにしてあなたの中に生まれるのでしょうか。お父さんは具体的にどのようだったのでしょうか。

クライエント：ええ、25年後に、父は母を捨てました。書き置きを残して、ガールフレンドと一緒にヨーロッパへ逃げていってしまいました。そのことで何か悪いところがあったかどうか考えようとは、決してしなかったようにみえました。かなり興味深いことには、母はその2、3年前から治療を受けており、変化し始めていました。母は本当の自分自身になることを始め、怒らなくなりました。母と私の関係は、以前より健全なものになりました。私たちはいろんなことを処理し、徹底的にやりました。母はまだ私の母です。未だに私を怒らせることがありますが、母との関係はうまくいっています。

治療者：分かりました。お父さんのことであなたがいやな気持ちになることを代表しているような、お父さんに関する記憶はどんなものがあるでしょうか。

クライエント：私の頭に最初に浮かんだものの一つは、パーティに行こうとしてドアを出るときに、父が私を見て「お前は化粧がきつ過ぎるぞ」と言ったのですが、私は化粧をしていなかったのです。「大人になるな。女になるな。性的になるな。誰かと一緒にいるな」と彼は言いたかったのだと思います。

〔この記憶はターゲットにされる〕

治療者：分かりました。

クライエント：およそ15年間、そのことを考えたことがありませんでした。

治療者：分かりました。お母さんとの関係についてはどうでしょうか。

クライエント：その記憶は、私が文字どおりひざまずいて、母が私に対して金切り声でさけんでおり、私は「お母さんは私に何をしてほしいの」と言い返し、母は何も言えないでいるというものです。

〔この記憶もターゲットとされる〕

治療者：分かりました。他の人間関係や記憶はありますか。自分はあまりよくないとか力がないとかの感覚を強めるような。

〔自己価値やコントロールの問題がターゲットにされ、否定的、肯定的認知

のために使用されるだろう〕

クライエント：それは家族でないといけないんですか。私の生活に関わる人なら誰でもいいんですか。

治療者：ヒットパレードのトップテンみたいなものですよ。

　〔この例では、治療対象にする事柄ははっきりとしていた。別の例では、治療者が特定の認知の主題を示唆することをせずに、10の最も不快な記憶を言ってもらうことになるかもしれない〕

クライエント：一人は私が2、3年前一緒に寝ていた男性です。私たちはセックスしようとしていました。彼はベッドの中で「お前じゃ、ちっとも燃えないな」と言いました。それで私は無力感に襲われました。今、そんなことで私が無力を感じるかどうかは分かりませんが、そのときは本当にそうなったんです。

　〔この記憶はターゲットにされる〕

治療者：お幾つだったんですか。

クライエント：多分23歳です。私がこうしたことの幾つかの核心に本当に到達したのは、去年とここ半年の間です。

治療者：その他に何か強めるものがありましたか。

クライエント：その男と6カ月前に別れたことです。私を本当に昨日のごみのように扱うのは、何も彼に限ったことではありませんが。

治療者：それを表わしている記憶はありますか。

クライエント：私が、「あなたは私を裏切った」と言い、「そうだ。お前がそう思いたいのだ」と言いました。彼の声にはかなりの敵意がありました。

　〔これも、治療の後の方の段階での不快感のレベルによっては、ターゲットとなるかもしれない〕

治療者：分かりました。強められてきたような癖はもっとありますか。

クライエント：はい。もう一つ別の、考え方の癖もあるんです。ここに来る予約をすることで、あらゆる種類の考えが湧き上がり、例えば、悪夢がなくなるってどんなことなんだろうか。つまり、私は自分を悪夢と同一化しているんです。私は、自分の外傷体験や気分と同一化しています。私の考えの癖は、私の人生はだめになったというものです。そうして、いくらかの度合で、私の職業選択、男性との関係などは、私の傷や外傷体験を中心に動いている、

というものです。

治療者：もし、あなたの人生がだめになっていないとしたら、何が起こるでしょうか。

〔治療者は疾病利得や治療目標を調べている。「私の人生はだめになった」ということも、否定的認知としてターゲットにされることになる〕

クライエント：そうですねえ、私はそのことをちょっと考えていました。私の心に浮かんだことというのは、もっと、とても漠然としているんですが、本当にもっと楽しいだろうということです。私は、愛情に値する、私の人生で既にもう存在しているよいものを受け取るに値する、というふうに感じると思います。もっとよいことが私の身に起こると思います。安定した健康な人間関係が。

〔これらの陳述は治療的に使われ、肯定的認知へと変換される〕

治療者：自分は愛情を受けるに値しないとか、よいものを受け取るに値しないということを教えこまれているように感じる、何か特定の記憶がありますか。

〔これらの否定的認知はターゲットにされる〕

クライエント：はい。私は美しくなければならないという強いメッセージを、母から与えられていました。そうですねえ、私は覚えています。もし、私が今日これを見ていたら、ズボンの上にあるこの小さなものが見えますか。そのために母は１時間激怒するでしょう。私が完全でないなら、美しくなければ、太っていれば、母は私が2.5キロ太ったことで激怒しました。それで、私はやせた子どもでした。私は自分がどうして摂食障害にならなかったのか、分かりません。私の家族の他の女の子は、みんな摂食障害になりました。

〔母親の反応がターゲットにされる〕

治療者：治療を何年間か受けて、何を一番治療から得たと感じられますか。

クライエント：私が男性とよい関係を持てないのはそれなりの理由があるということを、まさに実感しました。それまでは全く分からなかったんです。私はまともな人間です。なんでよくない関係を続けてきたんでしょうか。私にはいい友達がいます。私の叔父との関わり、父母との関わり、いずれもそうせざるを得ないこんなパターンを本当に何回も繰返してきたのだと思います。自分がどうしてそうするのかを見ました。同じようなことが起こりそうなときは、自分を引きもどすこと。私は何度もデートして、何度かちょっとまご

つきました。私はそんなパターンのような一人の男とデートしました。その
つきあいはとても早く進展し終わってしまいました。ちょうど2、3週間か
それくらいの付き合いでした。

治療者：あまり十分ではないこと、力がないこと、人生がだめになったという
感じや考えについて話していただきました。完璧であらねばならないという
感じは、あなたにとってはまだそこにあるのですか。
　〔治療者はクライエントの否定的認知を要約し、もっと他の情報も探っている〕

クライエント：よくはなっています。まだそこにあります。

治療者：そのことと特に結び付いている記憶は何でしょうか。2.5キロのこと
でひどく怒られたことですか。

クライエント：はい。

治療者：分かりました。あなたを突き動かす他の信念もありますか。完全でな
くてはいけないけど、あまり十分な感じがしないこと。美しくあらねばなら
ないこと。この他に何か別の信念がありますか。

クライエント：私にとって唯一重要なことは、私は人からどう見えるかという
ことです。

治療者：それに関係あるのはどんな記憶でしょうか。
　〔治療者は否定的認知をターゲットにするため、記憶を引き出している〕

クライエント：全部です。そうですね、それは実際には最近の記憶です。母が
私を訪ねてやってきたんですが、私が何かを食べているのをじっと見ていた
んです。母は私を買い物に連れていき、私がどんなに容姿がよいかについて
自説を披露することだけに集中していました。先生はある何か1つのものみ
たいなものを探していらっしゃるのですか？　それとも？

治療者：はい、あなたが誰であるかということやあなたという人間についての
判断の基準は、あなたの外見である、と告げているたくさんのメッセージが、
あなたの子ども時代やその後にもあったとしましょう。もし、あなたがそれ
らのメッセージを集めて、「分かりました。いっぱいあります」と言うとし
たら、あなたはそのメッセージをお母さんからより多くもらったと思います
か。それともお父さんからより多くもらったと思いますか。

クライエント：両方です。

治療者：両方からですね。分かりました。

クライエント：「お前は美しくなければならない」というように、母からの方が多いですね。でも、先生もお分かりでしょうが、父については、その点はもっと微妙です。父については、父から大切にされるためには、私は一種の妻のようなものでなければならなかったのです。父から大切にされるために何と言うか性的にならなければならなかったし、母から撫でてもらうためには、美しくなければならなかったのです。

治療者：分かりました。それで、愛情を得るために性的でなければならないということに関しては、どんな記憶があるでしょうか。

クライエント：私は両親がちょうどそこに立って、「まあ、お前は本当にきれいだね」と言っているのを思い出しています。私は10歳かそこらでした。私は自分が10歳のときの写真を見たことがありますが、私はきれいではありませんでした。私はのろまで、……自分のために言っているのです。そして、思春期のとき、父は電話で私がいかにセクシーであるかを何度もまくし立てました。他の人たち、特に男性は、多分私がかわいいという理由で、私にとても親切でした。恐らく私はかわいかったので、交通違反の反則切符を切られないで済んだのです。

〔両親の反応の記憶はターゲットとして使われる〕

治療者：夢に関して、どの夢が一番最近のものですか。

クライエント：一番最近の夢は、父親のマスターベーションの夢です。

治療者：その前はどうですか。

クライエント：父の別の夢がありました。実際、最後の数回の夢はもう少し迫力があって、恐ろしかった。私は誰かとデートしていたが、彼は立たなかった。私は夜をその男と過ごすことになっていたが、彼は立たず、眠っている父と同じ部屋の中で私は緊張していた。ダブルベッドがあり、そこには花か何かがありました。私が覚えているその夢の別の部分は、私は自分のベッドで寝たいと彼に言っているというものでした。

治療者：分かりました。そういう夢はあなたがストレスを感じているときにより現われやすいと、あなたは言っておられるわけですね。あなたにストレスを感じさせるのは何でしょうか。

〔治療者は現在の刺激を同定しようとしている〕

クライエント：私は誰かとデートしていました。それは先月だめになり始めました。私たち二人は八方塞がりなことを理解し、私はそれから夢を見始めました。心の傷を負った人に関する何かをテレビで見たら、夢を見ます。

治療者：特定すると、どのような種類の心の傷でしょうか。

クライエント：性的な心の傷。

治療者：分かりました。他には。

クライエント：それがほとんどです。

治療者：関係が破綻することや、テレビでの性的な心の傷ですか。

クライエント：はい。

治療者：今の仕事については、どのようなものでしょうか。

〔治療者は、別の訴えやシステムに関する事柄を探っている〕

クライエント：私の仕事。そうですねえ、私は今働いています。＊＊で働いていて、それは好きです。

治療者：分かりました。他には。

クライエント：いいえ、何も思い当たりません。

治療者：もし、私たちがEMDRワークにとりかかるとすると、どんなところで、あなたは私たちが治療をやり終えたことが分かるでしょうか。どうなれば治療がもう終わったということにしますか。

〔クライエントが言及する治療ゴールが、後の方の評価では治療効果の行動面でのものさしとなる〕

クライエント：深く、安心して眠れることです。それから、人生がだめになった、私は愛情を受け取る値打ちがないし、人を愛することはできない、という考えを打ち壊せることです。そして、健康な人間関係が持てることです。

治療者：他には。

クライエント：もっと人生を楽しめたら。

治療者：他には。

クライエント：もうありません。

治療者：どんなときに「私は愛される資格がない。人を愛せない」と言うのですか。いつ、その言葉はあなたの中に現われたのですか。

〔治療者は、その否定的認知と関係あるターゲットを探している〕

クライエント：それが特にぱっとひどくなるときがあるようには思えません。

多分、私がとてもストレスを感じているときや、たくさん働いて十分な見返りがないときです。最近彼と別れたときには、確かにありました。

治療者：あなたが付き合った男の人が親密な人間関係をつくれないという兆候を示していたという事実のほかに、あなたが付き合った男性について何かありますか。

〔治療者は付加的な問題について探索している〕

クライエント：私は容姿にあまりにも多くの注意を払っています。つまり、もし彼らがかっこよかったら、私は付き合います。それ以外のことは無視します。もう一つにはこれもまた、私はいつも初めから、それは間違いだと知っていたということです。私の直感は正しくて、本当に完全です。後になって、私への挑戦になるのです。

治療者：ひと通りのことを教えてもらえませんか。

クライエント：この最後の関係で、私は友人に「私はこの人と一緒にやっているわ。だけど彼はやっかいごとの種だって分かってる。だから、私は彼にのめりこまないようにしているの」と言ったことを思い出しました。8カ月で、その関係を私は終わりにしました。そう思っただけでなく、それをはっきりと別の人にも言いました。

治療者：あなたがそう言ってからその人と付き合うまでの間に、何が起こりましたか。

クライエント：彼はギャングをやっつける正義漢のようにやってきました。彼は本当に魅力的で、セックスも本当に良かった。そして私は、私がすることをまさにやりました。つまり、私の力を全くあきらめるということです。私はこの愛情を得るために、これに全く従いました。

治療者：「あなたの力をあきらめる」というのは、どういう意味ですか。

クライエント：それは、自分の思ったようには振る舞わないということです。内面と外面が全く一致してないようなものです。あることを知覚してはいるが、それを無視するようなものです。そして、他の人の計画や予定に私は従います。

治療者：「いいえ、そうしたくないの」とか「代わりにこうしたいの」とか言うこと、あるいは何かをしたいということを主張するということで、相手との間に一線を引く可能性についてはどう思いますか。いかがでしょうか。

〔治療者はターゲットにする行動を探索している〕

クライエント：時々はよいし、時々は悪いですね。

治療者：えーと、その人間関係について話していただけませんか。

クライエント：男性との人間関係では時々、セックスすることが正しいと感じられないと思っても、私は結局男性とセックスしたりします。その正しくない感じを押しやってしまうことがあります。

〔治療者はこれをターゲットにすべき行動として捉えている〕

治療者：そのことで何が得られますか。

クライエント：何も。でも、その後は古いパターンになってしまいます。それは最も慣れ親しんだものです。それはまさに無視することです。これらの暴力的な人たちの中で成長して、私の知覚を無視する以外に、何ができたでしょう。それはあまりに苦痛が強いので、いずれにせよ私はそれについては何もできなかったでしょう。

治療者：よいと感じないときでさえ、セックスをする以外に、何か別のことはありますか。

クライエント：私は本当に世話ばかり焼いています。そして、「それはあなたの問題よ。あなたがそれを片づけるのよ」とは言わずに、与えて、与えて、与えるんでしょうね。

〔もしこれが治療の後の方の段階になってもまだ問題であるなら、治療者はこの行動を潜在的なターゲットとして同定する〕

治療者：自分を大切にすることについてはどうでしょうか。

〔治療者は自己破壊や不安定性のはっきりした兆候をチェックしている〕

クライエント：いろいろなことを、それについてはしています。私はこの背中を怪我しましたが、運動したり、歩いたり、熱い風呂に何度も入るのは本当に好きです。唯一、自分自身に対してあまりよいケアをしていないことと言えば、それは私が料理をしないことです。それは生活様式の一部です。私は本当に忙しいのです。

この逐語録は、クライエントが睡眠の問題と自己評価が低いことに悩んでいることを示している。それに関連する否定的認知は、クライエントが自分を価値がないと感じていることや自分をコントロールできないと感じていることを

示している。クライエントの自己評価が低いのは、恐らくは幼少期の性的被害の結果であるように見える。さらに、機能不全の親子関係も同様に関わっているだろう。これらの困難が部分的には、成人してからの一連の自己破壊的であったり虐待的な人間関係の原因となっていた。

クライエントの否定的な自己評価に直接関係した（外傷的な）出来事は、治療の初期段階で再処理される予定である。これらは母と父の関わった幼少期の出来事を含んでいるし、また、彼女が価値がないと感じたり、だめになったと感じたりすることを強化する最近の対人交渉の多くも含んでいる。それらの処理の一部は、新しい肯定的な対人関係行動を導入することである。彼女の人生における男性に関連した恐怖感や両価的な感情と直接関係のある悪夢もターゲットとされる。

もし、直接治療対象とする必要がある摂食障害や物質乱用の問題をクライエントが持っているのなら、先に示した逐語録で示された程度の深さで生育歴・病歴を聴取する同様の治療的査定が必要であろう。しかし、既に得られた情報で、彼女の述べている性的被害の情景をターゲットとするEMDRセッションを開始することができるのは、解離性障害のスクリーニングや必要な客観的心理テストの施行、リラクセーション練習の指示を含む準備段階を終えた後である。

スーパービジョンを受けての実習

指導者は実習生の生育歴・病歴聴取の練習をスーパーバイズしたり、それに基づく治療計画を吟味したいと思うかもしれない。クライエントを適切に選択することは、治療の安全性とクライエントの安全性の重要な一側面なので、指導者はEMDR適用の際に注意しなければならない状況や適用の禁忌に関する兆候についての生徒の知識をテストするのがよい。付録Aにあるクライエントチェックリストは、この目的のために役立つだろう。

要約と結論

EMDRはクライエントとのかなりの相互作用を伴う治療アプローチで、臨

床家には感受性と柔軟性が要求される。クライエントの選択を適切に行なうのが必須である理由としては、解決されていない題材、解離的な題材が、治療中自然に現われることがあるためだし、生じるかもしれない感情体験が強いものであるためである。そのため、臨床家は治療セッションの後、次回までも続く可能性のある除反応や苦痛となる処理に、対処できるだけの十分な心理的安定と適切な生活状況にあるクライエントに対してだけ、EMDRを適用すべきである。

クライエントの安全のためには、次のような治療的要因を臨床家が評価しなければならない。治療関係、法的な必要性や人間関係の必要性を含む生活の状況、入院や投薬の必要性を含むクライエントの安定性に関する問題、他の診断、身体的な訴え、クライエントのリラクセーション手続きを利用する能力などである。EMDRを試みる前には、解離性障害の十分なスクリーニングもなされなければならない（付録B参照）。

EMDRは、クライエントの生育歴・病歴を十分にとらなかったり、ラポートやクライエントが心地好さを感じるような治療関係がなかったり、治療計画がない状態では、決して実施してはいけない。治療計画では特定のターゲットを同定すべきである。二次的疾病利得の側面も含めて、時間の順に扱うべきである。特に、クライエントの病理を発現させた過去の記憶、現時点においてクライエントの機能不全を誘発する人や状況、クライエントが将来うまくやっていくための適応的で望ましい鋳型という、必要な構成要素を臨床家は明らかにしなければならない。症状、症状発現に寄与する要因、機能不全のベースラインが十分に評価されなければ、治療効果は限られたものとなるだろう。EMDRは1セッションで完了する治療ではなく、臨床家はクライエントの問題の領域全体とターゲットにする問題の時間的順序について、はっきりした図面を頭に描ける必要がある。最後に、十分なインフォームドコンセントの得られた、しかも治療に対する心の準備があるクライエントに対して、訓練を積んだ、質の高い、有資格の臨床家か、しっかりしたスーパーバイズを受けている訓練中の臨床家のどちらかのみがEMDRを実施すべきである。

5章

第2、3段階
―― 準備と評価 ――

> どんなに歩みが遅くとも、止まらぬ限り、問題ではない。
>
> 孔子

　臨床家は、クライエントの生育歴・病歴を徹底的に聴取して治療計画を立てた後、再処理の段階に取り組む必要がある。クライエントの準備とは、クライエントとの安全な治療関係の確立、EMDRのプロセスやその効果についての詳しい説明、クライエントの心配や潜在的な情緒的欲求への注意などである。評価によって、ターゲットとなる記憶の要素を決定し、その処理に対するクライエントの反応のベースラインを測定する。

　この章では、第3章で既に述べたEMDR治療に特有な要素に関する知識を補足し、これらの要素に対して働きかける方法を探求する。本章では第2段階と第3段階について学習するが、最初に臨床的な考え方の検討をし、臨床家がクライエントに伝えることが有用であると分かっている情報の種類について述べる。その次に、臨床家がクライエントに与える具体的な教示の例文を提示する。それから、クライエントに起こり得る反応やクライエントの苦痛を和らげて力づけるための新たな臨床的方略について概観する。

第2段階：準備

　準備段階では、クライエントに治療的な枠組みと適切なレベルの期待を設定する。EMDRの処理において現われる障害をクライエントが取り扱うことができるように準備することが重要である。準備段階を始める前に、臨床家は適切な基礎準備（第4章で述べた）を整えなければならない。つまり、クライエ

ントの生育歴・病歴を適切に聴取して、そのクライエントが EMDR に適切であるのかを判断し、治療計画を立て、治療効果を妨害するかもしれない二次的利得の問題を処理するための実行計画をまとめる。

これを行なった後、臨床家は眼球運動（もしくは他の刺激）を苦痛な題材に適用する前に、一定の段階を完了しなければならない。第1章で論じたように、回避行動は病理とその病理が維持されている理由との両方の観点から考慮される。次の節では、処理のためにクライエントの外傷体験の題材を呼び出す段階と、脱感作と再処理の完了のために必要なイクスポージャーを促進するための治療的な枠組みを設定する段階について論じる。

臨床的姿勢の選択

EMDR は非常に相互作用的で、クライエント中心的な方法なので、臨床家の役割には柔軟性が必要である。治療の間、終始、臨床家はクライエントの要求とそのクライエントの特徴に上手に合わせ、必要があれば指示を調整して変更する心構えが必要である。

臨床家には、クライエントの安全と安心への欲求を尊重し援助する態度が必要である。臨床家の仕事とは、クライエントの自己治癒過程を促進することである。この目的（治療的な絆を促進し、無条件の支持と敬意を伝えることを含む）を果たす非特異的な援助は、治療の有効性を高めるであろう。どのような治療の流派でもそうであろうが、EMDR は臨床的な技術と結び付いたものであり、臨床的な技術の代わりをするものではない。

クライエントとの絆の構築

臨床家は、クライエントとの関係を確立しなければならない。すなわち、強固な治療同盟と共有する目標の認識、誠実なコミュニケーションが必要であることの理解が必要である。もしクライエントと臨床家が十分な信頼を築いていないのであれば、EMDR を適用してはならない。クライエントは処理の間、自分は保護されている、そして究極的には、自分自身がコントロールしていると感じる必要がある。このことは、初期のセッションの間に、安全と信頼の雰囲気を確立しなければ実現しない。この水準のラポートを達成するために、何カ月もかかるクライエントもいれば、1－2回のセッションで済むクライエン

トもいるだろう。どんなに長期間かかったとしても、絆の構築ができていないうちに EMDR の処理を試みてはならない。さもなければ、クライエントは除反応の途中で治療を中断したり、EMDR を続けることを拒否したり、恐らく治療そのものが不完全に終わることになるだろう。

　臨床家は、セッションの最中や次のセッションまでの間に、「真実を言う」同意の重要性をクライエントが理解したかを確かめなければならない。もしクライエントが苦痛な感情が緩和したという偽りを（正しくいい子になるために、臨床家を喜ばせるために、あるいは多分治療を終えるために）臨床家に伝えたならば、次のセッションまでの間に苦痛が増加する可能性がかなり高く、そうなるとクライエントは適切なサポートを得られない危険な状態におかれるだろう。多くのクライエントは臨床家を喜ばせたいという欲求を抱いているので、治療者が望んでいるのは、どのような内容であっても、たとえ治療を止めたいということでも、ありのままの報告をすることだとクライエントに伝えることが重要である。臨床家は、以下のようなことを言うべきである。

　「あなたに必ずしていただきたいことは、あなたが体験していることについて真実を話すということです。そうすれば、私は適切な判断ができます。EMDR を行なう際に、これは間違いということは何もありません。現在、あなたに起こっていることを正確に話してくだされば、それで結構です。また、コントロールしているのはあなたなのです。もし止める必要を感じたならば、すぐ知らせてください。あなたに起こっていることを、私にそのまま話してください」

理論の説明

　臨床家は、クライエントが理解できる言葉を用いて、EMDR の理論を全体的に分かってもらわなければならない。たいていのクライエントには、以下に示すような簡潔な説明で十分だろう。「心の傷となるような体験が起こったとき、それが神経システムの中に閉じ込められてしまったようです」。さらに、以下のこともクライエントに伝えなければならない。「閉じ込められた情報」は外傷体験を思い出させるさまざまなきっかけが引き金になって、無力感、絶望感、恐怖などの感情を頻繁に引き起こす原因になる。

　クライエントは、しばしば自分の中に何かが閉じ込められているという感じ

を体験しているので、この説明に納得するようである。例えば、クライエントは「行き詰まる」「閉じ込められた」といった言葉で自分の感情を伝えることが多い。また、クライエントにこのような説明をすることは、クライエントが自分の症状を払いのけられずにいることに対してしばしば抱いている恥の感情や罪悪感を除去するのにも役立つ。クライエントではなく神経系に罪を着せることは、しばしば他に頼らずに自由になる一歩となる。

　臨床家は眼球運動によって、閉じ込められた情報の鍵を開けて処理することができるが、それは多分 REM 睡眠の間に起きていることと同様の方法である。覚醒時に眼球運動を用いることによって、より有効な方法で否定的情報を神経系から排出できるようであると、クライエントに話すのがよい。以下に示すような説明を用いるとよい。

　「心の傷となるような体験が起こったとき、しばしばその体験は、そのときの情景、音、考え、感情などと一緒に神経系の中に閉じ込められてしまうようです。その体験が閉じ込められているので、そのことを思い出させるものが現われたときはいつでも、それが引き金になり続けるのです。それは多くの不快感の原因であり、時には、コントロールできないように思われる恐怖や無力感のような否定的感情の原因になることがあるのです。こうした感情は、引き金となった古い体験と結び付いた感情なのです」

　「EMDR の眼球運動は、神経系の鍵を開けて、脳がその体験を処理できるようにするようです。それは、REM と言われる夢を見ているときの睡眠の段階で起こっていることと同じかもしれません。つまり、無意識のものを処理するために、眼球運動が必要なのです。重要なことは、癒しを行なうのはあなた自身の脳であること、そしてそれをコントロールできるのはあなただけなのだということです。それを忘れないでください」

眼球運動のテスト

　苦痛な題材をターゲットにする前に、臨床家はクライエントの眼球運動を行なう能力についてテストすることが有用である。臨床家は第3章において示したガイドラインに従って指を動かし、クライエントはこの動きを目で追い、それがどのくらい楽にできるかをフィードバックする。臨床家は、クライエントの目と臨床家の指の最も心地よい距離を見つけるためにいろいろと試し、それ

から、クライエントがさまざまな方向で眼球運動をできるかどうか判断する。クライエントが動かしやすい方向は、処理段階において最も成功する方向であることが多い。

　臨床家はまた、それぞれの方向においてさまざまなスピードで眼球運動を試してみる。たいていのクライエントは、速い速度を好むようである。こうしたエクササイズの間、臨床家は何らかの困難がないか観察し、もしクライエントが特定の方向で（この方向は実際の処理において避けねばならない）頭痛など何らかの問題を報告したら、それを書き留める。もしクライエントが指の動きを目で追うことができないのであれば、両手法や手掌のタッピング（第3章において述べた）を試してみるべきである。

　このテスト段階は、処理をしている間に止める必要がある場合には、手を挙げて合図をしたり顔を背けることができると、クライエントに伝える良い機会である。これはクライエントにより大きなコントロールの感覚を与え、クライエントが快適で安全であるための重要な要素である。もしクライエントがこのような合図をしたならば、臨床家は即座に止めて、困難が何かを明らかにし、再開する前にクライエントの要求を満たさなければならない。クライエントの合図を無視することは、反治療的であり、信頼感を決定的に損なう危険性がある。

　このテスト段階において、眼球運動の試用、困難の査定、好みの合図の方法の決定を行なう。例えば、以下のような教示を与えると良い。

　「EMDRで用いる眼球運動を少し試してみましょう。もし、不快なことがあったならば、すぐこのように手を挙げるか［やってみせる］、私に分かるように顔を背けてください。あなたが体験していることについて、正確なフィードバックが必要なのだということを覚えておいてください」

　「指を立てますので（やってみせる）、この指をよく見ていてください。これで、ちょうど良い距離ですか？（クライエントにとって快適な距離に合わせる）。いいですか、では、指の動きを目で追ってください」

安全な場所の創造

　第4章において、EMDRを適用する可能性のあるクライエントには生育歴・

病歴聴取段階において、幾つかのリラクセーション技法を用いて、それに好反応を示したクライエントにだけEMDRを適用する計画を立てることを学んだ。これらのセルフコントロールの技法は、第9章において説明する。しかし、どんな苦痛に関しても感情の安定を急速に回復することができ、クライエントを安心させるためにとりわけ役立つエクササイズをここで述べたい。このエクササイズは、リラックスできないクライエントにとりわけ役立つ。彼らは絶えず警戒を怠らずにいる必要を感じており、それは性的虐待のエピソードや戦闘中に条件づけられた必要であろう。EMDRの最近の研究では（Wilson et al., 印刷中）、PTSDの患者にはこのエクササイズが特に役立つと報告されており、私たちはすべてのクライエントに対してこれを用いることを提案している。また、このエクササイズは、眼球運動の使用に対しての最初の肯定的連想を築くことにも役立つ。

　8ステップの「安全な場所」エクササイズは、簡単に述べると、「ストレスよ、さようなら」（Miller,1994）というストレステープに収録されている誘導イメージのバリエーションの一つである。生育歴・病歴聴取のセッションにおいてこのテープ（もしくは同様のテープ）を与えておけば、クライエントはEMDRの処理が始まる前に、毎日、練習することができる。これは、1つのセルフコントロール技法として、エクササイズの有効性を高めることができる。

　その目標は、クライエントが処理の前に想像上の安全な場所を創造することである。この感情的なオアシスは、処理の間、一時的な休憩のために用いることができる。また、セッションを終える際に混乱をおさめるための助けとして、または次のセッションまでの間に起こるような苦痛な題材を扱う一つの方法として、臨床家はクライエントが個人的な避難場所を見いだすのに十分時間がかけられるようにし、避難場所に対するクライエントの反応を注意深く査定しなければならない。クライエントが一般的に穏やかな感情を連想させる場所のイメージを用いようとしても、そのクライエントにとってその場所は、外傷体験となった出来事と極めて密接に関連しているために、全く安全ではない場所ということもある。例えば、子どもの時に海の近くで暴力を受けた記憶のために不安が引き起こされているクライエントが、そのことに気づかずに、美しい海辺を想像しようとするかもしれない。当然のことだが、このケースでは他の安全な場所を見つけなければならない。

8ステップのエクササイズは、以下の通りである。

ステップ1：イメージ　臨床家とクライエントは、クライエントが容易に想起することができて、穏やかで安全な感情を呼び起こすことができる安全な場所のイメージを見つけだす。

ステップ2：感情と感覚　臨床家はクライエントに、そのイメージに集中し、感情を感じ、気持ち良い身体感覚の位置を確認するよう求める。

ステップ3：強化　臨床家は心落ち着く催眠的な声の調子で、そのイメージと感情を強める。臨床家は安心感と安全感をクライエントに伝えるように注意を払い、クライエントにはその感情を感じたら報告するように言っておく。

ステップ4：眼球運動　その肯定的反応を、眼球運動を含めた一連の作業によって、より一層発展させる。臨床家はクライエントが最も心地良いと判断した方向とスピードで指を動かし、「安全で穏やかに感じる場所のイメージを思い描いてください。気持ち良い感覚を感じる身体の場所に集中して、その感覚をよく味わってください。さあ、その感覚に集中しながら指の動きを目で追ってください」と言う。このセットの終わりに、「今、どのような感じですか？」とクライエントに尋ねる。もし良い感じが強められていたならば、さらに4～6セット続ける。もし、肯定的感情が増大していなければ、クライエントが改善を報告するまで、臨床家は別の方向を試さなければならない。

ステップ5：手がかり語　クライエントは、その映像にぴったり合う単語（例えば、「リラックス」「海辺」「山」「森」）を探し出すよう臨床家の指示を受ける。気持ち良い感覚と感情的な安心感に気づき、強められるよう、そのイメージを心の中でリハーサルする。この手続きは、眼球運動を行ないながら、4～6回繰り返される。

ステップ6：自己手がかり　クライエントは、眼球運動なしでイメージと言葉を想起して、その肯定的な感じ（感情と身体感覚の両方）を体験する手続きを、自分で繰り返すように指導される。このエクササイズをクライエントが独力で上手に繰り返せるようになったら、ストレスを感じたときにこのエクササイズを用いてリラックスする方法を、クライエントに指示する。

ステップ7：苦痛を感じての手がかり　前述の点を強調するために、臨床家はクライエントにちょっとした苦痛を思い出して、そのときに起こる否定的な感じに注意を向けるように求める。それから、その否定的な感じが消えるまで導

く。

ステップ8：苦痛を感じての自己手がかり　そして、クライエントは、もう一度苦痛となる思考を想起し、今度は臨床家の援助なしで、リラックスするまでこのエクササイズを行なう。

このエクササイズを一度終了したら、リラクセーションテープを用いるか、何か他のリラクセーションエクササイズ（第9章において述べるような）を行ないながら、肯定的な感じとそれを連想させる言葉とイメージを呼び起こす練習を家で毎日行なうようクライエントに指示する。その後で、クライエントは簡単なリラクセーションやストレス軽減のための技法を用いることができる。最終的に、EMDR のいかなるセッションの前にも、臨床家は「**あなたはこの安全な場所をいつでも利用できるということを覚えておいてください。どんなときでも安全な場所に戻る必要があるときは、私にすぐ知らせてください**」とクライエントに言わねばならない。臨床家は、時折、安全な場所を強化するために眼球運動を用いなければならない。これはまた、眼球運動自体に対する肯定的な連想を維持するためでもある。

モデルの説明

臨床家は、安全な場所のエクササイズで肯定的感情を利用できるように、古い記憶の否定的感情もまた神経系に蓄えられているということをクライエントに思い出させなければならない。クライエントは、安全な場所を想起すれば、気持ち良い感情を体験する。同様に、古い記憶を想起すれば、混乱した感情を体験するだろう。

クライエントには、以下のように説明することが役立つだろう。脳は苦痛な出来事を、より有益で適応的な情報と結び付くことを妨げて孤立するようなかたちで、記憶のネットワークの中に貯蔵している。そして EMDR による処理が始まると、適切な結び付きが形成される。さらにまた、どのようにして過去の苦痛な題材が突然現われるのか、そしてその解決はどのように起こるのかを説明するために、記憶のネットワークがどのように結合できるのかを図解することができる。例えば、図7のような図を描いて、以下のような説明をすると良い。

図7．分離したターゲット・ネットワークと適応的ネットワーク

「苦痛な出来事は、脳の中で他の記憶のネットワークから孤立して貯蔵されることがあります。そのために、学習が起こることが妨げられるのです。その古い題材は何度も何度も引き金となり、刺激を与え続けているのです。あなたが解決するのに必要な情報の多くは、あなたの脳の他の部分、つまり分離したネットワークの中に存在しているのです。それは、古い題材と結び付くことを妨害されているだけなのです。EMDRによって処理を始めると、その二つのネットワークが結び付くことができます。新しい情報が思い浮かび、古い問題が解決するのです」

それから、臨床家は図8のような、2つのネットワークが結び付けられた図を示す。

また、クライエントには、以下のことも告げなければならない。この苦痛な題材が、鍵を開けられて処理されるとき、貯蔵された否定的感情もいっしょに除々に排出されるということである。この説明が、治療の最中に起こる強烈な感情を通り抜けるための勇気をクライエントに与えてくれることが多い。クライエントには、以下のことを告げなければならない。いかに困惑させられる感情が湧き上がってきても、何も否定的なものが入ってくるわけではない。それどころか、出ていくのである。クライエントは、毎日「1000回、死にそうな思

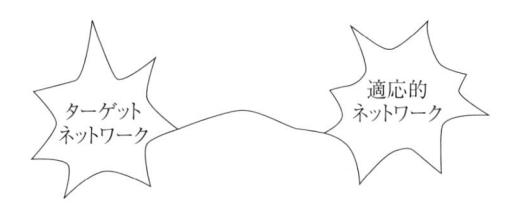

図8．結合されたターゲット・ネットワークと適応的ネットワーク

いを繰り返す」よりも、処理を1回体験することによって解放される方が助けになるということを理解するだろう。治療の最中に起こる不快な感覚は、古い題材が神経系から立ち去るサインにすぎないということを、クライエントは知る必要がある。

　自動車で薄暗いトンネルを通過する比喩を用いることが役立つだろう。もしドライバーがトンネルを早く通り抜けたいと思えば、アクセルを踏み続けなければならないだろう。もしアクセルから足を離せば、自動車の速度は遅くなり、惰力走行になる。EMDRにおける眼球運動（あるいは他の刺激）はアクセルのようなものである。もし、そのセットを続けることができたならば、処理を加速することができ、不快な感覚や感情を急速に通り抜けていくことができる。だが、もし眼球運動を早まって途中で止めると、不快な感覚の体験は長引くことだろう。だが、もちろん、もしクライエントがしばらく止めることを望むのであれば、クライエントが行なうべきことはストップサインを示すことだけである、と言ってクライエントを安心させなければならない。

　EMDRモデルに関する臨床家の説明は、以下のことの再保証を含んでいなければならない。不快な感覚や感情がEMDRの治療の最中に起こるかもしれないが、それは単に古い記憶の処理によって生じているのであり、現在の危険によって起こっているのではない。「あなたが恐怖を感じているからといって、この部屋に本物の虎がいるというわけではありません」というようなことを言うと、クライエントの不安を和らげるのに役立つ。臨床家は、見下すような言い方ではなく、養育的で安心感を与えるような態度で、述べなければならない。クライエントに現われる恐怖と傷つきやすさの程度は極めて高いことがあり得るので、クライエントの体験を過小評価したり軽んじてはならない。しかしながら臨床家は、クライエントがその感情をブロックしたり回避しようとするのではなく、その感情を観察すると同時に、耐える能力を支援する必要がある。回避することは逆効果であるという注意を与えるために、以下のように述べると良い。

　「私たちが眼球運動を行なっている間に、不快な映像や感覚、感情が現われるかもしれませんが、あなたが止めたいときはこのように手を挙げてくだされば（やってみせる）、いつでも処理を止めることができます。できる限り長い間、眼球運動を続けることが最善なのですが、もしあなたがあまりにも耐え難

いのであれば、止めて休憩することができます。考え方としては、もし暗いトンネルを早く通過したいのであれば、アクセルを踏み続けますよね。もしアクセルから足を離せば、車は速度を落として惰力走行になります。だから、不快な感情を通り抜けるためには、眼球運動を続けた方がより早く通過するのです」

「眼球運動のセットを行なうとき、私たちは古い題材を処理しているだけなのだということを覚えておいてください。もし現実のように感じたとしても、それは神経系に閉じ込められた古い記憶にすぎないのです。恐怖を感じたからといって、この部屋に本物の虎がいるわけではありません。脳の鍵を開けて、情報を処理してしまうということなのです」

期待の設定

治療の間、強制されることは何もなく、古い記憶はクライエント自身の自己治癒能力の働きによって処理されるのであり、クライエントがコントロールし続けているので、どんなときでもストップサインによって休憩することができる、ということをクライエントに保証することは役立つ。もしクライエントが「止めて」と手を挙げたならば、臨床家は即座に止めなければならないという点は、いくら強調してもし過ぎることはない。なぜならば、外傷体験の被害者のほとんどは、自分が不適格な人間であり、自分の人生をコントロールすることができないと感じているので、もし臨床家がストップサインにもかかわらず続行したならば、クライエントの恐怖と否定的な自己評価が強化されてしまうかもしれないからである。臨床家の意図にもかかわらず、そのような信頼を侵害する行為は治療効果を損なうことがある。どんなに懸命にサポートをしたとしても、臨床家は治療の中のどの時点でもクライエントが体験している痛みの大きさを決して知ることができない。従って、クライエントが休憩をとる絶対的な力を有しているということが重要である。

治療の局面において何を期待できるかを最初に説明することは、クライエントに安心感を与える。安全性と共同参加であることを強調しなければならない。感情と体験の想起が起こるだろうが、それは単に一時的なものと見なさなければならないし、その体験はクライエントが電車に乗っているときに、通り過ぎていく景色にすぎないとクライエントに言っておくことがしばしば役立つ。この説明は、それは痛みから離れる活動であると暗示することによって、安全で

あるという感覚を増進する助けになり、どんなに真に迫った体験のように感じても、クライエントは保護されている（すなわち、クライエントは電車の中にいる）ので、現実的な危険は存在しないことを示唆する。また、この比喩は、車窓からある景色に気がついたときには既にその景色は通り過ぎているという考えも暗に示している。

　その意図は、クライエントに体験が重要だと意味づけるのではなくて、その体験を観察すべきであると銘記させることである。その目的は、恐怖を恐れずに、感覚や感情を意識へ流れ出させることによって、その体験を処理することである。恐怖を恐れると、再外傷化することもある。クライエントに「起こることは何でも、そのままにしておいてください」と告げなければならない。

　臨床家はクライエントに、「処理の開始時に注意をイメージに集中するように求められても、このイメージを維持し続けるのは不可能だと、多分分かるでしょう」と告げなければならない。つまり、これは単に、選定されたターゲットに注意を集中することによって始められ、その後で、眼球運動をしている間に処理が起こるということである。臨床家は、クライエントの最も優勢な信念体系が現われることを忘れてはならない。例えば、常に自分を失敗者とみなしてきたクライエントは、「私はちゃんとできていないに違いありません。目が動いていません」「映像を保つことができません」「何か他のことを考えています」といった発言をすることがある。臨床家は、ちゃんとできているとクライエントに言って安心させる必要がある。

　臨床家は、眼球運動のセットをしばらく続けた後でフィードバックを求めることを、クライエントに告げなければならない。つまり、そのとき、クライエントは現われた何か新たな情報や関係のある情報を述べなければならない。しかしながら、EMDRのすべての教示においてそうであるように、クライエントに出来ばえ、期待される治療結果、処理に要する時間の長さに関して要求することは避けなければならない。クライエントはできる限り、何か特定のことを起こそうとするのではなく、流れのままに処理が進むに任せるという心境になるべきである。もしクライエントが無理に何かを起こそうとすれば、処理は恐らく中断するだろう。先程の比喩で言えば、それは進んできた線路から電車を脱線させるようなものである。臨床家とクライエントは共に、可能な限り進路をふさがないように努めなければならない。臨床家は、例えば以下のように

言うと良い。

「私たちは、情報を処理し、起こってくる古い出来事や映像、感覚、感情を消化します。でも、あなたは、それらにただ注意を向けていれば良いのです。そうしたことが起こるままにしておいてください。あなたは電車に乗っていて、景色が通り過ぎていくと想像してください。その景色をつかまえようとしたり、意味づけたりしないで、ただ、注意を向けてください。もし休憩を取る必要があるときは、手を挙げるということを覚えていてください」

「まず最初にターゲットへ注意を向けてください。それから、私の指の動きに合わせて目を動かします。それをしばらく行なった後、それを止めて、私たちは起こっていることについて話します。眼球運動が続いている間ずっと映像をしっかりと保つということはできませんから、努力しないでください。私たちが話すときに必要なのは、起こっていることについてのフィードバックだけです。変化が起こることもあれば、起こらないこともあります。私は何か他のことが思い浮かんだかどうか尋ねますが、それも浮かぶこともあれば、浮かばないこともあります。この過程では『こうなるはずだ』ということは、何もありません。ですから、それが起こるべきかどうかといった判断はしないで、できる限り正確に、起こっていることをフィードバックしてください。起こることは何でも起こるままにしておいてください。何か質問はありますか？」

クライエントの恐怖を扱うこと

教示を与えるときはいつでも臨床家は、混乱しているというクライエントの非言語的なサインに敏感であるべきであり、クライエントの質問には答えなければならない。幾つかのポイントで例示する必要があるときは、事例を示さなければならない。例えば、古い記憶が日常生活にどのように悪影響を及ぼすかをクライエントに説明するために、以下の事例を話すと良いかもしれない。ある女性クライエントは、雇用主が怒るといつも強い恐怖を感じた。それは、その雇用主の眼差しがかつて彼女の父親が殴る前に見せた眼差しと全く同じだったからである。

処理している最中に苦痛な題材が想起されたとき、クライエントを安心させて落ち着かせるために臨床家は同じ比喩を用いるので、クライエントが教示を理解することは重要である。つまり、処理の開始前に比喩を教えておいて、苦

しんでいるクライエントに「通り過ぎていく景色」としてその題材を取り扱うことを思い出させる方が、クライエントがある記憶を強烈に再体験しているときに初めて比喩を教えようとするよりも容易である。どうか、ここに示す教示の例文は単なる提案にすぎないということを心に留めておいて、一人ひとりのクライエントの必要に応じて言葉や例を調整していただきたい。

発狂してしまうのではないか、治療体験が手に負えないのではないか、「うまく戻ってこれないのではないか」といった恐怖を含めて、クライエントの質問や疑念のすべてを注意深く扱わなければならない。臨床家はクライエントに、こうした恐怖は普通であるが、EMDRにおいてそのような否定的結果は全く報告されていないと伝えて、安心させなければならない。クライエントは、治療を続ける前に、EMDRの治療を受けたことのある人と話をしたり、EMDRに関する論文を読んだり、あるいは他の方法で、確証（付録C参照）を得たいと望むときもある。クライエントの準備が整うまでは、EMDRを実施してはいけない。

もし、クライエントが処理全般の続行を望まなかったり、ある特定の記憶の処理の続行を望まない場合は、その意志を尊重しなければならない。もし臨床家が、例えば、EMDRは治すための唯一の方法であるとか、クライエントは治療を受ける「べき」であるなどとほのめかして、治療を強制するような強い要求感覚を伝えるならば、否定的結果もたらされるだろう。クライエントは、セッション全体の間じゅう、不安を抱えたままで、除反応の途中で治療を打ち切ったり、あるいは苦しい体験から逃れるために解離するかもしれない。もしクライエントが同意しなかったり、EMDRを共同作業と見なさなければ、治療を続行してはならない。

時には、クライエントは、恥と罪悪感のために、特定の記憶に注意を向けるのを望まないこともあるだろう。処理はクライエントの内面で起こるので、その記憶の詳細までを言う必要はなく、ただ何か胸に秘めているという事実を報告するだけで十分である、と伝えてクライエントを安心させなければならない。

このように伝えて安心させることは、とりわけその体験によって自尊心を傷つけられたレイプの被害者や誰にも話さないよう脅されたり警告された性的虐待の被害者、罪悪感に打ちひしがれた退役軍人に、助けになる。そのようなクライエントは皆、たとえ具体的な詳細を語らなくても、処理を十分に進めるこ

とができる。しかしながら、一度、その題材が十分に解決されると、クライエントはまたその出来事についてもっと明かすということがしばしばある。こうした開示を押しとどめてはいけない。なぜなら、これはクライエントが臨床家から無条件のサポートの反応を受け取るという、とても治療的なことだからである。だが、こうしたことが解決には不必要なクライエントもおり、そうしたクライエントには、詳細を語るように働きかけてはならない。

　クライエントが出来事の明瞭な映像を持っていなくても外傷体験の記憶を処理できることは、臨床家にとっても非常に役立つことがある。臨床家たちは、クライエントの鮮明なイメージで代理的外傷体験を負うことがある（McCann & Pearlman, 1990）。臨床家が外傷体験のエピソードの非常に詳細な叙述によってダメージを受けたときは、自己管理の眼球運動を用いることによって、悪影響を最小限にすることができる。自己管理の眼球運動は個人治療においては禁忌であるが、小さなストレスを急速に減じるためには、とても役立つことがある。これに関しては、第9章で説明する。

第3段階：評価

　評価の段階において、臨床家はターゲットの記憶の要素をとらえ、クライエントの処理への反応のためのベースラインの測定を行なう。

　いったんクライエントが取り扱う記憶を見いだしたならば、臨床家はクライエントに「**その事件について考えるとき、何が起こりますか？**」あるいは「**その事件について考えるとき、あなたには何が分かりますか？**」と尋ねる。クライエントの返答によって、クライエントが現在その情報をどのように符号化しているかに関するベースラインが提供されるだろう。治療の終わりまでには、きっと同じ質問が全く異なる返答を引き出すはずである。

　クライエントは、自分が強く望んでいることは何でも明らかにし、その記憶に関連のある部分についてどんなことでも述べるように求められる。しかし、治療セッションのこの局面が強調される必要はない。前述したように、EMDR治療を成功させるために、臨床家が記憶の詳細をすべて知っている必要はない。クライエントが快適に感じる限度を越えてまで、詳細を明らかにするように圧力をかけるべきではないということをよく覚えておいてほしい。臨床家は、ク

ライエントに以下のことを説明する必要があるだろう。クライエントが今まで受けてきた他の治療では、はっきりと詳細をすべて明らかにすることを求められたかもしれないが、EMDRではそうしたことは必要ではない。セッションの大半の時間は、起こったことについて話し合うのではなくて、苦痛な情報を処理することに費やされる。治療的処理は、臨床家とのやりとりや臨床家による解釈の結果としてではなく、眼球運動を始めることによって加速された速さで開始され、クライエントの内的情報処理システムで成し遂げられる。自分が重要だと感じることすべてを体験し明らかにするために、クライエントは臨床家の前で快適さと安全性を感じていなければならない。どんなことがあっても、秘密を明かすことが歓迎されないとか不快感を与えるなどと、クライエントに感じさせてはならない。

映像の選択

クライエントが外傷体験となった事件に関する要素を述べた後、臨床家はクライエントに治療で最初に取り上げるイメージを1つ選び出すように求める。そのイメージは鮮明でなくても良いが、抽象的な思考（性被害や軍隊での戦闘というような一般的観念）ではなくて、一つの事件を代表するイメージの方が、記憶ネットワークへ最初に接近することができる。眼球運動を開始すると、クライエントはそのイメージを保持し続けることができないことがしばしばあるが、神経学的に貯蔵された情報への最初の連結を与える。

具体的には、「その事件全体を代表する映像はどのようなものですか？」とクライエントに尋ねる。もし、多くの映像があったり、クライエントが混乱した場合は、「その事件で最も心の傷となっている部分を代表する映像はどれですか？」と尋ねて援助する。映像が得られないときは、クライエントにただ「その事件について考えてください」と言う。

イメージは機能不全状態で貯蔵されている出来事に関する苦痛な情報の一つの表現にすぎないということを覚えておいてほしい。イメージは最初は解離していたり、不鮮明であったり、ぼやけているかもしれないし、その後の処理の後には拡散し浮かばなくなるかもしれないが、ただ事件について考えるだけで、ターゲットの情報にアクセスし刺激を起こす。また、イメージとしてその出来事を考えたり思い出したりしないクライエントもいる。この評価の段階では、

その事件の最も優勢な表現（イメージ、身体感覚、感情、その他のどれでも）をターゲットの情報へのアクセスポイントとして描き出す。事件について考えることを単純に求められたとき、クライエントは自分自身の主観的な連結を刺激する。

否定的認知の同定

次のステップは否定的認知、つまり、その事件と結びついている否定的な自己陳述を同定することである。その出来事は遠い過去に起こったにもかかわらず、その記憶の喚起がクライエントに自己に関する否定的な信念を支える機能不全とストレスの感じを引き起こすことがあり得る。クライエントは、現在の自己の限界設定をしたり自己卑下している自分に関する信念やその出来事に関与したことについての信念を引き出すように求められる。換言すれば、貯蔵された情報が刺激されたとき、さまざまな感情がクライエントの現在の知覚を色づけて、そしてこうした感情は否定的認知として言語化されるはずである。

クライエントは、自分の否定的認知を述べることが難しいかもしれない。まごついたり、不安になったり、信念という意味を明確に理解することができないかもしれない。「こうした自己限定的な評価は不合理なものであり、クライエントが事実として知っていることと感じていることが分離することがある」とクライエントに説明することが役立つだろう。クライエントが自己に関する否定的信念について述べることができるように、戸惑いを緩和するためには、「感情的反応は論理や十分な気づきと無関係に起こってくる」と説明することが必要であることが多い。時には、「あなたは最悪の場面で、たとえそれが真実ではないと知っていたにしても、自分自身についてどのように考えたのか教えてください」と尋ねることが役立つかもしれない。しかし、ほとんどのクライエントにとって、不合理な否定的信念の考え方を単に理解することこそが最も必要である。

具体的に言うと、「その映像と一緒に出てくる言葉で、自分自身やその体験についてのあなたの否定的信念を最もよく表現しているのはどのような言葉ですか？」とクライエントに尋ねる。クライエントが否定的自己陳述を特定できないときは、「私は価値がない、無力だ、愛すべき人間ではない」「私は何かをすべきであった」「私は見捨てられるだろう」「私は成功できない」というよう

な提案のリストを提示すべきである。これらの提案を選択したり却下したりする完全なる許可をクライエントに与えるということを言語的および非言語的に示すことが重要である。また、否定的認知のリスト（第3章と付録A参照）を書き出して、クライエントに選択肢の一覧として手渡すのもよいだろう。もしこうした方法がうまくいかない場合、臨床家はクライエントにその記憶を思い浮かべるように求めてから、「自分自身についてどのような考えを抱きますか？」と尋ねることができる。そのようにして、臨床家はクライエントが適切な否定的認知を明らかにすることを援助することができる。

　思考や感情、状況が混乱し過ぎていたり、複雑過ぎるように思われるときは、否定的認知なしで続けることが適切である。しかしながら、できる限り否定的認知を特定すべきである。たとえわずかであれ非合理とクライエントが感ずるこの単純な否定的自己陳述に沿って、この評価段階自体が大いに治療的処理を援助することができる。さらに、適切な否定的認知を正確に指摘することは、次の再処理のために、層構造をなしている機能不全状態の題材へより十分に接近することを可能にすると思われる。

　臨床家が確認しておくべきことは、否定的認知は自己言及的で、現在時制で述べられ、状況の描写ではなくて信念であることである。例えば、「私は無力である」は良い否定的認知であるが、「私は自分をコントロールできなかった」は、出来事を起こった通りに正確に描写しているだけなので適切ではない。臨床家は以下のことをクライエントに説明しなければならない。EMDRは事実に基づく真実を修正することはできないので、「私は無力だった」というような陳述にEMDRを用いても効果はない。それは、過去の状況の本当の描写であり、それを変えることはできないからである。

　現在時制で陳述をまとめることに加えて、臨床家は単なる感情の陳述を避けるように注意しなければならない。例えば、「私は不安だ」のような陳述は現在感じていることを適切に描写しているが、それはEMDRでは、治療的に有用ではない。治療目標は、現在における現実の基準に2人で照らし合わせて、誤った自己卑下や自己限定的な陳述を同定することである。それゆえに、適切な否定的認知は「私は無力だ」、もしくは、せめて「私は危険な状態だ」（もし主要な問題が恐怖である場合）となる。外傷的な出来事が実際に起こったのはずっと以前のことなので、これは非合理的認知である。

もし、現在も恐怖を感じる妥当な根拠が存在する場合、例えばレイプの加害者が未だに被害者に付きまとっている場合は、それは否定的認知としては機能しないので、陳述によって言語化された情報はEMDRによって変わることはないだろう。臨床報告によると、EMDRは健康的な反応（正しい行為を促進するために必要な覚醒）は除去しないので、別のターゲットを見つけ出す必要があろう。現実的な危険がある場合、クライエントと臨床家は、まず実生活における危険性を適切に処理して、その後で「私は無力である」というような否定的認知に焦点を当てて過剰な恐怖の緩和を試みるべきであろう。過剰な恐怖は、クライエントを麻痺させて適切な行為を妨害するかもしれないので緩和する必要がある。あるケースでは、クライエントはレイプした男性に対する過剰な恐怖を処理した後で、新しい町へ転居することを決めた。クライエントは警察から保護を得ることができなかったからである。クライエントの解決方法がいかに適切であったかは、後で明らかになった。その後、レイプの加害者は次の犠牲者を殺害し、ようやく逮捕されたのである。

　臨床家は、子ども時代の悲しい、不幸な体験を単に言語化しただけの認知は、採用しないように注意しなければならない。悲劇の内容がどんなものであったとしても、正確な描写は、EMDRによって変化することはないだろうということを覚えておいてほしい。「父は私を愛していなかった」「私には見込みがなかった」「不公平だった」というような陳述は、「**そのことによって、あなたは自分自身についてどのように感じたのですか？**」という質問をして、適切な否定的認知に修正しなければならない。このような場合は概して、「私が悪いのだ」「私は愛すべき人間ではない」というような自分を卑下する陳述の形で適切な否定的認知が引き出されるだろう。最も効果的であるために、否定的認知はクライエント自身の言葉で述べられ、重要な関連した感情が伴ったものでなければならない。たとえ臨床家がもっと洗練された陳述を作成することができたとしても、クライエントにとって馴染みがあり、その陳述に伴う感じを引き出す言葉や表現を、クライエントが用いることができるようにしなければならない。

　肯定的認知と同様に否定的認知も、出来事の詳細に関するものではなく、自己に関する普遍的な陳述を表現していなければならない。例えば、「野球の試合でへまをした」という具体的表現ではなく、「私はいつも失敗する」という

普遍的な否定的認知を用いるのであれば、子ども時代の体験に関する題材をより多く処理することができるだろう。

肯定的認知の開発

いったん、否定的認知が同定されたならば、肯定的認知を開発しなければならない。肯定的認知は望ましい状態を言語化したもの（肯定的感情の蒸留物である自己に関する信念）であり、一般的には否定的認知を180度転回したものである。否定的認知と同じテーマや個人的な事柄を組み込んでいる、力づけるような自己評定である。この自己評定は、苦痛な出来事が起こったにもかかわらず、クライエントが現在、自分自身についてどのように考えることを望んでいるのかを示す肯定的言葉である。

具体的に言えば、「その出来事や自分自身についてどのように思いたいですか？」とクライエントに尋ねる。可能であれば、肯定的認知は自己言及的で統制の位置が内的で、それによって自分に価値があるという新しい感じを強め、組み入れることができる能力と、有効な選択をする能力を強化するものであり、こうしたことのすべてはEMDRの最上の治療効果の諸側面である。

肯定的認知は、神経ネットワーク全体を通じて肯定的自己評定の一般化を可能にする。それは連想（連合）の原理によって、恐らく、クライエントの過去の出来事の認識だけではなく、現在の評定や将来への期待にまで影響を及ぼすだろう。肯定的認知は、たとえ現在のクライエントにとって信じ難いものであったとしても、クライエントが考え得る最も力強い陳述であるべきである。高い自尊心を抱く可能性を大きく高めるために、肯定的認知においては「～しない」や「～ではない」という表現は一般に避けなければならないということが重要である。例えば、「私は失敗しないだろう」とか「私は無能ではない」といった陳述は、クライエントに十分な肯定的評価を与えないし、「私は成功できる」や「私は有能だ」というような陳述ほど強くクライエントの脳に貯蔵されている適切な肯定的情報を刺激しないし、直結していない。できる限り、肯定的認知には肯定的な将来を意味する新しい自己評定を組み入れなければならない。

外傷的な事件に関する強烈な恐怖の感情が機能不全の主要な表現であるときは、このガイドラインの例外としても良い。この場合は、絶え間ない侵入的思

考や恐怖を感じる現在の状態がこの出来事の最も煩わしい局面であるので、適切な肯定的認知は単に過去の事件に重点を置いたものでも良い。こうした場合に役立つ一般的な肯定的認知は、「それは終わった、今は安全だ」である。また、第3章で述べたように、「私は最善を尽くしたのだ」「私はそのことから学んだ」「現在、私は他の選択ができる」というような陳述によって、加害的な罪悪感を扱うことができるだろう。

再度言うが、臨床家がクライエントの肯定的認知が適切であるかを判断することは、極めて重要なことである。可能な限りいつでも、肯定的認知がターゲットの記憶についての妥当な自己評定もしくは信念であることを確かめなければならない。「私はすべての人を信頼できる」「そんなことは決して起こらなかった」というような願望的思考を示したり、過去の事実を書き換えようとする陳述は、治療効果を損なうだろう。真実ではない肯定的認知を用いようとしても、処理は中断するであろう。EMDRによって不適切で妥当性のないことをクライエントの信念体系に組み込むことはできないと、臨床的報告は一貫して示している。このために、「いつでも」「決して～ない」というような言葉を用いた肯定的認知は、疑いをもって検討しなければならない。例えば、「私はいつでも成功するだろう」とか「私は決して失敗しない」といった陳述である。

たとえ臨床家が最適な肯定的認知を考えたとしても、クライエントは現在の心理的状態からすると非現実的過ぎるとして、拒否してしまうかもしれない。臨床家は、クライエントにとって正しく、肯定的な治療方向に最も近づいたと思われる陳述を、敏感に受け入れなければならない。父親からの性的虐待を受けたあるクライエントは、「私は売春婦だ」という否定的認知の正反対と思われる肯定的認知として、「私は子どもの時に虐待された」を用いることを望んだ。この陳述は明らかに記述的であり、現在には適用できないし、明確に力づけをするものではないとはいえ、これが虐待に関与したことに対するクライエントの罪悪感を除去するための最初のステップとなることは明らかである。同様に、あるクライエントは、「私は自分の判断を信じることができる」という立場を十分に採用する前、最初「私は自分を信じるようになれる」という肯定的認知しかは認めることができなかった。いったんEMDRを始めたならば、クライエントの準備性によって、もっと適切な肯定的認知が明らかになったり臨床家から提案され得るということを覚えておいてほしい。しかし最も重要な

ことは、状況をコントロールしているとクライエントが感じることなのだ。クライエントに否定的認知や肯定的認知を押し付けることは、それがどんなに優れたものであったにしても、有害な影響を及ぼすであろう。

認知の妥当性（VOC）の評価

クライエントが肯定的認知を開発したならば、その認知のVOCのレベルがベースラインを提供し、肯定的認知が実際に可能（そして願望的思考の産物ではない）だと保証することを確認する。臨床家はクライエントに次のように尋ねる。「その事件について考えながら、その言葉（臨床家はその肯定的認知を述べる）を繰り返したとき、その言葉はどのぐらい本当だという感じがしますか？ 1から7までの数字で答えてください。1は完全に間違いという感じ、7は完全に本当という感じです」

さらに以下のような説明が必要なときもある。「頭では分かっていても、心の底では違うように感じるということもありますよね。この場合、その言葉（臨床家は肯定的認知を述べる）が本当だという心の底の感じはどのぐらいですか？ 1は完全に間違いという感じで、7は完全に本当であるという感じです」

もしクライエントが、その望ましい認知の妥当性はわずか1にすぎないと報告したならば、臨床家はその陳述の論理、適応性、生態学的な妥当性（クライエントの現在の環境における適切さ、妥当性）について欠陥がないか再検討しなければならない。最初に1や2と評定した肯定的認知をEMDRでうまく同化するクライエントもいるだろうが、そのように低い評価は、その肯定的認知が不適切であることを示していることが多い。

既に論じたように、評定の段階には、それ自体に多くの肯定的な治療効果がある。だが、もし、この段階の最中に除反応が始まったならば、臨床家は評定を無理に続けてはならず、その代わりに再処理を始めるべきである。だからこそ、評定の段階を開始する前に、適切な教示、理論、比喩をクライエントに伝えておかなければならないのである。評定の段階が進むにつれて、クライエントが次第に強く刺激されていくことを、私たちは期待している。EMDRの要素（とそれらが用いられる順序）は、機能不全状態の情報にアクセスするために特別に作り上げられている。これが行なわれると、クライエントのストレス

のレベルが次第に高まるので、臨床家は、障害の緩和を促進する実際の再処理にクライエントが取り掛かる準備をしなければならない。それゆえに、たとえ認知を同定するときであっても、不快感が生じることがある。だから臨床家は、感情と身体感覚を測定するとき、その測定の順序はターゲットとなる題材をもまた同時に刺激するようにデザインされているという事実を認識しておかなければならない。一度賦活されたならば、クライエントにEMDRの手続きと期待についてクライエントに最終的に確認した後、眼球運動のセットを直ちに開始しなければならない。

感情の言語化

ベースラインの評定を完了し機能不全状態の題材を刺激するために、次にクライエントはその出来事のイメージを思い起こし、否定的認知と一緒に思い浮かべるように求められる。具体的には、「**その映像に集中してその言葉**（臨床家は否定的認知を述べる）**を繰り返したとき、どのような感情が起こりますか？**」と言う。

このようにイメージと否定的認知へ集中することは、一般に、イメージと否定的認知のどちらか一つを想起するより、一層強烈に機能不全状態の題材を刺激するであろう。クライエントは、このとき起こる1つか複数の感情を言うように求められる。このことが、後で再処理の体験を主にSUD尺度を用いて述べる（すなわち、毎回のセットの後で単に数字のみを報告する）際、混乱を防ぐ。実際には感情が罪悪感から激怒へ、そして悲しみへと移り変わっているのに、数字のみの応答では何も変化していないという結論に、臨床家を導く恐れがある。また臨床家は、新たな感情の層が現われるとき、SUDの評価が劇的に上がることがあるということを心に留めておかなければならない。

主観的障害単位の評価

クライエントが感じている感情を言語化した後に、SUD尺度の評価が行なわれる。具体的には、以下のように尋ねる。「**0が何も感じないか穏やかな気分で、10が考えられる限り最悪とすると、どのぐらいの感じですか？**」

もし複数の違った感情がある場合は、SUDの評価はそれぞれの感情ごとに評価するのではなくて、苦痛全体を1つにまとめて評価する。この評価を行な

うことは、臨床家のみならずクライエントにも同様に、ベースラインの判断を与える。たとえ、クライエントの外傷的な記憶が1回のセッションで完全に処理できなかったとしても、そのセッションの終了時のSUDレベルは一般に低減しているだろう。これによって、クライエントに達成感を与えることができる。そして達成感は、毎回の治療セッションの目標の1つである。

身体感覚の同定

次に臨床家は「その感情を身体のどこに感じますか？」とクライエントに尋ねる。EMDRの臨床経験から、外傷体験に対する身体反応は治療の重要な局面であることが多いということが明らかになっている。この質問は、機能不全の題材に対して身体的な共鳴が一般的に存在すると仮定している。この質問はクライエントに身体感覚が感じられる場所を判断するように求めるのであるが、その感覚の描写を求める必要はない。それどころか、そのようにすると重要ではない細かいことが含まれるため、実際に手順が滞るだろう。

身体感覚の位置を評定することが困難なクライエントには、臨床家が指導しなければならない（教示は手短に与える）。身体感覚の位置を同定することは、たいていの伝統的治療において行なわれている言語化に頼る方法の代わりになり得る方法をクライエントに与えるという利点がある。つまり、セットが連続している間、刺激された身体感覚に注意を向けることは、痛みを感じる思考や身の毛もよだつような映像に集中する必要から、クライエントを解放する。

セットの連続の間に身体感覚を同定することは、EMDRの処理の効果を評定するためにしばしば必要であり、それがまた次の段階の手続きのための基礎を築く。しかし、臨床家は、以下のことを知っておく必要がある。多くのクライエントは、苦痛が続いている結果として、もしくは自分の要求が満たされないだろうという信念の結果として、身体から自分自身を心理的に分離できるようになっているので、感覚に気づくトレーニングが必要だろうということである。

臨床家は、SUDの数字を引き合いに出して、クライエントが身体感覚の位置を確認することを手助けすることができる。「あなたはSUDが8だとおっしゃいましたね。身体のどこにその8を感じていますか？」。もしクライエントがそれでもなお答えることができなければ、臨床家はさらに以下の例文のよ

うな、侵入的ではない教示を優しく与えて援助しなければならない。

「目を閉じてあなたの身体がどのように感じているか、注意してみてください。これから私はあなたに、あることを考えてくださいと言います。そのとき、身体にどのような変化が起こるか、注意してください。そう、身体に注意を向けるのです。さあ、あの記憶について考えて（あるいは、あの映像を思い浮かべて）ください。どのような変化が起きましたか？ さて、そこにあの言葉（臨床家は否定的認知を述べる）を加えてください。どのような変化が起こったか、教えてください」

大部分のクライエントは、筋肉の緊張、心拍数や呼吸の増加に気がつくことだろう。クライエントの気づいた変化がたとえどんなに小さくとも、この身体感覚をターゲットにする必要がある。これが、次々にクライエントの他の感覚の気づきを増やすことが多い。

また臨床家は、身体感覚を表わしているにもかかわらずクライエントが身体の気づきを否認するようないかなる反応についても、警戒し続けなければならない。例えば、クライエントが「麻痺している感じ」「ブロックされている感じ」「分離している感じ」と言うとき、これは感覚の特殊な構えを示している。感情の欠如と誤解するような、ある情緒的意味を持つようになっているのである。そのような言葉に対しては、その感覚が身体のどこに存在しているのか（「そのブロックされた感じを、身体のどこに感じますか？」）をクライエントに尋ねて、その感覚に注意を向けるよう求めなければならない。

時には、指導しても身体感覚の場所を同定できないクライエントがいるだろう。そうした場合は、ターゲットの他の要素に注意を向けるように求め、後の教示をそれに応じて調整しなければならない。しかし、治療目標の一つは、クライエントが身体感覚と感情により一層接近できるようになることであろう。しばしば、この目的は、再処理の間や、幾つものより恐ろしい記憶が扱われた後に、もっと容易に達成することができるようになる。

要素の重要性

この時点で、EMDRの処理を開始するためにクライエントは十分に準備が

できていなければならないし、臨床家は必要なベースラインの情報を把握していなければならない。以後の4つの治療段階（脱感作、植え付け、ボディスキャン、終了）は、第6章において述べたい。しかしながら、先に進む前に、臨床家はそれぞれの要素が治療効果を証明できるように、EMDRの手続きのすべての要素について、慎重に注意を払うべきであるということをよく覚えておいてほしい。これには幾つかの理由がある。

1．否定的認知と肯定的認知を用いることは、ケースを最も効果的に定式化するために必要な要素である。また、否定的認知を同定し言語化することは、クライエントが自分の現在の信念の不合理さに気づき始める好機となる。一方、肯定的認知は、トンネルの出口の光のような役割で新しい選択肢をクライエントに提案する。この要因は、クライエントに勇気を湧かせ、実際に新たな選択は可能なのだという信念から生まれる、治療への参加の熱意を奮い立たせる。
2．SUD尺度とVOC尺度を用いることで、たとえ処理が完全に終了しないセッションであったとしても、クライエントに治療の進行状況を報告するための数量的データを与える。クライエントにとっては達成感、そして臨床家にとっては責任が、新たな障害と目標の段階的な評価を可能にする。
3．処理の焦点として身体感覚を用いることは、思考が否定的な内容のために感情を表わせないクライエントが否定的な個人的意味を与えない要因に集中することを可能にする。さらにまた、分析し過ぎて動きがとれない傾向があるクライエントが、否定的な感情を和らげようとする必要のない要因に焦点を絞ることを可能にする。
4．外傷体験の要素（イメージ、認知など）を同定すること、外傷体験のイメージを想起してそれを消去すること、比喩を用いること、手でストップサインをすること——こうしたすべてのことは、自分の方が病理よりも大きな存在で、以前は圧倒されていた問題の観察者として効果的にとどまることができると、クライエントに確信させる。この姿勢が、どのような成功した治療介入の結果においても欠くことのできない成果である理解感や達成感、コントロールの感覚を得るためのより優れた能力を、クライエントに提供する。さらにまた、クライエントがコントロールの感覚を保持している間の連続的

な少量のイクスポージャーは、解条件づけ過程を促進する。
5．眼球運動自体はターゲット記憶の否定的感情を見かけ上中和し、また同時に、クライエントが有効に成し遂げることができ、そしてその結果として自己効力感を獲得できる課題を、クライエントに与える。たとえいつの日か他の刺激も眼球運動と同様の効果があると研究で明らかになったとしても、臨床家の手とクライエントの眼がペアになった運動は、強い苦痛のある時期に支援を可能にするチームワークの感覚を確立するであろう。さらに、眼球運動を用いることは、臨床家にとって、課題へのクライエントの注意力の良い指標となる。他の方法ではその題材へ解離して、宙をじっと見つめる程強い外傷体験を受けたクライエントに治療を行なうとき、これは非常に役立つ。クライエントの二重の注意をモニターし維持するために、臨床的注意を向けておくことで、EMDRの処理を受けるクライエントの負担に対して責任がとれるのは、催眠誘導による除反応の強烈さとは対照的である。その2つの状態の臨床的比較では、EMDRによる処理の方がクライエントの苦痛はずっと少ない。同様に、フラッディングとの比較においても、EMDRの方がクライエントと臨床家の双方にとって負担が少ないと指摘されている（Lipke, 1992, 1994, 付録D）。

スーパービジョンを受けての実習

指導者は、準備段階と評価段階を含めたエクササイズをスーパーバイズしたいと考えるだろう。安全な場所のエクササイズにおける眼球運動の適用と否定的認知および肯定的認知の開発には、特別な注意が必要である。チェックリストは付録Aに示している。

要約と結論

EMDR治療の第2段階と第3段階は、方法全体の中でも極めて重要な部分である。EMDR治療のための臨床的準備には、クライエントに安全感を与えて、処理を開始したときにクライエントが体験していることについての十分な情報を正確に臨床家に話すための能力を育むための、ラポートと十分な結び付

きの確立が含まれる。また、準備段階では、クライエントに治療効果に関する情報を提供する。EMDR の理論を（クライエントに理解できる言葉で教示を与えたり比喩を用いて）説明し、クライエントの期待を設定した後、臨床家は慎重にクライエントの心配のすべてを扱う。安全な場所のエクササイズは、処理の成功の可能性を高める準備段階の重要な部分である。

　加速処理を始める前に、第3段階において、臨床家はクライエントの現在の状態（イメージ、認知、身体反応、SUD 尺度、VOC 尺度）に関するベースライン測定を行なわなければならない。本章では、ベースライン測定を引き出し、処理のためのターゲットの題材を呼び出す具体的な教示を述べたが、それは提案にすぎない。もし特殊なクライエントが指示に従うのにもっと多くの援助を必要とするのであれば、臨床家は教示と比喩を増やす必要があり、そのためには EMDR 治療の全体の局面を十分に理解していなければならない。

　臨床家は、本章の大半がクライエントに準備させることに関して費やされていることに注目すべきである。クライエントの安全感を促す治療の条件を整えるので、これは EMDR 治療において不可欠な段階である。最初の外傷体験の悪影響を維持したり増悪させ得る回避ではなくて、その記憶のイクスポージャーを勇気づけるのは、この安全感である。

　評価段階は、その記憶にアクセスすることであり、それが外傷体験を受けたときに貯蔵された情報を刺激する。それゆえに、この段階においてクライエントの苦痛が増大するという事実を、臨床家はよく認識しておかなければならない。苦痛な題材に対して眼球運動を用いる前であっても、刺激や最初の処理は既に始まっている。EMDR は眼球運動に限定されたものではなく、さまざまな構成要素を含んでおり、それらのすべての要素が相互に影響し合って治療効果が増大するということを、再度強調したい。

　最終的な治療目標は、クライエントの自尊心と自己効力感を高めることである。臨床家が治療のすべての段階においてこうした能力を高めることができれば、最大限の達成となる。そのために、クライエントが常に力づけられ、治療セッションを自分がコントロールしていると感じるようにしなければならない。EMDR は、クライエント中心のアプローチであり、臨床家はクライエントの自己治癒過程の援助者の役割を務める。

　ターゲット記憶の加速処理と終了を含む、EMDR 治療の次の4つの段階は、

第6章において詳述したい。

6章

第4～7段階
──脱感作、植え付け、ボディスキャン、終了──

> この世界で偉大なことは、我々がいるところにではなく、我々が
> 向かう方向にある。　　　　　オリバー・ウェンデル・ホームズ

　この章ではEMDRの脱感作、植え付け、ボディスキャン、終了の各段階を議論する。前の3つの段階はターゲット記憶の加速処理を伴う。終了段階はEMDRのセッションの終了ごとにクライエントにデブリーフィング（情報提供）するために用いるべき手続きと情報を述べる。それぞれの段階で、概念的材料（第3章の関連情報を参照のこと）と臨床的意図を振り返り、クライエントへの教示のために推奨される言葉遣いに触れる。

　脱感作、植え付け、そしてボディスキャンの各段階すべてには、加速情報処理が含まれる。この章は、3段階すべてに当てはまるやりとりについての記述から始まる。それから、関連した過程の情報とともに、それぞれの段階の教示を示す。

　この章では、効果的な処理のための幾つかの一般的ガイドラインが提供される。処理がブロックされていると思われる場合のシステムの再刺激のための臨床的戦略は次章で、そして、より困難なクライエントに対する上級の方法は第10章で取り扱われる予定である。この章で取り扱われる題材は、より上級の題材をターゲットにする前に、低レベルの障害を取り扱う実習セッションで最初に試すべきである。

記憶の加速処理

　臨床家がクライエントについて注意深く準備し、ターゲットに関するベースライン情報を評価した後に、ステージは加速再処理に向けて準備される。評価段階の最終ステップ（外傷的出来事と結びついた身体感覚の場所の同定）が完了したら、臨床家はクライエントと共にEMDRがどう働くかを振り返り、故意にどんな情報をも捨てないことが重要であると強調すべきである。後者は、成人期の外傷を対象として取り扱うクライエントにおいて特に重要である。これらのクライエントは、処理の進行中に小児期の記憶がよみがえっても、それを問題の一部とせず無視するかもしれない。実際、この早期の記憶はクライエントの高レベルの苦痛の根本的原因であるかもしれず、それゆえ、次のセットの焦点にすべきである。処理の進行中に生じることすべてに意識を向け、それを正確に報告することをクライエントに思い出させることは重要である。準備段階で最初に治療の説明がクライエントに与えられてから時間が経っているので、もう一度思い出してもらう注意が適切かもしれない。臨床家は、クライエントの混乱あるいは躊躇のいかなるサインにも注意深くあるべきである。注意は、以下のような言葉がよいかもしれない。

　「さて思い出してください。治るのはあなた自身の脳の働きによるのであり、コントロールしているのはあなただということです。私はあなたに、心の中でターゲットに集中し、目で私の指を追うように言います。起こることはそれが何であっても、起こるままにしてください、そして、セットの終わりに話をします。出てきたものについて、ただ話してください。そして、どんなことでも重要でないこととして捨てないこと。心に思い浮かぶ新しい情報は何であっても、何らかのかたちで関連しています。もしあなたが止めたいと感じたら、ただ手を挙げてください」

　それから、臨床家は否定的認知と身体感覚の気づきと共にそのイメージを思い浮かべることを、クライエントに求めるべきである。例えば、臨床家は、「その映像とその言葉（臨床家は否定的認知を繰り返す）を思い浮かべて、それを感じている身体の場所に注意を集中してください。そして、目で私の指を追ってください」と言ってもよいかもしれない。比喩的に言うと、これは機能不全状態で貯蔵された題材に向かう3つのレーザー光線に相当するものである。

3つの要素すべてを心に同時に保持することは、通常、反応のレベルを高めるであろう。これは、機能不全の記憶への最初の結合を確立する結果となる。眼球運動が始まるやいなや新しいイメージ、思考、そして感情が現われるであろう。例えば、最初のセットの後、一般的に否定的認知は処理中は再び用いられない（例外は第7章で議論される）。同様に、クライエントはスタート時のイメージを保持しようとすべきではない。記憶のネットワークに入り込むための最初の焦点として役立てば十分である。

題材にアクセスしたらすぐに、臨床家は眼球運動のセットを開始する。最初のセットは、24回程度の水平運動にするべきである（24回の眼球運動のセットは、多くのクライエントで著明な処理効果を生み出すことが臨床的に分かっている）。最初のセットは、水平方向がクライエントにとって有効かどうかを決定するために用いられる（眼球運動の回数、方向、そしてスピードの詳細な議論に関しては、第3章を参照のこと）。臨床家はセットの最中に「いいですよ」とやさしく言うことによって、クライエントの努力を丁寧に強化すべきである。このことによって、自分が正しくやっているか不安なクライエントはしばしば安心する。

セットの終わりに臨床家は「**休んでください／それで結構です／それを消して、深呼吸をしてください**」と言う。「それを消す」ために、クライエントは題材にただカーテンを引くよう指示される。このとき目を閉じるように指示すると、解離あるいはトランス様の状態を生み出し得るので、そのような指示はしない。この再焦点化期は強度の焦点と集中を中断する役目をし、それによりクライエントは休憩したり、再方向付けをしたり、新しい情報の山場を言語化する準備が可能になるのである。一時的に苦しみを脇に置くことができるということは、自分は病理よりも大きい人間であって自分の経験をコントロールできる、ということを教えている。眼球運動と教示を交互にすることによってまた、クライエントのターゲットへのイクスポージャーは少量になり、臨床家は進歩を評価することが可能になる。

絆の感覚を増すために、臨床家は深呼吸をするよう指示した後、クライエントと共にセットの終わりに息を吸ったり吐いたりしたくなるかもしれない。このような治療への非特異的な付け足しは、あらゆる方法から引き出される正の治療効果において重要な役割を果たす。セッション全体を通じて絆の感覚とチ

ームワークを維持することが重要である。

　クライエントが準備できた様子なら、臨床家は「今何か分かりましたか？」あるいは「何かあなたの中で出てきましたか？」と尋ねることによって、接触を再確立する。このことにより、臨床家はクライエントから、出来事の中で移行した何らかの側面とターゲットの題材の現状についての情報を得ることが可能になる。一般的にクライエントは新しい情報、イメージ、感情、あるいは優勢な感覚を報告するだろう。それで、臨床家は何らかの再処理が起こっているかどうかを判断することができる。もしクライエントが何もないと言ったら、臨床家は「**その出来事について考えると、何を思いつきますか**」と尋ねることによって、再びその出来事を考えるように指示すべきである。

　ここでの注意は、クライエントが最も顕著なことを気楽に言えるように、出来事のある特定の側面についての要求はできる限りしないことである。そうすれば、処理がセットの間も続くのである。あるクライエントにとっては、焦点はイメージの中の変化かもしれないし、また、他のクライエントにとっては新しい洞察あるいは視点の変化かもしれないし、さらに他のクライエントにとっては身体感覚の著明な移行かもしれない。このため臨床家は、反応を促進しようとして「何が見えますか？」あるいは「何を感じていますか？」と言うべきではない。

　セット間のインターバルは、クライエントがその間に内的経験を言語化する機会を得、より容易な変化の理解が可能になるので、極めて重要である。加速処理は数セットの間に非常に急速に起こり得るので、クライエントはそれを言語化するまで、十分には理解できない。クライエントが何を言っても、臨床家は共感と無条件の支持をもって耳を傾けるべきである。

　再処理は個人によりさまざまな現われ方をするので、「今何が分かりましたか？」という一般的な問いかけにより、クライエントは、思考、感じ、イメージ、感情、身体感覚、新しい出来事などにおける変化に関して、優勢と思えることは何でも報告することができる。いかなる情報にせよ重要な変化が示されたら、同じ方向の眼球運動を次のセットでも用いるべきである。もし変化が起こらなければ、違う方向の眼球運動を試みるべきである。前述のように、2、3の異なる方向が試みられた後にも、もし処理が未だ起こらず、変化し始めた情報が停滞しているように思われ、動きがなかったら、臨床家は先に進む前に

第7章で取り扱われているより上級の題材を調べてみる必要がある。

　治療効果が表面上ないということは、クライエントが単に面接室での処理に抵抗があるということを意味しているのかもしれない。しかしながら、明らかな処理がほとんど、または全く認められなかったとしても、この章の後半で説明するような終了とデブリーフィングは行なわれるべきである。

　ほとんどのクライエントに、ある種の変化は起こるであろう。報告される体験の種類にもかかわらず、題材の何らかの変化は一般的に、処理が進行しているということを示している。処理が進行しているかぎり、臨床家は解釈的言葉を投げかけることを控えるべきである。臨床家はほほ笑み、うなずきのような非言語的手段や、あるいは「いいですよ」とか「ふん、ふん」といった言葉でクライエントの経験を承認することができる。認知の再構成の試みや、問題の付随的な説明はいったん問題が解決してしまえば無意味になってしまうので、そのような説明を始めるよりも、臨床家はクライエントに新しいセットで新しい題材に集中するよう求めることによって最も効果的な治療を達成できる。EMDRの意図は、機能不全状態の題材を刺激し、処理機構を賦活し、情報が適応的解決に向かう自然経過に沿って流れていくようにすることである。これを最大限に達成するために、クライエントは経験の中にとどまらねばならない。それはすなわち、情報の感覚的表われと接触し続けるということである。

　積極的傾聴（臨床家が「あなたがおっしゃったのは……」と言ったり、クライエントの言葉を繰り返したり、言い換えたりすること）は、EMDRにおいて使われるべきではない。この技法は治療的な成果が主に言語的再評価に依っている他の心理療法で幅広く用いられているが、それはEMDRの治療効果とは相容れない。臨床家がクライエントの言葉を繰り返すと、イントネーションのほんのわずかな変化さえその意味を変え得る。クライエントは臨床家の言葉を解釈し、臨床家の陳述と実際に感じていることを比べ、それからその比較を言語化することによって自分の経験から離れることを余儀なくされる。このような、クライエントを感情的そして感覚的経験から引き離す認知的解釈は、処理を妨げ得る。クライエントがセットの後5分間しゃべり続けたとしても、臨床家は繰り返したり要約しようとすべきではない。というのは、クライエントは鍵となるポイントに気づいており、それを繰り返してもらう必要はないのである。クライエントに自分の言ったことだけに（あるいはもしクライエントが混

乱していたら、自分が言った最後のことだけに）注意を払うように求めることは、クライエントの言葉を言い換えたり、繰り返すよりも望ましい。

　急速なEMDR治療を妨げる別のアプローチは、セット中にクライエントの中で生じた何らかの象徴、記憶、思考、感覚などの意味を探求することを臨床家が押しつけるというものである。処理が進むにつれて、クライエントは自然に展開する新しい洞察や理解を引き続き報告する。例えば、新しい記憶が現われると、より早期の題材との連想結合があると想定できる。それゆえ、「それはどんな意味を持つと思いますか？」とか「どうしてそのようなものが浮かんできたと思いますか？」と尋ねるよりも、次のセットでその新しい記憶に集中するよう指示するにとどめるべきである。一般的にクライエントは適切な認知的解釈を自発的に述べるだろうし、処理が完了した後、これらを議論することは可能である。臨床家がそれぞれの山場を解釈しようとすると、刺激によって生じた経験からクライエントをそらし、その経験を認知的脱線と交換してしまうことによって、治療に関する有害な結果をもたらすことになるだろう。認知的解釈は多くの伝統的治療の主要な特徴であるが、そのすべては心的外傷の治療に関して部分的な成功しかもたらさない。EMDRにおいて、新しい認知は臨床家が押しつける構成物ではなく、処理された情報の新しい山場の表われであるべきである。

　クライエントが情報の何らかの部分での移行を見せたとき、再び「それを考えてください」という教示によって注意を集中させ、新しいセットを始めるべきである。この時点で臨床家は新しいセットの長さを決めるために、クライエントの非言語的手がかり（例えば、目を見開いたり細めること、瞳孔の大きさの変化、口の緊張など）を用いるべきである。その目的は、セットごとに処理の新しい山場をクライエントにもたらすためである。臨床家は何らかの新しい気づき、あるいは何らかの苦痛の軽減を確認するために、クライエントの反応に注意を怠るべきでない。クライエントが認知的に新しい情報に気づく前に、それは顔に現われるということを心に留めておくとよい。それゆえクライエントがそれを内的に理解できるように、臨床家は新しい顔の表情に気づいた後に数秒間セットを続けるべきである。こうした手がかりは実習セッションでもよく見られる。

　もし表現された感情が明らかなら、臨床家は情報の新しい山場に到達したこ

とが明らかになるまでそのセットを続けるべきである。クライエントがより治療的な山場に到達しようとする中での非言語的な手がかりに臨床家が注目することは、除反応に関して特に重要である。それは次章において十分に取り扱われるであろう。もし情報における移行が感情的というよりもむしろ認知的であったら、臨床家はクライエントが36もしくは48往復の眼球運動のセットでよく反応するかどうかを試すために実験すべきである（クライエントによっては、24以下の眼球運動のセットがよりよい結果をもたらすこともある）。しかしながら臨床家は眼球運動を数えることに集中するより、セットのおよその長さを把握すればよい。臨床家の注意は、クライエントの顔の表情と他の身体的手がかりに向けられるべきである。

SUDレベルをセット終了ごとに尋ねるべきではない。良いガイドラインとしては、個々のセットの後に少なくとも1 SUD（11点スケールにおいて）に相当する変化がクライエントの反応の中で明らかに見られるようにするとよい。しかし、苦痛の増大は処理が進行していることを示している可能性があることも忘れないようにすべきである。新しい感情、あるいは新しい連想が、処理が進行するに従って、一時的に苦痛を増大させることもある。クライエントの非言語的手がかりによってセットを適切に管理することは、治療効果の達成においてしばしば重大な効果をもたらす。この理由で私は、読者がクライエントにEMDRを行なう前に実習に参加し、訓練されたEMDR臨床家の指導とスーパービジョンを受けることを強く推奨する。引き続く節でも、このことはさらに強調するつもりである。

臨床報告は、最も良い治療結果を生み出すために、眼球運動の各セットの特徴を変える必要があることを支持している。それゆえ、もしクライエントが、頭痛、めまい、嘔気を訴えたら、セットの方向を変えながら、苦痛な身体感覚にのみ集中するように求めるべきである。この手続きにより、しばしば身体感覚が消える。眼球運動の方向は、情報の移行が表われなかったときも変えるべきである。臨床的に観察されてきたことだが、眼球運動が一定の方向のときのみ処理が進行するクライエントもいれば、すべての方向で同様の処理が進行したり、治療中のさまざまな時点で方向を変えたときにのみ処理が進行するクライエントもいる。

同様に、セットの長さとスピードも、個人の差に合わせて変化させねばなら

ない。臨床報告でも常に、こうしたことが示されている。これに対して考えられる説明は第12章で探求される。セットの方向、長さ、スピードを変えることは、それぞれのクライエントに異なった効果をもたらすだろう。EMDR を施行すると、およそ40％の場合に、眼球運動の正しい適用のみで、機能不全の情報が適応的解決まで持続的に再処理される。何度かセットを変えても情報の移行が認められないときは、他の変更（次章で議論される）をしなければならない。

第4段階：脱感作

　標準化の目的のため、クライエントの苦痛を（可能なら）SUD スケールで0か1までに下げることに集中する第4段階は、脱感作段階と呼ばれる。しかし、この用語は EMDR の手続きの一段階を名付けるために用いられているので、あまり狭く捉えるべきではない。むしろ、脱感作あるいは苦痛の除去は実際、認知の肯定的な再構成のように再処理の副産物である。そして、両者とも治療全体を通して継続する。

　脱感作が起こるためには、ターゲットの出来事と関連したすべてのチャンネルに貯蔵された機能不全の題材を処理する必要がある。ある出来事が再処理されると、連想のさまざまなチャンネルが意識に上るかもしれない。それぞれの最初のターゲットは、他の過去の経験が結びつけられている生理学的かなめと考えられる。ターゲットとするあらゆるかなめに内在する苦痛は、さまざまな連想チャンネルによって燃料補給されると想定されている。

　クライエントがターゲットの記憶に焦点を当てている間、これらのチャンネルにおける情報の処理が、情報の表われ（イメージ、感情、思考、音、感覚、あるいは信念）の移行を観察することによって明らかになるだろう。あるクライエントにとって、移行は他の関連した出来事の意識化、もしくは洞察の進行を通して起こるだろう。多くのクライエントにあって、治療セッションにこれらのバラエティに富んださまざまな形の連想を見るだろう。臨床家は必要なときにクライエントを安心させるために適切な励ましを与えるべきだが、同時に不適切な干渉をせずに処理を進めるように努めるべきである。

　臨床家は臨床上の発見的教授法として、補助チャンネルを持つターゲットの

かなめという考え（図9参照）を心に留めておくべきである。移行への新たな気づきそれぞれがチャンネルを通して進行する処理のドミノ効果の表われである。セットは、すべてのチャンネルが「きれいに掃除」されるまで、進行する気づきの新しい表われそれぞれに適用していくべきである。

それぞれのチャンネルにアクセスすると、正当に連結した一連の連想が生じる（これらの連想は第2章で探求された）。例えば、あるチャンネルはターゲットの出来事の表われの移行を含むだろうし、他のチャンネルは支配的感情により連結しているさまざまな出来事を通しての気づきの移行を含む。さらに他のチャンネルは、信念の移行によってのみ表わされる。また一方、他のチャンネルは例証もしくは逆証として役に立つ他の記憶と連結した新しい洞察を表わす。最後の例として、あるクライエントは母に捨てられたことに自分は責任がないという事実を受け入れ始めて、親や他の家族メンバーとの幸福な光景を思い出すかもしれない。というのは、これらの記憶は見捨てられるというテーマを内包する他の記憶と一緒にばらまかれているかもしれないからである。

それぞれのセットの間、臨床家は処理の次の焦点を同定するために、クライエントの言葉に注意深く耳を傾けるべきである。クライエントの反応により、臨床家は直前の陳述、その経験の別の側面、あるいは新しいターゲットに注意を向けるであろう。

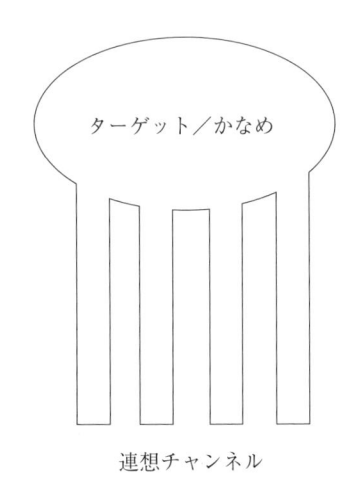

図9．記憶ネットワークを通じてのEMDR治療の進展の説明図

次の例は、扱われる必要のある連想チャンネルの機能不全状態の情報を示している。すべての症例において、いったん連想の連鎖を探求し尽くしたら、クライエントは次のセットで元々のターゲットに戻るように求められるべきである。このことにより、新しいチャンネルが処理される必要があるかどうかが明らかになる。すべてのチャンネルが取り扱われたら、植え付け段階（この章の後半で論じられる）を始めることができる。

関連した処理

クライエントはイメージ、音、感覚、感情、味もしくはにおいの変化として自らの経験を報告する。もし味もしくはにおいが現われたら、それらは次のセットですぐにターゲットとされるべきである。もしこれらのセットで他の連想に結び付かずそれらが消えていったら、元々のターゲットへ戻るべきである。

イメージ

しばしば、クライエントはイメージの変化として処理を表現する。新しい記憶か単一の出来事の変化かにかかわらず、出現する題材は新しいセットの焦点とすべきである。再度注意するが、臨床家は、クライエントが新しい思考や他の感覚刺激に対して最大限の注意を払うこともあるだろうから、特定の報告方法を用いる（例えば「何が見えますか？」と尋ねる）べきではない。以下は一般に観察されるイメージの移行を含むクライエントのパターンと、適切な臨床家の反応である。

新しい記憶　新しい記憶が前のセットで意識に上ったとクライエントが報告したら、次のセットでその記憶に焦点を当てるべきである。もし、複数の記憶が報告されたら、クライエントに最も苦痛をもたらす記憶に集中するよう教示するべきである。もし、すべての記憶が同じレベルの苦痛をもたらすと報告されたら、一番最後に現われた記憶に焦点を当てるべきである。

クライエントはしばしば、連想でつながっている異なる記憶の一見終わりなき連鎖を報告する。それぞれの移行の後、クライエントに元々の記憶に戻るように求めるのも有益かもしれない。しかし、これはセット終了ごとに10から15の新しい記憶が次々と出現するときのみとすべきであるが、このような状況は退役軍人にはまれではない（このような症例で般化効果があるかないかを決定

するために、さらなる研究が必要である)。

　すべての症例で臨床家は、処理中報告された一過性の記憶で、特に関連深いもしくは苦痛をもたらすと思われるいかなる記憶も、次のターゲットとして注目すべきである。そのような記憶は短時間浮上し、1セットで消えていくかもしれない。しかし一般に、現われている記憶が完全に処理されるまで、再ターゲットを設定すべきではない（この引き続いてターゲットを設定する方法は、第8章でより詳しく取り扱われる予定である)。可能なら、クライエントは情報がそれぞれのチャンネルの中で変化するに際に、進行する意識の内容をターゲットにして進んでいくことを許されるべきである。しかしながら、一連の連想が終了してから、さらなる処理のために元々のターゲットに戻ることは重要である。

　イメージの変化　時に、クライエントは現われているイメージに移行が生じた（たとえ出来事が同じでも）と報告するだろうし、ある人の顔のような特定の関連した出来事なしのイメージを報告するだろう。もし否定的イメージが現われたら（例えば母親のしかめっ面）、次のセットでターゲットにすべきである。もし中立的あるいは肯定的イメージが生じたら（例えば居間に座っている母親あるいは幸せそうにほほ笑んでいる母親）、それが強化されるかどうか確認するために1、2セット追加してもいいかもしれないが、特にそれがセッションの早期に出現したのであれば、元々のイメージにできるだけ早く戻るべきである。もしこの状況が処理中のセッションの後半で生じたら、強化が続く限りセットを肯定的イメージに向けて行なうべきである。もしクライエントが否定的と肯定的の2つのイメージ（しかめっ面の母親とほほ笑んでいる母親のように）が現われたと言ったら、否定的な方をターゲットにすべきである。このガイドラインは、肯定的連想は自らを癒すが否定的連想は処理しなければならないという仮定に基づいている。クライエントの苦痛を確実に最も低いレベルにするために（例えば、治療が1回のセッションで終わらない場合）、可能な限り多くの否定的連想が処理されるべきである。再度言うが、肯定的連想が恒久的に強化される前に、機能不全のチャンネルが「完全に掃除」されなければならない。

　事件の展開　心的外傷が生じたとき、それは元々は苦痛を生じる形で神経系に閉じこめられる。それをクライエントはしばしば情報が「行き詰まった」、

あるいはいつも存在する感じがすると言う。これは、多くのクライエントが、その出来事の記憶を思い出すように求められたとき、その出来事の最も苦痛な部分をただ1つしか思い出せないことで、明らかである。例えば、船舶事故にあったある女性にその事故について考えるように求めたとき、現われた光景は3度目の沈むところであった。もちろんこれは出来事全体の中で最も恐ろしい瞬間で、その後のストレス反応を決定するものであった。しかしながら、その女性は今、臨床家の面接室に座っているのだから、明らかにおぼれる危険はなかった。比喩的に言うと、出来事全体が「一時停止」状態のビデオに映っているようなものである。その光景を処理のターゲットとし、セットを開始すると、出来事がまるでビデオが「再生」に戻ったかのごとく、ひとこまひとこま展開し出すことはまれならず経験される。例えば、前述のクライエントは誰かが水に飛び込んだことを見、引き上げられ、救助されたり、ボート上で息をついたり、岸まで運ばれたことなどを思い出したと報告した。非常にしばしば、その出来事はクライエントのその後の経験（例えば病院における）や苦痛をもたらした家族の反応をも、その中に含んでいるだろう。解決に達するまで、クライエントは別々のセットでそれぞれの光景に焦点を当てるべきである。

　最初に同定された外傷的出来事の実際の余波は、心的外傷自体と同じくらい苦痛であり得る。例えば、何人かのレイプ被害者は、その後の調査の間に病院職員および警察にはなはだしく傷つけられた感じがしたと報告した。ターゲットの出来事が出来事のこうした部分に自発的に移行していかないとき、特に最初の生育歴・病歴聴取のときにこの面が苦痛であると報告された場合は、臨床家がこれらのチャンネルを引き出すことが適切であるかもしれない。

　見え方の変化　クライエントの中には、単一のイメージで代表される、出来事の非常に苦痛をもたらす側面に焦点を合わせる者もいる。これらのイメージはしばしば、侵入思考、フラッシュバック場面、もしくは繰り返す悪夢のイメージとして報告される。再処理中、イメージそれ自体の見え方が変化するかもしれない。見え方の変化が報告されている限り（暗くなったり、明るくなったり、大きくなったり、小さくなったり、異なる角度から見えたりのような）、変化したイメージに焦点を合わせながらセットは繰り返されるべきである。その映像が「ぼやけてきた」と報告されても、クライエントにただそれに集中するよう求めるべきである。

時々クライエントは、ある苦痛は残っているが、イメージは消えたと報告するかもしれない。このようなことが起こったら、クライエントに「**ただその出来事について考えてください**」（そして身体感覚に集中してください）と求めるとよい。これにより、再処理が完遂するように、その出来事に関する情報に刺激を与えることができる。臨床家は苦痛が解消するまでセットを続け、イメージの消失が治療の成功を意味するわけではないと考えておくことが重要である。

クライエントは再処理中、特定のイメージが消失したとしても、出来事もしくは個人の正確な記憶を保持することができると保証されねばならないだろう。これは特に、愛する者への悲しみをもっているクライエントにとっては重要である。そういう場合、再処理が完遂した後でも、他のイメージは思い出せると保証されるべきである。しかし、重要なイメージの消失はよくあることなので、EMDR を用いる前に臨床家は、法律的影響を慎重に評価することを忘れてはいけない（この話題は第 4 章で扱われた）。

音と思考

臨床家は、ターゲットの情報が処理されているなんらかの証拠に敏感であるべきである。多くのクライエントがイメージの移行を報告するが、聴覚そして認知の変化も同様に重要である。例えば、焦点は一連の新しい思考と共に変化し得るし、出来事が起こったときに経験された思考も出現し得るし、洞察は視覚的参照なしで展開し得る。思考が自発的にそして段階的に生じる限り、引き続くセットで利用するためそれらに注目するようクライエントを、励ますのみである。もう一度、聴覚あるいは認知の連想チャンネルの処理に成功した後には、クライエントに元々のターゲットに戻るよう求めるべきである。

否定的な陳述　新しい否定的陳述もしくは考えが出現したら、臨床家はクライエントに、身体のどこでそれを感じるかを尋ねるべきである。これは、新しいセットを始める前に行なわなければならない。このことにより、陳述の自己卑下的側面の強調を弱めることができる。一般的に、新しい思考が現われると、一連の質問（「**身体のどこでそれを感じますか？**」）とセットを繰り返すべきである。

臨床家は否定的連想が段階的に減弱していくのを探すとよい。もし、同じ否

定的思考が持続したら、クライエントは行き詰まっている（第7章参照）もしくは「堂々巡り」しているのかもしれず、臨床家は、「認知の編み込み」（第10章を参照）と言われる EMDR の積極版を用いる必要があるかもしれない。一般的に堂々巡りは、同じ否定的陳述と高レベルの苦痛が生じ、15分以上再生していて、次章で提案される対処法が無効なときに起こっていると言われる。初心の臨床家はそのようなクライエントの治療をいったんやめて、それから EMDR の積極版で再び治療を行なうべきだが、十分な実習とスーパービジョンを受けてからにすべきである。

不釣り合い　不釣り合いが起こるのは、クライエントが感情の現在のレベルと一致しない何ものかを故意に意識に上らせようとするときである。我々は、一連の機能不全状態を起こす題材の構成要素（イメージ、思考、身体感覚）への意識的な集中と共に眼球運動を行なうときに処理が起こると想定している。臨床家がクライエントに、ターゲットの出来事と関連した感情のレベルを言語化する否定的認知を明確に述べるのを援助し、ターゲットと関連した身体感覚を意識し続けるように求めた後、これらすべての要素（イメージ、認知、感覚）は意識に保持される。それらは生理学的に貯蔵された機能不全の題材に向けられた3本のレーザー光線のようなものと考えられる。もし心的外傷によって誘発された無力感のため高レベルの苦痛が体験されているときに、クライエントが「私には力があふれている」のような肯定的陳述を付け加えることによって自らを慰めようとしたら、感情と肯定的陳述の間の不釣り合いは一般的に処理の進行を止めるだろう。

　もしクライエントがセットの後、何か心地よいことを考えていると予想外の報告をしたら、臨床家は「無理して何かしたり言ったりしてますか？」と尋ね、クライエントがより苦痛の少ない思考を加えることによって安心感を故意に生みだそうとしているかどうかを見定めるべきである。このような場合、「判断しようとか、何かを起こそうとせずにただ起こるままにしましょう」のように教示することによって、クライエントに不釣り合いな陳述を止めるように求めるのがよい。

　しかしながら、肯定的陳述は否定的認知に対する直接の反応の中で自発的に起こってくる可能性があることに注意すべきである。そしてこれらは妨げるべきではない。例えば、クライエントの側の故意の努力がなくても、「私は大丈

夫」という言葉が「私はだめだ」という否定的認知に対する反応の中で出現し得る。時には、2つの陳述が1つのセットの中で自発的に交代するかもしれない。しかし、この交代によって処理の進行が止まることはないのである。問題になるのは、クライエントが肯定的陳述を早まって挿入することによって、意識的に処理を操作しようとするときのみである。

肯定的思考 もし新しい肯定的思考が治療の前半に現われたら、臨床家は次のセットを始めるときに、クライエントにそれに集中するよう教示すべきである。しかし、もし意味のある変化が起こらなかったら、元々のターゲットに戻るように指示すべきである。もし肯定的思考が強まったら、セットを追加すべきである。ターゲットに戻る前に、クライエントにとって特に適応的な新しい肯定的思考に焦点を当て、強化することが非常に重要である。否定的および肯定的思考が同時に出現したら、クライエントに否定的な方に集中するように指示すべきである。再度言うが、否定的陳述は代謝されなければならないより機能不全状態の材料と関連している一方、肯定的思考は自発的に統合へと向かう適切な材料と結びついているのである。すべての否定的連想は、十分な統合に集中する前に再処理すべきである。それゆえ、もし肯定的思考が処理の後半の段階で現われたら、特に植え付け段階の間は、セットを続けるべきである。

洞察 もし洞察が段階的に適応的になったら、クライエントは次のセットの間、直前の思考を意識し続けることが求められる。クライエントが何を言っても、臨床家はただ「**それについて考えてください**」とだけ言って、それを繰り返したり説明したりすべきではない。特にクライエントの陳述に論理的欠点があったり、不完全な理解を表わしているように思われるときは、処理を邪魔せずに進むようにすることは多くの臨床家にとって極めて困難であるかもしれない。しかし、処理には機能不全状態の題材の変形と、適切で有用な自己を高める情報とが徐々に結び付くことが含まれるということを、臨床家は忘れないことが重要である。それぞれの陳述は、情報のある山場と処理段階の言語化である。EMDR治療の終了までは、それぞれの陳述は十分に適応的にはならないだろうが、次の山場のための段階を準備するだろう。

新しい駅に向かう列車の比喩を覚えていたら、十分に適応的な情報である「終着駅」に到達するまで、クライエントの見方が完全には機能的になり得ないことは明らかである。クライエントに異議を申し立てたり、陳述を説明しよ

うとしたりすることは、列車から降りるように求めることに等しいのである。EMDRにおいては我々は、セットを追加し機能不全状態の題材を刺激し、加速を促す方法で、それを処理しようとする。臨床家は処理がブロックされたときのみ、意図的に介入すべきである。(ブロックされた処理への適切なタイミングと介入が、次章で議論される)。クライエントが新しく現われた情報をただ長々と話したとしても、「それを考えてください」という簡単な教示によりクライエントは、今報告したことの最も適切な要素に集中することが可能になる。もしクライエントが教示を求めたら、臨床家は直前の適切な点を心に留めておくよう助言すべきである。

感覚と感情

　クライエントはしばしば身体感覚あるいは感情の出現や変化として、処理の効果を報告する。EMDR処理はさまざまな感情に関連した身体感覚だけではなく、外傷的出来事が生じたときに貯蔵された身体感覚をも、クライエントの意識の中に解放するかもしれない。例えば、レイプ被害者がレイプ犯の手を感じたり、交通事故の被害者が車の衝撃を感じたりするかもしれない。クライエントが心的外傷と関連した苦痛な感情あるいは身体感覚を体験したときは、特別な配慮がなされなければならない。高レベルの苦痛を含む除反応を体験しているクライエントを扱うための教示は、次章で検討される。しかし、苦痛のレベルにもかかわらず、題材が移行している限り、通常の処理の教示が適用される。

　新しい感情　ある出来事が処理されたら、さまざまな感情が連続して出現するかもしれない。クライエントが新しい感情を口にしたときはいつでも、臨床家は「**それを身体のどこで感じますか？**」と尋ね、それから次のセットを始めるべきである。特定の感情あるいは幾つかの感情の組み合わせが1つのセットの中で現われて消えていくかもしれないし、あるいはそれらはセッション全体を通して持続するかもしれない。それらの感情は強烈であり得るので、クライエントにそれらは古い題材の表われであること、例えば、ただ恐怖を体験しているのであって、現実の危険があるわけではないと思い出してもらうことは重要である。臨床家は低レベルのある感情が高レベルの他の感情に変わっても驚くべきではない。例えば、SUDスケール3の悲しみが8の怒りにたやすく変

わり得る。新しい感情は、以前の感情に言及することなくターゲットとすべきである。例えば、「悲しみも感じますか？」と尋ねたら、ただ処理が遅くなるだけである。

　感情の加速処理は面接室で行なわれることが望ましいが、時にクライエントは感情を「リアルタイム」に経験し続けるかもしれないし、あるいはさまざまな感情がセッション後のある時点で生じるかもしれない。クライエントはその表面上の効果にもかかわらず、EMDR に関して、十分なデブリーフィング（この章の後半で議論する）を与えられるべきである。出来事が完全に処理されたように見えるときでさえ、新しい感情が生じる可能性があるので、このことは重要である。例えば、近親姦の記憶の再処理に成功した後で、クライエントは強い悲しみを持って翌週再来し、「私はずっと父の死を悲しんでいた。以前には父を悼むことは決してなかった」と報告した。

　クライエントが麻痺感や解離を感じると言ったときは、臨床家はまずその感覚を身体のどこで感じるかを尋ね、それからセットを続けるべきである。臨床家は言語的な支持を与え、セットの間、治療過程を思い出させることによってクライエントを安心させるべきである。これはクライエントにとって大変恐ろしい時かもしれない。「いいですよ。それはもう昔のことだということを、ただ覚えておいてください」のように言うことは非常に有用であろう。

　しかし、クライエントに EMDR を開始する前に、解離性障害の適切なスクリーニングを施行すべきだということは銘記しておいてほしい。もしこれが適切に行なわれたのなら、解離の感情は処理が必要な感情のより深い層と見なされるべきである。PTSD のクライエントの多くは、心的外傷が生じたときに解離していたので、解離の感情は珍しくない。しかし、臨床家は必ずクライエントを遠くに押し進めすぎないように、つまり、EMDR セッション自体での想定される試練から逃れるために解離してしまわないようにすべきである。その可能性がある場合、進む前に止めて、クライエントにセッションを続けることに関しての気持ちを尋ねるべきである。

　感覚の移行　もし身体感覚が移行したら、クライエントに次のセットで新しい場所に焦点を当てるよう指示すべきである。感覚の評価もしくは描写を求めたくなるものだが、有用な情報が得られることはない。加えて、感覚が移行したら、以前に報告された感覚の状態について尋ねること（例えば、「まだ胃で

それを感じていますか？」というように）は控えるべきである。ボディスキャンで、セッションの終わりに身体感覚の残りすべてを取り扱うことになる。処理を促進するために、臨床家は一般的にクライエントにできるだけ質問をしないように心がけるべきである。

評　価

　治療と関連した進歩、段階的処理が認められるかどうかを確認するために、連想のそれぞれの連鎖を評価すべきである。クライエントは、段階的に苦痛が軽減していく新しいあるいは移行した情報を報告するのが通常である。しかし、苦痛が増大したとしても、再処理は起こり得る。記憶の別の側面が、代謝されるにつれて経験されるという事実があるためである。

　臨床家の想定としてはクライエントの苦痛が段階的に軽減したとき、連想が合理的停止点に到達したように思われるとき、そして、異なる方向で2セットの眼球運動を行なっても何か新しいことあるいは意味のあることが現われてこないときは、そのチャンネルを掃除し終わったと考える。臨床家は、クライエントの意識に上った新しいイメージや陳述は以前のイメージや陳述と同じ情報の山場にすぎないかもしれないという事実に敏感であるべきである。例えば、もしあるクライエントが母に関して肯定的な感情に近づき始めて、母と同席したさまざまなパーティや昼食会の光景を報告したとしたら、それらの新しい記憶は、楽しいものであるとしても、新しい山場の表われではない。

　一連の治療的に強化された連想が消えていくにつれて、クライエントに「**その出来事について考えてください。何か思いつきましたか？**」のように、元々の出来事を再びターゲットにすることを求めるべきである。それから、反応が肯定的であっても、あるいはクライエントが処理されるべきものが何もないと感じたとしても、新しいセットが始められるのである。しばしば、新しいセットは予想外のチャンネルを開くかもしれない。いかなる新しいチャンネルも前述のガイドラインに従って処理されるべきである。それぞれのチャンネルの終わりには、臨床家はクライエントに元々のターゲットに戻るように求めるべきである。

　もし元々の出来事を再びターゲットとし、それに対して1セットを終了した後、新しい連想が湧いてこず、新しい感情、感覚、イメージが現われなかった

ら、臨床家はSUDレベルを再チェックすべきである。もし、クライエントが0と報告したら、ターゲットは脱感作されたと考えられ、植え付け段階を開始することができる。しかし、再度確認するが、EMDR治療の全体は再処理と考えられ、脱感作と肯定的反応の強化は同時に起こる副産物と考えられるので、これらの段階の区別はやや恣意的である。

　植え付け段階を始める前に、現われた機能不全状態の情報のすべてのチャンネルを処理する必要がある一方、臨床家は時間についても意識しておくべきである。あるチャンネルの終端に着いたら、クライエントは苦痛が減少したと感じるだろうが、元々の情報を再びターゲットとすると、未だより苦痛をもたらす別のチャンネルが開くかもしれない。それゆえ、もしセッションの残り時間がほんのわずかしかなかったら、新しいチャンネルを開くべきではない。もし、処理を終了させる十分な時間がなかったら、臨床家は直接終了段階に進みたいと思うかもしれない。頭においておくべきことは、それぞれのセッションの終わりにはクライエントが力づけられたと感じ、達成感をもてるようにすることである。

　もしクライエントが方向を変えて2セット眼球運動をしても、変化しない低いSUDレベル（しかし1以上）を報告したら、さらに評価を行なう。臨床家は「どんな感情を感じていますか？」と尋ねる。時に、クライエントは混乱していて、穏やかなあるいは幸福な感情を報告するためにSUDレベルを付けるだろう。もしそうなら、ただ苦痛を与える感情だけを評価することを思い出してもらうべきである。しかし、もしクライエントが低レベルの否定的感情を報告するときは、臨床家は「それが0になるのを妨げているものは何ですか？」と尋ねるべきである。

　「もし私が幸せ過ぎたら、申し訳ない」のようなブロックする信念を表わす反応は、対応する記憶に対する十分なEMDR治療を行なうことによって、取り扱われる必要があるだろう。もしクライエントの反応が状況にふさわしいように思われたら（例えば「おじさんが死んだので悲しい」）植え付け段階を実行できる。

　臨床家は、さらなる進歩を制限するように思われるクライエントの陳述を性急に受け入れないように注意すべきである。例えば、スピーチの恐怖症を取り扱っているとき、特にクライエントが「うまくやろうとして、いつも少し不安

になってしまうんだろう」と言ったとしたら、クライエントを低レベルの不安のままにしておこうと思うかもしれない。この種の陳述は、単に処理の山場と一致する信念かもしれない。不幸にも何人かの臨床家は、この種の陳述が自分の信念体系に対応するので、それを受け入れ、治療をはしょるかもしれない。しかし、奮起の源として、不安よりも期待と興奮を感じて、すばらしいスピーチができる人もいるだろう。それゆえ、臨床家は、正確な陳述として限界を受け入れる前に、クライエントの陳述を認め、少なくとも異なる方向の眼球運動のセット2回を追加すべきである。性急にセットをやめてしまうと、重要な未探求の領域と不当なレベルの苦痛を残すことになるかもしれない。限界は、それが合理的に思われ、追加の2セットが生産的でないときにのみ、受け入れるべきである。1よりも高いSUDレベルは、植え付け段階に進む前に、生態学的な妥当性を見定めるために注意深く調べるべきである。

第5段階：植え付け

　脱感作が成し遂げられたら（つまり、SUDが0もしくは1になったら）、植え付け段階が始まる。植え付けは、ターゲットの情報と肯定的自己評価の十分な統合に集中する。この段階は、肯定的認知の強化と、それを特に元々のターゲットの問題あるいは出来事に結びつけるために用いられる。すべての情報が再処理中移行した可能性があるので、肯定的認知を該当性と現在の妥当性に関してチェックする。臨床家は評価段階でクライエントに自分が選んだ肯定的認知を評価するように求める。つまり、「どんなふうに（**臨床家は肯定的認知を繰り返す**）聞こえますか？」と言うのである。

　セッションのこの時点までにクライエントは、元々の出来事の感じ方に関して、劇的に進歩しているだろう。さまざまな新しい洞察のために、クライエントは自分の期待をはるかに上回っているかもしれないし、今や最初の想像よりもはるかに肯定的な観点でその出来事を眺めているかもしれない。言い換えれば、クライエントが治療の最初に望んだ肯定的認知は、今や十分に肯定的とは言えないかもしれない。例えば、昔の悲劇に対する反応としての失敗と罪悪感によって、最初クライエントは「私はそれから学んだ」という認知を選ぶかもしれない。しかし、治療の終わりには、その出来事で実際に自分はよくやった

と認識するようになり、より適切な肯定的認知は今や「私は価値がある人間だ」になるかもしれない。

　臨床家は元々の望ましい認知を繰り返した後クライエントに、それを受け入れるか、変えるか、より良い認知に取り替えるかを聞くべきである。臨床家は、より治療的あるいは強化された肯定的認知が処理の間に出てくるかどうかにも注意すべきである。もしそうなら、臨床家は拒絶しても構わないことが伝わるような声の調子で、クライエントに新しい肯定的認知を与えるべきである。

　クライエントが自分にとって最も意味のある肯定的認知を選ぶことが重要である。しかし、治療的過程において援助することは、臨床家の仕事である。症例の定式化において臨床家の専門的判断により最初の否定的そして肯定的認知を形作るのを援助することが必要であるのと同様に、処理体験を総括し、特にクライエントに有用で受容可能な新しい肯定的認知を、臨床家が創り上げる援助をする場合にも専門的判断が必要となる。クライエントが当初言語化できなかった潜在的肯定的認知を臨床家が提供するとき、臨床家は試験的な提案としてのみ、それを作るよう注意すべきである。主要な目的はクライエントが自己効力感を高めることなので、要求特性を感じさせるべきではない。もしクライエントがその提案を受け入れたら、新しい認知に対するVOCの値をチェックした後に植え付けを始めることができる。

　もしクライエントが元々の肯定的認知を受け入れたら、臨床家はVOCの値が改善したかどうか知るためにVOCの値を尋ねるべきである。「**この言葉は、1（完全に誤り）から7（完全に正しい）までで、どのくらいの感じがしますか**」。もし、VOCが増加していなかったら、肯定的認知を再検討すべきである。つまり、情報の処理につれて、クライエントの高められた自己効力感が認知を強める中に反映されるべきである。もしそうでなければ、想定された肯定的認知が不適切であり、代わりの認知を探す必要がある、ということが分かる良い機会である。

　VOCをチェックした後、選択された肯定的認知は元々の外傷的出来事と結びつけられる。クライエントに「**その出来事について考えてください**」と教示することによって、元々のイメージあるいはその現在の表われが生じるであろう。元々のイメージが消え去っていたり、今やもっと適切なイメージと交代しているかもしれないので、教示は一般的な形である。それからクライエントに、

心の中で肯定的認知を繰り返しながら、そのイメージを保持するように求める（もしイメージがなかったら、「ただそのことについて考えてください」と求める）。すなわち、臨床家は「その出来事について考え、そしてその言葉（臨床家は肯定的認知を繰り返す）と一緒に持っていてください」と言い、それから新しいセットを行なう。その後、臨床家はVOCを再度チェックし、VOCが7すなわち「完全に正しい」になるまで、出来事と肯定的認知を結びつけながらセットを繰り返す。クライエントが肯定的認知にいったん7をつけても、認知の妥当性と適切さが最大に辿り着くまでセットを繰り返す。クライエントはしばしば最初認知が実際にどれぐらい肯定的にそして正しく感じられるか分からないので、妥当性がVOCスケールの恣意的な7のレベルを超えて増大し続けるかもしれない。陳述が「より強く」あるいは「より強固に」感じられるかどうか決める際にクライエントを指導するのは、しばしば有益である。植え付け段階のためのガイドラインは、もし情報が情報処理の線路に沿って移動していくのなら、セットを繰り返していくべきだということである。クライエントの肯定的認知の妥当性が大きくなればなるほど、改善された自尊心と全般的自己肯定感の力が大きくなるのである。

　もし異なる方向の眼球運動を繰り返し試みても、クライエントがVOCレベルが5もしくは6以上にならないと報告したら、「7になるのを妨げているのものは何ですか？」と尋ねる。クライエントは一般的に、ブロックする信念を報告するだろう。それは、「正しいと確認するためには、それを体験しなければならないでしょう」というような良性のものかもしれないし、「私は健康であるには値しない」というような機能不全のものかもしれない。無害で問題ではない陳述がなされたときは、臨床家は次の段階、ボディスキャンに進むべきである。機能不全のブロックする信念が現われたときには、臨床家は否定的自己評価を駆り立てている連想される記憶に対して、それをターゲットに十分なEMDR治療をする必要があるだろう。

　典型的には、ブロックする機能不全を起こす早期の記憶が再処理されるまで、元々のターゲットの心的外傷の完全な治療はできない。ブロックする早期の記憶が脱感作、植え付け、そしてボディスキャンでいったん再処理されたら、臨床家は元々のターゲットの記憶を再評価し、植え付けを完全にすべきである。しかし一般的に時間の制限があるので、新しい早期の記憶の治療の開始は次の

セッションまで待つべきである。この場合、臨床家は（ボディスキャンをとばして）終了段階に進み、特に注意深くデブリーフィングを行なうべきである。すべての不完全なセッションはセッション間の苦痛のレベルを増大させやすいし、ボディスキャンを完全に行なわないセッションは成功したとは見なされない。

第6段階：ボディスキャン

　EMDRの実践を導く加速情報処理モデルは、機能不全状態の題材には、それ自体をターゲットにできる、認識可能な身体的共鳴（すなわち、認知過程に対応する身体感覚）があるだろうと仮定している。それゆえ、加速再処理を締めくくる治療の第6段階は、主に身体の緊張に焦点を当てる。

　いったん、肯定的認知がVOCスケールで少なくとも7（もし生態学的妥当性があれば多分6）に到達し、セットを追加してもその強度が増さなくなったら、緊張感や窮屈さ、あるいは何か普通ではない感覚が残っている感じを同定するために心の中で体全体をスキャンしている間、イメージと認知を保持するようクライエントに求める。例えば、臨床家は以下のように言ってもよい。

　「目を閉じて、元々の記憶と肯定的認知を心の中に置いてください。それから、体のさまざまな部分に注意を向けてください。頭から始めて下の方に向かってください。緊張、窮屈さあるいは普通でない感覚が見つかった部分があれば教えてください」

　もし、クライエントが普通ではない身体感覚を報告したら、さらなるセットのターゲットとする。これらの感覚は、その後の数セットで平穏無事に消えるかもしれない。また、この時点で身体感覚に焦点を当てると、処理しなければならない他の情報チャンネルが開く可能性もある。これらは非常に長い間病理が存在してきた怒りや悲嘆を含んでいるかもしれない。ボディスキャンにより、病理を捨て去ったら自分は誰になるのか、自分は何に直面せねばならないのかという恐れから生じる抵抗の大きな部分も明らかになるかもしれない。加えて、ボディスキャンにより、機能不全状態の題材を含む他の連想ネットワークが現われるかもしれない。

　ターゲットの出来事と関連した題材の完全な再処理において、ボディスキャ

ンの重要性はどんなに強調してもし過ぎることはない。その重要性は、パフォーマンス不安で治療を受けていて、発表の際凍りついてしまった記憶の再処理に成功した女性の症例において明瞭に示される。ボディスキャンをするように言われて、彼女は腰のくびれた部分の奇妙な感覚を訴えたが、彼女はセッション中非常に長い間座っていたせいだと合理化した。しかし、背中の感覚を次のセットでターゲットにすると、叔父によって性的に虐待されているイメージが出現し、クライエントは突然叫び声を上げた。その叔父は、手で彼女の腰のくびれた部分をベッドに押しつけて動けないようにしたのであった。この連想は臨床家もクライエントも予期していなかったが、それによりEMDRによって刺激された題材は正しく関連しているという仮説が支持される。言い換えれば、パフォーマンス不安という主訴と関連した機能不全状態の題材(すなわち、発表の際凍りついたというクライエントの記憶)は、彼女が「人前で何かをし」なければならないことに不安と苦痛を感じた場である性的虐待と論理的に結びついているのかもしれない。前もって明らかでなくても、このような先行事象がしばしば現われて、一見無害な主訴の原因となる。臨床家は外傷的題材が主訴の根本にあると自動的に考えるべきではないが、それが自発的に現われる可能性があると心の準備をすべきである。このため適切な治療同盟が必要だし、処理を行なうセッションの超過時間をあらかじめ想定するような、臨床的配慮における柔軟な態度も必要だと強調されるのである。

　治療のボディスキャン段階が完全になされたと言えるのは、クライエントがターゲットの出来事と肯定的認知を心に保ちながら心で体をスキャンして、いかなる緊張も残っていないときである。もし肯定的あるいは快適な感覚が報告されたら、それを強化するためにセットを用いることができる。

第7段階:終了

　臨床家は機能不全状態の情報チャンネルの掃除を試みる際に慎重であるべきだし、そのための十分な時間を配分しなければならない。90分のセッションは、単一記憶を含むたいていの外傷的題材を成功裏に処理するのに十分であろうが、いつも必ずそうとは限らない。そんなわけで、臨床家は適切な教示を与えて、クライエントが肯定的な心の枠組みを維持でき、安全に帰宅できるように、セ

ッションを終了するための時間をいつも確保すべきである。

臨床家は、高レベルの苦痛や除反応の状態でクライエントが面接室を出ていくことがないようにすべきである。それゆえ、もしセッションの時間が数分しか残されていなかったら、新しいチャンネルはターゲットにすべきではないし、ボディスキャンもすべきではない。あるクライエントはある単一のチャンネルの再処理が成功した後、非常に穏やかな気持ちになって、ある一連の連想に関して治療的洞察に到達するかもしれない。クライエントは新しい肯定的帰属に関してVOCレベルの7に到達し、幸福感も感じているかもしれない。しかし、ボディスキャンで現われた新しいチャンネルあるいは緊張をターゲットにすると、処理に数分以上必要な新しい一連の連想が現われるかもしれない。それゆえ、臨床家はクライエントが安定した状態で面接室を後にできるのに必要な時間に関して、いつも適切な判断力を持っていなくてはいけない。

イメージ誘導

セッションの終了予定時間に、クライエントが苦痛の兆候か除反応を示していたら、臨床家はクライエントを快適な状態に戻すために催眠もしくはイメージ誘導を利用すべきである。これらの技法に不案内な臨床家は、EMDRを用いる前に習得すべきである。第5章で述べた安全な場所のエクササイズは、臨床家が一貫してその肯定的効果を報告しているので、たいがいのEMDRのクライエントに用いていいだろう。加えて、この目的のために臨床家は、文献に挙げられたテープ（Miller, 1994）の一部と第9章で議論される終了エクササイズを用いることができる。

前述のように、臨床家は処理を始める前のセッションの早期に、安全な場所のエクササイズのようなリラクセーションを用いるべきである。それにより前もってクライエントに加速処理を止め、苦痛をコントロールすることができるという自信を付けさせる予防手段となる。終了段階で新しいリラクセーションを試すよりも、クライエントが以前に成功したリラクセーションを用いる方がより容易である。

安全性の評価

イメージ誘導を使った後、臨床家は、クライエントがここに戻ってくるのを

妨げる、あるいは道路を歩いて帰ったり、車を運転したりすることができなくなるような何らかの解離があるかどうかを評価すべきである。臨床家が危険の可能性がないと判断するまで、クライエントに一定の時間待合室に残ってもらうことが時に必要となるかもしれない。

たいていは、次のセッションまでなんとかなる程度までターゲットの出来事の不完全な処理を閉じこめるよう援助が可能であるが、少数の症例では、再処理を完全にするためにその日の後でクライエントと会うか、その週に再来させることが必要となるだろう。

クライエントに、処理された題材を統合し新しいターゲットを同定する機会を与えるために、セッションは週1度が推奨されるが、クライエントの中にはもっと頻繁にセッションを持つ必要がある者がいるだろう。新しい苦痛を与える多くの記憶が生じているときや、不完全なセッションのためクライエントが大きな苦痛を感じているときは、そうする必要がある。これは、高レベルの苦痛に関するクライエントの潜在能力を評価し、必要なら、進歩をチェックするための電話の約束を決めておくよい機会である。

臨床家はここまでの章で論じられた注意点とガイドラインを心に留めておき、クライエントとその苦痛のレベルについて、臨床家自身の評価に頼るべきである。有資格の臨床家の臨床的判断に代わるものはない。

デブリーフィングと日誌

それぞれのセッションの終わりに、クライエントにデブリーフィングをすることは重要である。もし題材が十分に処理されていないときは、徹底的かつ詳細なデブリーフィングを行なうことがとりわけ重要である。というのは、このような場合、より高レベルの苦痛を伴って、次のセッションまでの間に処理が続いてしまう可能性が高いからである。クライエントの苦痛を和らげるために、臨床家は次のセッションでそのターゲットを再び扱うつもりであることをクライエントに告げるべきである。

セッションの終わりごとに、苦痛をもたらす何らかの記憶、夢、思考、状況の日誌を書くようクライエントに確認することが重要である。そのような日誌を書くことによって、クライエントは臨床家に、扱うべき明瞭なターゲットを報告することができるだろう。加えて、臨床家はターゲットにすべき何らかの

機能不全の行動パターンをを同定するために、日誌の記載を用いることができるかもしれない。

　あまりに早く進みすぎないことが重要であり、生じてくる苦痛は処理の一部であることを、クライエントに伝えるべきである。実際にこういうことがあったのだが、この言葉はクライエントが苦痛を治療過程の一部として受け入れることを助ける逆説的介入（Fisch, Weakland, & Segal, 1982）を組み入れているものである。かくしてクライエントは、苦痛が生じても生じなくても幸福であり得る。クライエントがただ「起こることはなんでも起こるままにする」ことが次のセッションまでの状況の重要な側面である。

　もしデブリーフィングが適切に行なわれなかったら、クライエントはセッション後に気分が良くなり、治療が終了したと思うかもしれない。しかし、もしセッション後に苦痛が生じたら、自分自身を「キズもの商品」と見なすかもしれない。現実的期待を保証するために適切なデブリーフィングがなされないと、最初低い自尊心しか持っていないクライエントはこれを失敗の別のしるしと見なし、自殺念慮が現われ得る。

　苦痛はその性質にもかかわらず、EMDRのドミノ効果が続いていることを表わしているだけだとクライエントが理解することが重要である。時にイメージと記憶が出現するだろうし、時にただ苦痛な感情だけが出現するだろう。苦痛の性質にもかかわらず、クライエントはそれをただ書き留め（それを意味づけることなく）、そしてそれからリラクセーションエクササイズを用いるべきである。もしクライエントが何らかの疑問を持ったら、臨床家に電話すべきである。適切なデブリーフィングを行なえば、結果として緊急電話は少なくなるだろう（臨床家が以前に経験したよりは少なくなる可能性がある）。適切な心構えができているクライエントは、苦痛に圧倒されるよりもむしろそれを観察できる。

　クライエントに日誌をつけることを求めるもう一つの理由は、それが次のセッションまでの苦痛から距離をとるもう一つの方法をとなえることである。自分のストレスを観察することにより、クライエントは自分が病理よりも大きな存在であることを、再び暗黙のうちに教えられるのである。心に何か浮かんだとき、それの引き金になったことや、どんな特定の思考、感情、身体感覚、あるいはイメージがあったか、短い記述を書き付けることによって、苦痛の「ス

ナップショットを撮る」ことを求める。これにより、クライエントは自分のパターンと反応を観察する機会を得る。加えて、「私は怖かった」のような言葉を用いる代わりに、ただその恐怖の構成要素を同定するように求められる。これによりクライエントに、恐怖、恥辱、怒りのような感情は、実際にはまず身体感覚であり、元々叙述したり変えることが可能なものであることを教え始めることとなる。この教育的過程は日誌に情報を書いた後、リラクセーションテープや安全な場所のエクササイズを用いるようにクライエントに求めることによって、さらに補充される。

クライエントは日誌にたくさん書く必要はない。必要なのは、クライエントが次回のセッションで議論したり、ターゲットとすることが可能になるように、苦痛な状況を心に留めておけるのに十分なだけの情報である。日誌は夢、過去の出来事、現在の状況、あるいは未来への恐怖を含みうる。土台のバランスをとるため、クライエントに生じた何か楽しいことも書き留めるように求めることも有益である。肯定的洞察も、治療の計画と方向性にとって有益である。

臨床家は生育歴・病歴聴取のセッションから得られたクライエントの心的外傷のリストを持っていても、古い外傷的記憶の余韻が静まるまで、新しい外傷的記憶をターゲットにすべきではない。言い換えれば、もしクライエントがちょうど処理している出来事と明らかに結びついた多くの悪夢を経験したら、臨床家は次のセッションでターゲットにすべきである。もし多くの関連したイメージが出現したり、あるいはクライエントがより注意を必要とする元々のターゲットに対する新しい見方を報告したら、臨床家は新しい心的外傷を取り扱う前にクライエントがこれを処理するのを助けるべきである。クライエントを心理学的に安定した状態に置くことが重要である。もし、元々のターゲットの支脈が未だ苦痛を与えているとしたら、さらなる苦痛を生み出すかもしれない新しい外傷の題材を処理する前に、これらが取り扱われるべきである。しかし、もしもう一つの苦痛を与える記憶がちょうど現われるか、焦点化されたら、ドミノ効果の一部分として取り扱うべきである。日誌は、次のセッションのターゲットの直接の指標とするべきである。

EMDR治療の最初の段階では、病理の土台となっている最も機能不全状態の記憶を取り扱うことを強調している。生育歴・病歴聴取と共に、日誌は、苦痛な記憶、夢そして関連した出来事を含む最も適切なターゲットを明らかにす

る。日誌のさらなる使用は、治療の第8すなわち最終段階である再評価段階を扱う第8章で概観される。第8章では臨床家にEMDRの3ステージの標準プロトコルの適用を拡張する指針を示し、治療全体の計画に適切に位置させることの議論を行なう。

クライエントの中には治療において、再処理によりほとんどあるいは全く変化を示さない者もいるかもしれない。たとえ、明らかな再処理が達成できなかったとしても、それでも、臨床家はクライエントに適切なデブリーフィングと日誌をつける指示を与えるべきである。クライエントがセッションの中での治療に比較的抵抗を示しても、後に題材の処理が進むことは珍しくない。この予期せぬ処理はクライエントに大きな苦痛をもたらし得るので、臨床家はセッション中に見られた変化の度合いにもかかわらず安全を保証するよう配慮すべきである。

クライエントにストレスコントロール・テープを、リラクセーションの助けとして、そして現われるかもしれない苦痛を起こす思考や感情を扱う道具として、毎日使用するよう勧めるべきである。イメージ誘導あるいはリラクセーション・エクササイズは、自力での認知変容もしくは行動変容の試みより、たいがいのクライエントには強力な助けとなり得る。もし販売しているテープが手に入らないか、受け入れられないのなら、臨床家は第9章に書いてあるクライエントが家で使うための終了技法をテープに録音することができる。

当然、クライエントに感情の何らかの変化、あるいは反対に何の変化も起こらないことに心の準備をするよう言わなければならない。臨床家は変化が次のセッションまでの間に求められたり、強制されたりしないように、受容と観察の感覚（「ただ起こるがままに、そしてただ観察してください」）がクライエントに少しずつ浸透するようにすべきである。多くのクライエントにとって、次のセッションまでの時間はさらに洞察を得る機会である。クライエントによっては、それは混沌とした気持ちと感情のときであるかもしれない。臨床家が、新しい洞察や行動により処理が成功している兆候を求めている一方、もしクライエントが誤ったあるいは不当な期待をしていたら、いかなる治療的利益も減じられるだろう。一般的口調としてまとめるなら、臨床家は以下の例のようにクライエントに言うとよいかもしれない。

「何かが現われるかもしれないし、現われないかもしれません。もし現われ

たら、素晴らしいです。それを書き留めてください。そうすれば次に、ターゲットにできます。もし、あなたに苦痛をもたらす何らかの新しい記憶、夢、もしくは状況があったら、ただそれを写真に撮るようにちょっと覚えておいてください。多くの詳細は必要ありません。次回にそれをターゲットにできるよう、あなたが覚えておくのに十分なだけ書き留めておいてください。同じことは、肯定的夢や状況についても言えます。もし否定的な気持ちが出てきたら、それらを重要とは思わないでください。覚えておいて頂きたいのは、それはもう単なる昔のことだということです。次回のために、ただ書き留めてください。それから、多くの苦痛が可能な限り通り過ぎていくように、テープか安全な場所のエクササイズを用いてください。もし何も現われなくても、必ずテープを毎日使用してください。必要なら、電話をしてください」

　これで個々のEMDRセッションは終了だが、EMDR治療は第8章で論じられる再評価段階を心に留めておかないと完全とは言えない。EMDRは1セッションの治療ではないし、適切なフォローアップと潜在的要求の評価のための予定が取れるときのみ、臨床家はクライエントを治療すべきである。クライエントが治療を求めてきたとき述べた理由である1回の出来事の心的外傷を、再処理するのに成功したように見えたとしても、もう1回のセッションを次週予定すべきである。フォローアップの予約なしでは、治療が必要な記憶の新しい側面が出現した場合、クライエントは失敗のように感じがちになるであろう。その結果、クライエントはがっかりして、さらなる援助を求めないかもしれない。それゆえ、臨床家は次の予約を治療全体の一部分として枠づけすべきである。たいがいのクライエントは、臨床家がEMDRの第8段階を、処方した抗生物質を終了する必要性にたとえれば、それを行なう必要性を受け入れやすいだろう。

スーパービジョンを受けての実習

　クライエントを治療する前に、臨床家は少人数の集団で、トレーニングを受けたEMDR指導者と共に、助言を受けて練習する。その際、SUDスケールで5と表現されたレベルの苦痛をもたらす古い記憶をターゲットとすることによって、その時点までの情報を実習する。このレベルの苦痛を扱うのが楽になれ

ば、より苦痛を与える記憶、例えば SUD スケール 7 以上の記憶を取り扱うためのガイドとして、以降の章を用いて実習をすべきである。いったん治療が始まると、より大きな苦痛を与える記憶が処理され始め、それから行き詰まってしまうか、もしくは除反応が生み出される傾向がある。もちろん臨床家は、最初極めて無害と思われたターゲットが急速により苦痛を与える題材に移行し得ることを記憶に留め、それゆえ適切な臨床的保護手段がとられることを保証すべきである。

要約と結論

　加速再処理の諸段階は脱感作、植え付けそしてボディスキャンの段階である。これらの呼称は有用な区分を提供するが、苦痛の軽減、肯定的帰属の再構成、そして身体の緊張の低減は、再処理効果全体の一部である。

　脱感作段階の間、臨床家はターゲットと関連した機能不全状態の情報のチャンネルを「掃除すること」に注意を払う。それを評価する道具は 0 から 10 までの SUD スケールである。この段階の終わりに、クライエントは SUD スケールが 0 か 1 の状態で、ターゲットの出来事に集中できるようにすべきである。

　植え付けの段階は、最も適応的で肯定的な認知を元々のターゲットに結び付け、VOC スケールで 6 か 7 の本当らしさ（あるいはもし強め続けるならそれ以上）を目標とする。臨床家がクライエントの本当らしさのレベルの評価をするとき、現在の生活環境、つまりそれが生態学的に妥当性を持つかもしれないことを考慮に入れることが重要である。この段階で現われたあらゆるブロックする信念は、機能不全の土台を作っている記憶に方向づけて別の治療で扱われる必要があるであろう。

　ボディスキャンは、ターゲットの出来事と肯定的認知を意識しながら、残っている何らかの体の感覚の存在を心で評価するように求めることである。その感覚はセットを追加して処理される。その感覚は恐怖、怒り、悲しみ、もしくは変化への抵抗を含む機能不全状態の他の情報チャンネルを表わしているかもしれない。ボディスキャンにより、何の緊張も、あるいは関連した感覚も現われないとき、治療は完了する。

　セッションの終わりに臨床家は、クライエントの安全を十分に評価すべきで

ある。この安全には、クライエントが面接室から帰る能力、引き続き生じ得るいかなる感情的苦痛をも制御できる能力が含まれている。セッション中と次のセッションまでに現れるすべての新しい題材にとらわれるというよりも観察できるようにする日誌とリラクセーションテープの使用に関して、適切なデブリーフィングが必要不可欠である。もしクライエントがあまりに圧倒されるか、その過程を最終的にはコントロールしているという感覚を失ったら、治療を早まって中断するかもしれない。前の章で記述された安全な場所のエクササイズに加えて、適切な終了エクササイズが第9章で述べられている。治療の最終段階、再評価段階は、個々の再処理セッションを治療計画全体の文脈の中に置くものである（再評価段階は第8章で論じられる）。

EMDRの初心の臨床家は、訓練を受けたEMDR指導者がスーパービジョンする実習において、この本の材料を用いるべきである。最初の使用は、SUDスケールが5以下ぐらいの限定された古い記憶に用いられるべきである。これ以上の高レベルの苦痛をもたらす出来事は、しばしばより大きな臨床的介入（第7章参照）が必要で、臨床家がEMDRの基本構成要素に馴染むまで扱うべきではない。大学院プログラムと訓練コンサルタントの利用を含む公式のEMDR訓練に関する情報については、付録Cを参照のこと。セットを継続する適切なタイミングの手がかりを含むEMDR治療の多くの面は、人を通してしか伝えられない。指導者がよりよい資格を持っていればいるほど、臨床家はそれだけ十分に準備できるだろう。

この章は、標準的な臨床家－クライエントのやりとりと基本的EMDRの手続きを網羅している。上級の方法と変法は、引き続く章で取り扱われる。否定的認知と肯定的認知のリストを含むさまざまな臨床的道具は、付録Aに掲載されている。

7章

除反応とブロックへの対処

> 私たちの仕事は、地獄のなかでこころをオープンにしておくことだ。
> 　　　　　　　　　　　　　　　　　　　　スティーブン・レヴィン

　本章は、特に難しいクライエントとの再処理セッションの戦略を扱っている。これらの方法はEMDR治療の第4段階から第6段階の一部となるので、治療の最終段階である「再評価」の探究に入る前に、私はここに本章を入れることにした。

　前章で論議されたように、EMDRでは一つの映像に集中しながら一貫した再処理が効果的に進んでいくクライエントがいる一方で、最初のターゲット記憶からいろいろな連想が次々に浮かぶという展開をする人もいる。1回ごとのセットの後で、臨床家は浮かんでくる題材に意識を向けておくか、それとも何か他のことに注意を向けるかについて、クライエントをガイドしていかなければならない。さらに、臨床家はクライエントが次のセット中にターゲットのどの側面に集中したらよいかを決める援助をしたり、また、新しいターゲットの形成についてクライエントを助けたりする必要があるかもしれない。

　各セットの効果をよく観察しながら、臨床家は瞬間瞬間に選択を決定していかなくてはならない。眼球運動に伴う標準的要素（イメージ、認知、身体感覚）に沿っていくことで、だいたい40％の場合、十分な処理が生じると言える。残りの場合には、治療的効果のためのさまざまな代わりの手続きの戦略が必要である。

　本章のねらいは、高レベルの苦痛で除反応を起こしているクライエントと、処理が不十分なまま停止してしまう状況への対応についてである。EMDRの治療セッションはクライエントの主観的体験という点では、各々独自なものである。しかし、数千に及ぶ治療セッションの臨床的観察では、成功する治療的

介入についてある種の一般化が指摘されている。

　本章はまず、除反応が起きているときに役立つ戦略について述べる。既に定義されたように、除反応とは刺激内容の再体験が高レベルの苦痛を伴って生じることである。除反応についての節では、多くの大切な臨床的配慮と適切な処理に必要な決定のポイントが扱われている。本章の後半では、さまざまな方向の眼球運動を数セット続けているにもかかわらず、処理過程が中断するクライエントへの対応策を述べている。

　臨床家が本章で述べる戦略に慣れ親しむまで、高いレベルの苦痛をもつクライエントは EMDR を彼らから受けるべきではない。さらに上級の方法が第10章で扱われるが、それらの方法は臨床家が本章の内容に習熟するまで試されるべきではない。章の最後に、適切な実習セッションのための提案が示してある。

除反応

　どのようなターゲットの場合でも、除反応は統合的な感情的、認知的処理の際に起こり得る正常な部分と考えられる。臨床家は除反応を必須のもの、あるいは不必要なものとみなすべきではない。もし除反応が起きたら、それは機能不全の情報を処理する際の、クライエントの主観的反応の主要な部分として受け入れられるべきである。

　臨床家は、ターゲットの記憶は情報パッケージとしてみなされるということ、そしてそれらは当初の知覚とともに神経系に貯蔵されるということ、さらに状態特定的にそのままの状態で保たれているということを忘れてはならない（これは、クライエントにも適切な言葉で伝えられるべきである）。記憶が刺激されると、クライエントは当初に知覚された感覚的手がかりと、その出来事が起きたときに生じていた思考の両方に気がつくかもしれない。さらに、ターゲットの出来事に関する情報の一部である身体感覚と感情が刺激されるかもしれない。元の体験のそのままの再現という程度から、単に元の体験の影を感じる程度まで、さまざまな強度でクライエントはこれらを体験し得る。

　EMDR セッションの焦点は、貯蔵された機能不全の情報をターゲットにし、それにアクセスすることである。情報が刺激を受けるので、代謝されないままになっている元々の知覚がある程度意識化されることになる。これらが高レベ

ルの苦痛を伴って経験されるとき、除反応が起きていると言われる。しかし、ターゲット記憶の十分な処理に必要な経験の強度とはどれくらいか、ということに関しては我々は一切の仮定を抱いていない。従って、クライエントに除反応を無理に起こしたり、逆に抑圧するよう勧めるべきではない。臨床家はクライエントにひたすら「どんなことでも、起こることを起こるに任せましょう」というメッセージを伝えるべきである。クライエントを臨床的な標準に従わせようとすると、それがいかなることでも十分な治療効果に対する妨げになるだろう。

除反応という言葉の意味が臨床家によって異なるので、EMDRにおける除反応の定義について留意しておくことが大切である。EMDRによる定義では、除反応は高いレベルの苦痛を含むが、催眠による除反応によく見られる解離の要素は含まない。適切に用いるなら、EMDRは完全なフラッシュバックをもたらさない。なぜなら、クライエントは過去についての意識と、現在の安全感という二重焦点をもつように教えられるからである。さらに、催眠とは異なりEMDRの除反応は、出来事を刻一刻と「リアルタイム」に再現することにはならない（催眠では、誘導による時間感覚の歪曲技法においても、クライエントは一般に元々の事件を時間系列に沿って体験することになる）。臨床的催眠とEMDRの両方の訓練を受けた臨床家の間では、EMDRでは催眠の4〜5倍の早さで除反応が進み、クライエントは出来事の一つの中心的要素から、また別の中心的要素へと、時系列によらずジャンプしていくというのが一致した見方である。EMDRでは処理過程が加速されるようなので、外傷の解決が比較的早く可能になる。

臨床家はクライエントの安全感を持続させるために、除反応の間大変な注意を払わなければならない。臨床家はまた、強度の感情表現に対して余裕を持っていられなければならない。クライエントの反応に対する臨床家のどんな恐れや嫌悪も、声の調子や非言語的信号によって伝達されてしまうようだ。クライエントに対する無条件の配慮と支持が必要なのはEMDRの作業中ずっと明白なことだが、除反応の間では特に大切である。

ターゲット記憶への刺激は、事件当時に封印されたままになっている感情を浮上させることになるということを、臨床家は忘れてはならない。例えば、クライエントが治療時に40歳であったとしても、感じられる感情は子どもの時の

ものである可能性が大いにある。このようにして、性的虐待や身体的虐待によって4歳児が抱く無力な恐怖感が、その当時の強度のまま再体験され得るのである。35年間にわたりこうした強烈な感情を否認し、壁を作って囲い込み、また抑圧してきたクライエントは、これらを臨床家の前で体験するのは安全だと感じられるようにならなければならない。自己卑下と自己非難の感情はしばしば人生早期の経験に固有のものであり、それがEMDR中に刺激を受けるかもしれないので、安全感はとても重要である。クライエントが拒否や否定的判断を受ける恐れを持たずに、古い記憶の処理ができるように援助するのが、臨床家の仕事なのだ。

　クライエントの強い感情反応が苦手な臨床家は、クライエントの臨床像がどんなに無害に見える場合でもEMDRを使うべきではない。現時点での多くの明白な苦痛は、過去の一つかそれ以上の非常に外傷的な出来事が原因となっている。そのため臨床家の予想にもかかわらず、現在の機能不全をターゲットにしていても、クライエントが自然に過去の記憶の完全な除反応を起こしてしまうかもしれない。もし臨床家がこれに対する準備ができていないなら、クライエントは自分の感情反応を抑圧するかもしれないし、それは再外傷になるかもしれない。

除反応の対処のガイドライン

　この節のガイドラインは、臨床家がクライエントの除反応を通り抜けるのに役立つものである。このうちの幾つかは、既に他の方法で除反応の対処に熟達している臨床家には知られているものであろう。その他は特にEMDRに特徴的なものである。臨床的安定性とクライエントの安心感のために、以下の14項目に配慮しておくことが役立つ。

1. EMDRがクライエントの苦痛を作りだしているのではない。EMDRは苦痛を解放しているのである。ターゲットの出来事は、クライエントの人生の継続的な機能不全の源となっている。それは主訴の根源であり、その体験に固有の否定的感情はその出来事以来繰り返し（意識的にあるいは意識下で）引き起こされているのである。EMDR処理における除反応は、機能不全となっている題材が代謝されつつあることを示している。

2．除反応には初期、中期、終了期がある。臨床的観察は、EMDRでは除反応が加速的に起こることを指摘している。実際、催眠誘導による除反応に比べてずっと速度が速い。クライエントが高いレベルの苦痛を体験している一方で、除反応は明らかに当初の体験時ほど長くは続かないであろう。すなわち、クライエントのストレスは最初の20分間で劇的に静まるはずである。多くの場合、外傷的記憶は一回の90分セッションで実質的に処理されるであろう。

3．多くの場合、除反応は情報が処理されつつあるときに生じている。このため、除反応がうまく完結すれば、機能不全の源は同時に解決されたことになる。EMDRの除反応は、治療効果のために何回も繰り返されなければならないフラッディング法とは異なる（Keane & Kaloupek, 1982）。臨床家は、クライエントが通常の治療法で、子ども時代の外傷や現在の被害が話題になったときに極度に不安になるのを見たことがあるかもしれない。これらの感情は不安感が刺激を受けたこと、および問題の所在を示すしるしであった。これに対して、EMDRでの除反応は不安を引き起こす題材が変容していることを示している。従って、それは健康な状態が出現しつつある兆候としてみなされるべきである。これは、一回の除反応で必ず外傷の全体が解決するということを言っているのではない。しかし、もし情報が処理されているなら、極端なレベルでの苦痛は通常その後のセッションで再び現われるということはないであろう。

4．**臨床家はクライエントに対して距離をもった思いやりを保つべきである。**もし、臨床家が外傷的出来事の恐怖や苦痛の感情に巻き込まれるなら、大切な決断ポイントや介入を見過ごしてしまうだろう。クライエントは除反応の間、感情の安定性と安全感を臨床家が与えてくれることをあてにしている。一方また、クライエントは思いやりを必要としている。すなわち、クライエントは自分が表現した苦痛に対してもし臨床家が冷たい無関心を示すなら、十分に援助されたことにならないだろう。

　強い苦しみを前にして、最高の臨床的援助のために必要なバランスを見いだすことは、より認知的な介入に慣れている臨床家にとっては難しいかもしれない。そうした臨床家にとっては、自分の家族が苦しいときに自分が与えた援助を思い出すとよいだろう。家族を援助するためには、正確な判断力と

ともに理解と思いやりが必要であったはずだ。催眠やイメージ誘導に精通している臨床家のなかには、クライエントが「癒しの光」に包まれ、自分自身は守護的な「金色の大きなシャボン玉」に包まれているところを視覚化するという準備をしてから、セッションに臨む人たちもいる。その他の臨床家にとっては、前述の3つのガイドラインが、適度の距離を保つために役立つ。

5．クライエントの安全感を増大するために「あなたがしてほしいことを他人に為せ……」という「黄金律」に従うこと。臨床家はもし自分が突然に幼少期の恐怖感情とそれによる身体感覚におそわれたら、どんな援助を欲するかということを自問してみるべきである。その答えとしては、慈愛と信頼の雰囲気を伝えてくれて、進んでも安心だということを感じさせてくれるものの重要性が明らかになってくるだろう。この仮定のもとに、臨床家が穏やかで配慮があり、除反応の内容にも驚かず、それがどんなに激しく表現されても支持的であり、状況を安全に保つ責任をもってくれるということについて、クライエントはたえず安心できていなければならない。この姿勢によって、クライエントは意識に上ってくる内容にありのままに気づき「どんなものでも、起こることは起こるに任せる」ことができるようになる。

　この雰囲気を作り出し、維持するために、臨床家は各セットの間、落ち着かせ、支援的な声の調子で、クライエントに安心感を与えなくてはいけない。「そうです」とか「いいですよ」といった表現を使い、「ただ気づきましょう」と励まし、経験していることは「単なる風景」だと思い出させることで、クライエントにEMDRが期待通りに進んでいるという勇気と安心感を与える。

　クライエントは臨床家の反応を目の片隅で見ることができるので、臨床家は処理中ずっと穏やかな共感的援助の表情を保つようにすべきである。既に述べたように、臨床家側の恐れ、嫌悪、不快を示すどんな非言語的サインもクライエントの安全感の妨げとなり、十分な処理を行なう能力を大きく制限することになろう。

6．治療の前にクライエントは、現在は安全なのだということを確認していなければならない。外傷的出来事を経験する恐れを軽減するために、今経験しているどんな動揺も「古いもの」によって引き起こされているのであって、いま現在はもう危険な状態にはいない、ということをクライエントが思い出すことが大切である。ビデオテープがビデオデッキの操作でテレビスクリー

ンに映し出されるのと同様に、ターゲットの出来事のさまざまな側面を観察し、操作することができるということをクライエントに思い起こさせておくべきである。すなわち、クライエントがビデオのリモコンを持っているようなものなのだ。なぜなら、クライエントが片手を挙げたり首を振ったりしてサインを出せば、臨床家が眼球運動を停止して「映画」が止まるからである。クライエントがコントロール感を維持しつつ、経験を十分に感じられることを意図している。

　クライエントにとって、電車に乗っている比喩を思い出すことも助けになる。クライエントが乗客で、「過去のもの」が風景である。クライエントは感情と身体感覚をイメージとともに経験するかもしれないが、これをただ風景が行き過ぎていくのと同じに考えるとよい。クライエントが風景に注目しているときも、電車はそこを安全に通過していると覚えておくとよい。

　その他の有効な比喩は、先述のように、EMDRをトンネルを走る自動車にたとえることだ。トンネルを素早く抜けるためには、アクセルを踏んでいる必要がある。EMDR治療のアクセルは眼球運動（または、代替刺激）である。それによって、情報処理がスピードアップするようである。アクセルから足を離せば車は遅くなり、トンネルを出るのに長い時間がかかってしまうだろう。だから、苦痛を通り抜けるためにクライエントは、できる限り眼球を動かし続ける必要がある。

　もし泣き出しても目を開いて眼球運動を続けることが有用で、そうすることで処理が継続すると、クライエントに知らせておくことが大切である。クライエントが目を開いていられなければ、他の形の刺激ができる。しかしクライエントは、いつでも手や頭のサインで処理の停止ができると知らされていなければならない。通常通り臨床家は、即座にこうしたサインを守るべきである。

7．苦痛な情報が新たな山場に達し、セットの終了が可能かどうかを見定められるように、臨床家がクライエントの非言語的サインを読みとることがとても重要である。理想的には、各セットの目標は情報の一つの山場から、治療的により意味のある新しい山場へとクライエントを導くことである。クライエントが新しい洞察や苦痛レベルの劇的減少を（非言語的に）示すことで、臨床家は新たな山場の達成を観察できる。非言語的指標は、眼球運動の変化、

表情の緊張度、身体の姿勢、呼吸の速さ、顔色などであろう。こうした変化は、経験をつんだEMDR指導者による実習セッションで臨床家に教示されるべきである。

　非言語的サインは新たな山場のよい指標だが、臨床家はすぐにセットを終了すべきではない。新しい山場はクライエントにとって意識・認知レベルのつながりが可能になる前に、身体レベルに現われるようである。だから、臨床家は表情変化に気づいてからも5〜10秒ほどセットを継続して、情報が統合されるようにするべきである。いうならば臨床家は、クライエントに新しい高原を登り、さらにその平坦部に出るまでの時間を与えるべきなのだ。しかし、登り道が長く、険しく、一回のセットでは終了しないかもしれないということも忘れずにいるべきである

8．クライエントの非言語的サインは、新たな山場の前にセットを終了すべきかを確認するためにも使われる。情報の変化は加速された形でセット中に生起するようだが、臨床観察によると、セットとセットの間の時間の長さが大変重要である。長時間のセットを一回やるよりも、刺激を幾つかのセットに分ける理由として以下のものがある。

a. クライエントからフィードバックを得るため、すなわち処理が実際に生起しているかを評価するため。

b. クライエントが新しい情報を言語レベル、意識レベルで統合できるようにするため。

c. クライエントが新たな意外な気づきを臨床家と分かち合い、再び認めてもらいながら経験できるため。

d. クライエントを現在の感覚とそれに伴う安全感に戻すため。

e. クライエントに休憩を与え、除反応による身体的刺激に耐えられるようにするため。

f. クライエントが不安・動揺に自分の意思で出たり入ったりできることで、自分が除反応よりも大きい存在でそのコントロールができるという理解を強化するため。

g. クライエントに、臨床家の励ましが続いていることを再確認してもらうため。

h. 臨床家が臨床的介入を付加する必要性について判断するため。

これは各セットによって多分異なることだが、セット後の休憩時間の長さは各々のクライエントの必要性によって決まる。臨床家はもしクライエントがまだ安心感と安定化を必要としているなら、眼球運動を決して再開してはならない。また、ゆっくりしたペースであるとはいえ、休憩時間中も処理が続いていることを忘れないでいるのも大切である。このため臨床家はクライエントを注意深く見守り、除反応が再開しているかを確認するべきである。もし再開しているなら、セットに戻る必要がある。

9．**臨床家はクライエントの注意の二重焦点を強化しなければならない。**臨床家による刺激に留意すると同時に、内部で処理されつつある情報に注意を向けていることを忘れないよう、臨床家はクライエントに思い起こさせるべきである。こうして、クライエントは現在の安全性(そして現在やるべきこと)を意識しながら、過去からの情報にアクセスし、刺激を受けることができるようになる。生理学的レベルでは、この注意の二重焦点が典型的な外傷性反応を変化させ、治療的適応を援助しているのかもしれない。意識レベルでは、二重焦点によってクライエントが治療者からの資源とつながるとともに、現在の感覚を保つことを可能にしている。これによって、除反応による感情的混乱に耐えるクライエントの能力を増加されることができる。

　言葉での保証に加えて、臨床家はクライエントの現在へのつながりを、眼球運動の方向と速度を意図的に変えることで強化できる。クライエントが除反応中に眼球運動を続けられるためには、臨床家は恐らく眼球運動を遅くするか、動きの幅を短くする必要があろう。クライエントが泣いたり、その他の強い感情反応を示すときは、臨床家は眼球運動を変化させて、クライエントが外部焦点に集中しやすいようにしなければならないだろう。多くのクライエントは高いレベルの苦痛の中では、両側性の眼球運動を十分継続できない。またもし臨床家が動きの速度を増すと、ぎごちなくなってしまうだろう。いつもの速度と動きの幅を維持できないことをクライエントが失敗と受けとめないように、特別な配慮が必要である。

　さらに、もし眼球運動があまりに予測可能な動きになると、機能不全な題材に意識を集中する一方で、クライエントは動きを予測して機械的な眼球運動を演じてしまうことになる。これは処理の妨げであり、眼球運動の速度をセット中に変化させて避けるべきである。こうして、臨床家の誘導による運

動速度の緩急に従いつつ、クライエントは現在の環境への意識を維持できる。セットごとに（同一セット中にではない）無作為に眼球運動の方向を変化させることでも、同一の効果が得られる。もちろん臨床家はクライエントの変化を促進する運動方向のみを使用すべきである。クライエントによっては、ある特定の方向では全く処理が起きないことがあるということを忘れないでおくように。継続への励ましを感じるために心理的安定を保ちながらも、クライエントがセット中に最大限の情報処理を試みることができるのが大切だ。

10. 除反応の間、臨床家は解離の感覚を、代謝の対象となるさまざまな感情の異なる層と同様に扱うべきである。多くのクライエントは元々の外傷体験時に解離を体験し、その出来事を「天井から」見ているかのようであった、と報告する。こういうことがEMDRの処理中に起こったら、臨床家はその解離の本質が以下の3つの可能性のどれに当たるか見分けるべきである。すなわち (a) ターゲット記憶から生じている古い解離感覚で、セットによって処理されるもの、(b) クライエントがあまりに多くを要求されているために生じた新たな解離、(c) 未診断の解離性障害による解離。

治療的でない (b) と (c) 2種類の解離については、第4章から6章にかけて扱われており、こうした反応を避ける努力が必須であることも述べられている。もし、それでも起こるならば、再処理をすぐに止め、正しい行動をとらなくてはいけない。しかし、もし問題が古い解離（上記a）であるなら、臨床家はクライエントがその身体感覚と解離感に注意を向けるようにして、さらに同時にクライエントが処理中に現在の感覚にとどまっていられるように援助するべきである。これは (a)「私といてください」とか「今は安全ですよ」などという言葉や、(b)「そうです、そうです」などのリズミカルな言葉をやや強制的な眼球運動の促進とともに使ったり、(c) クライエントに眼球運動と同時に椅子の肘かけを両手で叩くよう頼んだり、(d) 眼球運動をしながら、処理中の記憶に何が起きているかをクライエントに詳しく話してもらうようにすることなどである。

11. 臨床家はクライエントの苦痛を、ターゲット記憶の視覚的操作によって減少させるよう努めることができる。臨床家が使うことができる感情的距離操作法は、クライエントに (a) 記憶をスチール写真のイメージに変える、(b) 記憶を白黒ビデオのイメージに変える、(c) 子どもの被害者が大人としての

7章　除反応とブロック

自分と手をつないでいるところを想像する、(d) 自分と出来事の間に防御ガラスの壁を作る、(e) 自分と加害者の間に防御ガラスの壁を作り加害者をずっと遠ざける、といったことをさせることである。この最後の例では、処理が進むにつれ、ガラスの壁ごしに加害者は徐々に被害者へと近づけられていく（Wolpe & Abrams, 1991）。

　しかし、幾つかの理由で、臨床家は付加的戦略の必要性について注意深くなる必要がある。まず第1に、すべてのクライエントが上記のような視覚的調節ができるわけではない。第2に、視覚的調節はセット中に失われてしまい、不快レベルが再び上昇することがあり得る。第3に、もし視覚的操作が利用されたときは、最後に状態依存的に残存しているかもしれない情報を再処理するため、もとの映像に戻す必要があるだろう。視覚的操作の目的は、クライエントが苦痛を低下させて記憶を観察できる立場を見つけることである。また、クライエントの記憶操作能力にとって本質的なことは、クライエントが苦痛よりも大きな存在であり、実際にコントロールを保持しているのだ、という概念である。しかし、視覚操作は一時的方法として使用されるものであることを忘れてはならない。最終的には、ターゲット情報が十分に処理されなければならないのだ。これについては、ブロックされた処理についての本章の次節で詳しく扱われる。

12. **可能最大の感情的安定性を確保するために、セッション中やセッション後に必要な取り決めについてクライエントがどんなことでもできるように、臨床家は励ましを与えるべきである。** 例えば、多くのクライエントは、(a) セッション後に、自分の大切な人に迎えに来てもらったり、(b) 安心感のために特別なもの（本、ぬいぐるみ人形、お守りなど）を持参したりする。しかしペットは適切ではない。なぜなら、特にペットがクライエントの苦痛を感じとったときに、処理の邪魔になり得るからである。また通常は、処理中に他人が同席することも役に立たない。気が散ったり、治療が分散されたり、非援助的関係性のためである。

　不快な処理の最中のクライエントを安心させるために、さらなる安全感や安定感を求めてクライエントが臨床家の片手を握れるように臨床家が片手を空けておいてあげるのは役立つことだ。しかし、除反応中に臨床家がクライエントの手を取ろうと自ら動きだしてはいけない。そうした行動は、加害者

や外傷体験による侵害の感覚を想起させるかもしれないからである。クライエントが表明した欲求に応じることと、侵入的になって再外傷化を引き起こすことは全く異なる。

13. 臨床家は、適切な場合には、聴覚刺激か手のタッピングに変えるべきである。クライエントは目を開けたままでは処理が継続できない場合がある。手の動きが以前の虐待体験を想起させたり、自制できないすすり泣きが起きているときである。クライエントが眼球運動をできないとき、臨床家はリズミカルな音か、手のタッピングを試みなければならない。これらの代替的刺激を使うときは十分な注意が必要である。なぜなら、クライエントが解離を起こしているかどうかが分かりにくくなるからである。眼球運動の一つの利点は、クライエントの目の動きが停止することで、クライエントが処理中の題材と過度に関わり始めたと分かることである。しかし、クライエントによっては、十分な眼球運動では苦痛が強過ぎるが、タッピングならば反応の強度が弱まり処理が継続できるようになる。非言語的サインはこの場合に大変重要であり、臨床家は処理がセットから次のセットへと継続しているかを見極めなければならない。

14. 眼球運動や手掌のタッピングや音刺激を使っても、クライエントが情報処理をしていないときは、臨床家は「ブロック」に対処する方策を使う必要がある。除反応中のブロックのよく見られる形は「堂々巡り」である。この場合、ひとつの山場から次の山場へと確実に進展したり、あるいは無変化状態に達したことを示す代わりに、クライエントは情報についての同一の山場の周囲で堂々巡りを起こす。堂々巡りは、クライエントが強度の解除的苦痛を体験していて、同一の感情、感覚、イメージなどがセットの継続の中で繰り返し起こっていることの証拠である。時々苦痛が少し減少することがあるが、またすぐに同じ否定的思考と感情に戻ってしまう。臨床家は次節にでてくるさまざまな方策を使って、ブロックされている処理を再刺激しないといけない。堂々巡りを起こしているクライエントは、一般に第10章で扱われる方策を必要とする。

除反応の技法

もし、上述のあらゆる方法や次節で扱われるブロックされた反応への方法が

すべてうまくいかない場合は、EMDR の初心者の臨床家は安全な場所のエクササイズ（第5章参照）か、または、第9章の終了のための手続きを用いるべきである。処理の継続に必要な、より積極的な EMDR による対処法は第10章に出てくる。しかし本書は、第一に訓練を受けた EMDR 指導者の指導による実習と並行してテキストとして使われるべきものであることを思い出してほしい。より積極的な EMDR による対処法は、臨床家が EMDR の経験を積み、本章で扱われている EMDR の変法に熟達してから初めて試されるべきである。

ブロックされている処理への方策

　この章の後半で扱われる方策は、行き詰まっている処理の再刺激をする臨床家の助けになる。次節の「主要ターゲット」に出てくるものは、元々のターゲットに対するクライエントの集中力を維持してくれる。「ブロックされている処理のための補助的ターゲット」と題された節では、ブロックの原因に寄与している要素について述べている。クライエントの苦痛の継続は、本来のターゲットに戻る前に他の題材について再処理する必要があることを示しているかもしれないので、これらの要素を考慮する必要がある。もし、「主要ターゲット」の節の方策で処理の活性化がうまくいかないときは、これらの要素が利用されるべきだ。しかし臨床家は、ひとつのセッション中にこの2つの節で扱われる代替的方法を、両方とも使う可能性があることにも留意しておくべきである。

主要ターゲット

　本節には、クライエントの再処理効果が停止したと見られるときに、ターゲットに関する焦点を変化させるための色々な手続きが出てくる。臨床家は、情報が適切な脱感作状態には達しておらず、その後の2セットでも変化しないときに、処理が停止したと仮定すべきである。

　後述されるように、最初の2つの技法は眼球運動そのものを変化させることと、身体感覚だけに集中することである。もしこれらの技法が効果がないなら、その他の方策が必要となる。基本原理は、処理が自然にうまくいったケースにならってクライエントに意図的な意識変化を起こすように求め、脳を「（後押しを受けて）ジャンプするようにスタート」させることである。これらの方法

は多くの臨床観察の産物であるが、ここで挙げられていることは完全なリストではない。EMDRに習熟してから、臨床家は自分の臨床経験に基づいた新しい技法を自由に加えていってほしい。

　EMDRのより積極的用法はあるクライエント、特に解離を起こすクライエントにとって必要になるということを忘れてはならない。第10章で述べられるこの用法は、適切な指導による実習の後で、基本的用法に少なくとも8週間（あるいは、だいたい50セッション）にわたり取り組んでから初めて使われるべきだ。EMDRのより積極版を効果的に使うためには、臨床家は第4章から第9章までの内容の実施に慣れるように十分な実践が必要であろう。また、基本的なクライエントの反応について、慣れるまで十分な経験が必要であろう。この基準に満たない臨床家の場合、もしブロック反応をしているクライエントが本章のさまざまな方法でも処理を再開しないときは、適切な形でセッションを終了すべきである。そして、より積極版についての指導と実習を受けるまで、EMDR以外の形の治療法に変えるべきである。

　以下の方法は実用性本位の順番で並べてある。どんな場合でも、眼球運動の変化と身体感覚への注意が、まず第一に試されなければならない。

眼球運動の変化

　もしクライエントの反応が2セットの後で同一であれば、臨床家は眼球運動の方向、長さ、スピード、あるいは高さを水平軸に沿って段々と上下させたりして、変えなければならない。これらの変化を組み合わせると、最もうまくいくだろう。

身体感覚への焦点づけ

　身体感覚は、恐らく出来事があったときに経験された　感情または身体感覚を示しているのであろう。処理再開のために最も役立つ方法は、身体感覚のさまざまな側面に注意を向けることで、以下に説明していく。

　すべての感覚　臨床家はクライエントに、イメージと思考から離れて、まず身体に焦点を向けるように求めなければならない。そして、眼球運動に系統的な変化を加える一方で、そのとき感じられる身体感覚に集中するようにクライエントを導いていかねばならない。

主要な感覚　もし処理が再開しないで、クライエントが多くの身体感覚を感じているときは、次のセットでイメージと認知を抜きにして、クライエントは最もはっきりした感覚に集中するようにすべきである。

言っていない言葉　ある種の身体緊張は、話されなかった言葉を口に出す必要を示していると言える。すなわち、クライエントが外傷体験中や虐待を受けた子ども時代に口に出せなかった言葉や叫びである。クライエントが怒りや裏切りの感情（またはこうした状態に伴う身体感覚）を経験しているように見えるとき、臨床家はクライエントに、どんなことでも口に出したり、心の中でもいいから言葉にして言うように求める必要がある。これは特にクライエントが顎やのどの部分に緊張を感じるときに有効である。助けを求める叫びや怒りの声は、報復を恐れるあまりのどにつまってしまうことがしばしばあるからだ。クライエントがいったんこうした言葉を口に出し、その後のセットでそれらに焦点を向けると、以前と同じ加速されたスピードで処理を再開することが可能になる。

クライエントがどんな言葉を口に出そうとも、臨床家は支持的で励ます態度を維持するように注意しないといけない。激しい怒りの感情にふれると、クライエントは加害者に対して恐ろしい残虐行為をしているところをイメージしたり描写するかもしれない。臨床家はクライエントに対して、こうした感情は自然なものであり、ため込んでしまうより外に出した方がずっと良いということを保証すべきである。子ども時代の怒りの無力感（または、大人の怒りの欲求不満感）に、とうとう触れたということなのだ。臨床家は、クライエントの言語化は道徳上何の問題もなく、実害も与えないということを伝える必要がある。だから、どんなことをクライエントがイメージ上の加害者に言っても（例えば、「おまえを切り刻んでやる」）、臨床家はその言語化の応援団のように振る舞うべきである。セットの継続で、もはや話されずにいた言葉はなくなり、抑圧された怒りと恐れが解決され得る。臨床家は面接セッションが終了する前に、現在の感情と予想される行動についてクライエントとよく話し合う必要がある。もしまだ古い題材の処理が終わっていないなら、加害者と対決しようとするクライエントを臨床家が引きとめることが大変重要である。

クライエントが、セット中や次のセットまでに、これらの言えなかった言葉を声に出したり、心の中で言ったりする方法は数多い。もし、クライエントが

次のセットまでに言語化するなら、その言葉を次のセットで心の中で唱えてみるべきである。これらの言葉は、断固として恐れなく言えるようになるまで、引き続くセットで繰り返される必要がある。臨床家にとっては、解決の手応えを言葉の調子や大きさで判断するため、言葉を聞く方が望ましいが、クライエントはあまりに抑制が強くて言葉を声に出すことができないかもしれない。もしそうならクライエントは、セット中に心の中で言葉にして言い、そして、止めたいときに手のサインを使って知らせるようにするべきである。臨床家は手のサインが出るまでセットを延長しないといけない。その後、クライエントの感情について尋ね、その答えで臨床家はさらなる言語化とセットが必要かどうか判断する必要がある。さらに臨床家は、クライエントが自分の言いたいことを明確に述べられるように援助することができる。その後のセットでは、最初は口の中で、次にささやき声で、そして次第に大きな声でというように言語化してもらうのである。

　この強力な介入は、臨床治療を大いに促進できる。この方法で虐待の被害者は、しばしば親や加害者からの独立を初めて宣言できるようになる。しかしクライエントの言葉が、子どもとしての無力な恐れから、適切な責任の帰着（すなわち、加害者に責任を負わせること）と現在の安全への理解を含む大人の視点へと進展することが大切である。言語化とセットは、クライエントが恐れと自己非難なしに正当性と確信の両方を感じるまで続けられる必要がある。

　動作の利用　前述のように、身体感覚はターゲットとなる出来事当時に体験した感情や感覚の表現となり得る。例えば、恐れや怒りに関わる体験の中で、クライエントは誰かに殴りかかるといったある種の身体反応を抑圧したかもしれない。クライエントが身体のどこかに緊張を感じ、もしそれが元来の体験時に抑圧されたものであることが示唆されるなら、殴る動作のような関連した動きをしてみるようにクライエントを励ましてみるべきである。

　処理がブロックされていたあるクライエントが、自分の卒業ダンスパーティで父親に侮辱されたことに対する大きな怒りを表明したことがあった。その話をしながら彼女の手と腕がとても緊張してきた。彼女の手がこぶしを作っているのがはっきりしていたので、そうしてみたければ叩く動作をするように強く勧めた。彼女が自分の前の空間を叩く動作をしながら、数セット繰り返すと処理が再開した。

身体感覚のこうした表現は、話されなかった言葉の現象と似ている。両方とも貯蔵された情報を適切に処理することが原理となっている。これには抑圧された感情、言葉、身体的行為への刺激が含まれる。セット中にこれらのはけ口をつけてやることが、処理の進展を増大させるようだ。しかしクライエントは、生じてくるものを何でも表現できるだけの安全感を、治療同盟のなかで十分に感じていなければならない。なぜならそうしたものを抑圧しようとすると、再外傷化が起き得るからである。唯一の規制は、クライエントが自分や治療者を再処理中に傷つけないという同意である。これは、戦争帰還兵医療センターの最も怒りにみちた退役軍人たちにおいても、うまく成功した方策である。

身体部位への圧迫　処理が行き詰まり、主要な表現が身体感覚でありしかも変化せず、思考やイメージが浮かんでいないときは、クライエントにその身体感覚のある部位を指で押させるのが効果的であるかもしれない。圧迫によって、関連した記憶についてのイメージや思考が浮かんでくることがしばしばある。そうしたら、それらをターゲットにすればよい（Martinez, 1991）。臨床家はクライエントに目を閉じてもらい違和感のある部位に注意を集中してもらうことで、多くのクライエントから同様の結果を得られる。そのとき浮かんでくるイメージや思考は、それがどんなものでもターゲットにすべきである。もし何も浮かんでこなければ、元のターゲットに戻り処理を続けるのがよいだろう。

スキャニング

再び言うが、もし処理が停止したなら、臨床家はクライエントに次のセットでの焦点づけを変えるよう特別に指示すべきである。成功した処理は、意識に自然に上ってくるさまざまな要素を含むことがよくある。ブロックされた題材が人為的刺激を受ける必要があるとき、クライエントは、他のクライエントの場合に自然に起こることを、故意にやるように求められる。こうして、神経心理学的な接続が作られ、情報処理の再開が可能になる。

視覚的手がかり　臨床家は、もともとのターゲットに比べて現在もっと不快に感じることがないか、クライエントに出来事を見直してもらう必要がある。例えば、レイプ被害者が記憶の最も不快な部分に焦点を当てるように求められたとき、性器挿入の瞬間に意識集中するかもしれない。成功する再処理では、レイプ事件のその他の面や出来事が自然に浮かび上がってくるだろう。しかし、

最初の情景がターゲットにされ、数セットによってその感情的苦痛のごく一部が緩和されるだけで再処理効果が止まってしまう場合がある。その場合、臨床家は、その出来事に関して現在特に不快な別の側面に気づくかどうか、被害者に心の中でレイプ事件全体を見直してもらう。このときクライエントは、オーラルセックスをされそうになったことがもっと大きな苦痛だったと表明するかもしれない。いったん同定されたら、この情景に焦点を当て1セットをする。これによって再処理が続き、感情的苦痛が減少することがよくある。脱感作が完了するまで、何回かにわたり視覚的焦点づけを記憶の他の部分にシフトするようにクライエントに求める必要があるだろう。植え付けの前にクライエントに元々のターゲットに戻ってもらい、出来事の優勢な部分を想起して完全な処理のためのチェックをする必要がある。

音響効果 再処理が停止したら、クライエントに、特別に不快な音がないか探すように求めるべきである。例えば、あるベトナム帰還兵の例がある。ある晩目が覚めると、部下が捕虜を銃で撃つためにわざと逃がし、捕虜がジャングルに逃げるのを後ろから射撃しているところであった。再処理の間、クライエントのSUDレベルは5に下がったが、そこで行き詰まった感じであった。クライエントに音による効果についてその記憶を見直してもらうと、彼はM-16銃の銃声が不安感を劇的に高める感じに気がついた。臨床家が次のセットで銃声だけに焦点づけるように言うと、クライエントのSUDレベルはさらに下がった。介入が成功してひとつのチャンネルが終結してから、通常の手続き通り、さらなる処理のためにクライエントには元々のターゲットに戻ってもらった。

対話 自然には浮かび上がらず、しかも探し出される必要のある記憶のもうひとつの側面は、出来事中に交わされていた対話である。身体的虐待の記憶をターゲットにしているクライエントは、その事件時に何を言われたかを思い出すように言われると、今問題になっているのはその言葉による虐待なのだと気がつくことがよくある。加害者の言葉とそれによる身体的反応に焦点づけると、クライエントはその後のセットで処理を再活性化できる。

部分的変化を加える方法

クライエントが記憶に集中する方法がうまくいかないとき、臨床家は注意の焦点かターゲットそのものを変化させるようにクライエントに求めることがで

きる。例えば、クライエントに出来事またはそれと関連した側面を違うやり方（以下の項参照）でセット中にイメージしてもらうと、処理が再び刺激されるだろう。治療が終わった後に、ターゲットの記憶を回復する際に、クライエントに問題が生じたという報告はない。処理中にした変化（故意であれ自然なものであれ）に関係なく、クライエントは実際には何が起きたかを知っている。しかし、いつもと同様に、臨床家は最後にはクライエントに元々のターゲットに戻ってもらい、最終的な再処理をしなければならない。

イメージの外観　イメージ（映像）自身を変化させようとすることで、処理を再開させることができる。クライエントには、イメージをより明るく、小さく、またはもっと遠くにしたり、あるいは白黒の画像にすることで、うまく処理を再賦活できる人がいる。再び言うが、これはクライエントに、他の人のEMDRで自然に生起することを故意にやってもらうことでもある。臨床上の留意点は、クライエントがこの変容をするために、十分な視覚化のコントロールを有していなければならないということと、完全な再処理効果を得るために元々の記憶が付加的変化なしで再ターゲットとされなければならないことである。しばしば、変化・変容を加えられたイメージは引き続くセット中に、自然に元の形に戻ることがある。それが自然に戻ったにせよ、故意にせよ、変化されたイメージが十分に脱感作されていると、元のイメージの苦痛は通常大幅に減少するだろう。

動きの停止　視覚的変化のもうひとつの方法は、クライエントに加害者（または苦痛をもたらした相手）を視覚化してもらうが、その動きは視覚化しない、というものである。この方法はたいてい苦痛を減らし、処理再開をもたらす。

処理が成功したときでも、行為ではなく、加害者自身に焦点づけると、より完全な般化がもたらされる。特に子どもの場合はそうである（第11章参照）。恐らく、子どもには関連した経験の神経ネットワークがまだ比較的少ないので、加害者の特定の行為には焦点をおかず、いつもと同じ服装の加害者をイメージさせると、急速な般化効果が生じるのであろう。これは、最も目立った記憶が既に処理されている場合、特に当てはまる。例えば、5歳の被虐待児が、外傷的出来事が3回だけあったと明らかにした。そして、それらの再処理はすべて成功した。しかし、彼女にはもっと多くの記憶が残っていた。虐待が何カ月も続いていたからである。加害者はよく暴行時に赤いガウンとマスクをつけてい

たので、クライエントにその服装でただ立っている加害者を視覚化するようにと言った。そのイメージとともに、だいたい7セットが行なわれた。こうして一回の面接で、この子の現在の問題である夜尿と悪夢がなくなったのである。

階層（ヒエラルキー）　もうひとつの視覚的変化は、治療階層の創造と利用である。これは系統的脱感作（Wolpe, 1991）で利用されたことによって、心理学的に信用を得ている手続きである。基本的に、クライエントは時間または距離を変化させて、ターゲットの出来事の苦痛を小さくするのである（例えば、「クモをあなたの腕の上にではなくて、通り2つ離れたところにいると想像してください」と教示するやりかた）。

これによって、虐待被害者は自分と加害者の間にガラスの壁を想像したり、加害者がもっと離れたところにいて、ほんの少しずつ元の場所に戻ってくるように想像したりできる。これらの操作で最初の処理がうまくいったら、必ず最後には元々のターゲットに戻り、それが変容なしで完全に処理されるようになることが大事である。

イメージ（映像）へ戻ること　あるチャンネルでの処理中に異なる複数の出来事が浮上してきたときは、そのうちの一つの出来事が強いレベルの苦痛を引き起こしているように見えることがあるかもしれない。その後のセットでクライエントは、その特定の出来事に関する思考や感情に集中を始めるであろう。処理によってクライエントの感情や思考が中程度の苦痛にまでおさまるが、それ以上は変化しなくなるだろう。こういう場合は、クライエントの注意を、最後に浮上していたひどく苦痛な出来事の映像に戻すとよい。これによって体験が再び強まり、処理の再開が可能になる。

否定的認知に戻ること　最後の例で示されたように、ある出来事が当初は不快に見えても、次に周縁的思考が浮上してくると、あまり苦痛なものではなくなってくることがある。もし処理が行き詰まっているようなら、元々の否定的認知を最後に出てきた苦痛の出来事の映像とともに再導入するのが役立つであろう。こうして機能不全の題材が再刺激され、処理が継続できる。

肯定的言葉の付加　処理が低いレベルの苦痛で行き詰まっているときは、臨床家はクライエントに「それはもう終わったことです」とつけ加えるようにセット中に言ってもよい。これによって、よくクライエントは大きな安全感を抱き、処理の再開が可能になる。さらに臨床家は、クライエントが肯定的認知を

セット中に導入するように言うこともできる。こうすることで、二次的疾病利得に関する自然な洞察が進んだり、あるいは肯定的認知を受け入れることへの恐れが出てきたりする。これらの洞察や恐れは、扱われる必要がある。その他の場合としては、SUD レベルが自動的に低下していき、認知的題材が何も出てこない、ということがあろう。肯定的認知は、低いレベルでの苦痛で行き詰まっている題材にのみ利用されるべきである。強度の苦痛があるときに、時期尚早に肯定的認知を導入しようとすると、逆効果となり得る。そして、クライエントはより悪化した感情の中に取り残され、肯定的認知は自分にとって真実なものではないし、いつまでたってもそうはならないだろう、と信じてしまう。臨床的観察によれば、通常の状況では、EMDR は真実ではない言葉を本当と思い込ませることはできない。しかし、上記の場合は処理自体が行き詰まっており、支配的感情がその山場についての信念を形成してしまうのである。

　肯定的認知のチェック　臨床報告では EMDR は、真実ではない、非現実的な、または生態学的に妥当性を欠いた題材を同化することはないようなので、クライエントが植え付けの段階で適切な処理をしていなければ、臨床家は肯定的認知の適切性を再評価しなければならない。もしクライエントが肯定的認知に焦点をおいたセットで動揺してくるようなら、この再評価は絶対しなければならない。この段階での処理での動揺のもうひとつの理由は、ブロックとなっている信念が刺激されることである。この要因については、本章の後半に出てくる「補助的ターゲット」という節で扱っている。

ターゲットに戻ること

　もし、連想があるチャンネルで停止するようなら、臨床家はクライエントをターゲットに戻して、数回のセットをするべきである。さらに、どんなセッションの最後の段階でも、以下のことのためにターゲットに戻って数セットを行なう。（1）機能不全の情報に関する追加的チャンネルがないかどうかの確認をする、（2）植え付け段階を開始する、（3）ボディスキャンでセッションを終了する。

　ここに挙げたすべての介入は探索的なので、臨床家はそれぞれを決定的解決法としてではなく、ひとつの可能性として提示するように注意しなければいけない。開かれた臨床的姿勢は、必須のものだ。なぜならば、どのクライエント

も独自の個人として処理を進めていくからである。どの提案なら受け入れやすいとか適切である、といった保証はどこにもない。さらに、適切に使われれば、クライエントにとって生態学的に妥当な信念と矛盾したり不適切であったりするものは、EMDRによってクライエントの枠組みに結合することはない。もし、結合しようとすると、クライエントはもっと不安になるか、あからさまにその題材を拒否するだろう。クライエントが自分自身の内的真実と臨床家の要求特性の間にはさまれて葛藤する、ということがないようにするのは重要である。

補助的ターゲット

この節で論じられる方法には、適切なターゲットを見分けるより高いレベルの鋭い眼識と経験が要求される。先述のように、EMDRは臨床的諸技能のインターフェイスとなるものであって、それらにとって代わるものではない。クライエントがターゲットの出来事に関する焦点を変化させても処理の再開ができない場合、その他の要因が苦痛に寄与している可能性がある。

臨床家は問題となる領域を見極め、適切な安心を与えつつ、そして、必要なときは残っているブロックの再処理をしながらそれらに対処しなければならない。時々、元のターゲットに戻ることが次のセッションまで延期されなければならないことがある。一方で、元のターゲットに戻るまでに、ほんのわずかな時間で十分な場合もある。どちらの場合もクライエントは、EMDRセッションの焦点変更は全体的臨床戦略の一部である、と安心させられるべきだ。焦点変更は、ちょうど長距離走者がコースに伴う新しい地形に合わせて順応していくようなものである。臨床家は終了エクササイズをして、出てきている問題についてクライエントと話をする必要があるかもしれないし、活動計画を作る必要があるかもしれない。

養分を与える記憶

養分を与える記憶とは、まだ触れられていない古い記憶であり、現在の機能不全の一助となり、その処理をブロックしているものである。養分を与える記憶についての議論を、幾つかの背景的題材を見直すことから始めよう。最初の生育歴・病歴聴取セッションは、クライエントの長期にわたる機能不全パター

ンを見分けて、そのパターンがどのような出来事で開始したかを見極めるためにある。最も多い主訴（次章で詳述）に対する EMDR の標準プロトコルには、3つのステージがある。第1は、もともとの題材をターゲットにすること。第2は、現在の機能不全をもたらしている現在の刺激をターゲットにすること。そして第3は、適切な未来のために、健全で新たな行動の加速的学習をスタートする肯定的鋳型を取り入れることである。私は1987年にクライエントの現在の機能不全を最初にターゲットにしたときに、多くのクライエントがセット中に自然に過去の記憶を想起するということ、そして、現在の状況に固着しているクライエントはしばしば不安が高まり処理が行き詰まる、ということを発見した。こうして、私はこのプロトコルに到達したのである。

　成功した処理で自然に生じていたことを、ブロックを抱えているクライエントに故意にやってもらうと、処理のブロックが外れるという基礎原理を適用しながら、私はこれらの初期のクライエントに否定的認知を含む早期記憶を探索してもらった。いったんそうした記憶が同定されてうまく扱われると、現在の機能不全の苦痛が大幅に減少して、以前よりずっと処理しやすくなることが分かった。クライエントに否定的認知によって早期記憶を探してもらうことは、処理のブロックを外すひとつの重要な方法となった。これは、クライエントの成人後の記憶処理が必要な場合に、臨床家が第一に考慮するべき選択肢のひとつである。

　クライエントは早期の機能不全が現在の経験に関係しているということを、全く考えていないかもしれない。こうした場合は、もし現在の刺激への否定的反応が最初にターゲットにされると、クライエントの苦痛が増加するかもしれないし、本章で先述したどの方法によっても苦痛を減少できないだろう。以下に例を挙げる。

　あるクライエントが、職場でもっと落ち着いた気分でいたいということで、EMDR のセッションを希望してきた。彼女は上司に怒られる度に多大の苦痛を経験していた。最初に彼女の苦痛は適切なものではないこと（現実にくびになる危険はなかった）を確認してから、臨床家は職場の状況をターゲットにした。クライエントは、自分の足に正体不明の苦痛を感じるとともに、高い不安感を示した。色々な感覚をターゲットにして、ブロックに対する幾つかの方法も行なったが、クライエントの苦痛のレベルは高いままであった。とうとう臨

床家は「私は危険だ」という否定的認知に焦点づけてもらい、同時に子ども時代に怒りが危険を意味したような他の出来事がなかったか見直しをしてもらった。すぐに彼女は、父親が怒って彼女を冷蔵庫に叩きつけた記憶を想起した。この記憶がターゲットにされると、処理はずっと進展するようになった（父親によって傷つけられた足の感覚は、初め強まり、それから消えた）。この記憶処理が終了すると、クライエントは上司との現在の状況の苦痛が弱まり、その処理が簡単になったのである。

多くの臨床家は、成人の怒りへの不適切な反応は子ども時代に端を発するものであることに疑いをもたないであろう。しかし、しばしばその機能不全の端緒はそれほど顕著ではないかもしれない。EMDR の理論的仮説は、現在の機能不全の反応（有機的または化学的に根拠がある病理は例外）は、どんなものでも常に、それ以前の経験の結果であるというものである。もちろん、それが必ずしも子ども時代の経験に限られるわけではない。明らかに、主訴とみられる最近の外傷的出来事（自然災害や自動車事故など）はすぐにターゲットにされるべきである。しかし、養分を与える記憶が処理をブロックしているかもしれない。厳格な行動主義の方向づけをもった臨床家は、EMDR を現在の機能不全のみに適用しようとするかもしれないが（そして多くの場合、当初は素晴らしい結果を得る）、再処理がブロックされているようなときは養分を与える記憶を探索することが重要である。

養分を与える記憶の否定的影響は、現在の状況の再処理が一見うまくいっているが続くセットでまた不快なものになってくる、という場合にも見られる。うまく処理ができたと思われた記憶を再処理したり、処理がブロックされたため養分を与える記憶を探索しなければならないことは、大変不快でがっかりすることでもあり得る。だから、臨床家は EMDR の標準プロトコルを使用して、可能なときはいつでも最初に早期記憶を扱うようにするのが望ましい。しかし、養分を与える記憶の問題はプロトコルの第 2 ステージ（現在の刺激をターゲットにする段階）でも生じ得る。これは第 1 ステージでターゲットになった出来事とは異なる早期の出来事が、苦痛の予期せぬ源となっている場合である。

クライエントは、最も早期の記憶を確定するとき主導的であることを許されるべきである。あるクライエントは、政府機関による査察が入ることへの不安を EMDR のターゲットにしたいと言った。最初、臨床家はその不安が納得い

く現実的なものであるかどうかを見極めることをした。先述のように、EMDRは状況に適合した感情や適切な行動に対する勢いを取り除くことはないはずだからである。換言すれば、もしこのクライエントの不安が査察に対する準備不足によるものなら、彼の不安感は当然のものでありEMDRによって変化することはないだろう。彼が査察に対して十分な準備をしていることを見定めてから、臨床家は「私は、うまくいかない」という否定的認知で治療を開始した。クライエントの不安は、査察官によって不十分とされるだろう、という予測と明らかに関連しているので、この認知が選ばれた。このクライエントは変化をつけたEMDRを何度も試したにもかかわらず、SUDスケールで8の不安感情が続いた。それで臨床家は、「私は失敗するだろう」という教訓を彼に教えた子ども時代からの記憶を見つけるように言った。クライエントは、子ども時代からのものは何も思い当たらないが大学院時代の関連した記憶がある、と述べた。その出来事と否定的認知が1セットの中でターゲットにされてから、「あー、小学1年生のときに同じようなことがあった」と発言した。その記憶の処理によって、実は自分はそのとき全然失敗していなかったということに気づいた（テスト用紙が返されたとき自分は合格していた、ということを彼は思い出したのである）。そして実際、その成功のために自分が賞をもらっていたことにも気づいたのである。予定されている査察が再びターゲットにされたとき、クライエントのSUDレベルは大きく減少して、残っていた不安が容易に再処理されたのである。

　こうした例で分かるように、臨床家は否定的認知が当てはまる最も初期の記憶を見つけるようにクライエントに指示すべきである。否定的認知を思い浮かべながら子ども時代の記憶をよく調べることは、効果的処理に必要なもともとの題材を明らかにしてくれるだろう。しかし、クライエントが選定した否定的認知は、その初期記憶に結合にしていないかもしれないので、臨床的技能が必要となる。例えば、上司の怒りによって過度に動揺していた事務員のもともとの否定的認知が、彼女の大人としての状況に焦点化するために選択され、「私は成功できない」という言葉で表わされたとする。そのときは、クライエントの恐れの感情と子ども時代のメッセージとの関連を形作るのが、臨床家の仕事である。

　養分を与える記憶に接近するもうひとつのやり方は、クライエントに支配的

感情と身体感覚に焦点を当ててもらい、それを言語化し、そしてそれから早期記憶を探してもらうことである。例えば、飛行恐怖をもつクライエントの現在の訴えが実際の飛行機旅行をターゲットにして再処理されたとき、クライエントの感情が変化して処理が停止した。彼の新たな感情と、それに関連した感覚はとても強かった。クライエントは「私は不十分だ」という否定的認知を示した。そこでクライエントに、目を閉じ身体感覚と否定的認知の言葉に焦点づけ、それから子ども時代に同様の感じを強く抱いたときを探すようにしてもらった。彼は母親が、彼が生まれてきたことを嘆いたときのことを思い出した。この記憶を再処理すると、彼の飛行への恐れ（それは多くのコントロールに関わるテーマと関連していたのだが）の大部分が解決されたのである。

　まだ見いだされていない養分を与える記憶によるブロックに対処するときは、臨床家はさまざまな可能性の探索を心がけるべきである。幸いにも EMDR 処理効果は急速なので、間違った道程をとっても、すぐに明らかになる。養分を与える記憶は、過去の記憶であれ現在の問題であれ、成人のターゲットをうまく処理するための非常に大事な要素である。

ブロックしている信念

　最初のターゲット処理がうまくいかないとき、臨床家は展開を妨げている否定的信念を見つけださなければならない。前章で示されたように、これはクライエントに「あなたの SUD スコアが 0 になるのをブロックしているのは何ですか？」（もしクライエントが脱感作段階であるなら）と聞いたり、「あなたの VOC スコアが 7 になるのをブロックしているのは何ですか？」（もしクライエントが植え付けの段階であるなら）と質問することで可能になる。しばしば、クライエントはターゲットにされるべき新たな否定的認知に気づき、調べてから、その認知に関連した適切な早期記憶を選べるようになる。その否定的認知（ブロックしている信念）がターゲットにされて処理されるまでは、最初のターゲットの処理の進展は停止したままであろう。

　例えば、PTSD 症状のために治療に来たベトナム帰還兵の例がある。彼には 1 週間に 3〜4 回のパニック発作があり、頭上を飛行機が飛ぶ度にフラッシュバックが起き、強度の全般性不安と人間関係の回避があった。状態像の評価をしてから、臨床家は「私はほどよいコントロールができる」という肯定的認知

を提案した。臨床家は、クライエントのコントロールのニーズがあまりに高いため、コントロールがうまくいってないときにいつでもパニックになってしまうと感じたのだ。クライエントはこの肯定的認知を受け入れた。それから「私はコントロールできない」という否定的認知が導入された。臨床家がクライエントにこの認知を代表するひとつの出来事をターゲットにするように言うと、彼は自分の妻が戦争後に彼を措置入院させたときのことを述べた。その記憶のSUDレベルは10であった（そして、処理により0まで下がった）。しかし肯定的認知に対するVOCを尋ねられると、クライエントは「自分はほどよいコントロールをもつに値しない」と答えた。この言葉はブロックになっている信念と見なされる。なぜなら、これが処理の継続とコントロールに関わる問題の解決を妨げているからである。そこで臨床家はこのクライエントに、彼の無価値観を代表する記憶を同定するように求めた。すると彼は、自分が深く愛していた女性との性関係の失敗について話してくれた。その記憶は処理により、SUD8から0まですんなりと下がった。しかしVOCが確認される前に、クライエントは自分から「私はきっと彼女に、このことを話すべきでしょう。でも、他のことと一緒で、きっと失敗する」と発言した。これもまたブロックとなる否定的認知として、クライエントに失敗感と関連した重要な記憶の同定をしてもらった。するとクライエントは、実際は英雄的行動をしていたのに、数人の兵士の死を招いた職務怠慢者だと誤解されて責められたという悲劇的な話を語った。この記憶はそれに伴う「私は失敗者だ」という否定的認知と共にうまく処理され、「私はほどよいコントロールができる」という肯定的認知はVOCスケールで7まで上がった。クライエントのPTSDの症状はこの後、多くの自助グループなどに参加する中で順調に減っていった。3カ月以内にうまく仕事が決まり、親密な女性関係も形成できた。

　ブロックしている信念は、この例のようにいつもはっきりとクライエントによって言語化されるとは限らないであろう。多くの補助的手段にもかかわらず処理が停止したときは、クライエントに目を閉じて情景を想起してもらい、浮かんでくるどんな考えでも言葉にしてもらうべきである。臨床家はクライエントの意識の流れに十分留意して、思考の中にある否定的な自己帰属を評価しないといけない。解釈可能で適用できる否定的認知をクライエントと共に探索していくと、ブロックしている信念が明らかになってくる。ブロックしている信

念を代表する記憶がうまく処理されると、クライエントは最初のターゲット記憶に戻り処理を仕上げる必要がある。もしブロックがうまく処理されていると、これは順調に進むはずである。

恐　れ

　ターゲット情報の処理は、クライエントの結果や処理自体への恐れによってブロックされることがある。第一に臨床家は、クライエントが（1）治療関係の中で安全と支持を感じていること、（2）感情的、または認知的処理効果を得たり抑制していないこと、を確認できていなければならない。

　臨床結果についての恐れは、二次的疾病利得の問題、すなわち治療が成功したらクライエントは誰や何と直面していかなければならないかという問題と大いに関係があるだろう。第4章で説明されたように、すべての二次的利得の問題は、顕著な治療効果が達成される前に対処されなければならない。クライエントがEMDRや治療関係の問題について話すときに、処理自体への恐れが最もよく明らかになる。例えば、クライエントは自分の不安の理由に気づいたり、自分のストレスが低下すると治療者が遠ざかってしまう可能性に対する心配を口にするかもしれない。ブロックの原因が何であれ、EMDRに戻る前にそれを探索して、クライエントの恐れが減少してからEMDRに戻るべきである。いったん恐れが意識的に語られると、恐れのどんな残余も（クライエントの許可で）ターゲットになり得る。

　クライエントの言葉に加えて、処理を妨げる恐れのしるしとなるのは以下のものがある。（1）処理されている題材とは無関係の明白な緊張、例えばクライエントが臨床家の指の動きを見て動揺したときなど、（2）眼球運動の途中で絶えず出される停止サイン、（3）眼球運動自体の実施困難、（4）以前のEMDR経験や臨床結果が肯定的であっても、EMDR施行に対する気乗り薄な感じ、である。

　臨床家は、以上のような躊躇が見られるときは、問題の原因となっていたり、または、解決を妨げている要因についてクライエントに質問をして、はっきりとした形でそれらを探索するべきである。上記のこうした指標は、さまざまな要素が原因となっていることがある。だから、臨床家は決して頑なではなく、探索的であるべきだ。当然だが臨床家は、クライエント自身が問題なのではな

く、ただ、治療の進展のために取り扱うべき他の条件があるだけなのだとクライエントを安心させるように配慮しなければいけない。ある意味で、すべての恐れは理解可能なものであり、正常なものだということをクライエントに伝えるのが役立つかもしれない。臨床的目的は、これらのもう不要となっている恐れを見極め、再処理することである。

臨床家は、恐れの言語的および非言語的指標の両方に気をつけていなければならない。最初のターゲットに戻る前にすべての恐れが詳しく語られ、クライエントが落ち着けることが必要だということを忘れてはならない。処理の間、クライエントは多くの恐れを語るかもしれない。以下に、そのうちの幾つかを論じてみよう。

気が狂うことへの恐れ　もしEMDRセッション中に生じる感情が極端に強く、混乱したものであると、クライエントはずっと圧倒され続けてしまうのではと恐れる。これらの感情は過去の経験の一部であり、それは代謝されるものであり、EMDR処理のために発狂したクライエントは一例もないということを、クライエントに安心してもらわないといけない。電車に乗っている比喩や、臨床家に対して停止サインを出す特権を持っていること、安全な場所に戻ることができることを、クライエントに思い出してもらうべきである。クライエントは感覚や感情を判断したり恐れたりするのではなく、それらにただ気がつくように励まされる必要がある。除反応は眼球運動の継続によって最も迅速に通り過ぎることができること、それはちょうど運転中にしっかりとアクセルを踏んでいればトンネルを最も速く通過できるのと同じであることを、思い出させてあげるべきだ。クライエントがいったん安心感を感じ、継続を許可してくれたら、臨床家は恐れのどんな残余物も、それが減退するまで引き続くセットでターゲットにする必要がある。それから臨床家とクライエントは元々のターゲットに戻るのである。

よい記憶を喪失する恐怖　EMDR中の急速なイメージ（映像）の変化がクライエントに不安を感じさせることがある。「私はどうもうまくやれていません。イメージが出てこないのです」という反応をする人がいたり、ターゲットに関連する状況や人についてのすべての記憶がなくなってしまうのでは、と恐れる人がいたりする。例えば、クライエントは愛する人を失った深い悲嘆を持っていて、悲劇的情景や愛する人が苦しんでいる姿をターゲットにするかもしれな

い。ターゲットになったとき、これらの映像は段々ぼやけたり曖昧になったりすることがある。するとクライエントは処理の継続によって、愛する人を思い出す能力を失ってしまうと恐れるかもしれないのである。

　よい体験や愛した人についての記憶をEMDRのクライエントが喪失した例は一つもないことを、クライエントはしっかりと伝えられるべきである。実際、臨床的観察は、否定的イメージが処理されると肯定的イメージはより一層近づきやすいものになることを示している。さらに否定的出来事は、映像がなくても思い出されるであろう。なぜなら記憶は映像だけでなく、さまざまな感覚的、認知的要素に基づいているからである。EMDRが健忘症の原因となることはない。しかし映像が薄らぐことはあるだろう。ちょうど時間的に遠い記憶が薄らぐのと同じである。EMDRはただ記憶を過去のものに戻すのである。

　クライエントに対して、愛する人に関する他のもっと肯定的な出来事を想起してもらい、その記憶が変化していないことに気がつくようにしてあげると、クライエントはさらに安心することができる。いったんクライエントが納得すると処理が再開できる。

　変化することへの恐怖　変化することへの恐れは、臨床的に対処するのに最も困難なものだ。なぜなら元々のターゲット以前に、二次的疾病利得の問題が確認されて再処理されなければならないからである。二次的利得の問題は、予想される治療過程や治療結果に関する可能性があり、しかも実際に起こり得るさまざまな要素に及んでいるようだ。ここにこの問題の臨床上の困難さがある。これらの要素には以下のことへの恐れが含まれる。

・成功

・失敗

・未知なもの

・コントロールの喪失

・アイデンティティの喪失

・治療が成功したら誰と、何と直面する必要があるか

・治療や治療者と別れること

・親の命令に背くこと

・親のようにならないことによって親を裏切ること

こうした恐れがもたらす主要な治療の困難さは、これらの恐れが EMDR で処理されるべき古い機能不全の題材に根付いているのに、それが治療目的の達成に対してクライエントを消極的にする油断のならない網の目をひろげているという事実によるのである。

臨床家は、変化することへの恐れの背景にある機能不全な信念を見分ける努力をしなければならない。クライエントと臨床家は、抵抗の諸領域を認知的に探索するべきである。臨床家はクライエントに「もし治療がうまくいったら、どんなことが起きますか？」などの質問をしなければならない。そして、認知の再構成や比喩などを利用し詳細に見ていく必要がある。次に臨床家は、クライエントの変化する能力をブロックしている否定的信念を階層化する必要がある。例えば、最初に挙げられるべき恐れは治療者からの分離不安で、次が失敗への恐れ、といったようにである。このように、活動計画によって対処可能な恐れが、最初に扱われることになる（例えば治療者からの分離不安は、今後の治療的援助に関する適切な取り決めによってきちんと対処できる）。その他の否定的信念形成の鍵となっている記憶が見極められたら、臨床家はそれらを処理してもいいかクライエントに確かめる必要がある。治療効果を得るために抵抗の諸相を同定して、それを解消することは大変重要なことと言える。

変化への恐れに染まりやすいのは、しばしば、長期間の伝統的治療に関わっていたクライエントである。一例として、力動心理学の立場の療法を25年間受けていたクライエントの例がある。彼は親からの虐待をターゲットにした最初の EMDR セッションを終えたときに「私はそれが私から去っていくのが感じられる。そして、私はそれに去ってほしくない。私はそこからもっと学ぶことができると感じる」と言ったのである。こうしたクライエントは、宿題に対する顕著な抵抗、経験の過度の言語化、治療プロセスに対する頑固なコントロールなどで見分けられる。治療的変化に対する恐れがうまく対処されない限り、臨床上の効果は取るに足らないものであろう。

臨床家は、長期化しているクライエントや非協力的クライエントだけが変化に対する恐れを持っていると思い込んではならない。臨床家は、どんなクライエントに対しても、うまくいっている処理の過程でこうした恐れが生じてくる可能性があることに注意しているべきである。幾つもの主要な外傷的出来事がうまく対処されてから、変化への恐れが発生するということは珍しくはない。

いったん最も苦痛となっている題材が扱われると、クライエントは現在の生活の実際の様子にもっと気づくようになる。変化への恐れは、クライエントが自分の行動を新しい気づきに合わせようとするときや、新しい自己の感覚を機能不全を起こしている家族や職場または社会システムに統合する必要性に気がついたときに生じ得る。クライエントはこれらの恐れを、特に自分の日誌に見いだすことがあるだろう。また、恐れは新たなターゲットを引き続き処理しているときに生じるかもしれない。さらにどんなクライエントでも、植え付けの段階で変化への恐れを否定的認知として述べるということは、大いにあり得ることだ。

もしクライエントが変化への恐れがセッション中に出てきたと述べたら、その恐れを認知的に詳しく語ってもらうだけでなく、「その恐れを身体のどこで感じますか」と聞いて、恐れ自体をターゲットにすることができる。しばしば、恐れはそれに関連した元々の題材をターゲットにしなくても解消されるだろう。クライエントが自然に恐れの源泉を思い出したら、その記憶はもちろん最初のターゲットに戻る前に処理される必要がある。もし、元の題材が浮上せずに恐れが弱まっていくなら、その処理はそのまま完了するだろう。しかし苦痛が増加していないかについて、次週にそのターゲットをチェックすべきである。もし治療効果が保たれていないならば、変化への恐れが適切に処理されていなかったのかもしれない。こういう場合は、恐れと関連した否定的認知を探索して、現在の状況を分析し適切な不安を同定して、その機能不全の元をターゲットにすべきである。すべての場合において、臨床家は変化への恐れと二次的疾病利得の問題を病理の一部と見なし、対処しなければならない。しかし、ある種の恐れは現実に根ざしたものであることを忘れてはならない。例えばPTSDによる障害を負った退役軍人が、治療の成功によって障害年金を失うことを恐れている場合などである。こうした恐れは、活動計画によって対処されなければならない。なぜなら臨床報告によれば、EMDRは実際に真実であることはどんなことでもそれを消し去らないことが示唆されているからである。

苦痛のたえざる源泉

源泉現象は、標準的EMDR処置に対して、十分な処理を妨げる多数のブロックされた感情の存在を示唆している。これは通常では臨床的援助を求めたが

らないさまざまな人の場合に見られるだろう。こうしたクライエントは、その人にとって重要な関係者の勧めで治療に来るが、自分自身は自分の感情に「触れる」という真の欲求を持ってはいない。「結婚生活の破綻を避ける」という目的で、結婚相手によって無理に治療に来させられたクライエントも、これに含まれる。例えば、インテーク面接で前妻のために混乱と経済的困難が法的にも生じているひどい状況について語りながら、その状況についてのSUDレベルが3であるとする夫の例がある。臨床像は、この夫が自分の高い苦痛に意識的にふれることができないことを示していた。それは彼の初期経験が、感じてはいけない、自分の感情は相手にされない、そして感情をもつことは男らしくないことだ、というメッセージを伝えていたからである。意識的に苦痛を7～8のSUDレベルで経験することはこの状況に適切であるし、また家庭での彼のイライラとした行動に合っていると言えるだろう。しかし彼がそれを経験するには、戦闘中に爆弾を爆発させるような何かを必要としていたと言えよう。

もし十分な臨床的ラポートと許容性がこうしたクライエントとの間で形成されているなら、最初のターゲットは感情を感じるのを妨げている否定的認知に関連した初期記憶であるべきだ。これらがうまく処理されたとき、現在の経験の同化は容易になるだろう。もし臨床像の全体を扱うことがクライエントによって容認されず、クライエントが現在の状況だけと取り組むことに固執するなら、臨床家はある程度の行動の変化と全般的緊張の低下のためにEMDRを使うことができる。しかしSUDレベルはセッション中に変化しないであろう。

理論上の仮説は、否定的認知が高いレベルの苦痛を抑圧するということと、こうした機能不全の感情が現在の病理に養分を与え続ける源泉として働くということである。現在の状況がターゲットにされると、感情は意識的に許容される最高レベルまで浮上してくるだろう（これが、先述のようなクライエントによって、よくSUDレベルで2とか3とされるのである）。そして、処理はクライエントにとって容認できる範囲でのみ体験されることになろう。

源泉現象が臨床的に認められるのは、クライエントの洞察、イメージ、および身体感覚に変化があるが、苦痛のレベルはずっと低いままであるというときである。あるクライエントには、全く処理効果が見られないことがあり、他の治療法が導入されるべきである。こうした歴史を持つクライエントは対処が大変に困難である場合があり、もし仮に十分な臨床的許容性が得られ、初期記憶

が取り扱われても、10章で述べられるより積極的な EMDR 戦略の必要があり得るだろう。（これらの特別なクライエント対象は、EMDR の臨床的応用の上級編として近く出版予定の本で深く考察される予定である）

スーパービジョンを受けての実習

　この章に示されている戦略は、SUD レベルで7から8の、今まで扱われたことのない外傷を対象にした小グループ実習によって一番よく学べるだろう。臨床家として一人でクライエントと面接室で会う前に、臨床家は EMDR 認定指導者による、高いレベルの苦痛を対象にしたスーパービジョンを受けながらの実習を、最低3回は受けるべきである。

　臨床家は以下の2章で扱われる情報とプロトコルについて完全に習熟して、標準的手続きと戦略に慣れていなければならない。一般的に、臨床家はだいたい50セッションの EMDR を終えてから、第10章の上級技法を試みるべきである。

要約と結論

　EMDR の戦略的変化は、特に難しい処理を成功させるために必要である。処理の行き詰まりを生む除反応と諸状況も、これに当てはまる。

　EMDR では除反応を、高いレベルの苦痛を伴って刺激の題材が体験される状態として定義している。除反応は処理と統合の自然な一部であるから、EMDR を使う臨床家はクライエントの強度の感情に慣れていなければならない。セッション中にこうした感情を体験しても安全なのだということをクライエントに保証するために、臨床家はクライエントが二重焦点を維持している間、「黄金律」の哲学に従う必要がある。すなわちクライエントが現在の安全感を意識しつつ、同時に注意を機能不全の題材に向けている間にである。臨床家はクライエントが情報の山場に達していることを確認し、次のセットを誘導するためにクライエントの非言語サインに留意するべきである。適切なスクリーニングと臨床上の注意が行なわれていれば、解離反応の間も処理は継続されるべきである。しかし除反応への対処には、標準的実践のさまざまな変化が必要であろう。

最小の臨床的介入によって効果が単純に認められる場合が、だいたい４割のケースで見られる。残りのケースでは、臨床家のより積極的援助が必要となるだろう。２回の連続したセットで処理効果の進展がなければ、臨床家はまず眼球運動セットの方向、長さ、速度を変化させる必要がある。もしこれらの試みが失敗したら、クライエントの注意の焦点を変更することで処理のブロック解除を試みるべきである。これは、準備された題材やターゲットへのクライエントの注意を、評価し再び方向づけすることでなされる。

もしクライエントが行き詰まったら、臨床家は他のクライエントに自然に生じていたことをそのクライエントに故意にやってもらうようにする。ここでどのようなことができるかという可能性は限りなくある。臨床家は自分のクライエントに対する観察に基づき、より多くの戦略を追加できるからである。

クライエントの注意の焦点をターゲットの他の側面や他の記憶に変えたときに処理の再開が起きなければ、臨床家はブロックを生じているであろう補助的要素に目を向けなければならない。それらには、養分を与える記憶とかブロックしている信念とか二次的利得を維持する必要などが挙げられる。EMDRは臨床的技能を持っていなければ利用できず、むしろそれらの技能とうまく調合されるものだということを忘れてはならない。経験の浅い臨床家は適切なスーパービジョンを受けること、そしてケース展開の援助とEMDR戦略の指導ができるコンサルタントを持つようにしなければならない。臨床家は本章と次章の内容を合わせて、次の実習でSUDスケール７または８のターゲットに取り組むときの手引きにするべきである。しかしある種のクライエントには、より積極的なEMDRの応用（第10章参照）が必要となることを理解しておいてほしい。

8 章

第8段階
——再評価と標準的な EMDR プロトコルの使用——

　　真実が見え難いので誤るのではない。それは一目で分かる。どう
　　して誤るか、それはその方が楽だからである。
　　　　　　　　　　　　　　　アレキサンダー・ソルジェニーツィン

　最後の再評価の段階は、EMDR 治療で極めて重要である。2回目以降のセッションではまず最初にこの再評価の段階から始まるが、臨床家は前にターゲットとされた題材がどのくらいよく解決されたか評価し、そしてクライエントが新たな処理を必要としているかどうかを決定する。新たなターゲットを作るのには、幾つかの理由がある。第1に、急速な治療効果は精神内界や他者との相互作用に即時の影響があるかもしれない。苦痛の軽減に起因する行動の変化は、何人かのクライエントで、その家族システムとか社会的環境の中で予期しない効果が起こることがあり得る。結果として、追加のターゲットが生じるかもしれない。次に、他のターゲットが明らかにされるかもしれない。それらは元々の訴えの圧倒的な力のために隠されていたものである。さまざまなレベルの機能不全を処理するクライエントを援助するために、臨床家は、一般的な EMDR プロトコルに従うべきである。すなわち、過去と現在の問題をターゲットとし、未来のどんな問題も取り扱えるこれまでとは違う方法をクライエントに準備させるのである。

　EMDR 治療はいつも、どのセッションも全体治療計画に統合されるべきである。すべての人間は複雑な社会的システムに組み込まれた複雑な個人であるので、再評価の段階は重要である。どんな深い治療の効果も、人々の結合された精神内要因および行動の上に著明な衝撃を起こし得る。次にその衝撃がクライエントと関わる家族や社会にも衝撃を与えるのだから、その人だけでなく、

対人的システムの問題にも注意を払う必要がある。

　再評価を何回やるかはクライエントによって異なる。1つの外傷を持つクライエントでは、1つの再処理セッションが必要かもしれない。そして治療の効果や日誌を振り返るために、1つか2つのフォローアップセッションで再評価を行なう。多問題で長期間の外傷経験者の包括的再評価には、ターゲットを決め、再評価し、何カ月にも及ぶ連続したセッションでの振り返りが含まれる。毎回の再評価は、前セッションで何をやったかをベースとして、3ステージの標準的なEMDRプロトコルに進む。最終の再評価は一般的にずっと後のフォローアップ期間で終わる。

　標準的な3ステージのEMDRプロトコルは過去と現在の両方の機能不全領域をターゲットとし、それから未来の選択肢に焦点を当てる。例えば、子ども時代の身体的虐待の被害者は、人生初期の記憶をたくさん再処理しなければならない。その上、現在も威嚇や恐怖の感情を刺激する生活上の人物や状況も、ターゲットにされなければならない。最後に、社会的相互作用と、自分自身を守る新しい方法もターゲットにされる。EMDRの治療は何カ月もかかるかもしれない。それは、フォローアップの再評価がクライエントの社会的統合を保証するのに必要なくらいの期間である。

　前にも述べたように、1つの外傷を処理するときでも、責任あるEMDR治療には再処理セッションに加えて適切な生育歴・病歴聴取、フォローアップが含まれる。クライエントは1回のセッションで治療しない方がいい。なぜなら再処理される題材は新たな内的、外的相互作用を引き起こすからである。再評価段階で臨床家が注目しなくてはいけないことは、処理された情報がどのようにうまくクライエントに統合されたか、そしてクライエントが健康な社会システムにどれだけ良く統合されたかである。臨床家はこれらの所見により、新しいターゲットを選ぶ。

　この章では、ほとんどの外傷の被害者のための臨床治療指針としての標準的EMDRプロトコルと再評価について探求する。EMDRプロトコルは、ほとんどのクライエントの治療の基本的青写真になる。プロトコルには再処理するターゲットの順序、査定が詳しく述べられており、治療が終わるまでにすべてを実施すべきである。もっと多くの訴えを持つクライエントの場合は、追加のプロトコルがあり、次の章で扱う。

第8段階：再評価

　再評価という用語は、苦痛な題材をターゲットとしたEMDRセッションでは正確な臨床的注意とフォローアップが必要であるということを意味している。臨床家は、ターゲットセッションを全体的治療計画の中に積極的に統合する。どんなに簡単なケースでも複雑なケースでも、4つの要因に対して十分な臨床的注意を払わねばならない。その4つの要因を、以下に質問の形で示した。

1．その人のターゲットは解決されたか。
2．そのターゲットと関連して派生した題材も扱われたか。
3．必要なターゲットは十分に再処理され、クライエントは過去のことを平静に受け入れ、現在が力づけられ、そして将来に向かって自分で選択できるようになっているか。
4．クライエントは健康な社会システムの中で十分に生きられるようになったか。

　以下のページで、この4つの要素について標準的なEMDRプロトコルに反映された形で詳しく述べる。最初に3ステージプロトコルを概括し、それから治療の多様な側面についての詳細な記述を行なう。

標準的EMDRプロトコル

　EMDRで成功するためには、標準的EMDRプロトコルの3ステージすべてを注意深く用いることが必要である。この3ステージは、クライエントの過去、現在、未来に関連した適切なターゲット選択と効果の評価をすることを臨床家に求めている。

過去に関する作業

　EMDRプロトコルの第1ステージでは、「どういう昔の出来事が現在の機能不全に関係があるのか」という質問をする。第1段階で臨床家は生育歴・病歴を聴取し、病態を描き出す。第2段階から第7段階までが治療で、クライエン

トの現在の症状の原因となっている外傷的で苦痛な記憶をターゲットとし再処理する。単一の外傷の被害者では、原因は自ずから明らかである。多重の外傷被害者では、臨床家は生育歴・病歴聴取の間に苦痛な記憶を10リストアップしなければならない。これらは最初に再処理されるべきである（二次的疾病利得問題が扱われた後に）。それらの最も苦痛な記憶は内容やテーマが同じかもしれないし、違うかもしれない。また同じ加害者であるかもしれないし、違う加害者かもしれない。いずれにせよ、それぞれを確定してSUDレベルを評定し、一つずつ処理しなければならない（もしよければ、同じテーマごとにまとめて処理してもよい）。実際、これらの記憶がクライエントにとって最も苦痛なものであるならば、最初に処理した方がいい。普通それらの記憶は、機能不全の幾つかの関連した領域の連合した重要なかなめとして明らかにされる。だから一番高度な障害の記憶を再処理すると、治療の効果が般化して、他の記憶がそれほど問題でなくなるかもしれない。しかし、そうだとしても、残っている可能性のある機能不全を一掃するために、他の記憶もターゲットとされなければならない。

　さらに、生育歴・病歴聴取の間に話された他の苦痛な記憶は、類似のまとまりに分けられなければならない。そしてそれぞれのまとまりからの代表的な出来事が、取り上げられ再処理されねばならない。これで般化がすべての関連した記憶にも影響して、苦痛が減じることがある。似たような出来事のクラスター化（これは第3章に書かれている）を使えば、時間の節約になる。さらに、クライエントにとっても臨床家にとっても、今でもそれを繰り返して有害な効果を及ぼしている反応パターンや否定的認知が分かりやすくなる。

　治療を進める中で、ターゲットにする必要のある他の出来事が表面化してくるかもしれない。臨床的なルールは、明確な一つの外傷的ターゲットについてのすべての否定的な連想の題材を処理してから次に移るということである。次のEMDRセッションは毎回再評価段階で始まるので、そこで適当なターゲットを決める。

　EMDRプロトコルの第1ステージの目的は、過去の機能不全の残りを再処理することでクライエントが自由に現状を受け入れられるようにすることである。どんな不適当な恐怖あるいは行動も、過去の産物だと考えてターゲットにしないといけない。臨床家は各ターゲットの臨床的な効果を査定すべきである。

そして今まで扱った題材を再評価して、全部の機能不全が再処理されたか、そして治療効果が持続しているかを査定すべきである。

単一ターゲットの効果

　臨床家はセッションの始めに、前回の成功した記憶の再処理の再評価をするが、それをもう一度治療の後半にもすべきである。植え付けやボディスキャンを含めたEMDRの全手続き施行後は、ターゲット記憶は適応的な解決に至ったと考えることができる。従って次のセッションで再度記憶にアクセスし、どんなに苦痛か聞いてみるべきである。その結果によって、臨床家は次のうちの1つを行なう。そのターゲットの再処理を続ける、別のターゲットに移る、そのプロトコルの次のステージに行く、EMDR治療を終結するために必要な最終のフォローアップ段階に入る。

　臨床家はクライエントに、前のターゲットの出来事を思い出してもらって、浮かんできた記憶の質と引き起こされる苦痛のレベルを（SUDスケールを用いて）もう一度判断するよう頼むべきである。クライエントは記憶をすべて思い出すよう指示されているので、成功した再処理ならば現われる映像は解決的なものになるであろう。この映像がまだ苦痛な要素を強調していたり、最もひどい外傷の瞬間が鮮明であるなら、さらなる再処理が必要であろう。さらにSUD評価が今の環境への不適切な感情障害レベルを示していたら、その記憶をもう一度ターゲットとしなければならない。多くの新しい感情が浮かび上がってくることにも、臨床的な注意を払う必要がある。

　クライエントに、肯定的認知に関して未解決の疑いが残っているかどうか、VOCレベルを確かめることは有益である。さらに、出来事について考えてもらい、出てくる思考を口に出してもらうとよい。そうすると、もっと他に扱うべき認知の歪みがあるか明らかになる。いろいろな新しい見方が問題となるかもしれないから、さらなる注意が必要である。

　一般的に、しばらくおいて再度ターゲットの記憶に戻るのは、治療効果の良いテストになる。それゆえ、もし最初の再処理セッションで時間があるのなら、臨床家はクライエントにデブリーフィング（第6章で詳述）の直後に記憶をもう一度ターゲットにしてもらうべきである。デブリーフィングはクライエントのケアの重要な部分であるだけでなく、苦痛な題材からクライエントを離れさ

せる手助けにもなる。クライエントに記憶を思い出してもらうことで、神経ネットワークの再刺激となり、どういうふうにその題材が貯蔵されているかが分かる。このことでさらなる再処理が必要かどうか分かるので、何が出てきても解決できる十分な時間があるときにのみ再評価を行なうべきである。

　結果にかかわらず、次のセッションでその記憶は、解決の必要な他の要素がないか再評価されるべきである。処理された情報がクライエントの中に統合されたかどうかチェックするために、ある程度現実生活の時間が必要である。そして、最初に記憶の処理をしたときにクライエントが薬物を飲んでいた場合には、再度記憶をターゲットにしないといけない。臨床的観察によれば、状態依存的な形式で情報が残っている場合には、その記憶の再処理がもう一度必要なことを示している。例えばクライエントの記憶のある部分が、不安を感じているときにしか現われてこないことがあるかもしれない。もしこのクライエントが抗不安薬を飲んでいるときに処理されていたとしたら、服薬せず不安が感じられるときに、同じ記憶を再処理する必要がある。

　臨床的な効果を測定する別の有益な方法は、出来事インパクト尺度（Horowitz, 1979; Horowitz, Wilmer, & Alvarez, 1979）である。この測度は研究用に作られたが、臨床治療にも十分使える。単一外傷の被害者に、生育歴・病歴聴取セッションで記入してもらう。これは侵入的症状や回避的症状に関するクライエントの反応のベースラインを測ることに役立つ。ターゲットセッションを終わって1週間後に、クライエントはもう一度その質問紙に答えなければならない。新しい評価で、どの程度解決されたか、あるいは関連した他の題材の解決が必要かどうかが分かる。

　例えば、祖父からの性的被害にあっていた一人の患者が、そのことに関する侵入的思考と悪夢に苦しんでいた。出来事インパクト尺度では、すべての侵入的、回避的症状が高得点を示していた。このクライエントの祖父の記憶は、2つのEMDR再処理セッションでターゲットとされた。そしてクライエントは平和の感覚を報告し、「無知」ゆえの祖父の行為を許した。しかしその後のセッションで、侵入的な思考に関する出来事インパクト尺度は中程度のレベルで、残りの項目は非常に低かった。質問すると、彼女が性的被害を受けているということを信用してくれなかった祖母のことを考えていた。それで彼女を信じない祖母のことをターゲットとして、この問題は解決した。

多重ターゲットの再利用的評価

最初に決めたターゲットおよび関連して出現した記憶が再処理された後、その題材を用いて、治療効果が持続しているかを確認する必要がある。この再評価は詳細を短く述べるが、プロトコルの次の2つのステージに行くために必要である。

治療終結の前に、大事な記憶をもう一度再評価することは、役に立つこともある。忘れてならないのは、情報は次のセッションまでの間にも処理が続いていて、処理すべき新しい知覚や感情が明らかになってくるかもしれないということである。治療を続けている中で、前のターゲットと関連のない題材が、より苦痛であると分かるかもしれないし、元々のターゲットからの新しい枝道が開けたことを臨床家が見落としたかもしれない。そのような題材を再びターゲットとすることで、何か必要な処理あるいは探索が未だ不十分であるかどうかを決めることができ、完全な臨床治療の保証となる。

クライエントの訴えが解決された後、治療を終える前に、それぞれのターゲットに再度アクセスするとよい。その目的は、解決を求めて彼らが治療に来た発端である初期の題材や現在の問題を再利用することである。そうすれば、残っている問題の題材を同定したり再処理することができる。これはクライエントが後で自ら苦痛な記憶に気づくことを防いでくれる。たとえクライエントが生育歴・病歴聴取セッションで立てられた目標に到達したとしても、再度扱うことは治療効果の維持を確実にしてくれる。

つまり臨床家は、これまでやったことをクライエントと再評価して、以下の段落で説明する記憶について再度アクセスして、評定して、もし必要なら再処理までした方がいい。

主要な出来事 主要な出来事は、クライエントにとって一番意味のあること、または機能不全の重要な領域を代表するものである。これらは通常20個以下の記憶からなり、臨床家が治療効果の大きさや一貫性の評定のためと記憶の他の部分が未解決でないかどうか決定するために、再びターゲットとされるべきである。

過去の出来事 臨床家はクライエントに最も重要な否定的認知を思い浮かべるよう指示し、他にも何かまだ苦痛な記憶があるかどうかを確かめるべきである。何か記憶が現われてきたら、これまでに扱ってきた記憶と、内容や文脈に

おいて大きな違いがあるか調べるべきである。それは否定的認知に新しい意味を与えるかもしれないからである。例えば、対人場面での不快について再処理するとして、クライエントが「私は変わっている」という否定的認知から始めたとする。しかし彼女は、無神経に振る舞ったという苦痛な記憶があるかもしれない。そして「私は何てひどい人なんだろう」と認知の意味づけが変わってくる。意味の違いが現われてくるかどうかによらず、苦痛が明らかなら適切に再処理すべきである。

進行 特定された標的を処理している間、クライエントはセットの最中や次のセットまでの間に、瞬間的に意識して別の記憶をあらわにするかもしれない。追加のセットにより、別の記憶が現われたり、最初の記憶が浮かび上がってきたりする。臨床家はもちろん、クライエントに浮かぶ意識に沿って、適切に処理すべきである。だが、臨床家は束の間に現われるどんな記憶も心に留めておくべきである。一つの問題に関して束の間に現われる記憶は別の機能不全的認知あるいは輪郭の中心となるものかもしれない。臨床家は専門的判断により、適当な時期にこれらの記憶を同定してもう一度取り上げるのがよい。

クラスター 最初の生育歴・病歴聴取セッションのときに、臨床家は似た出来事を適当なグループ分けすることで一連のまとまりを作る。そしてクライエントに、どれがクラスターの代表となる出来事であるかを選んでもらう。臨床報告は、般化が通常起こっていること、再処理の効果はクラスターの全体に広がることを実証してきた。臨床家はクライエントに、解決されていない他の記憶がないかを見極めるためにそれぞれのクラスターの他の出来事も思い出してもらって調べる。例えば性虐待の被害者が、兄からのレイプについての出来事を一つのクラスターと同定した。クライエントは兄によって何回もレイプされたかもしれない。しかし一つのクラスターは、地下の部屋でレイプされていたときに上で歩き回る家族の足音が聞こえたことかもしれない。再評価でこのクラスターに戻るときに、一つの出来事が未だ解決していないことを思い出すかもしれない。兄の友人に見られていたというさらなる屈辱が、そのレイプには含まれていたためである。言い換えれば、出来事に別の要素（あるいは重要な違い）が含まれるなら、別の標的としないと完全には解決しないかもしれない。

関係者 クライエントの人生において重要な人々について、苦痛な記憶や問

題が残っているか確かめて個別に標的とする必要がある。これは児童虐待において特に重要である。その場合には家族全員を一人ずつ標的とした方が良い。低い自尊心や自己効力感の欠如などが続くという問題に、何が影響しているか確かめるためである。家族の中で一人だけが性虐待をしたかもしれないが、外傷化の状況にいたことで、意図的であったにせよなかったにせよ、クライエントを傷つけるメッセージを他のメンバーが与えたことにより傷ついたかもしれない。家族の一人を標的にして、クライエントが著明な苦痛を示したら、その人を標的として機能不全状態に貯蔵されたままになっている鍵記憶にアクセスした方がいい。

標準的EMDRプロトコルの第1ステージでは過去について作業する。もし最も苦痛な過去の出来事を再評価して、十分に解決されていると判断したら、現在の刺激へと主眼点を変えればよい。これが標準的プロトコル手順の第2ステージである。

現在に関する作業

EMDRプロトコルの第2ステージは、「現在のどんな刺激が苦痛な機能不全の題材を引き起こすのか」という質問に焦点を当てている。このステージでは、病理的または苦痛な反応や行動を引き起こす現在の状態や状況、人を標的にする。人の行動はランダムではない。反応や行動のパターンは過去に作られ、しばしば現在においてきっかけとなる。上手な生育歴・病歴聴取は現在の機能不全状態を明らかにし、不適当な反応のベースラインを確定する。しかし、最初の生育歴・病歴聴取セッションは、進行中の評価と臨床観察により、継続的に補足されねばならない。なぜならプロトコルの最初のステージでの主要な外傷処理のときにしか、背後の問題が分からないかもしれないからである。悪夢、侵入的思考、フラッシュバックなどクライエントが悩まされてきたひどい症状が解決したら、臨床家はしばしばクライエントの現在の生活状況のもっと完全な評価ができる。

いったん昔の出来事を処理したら、クライエントの現在の反応を再評価して、生育歴・病歴聴取のときに収集された情報と比べてみるといいだろう。EMDRでの一般的パターンとして、外傷の再処理の結果、恐れや不安は非常に少なくなる。初期のころの記憶が厄介でなくなると、現在の状況によく般化する。例

えば、性的いたずらの被害者は、初期の被害の記憶を処理したら、夜独りでいることが怖くなくなる。そして事故の被害者も運転を怖がらなくなる。こういう変化は、現在の状況を直接的にターゲットとしなくても自動的に生じる。

クライエントの現在の反応のチェックは重要である。なぜなら幾つかの刺激は自動的に影響されるが、他のものは再処理されねばならないかもしれないからである。第3章で述べたように、二次条件づけの効果により、現在の幾つかの状況は過去の否定的感情と何度か対呈示されて苦痛の別の源になってきたのかもしれない。現在の状態や相互作用が苦痛の原因であれば、それを個別にターゲットとし、再処理すればいい。ほとんどの場合、それは比較的簡単である。なぜなら機能不全の過去の源は既に処理されているからである。しかしながら、臨床家は、予期せぬ苦痛の源となる他の記憶の出現に対しての心構えが必要である。さらに、現在の状況での妨害が減弱しなければ、養分を与える記憶を調べる必要がある（治療のこのステージでのクライエントの日誌利用は、この章の後半で詳しく述べる）。

現在の状況でターゲットとされたものを再利用して、治療効果をチェックすることは重要である。臨床家はクライエントに対して、以前苦痛だと同定された現在の刺激を再度意識して、適切に再評価させるのがいいだろう。さらにクライエントに、現在の家族、社会、仕事の環境にひどい障害があるか調べさせるべきである。そしてクライエント教育（例えば、主張性について）の必要性について述べ、その後でクライエントにこの刺激に注意を向けさせて再処理すべきである。

システムの問題を報告するための日誌利用

各EMDRセッションの後に日誌を書くのは、クライエントにとって大切なことである。臨床家が他に何をターゲットとすべきかが分かるからである。クライエントにあるターゲットに再アクセスさせることで、臨床家はクライエントがどれだけうまくその題材を自分の中に統合したかが分かる。日誌を見ることで、クライエントの新しい反応パターンがどのくらい現在の環境に受け入れられたか分かってくる。この再評価で、社会システムの中でのクライエントの内面的な反応と行動面の反応の質を見直す機会が与えられる。

人間は機械ではないので、成功したEMDRのクライエントが機能不全や現

在の不快な環境をもたらす外傷的出来事にもはや全く反応しないとは期待できない。例えば、捕虜の死について感じていた罪悪感を解放することができたベトナム帰還兵は、それでもまだ SUD レベル 2 の悲しみを持っていた。そして「一人の人間が死んだ」と言った。同様に、苦痛な感情のある一定のレベルは、現在の状況に対して適切な反応であるかもしれない。

　適合しているか適切な行為への契機となる苦痛の経験を、EMDR はクライエントから除去しないということを銘記しておいてほしい。例えば、あるクライエントは世の中の基準からすると不愉快で不条理で不公平な状況に住んでいたり、働いているかもしれない。その日誌で高いレベルの苦痛が報告されているとき、臨床家はクライエントの反応の適切さを判断するために全体の状況を評定しなければならない。クライエントの状況がかなりひどいものであっても、臨床家は、システムの中で取り得る最も適切な行動をクライエントが選ぶ手伝いをして、そして過去の被害経験の間に感じた自己卑下や無価値感を感じることなくそれを行なうように守ってあげないといけない。このように日誌の報告は、クライエントの実際の状況への現在の反応を評価するのに大事である。

　臨床家は、クライエントの状況における、同意できる現実の妥当性とともに現実の葛藤を調べて、クライエントの現在の反応をどのように扱うか決める。再処理、教育、家族療法、セルフコントロール技法などにより、変えることのできない、そしてときには不公平な人生の現実を、クライエントが受け入れることを手伝う。実際のところ、精神健康の一つの重要な点は、「不公平なこと」に焦点を当てず、単純に「ありのまま」を受け入れる能力である。

　前にも述べたように日誌報告は、ターゲットとされた題材でまだ機能不全な部分があるか、以前には予期していなかった問題を扱う必要があるか、を決めるために重要である。もしクライエントが苦痛を報告するために日誌を利用するなら、現在の状況を一番よく調べることができる。包括的な EMDR 治療には、正確な日誌報告が必要である。なぜなら現在の苦痛な状況を直接ターゲットにする前に、他の中核的機能不全の記憶を同定することによって、扱う必要のある反応パターンを明らかにできるからである。

　時々臨床家は、日誌報告に書かれてある苦痛が厄介な否定的認知を明らかにすることに気づく。しかしこの否定的認知は、早期の人生経験によってクライエントを正当化するように見えることがあるかもしれない。こういうケースの

場合、臨床家は認知の調査と適当な教育が必要なことに気づかないといけない。機能不全的な信念は以前は適当であったかもしれないが、社会は変わり、もうその信念はすたれたかもしれないという可能性を、臨床家はやさしく患者と一緒に探究しなければならない。クライエントは人生の経験や過去からのメッセージに閉じ込められていたので、その社会的意識を発展させる機会がほとんどなかったのである。

　このシナリオは、特に人間関係やジェンダーの同一性の問題に当てはまる。例えば、ある女性クライエントは、ビジネスで力のある地位を保つことと、女性的であることが両立すると学ぶことが必要かもしれない。また、ある男性クライエントが学ぶ必要があるのは、感情を経験したり、子どもを養育したりすることが、男らしさを損なわないということである。古くから機能不全の関係にある、仲間からのプレッシャーに対処することができるように、システムの問題も取り上げる必要があるかもしれない。

　しばしば、臨床家はシステムズダイナミクスの基礎を説明して、こう言う必要がある。新しく発見した自己効力感や新しい態度を、クライエントの周りの人が快く思ってくれないかもしれない。例えば、クライエントは周りの人すべてが感情的に安定し、責任感があり、親切で、寛容で、公平で、信頼できる――とは限らないことを発見する。クライエントは大人として学ぶ必要があるかもしれない。以前には得られなかった人間関係や仕事の中で、いろいろな選択があり、嫌なことや変えられない状況から逃げることも一つの選択肢にできるということである。クライエントがこうした選択をできるために、新しい行動について別の作業をしないといけないかを見極めるために、臨床家は適切に評価しなければならない。

未来に関する作業

　過去の機能不全の出来事を同定して再処理し、現在の苦痛もターゲットにして再処理したら、臨床家は次にクライエントの将来の選択をする能力に焦点を当てる。予期恐怖を同定して、再処理して、さらに適切な未来の行動を取り入れる肯定的鋳型をターゲットとする。EMDRプロトコルの第3ステージは、クライエントが未来に対して違った反応ができるように、EMDRのターゲットを処理すると共に、十分な教育とモデリングとイメージを含んでいる。臨床

家は、クライエントが新しい情報を理解したり将来の成功のためにいろんな経験をすることを手伝う。EMDRの第3ステージは治療の重要な時期である。

重要な人たち

　重要な人の記憶について再処理しているときには、その人と将来会うことを想像してもらう。そのクライエントの反応によって、追加の処理が必要かどうか分かる。例えば、子ども時代に兄から性的被害にあった記憶を処理したクライエントに、将来の家族の集まりで兄に会うということを想像してもらう。これはもし本当に将来会う可能性があるのなら、特に大事な質問である。もしそのクライエントが恐れを感じたら、その状況の同意できる現実を探索する。例えば、もしこの兄が実際に暴力的だったり、あるいは言語的、身体的虐待をしそうなら、クライエントの反応は適当なものであるかもしれない。しかし、クライエントが、兄は非暴力的で後悔していると報告するのなら、その恐れは何か解決していない問題があることの証拠であり、その題材をターゲットとしなければならない。もし恐れが適当でなければ、臨床家はもう一度出来事のまとまりを再評価して、解決していない問題を探す。そして残っている機能不全状態の記憶を思い起こして再処理する。上手に自己主張したり世間との境界を決めることについての他の恐れも探索して、適切にターゲットとする。恐れが正当であるにしろないにしろ、臨床家はクライエントと適当な適応行動について話し合い、肯定的鋳型（次章で説明）を使ってクライエントが情報を理解することを手伝う。

重要な状況

　前に述べた通り、クライエントが将来の重要な状況にいることを想像するのは大事である。それまでに見つからなかった他の苦痛があるかどうか見極めるためにそうするのである。不適当な予期恐怖は、解決できていない昔の機能不全の記憶のせいと思われている。現在の人生の状況が1年かもっと先の将来にどういうふうに進展するのかビデオテープを想像してもらえば役に立つであろう。うまくいく対人関係戦略の教育、適切な行動のモデリング、機能不全の記憶の再処理といった臨床介入のために、どんな苦痛も評価が可能だ。前に述べたように、クライエントに特別な状況や過去に苦痛であった重要な人との出会

いを想像してもらうことも役に立つ。なぜなら、問題があるところを正確にまとまりとして扱えるようにできるからである。

肯定的な鋳型との融合

　健康的な自己イメージの進展は、精神内界の反応と外的な強化の相互作用による。ある治療的介入が示唆されるかどうか、臨床家はその両方に気をつけてモニターしなければならない。その治療的介入には、次の治療で不適切な反応をターゲットとすること、あるいはシステムの問題を特に扱うことが含まれている。

　成功的な統合の考え方は、EMDR治療の各側面に固有のものである。臨床家は、各セッションで肯定的認知を同定するように努める。肯定的認知を植え付けたら、クライエントの過去の見方が変わり、現在の状況についても将来の状況についても力づけられる。いったん植え付けられるとこの肯定的認知は記憶を般化して、次の連想でも認知過程を肯定的に方向付ける。クライエントの自己価値観、効力感、対人関係等についての信念は、個人のアイデンティティの感覚の言語化である。従って我々は、適切に処理したターゲットの題材を全般的な肯定的スキーマの中に統合して、自己の感覚を過去、現在、未来に拡大していくことを期待する。

　植え付け段階は各EMDR治療セッションの一部であるが、全体のEMDR治療のプロトコルでは以下の特別なことをターゲットとする必要がある。（1）現在の機能不全の基になっている昔の記憶、（2）機能不全の題材を生み出す現在の刺激、（3）適当な将来の行動に導く肯定的鋳型。EMDR治療は、クライエントの現在の刺激に対する反応に集中する。そしてこの治療は、異なった見方のできる肯定的認知の植え付けをする。だがこの治療は、代わりの行動反応パターンを結びつけなければ完了しない。こういったパターンを、肯定的鋳型と言っている。

　事実上、適切な未来の行動のための肯定的鋳型を統合することは、植え付け段階を広げることである。クライエントが将来に向けてどういうふうに認知し、感じ、行動し、信じるか、臨床家とクライエントの2人で探求する。臨床家がクライエントの将来的な計画をモニターすることは非常に大事である。なぜなら、その計画には、経験の不足や不十分な初期のモデリングによる、不適当な

目標や失敗への恐怖が組み込まれるかもしれないからである。

例えば、性的虐待の被害者の記憶を全部再処理したとしても、デートを始める準備ができているとは限らない。臨床家はこのステージを終える前に、自己主張性、社会的習慣、性的な安全性などを教えなければいけない。臨床家は、クライエントの初期の人生経験の中で足りなかった部分や適切な発達段階において統合されるべきだった情報を取り上げなければならない（治療セッション中に、または自助グループを紹介して）。さらに臨床家は、日誌報告を通して治療効果の成功的な統合を再評価しないといけない。

性的被害や虐待の経験者は、しばしばその養育期の経験による低い自尊心、恐怖、孤立感などで、適切な社会交際術を学ぶことができない。さらに彼らは多くの対人技能が不足している。なぜなら、不適当に養育され、良きモデルが欠如していたからである。臨床家の一つの仕事は、クライエントが学ぶのを助けることである。本当は小さいときに学ぶべきことではあるが、社会とか家族の相互関係についてである。これは大事な治療の段階である。なぜなら、クライエントが社会環境に積極的に統合することを助けるからである。

肯定的鋳型に組み入れるのは、オリンピック選手がトレーニングで使っているのと似た EMDR に含まれているイメージである。肯定的な結果をイメージすることで、学習過程を補う。例えば性的被害の経験者のケースで、臨床家はクライエントのデートの様子や自己主張の技能を点検して、ロールプレイをさせたり、イメージさせたりすることができる。本質的には適当な教育の後で、クライエントに肯定的認知と共に適切な行動反応をイメージしてもらう。それから臨床家は次のセットに導きながら、クライエントが情報を受け入れたり、将来の行動のために肯定的鋳型へ組み込む手伝いをする。

最初は、性的被害やその他の虐待の経験者は、手を握るだけで苦痛と感じるかもしれない。こういう場合は、誰かに会って、デートして、仲良くなって性的体験までいくことを、最初から終わりまでイメージしてもらう。臨床家はクライエントにある場面をイメージさせて、結果としての苦痛を再処理することを手伝う。次に、今度は肯定的な気持ちを持ちながら同じことをイメージさせる。これはまたセットを追加して援助する。この統合された肯定的鋳型によって、クライエントは快適感を獲得し、安全な面接室で新しい場面を経験する。最初の出会いから性的関係までイメージさせ、すべてをターゲットとした後で、

クライエントに社会的探検をすることを勧めるとよい。これをやったら、本当の肯定的経験になる可能性が大きくなる。なぜなら、内面化した肯定的鋳型が将来の現実の世界の外的刺激によって働くようなきっかけを与えることになるからである。明らかに、臨床家には、クライエントがもっと援助を必要としているかどうかを見定めるのに、この現実の世界の経験からのフィードバックが必要である。

これと同じ連続作業を、職探しをしている虐待被害者にも使える。まず、臨床家あるいは職業カウンセラーは、職探しについて教える。それから一連の肯定的鋳型を組み込むが、それには、職探しのときにどういう人と接触するか、どういうことをしたらいいかも含める。クライエントはもちろん、現実生活の接触での困難の再処理を同定するために日誌を書き続けた方がよい。もう一度言うが、将来のために肯定的鋳型に組み込んでイメージした接触場面を処理したら、現実の世界での苦痛が少なくなる。だから、外で一人で苦痛に遭遇するよりも、臨床家の面接室の中で苦痛を同定して扱う方がずっと良いのである。

肯定的認知は（ターゲットの記憶を作業するセッションの間に）機能不全の題材が再処理されてから植え付けられる、ということを覚えておいてほしい。同様に、機能不全な反応を引き起こした昔の記憶と現在の刺激を両方とも成功裡に再処理するまで、詳しく述べられた肯定的鋳型の統合を試みるべきではない。記憶が処理されたら、新しいもっと適応的で肯定的な認知が可能になるので、もっと適応的な行動をイメージすることができる。だから臨床家は、不適応行動を引き起こす機能不全の題材を、EMDRを使って代謝して、もっと人生を良くする反応をイメージするとか、適当な行動を形成するイメージをできるように、援助すべきである。セットを使って、クライエントが実際に人生で経験する前に、イメージした将来の反応を統合させる。

標準的EMDRプロトコルの第3ステージは最後のステージで、臨床家はクライエントの反応をモニターして、内部の抵抗や明らかな問題を、クライエントが現実の世界に出る前に、面接室の中で解決するのを援助する。想像した行動や振る舞いにセットを加えることで、「もし私が成功したらどうなるか」と述べられる条件の処理を開始する。臨床家は、クライエントに恐怖感や抵抗があるかどうか、肯定的鋳型を処理しながら、気をつけていなければならない。

この恐怖感や抵抗を探索すると、その中に誤った期待や認知の歪みが含まれているかもしれない。適切な認知の説明ができれば、残っている緊張が再処理できる。

クライエントが肯定的鋳型をイメージしているときに、否定的感情や信念あるいは苦痛な感覚があるかを聞く。こうしたものは直接ターゲットとしてセットを加える。否定的信念が出てきたら、次の3つを肯定的鋳型の組み込みに行く前に解決した方がいい。（1）その意味と妥当性を調べる、（2）どういう初期の記憶が否定的記憶に関係しているか同定する、（3）適切な肯定的認知の植え付けを含めた直接の治療を、この記憶に使う。しかし多くのケースでは、適切な情報とモデリングを伴ったその状況についての簡単な会話だけで、否定的な気持ちはなくなるであろう。とにかく最終ステージでは、肯定的鋳型を同化するときに、クライエントは良い気持ちで自己効力感を持ちながら経験すべきである。もちろん、治療効果を日誌報告と行動モニタリングで再評価すべきである。

治療の終結

フォローアップ

最後に行なう再評価には、治療の終結を勧めるかどうかの判断が含まれる。クライエントは治療セッションを減らしていくが、その間もフォローアップのために日誌は書き続けるべきである。日誌報告によって毎週のセッションが必要ないと判断したら、臨床家は面接を2週間後、それで大丈夫なら1カ月後、その次には3カ月後というように計画する。この期間日誌を調べることは、以前に隠されていた注意すべきパターンがないかを見極めるために重要である。日誌は、クライエントの自己への気づきを援助し、ストレスコントロールテープや、精神安定維持のための他の技法を使い続けることを励ましてくれる。

長い虐待歴を持つ人には、長期間の治療が必要である。そういう人は虐待の結果、否定的な信念を多く持ち、大人になった人生の中でも無価値感や無力感を強化しているからである。例えば、そういう人たちは仕事の能力は普通かそれ以下で、いつも失敗とか非難を予想している。

もしクライエントがこの EMDR 治療に成功したら、初期の虐待の記憶は十分に代謝され、「私は大丈夫です。お父さん、お母さんは本当に問題だった。でも、私は成功できます」などと思えるようになる。そうなると現在の刺激を再処理でき、社会や仕事における否定的な反応は適切な反応に置き換わり、新しい力が湧いてくる。さまざまな社会状況のための肯定的鋳型により、虐待の歴史につきものの否定的信念による不適切なモデリングと自己卑下からくる（自己主張性、境界設定などでの）教育欠如を補うことができる。

　特別な肯定的鋳型の組み込みに加え、EMDR によりクライエントの自動的な変化が起こる。このように、適切な処理による期待される結果の一つはさざ波効果である。それは、初期の記憶の否定的信念を克服すると新しいアイデンティティが現われ、新しい行動が自然に生じてくる、ということである。それで臨床家は虐待のクライエントの仕事ぶりもよくなると期待でき、さらにその改善が仕事上での大きな成功をもたらすとも期待できる。

　臨床家に覚えておいてほしいのは、どんな新しいクライエントの行動も外部の新しい反応に出会うということである。それは次々に他の神経ネットワークを刺激するが、その中にはクライエントの肯定的信念も否定的信念も含まれている。もちろん、希望は新しい行動への正の強化を受けることであるが、誉め言葉とか昇進、賞賛が多くなったら、かえって恐れや不安を経験することになるかもしれない。これは、「私は成功し過ぎたら見捨てられる」という機能不全の信念が入っている神経ネットワークが賦活されることによるのかもしれない。そういう信念は、実生活での経験や書物、映画などから取り入れられたのかもしれない。その起源がどうであれ、クライエントがこれまで十分に肯定的な結果を成し遂げていないため、その信念が試されていなかったのである。しかし周りから誉められていて、本当は満足感が刺激されるはずなのに、恐れや不安などの否定的感情が出てくるのは、そのクライエントが処理を必要としているということである。

　クライエントの反応を再評価し、臨床家の介入が必要かどうかを決断をするために、モニターを続けなければいけないことを、クライエントにも理解してもらわなければならない。否定的信念のかなめの点の記憶を同定して処理し、適切な肯定的認知を植え付けなければならない。

治療の終結

　この日誌によって、機能不全を意味する苦痛な感情が浮き彫りにされるかもしれないが、それは人生の浮き沈みの単なる結果による不安を表わしているだけなのかもしれない。もし日誌が小さい出来事や場当たり的な気づきを問題にし始めているのなら、クライエントは感情的癒しのための治療がまだ必要なのか、ただ個人的成長のための教育のチャンス（独立した人生の冒険）なのかを判断してほしい。現在の適当な目標と期待について話し合うことが大事になるクライエントもいる。

　多くのケースでクライエントは、どんなに自己調和したとしても、「自己実現」したとしても、人間の限界について学ばなければならない。例えばPTSDの被害者は、もし自分の症状の治療に成功したら、もう絶対に不幸にならないだろうと信じている。彼らの目標をあまり早く邪魔するのは不当かもしれないが、クライエントに理解してもらいたいのは、人生は適当な反応も不適当な反応も引き起こす神経系へのいろいろな衝撃の連続であり、それは体内の化学的バランスやホルモンバランス、身体的な疲労レベルそして刺激の収束など、多くの要因から起こる。怒りや傷つき、恐れなどの感情が沸き起こってきたときには自分と闘わず、もしその賦活が行動のための適切な刺激なら、未だ残っている身体の緊張や苦痛な状況に向かって必要なステップを進める決定をした方が、彼らにとって有益である。

　あるクライエントには、「できない」と「やりたくない」の違いを教えなければならない。例えば、子どものころから飛行機に乗るのが怖かったクライエントが、2、3回のEMDRセッションで恐怖を再処理して成功した。その時、パニック反応を起こしていたそれぞれの状況を再びターゲットとした。そして、最後に肯定的鋳型を組み込むステージになって、彼は自分の気持ちと普通の人の気持ちの違いを説明できないことに気がついた。例えば、普通の人も飛行機で真ん中の席に座るのは心地好くなく、彼が嫌がるのも当たり前だと説明を受けなければならなかった。彼は、この種の反応は変わるべきだとか変わる必要があると期待しなくていい、ということを学んだ。彼が、真ん中の席に座らなければならないときには座れる、ということをちゃんと認識していることが大切なのである。

機能不全の領域を再処理した後、現在の人生で成功や幸せを経験して、将来に向かって選択のできる必要な教育も受けて、治療も次第に減り日誌にも新しい問題が出てこない場合には、治療過程を終える時期である。それでもなおクライエントには、必要があればいつでもドアは開いているという安心感を与えなければならない。もしも別の心配が現われてきても、あるいはいろんな自助技法を使って機能不全反応のパターンを自分で解決することに失敗しても、クライエントはいつでも追加の治療が受けられることを知っているべきである。治療効果が続くためには、適当なレベルの期待が大切である。

　例えば、6年前にベトナム戦争が原因の重症 PTSD の治療に成功した人が、再び治療を受けた。以前の機能不全は出てこなかった。彼は大きな仕事で成功し始め、結婚して幸せであった。しかし彼の現在の訴えは、一連の性的被害の記憶とそれに付随する苦痛が急に現われてきたことである。以前の治療では、虐待の歴史を示す性的機能不全やその他の兆候は表われていなかった。しかし最近、モーテルで寝ていた母親のある姿勢を見て、父親と他の女性の関係する子ども時代の性的被害の光景が浮かんできた。そして彼は兄弟との会話でその疑惑を確信し、その被害の映像をもっと思い出した。そのクライエントの苦痛はひどくなった。なぜならその光景を思い出すと、血がたくさん出てきて、殺人があったのではないかと思いこんだからである。この光景を適切にターゲットして3回の EMDR セッションで再処理した。再処理していると、その映像がもっとはっきり見えるようになった。すると殺人事件ではなくて、その女性は生理だったことが分かった。自分の性的被害はあったようだが、その苦痛は難なく処理できた。治療者のドアはいつも開いていると知らされた後で、彼はまた出ていった。。

　この症例は、臨床家に多くの実施上の原則を示すいい例である。

1．可能性のあるすべての無意識の機能不全が既定回数の EMDR セッションで解決したと推測してはいけない。クライエントは現在の人生段階における適切な健康と平衡を保っているかもしれない。しかし、可能性のある不安の源がすべて明らかにされたわけではないかもしれない。臨床家たちは、EMDR では他の流派に比べて、「抑圧された」つまり解離した題材がよく解放されると報告しているが（Lipke, 1992b）、現在の問題を治療するために必要なすべて

の苦痛をターゲットとして成功しても、他の問題が将来に現われないということではない。

　2．**他のことが浮かび上がってくるかもしれないこと、そしてそれはクライエントの失敗ではなく、自然な解放過程だということをクライエントに伝える必要がある。**比喩的に言うことは役に立つ。例えば、「新しい題材をターゲットとするのは、アーティチョークの皮を剝くのと同じです」と言う。（私がタマネギの代わりにアーティチョークを好んで用いるのは、アーティチョークの芯をハートと言うからである）。クライエントの本質的な健康はいつも安定して変わりない、という感覚を与え、新しいターゲットの出現は、さらなる洗練や情報の獲得の機会を単にもたらすものだというメッセージを与えるのである。他の問題は変化をより完全に統合するためや人生の新しい経験として自然に起こってくるということを、クライエントは教えられなければならない。この情報を与えたら、新しい題材はクライエントの準備性に沿って適切に扱われ、全体の治療効果も促進される。

　3．**治療後の自己モニター訓練の能力の中で、自分を力づけることや自信の感覚をクライエントに浸透させることが必要である。**どんな個人においても、継続する精神的健康の重要な側面は自己充足と喜びをベースラインの反応として認める力であり、内的苦悩状態の賦活にできる限り気づける状態でいることだと見なすよう、クライエントに言わなくてはならない。苦痛の源を見つけたら、どういう介入が必要かを、クライエントが決めることができる。臨床家の助力を求めることが妥当だと思う前にさまざまな自助努力をした方がいい。多くのケースでは、その障害の解決法は適切な行動をとるだけというほど簡単かもしれない。またはイメージ誘導、瞑想、自己催眠を用いて解決できるかもしれない。さらに、自己管理のEMDR手続き（第9章参照）を、治療のこの段階のクライエントは使える可能性もある。

スーパービジョンを受けての実習

　臨床家はスーパーバイズ下でこの第8章や第9章のプロトコルを実施する前に、第5、6、7章をきちんと読むべきである。第10章は上級なので、臨床家はこのレベルの臨床がもっと楽になり、経験の適切な基準線を越えてから進む

のがよい。これには6週間から8週間はかかるであろう。前に言った通り、この治療段階では、あるクライエントは堂々巡り（苦痛の同じレベルに留まる）を起こすかもしれない。これまでの章の他のものを使っても、この堂々巡りは続く。こういうクライエントには、第10章で説明する積極版 EMDR が必要である。こういったクライエントを扱う訓練中の臨床家は、第9章で説明する終了のエクササイズを使うのがよい。そしてこういったクライエントにもう一度治療を始めるのは、もっと上級の題材についてスーパービジョンを受けてからにした方がいい。

要約と結論

EMDR 治療における第8段階は再評価の段階と呼ばれる。この段階では、クライエントが再処理情報をどういうふうに同化したか、どういうふうに健康的な社会構造に統合したかを調べる。再処理セッションの後に続く各セッションの初めに再評価を行なう。このときクライエントには初期のターゲットの題材を思い出してもらい、日誌を見直す。ここで、3ステージプロトコルを確認する。機能不全のきっかけになった過去の出来事および苦痛を刺激している現在の状況をターゲットとし、適切な行為が組み込まれる将来のための肯定的鋳型を植え付ける。前回の作業の再評価で、いつ新しいステージに移るか、いつ治療を終結するかを判断できる。適切なフォローアップは、EMDR 治療では極めて重要である。

治療効果は、ターゲットとした出来事を代表するイメージの質、SUD レベル、認知、VOC レベル、日誌、そしてクライエントの将来の目標についての反応などを評定することで再評価する。クライエントが治療を終える前に、生育歴・病歴の聴取や再処理セッションを再評価した方がいい。そして関連する記憶、現在の刺激、そして将来に期待する出来事をすべてターゲットにすべきである。新しい適応的行動を組み込み、そして認知の歪みを処理するために、適切な将来の行動のための肯定的鋳型を創造すべきである。不適切な養育や人生経験による欠損部分を扱うために、臨床家はクライエントに新しい行動や態度など、いろいろ教えないといけないかもしれない。

臨床作業の再評価には、クライエントの現実生活の出来事についての報告も

含まれる。日誌は潜在的なターゲットを調べるために必要であるし、十分な臨床的有効性からも重要である。苦痛はそれが環境に則しているのか新しい歪みなのか、解決すべきシステム的な問題があるのか、を評価しないといけない。臨床家は、現実的な期待感やセルフケア技能について、そしてもし必要であるなら将来の臨床的介入がいつでも得られるということを、クライエントに教えなければならない。治療終結を決めるには、長いフォローアップを含めた最終的な再評価が必要かもしれない。

9 章

特殊な状況に対するプロトコルと手続き

> 後ろから追いかけてくるものから逃れることはできるが、あなたの内側から追いかけてくるものから逃れることはできない。
>
> アフリカのことわざ

　EMDR の標準の手続きは、特殊な状況に対するプロトコルという形で、さまざまな臨床的問題へ適用される。ここまでは、EMDR 臨床の基本原則、標準的手続き、そして大半の外傷経験者に適用される標準的な3ステージプロトコルについて述べてきた。前章で詳述した3ステージプロトコルは、過去の出来事・現在の刺激・将来への反映に対するクライエントの反応により示される機能不全の題材すべてに包括的注意を向けるものである。

　この章ではまず標準手続きをもう一度概観し、さらに追加のプロトコル、手続きについて述べる。これらの手続き、プロトコルはいずれも個々のクライエントに適用可能である（例えば、外傷経験者は特定の外傷、恐怖症、疾患などの各々に対するプロトコルを組み合わせた治療、前章の標準的3ステージプロトコルに位置づけられる治療が必要となるかもしれない）。それに加え、治療終結時にクライエントに自分でどうやって眼球運動を行なえば良いかを教えようとする治療者への教示も、この章で述べる。

　これらの追加プロトコルは、EMDR をさまざまな臨床的問題にいかに適用するかを説明し、大半のクライエントに対処するために必要なガイドラインを示す。さらに困難な一群のクライエントについての EMDR の適用の情報は第11章で述べる。しかし、臨床家は2カ月の実践期間に、これらの追加プロトコルを比較的病理性の低いクライエントの限定したターゲットに対して最初に用いるべきである。

　記憶の確認のため、以下に EMDR の基本手続きのアウトラインを示す。タ

ーゲットの選択は、クライエントからのフィードバックと標準プロトコルでの3ステージに基づいている。

11ステップの標準手続き

EMDRの方法論では、注意深く定められた治療計画と適切な治療的枠組みが要求される。生育歴・病歴を聴取し（第1段階）、クライエントを準備させ（第2段階）、治療者は評価の段階に入り、適切な要素を同定し、これまでの章で詳述されてきた手続きに沿って個々の治療セッションを進める。この標準の手続きは、以下のステップを踏む。

1. （視覚的）イメージ：クライエントに、その出来事全体を代表するようなイメージ、一般的には出来事の中で最も外傷的部分の視覚的イメージを想起してもらう。もし、そういうイメージができない場合、単に出来事を考えてもらう。
2. 否定的認知：自己に対する限定的信念や評価を表わす否定的自己陳述を引き出す。その陳述は「私は〜」で始まり、イメージに沿った表現を含んでいなければならない。
3. 肯定的認知：望ましい肯定的自己陳述を創る。可能ならば、自分自身がコントロールの中心であるということを組み込む。
4. 認知の妥当性尺度（VOC）レベル：感覚的に肯定的認知がどれくらいの妥当性を持つか、クライエントの評価を決める（1は「完全に誤り」、7は「完全に正しい」として）。
5. 感情：イメージと否定的認知を結合させて、出てくる苦痛な感情の種類を同定する。
6. 主観的障害単位（SUD）のレベル：その出来事の記憶を想起したときに起こる苦痛の程度をクライエントに決めてもらう（0が「中立」「落ち着いている」で、10が「想像できるかぎり最悪の苦痛」として）。
7. 身体感覚の場所：苦痛な情報を想起したときにどこに身体感覚が起こるかを確認する。
8. 脱感作：処理を開始してすべての関連するチャンネルを掃除し、ターゲッ

トとする出来事の記憶の SUD が 0 か 1 になるようにする（0 か 1 にまで下がらなくても許容されるのは生態学的に妥当な場合のみ）。
9．植え付け：肯定的認知をしみこませる。
   a. 元の（あるいは新たな）肯定的認知の適切さと認知の妥当性（VOC）をチェックする。
   b. 肯定的認知とターゲットである出来事の記憶を連結する。
   c. 肯定的認知の認知の妥当性レベルを（生態学的に妥当な場合以外は）7またはそれ以上に高める。
10．ボディスキャン：ターゲットと肯定的認知に同時に意識を向けながら、心で全身の身体感覚の残余がないかをチェックする。
11．終了：クライエントが自己効力感、達成感、そして今後への合理的期待を持てるように治療を終了する。
    a. 視覚化：残存する苦痛を払拭するために「イメージ誘導」を行なう。
    b. デブリーフィング：処理がこれからも潜在的に続く可能性、日誌をつけること、リラクセーション・テープなどのセルフコントロール法を使うこと、について治療後の指示を与える。

　クライエントは次のセッションまでの間のどのような苦痛も再評価段階のために日誌に記録し、この記録により次回のセッションのターゲットが定まる。標準的3ステージプロトコルを使用する場合、臨床的にはまず、機能不全を引き起こす原因となった過去の出来事に注意を向け、次に苦痛を引き起こす現在の刺激に働きかけ、最後に将来の行動のために将来の鋳型を確立する。

単一の外傷的出来事のプロトコル

　標準的3ステージプロトコルが治療の全段階を通じての臨床家への指針であるのに対し、単一の外傷的出来事のプロトコルは個別の外傷的記憶の再処理に含まれる特定のターゲットを見つける。このプロトコルは、多くのクライエントについては、標準的3ステージプロトコルの中に組み込まれるべきものだが、ある単一の外傷的記憶が侵入症状を引き起こしている場合は、これだけで十分かもしれない。しかし、PTSDの被害者には、疑うべくもなく、前章の単一の

外傷的出来事のプロトコルの全部が、すべての症状に対処するために必要である。例えば、標準的3ステージプロトコルが基本的に侵入症状に焦点を当てているのに対し、回避症状は肯定的鋳型（標準的プロトコルの第3ステージ）を含むように扱わねばならない。

単一の外傷的出来事について、標準的手続きは、次の諸ターゲットに対して（可能ならば）適用されるべきである。

1．実際の外傷的出来事の記憶あるいはイメージ
2．フラッシュバックの場面（これは全体を代表するイメージとは違うかもしれない）
3．夢のイメージ、あるいは繰り返す悪夢の最も外傷的な場面
4．苦痛な記憶や反応の引き金となる現在の刺激（車のバックファイヤーの音や、あるやり方で人に触れられるとき、など）

現在の不安と行動のプロトコル

たいていの心的外傷のクライエントは、現在苦痛を感じている不安感や行動のことを訴える。主要な外傷とは関係のない不安を持つクライエントもいる。以下のプロトコルは、これらの問題に焦点を向けるのに役立つ。

現在の不安と行動に対しては、臨床家はクライエントが（1）不安、（2）（可能なら）最初の原因と記憶、（3）望ましい反応、を見つけるように援助する。ターゲットとして使われる要素や測度は以下の順で再処理される。

1．最初の記憶
2．不安を引き起こす最も最近の、あるいは最も代表的な状況の例
3．望ましい感情や行動の将来への投影

すべてのケースで、クライエントが治療に引き続く何週間かのうちに実際に経験したターゲットの状況のなかで苦痛を感じたかどうかの日誌の報告に基づいて、臨床家は治療の効果を再評価する。例のごとく、臨床家はそれらの苦痛が生じたらできるだけ早くターゲットとすることが肝要である。

最近の外傷的出来事のプロトコル

　たいていの外傷に対する標準プロトコルは、外傷的記憶そのものに焦点を当てる。比較的古い記憶は、一般的に、出来事の一部分に集中することで処理できる。出来事全体、あるいはその出来事の最もひどい部分を代表するようなイメージを確認することで、ターゲットに到達する。出来事のその瞬間をターゲットとすることで通常は、その記憶の他の側面が意識に浮かんできたり、鍵となるイメージが変化したりして、最終的には記憶全体が処理される。このように、再処理の効果は記憶全体に般化する。

　しかし、私は、1989年のサンフランシスコ地震の直後の数週間に EMDR 治療を求めてきた人々には別のアプローチが必要なことを発見した。そのとき、記憶の一部分に集中することは、出来事の記憶の別の部分には何の効果ももたらさなかった。例として、煙突が崩れてきて、ほとんど生き埋めになりそうだった記憶などという最も外傷的部分を処理しても、それ以外の部分を思い起こしたとき、気分が安らぐことがなかった。情報処理のあるレベルにおいては、その記憶が統合された一つのかたまりになるには時間が足りなかったように見える。これは大変興味深い現象であり、突き詰めれば記憶そのものの賦活と生理的機構に光を投げかけるかもしれない。

　クライエントは体験をひとつながりに述べることができるので、明らかに最近の外傷的記憶はある程度ひとまとまりになっているが、情報の連合の最も重要な部分で記憶のさまざまな側面は統合されていない。臨床的観察から、記憶がひとまとまりになるまでに約2～3カ月かかると私は見積もっている。将来の研究によって、さらに正確な期間が分かってくるであろう。臨床家は、標準的11ステップ手続きのみで治療が成功した場合、その記憶は完全にひとかたまりに統合されていると分かる。そうでない場合、もっと拡張したプロトコルが必要になる。それは以下のようなものである。

1．出来事の描写を聞く。
2．(必要なら) 記憶の最も苦痛な部分をターゲットにする。
3．それ以外の部分を時間に沿ってターゲットとする。
4．クライエントに目を閉じて事件の流れ全体を順々に視覚化してもらい、苦

痛を感じればそのつど再処理する。出来事全体を最初から最後まで、ストレスなく見れるようになるまで繰り返す。
5．目を開けて、出来事の始めから終わりまでを視覚化してもらいながら、肯定的認知を植え付ける。
6．ボディスキャンを行なう。
7．（必要なら）現在の刺激を処理する。

　最近の外傷的記憶を処理する際は、クライエントに出来事を「物語」の形で語ってもらう。クライエントが出来事の経過を述べるのに合わせ、その出来事の各側面を臨床家は書きとめねばならない（例えば、「私は揺れを感じました。それからドレッサーが落ちるのが聞こえました。その後本が落ちてくるのが見えました……」）。これらの各々の経験は、どれも別々のターゲットとして、認知の植え付けを含むEMDRの標準手続きで処理されねばならない。ただ、ボディスキャンは、最後の記憶が処理され、すべての記憶の処理をやり終えた後に行なうべきである。そのときに初めて、関連するすべての身体の緊張が消えると期待できるからである。
　特に、クライエントには最も苦痛と感じられる部分、他のことを考えようとしても気になってしまうほどのことを確認してもらう。これは例えば、洪水の被災者が押し寄せる水の中に愛する人を失ったとき、地震の被災者の上に今まさに家の梁が落ちようとしているとき、レイプの被害者が顔に銃が突きつけられたのを感じたとき、などである。記憶のどのような部分であれ、最も動揺が強いものが、まずターゲットにされるべきである。
　特別に抜きんでて苦痛な部分がない場合、臨床家は最初に起こった部分からターゲットにする。最近の外傷的記憶で最も共通した反応は恐怖であるから、臨床家は否定的認知として「私は危険だ」、肯定的認知として「それはもう終わった。私は今は安全だ」などを勧めることができる。もちろん、クライエント自身が個人的経験に合うより適切な肯定的認知を見つけられるような提案の仕方をすべきである。クライエントが最初の（あるいは最も苦痛な）記憶の部分に集中するとき、臨床家は肯定的認知の植え付けまでEMDRの標準手続きを行なう。
　クライエントの語ったさまざまな部分を各々処理した後、臨床家はクライエ

ントに、目を閉じてビデオデッキでビデオを再生するように、その出来事を視覚化してもらう。プロトコルのこの部分を、遠くのスクリーンに映画のように出来事を映し出す催眠の技法と混同してはならない。それでは、感情の解離を起こしてしまうことがある。このターゲットの再処理では、すべての関連する題材が揃うように行なうのである。クライエントは、単に心の中でビデオのように出来事の全体を再生するよう求められる。出来事全体への感情的反応を確認し、思いのままにそれを止めるためである。多くのクライエントは目を閉じた方がうまく出来事を思い出せるので、閉眼の方が勧められる。そして、この「ビデオ・プレゼンテーション」の最中に、感情的、認知的、身体感覚的苦痛が起これば、そこでビデオをいったん停止し、目を開けて、臨床家にそのことを伝える。この時点で、この記憶の部分に対し否定的認知と肯定的認知を含んだEMDR標準手続きが適用される。以前は思い出されなかったようなさまざまな部分が意識の表面に出てきて、苦痛を感じることも珍しくはない。比喩的に言えば、最初の再処理で山が平らになると、丘が見えやすくなるようなものである。

　これらの比較的些細な苦痛がすべて処理されたなら、臨床家はクライエントに、目を閉じて再度「ビデオを最初から最後まで再生する」ように言う。新しく動揺が現われれば、再び処理を行なう。

　動揺が全くなくなれば、クライエントには今度は目を開けて肯定的認知を思い浮かべながらビデオを最初から最後まで再生してもらうが、その間臨床家は眼球運動の長めのセットを行なう。臨床家は、今回は特に「心の目でビデオを見て、たとえイメージがはっきりしていなくても、終わったらストップ・サインを出してください」とクライエントに言う。この後、ボディスキャンをする。

　実際の記憶の処理に付け加えて、驚愕反応を引き起こすと報告される現在の刺激（トラックの音にびっくりするなど）、悪夢、クライエントが苦痛を感じている記憶を呼び覚ますような別の物（例えば、歩道の裂け目など）を扱う用意もすべきである。このプロトコルは長いように見えるが、各部分は非常に速やかに処理できるので、普通は3セッション以内で完了することができる。しかし、臨床家は時間の制約をクライエントに課すべきでない。彼らの反応はさまざまであり予測できないからである。

　治療に要する時間に関しては、柔軟性を保つことが特に大切である。なぜな

ら、(最近の外傷的記憶の) ターゲットが、実際に過去のどのような体験に結びついているのかを知る方法がないからである。過去の経験が安心感の欠如や自己コントロール感の欠如に結びついている未解決の問題を含むクライエントの場合は、もっと長期の治療が必要となる可能性もある。自然災害の被災者が治療中に過去の身体的、性的虐待のことを思い出すのもまれではないので、クライエントには前もって、治療が長期にわたる可能性も伝えておくべきである。また加えて、例のごとく、主訴が他と無縁な最近の出来事に見えても、クライエントの安全を確保する適切なステップを踏まねばならない。

このプロトコルは一般に、起きてから２カ月から３カ月以内の出来事に適用可能である。３カ月以上経過した出来事については、まず単一外傷のプロトコルを使う。しかし、出来事全体がうまく処理されない場合は、この拡張されたプロトコルに切り替える覚悟をすべきである。

恐怖症のプロトコル

多くの外傷クライエントは恐怖症があり、これは別に治療を要する。他のクライエントでは、最初の恐怖は外傷的体験に基づいて生じたものである。その上、恐怖症のクライエントは、「恐怖に対する恐怖」や、継続している恐怖の体験(例えば、犬のような恐怖対象との遭遇の危険性は常にある)によっても持続的に再外傷を負っているかもしれない。多くのクライエントは恐怖の対象になるものごとを避けるように生活をしている。それゆえ臨床家は、クライエントが新しく獲得した恐怖のない行動を完全にわがものにするのを適切に援助することが大事である。

EMDR 介入のために、恐怖症を私は「単一恐怖症」「過程恐怖症」の２つのグループに分ける。「単一恐怖症」は、クライエントの行動とは無関係な客観的対象(クモなど)に対する恐怖症で、その対象を見るだけで、それ以上深く関わらずとも恐怖は生じる。それに対して「過程恐怖症」は、クライエントが能動的に関わるある状況に対する恐怖と定義される。例として、飛行恐怖はクライエントの能動的関わりを必要とする。恐怖を引き起こす状況に入るためには、クライエントはまずチケットを買わねばならないし、空港まで車で行かねばならないし、飛行機に乗り込まねばならない。従って、過程恐怖症をターゲ

ットとする場合、臨床家は意思決定の過程から予期不安も含め、恐怖のすべての側面を考慮せねばならない。

単一恐怖

単一恐怖（クモやヘビが怖いなど）を扱うプロトコルは、以下の通りである。

1．「恐怖に対する恐怖」を解消するための自己コントロールの方法を教える。
2．以下のターゲットを再処理する。
 a. 恐怖症に関連する付随的出来事
 b. 最初に恐怖を体験したときのこと
 c. 最も苦痛となった出来事
 d. 最も最近の恐怖の体験
 e. 関連する現在の刺激
 f. 過呼吸を含む身体感覚やその他の恐怖の表現
3．将来の恐怖のない行動のための肯定的鋳型を結びつける。

過程恐怖

過程恐怖（飛行恐怖、人前で話す恐怖など）を扱うプロトコルは、単一恐怖のプロトコルに以下のステップを付け加える。

1．行動を起こす約束をとりつける。
2．心の中で出来事の全過程のビデオを再生して、苦痛を再処理する。
3．次のセッションまでの間に分かったことをターゲットにして、再処理を完全にする。

セルフコントロール法の使用は、恐怖症のクライエントにおいて特に重要である。多くの恐怖症患者は、恐怖に対する恐怖に苦しむ。クライエントはその活動をとても長い間回避してきたので、自分がまだそれに実際に恐怖を抱くかどうかも分からない。むしろ、恐怖が生じたら恐怖に圧倒されてしまうのではないか、ということを恐れるのである。これは、クライエントが今まで恐怖へ一度も適切な反応をしたことがなければ、全くもっともな態度である。この問

題に対応するため、臨床家は、この章の後の方に一部を挙げるような多くのセルフコントロール法を、クライエントに学んでもらわねばならない。クライエントはこれらのセルフコントロール法を面接室で練習して、ある程度の自信をもって不安と恐怖に対処できるようになるまで身につけねばならない。

　大部分のクライエントは、「私は怖い」という認知に伴う身体感覚を同定することを学ばねばならない。その感情の全体的な感覚にのみ集中すると、クライエントは圧倒される感じを引き起こしてしまうかもしれない。もしそうではなく、「恐怖」とみなしてきた感覚が、単に例えば、お腹や胸に感じられる身体感覚でありそれらは変化しやすい、ということが分かれば、クライエントはセルフコントロールの大きな能力を手に入れることができる。これらの感覚を同定する能力は、暗黙のうちに、クライエントが「私は恐怖より大きい存在である」と認識するのにも役立つ。クライエントが認知的に恐怖を自己から切り離し、自分のコントロール下におけるからである。

　単一恐怖、過程恐怖のどちらのプロトコルも単刀直入なものであるが、臨床家はまず生育歴・病歴聴取の際に、二次的疾病利得がないかを探索すべきである。例えば、あるクライエントが主訴としてヘビ恐怖を訴えていたが、生育歴・病歴を聴取するうちに、この恐怖には、境界の問題、主張性の欠如の問題、低い自己評価の問題など、多くの要素が関係していることが明らかになった。結婚生活に関する聴取で、彼女の夫は支配的で、ほとんどすべてのことで自分のやり方を押し通す人であることが分かった。加えて、その夫はキャンプに行くのが大好きなのであった。だから彼女のヘビ恐怖症は、夫につきあって一泊遠出をせずに家にいるために受け入れられやすい口実として便利なように見えた（同じ要因は、過程恐怖にも応用できる。つまり、出張の多いセールスマンの妻が飛行恐怖により、夫と一緒に旅行することから逃れられる、というふうにも考えられる）。明らかに、この二次的疾病利得の問題が対処されない限り、恐怖症は治療に反応しないだろう。

　すべての治療法と同じく、クライエントには、外部の基準に合わせて行動するように無理強いされることはない、ということを重ねて保証するべきである。また、恐怖をなくすということは、ある活動を行なわねばならないということを意味しない、ということも理解されるべきである。ヘビ恐怖を克服することは、キャンプ行きを強要することではない。高所恐怖を治したら、スカイダイ

ビングに行かなければいけないわけではない。臨床家は恐怖症クライエントに、選ぶ権利はクライエントにあり、恐怖によっても、恐怖がなくなることによっても、特定の行動を強要されることはないということを明らかにすべきである。

すべてのケースにおいて、臨床家は恐怖の成因を探索しなければならない。というのも、実際の恐怖症反応からは全く離れた出来事に問題が根ざしているかもしれないからである。例として、一人のクライエントが運転恐怖であると訴えていた。運転中に予期せぬ状況になる度に、彼女はパニック発作を起こした。生育歴・病歴を聴取すると、最初の恐怖症発作が起こる以前に、彼女はヨーロッパで交換留学生として学んでいた。あまり知った人がいないので、学生仲間のパーティに喜んで出かけた。不幸なことに、パンチを飲んだ後、気分が悪くなり、パーティから帰った。自分の部屋につくと彼女は幻覚を体験した。パンチに誰かがLSDを入れていたのだった。一人ぼっちで恐怖におののきながら、自分ではどうしようもなく、幻覚が消え去るまで一晩を過ごさねばならなかった。その後から、車を運転中に、事故を起こしそうになったときに、彼女はまた自分ではどうしようもない感覚に襲われ、パニックを起こした。このパニックの感覚が、運転中の比較的ささいな出来事に対しても般化してしまったのだった。明らかに、恐怖症の治療を試みる前に、過去のLSDで幻覚を起こしたときの恐怖を、臨床家はターゲットにしなければならない。

いったん、恐怖症に先行する出来事が適切に再処理されれば、植え付けとボディスキャンを含むEMDRの全手続きを、以下の順序で適用する。まず、最初の出来事の記憶をターゲットにする。なぜならそれは、恐怖症の成因に関連した刺激を含むと考えられるからである。次に、最も恐怖の強い出来事をターゲットにする。症状を悪化させる刺激を含むと仮定できるからである。3番目に、最も最近の出来事をターゲットにする。二次的条件づけで症状形成に関わるようになった刺激を含むと考えられるからである。恐怖を引き起こす状況はさまざまで個別的であるので、さらに各々の刺激を処理する。例えば、飛行機の過程恐怖の場合、あるクライエントは自分一人の旅行が差し迫っているときだけ恐怖をもよおすかもしれないし、別の人は家族の誰かが旅行に行くときでも恐いかもしれなし、また別の人は、そういう状況だけでなく、飛行機が頭上を飛ぶ音だけでも恐怖かもしれない。将来への肯定的鋳型を結合する前に、これらの引き金を適切に処理しなければならない。閉所恐怖のような広範囲に般

化した恐怖症については、恐怖を引き起こす諸々の状況各々を代表するような出来事をターゲットにしていく（例えば、エレベーター、交通渋滞、劇場の座席、など）。

　もし、過呼吸を含む恐怖の症状が処理中に引き起こされたら、臨床家はそれをターゲットにして次のセットを行なう。恐怖が起こったとき臨床家は、落ち着かせるような調子で「感覚を意識するだけでいいです。どうにかしようとしないでください」というふうにクライエントを勇気づけるように話す。恐怖に関して引き続きセットを行なっていけば、たとえひどいパニック発作でも、苦痛の感情が解消され、恐怖への恐怖が再処理され得る。恐怖が落ち着いた後に、クライエントとセルフコントロール法（安全な場所、など）を復習する。そうしてクライエントの、恐怖に対処する能力を高める。

　単一恐怖に対しては、肯定的鋳型は単一のイメージで内在化する。例えば、ヘビが近くにいても落ち着いて冷静でいられる、というようなイメージである。この映像は、VOCスケールで6か7になるまで再処理されなければならない。しばしばクライエントはVOCレベルの6で止める。というのも、自分がもう恐怖の対象を恐れていない、ということを実際に体験しなければ完全には信じられないと感じるからである。クライエントの予期される状態にもかかわらず、「これからの治療のターゲットに使えるから、否定的いかなる反応も日誌につけてください」と注意を促す。日誌は、イメージや思考、身体感覚も含め、何が起こったかを知るよい記録になる。閉所恐怖のクライエントに対しては、各々の引き金について肯定的鋳型を植え付けする。

　過程恐怖の場合、二次条件づけにより恐怖を引き起こす引き金の問題だけでなく、予期不安（恐怖への恐怖）の問題を取り扱うことも必要である。例えば、飛行恐怖のクライエントが恐怖感なく飛行機に乗っている自分をイメージできるようになれば、1カ月以内に実際に飛行機に乗ってみる、という契約をする。そして目を閉じてもらって、この面接からうまく帰りの飛行機に乗れているところまでをビデオを見るごとくにイメージしてもらう。不安を引き起こす各過程（目的地を選ぶ、飛行機を予約する、荷物を詰める、空港まで運転する、など）を各々再処理する。この手続きを、最終的に心の中でビデオを全部恐怖なく見られるようになるまで繰り返す。

　クライエントは、契約の遂行に必要な行動の際に起きたどんな不安や恐怖も

報告する必要がある。クライエントは自分の学んだセルフコントロールの方法を使い、これからの処理のために刺激とそれに対する自分の反応を正確に記録する。それらすべての事柄について、恐怖反応を失敗ではなくフィードバックだとクライエントが見るよう、臨床家は援助するべきである。クライエントに「これからの数週間、不安が起こることが予測されるが、必要なのはこれらの状況を新しいターゲットにするために確認することだけである」と強調することも有用かもしれない。そうすれば恐怖が起こってもクライエントが「失敗した」と不必要に落ち込まないで済むように、治療の効果に対する期待を十分下げることができる。クライエントは（恐怖を引き起こす）刺激に出合うような状況に向かうことを、成功的解決のためだけでなく、探索的冒険として勧められるべきである。

　成因となった過去の出来事に EMDR を行なうだけでも、基本的な恐怖症反応が完全に消えることはあり得る。しかし、恐怖症の将来の再賦活を防ぐために、以上の全治療プロトコルを踏まねばならない。恐怖反応が軽快すれば、フォローアップセッションで他のターゲットを扱うことは容易である。

過剰な悲嘆のプロトコル

　愛する人を失うということは、しばしば外傷的経験である。苦悩は強烈なこともあり、その継続期間もさまざまである。通常、人は喪失の悲しみを最後には乗り越えていく。しかし、非常に強い苦悩、自己卑下、時間が経っても改善しない、といったかたちで示されるように、立ち直りへの過程が妨げられることがある。即効性のある介入は「悲嘆から学ぶ」という必要な期間を人から奪う、と考える治療者にとって、EMDR を使ってこれらの障害を克服するのは難しいことかもしれない。しかし、以前に指摘したように EMDR は、悲嘆も含めて、健康で適切な感情を消去したり薄めたりはしない。むしろ、EMDR はクライエントが内的な平穏感を保ちつつ喪に服することを助ける。

　過剰な悲嘆に暮れるクライエントに対しては、必要なら以下をターゲットとして再処理する。

1．愛する人の苦悩や死を含む、実際の出来事。
2．侵入的イメージ。

3．悪夢のイメージ。
4．現在の引き金となるものごと。
5．個人的責任、人は死ぬということ、以前の未解決の喪失、などの問題。

　過剰な悲嘆のEMDRプロトコルは、心的外傷への標準プロトコルに似ている。多くのクライエントは、彼らの悲嘆、悲しみ、罪悪感は、楽しかった記憶や連想をブロックする愛する人の侵入的記憶、夢、幻想に結びついているという（第2章の「否定的題材に限定してアクセスすること」を参照）。これらの否定的イメージをターゲットとして、適切に再処理されなければならない。例えば、ある母親は自分の娘が精神医療機関で自殺したことで自分を責めていた。娘を思い出すようなことはすべて娘が精神的に錯乱したときの娘の苦しみのひどいイメージにつながり、同時に罪悪感と無力感に母親は陥るのであった。否定的イメージが処理された後、臨床家が「娘さんのことを考えてください」と言ったときに母親が思い出したのは、子どもが遊んだり、バレエを踊ったりしていた幸福なときの場面であった。それに似た例で、父親が自殺した後に残された2人の子どもは、父の否定的なイメージしか浮かんでこないと訴えていた。父親のことを思い出すように言われたとき、2人は父の死んだときのイメージ（これらは幻想である。2人はその場に居合わせなかった）と、飲んだくれてへべれけになってテレビの前に座っている父の姿（これは父の死の前数カ月、繰り返し見かけていた）しか思い出せなかった。これらのイメージを処理すると、2人に共通して、みんなで釣りに行ったときのイメージが出てきた。EMDRは、クライエントが喪失を悲しむ時間や立ち直りの時期を、ナイフの刃のような鋭い痛みを感じずに過ごせるようにする。

　過剰な悲嘆の治療において、適切なレベルの責任やクライエント自身の現在の安全についてのいかなる憂慮もターゲットにすることが非常に重要なことがしばしばある（Solomon & Shapiro, 近刊予定）。なぜなら、これらの要素は強い悲しみと感情的痛みに隠されてしまい、処理を進める中でのみ現われてくるのかもしれない。従って、臨床家は苦悩の陰に隠れていたこれらの様相が現われてきたときは敬意をもって親身な態度を保つべきである。例えば、否定的な感情の反応は愛する人につらく当たったり不親切だったりしたことへの罪悪感から生まれるかもしれない。これらの出来事も処理のターゲットとなる。

愛する人の死に対するクライエントの苦悩は、それに再賦活された過去の未解決の喪失体験と複合しているかもしれない。それらの喪失体験が出てきたときも処理すべきである。さらに、クライエントは愛する人の死のために苦悩しているのであるから、次のセッションまでの間に経験するいかなる苦悩、特に自分のケガや他の家族の死についての考え、などを（適切なターゲットを選ぶために）尋ねるときは慎重に行なうことが極めて重要である。

　EMDRを使うことで、悲嘆にくれていたクライエントは喪失の痛みを受容し、愛する人とともに過ごした生活のさまざまなときのさまざまな感情、願わくば肯定的経験のときの感謝なども含めて、振り返ることができるようになる。EMDRは症状の病的な悲嘆を起こしているブロックされたシステムを刺激し、機能不全状態の情報の処理を加速して、適切で健康的な洞察と感情が表われるのを助ける。

　しかし、EMDRが適切な感情を消去したり中和したりすることはないし、個人の成長に無理に先回りするわけでもないことは強調してもし過ぎることはない。このように、EMDRが使われれば、悲嘆に明け暮れていたクライエントが自然と（クライエント自身のやり方で）喪失の受容に前向きに歩み始め、同時に回復への障害を解消するようになる。

　治療の後でさえ、情報処理と回復のさまざまな段階の増強は引き続き起こる。だから臨床家は、EMDRを使うまでクライエントがどれくらいの期間苦しむべきか、などということを決めなければならないと感じる必要はない。使おうと思えばいつでも使うべきである。なぜならどのような臨床モデルにおいても、ある患者の最適な回復の時間を予測することなどできないし、どのような臨床家もクライエントの苦しみを的確に評価することなどできないのだから。さらに言えば、臨床家が勝手にEMDRを使うまでの時間を決定することは（例えば、「あなたは少なくとも3カ月／1年／2年悲しむべきだ」）、患者の自然治癒の過程の生態学的妥当性を理解しているなら、反倫理的である。他の臨床対象にも当てはまるのだが、悲嘆しているクライエントにとって、感じられた感情とその度合いが適切なものならば、EMDRを適用した後もそれは残るからである。

　乳飲み子を死なせてしまった母親の、あまりに強い悲嘆の例を挙げよう。息子が亡くなる直前に、彼女は徹夜で看病をしながら、電話で医者に入院させて

くれと頼んでいた。医師は大丈夫だろうということで、「家で様子をみてください」と言い続けた。息子を胸に抱きながら、母も子も眠りに落ちた。母親が目を覚ましたとき、その子は胸に顔をもたせかけて息絶えていた。あまりに激しい精神的苦悶のために、母親はEMDR治療を求めてきた。90分の治療セッションの後、彼女は「心の中にあの子を感じることができます。一緒に時を過ごせたことにとても感謝しています。あの子はもっと良いところにいます」と言った。短時間の治療による、苦痛からのこのような劇的な解放から、臨床家は、どのくらいの期間この治療をせずに様子をみるべきか、という質問に行き当たる。答えは「クライエントに決定を委ねる」ことである、と私は信ずる。

疾病と身体的障害のプロトコル

　以下のプロトコルは、身体的疾患を持った人もやはり心的外傷を被るかもしれないという事実を強調するためにここに述べる。レイプや戦場のストレスに苦しむ人のPTSDのような心的外傷反応は容易に診断できるが、加害者が自分自身の身体であると分かったときのクライエントの心への侵襲が、同様にひどい、あるいはもっとひどいものであるとは、多くの臨床家は認識していない。慢性疾患の痛みや疲れ、あるいはガンやAIDSのようなさらに破局的な疾患の衝撃が社会生活を阻害するほどの心理的影響を持っていようといまいと、そういうクライエントは、レイプの被害者や戦争の被害者と同様に扱われなければならない。実に、多くの事例で心理的、社会的に対応すべき問題は両者ともよく似ている。

　簡単に書くと、疾病と身体的障害のプロトコルは以下のごとくである。

1．現実のニーズに対処する活動計画を作り出す。
2．以下の項目に対して、関連する記憶、現在の状況、将来に起こり得る恐怖などを同定し処理する。
　a．個人的、身体的制約
　b．社会的問題
　c．医療体験
3．これから1年から5年後にかけての「ビデオ」を心で見る。

4．適切な認知的方法を基礎に、サイモントンのイメージ療法を行なう。
5．適切な肯定的認知を選ぶ。
6．もとのイメージと肯定的認知を結び付ける。
7．自分で行なう手続きを家での課題とする。
8．日誌をつけ、自己看護手続きを使う。

　このプロトコルは、身体的訴えに関連した身体的、心理的要因の両者にはたらきかける。しかし、これは適切な医療に取って代わる物ではなく、付随的に使用されるものである。ガンのクライエントの治療という文脈でプロトコルを述べるが、それだけでなく、どのような疾患、身体的訴えに伴う心理的問題に（可能性としては身体的にも）容易に適用することができる。

　身体的訴えのある多くのクライエントに対して、心理的問題に対処することで身体症状が部分的、あるいは完全に寛解することがある。基本的に有機的な過程が関与している場合、心理的問題は身体の問題を悪化させ得ると見ることができる。身体症状が寛解しないものならば、臨床的にはクライエントの生活の質（QOL）に強調点がおかれる。非常によくあることだが、最も生活能力を阻害する要因は、心理的緊張や絶望的被害者であるという自己認知である。

　人を無力化する状況においての生活の質を決定する心理的要因についての、完璧な一例をロナルド・A・マルチネスの生き方に見ることができる。彼はEMDR研究所の最初の研究員の一人でもある。ロナルドが15歳のスポーツ好きの少年であったとき、スイミングプールに飛び込んで回復不能の四肢麻痺になってしまった。何カ月もたったある日、友人が完璧に受け入れられる選択を提案した。このまま悲嘆に暮れる病人のままでいるか、人生で何か意味のあることをやるか、という決断である（Martinez, 1992）。彼は後者を選び、そして、愛すべき、かつ卓越した臨床家として何千人の人々を感化した。ロナルドはEMDRの中心的原理の一つとなった原則の具現例である。「大事なのは、何があなたに起こるかではなく、あなたがそれにどう対処するかである」

　明らかに、恒久的障害の場合、臨床家は経済的問題、仕事の問題、人間関係の変化の問題などを扱わねばならない。EMDRは、教育や実際の行動によって対応されるべき問題についての不安や恐れを消し去るわけではない。クライエントの最も差し迫った必要性に対処し、実際の活動の計画を立てた後に初め

て、障害の心理的問題に取りかかるべきである。これをしないと、クライエントの現実的な恐怖が機能不全の題材に焦点を当てて再処理することを阻害するかもしれない。実際的な計画が立てられれば、臨床家はEMDRを機能不全的恐怖や方法についての懐疑への対処のために使用することができる。ただし、現在の訴えがはっきりした侵入症状である場合は例外である。この場合は、基本的侵入症状を他の症状にさきがけてターゲットとする。なぜなら侵入症状によって引き起こされる恐怖は、適切な活動計画を立てるための論理的に考えるクライエントの能力を妨げるかもしれないからである。

　ガンの場合、他の多くの病理と同じく、EMDRモデルでは関連する過去の記憶、現在の要因、将来への不安、について探索することが求められる。EMDRは同定されたすべての問題領域に使用されるべきである。詳細な生育歴・病歴から、自己犠牲や怒りへの対処の困難さのパターンが明らかになるかもしれない。どのような疾患についても、これらのパターンから生まれる二次的疾病利得の問題を考えねばならない。例えば、誰しも、気分が優れないという口実で社会的義務を逃れた経験があろう。これはいやな思いをせずに、共感をもって受け入れられる数少ない言い訳のひとつである。臨床家は慎重にクライエントの他人との境界を引く能力、自分の要求を主張する能力、適切なレベルの責任を引き受ける能力に注意すべきである。クライエントの中には、身体的に不可能なときのみ他人の世話をしないことを自らに許す人もいる。他のクライエントでは、人生早期のモデルあるいは今の現実の状況から、病気になることが唯一、人から大事に世話される方法かもしれない。

　臨床家は、絶望感や無力感を生むような八方塞がりの状況を含め、現在の要因を評価することに注意すべきである。さらに加えて、病気に関連して、システムの問題も考慮することが重要である。レイプの被害者と同じく破局的疾患患者は、家族や友人の反応に直面するだろう。友人が患者の疾患に否定的な影響を受けて、あるべきサポートが得られないことも珍しくはない。幾つかのケースでは、その人を失うことや、自分自身もいつかは死ぬということを考えるストレスで、実際に患者を見捨ててしまう人もいる。友人たちは、死の可能性を過小評価したり、患者に楽観的に明るく振る舞えと押し付けることで対処しようとする場合もある。全体の臨床像としては、これらの周りの反応の可能性とクライエントの感情を視野に入れなければならない。クライエントの意識の

中で罪悪感と無力感が膨れ上がり、臨床家の援助なしには人との間に適切な境界を引いたり人格の安定性が保つことができなくなる場合もある。

　社会的問題だけでなく、医学的手続きや医療者がクライエントの心理的安定性に与える衝撃も、臨床家は評価しなくてはならない。苦痛な医療・治療体験の記憶は、クライエントが快適さを感じるのに有害に働くかもしれない。例えば、あるガン患者が、自分の転移ガンの治療には実験的な新治療しか望みがないということで EMDR 治療を求めてきた。問題は、以前に化学療法を受けた際の良くない反応に関連する侵入思考のために、実験的治療の効果の可能性が、彼女の生活に及ぼす副作用の可能性に勝るかどうかを決められないということであった。そこで EMDR が、過去の記憶を代謝し、自己コントロール感と選択の能力を浸透させるために行なわれた。クライエントが実験的なガン治療を受けようと決意したとき、彼女の不適切な恐怖の再処理に EMDR が使われ、治療中にはさまざまな対処技能が提供された。化学療法が実施された後、クライエントは、「医学的処置の間、楽な気持ちでいられたし、今まで受けてきたガン治療の中でも、今回の実験的医学的手続きは最も副作用が少なかった」と報告してくれた。

　臨床家は、医療者の鈍感な言動がクライエントに与えたかもしれないマイナスの影響にも注意し評価しなければならない。一部の医師の、恐怖心に訴えて治療を受けさせようとする不幸な傾向は、クライエントの精神的安定に非常にマイナスなことがある。このプロトコルの初期に、これらの不快な出来事をターゲットとすべきである。

　臨床家がクライエントの将来と気構えに焦点を当てる（そしてターゲットとする）質問をすることは、極めて重大である。例えば「ガンがなくなったら私はどんな人間だろうか？」「何を変えたり、何に直面しなければならないだろうか？」というような質問である。そうした場合、低い自尊感情と無力感のもとになる記憶は代謝されるべきである。両親や家族、重要な人、仕事、自己同一性の危機、そして現在の苦痛なども考慮されるべきである。死ぬ運命にある両親、配偶者という新しいイメージとそれに付随する怒りや裏切られた感覚、悲嘆の感情に、家族の一人ひとりが適応するために、家族療法が必要かもしれない。

　臨床家は、クライエントのストレスとなる家族の反応を家族成員に働きかけ

て再処理し、家族からの最大限のサポートが得られるようにしなければならない。クライエントが常に家族の機能不全状態の反応に注意を向けさせられていると、クライエントの無力感やコントロール喪失感は強まりかねない。もし家族を治療に活用できないなら、クライエントが望む家族ではなく、あるがままの家族を受け入れさせるようにクライエントに EMDR を使用する。

究極的には、「私は生きたいか？」と自己に問うとき、何か否定的な付随した感情が湧き上がるかどうかを確かめねばならない。不適切な恐怖や期待を再処理していくと、クライエントが肯定的答えに到達するのを援助することができるであろう。

残存する機能不全を最も有効に処理するために、1年後から5年後までの健康な自分の姿をありありと思い浮かべるのも役に立つ。クライエントに肯定的認知を考えながら1年後から5年後までのことを「ビデオで再生する」ように言う。クライエントが強い動揺や疑いに襲われたときは、ただちに眼球運動を開始するべきである。

以下の節では、治癒過程を促進するために免疫系を補強する方法を述べるが、これらの方法が効果を発揮する以前に亡くなることが避けられないようなクライエントもいる。であるから、これらの素材は、治癒の可能性を高めるとともに、死に臨むクライエントの生活の質に焦点を当てるものだと言うべきである。最終的には、もしクライエントが死を受け入れなければならないのなら、臨床家は EMDR を、クライエントの家族や友人と和解し調和する能力、遺産などの遺言をきちんとしたため、そして死の恐怖に対処する能力をターゲットにして使用する。将来を想像したビデオは、この目的のためにも使われる。EMDR はまた、病院で、治療に反応しない疼痛に苦しむクライエントたちの、早く死んで楽になりたいと願うことへの罪悪感を和らげるためにも使われてきた。

心理学的な次元、あるいは病気の過程そのものへの注意を向けるとき、クライエントに罪悪感ではなく、力づけられる感覚をもってもらうように助けることが極めて大切である。治癒過程の援助の資源を動員する可能性の議論をする際に、臨床家はクライエントが自分自身に疾病の責任があると思わないように注意しなければならない。そのような誤った認知は、もし彼が治癒しなかったとき、自分に罪があるかのように思わせてしまう。これは治療に対し破壊的であり、なんとしてでも避けなければならない。

クライエントは、自分に病気の責任はないと納得できるように教えられるべきである。免疫系を制止するようなストレスへの脆弱性は遺伝かもしれないし、ある反応タイプを誘発するのは人生早期のモデリングによるかもしれないし、寄与する性格は自分で選択できるようになるよりもずっと以前に身につかせられたものかもしれないからである。潜在的な治癒過程の考えが、さらなる緊張や自己卑下を引き起こさないように追究されねばならない。自分自身の治癒を触媒しようと試みているということが、自分に病気の責任があると自己非難すべきだと意味するわけではないとクライエントに伝えることが重要である。

　免疫系を補強し、すべての資源を動員してガンと闘う過程の優れた資源は、「もう一度健康になる」（Simonton & Creighton, 1982）という本である。1970年代にサイモントン夫妻は、基本的に終末期の患者を受け入れる放射線科医師と心理臨床家のチームとして働いていた。彼らは患者たちの生存率の差はなぜだろうかと疑問に思い、解析した結果、生存率が患者の生きる姿勢・態度や心的イメージとしばしば相関することを見いだした。サイモントン夫妻は、力強い免疫細胞群が弱いガン細胞をやっつけるというイメージを思い描くことを患者に奨めた。精神的態度が改まったこととイメージ療法の結果として、多くの例で生活の質にプラスの影響が生じ、生存率が上昇したことが報告された。精神神経免疫学は急速に発展しているが、この分野の多くの研究者が、サイモントン夫妻の発見を支持している（Cousins, 1989; Pelletier, 1977; Rossi, 1986; Siegel, 1989; Solomon & Temoshok, 1987）。

　クライエントが肯定的イメージを創り出すために、よい認知的基礎を固めることを私は提案する。ガン細胞は人体の中で最も弱い細胞だということを、患者に納得してもらう。だからこそ化学療法・放射線療法が効くのである。ガン細胞は死ぬが、強い健康な細胞は生き残る。多くの場合、ここでEMDRを、医療者がガンの恐ろしい力について述べたことについて使うことができる。さらに、死刑宣告を連想させるように、診断を告げたときの医師の表情を思い出すときに感じる不安にも、クライエントはしばしば言い及ぶ。まだ精神神経免疫学に対して無知な医師が存在するのは不幸なことである。

　サイモントン夫妻のイメージ療法のひとつの欠点は、免疫系を戦場での強力な軍隊のように描き出すことである。例えば弱い敵であるガン細胞を殺す狼か砲兵隊のように。これらのイメージはある患者たちにはすばらしいが、平和主

義者のクライエントには非常に問題である。このように、治療に使われるイメージは、クライエントの信念や心理的傾向に沿ったものでなくてはならない。破壊的軍隊のイメージがよい人もいれば、イエス・キリストの魂のイメージや、他の精神的象徴が治癒の光を送る、などといったイメージの方が合う人もいる。もう一度言うが、EMDRではクライエント中心のアプローチをとることが重要で、最もうまくいくイメージと認知をクライエントに選んでもらうべきである。目的は、ガン細胞が壊されて体の外に出るダイナミックなイメージを提供することである。

　いったん、適切なイメージが選ばれたら、適切な認知の選択とともに、イメージの適用のしやすさも検討すべきである。サイモントン夫妻から治療を受けたある患者は、電気が頭から体全体へ流れてガン細胞をやっつけるというイメージでやっていた。しかし、EMDR治療を受けにきたとき、彼は、実際にはイメージ療法をごくたまにしか実行せず、実行しても電気が体のある部分でストップして全身に流れないと告白した。EMDRの臨床家はまず、イメージに合う肯定的認知を作るようにクライエントに言った。クライエントは、「私の免疫系が私を癒す」という言葉を選んだ。次にクライエントに、電気のイメージとその肯定的認知に同時に集中しながら、肯定的認知が強まるまで眼球運動を行なった。次に目を閉じて、電気が体の中を流れるところを想像するように指示した。電流がよどんだらすぐに目を開けてもらい、再び自由に流れるようになるまで眼球運動を行なった。イメージと認知の結びつきをターゲットにしてEMDRが面接室で繰り返し行なわれ、クライエントは容易に、それらを力が湧く感覚と同時に想起できるようになった。イメージと認知と眼球運動（この章の後で説明される眼球運動を自分で使う方法）を合わせて行なうイメージ治療を少なくとも１日に３回行なうという宿題が課されて、クライエントは排尿する度にイメージ治療を行なうことを決めた。このように、肯定的認知とガン細胞が体外に排出されると考えることが結び付けられた。つまり彼は、イメージと眼球運動と「これで全部毒が排出される」という思考を同時に行なったのである。

　可能なら、眼球運動を使うときは常にイメージと肯定的認知が結び付けられるようにすべきである。もし可能でない場合、（例えばイメージが動画で、クライエントがそれに集中し続けるのが困難な場合）肯定的認知をイメージの初

めと終わりに使用する。

　クライエントには、イメージの課題を宿題として行なうときに、再処理の持続のために、眼球運動を自分で使う方法を指導すべきである。除反応の危険があるので、普通は治療初期にクライエントが自宅で眼球運動を使うのは勧められないが、このプロトコルでは例外で、面接室で何回も繰り返し行なったイメージと認知で眼球運動を使っているので、家でもイメージと認知をターゲットとして使用する。従って、眼球運動を家で使用する前に、そのチャンネルに関連したいかなる機能不全の題材も再処理されていなければならない。クライエントは眼球運動を自分で使うときに起こる可能性のあるどのような疑問、抵抗感、まとわりつく記憶、現在の苦痛でも日誌に記録する。EMDRは恐怖に対してだけでなく、ガンに関する外傷的な体験のすべてに使われるべきである。例えば、次のようなことが含まれる。自分の体に裏切られた感覚。医療者や家族や友人の、実際のあるいはそう受け取れる冷淡さや無関心さ。入院、医学検査、手術などに関する否定的な感情。

　ここでもう一度、重篤な疾病を持つ人の苦しみはPTSDの人のそれと同様であるということを強調する必要があろう。PTSDがレイプや虐待の被害者に起きることは明白だが、加害者が自分の体、自分の免疫系であると分かったときにもPTSDは起こり得る。それによって起こる無力感や自己嫌悪の感覚は非常に麻痺的であるので、臨床家は注意して自己治癒という枠組みで、クライエントの力と選択の感覚を貯えるように焦点を当て働きかけなければならない。

　この章の後半で述べるセルフコントロール法・終了手続きのようなリラクセーションと痛みのコントロール法は、自己効力感を生み出すのに役立つだろう。「光の流れ」の技法は、心理学的有用性のみならず特に急性の疼痛に対し有効である（S. Levine, 私信, 1982, Levine, 1991）。眼球運動のセット自体が、痛みの対処にも有効であると報告されてきた（Hekmat, Groth, & Rogers, 1994）。支持的集団療法に参加し活用するようにクライエントに勧めることや（Spiegel, Kraemer, Bloom, & Gottheil, 1989）、マッサージや栄養療法など代替的健康法も、自分自身を世話する感覚を促進したり、心理的資源やコントロール感を動員するという意味で、有用かもしれない。セルフケアと、疑問や恐怖を日誌に書くことは続けるべき作業であり、クライエントのいかなる懸念や制限もターゲットとしなければならない。

EMDR治療は、クライエントがガンのない健康な自分を視覚化できてボディスキャンでも何の感覚的乱れもないときに本質的に終了と考えられるかもしれない。EMDRにより健康なイメージは増強されるが、もちろん、それは現実的目標に対して行なわれなければならない。別の言葉で言えば、コントロール感と自己効力感を強めることで、クライエントは自分の生活の質の向上に必要なことができるようになるし、このEMDRプロトコルにより自己治癒過程の増強に身体が動員されるようになるだろう。しかし究極的には、自分の疾病の結果がいかなるものであれ、クライエントは自分自身と和解せねばならない。あるものに手を伸ばすことは実際にそれを手に入れることを必ずしも保証しないが、何事も試みずに達成されるわけでもないことは理解されるべきである。

眼球運動をストレス低減のために自分で使う方法

警告と提案

集中的に完全に個人の治療を専門家の援助なしに行なうことは、不可能ではないにせよ、非常に困難である。この節では、クライエントが眼球運動をストレス低減のために自分で使う方法について述べるが、これは完全なEMDR治療の代わりになる自己治療法ということではない。今まで見てきたように、EMDRは単なる眼球運動だけでなく、訓練された臨床家には明らかなさまざまな臨床的選択ポイントも、クライエントにとっては必ずしも明確ではない。臨床家自身が自分に適用するときでさえもそうである。

加えて、クライエントがEMDR治療の初期に眼球運動を自分で使うことはお勧めできない。あるターゲットや不安がどのような記憶に結びついているかを知る方法はなく、見た目にはたいしたことのない苦痛がとてつもなくひどい子どものころの記憶に結びついているかもしれない。もし一見ささいなストレスであっても、時期早尚に眼球運動を試みてしまうと、強い除反応がおきて、題材を再処理するための眼球運動セットを続けることができなくなり、再外傷体験を引き起こす危険がある。典型的治療セッションの最中でも、クライエントは目の動きを止めることがある。クライエントの進行度を確認して、適切な時間眼球運動が続けられるようにするのは臨床家の責任である。

もし、クライエントが臨床家の監督なしに眼球運動を行なうと、今までうまくいっていた治療でさえ中断し治療計画が崩れるかもしれない。従って、臨床家はクライエントに、相談なしに自分で眼球運動を使わないように、あるいは他の人に試さないように伝えなければならない。しかしながら、治療が全体として終盤に入り、ほとんどの情報のチャンネルが既に処理されているなら、眼球運動を家で使用しても良い。だが、この場合でも臨床家は、クライエントにどのような新しい苦痛な記憶、反応でも日誌に記録するように伝えるべきである。

眼球運動を自分で使う方法は、クライエントのひどい体験の話を聞くことで治療者が受けた代理的外傷の影響を最小限に食い止めるために、臨床家にも非常に役立つ。代理的外傷の影響は、精神衛生の分野でよく報告されているが(Figley, 1995; McCann & Pearlman, 1990)、臨床家が中立の治療的視点を守ることや、臨床家自身の安全感、満足感にも悪影響を与えかねない。クライエントの語る話や残虐行為のイメージがとても心をかき乱すようなものであるときはいつでも、EMDRを使用することが臨床家に非常に有用である。早く行なえばそれだけ容易に、再処理－同化－解決することができる。

臨床家は、自分の解離した問題が高レベルの苦痛を引き起こしていて、それが眼球運動セットとともに出現するかもしれないことに注意すべきである。もしそういうことが起きたら、他の専門家に必ず援助を要請すべきで、決して一人で問題を解決しようとしてはならない。こういう場合、記憶は再処理されず再び解離されるだけかもしれないので、自分で眼球運動のセットを試みても再外傷を被るかもしれない。

技術的考察

自分で眼球運動を行なう場合、メトロノームを使うことが適切な眼球運動のリズムを保つのに役に立つだろう。メトロノームは音による利用だけに限る。普通、メトロノームの腕の振れる幅を追うだけでは、眼球運動に十分な幅ではないからである。左右の耳に音量が同じように聞こえるところにメトロノームを置く。しかし、ある人には聴覚的補助は有用でも、逆に気が散る人もいるので注意すること。

以下は眼球運動を自分で使う方法のリストである（これは完全なリストでは

ない)。

1．頭をまっすぐに保ち、前を見て、次にできるだけ右の方に眼球を動かし遠くの物を見る。同じくできる限り左へ目を動かし遠くの物を見る。そして左右に眼球運動を行ない交互に遠くの2つの物を見る。
2．部屋の片側（あるいは壁の一点）と反対側を交互に見る。
3．足を左右に広げて椅子に座り、太股に手のひらを下にして手を置き、片方ずつ人差し指を上げ、それを目で追いかける。
4．片手を上げて視線を横切るように左右に振り、目で追う。
5．今までのところ、目の運動の維持に最も容易なのは、外部の動く点を使うことである。天井から振り子をぶら下げて使った人も、光の棒を使った人もいる。速度と方向を変えられる光の棒が設計されてテストされ、臨床家にも利用可能となっている（Neurotek, 1994）。

さらに加えて、クライエントは臨床家の指の動きを想像することもできる。この技法は、クライエントがいつも親しんだ動きを使うので有効である。また、臨床家とクライエントの間の治療関係に条件づけられた安心感もある。しかし、強い除反応により、必要な眼球運動を続けるための焦点が妨害され、ターゲットの十分な解決が妨害される可能性があるので、自分で眼球運動を行なうのは、ごく弱い不安に限ることが重要である。

セルフコントロールと終了の手続き

クライエントは除反応の起きているときに面接室を離れることが許されないということは極めて重要であり、治療のセッションに先立って終了の手続きを確立しておかねばならない。この手続きにより、臨床家はたとえ治療が不完全であっても比較的落ちついて治療を終了することができる。さらに、次のセッションまでの間にも扱う問題は処理され続けるかもしれず、クライエントは、起こるかもしれないどのような苦痛な思考や感情にも対処できるように、さまざまなセルフコントロール法やストレスを低減するテープなどを用意してもらわないといけない。

以下の節には不完全な治療セッションを締めくくる方法、セルフコントロール法の中の幾つかを述べる。臨床家はどの方法がそのクライエントにうまくいくかを見定めるために、EMDR処理を始める前に幾つか試すべきである。そうしておけば、除反応で治療が中断したときに自信を持って手続きを導入できる。この技法が感情的混乱を解消するのにうまくいくということが分かれば、もし後で除反応が起こった場合でも、このうまくいったことを思い出すようにとクライエントに言える。

この技法を使うことで苦痛が低減できることが確認できれば、最後まで治療が続けられるようにクライエントを勇気づけられるかもしれない。前にも述べたように、クライエントが恐怖と不安に常に圧倒されてきた場合、「恐怖に圧倒されるのではないかという恐怖」は治療過程を中断させるかもしれない。苦痛な感情状態にうまく対処できたという経験は、治療セッション中にうまく問題を扱い、次のセッションまでの間に適切に対処するというクライエントの能力の大切な要素である。セルフコントロール・終了の技法は心的外傷、恐怖症、パニック障害に苦しむクライエントにとって、とりわけ重要である。

臨床家が指導する催眠は不完全な治療を終了するのに有効かもしれないが、次のセッションまでの間のクライエントの自己効力感や自己信頼感を育成するのには役立たない。もし臨床家が催眠技法を好むならば、うまくそれを使った後に次のセッションまでの間にクライエントが自分で使用できるように修正するとよい。

安全な場所のイメージ

処理の前に、臨床家はクライエントがイメージの中で安全な場所を作り上げるのを助ける（この方法は第5章で説明されている）。安全な場所は鍵となるイメージや言葉に焦点を当てることで、クライエントが落ち着くのを助ける。

視覚化をテープ録音

市販されているさまざまなストレス低減テープ（例えば、Emmett Miller の「Letting Go of Stress〔ストレスよ、さようなら〕」、Source Cassette Tapes）で視覚化が与えられる。これらのテープはストレスの対処法として非常に優れており、クライエントのセルフケアとして、とても推薦できる。最初の生育歴・病

歴聴取の面接を行なった後、毎日一つかそれ以上これらの視覚化を行なってもらう。それから、クライエントの気に入った方法を、治療を行なう前に面接室で実施する。もし市販のテープがクライエントのリラックスに有効でなければ、治療者自身がテープをクライエントに作ってあげるべきである。

光の流れの技法

　光の流れの技法を、ここに詳しく述べる。というのも EMDR 訓練におけるフィードバックから、ほぼ90％に有効性があると示されているからである。この技法は慢性・急性の痛みの軽減のためにも使用される。実際、この技法は古代から有効に使われてきた身体的・精神的苦痛に対するヨガの技法を拡張したものである（S. Levine, 私信, 1982; Levine, 1991）。臨床家はクライエントの反応に従うべきである。その次にこの技法を続けるのが適切かどうかを聞いていく。

　EMDR の処理を始める前に、クライエントにいくらか苦痛なターゲットを思い浮かべてもらい、その苦痛に付随する身体感覚に注意してもらう。EMDRの使用は身体感覚の同定を含むので、その技術に対する教育が必要なクライエントかどうかを見るよい機会でもある。もし必要なら、クライエントに何もない画面に集中してもらい、身体感覚を全身にわたり注意して心の中で調べてもらう。そして苦痛なターゲットを心に浮かべ、身体感覚にどういう変化が起きるかを観察してもらう。簡単に苦痛な題材に付随する感覚が同定できるようになるまで、臨床家はこの手続きを繰り返す。

　うまく身体感覚に集中できるようになったら、視覚化に進む。臨床家はクライエントに、「これはイメージの練習ですので、正しい答えや間違った答えはありません」と言う。次にクライエントに、身体感覚に集中するように言う。「**体の感じに集中してください。もしその感じに形があるとしたら、どんな形でしょうか？**」。クライエントが答えたら（例えば、「丸い」と答えるかもしれない）、続けて、「**大きさがあるとしたら、どれくらい？**」と聞く。クライエントが答えたら（例えば同じクライエントが「りんごくらいの大きさ」と答えるかもしれない）、さらに臨床家は感覚の色、温度、手触り、音などについて一連の質問を行なう（「**もし、色があるとすれば、どんな色でしょう？**」など）。音の感じについて聞くときは、単に「高い音、低い音」などと描写してもらう。

でなければクライエントは音を何とか表わそうと欲求不満や不安を感じるかもしれない。

これらの質問にクライエントが答えた後、「『癒し』から連想する、あなたの好きな色はどれでしょう？」と尋ねる。クライエントの答えを尊重することが重要だが、クライエントが身体感覚を表現したのと同じ色を答えた場合は別の色にしてもらう。色が決まれば、臨床家は次のように続ける。

「この好きな色の光があなたの頭上から入ってきて、あなたの体の中で、その形に向かっていると想像してください。この光の源は宇宙で、あなたが使えば使うほど、さらに得られると思ってください。光はその形に向かい、浸透し、行き渡り、響きあい、振動します。それにつれて、その形、大きさ、色などに、何が起こるでしょうか？」

もしクライエントが何らかの変化をしていると言えば、臨床家は続けて、上記のイタリックの部分を繰り返す。クライエントからのフィードバックを聞いていき、形が完全に消えたり、透明になったり、光と同じ色になったり、などの変化が起こるまで続ける。イメージの変化は通常、動揺している感情が落ち着いていくことと関連する。2回試みて何の変化も起きない場合（クライエントが「何も変わりません。光が飛び跳ねているだけです」などと言う場合）は、止めて、別の方法に変える。

苦痛な題材に付随する感じが解消した後に、臨床家はゆっくりと落ち着かせるような声で、次のように続ける。

「光がその場所に向かっている間、あなたはその光を受け入れ、穏やかに、楽に、その光で頭全体を満たすことができます。楽に、穏やかに。さらに、光が首を通って下りていくようにすることができます。肩、腕、そして手、指先へ下ろすことができます。また、首から胴へ光が下りていきます。楽に、穏やかに。さらに光はお尻から脚へさらに足へ下りていきます」

クライエントが完全に落ち着いたと判断できたなら、次の治療までの間の平和と平穏について肯定的暗示を与え、「5数えるうちに目覚めて意識をはっきりさせてください」と言う。

垂直の眼球運動

不完全なセッションを終了する上での助けとして、臨床家はクライエントに

垂直の眼球運動（鎮静効果があるようである）のセットをしてもらい、「それを今遠くへ追いやることができます」「次回まで箱の中に入れておくことができます」「今はそれをどこかへやれます」といった落ち着ける言葉を与える。これらの言葉にクライエントが同調した後に、臨床家は「安全な場所」や「光の流れ」などの技法を、さらに落ち着かせるために使うことができる。その代わりに、「今日、学んだことのなかで、あなたにとって最も役に立つことは何ですか？」と聞いてもよい。クライエントの返答を、臨床家はそのまま肯定的認知として繰り返し、眼球運動を使ってさらに強めることができる。これはクライエントが自己達成感を高め、意味ある肯定的認知を持つ助けとなる。

デブリーフィングと安全性の評価

　セッションを終了するのに使用した方法が催眠であれ、イメージ誘導であれ、その他なんであれ、臨床家は最後にきっちりデブリーフィングをしなければならない。「これからの1週間起こることはなんであれ、日誌につけ、苦痛があまりに強いときはいつでも連絡するように」とクライエントに伝える。不完全な治療の後は、完全な治療の後よりも、次のセッションまでの間に苦痛を感じながら情報処理が続く傾向がある。

　また、セッションの後に車で帰るかどうかについても、十分に説明してからクライエントに決めてもらうことが非常に大切である。不便であろうとも、運転ができない状態のクライエントには、代わりの交通手段が確保できるまで帰ってもらってはいけない。非常に催眠感受性が高いクライエントでは、自分の足の感覚に注意し、背骨と地球の中心をコードでつないでいるところを想像してもらうことが、再び自分に戻るのに役立つことがよくある。臨床家は、毎終了時に十分な時間をとって、クライエントが安全に行動できるかを評価しニーズに応えなければならない。外傷セッションの終了時に使う視覚化の技法は、短時間だが方向感覚をなくすことがある。

要約と結論

　臨床家は、すべての臨床応用的EMDR手続きの基礎として、11ステップの

標準 EMDR 手続きを楽に使えるようになる必要がある。しかし、そのクライエントの治療中に手続きを修正する必要があるかもしれないということで、柔軟性も必要とされる。手続きの変法を使ったかどうかにもかかわらず、臨床家は、もう処理すべきチャンネルはないか、セッションを終了してもよいかを決めるために、もう一度関連するすべての題材をターゲットにすべきである。

　再評価の段階で次の治療セッションが始まり、どのような特殊なプロトコルが必要かが分かる。個々のクライエントには、標準手続き、特殊手続きの両者とも、幾つものプロトコルが必要となるかもしれない。第 8 章の標準的 3 ステージプロトコルが、大半の外傷被害者に対して必要な包括的ターゲットの方法を用意する。これは、クライエントが PTSD の全症状を示すときには必須である。この章で提示したプロトコルは、一般的に標準的 3 ステージプロトコルとともに用いられる。

　大きな外傷的記憶に EMDR を適用する場合、ターゲットはすべての関連する出来事の表現だけでなく、現在の刺激も含む。特定の機能不全の行動に対処するには、将来の行動に対する肯定的鋳型を組み入れることが必要となる。

　11 ステップ標準手続きは、すべてのターゲットに向けられる。起きてから 2 カ月以内の外傷的記憶に対しては、最近の外傷的出来事のプロトコルを使用することが必要となろう。もし 3 カ月以内の外傷的記憶について標準プロトコルを使用して治療効果が記憶全体に般化しない場合、最近の外傷的出来事のプロトコルに変える。

　EMDR 治療を受けるすべてのクライエントと同様に、恐怖症のクライエントも、二次的疾病利得について詳しく調べ、不測の苦痛に対処するためにセルフコントロール法を指導すべきである。恐怖症への多重ターゲットプロトコルは、将来への肯定的鋳型を組み入れ、過程恐怖症者が直面する予期不安にも対処せねばならない。再処理が必要な現在の条件づけられた刺激を確認するために、日誌をつけてもらうことが必要である。

　喪のクライエントの治療は、次のことを示している。愛する人を失ったときには通常深い喪失感と再適応の期間を必要とするが、治癒に対する妨害が苦悩を持続させ、記憶ネットワークをブロックしていると、苦痛な記憶しか思い出さない。臨床的観察では、EMDR はクライエントに有用なものを消失させることはなく、悲嘆のいかなる時期に使用しても、喪の過程をより平安に痛みの

ないものにすることができるだろう。

　疾病と身体的障害のプロトコルは、苦痛の原因となった記憶、現在の状況、健康に関連した肯定的認知を含む将来への鋳型、に注意を向ける標準的3ステージプロトコルとともに、サイモントンのイメージ法を組み入れている。医学的治療に取って代わるものとしてではなく、精神神経免疫学分野での原理に沿って、EMDRは有効性を発揮することができるだろう（Cousins, 1989など）。

　自分で行なう眼球運動は小さな苦痛を解消するのには役立つが、完全な治療として試みてはいけない。EMDRのあらゆる適用と同じく、ターゲットの深層にどのような連想があるかを前もって知る方法はなく、苦痛な題材により引き起こされた除反応で、眼球運動のセットが続けられなくなるかもしれない。しかし、主要な治療が終結した後に、クライエントのセルフコントロール法のレパートリーの一つとして加えることはできる。臨床家はセルフコントロールの手続きを不完全なセッションを締めくくるのに使用でき、クライエントは次のセッションまでの間の精神的苦痛を解消する方法として使うことができる。光の流れの技法と自分で行なう眼球運動は、痛みのコントロール法としても、ストレスへの対処法としても利用できる。最後のデブリーフィングと安全性の評価は、これらの技法が使われたときに治療を締めくくる際に必須である。

10章

認知の編みこみ
——難しいクライエントに対処するときの積極的戦略——

  人生の道を進んでいくと、大きな裂け目に遭うことがあるでしょう。思いきって跳んでごらんなさい。あなたが思うほど広くないものです。
      ネイティブ・アメリカンのイニシエーションの儀式より

 認知の編みこみは、ひどく苦痛を感じているクライエントたちとの難しいセッションを処理するために開発された EMDR の一つの戦略である。このようなクライエントたちは、しばしば認知的あるいは感情的な堂々巡りに陥っていて、単純な EMDR の介入ではうまくいかない。より積極的な戦略を開発するために私は、加速情報処理モデルによって得られる臨床的な発見的教授法（クライエントが自ら得たものを援助する学習方法）を考えた。私が開発した介入は、すべてを持ち出してくるクライエントに頼っているのではなく、題材を導入することによって、ブロックされている処理を「(援助して) 跳んでスタートさせる」という戦略である。「編みこむ」という言葉は、この戦略が、適切な神経ネットワークと連想とを治療的に編みこむ言葉を臨床家が与える必要があるという事実からきている。
 ことに複雑な病理が特徴になっている人々との面接では、臨床家は、認知的編みこみを必要とするクライエントの割合が高いことに気づくかもしれない。一般的に、認知の編みこみを最も必要とするクライエントたちは、人格障害、解離性障害、複数の虐待の過去を持つ人々、それから教育的欠損を持つ人々である。しかし、どんなクライエントでも、あるセッションの間にブロックに突き当たって認知の編みこみを必要とするかもしれないので、臨床家は、支障なくこれを利用できるようにならなければならない。

第7章に述べられているブロックされたものの処理に対する戦略は、現われ出てくるものにまっすぐに集中することをクライエントに要求するが、古い機能不全の題材の解決に至るにはこれでは十分ではないこともある。こうした場合には、臨床家は、認知の編みこみを使って新しい情報や新しい見方を導入してやる必要があるだろう。しかし、この認知の編みこみは、クライエント自身の処理システムが情報の十分な統合に必要な作業をできるようにするために、選択して使用するということを、よく覚えておいてほしい。

　認知の編みこみは、自発的な処理が治療の目的に到達するには不十分であるときに使用されるべきである。特に、クライエントたちは、臨床家が導く処理を4つの状況で必要とするだろう。

　1．堂々巡りに陥っているとき　成功的なセットの後でさえ、クライエントは高いレベルで繰り返し生じる否定的な思考や感情やイメージに煩わされ続けている。臨床家が第7章に述べられているEMDRの変法を行なった後でも、処理がブロックされたままである。

　2．不十分な情報　クライエントの教育的レベルあるいは生活経験が、認知的あるいは行動的な処理への適切なデータを与えていない。

　3．般化の欠如　クライエントは、ターゲットに関してはより肯定的な感情的山場あるいは認知を獲得したが、処理が付属するターゲットに般化しない。

　4．時間の切迫　臨床セッションの最後の3分の1の間に、クライエントが除反応を起こすか、あるいは除反応を十分に処理できずにいるか、あるいはターゲットがそれと関連する幾つかの否定的認知があって多面的であることが分かった（それゆえ、そのセッションの残り時間よりも時間が必要となる）。

　このEMDRの積極的方法は、クライエントが自発的に処理する効果にだけ頼るのではなく、臨床家が発したあるいは導く言葉を、クライエントの自発的な題材の中に巧みに編みこむ。臨床家にとって極めて有用であるが、控え目に使用されるべきである。なぜならクライエントにとって最も強力な変化は常に、内から湧き上がってきたものだからである。さらに、自分が経験している大きな洞察や意識の転換は自分自身の内部での処理ゆえなのだとクライエントが実感したときに、クライエントの自尊心や自己効力感が大いに強められる。

10章　認知の編みこみ

この章の情報は、この本でこれまでに述べられた事柄について、スーパービジョンを受けた実習を通して、問題なく行なえるようになった後初めて使われるべきである。認知の編みこみの使用は、かなり多くのクライエントの治療効果を完全にするのに必要であるが、臨床家たちは基本的な EMDR の方法論を安心して使えない限りは、一般的に、この介入への目印や適切なタイミングを識別できないであろう。EMDR で十分経験を積んだ後、個々のクライエントが臨床的介入を必要としないでターゲットの題材をどの程度まで処理できるか分かるだろう。そして、それゆえ、いつ認知の編みこみが必要であるかを示すベースラインを確立できるであろう。

認知の編みこみを使う前に、臨床家は、処理がブロックされているのは、これまでの章で述べられてきた治療のいずれかの面が不十分だったせいかどうかを判断しなければならない。これには、クライエントが臨床家といて安全だと感じているか、また、処理がどのように行なわれるか（例えば、処理が進むにはクライエントは気づいていることが必要で、抵抗したり、処理の間に何かを無理して現わしたりする必要はないということ）を理解していることの確認の必要性に十分な注意を払っていないということも含まれる。臨床家は、また、活動計画と共にまず注意が払われなければならない二次的疾病利得や現在の状況がないかどうか、そして、処理すべきブロックしている信念がないかどうかを確認しなければならない。このような状況のどれもが、過度の堂々巡りになり得る。

認知の編みこみの使用を理解するためには、加速情報処理モデルの基本的概念に戻ってみる必要がある。このことは、私が以前に強調したように、臨床家はクライエントの自発的な処理を干渉なしに起こらせるようにすることが必要なので特に重要である。それでは、ブロックされている処理を前向きに刺激する方法を探ることにする。認知の編みこみでは適切なタイミングとターゲットが、成功のために絶対的に重要である。理論モデルを、気分を新たにするものとして、あるいは、お話療法の古い習慣に後退しないように、確認事項としてざっと見直してみる。臨床家は、必要なときにだけ、また、そこでも可能な限り簡潔に介入しなければならない。神経ネットワークの概念化は、私が認知の編みこみを EMDR の標準的実践に導入することへと導いてくれた。そして、臨床家は、多分この比喩を使い続けることによって援助を得ることができる。

編みこみの基礎

　加速情報処理モデルは、機能不全状態の題材が、状況特定の形態で神経ネットワークに保持されているとしている。それゆえに、このような神経ネットワークの各々が、外傷的出来事の感情的および認知的内容によって（すなわち、その外傷的出来事が起こったときのクライエントの心の感情的状態および認知的状態によって）支配されている。子ども時代の外傷体験の場合には、この状態が子どもの見方と合体し、また、それを維持している。すなわち、その事件が起こったときに子どもによって獲得された認知的また感情的理解の状態が、状況特定の形で保存されたまま包まれている。さらに、これはその後の適応的な解釈や経験のどれからも孤立している。病理は、過去からの機能不全な題材の侵入的かつ広範的な諸相から派生していると見られる一方で、明らかにクライエントは、今何かを変える必要があるという信念で臨床的援助を求めている。しかし、この変化への必要性というより適応的な見解は、後に得られた情報やその外傷的出来事についてのより機能的な判断の蓄積の結果と見ることができるが、これらすべては、別の神経ネットワーク、すなわち、大人の見方に広がっているのである。

　EMDRのセッションの結果は、明らかにその2つのネットワークの結び付きを引き起こす。つまり、その痛ましい題材を適切な見方（すなわち、それは過去に属したものである）へと同化させる。そして、機能不全の感情を解き放ち、適応的認知をこれまで孤立していた題材にまで般化させる。このように、心的外傷を処理した後では、クライエントはより適応的見方の中に、今では完全に統合された以前の記憶を回想することができる。この新しい見方とともに、より適応的で力づけられたやり方で行動する能力がでてくる。

　EMDRのセッションの大多数において、情報の適応的な処理が適切な神経ネットワークと自発的に連結していくものとして観察できる。比喩的に言えば、列車がある駅（治療的には、適応的な山場）から次の駅へと進みながら、自らの軌道を敷設していくのである。しかし、その処理がブロックされている場合は、臨床家は認知の編みこみを、適切な神経ネットワークと連結するために新しい軌道を巧みに敷設する手段として用いる。この連結は、既に存在しているかなめを刺激すること、あるいは、新しい情報をそのシステムの中に吹き込ん

でやることによって達成される。

　認知の編みこみを使うことによって、臨床家は、クライエントの見方や、大人としてのあるいは適応的な見方への個人的な参照項目を変更しようと意図する。クライエントが一度、単なる適応的な見方の可能性であっても受け入れたならば、臨床家は、ターゲットの機能不全な題材の入ったネットワークと肯定的な見方の入ったネットワークとの間に適切な連結を作るために1セットの眼球運動を行なう。時間が許すならば、そこで臨床家は、その後のセット中はクライエントを、認知の編みこみの介入なしで遂行される自発的処理に戻らせることができる。

責任、安全、そして選択

　積極的介入の正確なタイミングと連続性が、認知の編みこみの成功には必要である。ブロックされた処理を刺激するには、臨床家は、自発的に現われ出てくるものをできる限り再現するように試みなければならない。EMDRのセッション中、一般的には、クライエントが強度の否定からかなり高い肯定的感情あるいは認知にたちどころに跳んでしまうということはない。むしろ、漸進的により適応的なものが連続的に統合されていくという情報の変容がなされる。臨床家は、その場に適切な臨床的問題に気づいていれば最も有益に認知の編みこみを使うことができるし、新しい適応的な見方を前進するやり方で導入できる。これはまた、典型的なクライエントの自然治癒のプロセスと並行して進むのである。

　この節では、外傷のクライエントの例を使うが、彼らは、一般的に3つの大きな問題に直面している。すなわち、責任と安全と選択という問題である。これら3つの関心事は通常この順序で処理されるが、うまくいく治療を統合する部分であることが、何千というEMDRのセッションから分かっている。処理の間、クライエントは自発的に3つの認知的また感情的山場（不適切な罪の意識、安全感の欠如、無力感）を移行して、より成熟したバランスの取れた見方になるかもしれない。臨床家は、クライエントがセッション中に否定的認知、例えば「私は悪い奴です」「私は、何かをすべきであったのに」から、肯定的認知、例えば「私は良い奴です」「私はできるだけのことはやった」などに変

化するとき、この動きを罪と関係してとらえることができる。幾つかの他のセッションでは、恐怖の感情や安全の欠如は、「私は危険だ」のような否定的認知を肯定的なもの（「それは終わったんだ。私は今は安全だ」）に変容させるかもしれない。将来の選択力に関する能力へのクライエントの自信は、「私はコントロールできない」から「大人として、私は今なら選択できる」とか「私は今はコントロールできる」への認知の変化に反映されるであろう。自発的な変化が起きない場合には、認知の編みこみで適切な山場を導入する。これがどんなふうにうまくいくか見てみよう。

特に認知の編みこみを責任、安全、選択のトピックに、この順番で用いることは、初期の外傷の治療を非常に加速させることができる。当初の目標は、（1）適切な責任を認識し帰属させる、（2）自尊心や自己効力感を傷つけてきた罪や自責の念を捨てるようにクライエントを援助することである。この臨床的目標が一度獲得されれば、自分はもうこれ以上は脅かされないとか、現在も将来においても安全な選択ができるだろうとクライエントが気づくのが、ずっと易しくなる。

例えば、叔父からの性的被害にあったクライエントは、その記憶を思い出す度に未だに強度の恐怖や罪の感情を感じていた。彼女は今は30代なのに、逃げることも欲しかった助けも得られなかった子どもであったときのように感じていた。このような感情の中では処理は自発的変化を引き起こさないので、臨床家は認知の編みこみを使う。とくに、特定のポイントに絞った質問（「それは誰の責任ですか？」のような）をするか、クライエントを望ましい反応に導くための適切な情報を与えることによって、より機能的で適応的な知覚にクライエントが気づけるよう努める。私たちの例では、その外傷的出来事で責められるべきは加害者だ（あるいは少なくとも、自分には責任がない）と、クライエントがたとえ一時的であるにせよ思えたら、直ちに臨床家は「そのことだけを考えて」という指示とともに何セットかを施行した。これが、恐怖や罪の感情から加害者に対する嫌悪感や怒りの感情へと変容させる自発的な処理へと続いた。

以下は、私たちの例で見たクライエントが、叔父による性的虐待の最初の記憶を処理しているときの治療セッションの逐語録の概要である。このクライエントにはまた、性的に不適切な父親がおり、彼女のこれまでの人生の多くにわ

たって指示的なコメントや注意を与えていて、この問題をより複合的にした要因となっている。逐語録では、通常の EMDR の評価とターゲットづけが見られ、それからブロックされたものの処理を援助するための認知の編みこみの使用が続いている。

治療者：そう、叔父さんと関係がある記憶が 2 つありましたね。彼のことを今考えると、どちらがより不安になりますか？
クライエント：より鮮明な方です。
治療者：それをもう少し話してください。
クライエント：それは彼に関する記憶のほんの断片です。私を押さえつけて何か、一本の指のようなものを、私のお尻に押しつけている。
治療者：オーケー。今、その記憶を心に浮かべると、どんな否定的な考えがそれと一緒に出てきますか。自分自身について言う何か否定的な信念のような。
クライエント：私は悪い。
〔この認知は、性的虐待の被害者に共通したテーマを代表している〕
治療者：それで、もし私たちがその考えかたを変えることができるとすれば、代わりにどんなふうな考えを持ちたいですか？
クライエント：あれは、私の過ちではない。
治療者：それから、「私は大丈夫」？
〔臨床家は肯定的認知の調整を提案する〕
クライエント：そして、私は大丈夫。私は安全だ。
治療者：その記憶と「私は大丈夫。私は安全だ」の言葉とを一緒に感じたとき、1 を完全にうそ、7 を完全に本当とすると、この言葉はどれぐらい本当だと感じられますか？
クライエント：だいたい 4 ぐらい。
治療者：オーケー。その絵と「私は悪い」という認知を一緒に思い浮かべると、どんな感情が起こってきますか？
クライエント：恐怖。
治療者：ゼロから 10 までで、ゼロが中立的で 10 が考えられる最悪だとします。
クライエント：9 か 10 ぐらい。
治療者：それを身体のどこで感じますか？

クライエント：胸で。

〔最初の記憶が彼女のより最近の男たちとの困難を考えることに替わった後、クライエントの処理はそこで行き詰まってしまった。逐語録の次の部分では、彼女は、前の恋人に侮辱されて、それに対する自分の怒りを表現できずにいたときのことに集中している〕

治療者：何が分かりますか？

クライエント：あんな男たちを選んだことについて、自分自身を責めていました。

治療者：オーケー。あなたが怒りを表わすことができないように学んだのは誰の責任ですか？ あのような男たちを選ぶようになったのは？ 誰の責任？ 〔治療者は、クライエントの苦しみのもとになっている２つを同一化する質問をすることによって責任の問題に注意を向けさせるために、認知の編みこみを使用している〕

クライエント：私の叔父（の責任）です。

治療者：それと一緒にいてください。（１セットの眼球運動に導く）

クライエント：父の責任でもあります。

治療者：（１セットの眼球運動に導く）何がありました？

クライエント：頭がちょっと締め付けられるような感じがしてきました。心臓がまだ少しドキドキしています。

治療者：ただ、気づいていてください。（１セットの眼球運動に導く）。さあ、何が分かりますか？

クライエント：あの男たちは、私の叔父と父でした。

治療者：ただ気づいていてください。（１セットの眼球運動に導く）。さあ、何が分かりましたか？

クライエント：何か家族が虐待の人身御供に私を使ったような感じ。

治療者：それをどこで感じますか？

クライエント：そこら中で感じます。

治療者：ただ気づいていてください。（１セットの眼球運動に導く）。さあ、何が分かりましたか？

クライエント：私は美しい小さな陶器人形か何かだと思われているような感じ。見ばえが良くてそれ以外はどうでもいいように思われている。恐怖と怒りの

感じ。

治療者：ただ気づいていてください。（１セットの眼球運動に導く）。さあ、何が分かりましたか？

クライエント：私が分かったのは、本当にあれは私の過ちではなかったということと、私は空っぽの貝ではないということ。

治療者：オーケー。良いですよ。それと一緒にいてください。（１セットの眼球運動に導く）。さあ、何が分かりましたか？

クライエント：心臓が、またドキドキし始めました。そして頭がなんだかキリキリ痛みます。

治療者：ただそれと一緒にいてください。（１セットの眼球運動に導く）。さあ、何が分かりましたか？

クライエント：あんなことをした彼ら全員に対する怒り。彼らは今でもそうなんです。

治療者：今でも？

クライエント：今でも外見だけで見て、私が本当に誰かということは見ない。大きな部分がまだある。

治療者：そして、それは誰の責任なの？

　〔治療者は、再度、適切な責任に注意を向けさせるために、認知の編みこみを使用する〕

クライエント：彼らの責任です。

治療者：そのことを考えて。（１セットの眼球運動に導く）

　〔明らかに、どんな子どもも大人による性的虐待に対して責任はない。また虐待の続発性は加害者に直接的に帰属する。感情のレベルでこの連結をつけることは、癒しの過程における最初の段階の一つである。処理がブロックされているとき、あるいは、クライエントが堂々巡りをしているときには臨床家は、クライエントが認知的連結を作って、処理の進行とともにそれが感情的に同化できるように援助する。

　このケース研究においては、臨床家が認知の編みこみをクライエントが適切な責任の最初の山場に達するのを援助するのに使用した後、クライエントは追加的な認知の連結を作り始めた。それに続く安全さと選択の山場が自発的に現われてきた〕

クライエント：私は、あんな男たちを引き付ける必要はない。一人でいる必要もない。つまり、時には虐待的な男たちと一緒にいなければならないかもしれないし、また、全く自分一人でいなければならないとも思う。
　〔クライエントは、自分の安全を確かにするための選択の自由を自発的に確認している〕
治療者：（1セットの眼球運動に導く）。さあ、何が分かりましたか？
クライエント：何人かの私の友達の映像です。彼らを愛しても安全です。彼らは、虐待的な私の家族のどの人とも違っています。
治療者：良いですよ。（1セットの眼球運動に導く）
クライエント：彼らは、私が誰かということで愛してくれるのであって、私がどう見えるかで愛してくれるわけじゃないんです。それに、皮肉なことに、彼らはみんな綺麗なんです。それはホッとします。
　〔クライントは、彼女にできる有益な選択に気づいている〕
治療者：それと一緒にいて。（1セットの眼球運動に導く）
　〔クライエントは、それからターゲットの記憶に戻り、その他の機能不全な領域についての追加的な連想をし始めた。例えば、彼女の関係は常に虐待的な男たちとのものであった。彼女は、自己愛的な特徴を持つ男にばかり性的に惹かれて、そんな男たちとの関係は彼女が傷つくことで終わってきたことに自分で気づいた。記憶は夢や悪夢として出てくるが、常に叔父と父がたいていはその他の怒っていたり暴力的な男たちと一緒に現われるのである。クライエントの安全感が、関連したものには十分に般化していなかったので、臨床家はそれらを強化するために別の認知の編みこみ（過去の中に記憶を置く）を使った〕
クライエント：私の悪夢に関することです。時々私は、眠りにつくことや目覚めてまた眠りに戻るのが怖いことがあります。
治療者：それと一緒にいてください。（1セットの眼球運動に導く）
クライエント：「それはオーケーだ」という言葉。昔、眠ろうとしたときに感じた恐怖を感じます。
治療者：それと一緒にいてください。（1セットの眼球運動に導く）
クライエント：子どもの時、すべてが怖かったように。私は全く自分では何もできなかった。

治療者：オーケー、それと一緒にいてください。（1セットの眼球運動に導く）
治療者：何が分かります？
クライエント：少し落ち着いてきました。
治療者：「それは終わった。私は今は安全だ」という言葉を考えると、何が起きますか？
　〔治療者は、認知の編みこみを使って、クライエントが過去を現在から分離するのを援助して、彼女はもはや傷つけられやすい子どもではないと認識するのを助ける〕
クライエント：分かりません。確かじゃありません。
治療者：そのことについてちょっと考えて。
　〔クライエントは、最初はその言葉を心の底から信じる必要はない。その提案に単に注意を払うことで、彼女の記憶のシステムの中に既に存在している適応的な情報が刺激されるようになるのである〕
クライエント：オーケー。
治療者：（1セットの眼球運動に導く）。いいですよ。さあ、何が分かりましたか？
クライエント：彼は私にもう一度することはないでしょう。私がさせません。彼は再び私にやれません。なぜなら私は大人で、私自分の安全を守れるからです。
　〔クライエントの言葉は、彼女が大人の選択をできるとの認識が自然に出てきたことを示している〕
治療者：何が分かります？
クライエント：ここまで怒っている（首のところを指す）。それから、私は彼らが嫌いよ。それから、それは私の過ちじゃない。
治療者：（1セットの眼球運動に導く）。何が分かります？
クライエント：安全でいてもいい、そして、愛されてもいい。
治療者：良いですよ。
クライエント：そして、父を愛しています。
治療者：それと一緒にいてください。（1セットの眼球運動に導く）
　〔クライエントが父親への愛を許容したのは、生態学的に正しい。独立は、嫌悪を意味しない〕

治療者：何を感じますか？

クライエント：首により柔軟性を感じています。私の頭は、何か一巡りしたような感じです。

〔柔軟性は、身体的な変化、元々の出来事に明らかに付随していた状態依存的感覚（その間彼女の頭は押さえ付けられていた）からの解放を示唆している〕

治療者：それに気づいていてください。（1セットの眼球運動に導く）

クライエント：叔父は嫌いです。「私は叔父が嫌い」の少し年長版のような感じでした。5歳よりちょっと上の。

〔クライエントの言葉は、大人の見方が現われてきていることを示している〕

治療者：良いですよ。（1セットの眼球運動に導く）。さあ、何が分かりました？

クライエント：もっと大人のように感じ始めています。彼らを憎むこともできるし、先に進むことだってできる。私はただ、それが起こってしまったということに対して怒っているだけ。

〔クライエントが、彼女の現在の感情を描写するのに「大人」という言葉を使っているのに気づいてほしい。これらのクライエントの言葉は生態学的なチェックの役目をする。再処理の目標はこの適応的な見方を取り入れることにあるが、治療者は、「大人」という言葉をクライエントに使っていない。それは処理の間に自然に出てきたのである〕

治療者：ただ気づいていて。（1セットの眼球運動に導く）。さあ、何が分かりましたか？

クライエント：見せかけだけの養育を受けるために人々に気を遣わなければならなかったことに腹が立っている。私はそれに値したのに、それを得られなかった（ことに腹が立っている）。

治療者：（1セットの眼球運動に導く）。さあ、何が分かります？

クライエント：また、私の首の周りに感じが。

治療者：どんな感じですか？

クライエント：前より良い感じです。

治療者：良いですよ。それとともにいてください。（1セットの眼球運動に導く）

クライエント：出てきたのは、私が惹かれるような男たちに近づかないことと、

彼らにノーと言えるようになること。

〔クライエントは、将来において選択することを主張している自分を、自発的に想像している〕

治療者：良いですよ。それとともにいてください。（1セットの眼球運動に導く）。何が分かります？

クライエント：入ってきたのは恐怖で、それに対してノーと言えない。そして、それは悪夢と関係しているの。

治療者：「大人として、私は今選択できる」という言葉を考えたら、どうなりますか？

〔治療者は、クライエントは選択する力を今は持っているという3番目の山場をさらに強化するために、認知の編みこみを使う〕

クライエント：素晴らしい感じだわ。

治療者：オーケー、ただそのことを考えて。

クライエント：私は大人、私は今は選べる。オーケーです。

治療者：（一セットの眼球運動に導く）。今、何が分かります？

クライエント：出てきたのは、叔父が私を押さえつけて、私には選択の余地がないと言っているイメージと、それから私が彼の顔を蹴っとばしているイメージです。

〔クライエントのコメントは、イメージが自発的に変化したことを示している〕

治療者：すごい。「大人として私は今選択できる」という言葉を、ただ考えていて。（1セットの眼球運動に導く）。今、何が分かります？

クライエント：私が叔父に言ってるの。「あんたは、私に対して力なんか持ってないわよ」

治療者：良いですよ。

クライエント：それから、私の頭も少しのんびりとしてきました。

治療者：（1セットの眼球運動に導く）。オーケー。今、何が分かります？

クライエント：叔父の顔をもう一度蹴とばして、それから、父に対して金切り声を上げている。

治療者：それはどんな感じです？

クライエント：少し怖い。

治療者：それに気づいていて。（1セットの眼球運動に導く）

治療者：今、何が分かります？

クライエント：男たちが、父や叔父とまた一緒になっている。私が父に言っている。「あんたは、私をひどく悲しませた」。それから私の前のボーイフレンドのような人が入ってきた。ごちゃまぜっていう感じ。

治療者：叔父さんとのイメージに戻って、「私は大人だ、そして、私は今選択できる」という言葉を考えたらどうなりますか？　それは、どんな感じですか？

〔治療者は、肯定的認知を強化するために、クライエントにとって重要なイメージに戻るように指示している〕

クライエント：力が出てくる感じ。それで、私まだ、叔父の顔を蹴っとばしたい。

治療者：良いですよ。「大人として、私は今選択できる」という言葉を取り上げてみて、1が完全にうそ、7が完全に本当とすると、どれぐらい本当に感じられますか？

クライエント：6から7の間。

治療者：オーケー。もう一度、今のイメージを描いて。「大人として、私は今選択できる」という言葉を自分の中にもって。そして、気づいていてください。（1セットの眼球運動に導く）。何が分かりました？

クライエント：叔父の顔を蹴りました。そして、彼は私から下りました。

治療者：（1セットの眼球運動に導く）。何が分かりました？

クライエント：叔父に「私にはやれないよ」と言っていました。それから父に、自分の部屋にいるべきだと言っていました。

治療者：（1セットの眼球運動に導く）。何が分かります？

クライエント：私は愛されるに値する。

　外傷の被害者たちとの数えきれないEMDRセッションから明らかなことは、クライエントによって責任が適切な帰属に転換されることが、肯定的な治療効果の必要条件だということである。理論的には、この転換は、クライエントが成熟の適切な発達的段階を獲得する必要性を反映している。第1段階は人格の分化であるが、これには適切な境界を識別することも含まれている。虐待の被

害者たちは、自分がその出来事に関係してしまったという理由で、罪や自己卑下の感情に打ちのめされているように見えることがよくある。しばしば彼らは、加害者の行為を自分のものと思い、あるいは、自らがその虐待を引き起こさせたというほとんど魔法のような信念を持っている。自己と他者との間の明瞭な境界を確立できないことによって現われている事実である。

　クライエントが、この未分化の状態にある限り、知覚に残っている危険から逃れることはできない。それは完全に内面化（主観化）しているのである。しかし、虐待に対する責任をはっきりと加害者に負わせると認めることによって、クライエントは、その外傷（と共に生じる恐怖や自己非難）との初めの同一化した状態から適切な判断ができる外面化（客観化）した立場に動くことができる。この最初の山場は、子ども時代の外傷の処理過程で一貫して現われる。もし、クライエントが高レベルの苦痛で堂々巡りに陥っているときには、臨床家はこの山場へと先導し、もし、それが自発的に現われてこないなら、探索的な質問を試みるべきである。明らかに、それに続いて２つの山場（現在の安全な状態に気づくことに達する山場と、別のものを選択する能力に確信を持てるようになる山場）があるが、もし自己と危険の源とを分化できなければ、到達はずっと難しくなるだろう。

　最初の山場に到達し、危険が外面化したら、典型的な外傷の被害者は、一般的に大変な恐怖から軽い恐怖の状態に移行する。第２の山場は、その暴行は昔に起きたことだと認識した後で現在の安全の感覚で終わるが、そこでしっかりと緒に就く作業をするべきである。この感覚は通常、恐怖の緊張を和らげさせ、クライエントは加害者に対して怒りや嫌悪感を表わすことができるようになる。これらの感情は、次の最終段階に移行する前に面接室でしっかり吐き出させて風通しをよくする必要がある。最終段階では、将来は効果的な選択ができるというクライエントの確信感を喚起し、自己でコントロールできるという内的統制感へと統合すべきである。この段階は、通常おだやかで落ち着いた感覚とともに出てくる。到達できたそれぞれの山場が、次の山場の可能性への段階を用意し、もし必要なら、適切な反応を引き出す探索的質問をすることや、クライエントを教育するための適切な情報を提供することによって、順に、その山場にアクセスすることができるだろう。

介入をクライエントに合わせる

「それは誰の責任？」「それは誰の罪なの？」といった探索的質問が望ましい反応、すなわち責任があるのは加害者だという反応を引き出さない場合、臨床家はそれを刺激するような話し合いを行なうべきである（次節参照）。クライエントがそれらの出来事に認知的理解を示したら（多分、いくらか躊躇しながらだろうが）、直ちに「ただそのことを考えて」という指示とともに1セットを加えるべきである。もし、EMDRが適切に（大きな要求特性なしに）使われており、もし臨床家によって提供される情報が的確ならば、新しい見方が吸収同化されるであろう。もし、情報が的確でなければ、それは拒絶されるだろう。後者の場合は、1セット終わったところで、クライエントは一般的に苦痛なままでいるだろう。また、なぜ、その主張が真実ではないかのさまざまな理由を述べるかもしれない。これらの反対の陳述は、概ね大変生産的で、さらに踏み込んで調べる価値がある。もし、この中にブロックとなる信念が含まれている場合には、これは処理されなければならないし、理解が不足している場合には、臨床家は、適切な説明を与えなければならない。もし、臨床家が間違っていた場合には、それを認めなければならない。

臨床家が「ただそのことを考えて」という言葉を、指示的ではなく暗示的な声の調子で言うというのは、この介入においても、これに続く変法のすべてにおいても、必要不可欠である。この介入の目的は、処理システムが活性化されている間に、その題材が適切にその人のものとなるように、この情報を意識の中に（適切な神経ネットワークを刺激して）保つようクライエントを援助することだからである。クライエントが主導的に声に出した反証や恐怖はどんなものでも、「ただそのことを考えて」と繰り返してもう1セットを導く前に、認知的に調べなければならない。

臨床家がオープンで探索的な態度を維持しているときにだけ、クライエントは肯定的な解決に関するためらいを報告しようとか、当初自分の家族や加害者に対して「不実」になると感じていたかもしれない事柄について話し合おうと感じるであろう。誤った服従や愛着の感情はしばしば子ども時代の虐待の被害者の病理の一部であるが、これが繊細に扱われない限り、クライエントは無理強いされたとか虐げられたとか感じることもあり得る。臨床家は、クライエン

トが両親との間に持っている適切なつながりは変わらずにあるということを確認させるように注意すべきである。外傷経験者は自己主張がしばしば非常に困難なので、臨床家が主張的な特性や権威的立場を表わしてクライエントが感情を表わすことや臨床家の解釈への反論をすることを禁じないことが絶対的に重要である。不適当な臨床的影響を働かせようとすると、処理を止めてしまう。

EMDR治療の目標は、より適応的な題材を十分に統合することにある。これは、クライエントのどんな苦痛な感情も、提示された介入が不適切（すなわち、生態学的に妥当でない）かどうか、あるいはクライエントが新しい、あるいは追加的な情報を認知的理解の強化のために必要としているかどうかを判断するために評価されるべきだということである。なぜならEMDRは、クライエントに不適切なものを同化させるようにはできていないので、臨床家は間違いである可能性を受け入れるのにやぶさかであってはならない。もし、クライエントが意見が異なっても構わないと感じるのを押さえつけたり、臨床家が不適切な解釈を提供したと認めるのを快しとしないのであれば、EMDRのセッションはクライエントの苦痛を減らすよりも増しかねない。

的確な介入が適切なやり方で行なわれ、1セット（の眼球運動）がなされれば、クライエントは臨床家の解釈を受け入れるか、あるいは自然に出てくる大事な推論に気づいたり、それが何らかの意味をもって変化したものに気づくようになるだろう。どちらの反応もプロセスが起こっているという兆候として見られるべきで、新しいセットの焦点になる。認知的前進が、クライエントにとって破壊的なものにならないように、呼応した身体感覚に焦点をおくことと一対としてされることが大切である。しばしば、新しい題材が提示されると、クライエントは恐怖、不安、緊張といった苦痛な感情を報告するだろう。そのような場合は、身体感覚にターゲットをおいて処理を促進させるべきである。もし、クライエントがそのことを意識で捉えたときに恐怖の感情や身体の緊張がまだ残っている場合には、新しい情報が十分に統合されたと考えることはできない。

編みこみの選択

加速情報処理モデルによると、臨床家は機能不全の情報を含んだ神経ネット

ワークと適切なあるいは適応的な見解を含んだ神経ネットワークを連結するように試みる。クライエントの中には既に適切な情報を学習して貯蔵し、それを表現できると思われる者もいる。しかし、教育や養育あるいはモデリングの欠損といった理由によって、このことが他の人々のケースにも当てはまるとは限らない。それで、臨床家はこの情報をこういった人たちには提供しなければならない。次の段落で議論される選択肢は、認知の編みこみと併せて治療的解決に必要な情報を導入したり引き出したりするのに利用されるだろう。

新しい情報

　臨床家は、人格や対人的システム・ダイナミクスに対するクライエントの理解を、モデリングの効果や生理学的随伴現象についての教育で補足する必要があるかもしれない。例えば、「それは誰の責任ですか？」の質問に対するクライエントの答えが、自分自身その虐待で身体的興奮を事実味わったという理由で自己卑下的であれば、臨床家は、身体反応の自動的性質やときとして本来は不愉快な数々の状況の中でも性的喚起を覚えることは避けられないということを説明しなければならない。同様に、クライエントは、モデリングのダイナミクスについて、また、否定的または強要的な注目すらも必要とすることがどのようにしてある種の家族ダイナミクスの遺産であり得るかを教えられなければならない。クライエントがひと度この情報を、ためらってでも声に出して認知的に受け入れたら、1セット（の眼球運動）が行なわれる。次が、治療者がどのようにしてクライエントに新しい情報を与えるかの例である。

クライエント：あれが起こったのは僕のせいです。
治療者：大人たちは、社会的スキルや学習スキルをモデルとして子どもたちに示さなければいけないのと同様に、どのようにして効果的に戦うかを子どもに教えなければなりません。生れながらに知っているものではないのです。これまでに誰かがあなたに教えましたか？
クライエント：いいえ。
治療者：そのことを考えて。（クライエントは1セットの眼球運動に導かれる）

　適切な処理は、機能不全的に貯蔵されていた題材が、より適応的な情報と連

結するときの変容と見なせるかもしれない。クライエントが、不適応的な認知を修正するのに十分な情報を持っていないときには、知識が臨床家からやさしく供給されねばならない。それからもう1セットが導入され、それが適応的な連結を加速させる。

「私は混乱しています」

臨床家が、クライエントの中に既に適切な情報が存在していると信じるときには、それを引き出すために別の選択肢を用いる。この戦略的介入は、認知レベルでより大人のあるいは適応的な見方を引き出すために使われる。自己卑下的な感情が、より適切な認知に進むことをブロックしているかもしれないので、認知的に誤った考えを脅かさないやり方でクライエントに明らかにするために、クライエントの自責的な陳述を声に出して繰り返すことが有効かもしれない。ひと度認知的連結が確立されれば、処理は再開されるだろう。例えば、子どものときに被った性的虐待で自分が責められるべきだとクライエントが主張しているとしよう。臨床家がなぜかを尋ねたとき、その答えは単に「私がその原因を作ったから」だとする。臨床家はそこで認知の編みこみを導入するが、それは多分明らかに困惑したという雰囲気で反応することによって行なわれる。「私は混乱しています。5歳の女の子が、大人からレイプされる原因を作れるって、あなたは言っているの？」。クライエントが疑いを持って反応（「ええと、イヤ……」）したら、臨床家は「そのことを考えて」穏やかに応じ、そこで1セットを行なう。

「もし、それがあなたのお子さんだったらどうしますか？」

家族に子どもがいて、その子たちに愛情をこめている保護的なクライエントの場合、前の戦略に関する変法が大いなる効果をもって利用できる。クライエントが探索的な質問に否定的な自己評価で答えた場合には、臨床家は次のように答える。「私は混乱しているみたい。もし、あなたのお子さんが性的被害を受けたら、それは彼女の罪だとおっしゃるのですか？」。こう言うとたいてい激烈な「もちろん違います！」という反応を引き出すので、それに対して臨床家は柔らかく「ただそれを考えて」と応じて、そこで1セットを行なう。

戦闘帰還兵たちも性的被害を受けた被害者たちも、この変法で治療に成功し

ている。例えば、ある帰還兵は、親友が撃たれたときに頭を臥せていろという司令官からの直接命令に従っていたことについて、ずっと自己卑下を続けていた。クライエントがもしそれに従っていなければ殺されたに違いないということは明白だったが、しかしそれにもかかわらず、友の死を防ぐために何もしなかったということについて自分を責めていた。臨床家はやさしく尋ねた。「もし、それがあなたの19歳のお嬢さんだったとしたら、あなたは彼女にどうするようにと告げられただろうか？」。クライエントは答えた。「頭を臥せていろ」と。臨床家は彼に「ただそのことを考えて」と求め、それから1セットを始めた。クライエントのそのセットへの反応では深い悲しみと罪の意識が軽くなったことが示され、それから処理が再開した。別の帰還兵の場合は、彼がその戦争に加わったこと（そして結果として死が起こったこと）を許す能力が、治療者の「あなたの息子さんがもしベトナム（戦争）に行っていたとしたら、あなたは彼を許しますか？」という問いかけによって引き起こされた。

この変法は、機能不全な題材を前もって存在している適切な情報のかなめと連結させるばかりでなく、しばしば非常に深いレベルで自己養育や自己受容をすることへ道を開く。こういったセッションでは、クライエント自身がかつてそうであった外傷を経験した子どもや若者の痛みや孤独に対する、涙やその他の深い悲嘆の表現がしばしば見られる。非常にしばしば、悪い子どもから怯えていた子どもへとクライエントの知覚が変化し、傷ついた自己に対するほとんど親のようないたわりの感情が現われる。治療のこの時点で、クライエントの子どもとしてのイメージが意識のなかに自発的に現われてくるのかもしれない。クライエントは、ここで、怯えたその子に適切な保証や保護を与えるか、（他の心理療法であるように）与えるように勇気づけられて、彼が今は安全で、理解されており、守られていると感じることができるようにするのかもしれない。クライエントがそれをイメージしている間に、臨床家は数セットを追加する。

比喩・類推

治療的教えに物語を添えることはEMDRと完全に両立し、より適応的なものへと繋ぐ連結を作り出すだろう。寓話やお伽話や歴史や治療者自身の話を使うことによって、同方向性がクライエントの状態に引き起こされることも可能である。この介入に1セットを加えると、情報処理は再開するだろう。しかし、

10章　認知の編みこみ　　317

忘れないでほしいのは、クライエントが苦痛なしに元々の外傷的なものに再アクセスできなければそのセッションは終わっていないということである。これらの戦略的介入は、ブロックされている情報処理システムを手伝って、跳ぶようにスタートさせるのに使われるものである。ひと度処理が編みこみ戦略のどれかの手段によって再開されたならば、標準的な11の部分からなる EMDR の手続きが十分に行なわれるべきである。

「振りをしましょう」

クライエントにその問題に対して肯定的な他のものをイメージするように求めることで、二次的利得問題によってできた恐怖や懸念の感情をしばしば突破することができる。認知の編みこみの目標は、クライエントが変化の可能性を受け入れるようになることなので、実際に行動を起こさないアプローチは、クライエントが有効な結合を作るのに十分な安全を与えることができる。例えば、クライエントが権威的な人物に対して冒涜された感情の表出を可能にするために、臨床家はこう言うかもしれない。「さあ、振りをしてみましょう。もし、あなたが彼に何かを言うことができるとすれば、それはどんなことでしょうか？」。もし、クライエントが責任の適切な帰属を表わすようなやり方で答えたならば、臨床家は「いいですよ。さあ、ただそれをイメージして、それから、あなたがそれを今言っている振りをしてください」と答えて、それから次の1セットに導く。

　この戦略もまた、過去からの苦痛な情景に閉じこめられているクライエントを援助するのに利用できる。前掲の逐語録の中で、クライエントは自発的に加害者を蹴とばしている自分を見た。もし、処理がブロックされていたままであったら、実際にそれをするところをイメージするように求めた後で、クライエントを1セットに導くこともできたであろう。臨床家は、特定の行動を提案することもできるし、より好ましくは、「もし、加害者が今それをやろうとしたら、あなたはどうしますか？」と尋ねることによって、新しい（特定化されない）行動をイメージさせるように導くこともできるだろう。クライエントが新しい情景をイメージしている間に、臨床家は1セットへと導く。

ソクラテス的方法

　臨床家はまた、クライエントの思考過程を形成するためにソクラテス的問答法を利用することもできる。この由緒ある伝統的方法では、やさしく答えられる一連の質問が人を論理的結論に導くために使用される。この方法はEMDRにおいて非常に有効な補助手段である。これはクライエントが発達上での欠損あるいは両親のモデリングでの欠損について学ぶのを助け、責めが彼の過去の行為に付属しているものではないと分かるようになる。以下のような問答は、ソクラテス的問答法を臨床的に利用した例である。クライエントと治療者のやりとりのこの部分で、クライエントは、父親との機能不全的な関係において第一に責められるべきなのは幼い子どもとしての自分だとまさに言明している。

クライエント：そうではなかったということに対して罪を感じています。
治療者：そうではなかったのは誰の責任？
クライエント：両方の。
治療者：どういうふうに両方なの？
クライエント：私の心の一部をしゃべるべきだったというふうに感じる。もし私が怒りの感情を持っていたのだったら、彼に何かを言うべきだった。
治療者：彼はふだん、怒りに対してどんなふうに反応したの？
クライエント：分からない。私は彼に怒ったことがなかったから。
治療者：誰かが彼に対して怒るのを見たことがある？
クライエント：いいえ。
治療者：誰も彼に対して怒ったことがなかったの？
クライエント：ええ。
治療者：それなら、あなたがそうできるとどうやって知ることができたでしょうか？
クライエント：ええ、事実私は知りませんでした。実際自分が（怒ることが）できるとは思いませんでした。
治療者：そうですか。どうしてあなたは少しでも違うことを知っているべきなのでしょうか？　誰も今まであなたに違うことを教えていないのですよ。
クライエント：その通りです。

治療者：ただそのことを考えて。（クライエントを1セットの眼球運動に導く）

　臨床家とクライエントの問答は、言い逃れの論戦としてではなく、探索的な脈絡の中で行なわれるべきである。考え方は、クライエントに脅威的でないやり方で新しい情報に連結する道を開くことにある。操作や侵入を感じさせるものは、治療的目標には有害なようだ。

同　化

　認知の編みこみは除反応の堂々巡りやブロックされた処理を突破するためにも、また、新しい情報が同化されて適切な将来の行動の中で使われるようにするためにも使用される。前に述べたように、心的外傷の題材を最初に処理している間に外傷の被害者に対して焦点を当てる最初のポイントは、（1）責任、（2）現在の安全、（3）現在および将来の選択に関する情報の山場、である。もし、ここで勧めた手続きの変法が、クライエントが最初の責任の山場に到達するのを援助するために使用されれば、処理は自発的に適応的な解決に進むかもしれない。その他の場合には、外面的（客観的）な責任が確立された後に、臨床家はクライエントの感情の乱れがひどい恐怖から軽い恐怖へと減じるのを観察するであろう。そしてそれから、クライエントが安全の山場に到達するよう援助する別の探索的質問をする必要があるだろう。

　性的被害のケースを扱う場合には臨床家は、加害者が現在、子どもたちにとって危険であるか否かを治療の初期の段階でチェックしておく必要がある。もし危険でないなら、その情報はクライエントが2番目の山場に到達するのを助けるために用いることができる。例えば、もしその加害者が死んだり、障害者になっていたり、遠い所に住んでいる場合、治療者は「彼はあなたを今傷つけられますか？」と尋ねることができるかもしれない。クライエントがノーと言って1セットを追加する、あるいは現在は危険がないという認識をクライエントの中に徐々に染み込ませる戦略をとることもできる。ソクラテス的方法を使って現在の状況と過去の外傷のときとの違いを概観するとか、クライエントと加害者の相対的な身長が、クライエントが子どもであったときとは違うというイメージを使って、クライエントをその認識に導くこともできるであろう。

言語化

いったん恐怖が過ぎ去ったこの時点で、クライエントが加害者に対して極度の嫌悪感や怒りを感じるのは珍しいことではない。クライエントが虐待者に対して自分の怒りや痛みを声に出して言うよう促すことはしばしば有用である（例えば、「あれが起きたのはあなたのせいだわ。あなたは私をあんなふうに扱うべきではなかったのよ」）。前に（第7章）、クライエントの顎やのどの緊張状態は感情を言語化する必要性を示すので注意するように、と指示した。しかし、認知の編みこみを使う方がよいと思われた場合には、臨床家はクライエントの感情の状態に基づいて言語化を始めなければならず、クライエントに適切な言葉を与えて促してもよい。新しい認知の編みこみでクライエントの安全さの感覚と声に出す能力を強化することは、感情をすっかり吐き出させることを助けるために必要かもしれない。次の逐語録は、叔父からの性的被害を受けたクライエントにこの戦略を使った場合のやりとりである。

クライエント：記憶の別の部分も出てきました。頭を押えつけられて。
治療者：今、どんなふうに感じます？
クライエント：大丈夫。でも、心臓がすごくどきどきしている。
治療者：いいですよ、ただそれに注意して。（1セットの眼球運動に導く）
クライエント：（泣く）
治療者：何が分かりました？
クライエント：両親がなぜ私をいたわってくれないのか考えていました。
治療者：（1セットの眼球運動に導く）。何が分かりました？
クライエント：まだ、そこにいる、特にお父さん。どうして私をいたわってくれなかったんだろう？
治療者：ただ感じて。（1セットの眼球運動に導く）。どんな感じ？
クライエント：ムカムカして父に腹が立つ。
治療者：ただ 感じて。（1セットの眼球運動に導く）。どんなふうに感じている？
クライエント：叔父に対してもっと腹が立っている。どうしてあんなことができたんだろう？

〔クライエントに感情を尋ねることによって、治療者はその感情を声に出して言うように誘っている〕

治療者：いいですよ。心の中に何か言いたいことが出てきたり、声に出たりしたら、自由にそうしてください。

クライエント：彼に何を伝えるの？

治療者：彼がしたことについてあなたがどんなふうに感じているかを、彼に話して。もし、それをあなたの頭の中だけでやりたかったら、それでもいいですよ。ただ、それがすっかり終わったら、合図として私に手を挙げてください。言いたいことをただ言って。

クライエント：はい。

〔次のやりとりが、長い眼球運動の1セットの間に続いた。臨床家は、言語や非言語的な合図を使ってクライエントを励まさなければならない〕

治療者：さあ、言いたいことを言って。

クライエント：「私はあなたが嫌い、くず野郎」って？

治療者：そう。

〔臨床家は、クライエントを励まして感情を吐き出させるチアリーダーとして行動している〕

クライエント：（加害者に）どうしてそんなことを5歳の女の子にするの？

治療者：ほんとに、ほんとに。

クライエント：フェアじゃないわ。

治療者：その通り。

クライエント：残酷よ。

治療者：誰の罪？

〔治療者は、クライエントの今の見方を強化するために認知の編みこみを使っている〕

クライエント：彼の罪。

治療者：その通り。彼に言いなさい。

クライエント：（加害者に）あなたは私の子ども時代を台なしにしたわ。どうしてあんなことができたの？　どうして、あんなことができたのよ？

治療者：今、どんなふうに感じているかを彼に言いなさい。

クライエント：（加害者に）私はあなたが憎い！

治療者：そうよ。

クライエント：（加害者に）あんたが憎い、憎らしい。あんたなんか死んじまえばいいんだ。

〔クライエントはこれを激しく、また、決着をつける言葉で述べた。それゆえ、臨床家は長く続けていた眼球運動の1セットを止めて、この陳述に関連する他の機能不全の感情あるいは認知がないかどうかに注意を払った。このような可能性は、この章の後半で議論される〕

治療者：いいです、いいです。今、どんなふうに感じますか？

クライエント：オーケーって感じ。

治療者：オーケー、じゃその感じに気づいていて。もし、もっと言うことがあったら、言って。

（さらに1セットの長い眼球運動に導く）

クライエント：（加害者に）私あんたが憎いだけよ。どうしてあんなことができたのよ？

治療者：そう吐き出して。

クライエント：決してそう言えなかったし、まだできない。

治療者：（眼球運動を止めて、何が感情をすっかり吐き出す邪魔をしているのかを調べる）何がありますか？

クライエント：うんと開かれているように感じるわ。胸がずっと自由になった感じ。ただ、頭の中に何かを感じるの。

治療者：あなたが「できない」って言うとき、「まだできない」っていうのはどういう意味？

クライエント：彼と対決したことがなかったから。

治療者：で、もしあなたが対決したら？

〔治療者は、認知の編みこみが使えるようにクライエントの信念（になっているもの）を明らかにしようと試みる。しかし、治療者は加害者と実際に対決することを勧めているわけではない。クライエントは、処理が全部終わった段階で、このことについて説明を受けるだろう〕

クライエント：彼は多分それを否定するでしょう。

治療者：それで？　それはあなたが言いたいことではないでしょう。

クライエント：そうですね。

治療者：あなたには選択肢があります。

クライエント：そうですね。

治療者：で、もし彼がそれを否定したら？

クライエント：彼は否定します。

治療者：あなたが気にしなければならないのは彼の救済ではありません。

クライエント：そうです、そうです、その通りです。

治療者：そのことだけ考えて。（1セットの眼球運動に導く）

　　〔認知の編みこみが完了する〕

治療者：何が分かります？

クライエント：頭にまだ少し緊張を感じます。ちょうどこのへんに。

治療者：緊張ですか。それにただ注意して。（1セットの眼球運動に導く）いいですよ、何が分かります？

クライエント：少し良い感じ。ここが、少し良くなりました（と頭を指す）。

治療者：ただそれに注意して。（1セットの眼球運動に導く）

クライエント：何かが頭の中ではじけたみたい。

治療者：（1セットの眼球運動に導く）何が分かりますか？

クライエント：大丈夫です。それが割れたみたいな感じ。

治療者：良いですよ。それをただ感じて。（1セットの眼球運動に導く）

クライエント：何か別のことが母の周りででてきたの。母はほんとに金切り声をあげていて、私に怒っていた。そして、誰にも話す余地が全くなかったの。

治療者：（明瞭にすることを求めて）あなたが彼について彼らに話すすべがない？

クライエント：ええ。

治療者：そのことを考えて。（1セットの眼球運動に導く）何が分かりました？

クライエント：浮かんできたのは、それは私の過ちじゃない。

治療者：（1セットの眼球運動に導く）いいですよ。今、何が分かりますか？

クライエント：母に対する怒りがもっと。それから、「より安全に感じる」という言葉。

治療者：いいですよ。ただそれを考えて（1セットの眼球運動に導く）。今、何が分かります？

クライエント：「私はより安全だと感じる。そして私は眠れる」という言葉が

出てきたの。
〔治療者はその肯定的な認知を強化するためにさらに1セットの（眼球運動）を追加する〕

　この逐語録で示されたように、それ以前には不可能であったことを言わせたりさせたりするようにクライエントを導くことは、しばしば安全性と現在のコントロールに関する問題をさらに解決することを助ける。クライエントは初めはセットの間にその言葉を単に考えることを選ぶかもしれないが、臨床家がクライエントの声から感情のレベルを評価できるように、それらを本当に声に出してはっきり言うように勇気づけられる必要がある。代わりの方法として、友だちの一人が虐待されているときに自分は加害者に何と言うかを想像するよう、クライエントに求めることもできるだろう。クライエントは一般的に、自分自身よりも友達や愛する親戚の者を声を出して守る方が易しくできるであろう。このような陳述を、それが強くなり、それからその中で自分自身と置き替えられるようになるまで声に出すように、クライエントは求められる。次の逐語録は、この戦略を暴行の被害者に使用したときのものである。

治療者：彼に何て言いたいですか？
クライエント：分かりません（混乱と恐怖を表わす）。私は自分を守れません。
治療者：もし彼があなたの親友を傷つけていたら、あなたは何と言いますか？彼女を守るために何て言いますか？
クライエント：（加害者に）やめろ。彼女から離れろ。あんたにそんなことをする権利なんかないんだ。
治療者：（1セットの眼球運動に導く）。その通りよ。いいわ。もう一度。
クライエント：（加害者に）やめろ。彼女から離れろ。あんたにそんなことをする権利なんかないんだ。
　〔臨床家は励ましを繰り返し、クライエントの声が強くしっかりとなるまで（眼球運動の）セットを加える。クライエントが友だちを共感的に防御し始めたら、臨床家はそのセットを長く続け、次のような言葉で指導する〕
治療者：じゃあ、今度は、「私から離れろ」。
クライエント：（加害者に）私から離れろ、あんたにそんなことをする権利な

んかないんだ。
　〔臨床家は励ましを繰り返し、クライエントの声が自分自身の防衛でも同じように強くしっかりとなるまで、そのセットを長く続ける〕

　クライエントはしばしば、ためらいがちな自信のない言い方で、高いレベルの恐れとおびえを示しながら始める。言語化している間にセットが繰り返されると、クライエントの恐れは薄れはじめ、声の調子が段々強く確かになっていく。臨床家は、彼女の怒りが本当でかつ正当なものだという感覚で表現されるまで、その言葉を繰り返すことを求める。
　特に、クライエントに怒りを声に出すように要請することは、処理がブロックされていないときでも有効かもしれない。親のネグレクトや辱めが性的被害や身体への危害のレベルまで達していない場合であっても、鬱積した怒りや恐れはそれでもなお、クライエントを衰弱させ得る。これらの感情を表現できる能力のなさが、EMDRのターゲットになる。もし、クライエントが押えつけられたり、ブロックされているという感じを報告するならば、この身体感覚に直接ターゲットを置かなければならない。恐れが減り、クライエントが真の怒りを表わしつつ話す能力が増えたら、そのとき力づけられた穏やかな感覚に変わることが非常によくある。セットの間に自分自身を表現するように促されるクライエントは、しばしば両親からの独立を宣言する。クライエントがこれらの言葉を、しっかりとした、自信に満ちた、確実な声で言えるようになるまで、少し工夫してあるいは繰り返して言うように促し、その間じゅうセットを続ける。結果として生じる感情は、しばしば完全な解放や大人になりきったことを表わす言葉で描写される。この自分で行なった解決は、それが適切なときには、適応的な和解をも可能にする。なぜなら、機能不全な感情が詰まっていたところが排出されて空になったからである。
　これらの言語化を促すタイミングを間違わないためには、当然、良い臨床的な耳を持つ必要がある。進める前に、クライエントは自分の怒りに対して認知的理解を持っているか、あるいは、その意味について自発的にコメントするかを、臨床家は確認しておく必要がある。臨床家はまた、視覚的、聴覚的な暴力描写が報告されるかどうかにもかかわらず、クライエントを勇気づけ強化する必要がある。これまでの長い人生の間、触れずにいた怒りは、クライエントに

とって非常に恐ろしいものかもしれない。臨床家は、彼に、この怒りもまた神経系の中に閉じこめられていた子ども時代の怒りが単に表現されたものにすぎないということをもう一度確認してやらなければならない。例えば、「これもまた、あなたが電車に乗っているときに通り過ぎていく風景みたいなものです」と言ってもよいだろう。

クライエントの怒りの原因、あるいはその表現に用いられた言葉に関係なく、臨床家は非言語的合図（肯くとか）、「その通り」のような表現、あるいは勇気づける言葉などの方法で、合意を示すべきである。これは、クライエントの怒りが加害者に向けられている場合でも、保護を与え損なった親に向けられている場合でも当てはまる。臨床家は、途中でそれを向け直させようとはせず、クライエントが怒りや痛みをすっかり吐き出すことに完全な許可を与えるように注意しなければならない。この時点では、親は全能では有り得ないというような論理的議論は、必要でないばかりか役に立たない。それでも、処理が進んだときには、より調和的で思慮分別のある見解が自然にほとんどのクライエントに出てくる。しかし、EMDRのこの他のすべての局面では、ブロックが明らかでない限り、成熟していく過程でクライエントがリードをとるようでなければならない。適切な説明や生態学的な妥当性に関するチェックは、すべてのEMDRセッションでされなければならない。

幾つかの事例では、クライエントが最初に言語化する必要がある感情は悲しみである。直面しているのが愛する者の死であれ、子ども時代の無垢さの喪失であれ、クライエントはこの悲しみを十分に表現するように勇気づけられなければならない。悲しみの語られない言葉の衝撃は、ベトナム帰還兵のセッションで強烈に証明された。最初のターゲットは、親友が吹き飛ばされてしまったシーンだったが、両親の死が急に心に浮かんできて、彼は「ぼくはさよならを言うこともできなかったんだ」という身をよじるような苦しい言明をした。臨床家は、認知の編みこみを使いながら、クライエントに両親を心に描くように勇気づけ、彼の感情を表現させ、平和な感情を経験するまでその後のセットを続けた。この平和な感情はさらに幾つかのセットで強化された。

EMDRのこれらの局面の幾つかはゲシュタルトの技法と同じように見えるかもしれないが、よく観察されるより深い長続きする変化を促進するように思われるのは、この追加的なセットなのである。EMDRセッションの間にクラ

イエントと十分に共にいること（すなわち、心を配り、気づき、敏感であること）によって、臨床家は現代の主たる心理学のあらゆる流派の叡智を再発見できると私は信じている。明らかに、これらの流派はすべて、治療的に提供する何ものかを持っているだろう。さもなくば、時の試練に耐えてこなかったであろう。EMDRのセッション中に特定の行動やあることに焦点化するよう励ます目的は、他のクライエントとの効果的な処理の中で自発的に出てきたことを故意にやって、その活動を開始するためである。たくさんのクライエントが、自動的にその後のセット中に、愛や悲しみや怒り、あるいは憎しみを叫んだ。私たちは、他のクライエントも同じことをするように、すなわち、適切な神経ネットワークを刺激することで封印されたものを開くように誘いたい。

教　育

　第3の山場は、現在および将来を予想したときに適切で人生を強化する選択ができる能力である。明らかに、たくさんのクライエントにとって、子ども時代の経験は、相対的無力感、機能不全な家族への依存感、抵抗する術がない大人からの攻撃といったものである。一般的に言って、クライエントが子ども時代に味わった安全の欠如と選択肢の欠如という感情的経験は正確なものである。EMDRの治療の一部分は、この過去の感情を、自己価値感の低さをも含めて解決することにあり、それからクライエントに現在の大人としての力の感覚を適切に持たせることにある。例えば、性的被害の幼児時代の記憶と、その結果男性を恐れ、長続きする恋愛関係を創り出す能力の欠如を経験していた女性クライエントが再処理された後、こう尋ねられるかもしれない。「こんな言葉はどんなふうに思われますか？『大人として自分が一緒にいたいと思う人を今は選ぶことができます』」。このようなクライエントからの一時的な承認ですら、まだ残っているかもしれない恐怖や緊張に焦点を当てて引き続くセットをするには十分である。さらに追加のセットは、実現化させたい新しい行動に焦点を当てる。

　明らかに、多くの事例でクライエントに社会的スキルや、主張性や、デートのやり方などを教える必要があるだろう。クライエントにその情報を認知的なレベルで理解させ、それに伴う行動（このように理解したら当然出てくるだろ

うと思われる行為）を想像するのを助けることによって、これらは扱うことができる。この後、連続したセットに導く。第8章で説明したように、この手続きは、クライエントがそれを実生活の中で試みる前に現実化するのを助ける。しかし概して、この鋳型と適切な将来での行動との結合は、幼児期の出来事に関連する元々の恐怖の残余が代謝されてしまうまで始めることができない。クライエント自身が「大人として、私は選択できる」という陳述に関して、VOCレベルで7もしくはそれに近い所で感じられるまで、行動的な前進はほとんどない。臨床家は、VOCの7達成を邪魔するブロックしている信念のどれかに適切なターゲットを合わせなければならない。しかし、もしクライエントがVOCで6（あるいはそれ以下）を報告しても、これまでの生い立ちでの欠損のせいで、あまりにもスキルが未熟であったり未経験のために計画された状況をうまく乗り切ることができないと感じている場合には、臨床家は、生態学的に妥当な反応としてこれに気づかねばならず、適切な教育を始めねばならない。

　認知の編みこみは、教育的な過程で、臨床家が指示的なものとイメージ的なものとのセットを選択しながら広く使われる。臨床家は、特定の課題に関して一定の指示を与え、クライエントにそれをイメージさせ、それからセットをするということもできる。しかし、あらゆるEMDRの治療と同じように、臨床家は、クライエントがあるレベルの苦痛と関連した幼少期の出来事を憶えている可能性があるということに備えておかなければならない。もし、これが起きたら、その記憶がまずターゲットになり、この記憶が完全に再処理されるまで教育は一時中止となる。

　認知の編みこみは、臨床家がEMDRの枠組みの中で通常使う臨床的介入やスキルを含むことによって、彼をより創造的にすることができる。例えば、創造的なイメージをつくることに精通した臨床家はクライエントを「インナーチャイルド」あるいは、比喩の探検に導くかもしれないし、また、芸術療法あるいは運動療法で訓練を積んだ人々はこれらの創造的戦略を利用することによって援助を与えることができるかもしれない。さらに、専門の対象への特別な専門的技術を持つ臨床家たちは、クライエントが自分の問題をより十分理解するのを認知的に援助し、それから、セットを通して自分と感情的に正しい題材とを同化するのを助けるだろう。加速処理と情報の同化は、標準的なEMDRの手続きの中で達成できる。セットは個々人の創造的なやり方と交互に行なえる。

それはこの章の初めの方で、認知の編みこみを除反応のブロックを解くのに選択することを検討したのとちょうど同じである。

さらに臨床家は、手続きのすべてを完全にしなければならない。それには最初のターゲットに再アクセスすること、機能不全の他のチャンネルが発見されないかをチェックするセットに導くこと、クライエントを認知の植え付けに導入すること、そしてボディスキャンが含まれる。これは、機能不全の情報が十分に処理されること、またクライエントが不適切な苦痛によって将来の活動の中で妨害されないことを確かにするのを助ける。いつものように臨床家は、治療効果を再評価する助けとなるように、クライエントの日誌を利用すべきである。

スーパービジョンを受けての実習

この章で説明されてきたEMDRのより積極的な方法は、臨床家が標準的なEMDRの手続きに不安がなくなり、第7章および9章で説明された介入に対するクライエントの反応のベースラインに慣れるまでは使用してはいけない。この時点で臨床家は、より難しいケースを成功的な解決へと導くのを援助するために、認知の編みこみを実践してよい。次章で述べられる情報は、より難しい臨床的対象群に向かうために使用されるべきである。

要約と結論

臨床家は認知の編みこみを、（1）堂々巡りしているものと処理がブロックされているものを扱う、（2）治療効果が般化していないところに向ける、（3）必要とされている情報を組み込む、（4）除反応を拡散させる、またはセッションの残り時間が解決するには十分ではないときに多面的なターゲットに向ける——ために使用すべきである。現在のモデルに従って、臨床家は適切な神経ネットワークに繋がっている情報を引き出す。すなわち、適切な見方が機能不全な見方を修正する余地を与える。臨床家が援助してクライエントに到達させる必要のある特定の3つの処理の山場があり、特に幼少期の外傷の被害者の場合はそうであるが、それらは（1）責任、（2）安全、（3）選択、の問題に関

連したものである。

　さまざまな戦略を使って臨床家は適切な題材を引き出し、それから、それをクライエントの情報処理システムの中に編みこみ戻してやる。使用された戦略に関係なく、クライエントの力の感覚を維持してやること、および、認知の編みこみに引き続いてクライエントがそれを適切に統合することを確実にするように、その重要な情報に再ターゲットづけすることが重要である。

　代替的戦略が、学習欠損を被っているクライエントの教育や、既に中に混在している情報や見解を引き出すために使用されてもよい。加速情報処理モデルによれば、この適応的な情報は神経ネットワークの中に保持されており、ターゲットの題材に故意に連結させなくてはいけない。例えば、自己卑下的なクライエントでも、他の子ならば大人からの性的被害に対して全く責任がない、ということを十分に理解しているかもしれない。認知的編みこみは、この適応的な見方を自分自身に対しても適用するようクライエントを優しく導き、このようにして、自身の外傷によって作り出された罪の意識と自己嫌悪を払い去る。

　この章で述べられた事例以外では、臨床家は一般的に、クライエントが可能な限り多くを自分自身で進められるように、このより積極的な EMDR の使用を慎むべきである。クライエント自身からの回答は臨床家から与えられた回答よりも、決定的に力があるものなのである。

　認知の編みこみ戦略は、自分の提案をクライエントが拒否するのを受け入れる準備ができている臨床家、間違っていることを認める準備ができている臨床家によって、分別をもって使われなければならない。EMDR は、真実である知覚を無効にするものでもなければ、不適切な何かを加えるものでもないので、認知の編みこみは、クライエントが持っているかもしれないどのような関心でも反証でも自由に声に出せると感じられるように柔軟に探索的に使われるべきである。EMDR のこのより積極的方法は、たくさんの苦痛を強く感じているクライエントとの治療で成功的効果を上げるには必須である。さらに、これは、治療（というもの）の相互作用的本質の好例である。治療において、クライエントは自分たちの痛みや必要性を言語化し、将来の行動のために組み入れられた肯定的な鋳型を創造することへの参加が許されねばならない。次章では、認知の編みこみから特に恩恵を得られると思われる特定の対象集団を検討する。

11章

さまざまな対象

> 私たちのほとんどは、生物界と人間界とが一つであるという感覚を失っている。この感覚によって、私たちは美を肯定し再確認できるのだが。私たちの限られた経験の範囲では、細部においては多少の浮き沈みはあっても、大部分は基本的には美しいということを、今日私たちの多くは信じることができなくなっている。
>
> グレゴリー・ベイトソン

あらゆる治療対象の中でもより難しいクライエントに当てはまるであろうノンコンプライアンスの問題一般についての議論から、この章を始める。そして、多様な状態にある治療対象、つまり子ども、カップル、性的虐待の被害者、戦闘帰還兵、解離性障害のクライエントの外傷を扱う際に EMDR を使用することに関する問題について触れる。またこれから検討することであるが、第10章で議論した認知の編みこみが、性的虐待が繰り返されたクライエント、戦闘での心的外傷を受けたクライエント、解離性障害のクライエントでは必要である。

治療対象のクライエントすべてに EMDR がふさわしいわけではないということを、臨床家は念頭に置くべきである。例えば、EMDR は PTSD の治療に広く適用できるものではあるが、しかし第4章で述べたように治療適用基準の中では一部の外傷経験者への EMDR の使用を禁じている。同様に治療者は、EMDR がすべてのクライエントに効果的であるとも考えるべきではない。この治療法の適用は加速情報処理モデルに従っているが、このモデルではクライエントの機能不全について病理学的にも治療的にも初期の心理的体験の役割が強調されている。器質的あるいは生化学的な基盤があるとされる疾患は、EMDR という手続きによって治療されるとは考えられない。従って、活発な精神病や純粋な内因性のうつ病患者の第一次選択の治療法に EMDR が選ばれるということ

は決してあり得ない。しかし、くどいようだが、診断名は個人に対する評価として適切なわけではない。どんなクライエントにおいても、病理的なさまざまな側面がEMDR治療になじまないものであっても、機能不全の原因となっている経験的な要因に対してEMDR治療がふさわしいことがある。EMDRが多様な臨床診断において有効であることが分かってくると、さらに加えて特別な手順や特殊な治療法がときに必要となる。これについてこれから提示していこう。

　この章では、特定の人々が呈する諸問題を概念化できるようなガイドラインを、臨床家に提供する。ケースを適切に定式化したりまとめたりすることは、いかなる形態の心理療法においても重要な側面であり、この章にある多くの示唆は広く適用できるかもしれない。しかし、何千という治療セッションを通して、集中的なEMDR治療に特に関連する共通した特異的な反応のパターンがあることが分かってきた。これらのガイドラインやパターンは、臨床家がターゲットを選んだり、認知の編み込みを有益に用いたりすることの助けになるであろう。

　この章は、特別な人々の治療を行なう場合に考慮すべき点について基本的な概説を提供するが、それは決して包括的なものではない。臨床家は、経験したことのない人々に対してEMDRを使用すべきではない。また、臨床家は自分が自由に使える他の治療手段による治療を止めてまで、EMDRによる治療を行なうべきではない。

ノンコンプライアンスの問題

　どのような臨床疾患に属しているかは別にして、変化することに特別に抵抗が強いクライエントがいる。もちろん、治療に対する抵抗、何をターゲットとするかの提案、自宅での一人の作業といった臨床家の指示に従わないことはどんな形の治療にも起こり得ることである。以下に述べるのは、私がノンコンプライアンスに関して応用できると考えており、臨床家のチェックリストとして役に立つであろう一連の法則である。覚えておいてほしいのは、EMDRによる治療法はクライエント中心的なモデルであり、治療はクライエントのペースに合わせて行なわれるということである。しなければならないのはクライエン

トをリラックスさせることで、手順を彼らに押しつけることではない。

1．治療者の能力の限界を、クライエントの限界と解釈するべきではない。
クライエントの抵抗の結果として退けられてしまうものが、実際には臨床家のモデルの限界や、介入レパートリーの限界、あるいはクライエントと相互交流する能力の限界などに起因していることがあまりにも多い。確かにクライエントの抵抗やノンコンプライアンスは克服すべき障害とはなり得るが、治療効果の乏しさに影響する因子としてのクライエントと臨床家の間の相互関係を軽視してはならない。

EMDRにおいて、治療効果に影響する臨床家側の差異は、クライエントの病理の適切な部分に焦点を当てる能力、多面的なアプローチを用いて適切にそして楽に焦点を定める能力に現われる。EMDRの最大限の治療効果を得るために、臨床家は次のことを守らなければならない。（1）クライエントがターゲットとする外傷のさまざまな側面を落ち着いて再体験できるような水準のラポートを確立する。（2）適切なターゲットを正確に同定する。（3）処理が完遂されるための洞察力と感受性を活用する。（4）さまざまな対処能力や家族システムの情報についての教育を行なう。（5）必要があれば、適当なモデリングを行なう。

幸運なことに、クライエント中心的な接近法では次回のセッションまでの間に行なう自宅での作業はほとんどなく、むしろ治療のほとんどを面接室で行なう。従って、処理されていない実際の世界に引き金がないのにクライエントの抵抗やノンコンプライアンスが持続するときには、臨床的なアプローチの柔軟性のなさに起因することが最も多く、クライエントの準備性を高め適切な焦点化を行なうことが必要であることを示している。

2．臨床家とクライエントは、ともに治療目標の決定に参加しなくてはならない。どんな治療においても、その結果の良否は、クライエント、臨床家そして治療法の相互作用に基づくものである。この相互作用の一部は、クライエントと臨床家の双方が合意した適切な治療目標を選択することである。もしクライエントがターゲットとされた心的外傷の苦痛な部分を再体験するように指示されるなら、なぜそうするのかという理由をクライエントが理解していなければならない。結果について何の保証もないにもかかわらず、再処理の不快さを

経験することを選択する理由は明らかに、クライエントをまさに衰弱させつつある心的外傷の影響から開放される可能性にあるのである。クライエントは、この再処理によって生じる不快さを受け入れるために、その潜在的な影響について理解しておかなければならない。付け加えれば、ノンコンプライアンスがもたらす治療に好ましくない影響について、クライエントと率直に話し合うべきである。

臨床家は、自分の治療目標についてクライエントの承認を得なければならない。また臨床家は、クライエントの治療目標が適切かどうかを評価しなければならない。例えば、運転中は決して腹を立てないというクライエントの目標を達成することは不可能であるし、これはまたノンコンプライアンスの理由の裏にある「わたしにはうまくやれない」という不適切な自己評価の一部分なのである。クライエントは治療者によって押しつけられた目標ではなく、彼ら自身で選択した目標を達成することが、ノンコンプライアンスによって妨げられるということを理解できるように援助されるべきである。

3．**ノンコンプライアンスは病理の一部として考えられる**。治療目標が共同して達成されるならば、ノンコンプライアンスは治療を要する病理の一部と見なされる。クライエントのうつが軽快している場合には援助のための再来を指示しないのと同様に、治療にもっと乗り気になるまで再来しなくても良いなどと指示すべきではない。このように理解すると、ノンコンプライアンスの結果がクライエントにとって現在進行中の教育の一部になるのである。

ノンコンプライアンスの基礎にある問題には、失敗することへの恐れ、成功することへの恐れ、治療が終了することへの恐れなどが含まれている。「もし治療に成功すると、あなたにはどんなことが起きると思いますか？」といった質問をクライエントにすることによって、適切な評価ができる。臨床家がこうした恐れについて話しておくと、まだそのときに残存しているかもしれない緊張感や抵抗感に関していかなる感じにも EMDR は焦点を当てることに使えるのである。もし二次的利得について適切に見定められ話し合われていなければ、治療的な進歩はほとんど得られない。

4．**ターゲットには優先順位をつけなければならない**。EMDR では、その病理に影響を与えている記憶に優先順序をつけてターゲットとしていくことが必要である。これらのターゲットにアクセスし、処理していく順序は重要であ

る。例えば、自己の無価値感に関係した記憶は、失敗の恐怖に関係した記憶よりも先に焦点化されるべきである。もし処理をブロックするような価値観が適切に扱われていなければ、治療効果は最小限にとどまるだろう。

　加えて、EMDRではクライエントの恐れが適切なものかどうかを直接に扱う必要がある。もしその恐れが現実的な問題に基づくものであれば、機能不全をターゲットとするより前に実際的な行動計画が求められる。例えば、クライエントがPTSDが治癒してしまうと障害者手当てを受け取れなくなることを恐れているのならば、クライエントが新たな収入源を探し出すことを考えることが臨床家には必要となる。教育や行動計画を通して適切に恐れについて扱われた場合には、そこに残存している恐れや付随している信念（例えば、「やったとしても、うまくいかない」など）が再処理のための適切なターゲットとして姿を現わすのである。これらが処理された後に、より効果的に外傷に到達し得るのかもしれない。

　5．**コンプライアンスが欠如することの根底には、幼少期の体験に基づく恐怖が潜んでいるかもしれない。**臨床家は幾つかの要因に照らしてノンコンプライアンスを評価しなくてはならない。クライエントの精神世界的な信念（例えば、「人生とは苦痛なもの」など）、両親の訓戒（あるいは苦痛を分かち合うことで両親に対して忠実であり続けたいという欲求）、他人を操作したいあるいは他者を圧倒するような権力を持ちたいというクライエントの欲求などである。こうした要因の根底となっている記憶は、最初に示された訴えの原因となっているターゲットを処理する前にターゲットとされるかもしれない。ノンコンプライアンスの要因の元にある記憶が再処理された後、否定的な感情や行動を生じさせる現在の刺激についてターゲットとし、処理されるべきなのである。そこに付け加えて、好ましい将来の行動に導くための肯定的な鋳型が植え付けられるべきなのである。ノンコンプライアンスの問題がある場合には、クライエントに容易にそして安心して課題をこなすことを想像するよう求めてもよいだろう。EMDRによってターゲットとすることは新たな積極的な行動の可能性を開き、残存している不快な感情の再処理を可能にするのである。

　6．**治療は柔軟性を持たなければならない。**フィードバックのための日誌は治療に極めて有益なものである。もしクライエントが再処理の結果生じた不快な感情や体験を臨床家に正確に報告しないとすれば、さらに焦点化を進めるこ

とは効果的ではないもしれない。皮肉なことに、治療そのものへの取り組みをクライエントが拒否することを別にすれば、日誌はEMDR治療におけるノンコンプライアンスの主な発見源であり、これは適切な再処理のターゲットとして用いることができる。特に、こうした日誌を続けることを想像できるクライエントでは、否定的な認知とそれに関連する記憶とともにそうした課題への抵抗感が面接室で湧き上がれば、そのときに扱うことができる。臨床家は、この日誌（あるいはその代わりに、きっかけや苦痛についてのテープ録音や描画）を将来使用することについて好ましい印象を植え付けできるように、EMDRのセッションを導くこともできる。次の治療セッションまでの間にしておくようにクライエントに課題が出されると、結果が報告されるようになってくる。面接室外で生じた行動上の変化のみが、治療がうまく進んでいることの証拠と考えられるのである。

　リラクセーションテープをうまく使用できないことも、ノンコンプライアンスの一例である。このような場合、治療セッションの間にリラクセーションのための別の方法を探らなければならない。リラクセーションテープを使用する目的は、クライエントにセルフコントロールの方法についてその場で指示を与えることである。しかし、柔軟性と創造性が治療過程の一部分である限り、テープに代わる多くの方法が利用できる。

　要約すれば、ノンコンプライアンスの問題に関わる際には、臨床家はクライエントの抵抗が解消するまで十分にその問題について作業できる柔軟な治療法を選択しなくてはならない。これはEMDRを用いることで達成できるが、それはこの作業の大半が治療セッションの中でなされるからである。しかし、クライエントの非常に固い信念は、変化に抵抗することもよくある。例えば、私の出会った中で、最もノンコンプライアンスのはなはだしいクライエントは、その時点での治療的基盤の中でセルフコントロール法を使用することは適切でないと心の底から信じ込んでいた。この場合、私はこれを治療の限界として受け入れねばならず、結果について彼に説明しなくてはならなかった。このクライエントの訴えの性質によって、このような状況の下で私たちが達成できることとできないことについて、治療を進める前に契約する約定書を作成した。しかし、クライエントがよりひどい機能不全に陥ったので、その事件を概念化し、問題の範囲を評価し同定し説明するためだけにEMDRの枠組みを使用できる

ようになった。それでもその情報の処理には EMDR を使用できなかった。治療者は、EMDR 以外に使用できる治療技法があり、EMDR による処理はそれが適切である場合にのみ使用されるべきであると心にとどめておくことが必要である。

子ども

> 人生とは記憶である。たった今のこの瞬間を除いて。しかしそれすら素早く行き過ぎてしまい、つかまえることはできない。
>
> テネシー・ウィリアムス

　子どもを治療する際の多くの喜びのうちには、外傷的な残留物が迅速に消退していくのを見ること、子どもたちが苦悩の日々を送らなくてもよくなり、他人を虐待するといった繰り返しの行動に追い立てられなくて済むようになるであろうと知ることがある。EMDR を子どもたちに使用し成功を確実なものにするためには、心理学的に安全な環境を作り出すことに臨床家は特別に注意を払わなくてはならない。子どもたちとラポートを確立し、子どもの年齢に応じた言葉で意思疎通できる能力を、臨床家は見極めておくべきである。他の手続きでも同様であるが、もし臨床家が子どもたちを治療することに安心感が持てない場合には EMDR は使用されるべきではない。

　最初の生育歴・病歴聴取の段階では、両親にまず子どもの現在の問題を要約して、臨床家に伝えてから、部屋を出てもらい、それからその状況についての子どもの説明を聴くという方法は有益かもしれない。この二段階過程は両親という拠り所を無言のうちに臨床家に転移させ、臨床家の注意がその子どもだけに向けられたときには特別な感覚を与えることになるかもしれない。

　EMDR の治療セッション中、可能ならば、子どもたちと両親を同席させるべきではない。というのは子どものターゲットへの集中力を最大にするためである。しかし、子どもが親との分離に不安がある場合には、両親がその部屋にいる方がよいことがあるのは明らかである。しかし、臨床家と二人きりになったときにも、子どもが安心していられる最善の状態を作り出すためにあらゆる努力がなされるべきである。次の治療セッションにはお気に入りのぬいぐるみ

の動物やおもちゃを持ってきてもよいと許すと、こうした目的を達成しやすくなるかもしれない。

　また、臨床家はEMDRを子どもの言葉を使って説明しなければならない。子どもは心地よさに気づいたとき、例えば「魔法みたい」と表現するかもしれないが、たとえそれが子どもが自発的に使った言葉であったとしても、臨床家はEMDRを魔法のような治療だと述べたりするのは慎むことが望ましい。むしろ、EMDRのクライエントがすべてそうであるように、子どもにも自己治癒や、自己効力の感覚を持てるようにはからう方が望ましい。それとは違って、治療者がこの治療法あるいは治療者の専門的技術には陰性感情を取り除く力が備わっていると示したりすれば（例えば、「私がそれを取り去ってあげよう」と言ったりすることで）、子どもは依存と無力の段階にとどまることになりがちで、全体的には治療目標に反することになってしまう。

　機能不全の題材をターゲットにする前に、臨床家は子どもが実際に使うことのできる「安全な場所」を持っているかどうかを確認しなくてはならない。実際の好ましい経験の文脈で眼球運動を使用して、安全で守られているという感覚を子どもの中に導入する。例えば、臨床家は子どもに、自分自身をうまくコントロールできて、気分も良いときのことを思い出してほしい、いい感じで見たり感じたり行動するところを想像してほしい、と指示する。子どもがこの情景を心の中に思い浮かべているときに、想像した情景の中にいるように幸せで気持ちよくなってくるまで、眼球運動を数セット繰り返す。楽しい感情が直ちに惹起され、治療を受けた経験について肯定的な連合をつけられたことになるので、眼球運動（もしくは手のタッピング）に対してこのような好ましい経験をすると子どもは治療に信頼を寄せるようになる。

　幼い子どもの治療に際して臨床家が一般的に出合う問題は、基本的には集中力の問題と相対的に注意の持続が短いことに起因するものなので、子どもにおけるEMDRの治療セッションの平均時間は約45分であり、眼球運動と他の治療的技法を混在させることが多い。幸運なことに比較的短時間であるにもかかわらず子どもはEMDRに非常に迅速に好ましい反応を示すようになるので、このようなセッションでも治療的には有効であることが多い。

　子どもの集中力を高めるために、標準的なEMDRの手続きはさまざまな方法で変更するべきである。とりわけ、多くの外的刺激を焦点として取り扱う必

要がある場合には、そうである。子どもの治療における幾つかの基本的な変更点を以下の段落で取り上げよう。

感情の具体的な定義

概して、子どもたちにとって、感情は抽象的過ぎて概念化できないので、SUDスケールでは扱うことができない。従って、感情の強さを示すために、臨床家は子どもたちに手を使わせるとよい。例えば、椅子の肘掛けと腕を平行にして、胸の高さに手を保つこと、「最悪／ひどい／恐ろしい」あるいは子どもにとって否定的な体験を呼び起こすような他のことばとして定義する。一方、両手の指を組み合わせることを素晴らしい気持ち、「うさぎちゃんを見たときのようによい気持ち」と定義する。具体的にこれらを示すことによって、自分の中の苦痛のどんな変化も正確に報告できると子どもたちに教えることもできる。例えば、床に近いところに手を置くことはほんの少し傷ついていることを意味し、一方、肩の高さに手を挙げることはとても傷ついたことを意味する、など。また、一枚の紙に水平線を引き、一方の端に笑顔を、もう一方に泣き顔を描き、その線上のどこにいるかを子どもに尋ねる方法も、臨床家にとって一つの選択である。

目で追うこと

子どもたちが目で追うことを補助するために、治療者は指に楽しい顔を描いておいたり、指人形や他のおもちゃを使うこともできる。この指人形やおもちゃは、第3章に述べた両手法において使用することもできる。幼い子どもで追視が正中線を越えてできない場合に、この両手法はしばしば有用である。例えば、身体から遠く離れた左から右に線を引くように言った場合、幼い子どもは線を引き始め、真ん中で鉛筆をいったんあげてそして再び線を完成させようとする。このような幼い子どもに片手法を使用すると、目とともに頭がしばしば振れてしまう。このことは悪くはないし、治療効果を得ることもできるが、広い範囲での眼球運動が得られるように工夫するべきである。

失読症があって、そのために追視の困難な子どもたちには、通常目から30〜35cm離れたところでの、直径7、8cmくらいの小さな楕円運動の追視が効果的な場合がある。失読症の子どもたちは（大きくなったときでさえも）広い範

囲にわたる動きを追視することができない。

　注意欠陥多動性障害（AD/HD）の子どもたちには、しばしば触覚的な防衛がみられ、臨床家との緊密な接触は彼らを不快な気分にさせる。こうした子どもたちには、壁にある2点の間で目を動かしてもらう。彼らの注意をとらえるために、これらの点には、色のついた円やマンガの登場人物、コミックのヒーローなどを用いることもある。

　子どもの注意を保つこと

　外傷的な記憶を処理している際に、子どもを治療に強く引きつけるため、さまざまな方法での用意を臨床家はしておくべきである。例えば、眼球運動の最中にウィリアムテル序曲のようないきいきとしたメロディーを口ずさんだり、子どもの注意を維持するために上半身を素早くリズミカルに動かすことを臨床家は行なうこともある。

　臨床家は子どもの想像力を活用することもある。例えば、EMDRの治療セッションは「起こったことを想像してごらんなさい」あるいは「イメージを育ててごらんなさい」と子どもに求めることから開始されるかもしれない。眼球運動のセットの後に、その子どもは「そのイメージをこなごなにして」とか、それを「爆発させて」と求められるかもしれない。臨床家は爆発の音を作ったり、子どもにまねのできるジェスチャーを使ったりして促進することが可能である。そうして臨床家は「今それはどんな感じですか？」と尋ね、子どもの注意を再度そのイメージに向けさせた後で、もう1セットの眼球運動を付け加えて「そのイメージをこなごなにして」と求めることを繰り返すのである。

　肯定的認知

　再処理がうまく済めば、肯定的認知が植え付けられる。治療者は（特別に騒ぐことなく）くつろいだ認知を与えることができる。例えば、「私は元気」「ママやパパはうまくやってくれるわ」「私は今、安全」などである。性的被害の幼い経験者が「言っちゃダメ」とか「自分には言えない」といった否定的認知を口に出し、置き換えていくことは大切である。細かいことにこだわらずに連続したセットの途中で子どもがこういった否定的認知に集中できるようにすると、これらの命令によって生み出された恐怖を消滅させられるようになる。そ

の後に「今は大丈夫」とか「言ってもいいよね」という言葉に置き換えると素晴らしい効果が得られる。

子どもの認知の利用

学齢期の子どもを治療するときには、単に示唆にとどまるだけでなく、たとえ概念として組み立てられなくても、否定的、肯定的な認知を明らかにする方が望ましい。臨床家は子どもにその情景を想像させて「どんなことが頭に浮かぶ？」とか「その場面を見てどう思う？」という質問に答えるように指示した後に眼球運動を開始する。たいていの場合、子どもはコントロールの中心は自分の外にあるような言い方で答える（例えば、否定的認知として「先生に嫌われてる」とか、肯定的認知として「先生に好かれてる」）。臨床家は、1から2セット行なう間、子どもに「先生が嫌ってる」様子を思い浮かべるように指示する。その後、子どもに「どんな感じがする？」とか「今自分のことをどんなふうに思う？」と尋ねる。「先生に嫌われてる」というような認知から「やる気がしない」とか「困ってる」というような否定的認知や、「学校でもうまくやれる」というような肯定的認知へと、子どもの発言はたいていの場合自然に変わる。

臨床家は成人のクライエントと作業をするときには一般的にまず自分の中にあるコントロールの中心に働きかけようとするだろうが、子どもはたいてい、脅されている状況にあり、現実的には無力であることを忘れないことが重要である。付け加えれば、子どもはうまく発達した認知構造を持っていないこともある。そのため、治療者は、成人用の肯定的認知の指針には強くこだわらずに、子どもの自己効力感の言葉に最も近いもの（例えば、「大丈夫」とか「気分がいい」）を与えなければならない。

治療効果の般化

子どもが話す個々の記憶を取り扱うことに加えて、ある特定の行動に関わっている加害者を想像させずに、加害者のみに集中させてEMDRを追加して行なう方が望ましい。このような手続きを使用すると、関連した記憶のネットワーク全体に治療効果を般化するのに役立つ。例えば、5歳の性的被害を受けた子どもは、黒いガウンを着てマスクをつけている父親から儀式としての虐待を

受けていた。ターゲットとした彼女の虐待の記憶には、彼女の飼い犬が殺される場面を目撃したことが含まれていたが、ガウンとマスクを着けた父の姿を心に浮かべるようにと指示された。加害者が特定の行動をとった場面の代わりに、静止した場面を利用すると、その脱感作効果は鍵となるその静止した場面（この場合、マスクとガウンを着けた父の像）を含む手がかり全ての記憶にわたって般化され得るようになる。

2歳前後の子どもには、イメージを作り出す能力がしっかりとある。とりわけ急速な治療効果がある（恐らく幼い子どもは比較的少ない体験しか持たないので、連想がほとんど形成されていないからだろう）。ほんの数セットの後、高い治療効果のまさに現われとして、子どもが幸せそうにほほ笑み始めることもあるかもしれない。臨床家は、夜尿、悪夢、パニック発作といった症状が治療後に変化するかどうか、1、2回のセッションでこうした症状が消失するかどうかを調べなくてはいけない。しかし、ある子どもでは、一度の性的被害という事件について一回のセッションで処理し夜尿と夜驚が消退したが、他の子どもで症状が消失するにはこれより多くの治療セッションを必要とする。繰り返すが、EMDR治療を競争と見なしてはいけない。治療効果が起きる割合は、クライエントによって異なるものである。

創作的な治療

臨床家の多くは、子どもの治療において創造的な過程（例えば、描画、絵画、箱庭療法）に治療効果があることを認めている(EMDR Network, 1991; Cohn, 1993)。一つの臨床例として、幼い少年が治療前と後に描いた絵画がある。この子どもは問題を絵に描くように指示されて、画面のほとんどを覆い尽くすほど大きな黒い雲を描いた。これに続くセットで、この絵を心の中に思い浮かべておくようにと指示された。大丈夫になったという兆候を示した後に、もう一度その状況の絵を描くようにと指示された。すると、部屋から小さな黒い点が追い出されていくように変わった。子どもは、さらに続く1、2セットの間、この絵を心の中に思い浮かべるように指示され、その後、肯定的認知が補われた。

もしいやな出来事や加害者についての感情と遊戯での対象をうまく結びつけられたなら、箱庭療法、人形、幾つかのゲームは、すべて子どもに対するターゲットとして使用できる。EMDRの手続きの中に、これらのターゲットの使

用を取り入れることもできる。しかし、臨床家は最終的には完全に解消されたのかを調べるために、原因となった外傷のイメージに戻らねばならない。

カップル

完全に幸せになるためには、過去のある瞬間と今を比べないことが必要だ。私はそれを、未来の別の瞬間とも比べてしまっていたので、十分に楽しめなかった。　　　　　アンドレ・ジイド

EMDR は相互的なダイナミクスの文脈で使用されなければならない。カップル療法は、家族という文脈においてクライエントが新たな見通しや行動を容易に統合できるように援助するための、適切な介入法であるかもしれない。クライエントが自信をつけ自立するようになってくるにつれて、治療効果を妨害しようとするパートナーのあからさまな試みによって対人関係が脅かされることがある。このような場合、そのカップルとの治療の約束がパートナーを安心させ、潜在的な問題を同定するのに役立つ。またこれを通してカップルはよりよいコミュニケーション技法を学び、クライエントの自己像の変化やその結果としてのそれまでの役割の変化をパートナーは容易に受け入れられるようになる。

起こり得る家族システムの問題についてクライエントに注意させておくことは、混乱や苦痛が広がることを最小限にくいとめるのに役立つであろう。クライエントとそのパートナーを一緒にみることが好ましいかどうか、カップルカウンセリングの専門家に紹介すべきかどうかを、EMDR の治療者は熟慮するべきである。もし後者が必要なら、臨床家は、クライエントへの EMDR 治療開始に先立って適切なカウンセラーに紹介できることを確認しておくべきである。こうすると、クライエントの EMDR 治療中に関係がこじれたとき、すぐに治療を移行できるようになる。

配偶者の幼児期の性的虐待

性的虐待の被害者の治療は、特に重要な事柄である。心的外傷の被害者のパートナーは、クライエントの明らかな苦痛を前にすると罪悪感や無力感にしば

しばとらわれる。性的被害の記憶が明らかになっているときには、クライエントの性的な機能不全や抑うつ感、激しい非難はしばしば普段の対人関係における緊張を強め、機能不全のダイナミクスをもたらす。(Nelson, 1992)

性的被害の経験者がEMDRによる治療を受ける場合、次のセッションまでの間に持続している処理から生じる苦痛によってパートナーが不快に感じることがあるかもしれない。また別の例では、機能不全の対人関係が、幼児期の心的外傷への気づきに先立つこともあり、パートナーは、クライエントが治療の進展に伴って、自己主張をきちんとしようと試みたり、適切な境界を確立しようと試みることに驚くかもしれない。さらに付け加えておくと、性的虐待の被害者が虐待歴を持つ人をパートナーとして関係を持つということは珍しくない。よみがえってきた外傷的題材と不安定な気分は、パートナー自身の機能不全を起こしてきた生育歴やそれに対する反応を刺激することもある。このような症例では、パートナーの虐待された記憶や現在の刺激をさけるためにも、同席セッションと平行した個人療法がとくに望ましい。

同席セッションと個人セッション

明らかな理由で受診してきたとしても、カップルとの最初の同席セッションはどうして治療を求めたかという合意を成立させるためのものである。もし、両者が互いに愛し合っており治療の目標が結婚生活をより良いものにするか保つということに同意しているのなら、このような理解を明白にし、将来のいかなる障害も「愛を求める声」を意味することになるだろう。良い家族療法に関する標準的な問題、すなわちチームとして機能し、真実を語り、休憩することなどについて同意がなされる。同席セッションは、臨床家がそのカップルのコミュニケーションの方法を評価し、中心となっている問題について仲裁することにも役立つのである。

さらに同席セッションは、調停の過程を続けるためばかりではなく、もし必要ならコミュニケーションや相互作用の進歩を評価することにも用いられる。しかし、加えて、パートナーは何年間にもわたって蓄積してきたあらゆる心理的負担（例えば、なぜそんなことをしたのか、なぜそんなことができたのか、なぜそれをしなかったのか、といったあらゆる不平）を再処理するためには個別に面接されるべきである。治療の目標は、過去の重荷を背負い続けることで

はなく、むしろ現在そのカップルが互いに反応し合えるようになることである。子育て中に起きたかつての過ちや助け合いの欠如の見方から、現在の些細な出来事が引き金となり、再び責め合うことが起こり得る。これら過去の記憶による緊張を解消するために EMDR を使用することで、そのカップルはより健康な力動関係を産み出し、現在の問題やカップル間の不一致に対して適切な価値判断ができるようになる。

　カップルの過去の問題についての記憶を再構成することに加えて、苦痛を引き起こしている現在の引き金をターゲットにすることも有効である。夫は妻の声色が自分の母がかつてよく発していた特に情緒不安定な調子に似ていることに気づくかもしれないし、夫の顔の表情は子どものころひどくぶたれたときの父親の顔の有様を妻に思い出させるかもしれない。付け加えると、二次条件づけによって、習慣的に煩わしい声色や表情を引き起こすような現在の状況が、彼ら自身の中にある大きな苦痛なのかもしれない。記憶や現在の関連事象を再処理するよう配慮することで、カップルの中で現在うまく機能しなくなっている相互作用を大いに回復させることがある。付け加えると、それぞれに問題を引き起こしている現在の状況（例えば、女友達のところに夜遅くまで外出していた妻や、歯磨きチューブの蓋をせずに放りっぱなしの夫）もターゲットとされるべきであり、批判的な反応は解消され、他にとるべき道が探索されるべきである。

　さまざまな意味で、こういった再処理はパートナーのいない個人セッションで行なう方が望ましい。カップルの両方が治療のために現われた場合には、親密さの問題や、クライエントに完全に打ち明けることを禁じるような安全に関する問題があることが明らかに多い。もし、処理中に苦痛に満ちた事柄が出現したら、クライエントがパートナーの反応を心配せずに進められることが望ましい。例えば、クライエントが小さいころの性的被害や嘲りを思い出し始めた場合には、パートナーのいるところでは、恥辱感や罪悪感によって、その問題については口が重くなってしまうかもしれない。あるいは、彼女に何が起こったかを知ると、パートナーが復讐のために加害者を捜すのではないかという恐れを彼女が抱くようになるかもしれない。偶然によって、クライエントがその問題を解離し、その影響を最小限にとどめるかもしれないが、そうすると処理が不十分となったり再外傷化につながることもある。

妻は夫を冷静な男性の保護者として必要としており、もし夫が感情的になると妻はその苦悩を最小限にとどめようとして、別の否定的なダイナミクスが出現することがある。それゆえ、パートナーの同席の下で処理するかどうかを考える場合には、臨床家は極めて慎重に進めなければならない。

クライエントにとって何が有益であるのか、臨床家は自分自身の最善を尽くして判断しなければならない。例えば、あるEMDRの講習を受けた臨床家は、パートナーの前で再処理を行なうことはカップルの絆を強めるだろうと考えて、こうしたセッションを行なっていると報告した。妻が記憶の処理中に除反応を起こしたとき、夫は妻の痛みのレベルに、深く心を動かされ、二人にとって非常に有益な経験になっていた。しかし、別のカップルの例では、妻の除反応が始まったとき夫は眠ってしまい、言うまでもなく、このことは二人の距離を近づけることにはならなかった。さまざまな治療成果が明らかにあり得るので、臨床家は個別のEMDR治療あるいは同席によるEMDR治療のいずれがより有効かを決定する前に、そのカップルを注意深く評価する必要がある。

不　倫

婚姻外の関係をもった影響のために、治療を必要とするカップルが存在する場合に、臨床家はその出来事の原因と結果をともに慎重に評価するべきであろう。既に論議したカップル療法に加えて、臨床家は裏切られたパートナーにPTSD様の症状がないかを評価しなくてはならない。信頼への裏切りは、この世界における安全感や彼ら自身の知覚に信頼をおくことができるかどうかということに破壊的な影響を与え得るのである。こうしたことに伴って、凌辱的な感情に応じたさまざまな後遺症が起こることがある。さらに、このようなクライエントの多くには、侵入的な思考が症状として存在する。例えば、不倫を発見したときのまさにその光景やさまざまに密会をしているパートナーのイメージの中での姿などである。そのカップルの心理的な傷を癒すためには、十分な同意が得られたならできる限り早急にパートナーの侵入的なイメージを焦点にするべきである。その関係はもはや終わり二度と起こらないと不実を謝り自分の非を認めることで安全感が確認できれば、裏切りによって生じた怒りや傷つけられたという感情に焦点化することは容易であろう。

妻の不倫関係が終わり、結婚生活が元通りに戻るようにと、治療を求めてき

たカップルの例がある。カップルのセッション中、夫は妻の不倫に激しい怒りを感じていると言い、感情的に冷静な状態に戻れるように援助を求めてきた。しかし、個別に会ったときには、気持ちの中に怒りをおさめようとは思わない部分があることを夫は認めた。臨床家はクライエントに身体のどこに抵抗を感じるのかを尋ね、それを EMDR の対象とした。多くの侵入的な思考や画像と共に、抵抗感が消失し、怒りそのものが扱われ再処理された。

　不倫についての後遺症が再処理されてから、その根底にある原因について話し合われ、解決される必要がある。幼少期の外傷体験の処理とは異なり、最近に生じた外傷の場合には普通、PTSD の明らかでごく最近の原因をまず最初に治療する。これまでに論じた適用に加えて、一方もしくはもう片方のパートナーが結婚生活を続ける上で抱えている現在の問題点を明らかにし、不適切な選択をするかもしれないという非合理的な恐怖を再処理するために EMDR が使用されることもある。一方または両方が離婚しようと決めている場合には、臨床家はその移行を援助するべく EMDR を使用することもあるだろう。臨床家は、侵入的な思考やそれぞれが感じている憤りと自己卑下の感じをターゲットにしなくてはならない。こうすると現在の状況を改善できるだけでなく、将来の対人関係における機能不全をも予防できることがある。付け加えると、子どもが巻き込まれている場合には、自責感や見捨てられることへの怖れを含めて、両親の離婚についての否定的な感情をできるかぎり早く再処理した方がよい。

性的虐待の被害者の治療

　真実を語るためには二人の人間が必要である。一人は語る人であり、もう一人はそれを聞くものである。

ヘンリー・デイヴィッド・ソロー

　臨床家は、これから後の段落に挙げられているような問題や注意事項には既に精通しているべきであろう。これらのことは、性的虐待の被害者を EMDR で治療する際に特に重要な事柄である。このような被害者が治療を求めるクライエントの大きな部分を占めるが、臨床家の多くはこうした人々を治療したことがない。この節はこういった点を明らかにすることを狙いとしているが、も

し臨床家が多数回虐待を受けた被害者の治療経験を以前に持たないのであれば、適切なスーパービジョンとコンサルテーションに代わるものはない。

適切な治療目標

　虐待、あるいは忘れ去られていた小児期の出来事の大部分に関する記憶を正確に呼び起こせる能力は、非常によい条件の下でも疑わしいことがある。性的な被害を受けたかどうかを断定するために治療に入るクライエントもいるが、EMDRを用いる臨床家はこれが適切な治療目標だとは考えるべきではない。EMDRは視覚的記憶をよみがえらせるためではなく、むしろ神経系に不適切に貯蔵されている情報を処理するために考案された。臨床的観察によれば、たとえ酷い性的虐待による症状があったとしても、虐待場面の視覚的記憶が浮かび上がるという経験をするのはEMDRのクライエントの半数のみにすぎないことが示されている。それゆえ臨床家は、クライエントの症状に集中し、感情的な（そして可能ならば身体的）痛みを取り除くために何ができるのかに集中しなければならない。原因となった外傷の視覚的な記憶がなくとも、機能不全となっている反応や引き金に、EMDRがどのような変化がもたらすかをクライエントに説明する際には、次のような言葉が役に立つだろう。「テレビモニターのスイッチが入っていなくても、ビデオデッキがテープを再生できるのと同じです。実際にそれを見なくても、過去の外傷的な出来事を処理できるのですよ」

　いかなる治療技法でもそうであるが、治療者とクライエントとはEMDRの治療目標に合意していなければならない。例えば、その原因を100%明らかにすることなく、苦痛（パニック発作、性関係についての問題、睡眠障害といった）を緩和することをクライエントが受け入れることができるのかどうかを探らなければならない。もしクライエントの同意が得られないとすれば、本当の記憶が表面化するかどうかは不確かであり、EMDRを唯一の治療技法として用いるべきではない。

　虐待の事実を明瞭に憶えているが、上司とうまくいかないなどといった現在の問題のみに臨床家は焦点を当てて欲しい、と言い張る性的被害の経験者にも、こうした制約は皮肉にも当てはまる。EMDRによる治療中に性的被害の記憶がよみがえることを防ぐ手だてはなく（特にそれらの記憶が現在のターゲットに関連した記憶のネットワークの一部分であればなおさら）、クライエントが

完全にその記憶に触れずに済むことを臨床家は保証できないからである。それゆえ、クライエントが性的被害について考えることを非常に強く拒否しているのなら、臨床家はEMDRを使用すべきではない。

クライエントの準備性

　第4章と第5章において、これらの要因の多くについて述べたが、性的虐待の被害者にEMDRを使用するには、クライエントの感情の抑制と、日常生活の状況に特に注意を払うべきであることを強調しておきたい。職業上のあるいは家庭での危機的状況といったような、現実生活の中での実際的な問題をクライエントが数多く抱えているような場合には、幼少期の外傷を治療で扱うことは最低限にとどめるべきである。現在の問題点を扱えるくらい十分にクライエントが安定するまで、臨床家は幼少期の外傷体験の再処理という感情的な負荷を課するべきではない。処理することによって次のセッションまでの間に問題が生じ、自分でコントロールできなくなったり、抱えておくことができなくなるといったように、日常生活における不安な出来事を扱えなくなることがある。

　EMDRを使用する際には、クライエントの実生活における制約についてことごとく適切な評価をする必要があるという注意点を忘れてはならない。もし、EMDRが疲弊や苦痛を引き起こし、クライエントの現在の社会機能を障害するならば、当面は他の治療技法を使用するべきである。

安全性と安定性

　性的虐待の被害者を扱う上で最も大切なことは、安全と安定である。身体的な反応、強い恐怖、それまで解離していた記憶が出現しやすくなるので、EMDRによる処理に対する準備が慎重にクライエントになされていることが大切である。治療によってこれらが生じた場合の、その速度や感情反応の強さに対する備えがクライエントになされていないのならば、除反応の途中でEMDRを断念して治療の再開を拒否するかもしれない。それゆえ、第4章と第5章で示したようなクライエントの選択についてのすべての注意点と基準を、性的虐待の被害者を治療する際にはより徹底して守らなければならない。クライエントに対して、安全な場所の練習をしたり、次のセッションまでの間に起こってくる問題を和らげることのできるようなさまざまなリラクセーション法を教えたり

して、臨床家は常にクライエントがEMDRに対してまず良い体験をできるようにすべきである。また、性的虐待が疑われる場合には、解離性障害の可能性についての適切なスクリーニングをクライエントに対して行なうことが重要である。

治療の安全性の指標とクライエントのコントロール感覚を評価することは、このような症例を治療する場合には必須であり、眼球運動を使用する際にも適用できる。性的被害を受けたクライエントでは、臨床家が指を動かすことさえも自分を脅かそうとしていると捉えることがあるので、ペンや物差しなどを使用したり、手のタッピングへと切り替える必要の出てくることがある。さらに言えば、人がすぐ近くにいると自分の空間が侵されていると感じる傾向があるために、性的被害の経験者の中には、EMDR治療の際に、通常の治療で薦められているよりも遙かに離れた場所に臨床家が座ることを好む者もある。簡単に言えば、治療者はクライエントの安全性と快適さのために、必要であれば標準的な方法を変更することに柔軟でなければならないということである。

構　造

臨床家は性的被害を受けたクライエントの治療に際して、焦点をどう選択するかについては柔軟であるべきだが、標準的な手順の構造はやはり遵守しなければならない。可能ならば、まず特定の古い記憶を対象にすべきである。というのも、最も迅速で完全な処理ができるからであり、それは、クライエントに達成感を与えられるからである。特定の古い記憶が利用できるなら、漠然とした絶望感や失望感あるいは「死んでしまいたい」というような一般的な否定的陳述をターゲットにするよりは、統制された落ち着いたセッションで、関連するイメージや認知、身体感覚を使用する方が、一般的には結果はよいものとなるだろう。

否定的なものが組み入れられた過去の特定の記憶は、新しいものよりも容易に処理でき、釣り合いが取りやすい。というのは、古い記憶は既に過去の出来事の一部となっており、もはや危険なものではないからである。特定の出来事ではなく現在の感情や認知のみをターゲットにすることによって処理を開始すると、古い記憶を埋葬するという特別な治療目標がないままに、現在の問題をいたずらに刺激することにもなる。

EMDRの8段階のアプローチ（第4、5、6、および8章で説明）を使い、11の部分に分かれた手続き（第9章にまとめた）に沿って、SUDやVOCスケールのような特定のベースライン評価、尺度を用いることによって、クライエントの現実的な期待を設定し、クライエントの構造、安全、理解の感覚を強化することを援助できる。性的虐待の被害者との治療に際して柔軟性は重要であるが、標準的なEMDRのプロトコルと手続きに組み込まれた多くの安全策を迂回してはならない。臨床家はまず標準的なアプローチを使用し、クライエントが不快だったり、変化が見られない場合にのみ変更すべきである。ターゲットと治療目標が特定されればされるほど、成功する可能性は大きい。

統　合

　表面化している題材がまとまっていくためにクライエントにどのくらいの時間が必要かについて、臨床家はとりわけ敏感でなければならない。情報の新たな山場に到達したことで示される内面的なあるいは対人関係における必要について話し合うために、新たな行動のモデルを提供するために、対人関係における相互作用の圧力を明らかにするために、あるいは幼少期の外傷的な事件を処理することから生じた夢や現在の反応をターゲットとするために、多くのセッションを持たなければならないだろう。

　臨床家は、そのときまでに顕現化してきた記憶やその影響が処理されるまでは、新たな記憶をターゲットにしてはならない。例えば、性的な被害についての重大な記憶を処理した翌週に、「私はこれまで父の死を悲しんだことなどない」と、クライエントが強い悲嘆を表わして語った場合である。別の記憶に移るよりも、この山場を次に焦点化することがクライエントにとって必要であると臨床家は理解した。クライエントにつけるよう求めた日誌は、以前の問題からさまざまな道筋を通って生じてきた新たな道、感情、見通しを同定するには不可欠であり、記憶の働きの中でその道筋を探索するために用いられるべきである。悪夢、日誌に表現されたことの苦痛で不安な側面、記憶を統合することに関連した対人関係の必要性の出現などを、この記録をとり続けることに含めねばならない。

　セットの間に、休み、語り、まとめるなどクライエントのニードがさまざまであるのと同様に、EMDR治療の間に必要とする時間もまたさまざまである。

次のセッションまでの間に生じてくる不快感を処理するための適当なセルフコントロールの方法を十分クライエントが持っているかどうかを、臨床家は確認しておかねばならない。もし、クライエントの日誌に大きなストレスが表現されているなら、臨床家はクライエントに対する感情の圧力を緩和する方法を講じるべきである。ストレスが続くと、クライエントの低い自己評価やコントロールの喪失感を強めるため、治療効果を損なうことになるからである。

現われてきた記憶の客観的事実に決着をつけ、個人的あるいは法的な意味で加害者とおぼしき人物と立ち向かおうと決心できるまでに、治療効果を自分のものとするための十分な時間的なゆとりを持つことがクライエントには許されているということを治療者は示し、励ますべきであろう。外傷的な出来事は、往々にしてさまざまな断片として、解釈困難な事実として蓄えられている。例えば、性機能不全と親密さの問題を抱えてEMDR治療を受けた一人のクライエントは、父親の顔が意識の中に飛び込んできたと同時に暴力を受けている感覚を体験していたと報告した。このような状況では、臨床家もクライエントもともに、彼女は父親に暴行されていたと結論付けてしまうだろう。しかし、この記憶の断片に引き続いてターゲットにした結果出てきたものは、彼女を暴行したのは男子高校生で、父親の顔のイメージは父親が彼女を助けにやってきたときのものに関連していたのである。

前述した症例では、次の重要な2点が挙げられる。(1) 臨床家はクライエントの記憶の断片を解釈することは慎まなければならない。(2) クライエントには「どのようなことが起きても、それを判断せずに起こるままにしておきましょう」あるいは「加害者とおぼしき人物との対決を始めずにそのままにしておくように」と注意しておかねばならない。ある記憶が未消化のままで強い苦痛の原因である時期、すなわち治療初期には、関係している家族との対決あるいは事実を聞きたいというクライエントの要求が最も強い。クライエントがこれらの記憶を処理し苦痛の大半が取り除かれると、対決の必要性や妥当性についてより適切に判断できるようになる。それゆえ、治療様式がどのようなものであっても、クライエントが治療効果を十分に吸収するために十分な時間をかける必要があることを強調しておきたい。

情報の山場

性的外傷を再処理する場合、認知の編みこみを利用すること、もし必要ならば、(a) 適切な責任感 (b) 安全性 (c) 選択についての山場を確立しておくことを忘れてはならない。小児期に受けた暴行による恐怖状態に心理的に凍りついたままになっている性被害の経験者の場合に、特にこれらの山場が重要であると考えられる。

付け加えれば、多くのクライエントはこうした悲劇にある意味づけをしたいという強い衝動を感じている。虐待を受けた結果、クライエントが他の人々の苦痛に対してより強い感受性、慈悲心、あるいは理解力を持つことになったその道筋を、認知の編みこみを用いて探索することによって、臨床家はこの目標を援助することもできる（実際、虐待の被害者が精神保健の専門家になることも稀ではない）。このような気づきは、かけがいのない人間だという感覚（人生の目的、自己の尊厳、成功）を生み出し、その感覚の中で痛みから意味を抽出することによって、多くのクライエントが打ち勝っていくことを援助する。小児期を汚され、ボロボロにされたという感覚は、もちろん多くのクライエントにとって深い苦悩であり、それが現われた場合には臨床家はそれを直接的に焦点化すべきである。

感情の段階

性的な外傷を処理する際に、クライエントがさまざまな感情と癒しの段階を体験することは稀ではない。否認もしくは解離されてきた出来事は罪悪感や恥辱感へ、そして怒り、憤り、悲しみに、さらに最終的には受容あるいは許しへと変化していく。悲しみの段階は、怒りもしくは憤りと前後したり、同時に起きることがある。あるクライエントはこのように語った。「彼は私の子ども時代を奪ったのです。一体誰がこんなに貴重なものを奪うことができるのでしょうか」と。主に怒りがクライエントの心を占めているとしても、心の底にある悲しみにも慎重に注意を払わなければならない。

クライエント中心のアプローチは、性的虐待被害者を治療する際には極めて重要である。他の治療モデルでは、十分な治療効果に対して有害に作用することもある。例えば、クライエントは性被害に対する憤りを覚えるべきで、これ

は存在の力づけであると多くの臨床家は考えている。憤りはほとんどすべての被害者にとって、間違いなく重要な結果であるが、一つの処理段階の指標にすぎないと認識する方が賢明だろう。クライエントが憤りを体験し始めたら、EMDR治療を中断するよりもその怒りと憤りにターゲットを当て、眼球運動のセット中にそれを言語化するように求めながら続ける方が、より治療的であることが分かるだろう。この誘導により、クライエントがその感情に十分に向き合い、自身の境界をしっかりと確立する自立の宣言がしばしば可能になる。

憤りの段階で、クライエントは、加害者に対する復讐についてのイメージや考えの出現を体験することもあるだろう。これは小児期の憤りが浮かび上がったもので、そのイメージに単純に注目し、セッション中そうした考えについて安心して言葉にする方がよいと、クライエントに言っておくべきである。この処理のサイクルが完了すれば、クライエントは抑圧された苦痛の積み重ねから生じる緊張の解放ができるようになる。これらのイメージを処理し言語化することによって、クライエントが維持を望んでいる家族関係にとって最終的には無意味もしくは破壊的に働くかもしれない行動、すなわち直接的な対決へのクライエントの希求を不必要にできるかもしれない。例えば、クライエントは彼女に性被害を与えた亡父への気持ちを言葉にした後、ほっとするかもしれない。そして心理的に不安定な年老いた母に、それ以上事実を確認しなくてもすむようになるかもしれない。しかし、虐待の発生を知っていたかどうかにもかかわらず許してしまった親に対する憤りや裏切られたという感情を含めて、虐待に関連した機能不全の感情すべてをクライエントが再処理することを、臨床家は保証しなければならない。

クライエントの憤りが処理された後、障害とならない程度の怒りを体験するだろう。これは、少なくとも人生の中の現時点では、適切で健康的な最終段階であろう。しかし、クライエントによっては冷静な受容段階に移行することも稀ではない。さらに、クライエントが自発的に加害者の歴史のある特定の側面を思い出すこともあるだろう。そしてそれはクライエントに、純粋な許しの感情を抱かせるかもしれない。例えば、「母も性被害を受けていた」あるいは「父も虐待されていた」ということをクライエントは思い出すかもしれない。このような認識は、なぜ両親は自分を虐待したのかということを説明する反復強迫や解離をクライエントが認知するのに役立つだろう。さらに、こうした認

識は次に、加害者に対する憐れみの感覚、心の傷を超越して深い心の平穏をクライエントに与える許しの感覚へと、突然変わるかもしれない。

　もし、憤りの段階が許しに至らなかったとしたら、それは恐らくこのような変化はそのクライエントにはまだ適切ではないからだろう。しかし臨床家は、機能不全の憤りと適切な怒りを明確に区別すべきである。EMDRを用いることで、暴力と憤りによる個人的な混乱を、もはや際限のない苦痛や恐怖感をもたらすことなく、表面的には加害者に向けても適切な程度の正当な怒りに変化させることができる。EMDRは、健康と統合のために情報をクライエントに適切に処理させる、クライエント中心的なアプローチであることを忘れてはならない。もし、引き続く数セットで、怒りを別の形で言語化した後でも、クライエントがその怒りを処理できないなら、その怒りを生態学的に健全なものと見なし、それにふさわしい肯定的な認知を植え付けるべきである。家族成員との間に堅固な境界を設定することによって、あるいは適切な会話を持つあるいは対決することによって、クライエントはこの平衡状態をまとめる必要があるかもしれない。しかし、単に臨床家が加害者を許すことは適切ではないと感じてEMDRセッションを不完全なまま切り上げてしまったために、クライエントが怒りを持ったままになってしまうとすればそれは不幸なことである。

　再処理はクライエントにとって健康的で生態学的に価値のあるものは何も除去しないということを忘れてはならない。たとえクライエントが許しへと移行したとしても、虐待を忘れたということや加害者の行動を容認したということを意味しているのでは決してない。むしろ、許しへの到達は、自己再生と力づけの強力な感覚、被害者となったことがもはや自己を規定するものではなくなったという感覚を内包するものである。しかし、不幸なことに、完全に治癒するためには加害者を許すことが必要だと被害者に語る精神保健の専門家もいる。クライエントは意志の力によって受容の段階に到達するのには力不足だから、このような受容の段階に到達するようクライエントに強要することは、それ自体で傷つけることにもなり得る。許しは命じられるものでも統制されるべきものでもなく、EMDR臨床家は、そうなるべきときに（あるいはもしそうなるならば）自発的に現われるままにさせておくようにすべきである。

偽りの記憶

現在、性的虐待を受けたという虚偽の申し立てが不適切な治療の結果なされている可能性について、多くの議論がある。これらの主張のいくらかは否認している加害者から出ているのは当然だが、精神保健の専門家の中で治療の質の管理が必要なことも明白である。催眠のような心理学的手法をほとんどもしくは全くトレーニングを受けずに使用し、それゆえこれらの技法の限界を知らず、記憶を混乱させ誤った印象を作りだす可能性について無知である治療者がいることは疑いない。

その結果、確証とすることはほとんど不可能な場合でさえ、実際の記憶の決定的な証拠として、催眠下で浮かび上がってきたイメージや、誘導イメージ、夢分析を受け入れるように導かれたクライエントがいることを知っても驚くことではない。治療者は、おのれの能力の限界と、臨床で使用する前に自分の治療技法の限界について知っておくべきである。このことが、EMDRの使用を、訓練を受けて資格を持ち実習の中で指導を受けてきた臨床家に限ることを不可欠としている理由である。以下の頁に示された注意点を単に読むことが、適切な訓練の代わりをすることはない。

記憶を扱う治療に関する注意点

性的虐待の被害者を扱う際に、臨床家はEMDRと他の形態の治療法との間の相互作用について慎重に評価する必要がある。例えば、精神力動的モデルの遺産の一つに、記憶の覆いをとることが記憶に関する作業を完結させる必須条件という信念があるので、記憶を再生するために臨床家はEMDRと催眠を組み合わせて使おうとすることがあるかもしれない。催眠はかなり効果的で長年にわたって標準的な手続きであったが、EMDRとの相互作用の可能性についての体系的な調査はされていない。どんな臨床家でも「抑圧」と「抵抗」についての問題の処理にかなり主観的な方法で取りかからざるを得なくなるので、注意を喚起しておくことが適切であろう。次節で指摘される点は、さまざまな治療方法を併用する際に臨床家が見過ごしやすい因子に焦点を当てるために呈示されるものである。

催眠

　催眠とEMDRの組み合わせは、適当ではないかもしれない。EMDRを使用している臨床家の中には、解離性障害のクライエントを軽いトランス状態に誘導することによって、安定化を援助し、不完全なセッションを終了することに成功している者もいる。さらに、軽いトランス状態はターゲットを絞るために使用できるかもしれない。けれども、EMDR治療セッションの最中に深いトランス状態に誘導することは禁忌である。催眠における生理学的な変成状態は、情報の適切な処理を阻害することがあるからである。状況特異的な形で未処理の問題が残されていないかを確認するために、投薬を中止した後に臨床家は外傷について再び焦点化すべきであるのと同様、クライエントに催眠を用いたのならば、その出来事について再度、焦点を当てなければならない。

　臨床的観察によれば、経験の起源となったことがターゲットとされるまで、妄想はEMDRによって変化しない。例えば、妻が誘拐されたという夫の妄想を治療するためには、夫の意識がより清明な時点で、自らの意思で彼女は彼から離れていったという実際の体験をターゲットにする必要がある。同様に、催眠によって誘導された幻想や記憶はEMDRを用いても変化しないだろう。なるほど臨床家はクライエントに催眠を用いるに当たって思慮分別のある接近の仕方をするかもしれないが、以前の治療者から不適切に取り扱われた体験を持つクライエントを引き継いでいるのかもしれないということを、臨床家は認識しておくことが重要である。

　ターゲットの記憶が予想された治療効果を見せない場合には、セッション中でもフォローアップ中でも、臨床家は解離性障害について、そして以前に植え付けられた催眠暗示の存在について、より徹底したスクリーニングを行なわなければならない。例えば、被害者の中に催眠誘導された「記憶」の保持者がいた。その記憶は虐待の最中に植え付けられていたが、こうした事実には気づいていなかった。EMDRでターゲットとしても、これらの「記憶」は処理には抵抗的で、そのためクライエントに極端に強い苦痛を与えている。この件についてはっきりしたことを言えるような臨床的なフィードバックは今のところ不十分である。

　さらに重要なことがある。クライエントの治療のどんな段階においても催眠を用いた場合には、加害者に対して法的処置を講じる能力が侵害され得ると、

多くの法廷では見なしているということである。EMDR は臨床的には催眠と全く類似しておらず、最近の脳波研究でも、EMDR 治療中の脳波と催眠中の脳波は全く異なることを示している（Nicosia, 印刷中）。付け加えると、性的虐待についての申し立てを含む係争中の最近のある症例で、司法側は、EMDR は催眠とは異なるものであり、偽りの記憶を植え付けることはないと裁定した（Shapiro, 1994d）。オーストラリアにおける別の法的裁定においても、EMDR は記憶の歪曲を引き起こさないと明言している。しかし、これらは単に最近の司法症例に過ぎず、将来的には EMDR は法的な異議申し立てに直面するかもしれない。従って治療者は、EMDR 治療を開始する前に、考えられる法的な問題についてクライエントに知らせておくべきである。しかし、EMDR に催眠を併用することを慎むことで、法的にはより批判に耐え得るものとなるだろう。

記憶の不確定性

　浮かび上がってきたある記憶が事実か否かを確かめる方法はないことが多い。実際、治療目標として記憶を回復するという試み自体が、虐待の記憶は存在し、それは明らかにされるべきだとか、加害者は実在したというクライエントの確信を作り上げてしまうかもしれない。こうして、このような筋書きによって、「偽り」のもしくは誤った記憶が浮かび上がる完璧な条件が整えられる可能性がある。EMDR 施行中に、ある記憶が報告された場合、次のような可能性がある。（1）イメージは象徴的な表象である、（2）その出来事は代理的に体験されたにすぎない（例えば、ある物語の登場人物との同一化を通して）、（3）イメージはだまされた結果である（例えば、変装した加害者のように）、（4）妥当性がある。

　「古くなっていない」記憶でさえ不確定性があることは、次の症例でも説明できる。あるクライエントは、悪魔にレイプされているという侵入的な考えとイメージを呈していた（Young, 1992）。彼女は子ども時代からその鮮明なイメージを保持してきたので実際に起きたことだと信じて疑わなかった。記憶が再処理されたとき、彼女は角がプラスチック製らしいことに気づき、父の友人の声であったことを理解した。彼女はこうしてだまされてきたことに気づき、加害者の本当の姿が明瞭となった（しかし適切な補強証拠がなければ、受け入れ

られるはずのないものだっただろう)。ここで重要な点は、その事件が非常にひどいものなら、起こった時点で容易に解離されてしまったかもしれず、何十年も経った後にEMDRを施行していて浮かび上がってくるかもしれないということである。その友人が顔全体を覆うマスクと、それらしい衣装を着け、声色を変えるなどして、うまく変装していたならば、悪魔によってレイプされたという明瞭な記憶としてよみがえることになっただろう。こうした明らかに誤った思いこみが起こるということは、両親がその部屋の別の場所からその虐待を見て容認していたと、加害者が子どもに信じ込ませることもできるという問題の核心を突くことになるだろう。そうした状況下で起きた虐待事件の記憶が処理の最中に現われてきた場合に、EMDRが適切にそうしたトリックを明らかにするという保証はない。治療者は、EMDRの最中に現われる記憶の正確さについてクライエントに忠告する以前に、記憶そのものに限界と歪曲があることを認識しておくべきである。

代理的に外傷を受けるという問題 (Figley, 1995) もまた、ここでは重要である。症例を一つ挙げよう。クライエントは、ホロコーストの際にアウシュビッツで殺されたというフラッシュバックを伴うPTSD症状を呈して来院した。何年にもわたって、悪夢の中そしてフラッシュバックの中に2つの特定の場面が繰り返し現われたが、クライエントにはその起源について全く思い当たるところはなかった。実際に、彼はホロコーストに遭遇するには若過ぎた。1つ目の光景は、収容キャンプに入るための列に並んで立っているというもので、それをターゲットとし再処理した。クライエントはそのセットが完了した後に、SUDレベルが速やかに下降したと言った。ガス室の中にいるという2つ目の記憶が処理される前に、2セット目が終わったときに、クライエントは突然叫んだ。「それは僕じゃない、叔父さんだ!」と。彼はこうして子どものころに聞かされた、戦争中にアウシュビッツで亡くなった叔父についての話をすべて思い出した。実際の外傷は他の誰かの身の上に起こったことでも、代理的な外傷体験の衝撃はクライエントに明らかな症状を引き起こすほど強いものであった。症状の起源が、決して見破られることのない表象やスクリーンイメージによって覆われているかもしれないと憶えておくことは、治療者にとって重要である。例えば、この症例では、1つ目の「記憶」は本当の原因を明らかにすることなく再構成されたのである。

同様に、性機能不全や親密な関係を持つことが困難であるという症状は、代理的外傷体験や性的虐待とは関係のない外傷的な出来事によって引き起こされたのかもしれない。例を挙げよう。パニック反応、男性関係の問題、親密な関係になることや裏切られることや見捨てられることへの恐怖といった多くの症状を伴っているために、性的虐待の既往が疑われたクライエントがいた。しかし、EMDR の最中に、彼女の誕生パーティに父が彼女を車で送る途中に死んだという記憶が解離していたことに気づいたのである。彼女の症状は性的暴力とは何の関係もなかったのである。

EMDR を使用するに当たっては、クライエントをリードするよりもむしろ後をついていくというクライエント中心のアプローチが必要であることを忘れてはならない。臨床家は詳細を尋ねたり、出来事を解釈したりすることを厳に慎むべきである。こうすることで、記憶を混乱させたり誤った印象を作り上げてしまう可能性を減ずることができる。すべてのクライエントに対して、記憶とは不確実なものであるということを、彼らの経験を傷つけないような方法で知らせておかなくてはならない。多くの真実の記憶が初めて明らかになり、その結果としてクライエント自身が選んだ適切な行動は支持されねばならない。しかし、可能性のあるすべての証拠を動員して臨床家に導かれるのではなく、クライエント自身がそうした記憶から自分自身の結論を導き出すことが重要なのである。

EMDR での治療中に、ある光景が浮かんだからといって、たとえ、それが本当にその人が経験したことであっても、それが文字通りの意味で真実を意味するわけではないということを、臨床家は心に留めておかなくてはいけない。例えばあるクライエントは、加害者によって、カルトもしくは大きな集団が関与していると思いこまされていたのかもしれない。こうしたことは、クライエントの恐怖感を強め、将来口を閉ざしてしまう可能性を増し、たとえ後で儀式的虐待が発覚しても、あまりに異様で本当であるはずがないと思わせるためになされたのかもしれない。先述したように、加害者は子どもをだまして、両親はそこにいて虐待を容認したと思いこませることもできるのである。このような曖昧さがあるので、治療上の注意を守り、真実を発見したと決めつけるクライエントには、証拠となるような身体的な兆候、目撃者あるいは病院の記録などの確証をつかむように働きかけることが必要である。確証となる記録があろ

うとなかろうと、治療過程におけるクライエントの安全と適切な援助に最も重きを置かなければならない。

恐ろしい虐待（真実であろうとなかろうと）が発覚すると、クライエントにとって極めて苦痛となり得ることを心しておかなくてはならない。というのは、記憶が真実であるか（あるいは虚偽であるか）どうかに固執する臨床家は、クライエントに単にストレスを加えるだけになるからである。臨床家が取るべき適切な姿勢とは、特定の記憶が真実かどうかを確実に知るのは不可能であるかもしれず、また治療の力点は現在の症状や苦痛に置くべきだ、というものである。記憶が正確であろうとなかろうと、事件や加害者に対するクライエントの内的な反応に焦点を絞ることが明らかに必要である。その事件が真実であろうと、象徴的なものであろうと、あるいは代理的な外傷体験であろうと、クライエントのもっている体験を通してクライエントを支え、ターゲットとしたイメージを再処理することが非常に重要なのである。

一方、もし長期間にわたるあるいは儀式的な虐待が疑われるなら、解離性障害についての徹底したチェックが必要不可欠である。慢性的な虐待は解離性障害の誘因であり、徹底したスクリーニングが行なわれなければ隠されたままかもしれない。治療者がこの領域の専門家でない限り、EMDRで解離性障害のクライエントを治療するべきではない（この章の後節、解離性障害の部分を参照すること）。

戦闘帰還兵

心の中で平和のささやきを聞いている兵士に祝福を。　筆者不詳

自己卑下感を扱うこと

最初にEMDR治療を行なった帰還兵の一人、エリックは戦闘体験後の20年間にわたる苦しみは自らの高潔さからくるのだと私に言った。私はそのときのことを忘れることはないだろう。簡単に言えば、エリックの最も苦痛に満ちた記憶は、爆弾が彼の周りに落ちたとか、マシンガンの弾がヘルメットをかすめたとかいうものではない。それは、誰かの命を助けようとしたがうまくいかな

かったとか、誰かが死んだのは自分の責任だと彼が信じているような記憶である。悲劇的なのは、戦地に赴く非常に多くの若者たちが、宗教から教わった、生命は神聖であるという原理を深く信じていることである。彼らは義務を果たすために赴任するが、人々の命を奪わねばならないこと、命を救ったり守ったりできないこと、戦争だけが引き起こす恐ろしいことを目撃せねばならないことが分かる。エリックの最も悲痛な記憶の一つは、所属部隊の陣地を守るために彼のあげた砲火によって近隣の村が砲撃され、恐らく多くの子どもたちの死をもたらしたことを知ったことであった。しかし、彼は任務に従って部隊の命を救うほかに選択はなかったが、村が砲撃されたことは彼を20年間とらえて離さなかった。

　PTSDの帰還兵が理解することが必要な2つの基本原則がある。第1に、もし思っているように自分が悪人なら、未だにこんなにも苦しみ続けていないだろうということである。悪人は20年も前のことを苦しみ続けたりはしない。第2に、現在の苦しみは傷つけてしまった人たちを救うことはないし、自分が価値ある何かをすることを妨げているということである。

　何年にもわたる苦痛と不合理な（自分自身も納得のいかない）行動によって築かれた自己卑下の感情を和らげるために、帰還兵の持続的な症状（強い怒りの爆発を含む）は、神経系に封じ込められた戦闘体験によるということを、彼らに理解させるようにしなくてはならない。持続的な物質依存がもしあるならば、これはしばしば苦痛に対する投薬の必要から生じたものである。幾つかの症例では、物質依存は戦闘に参加していたころの古い習慣によって引き起こされていた。アルコールや麻薬は戦闘後の鎮静にしばしば使用されたので、今もそれらを使いたいという欲求は、現在も湧き起こる戦闘に関連した思考や感情と深く関連しているかもしれない。

コントロールの喪失感を扱うこと
　戦闘帰還兵の治療に際して適切な治療的枠組みを持つことは、治療結果をよくするのに重要なことである。EMDRは新しい治療としてクライエントに提供されるため、実験されるのではないかという恐怖を喚起したり、過去に繰り返された治療の失敗を思い出させて嫌な気分を味わせたりすることがある。帰還兵は度重なる外傷的な出来事や数十年にわたって治癒しなかった疾病の典型

的な経験者であり、治療セッション中や次のセッションまでの間にも生じる、処理過程での感情の強さにクライエントがうまく耐えられるように、治療者は配慮しなければならない。治療プログラムからの帰還兵の脱落は一般的に多いので、こうした注意が重要なのである。

因果関係の原則に実際には症状も従っているのだということを、もし帰還兵が理解できるならば、このことは大いに役立つだろう。戦闘体験とは混沌としたものであり、（自分で）コントロールできないものであり、帰還兵はこのような題材やそれによって引き起こされた症状を取り扱う治療中に戦闘時と同様の感情を体験するかもしれない。より一層の治療効果を上げるためには、臨床家はクライエントに秩序感を与え、治療の諸原則について説明すべきである。こうしたことは、障害を克服するための計画的なアプローチにおける諸要素を決定するのに役立つ。

EMDRの最中に子ども時代の記憶がよみがえるかもしれないことや、そうした場合それについて語らねばならないことを治療者が帰還兵に伝えておくのは重要である。帰還兵の治療においては戦闘の衝撃に非常に強い焦点が当てられるので、クライエントの病前の生活史は無視されることが多かった。戦争に向かった兵士の多くが、理想的な子ども時代を送っていたわけではないと言えばよいだろうか。もし、子どものころの虐待や親のアルコール依存症といった彼ら自身がコントロールできない状況の犠牲者となっていたとすれば、戦争における体験はこれらの既に形成されていたかなめに関連しているかもしれない。EMDR施行中にクライエントは、再処理されねばならない子ども時代の体験をしばしば思い出すだろう。もし、こうしたことを重要ではないと考えて、これらのイメージを彼らが意図的に無視すると、有益な治療効果は得られないだろう。それゆえ、子ども時代の体験の重要性を帰還兵が理解できるように臨床家は援助し、もしよみがえったならそうした記憶を話すように勧めなければならない。

二次的疾病利得の問題

臨床症状による二次的疾病利得の側面を慎重に考慮することもまた重要である。第4章で論じたように、二次的疾病利得は障害の一部であり、もし良好な治療効果を得ようとするならば、この問題をきちんと取り扱い、直接に焦点を

当てる必要がある。帰還兵に特に当てはまることの多い二次的疾病利得には、兵士としてのアイデンティティ、長年にわたる生活破綻の正当化として戦争中の外傷を使うことでの安心感、安全を提供する退役後の自警団、退役年金という形での経済的保障などが含まれる。

　帰還兵の悪夢、侵入的な思考、フラッシュバックなどを取り去るためにEMDRを使用することが、障害者年金によって成り立っている、彼やその家族の生活を脅かすことになるかもしれないことを心に留めておかなければならない。収入のよい雇用をうまく得られなかったり、手に技能のない帰還兵にとって、こうした治療の見込みは明らかに恐ろしいものであり得る。それゆえ、潜在する二次的疾病利得を臨床家が現実的に評価し、適切な保証を与え、現実的で納得のいく行動計画を通して帰還兵の恐れを順序よく和らげることができなければ、治療効果は阻害されてしまうだろう。

自己所属感と忘れることへの恐れ

　EMDRが刺激し得るもう一つの恐れは、帰還兵にとってとりわけ大きな意味を持つ、忘れることへの恐れである。苦痛や特定のイメージがなくなることは健忘を意味するのではなく、戦闘体験や死者への畏敬を忘却することは決してないということを、臨床家は帰還兵に明示しておかねばならない。加えて、より健康的で生産的な生活を送れる能力を得ることよって、僚友の犠牲に報いるためにより幅広く（人生を）選択し優れた能力を発揮できるという確信を彼らが持てるようにすべきだろう。例えば、治療が成功したあかつきには、クライエントがより有益な援助を他の帰還兵、それに戦場に倒れた僚友の未亡人や子どもたちに提供できるようになり、そしてこのことが生き残った者と亡くなった者の連帯感を維持することにつながるであろうということである。また帰還兵の「鋭さ」を失うのではないかという恐れについて、心配りすることも有益である。すなわち、いかなる実際的な危険に対しても適切に反応できるクライエントの能力はEMDRで消失しないことを、臨床家は言明するべきである。二次的疾病利得について十分に話し合った後に、残っているクライエントの恐れについて直接的に焦点を当てなければならない。

　所属感に関する疑問は、帰還兵たちにとって極めて重要である。多くの者にとっては、戦争は人生の中で最も深く結びついた体験を形成している。彼らに

は（戦争中の）恐ろしい、そして勇壮な体験を通して生まれた深い連帯感があり、戦時中の記憶の苦痛を取り去ろうとすると、その連帯が脅されてしまうような気がするのである。それゆえ、特に同じ仲間集団より治療的な段階に進ませる時期には、彼らの連帯感は途切れることはなく継続すると帰還兵に念を押すことが重要である。こうした注意は入院施設や退役軍人（VA）病院のグループでの治療を行なう場合、特に重要となる。クライエントがもはや戦争中の記憶に縛られなくなった場合、他の帰還兵の口から同じ話を繰り返されると、彼らに疎外感が生じるかもしれない。すなわち、（治療に伴う）葛藤や友情を失ってしまいそうな差し迫った感覚を和らげることに臨床家は配慮しなければならない。このような移行期には、これらの感情をEMDRのターゲットとして扱うことがクライエントの助けになるかもしれない。

否認と移行状態をどのように扱うか

注意深く取り扱わなければいけないまた別の事柄は、過去において人に危害を加えた行動を否認し続ける帰還兵に関するものである。EMDRはクライエントに適切な洞察を生じさせ得るので、これはある事件についてのその帰還兵の実際的な責任の程度を明らかにする最初の機会となるかもしれない。一つの例をあげれば、ある帰還兵は敵に対する大きな怒りを感じ続けていた。親友と共に参戦し、その死亡を目撃してから、友人の死への復讐を誓い、できる限り多くの敵軍を殺すために5回も前線へと戻った。彼は、敵を殺すために、無謀に自分の部隊を危険な状況におとしいれる「無法者」に変身した。EMDRによる治療中、この帰還兵は怒りが晴れ始めると、突然こんなことに気づいた。「多分、僕は殺そうとしていた人たちと同様の悪人だったんだ。周りで死んでいった仲間のことなんて、全然気にとめていなかった」

過去の行動を認め始める、こうした移行状態において、帰還兵たちはとても傷つきやすい。洞察に伴う苦痛のために、彼らは治療を中断する危険に大いにさらされる。次の山場へと移行できるように十分な援助が彼らには必要である。認知の編みこみを使いながら、従軍したときに彼らはどれほど若く、重圧、混沌、薬物、苦痛そして怒りが彼らの行動にどう影響したかを指摘し、さらに彼らが自分の責任について話すことを援助するのは、臨床家にとって非常に骨の折れる作業である。人に危害を加えた行為についての責任を否認してきた帰還

兵たちでは、処理の途中で、突然忘れていた出来事の記憶がよみがえることがある。このような自分の行為についての否認が、自己洞察の欠如によるものでも解離によるものでも、いずれにせよ適切な治療同盟と適切な臨床家がある場合には、EMDRによって感情を改善することができる。しかし、もし心理的な支援が得られなかったとすれば、クライエントは感情的苦痛に対して自分勝手な服薬や治療中断という形で対処し、治療によって得られたものすべてが失われてしまうだろう。

こうした苦しんでいる移行状態にある帰還兵を治療する際には、90分の治療セッションを予定するだけでなく、苦痛となっている題材に速やかに焦点を当て処理を完了するために、臨床的な対応を増やすことが欠かせない。罪悪感や悲哀感は最近生じた感情であっても、その感情状態に帰還兵を長くとどまらせてはならない。クライエントに悲嘆と苦痛の時間を過ごさせても、何の役にも立たない。情報の再処理が起こるにつれて、適切なレベルの洞察と意味をクライエントは獲得するであろうことを、忘れてはならない。

クライエントの感情が十分に安定せず、力強くない場合、感情が機能不全を起こしていると見なされる。帰還兵の強い罪悪感を、それが現われたとき直ちに取り扱うことで、自分の行動を十分責任あるものであったとする段階に彼らを移行させることができる。多くのクライエントにとって、このことは過去の行動を償いたいという願望を意味している。こうしたクライエントでは、臨床家が戦争未亡人や遺児また他の帰還兵の援助をするのはどうかと助言することが有益かもしれない。こうした行動は、帰還兵に達成感と目的意識を提供することが多い。戦争体験を高校生に語ることや問題児の指導者として社会奉仕に従事することは、戦争中に犯した恐ろしいことへの贖罪をクライエントが模索する方法でもある。これまで検討してきたことやここに述べた提言のすべては、必要とあれば、認知の編みこみを用いれば達成し得るものである。

怒りを扱うこと

怒りに関する問題は、戦闘帰還兵にとって極めて困難なものになり得る。うまくいかない些細なことに反応して怒りの発作をコントロールできないことに多くの帰還兵が苦しんでいる。つまりこの結果、配偶者や子どもへの虐待が起こり得るからである。帰還兵の強烈な憤りの発作によって、多くの結婚生活が

傷つけられ破壊されてきたのは、もっともなことである。この怒りの大半が戦闘体験に直接関係していることを説明することは、帰還兵にとって有益であろう。記憶を再処理し、現在の生活における引き金を正しくターゲットとすることによって、さまざまな状況で怒りが減じるので、自分の行動をかなりコントロールしやすくなることを、クライエントに保証すべきである。たとえて言えば、情報処理は怒りが貯まったプールに排水装置をつけるのと似ており、その結果怒りがあふれ出にくくなると言えるだろう。さらに、クライエントに対して、当分怒りがこみ上げてきた場合使えるように、何種類かのセルフコントロール法（第9章で述べた）を伝授しておくことも大切である。特に安全な場所の演習はこのような症例に対して有効である。というのも、クライエントの障害は、どんな状況でも常に緊張して警戒したままでいなければならなかったことに関連しているからである。

　クライエントが怒りを扱うことができるような、さまざまに創意工夫された介入方法がもたらされねばならないだろう。退役軍人病院における帰還兵に対する入院治療（Lipke, 1992a）では、EMDR治療の導入前に一連の合意事項が示される。合意事項の一つは、EMDRによる治療の途中で臨床家と話し合わないまま席を離れてはならないというものである。クライエントがこの合意を守っていれば、怒りやその他の感情が爆発している間でも、臨床家は椅子の肘掛けを強く握りしめるようにと指示することによって、クライエントを援助することができる。こうすることで、帰還兵に、ベトナムやイラクの戦線に戻ったのではなく、いまアメリカにいるのだということを確認させることもできる。こうしたクライエントに対してEMDRの二重処理の側面は重要である。さらに、可能ならいつでも、彼らが感じている怒り、屈辱や恐怖などどんな感情も話すように勧めるべきである。

　治療中の工夫が必要になる一例は、一見無害なさまざまな職場に関する極端な怒りの反応を扱うセッションの中で明らかになってきた。クライエントのベトナムでの経験のほとんどが既に再処理されており、これらの出来事は日誌の一部に記載されていたに過ぎなかった。標準的なEMDRの手順によって、これらの刺激について話し合い、ターゲットにした。しかし、最初のセットの半ば、クライエントは手を挙げて、続けたくないと意思表示をした。理由を尋ねると、次のように語った。「これがベトナムで生き残ろうとしていたときにこ

み上げてきたのと同じ怒りだと、いま気づいたのです。そのときしなければならなかったことを、今自分にさせているように気づいたのです。もしこのままこれを続けたら、あなたを傷つけてしまいそうな気がします」。クライエントの懸念に感謝し、怖れの程度を測った。自分の感情に真っ正面から向き合ってしまうと、周りにいる人の誰に対しても自動的に衝動を向けてしまいそうな気がすると彼は言った。クライエントの現実での安定性のレベルが確かだと臨床家には感じられても、クライエントの安全感への希求を充足することが極めて重要なのである。ここで臨床家はクライエントに、近くの誰もいない場所に行って、湧き上がってきた考えを何でも言葉にしながら、感情に集中し、地面を叩いてもよいと指示した。そうして大丈夫だと思ったら戻ってくるように、と臨床家は言った。約半時間後、クライエントは嬉しそうな顔で戻ってきた。彼は、感情に押し流されなかった。その代わり、言われた通りに言葉にすると、感情が静まったことが分かったという。クライエントは、もう自分は感情の奴隷ではなく主人だと感じたと言った。こういった思考は、次のセットで肯定的認知として用いることができた。現在の刺激は、大事に至ることなく再処理された。フォローアップのセッションでは、クライエントの怒りは仕事によって刺激されることはめったになく、起こったとしても程度が軽く、セルフコントロール法で容易に扱えるようになっていた。

認知の編みこみを利用すること

性的虐待の被害者に関連して論じた処理の山場は、戦闘帰還兵の治療にも同様に当てはまる。認知の編みこみを使用することによって、クライエントは適切なレベルの責任感、現在の安全感を認識できるようになり、特に未来の選択能力が極めて役に立つ。ある帰還兵は、彼と警備の配置を交代したために新入兵士が殺されてしまったという事件に関して除反応を起こしていた。絶対的命令だったので交代は避けられないものだったが、クライエントの罪悪感は圧倒的だった。臨床家は次のように質問しながら認知の編みこみを使用した。「もしあなたの甥があなたの状況に置かれたら、彼にどうしたいと思いますか？」。帰還兵は、「そうするのがまっとうなことだから命令に従うよう甥に言うだろう」と気兼ねなしに答えた。1セット（の眼球運動）を加えることで山場に達し、記憶はうまく処理された。

もう一人の帰還兵も、「もしあなたの息子が戦争に参加したら責めますか」と質問され、自分が参戦したことについての罪悪感が同様に和らげられた。帰還兵は涙を流し、20年間にわたる罪悪感がうまく取り除かれた。この認知の編みこみはどの帰還兵にも有効とは限らないが、特に問いかけの形で尋ねたときにはうまくゆくことが多い。もし、答えを直ちに表わさなくても、帰還兵は引き続くセットでその問いについて考えるだけでよい。最初、生命に危機が及ぶような戦闘体験に封じ込められた恐怖に苛まれていた帰還兵は、認知の編みこみを行なうことによって、「もう終わった。今は安全だ」と言葉にできるようにしばしば援助できるのである。

高齢帰還兵の治療

第二次世界大戦や朝鮮戦争の帰還兵には、特別なケアが施行されなければならない。一見すると、引退する年齢に達したことによると考えられるような、極端な遅延型PTSDの症状を呈して治療を求めてきた人たちである。臨床家は、循環器や呼吸器の問題を含めて、高齢帰還兵の身体状況を注意深く評価しなければならない。場合によっては除反応によって潜在的な健康上の問題が現われてくることがあるので、治療をあきらめなければならないかもしれない。予防措置として、高齢帰還兵のEMDR治療は入院治療の中で行なうこととしたプログラムもある。

女子帰還兵の治療

直接戦闘に参加した場合でも、看護師として参加して任務の中で兵士を救助しきれなかったという苦痛や徒労を味わった場合でも、女子帰還兵に対しては特別な配慮をするべきである。これらの女性の多くは従軍を余儀なくされた混沌とした状況に関連するPTSDの症状について直接に処置を受けたことはないし、いつも向き合ってきた兵士たちの死亡に際して感じた筋違いの罪悪感についても直接的に処置を受けたことはない。死にゆく兵士の顔や傷つき歪んだ光景に関する侵入してくる思考に、何年もの間、多くの看護師はとらわれてきた。EMDRを利用した除反応によって、臨床家はこれらの女性を注意深く癒していかなければならないし、必要があれば、彼女たちがいなければ一人で死んでゆくほかなかった兵士たちを援助したことを思い出してもらうために、認知の

編みこみを使用すべきである。臨床家は悲嘆によって生じた苦痛の程度に心を砕き、この苦痛は戦闘体験そのものによって生じた苦痛と同様に非常に辛いものであることを肝に銘じておかなければならない。

解離性障害

　　互いに優しくなろう　　　　アルダス・ハクスリー（死の床にて）

　現在に至るまでの5年間、私はEMDRの使用に関して臨床家たちからのフィードバックを受けてきた。こうしたやりとりによって、トレーニングの形式とこの本であげている注意などができ上がってきた。今までのところ、臨床上の問題や困難について、あるいは不適切なEMDRの使用に潜む危険性について、最も多く報告されたのは解離性障害のクライエントに関するものである。その一方で、訓練を積んだ臨床家は、EMDRの適切な適用はこの疾患の治療を大幅に速め、容易にするとも報告している。そこで、特に重要であると強調しておく必要のある、これらのクライエントに関する幾つかの事柄をまとめようと思う。

　まず、解離性障害についての教育を受け、治療経験を持ち、認知の編みこみについてトレーニングを受けたことがなければ、EMDRを解離性障害のクライアントに使用してはならない。EMDRは適切にもしくは注意深く使用されることがなければ、この種のクライエントに関して有害である可能性は大きい（付録Bで述べる）。認知の編みこみや他の除反応への戦略（第10章参照）がしばしば治療の成功のためには必要なので、治療者が全く不安なくEMDRを使用できることが必須条件である。

　この項で呈示されている概論は、スーパービジョンとコンサルテーションとともに用いなければならない。この項は、一般的な概説を提供するとともに、これらの疾患についてコンサルタント活動を認められた経験と知識に富むEMDR臨床家から適切な指導を受けてきた臨床家に注意を与えるものである（臨床的背景を考慮すれば、この章の中で使用される専門用語や引用文献は、これらの臨床家には既に馴染み深いものであろう）。

　多重人格性障害（MPD）は、現在DSM-IVでは解離性同一性障害（DID）と

して示されているので、ここでは新しい用語を使用する。

　適切なスクリーニングや準備なくEMDRを施行することは、この疾患の患者に対しては文字通り悲惨な結果しか招かない。例えば、明らかに有効なEMDR治療セッションでも、多くのDIDの「交代人格」では機能障害を悪化させ、自殺企図や他の自傷行為をもたらし、救急医学的治療が必要となってしまうこともある。治療流派にもかかわらず、この疾患における病態の微妙な差異や特別な注意点について教育されていない治療者によるDIDの治療は重大な問題であり、精神保健の分野全体で取り組まなければならない。「偽りの記憶」についての論争によって、心理療法の質が管理されていないことに大きな注意を劇的に集めることになった。

　DSMでは明らかにカテゴリーが別となっているが、加速情報処理モデルによれば、解離性障害は明白で持続する虐待によって形成された神経系の形態の障害と考えられる。この虐待の結果、この経験は状況特異的な形態でさまざまに区画化される（Braun, 1988）。このモデルによれば、DIDの交代人格は、それぞれが独自の生活を持っているかのように知覚されるようなネットワーク形態を表わしている。各人格の要素は、独立した神経系のネットワークの中に互いに異なる状態で貯蔵された情報を表わしている。

　DIDに特徴的な健忘障壁は、虐待での中心的な事柄やその際の感情を状況特異的に区画化したことによる症状である。EMDRが外傷記憶を再処理してそれらが代謝されると、ネットワークは互いに連結し、解離障壁は消失する。適切に探索され安定化した後に、統合することや融合すること、同一性を喪失し「死んでしまうこと」への恐怖が否定的認知として表明され、適切に再処理されるのである。しかし、多くのEMDR臨床家が自発的な統合や融合が起こることを報告している。例えば、外傷体験が再処理された後、幾つかの交代人格が自ら「もうさよならを言ってもいいときだと思う」と言っているとクライエントは語ったのである。

　除反応を促進するような他の方法（催眠のように）と同様に、治療体系とその構成について理解することを含め、クライエントに適切な準備がなされていることが最も重要である（Kluft & Fine, 1993; Putnam, 1989）。可能ならば、交代人格全員が参加する必要があることを、クライエントに知らせておくべきである。ホスト人格あるいは治療を受けている特定の交代人格の目を通じて、治

療に参加している交代人格全員の注意を集中する方法を、多くの臨床家は DID のクライエントに教えている。多重人格システムの残りの部分を表わしている内部の状態からの反対がないことを十分に確認できたときだけ、それぞれの交代人格に EMDR を施行している臨床家もいる。適切な診断と準備ができないなら（システム全体が治療に同意することができないなら）、一見うまく進んだと思えるセッションも一時的なもので、次のセッションまでの間に、取り乱している交代人格や有害な交代人格が出現したり、そうした人格への交代現象をコントロール不能とする結果をもたらすかもしれない。

　この疾患に対して催眠を使用する場合、標準的な除反応の手順ではしばしば時間の歪曲をもたらすが、EMDR を使う場合には一般的に言ってこうした介入を試みるべきではない。軽催眠はリラクセーションのためや安全感を強化するために使用されるとはいえ、EMDR がその題材自体を非常に急速に変化させることを肝に銘じて、臨床家は時間が歪曲することの暗示をクライエントが必要としているかどうかを評価しなくてはならない。時間の歪曲が付加されるとクライエントは圧倒された感じをもつことがあるため、勧められない。さらに付け加えると、多くの臨床家が、クライエントが一般的には題材に没入する（一般的には催眠中に起こる）ことはないと報告しているので、身体的なあるいは催眠による拘束は EMDR の使用の際には必要ではないだろう。さらに、拘束が必要となるということは重要な手がかりであり、EMDR がまだ適当でないということを意味しているのだろう。そのような患者はコントロールができなくなる寸前であり、入院治療が必要だろう。

　除反応を分割するプロトコル（Fine, 1991）は、EMDR にぴったり調和する。このプロトコルのおかげで、DID 患者に対してより安定した環境が作れるので、外来治療を中心とした多くの EMDR 治療者が使用している。使用している治療プロトコルにもかかわらず、解離性障害の治療経験を持つ臨床家に採用されているさまざまな観点からの臨床的な検査法が、その患者が実際に統合されたのかあるいは単に一層の解離をしているのかを決定するために導入されなければならない。この予防措置には、ターゲットである出来事についての詳細な口述を得ることによって、記憶の持続性を調べることが含まれる。

　否定的認知および肯定的認知やボディスキャンについて格段の注意を払えるのならば、標準的な EMDR のプロトコルが使用されるだろう。交代人格によ

って異なる信念を持っているので、否定的認知を確定することは困難である。幾つかの症例では、危険や喪失というような主題についての語句を利用することが、ターゲットとなっている出来事を適切に賦活することもある。肯定的認知は、直接関係のある交代人格すべてを含むように注意深く決定していかなければならない。「私はコントロールできる」や「私には力がある」というような標準的な肯定的認知を採用することは、多重人格システム内での各交代人格の布置や、自殺人格や殺人人格における解釈を考えると、問題が多いものである。

いくらか再処理が起きた後、機能不全を起こしていた感情すべてが適切に処理されたかどうかを見極めるために、幾つかの記憶を再びターゲットにする必要がある。このためには、視覚的、認知的、身体的なチェックが必要である。ボディスキャンは利用されるべきであるが、この分野の多くの臨床家に従って、各交代人格それぞれに注意深くたずねていかねばならない。この手続きを進めるのには時間を要するかもしれないが、身体的なチェックを実施し、その記憶に再びターゲットを当てた後に何の苦痛もないことを確認しない限り、治療者は機能不全に陥っている題材が代謝されたと考えるべきではない。

もう一度繰り返すが、EMDRを用いての解離性障害の治療は、臨床家がDIDやその他の解離性障害についての適切な教育、訓練とスーパービジョンを修了したときにのみ行なうべきである。この領域での専門的な知識は日々更新されており、それに応じてこの診断に対するEMDRのプロトコルは急速に変わりつつある。治療者は最新の情報を知っておくように努力しなければならない。付録Bは解離性障害についての課題班から引用した評価と治療についてのガイドラインである。付け加えると、この疾患を扱う際には、これまでの章で概説したすべての適用基準と注意点を、細心の注意を払い厳守しなければならない。これは自我状態の障害から完全なDIDに至るスペクトラム全体に当てはまることである。

全体的評価

EMDRは万能薬でも魔法の薬でもない。記憶が十分に処理され、解離が適切に解消され、訴えとなっていたことが満足できる程度には何とかなったのか

を見極めるためには、適切な複数の臨床的な検査をしなければならない。十分な期間にわたる、臨床的および行動上の適切な評価尺度を用いることなく、どんな方法についても、それがうまくいったと推測することはできない。すなわちこれは、日誌をつけることと継続的なフィードバックの重要性を強調するものである。引き続いて問題が生じたなら報告できるように、治療後も臨床家はクライエントと連絡が取れるような回線を用意しておかなくてはならない。付け加えると、クライエントの準備性や特定の引き金が集中することによって、他の記憶が現われることもある。もちろん、いつでもすべての機能不全の題材が現われてくるという（あるいは、そうならなければならないという）わけではない。臨床家は新しい記憶の出現に対して、扉を常に開いておかねばならない。

　臨床家側の柔軟性と創造性は治療がうまくいくために大切なことがしばしばであるが、EMDR は新しいものであり、新規のクライエントへの適合性は個々に厳密に評価すべきことを覚えておかなくてはならない。EMDR と催眠というように、方法を組み合わせることが有効かどうかは、臨床家によって、慎重に評価されるべき事柄で、推定ではいけない。

　EMDR 後にも苦痛が長期に続いたり、記憶が不十分に解決された様子がある場合は、追加的あるいは EMDR の代わりに、他の方法を使用すべき兆候である。臨床家による認知の編みこみや追加的な除反応への戦略（第10章参照）がなければ、記憶を処理できないクライエントもいる。処理がもはや進まず、情報がある山場でブロックされているクライエントには、こうした方法が使用される。

　もし、臨床家が認知の編みこみをうまく使用できず、扱われている記憶に関してクライエントが苦痛を体験し続けることが分かったなら、適切なスーパービジョンと新たな講習を受けるまでは EMDR による治療を中断すべきである。認知の編みこみの利用について適切な指導を受けていても、クライエントが「堂々巡り」に陥り続けていることが分かった場合にも、EMDR の使用を中断して、より経験豊富なコンサルタントに連絡を取るか、EMDRIA ニューズレター（付録 C 参照）に症例報告を送らなければならない。

　明らかに、EMDR がすべてのクライエントに効果があるわけではない。ある特定の症例に適用できるかどうかを決定するのにはわずか数回のセッション

を要するだけである。起きている（あるいは起きなかった）処理の段階を観察するだけでよいのである。クライエントが明白に苦痛を体験しているのに、臨床家が方法の変更の決定に何カ月も費やしてはならないのは明らかである。最初の数回のセッション中に適切な処理が起こらなかったり、特に症状の増悪がみられる場合には、方法が適切に使用されていないか、あるいはその時点ではそのクライエントには適当ではないということである。実際に、適さないクライエントもいるのである。

　さまざまなEMDRのプロトコルの効果についての検証は、大部分はまだ統制群を設けた研究よりも臨床的な観察に基づいていることに留意することが重要である。それゆえ、あるクライエントや対象についての治療効果を評価するために、自分のすべての臨床技術を駆使することは臨床家の責務である。現時点では、治療効果を評価するのに適切な尺度は、クライエント個々の反応だけである。繰り返し述べてきたように、クライエントの要求に応えるという点で、EMDRはクライエント中心的である。EMDRを継続するようクライエントに押しつけるようなことをしたり、今受けている治療は彼らが癒される唯一の方法だとほのめかしたりすると、たちまち裏目に出ることになろう。クライエントの防衛を尊重することが最も大切であることを忘れてはならない。EMDRを用いた臨床的治療は、ダンスと同じである。リードするのはクライエントなのである。

要約と結論

　この章で網羅した対象のクライエントの治療には、抵抗とノンコンプライアンスの問題が関連している。臨床家は適切な治療関係と治療目標、ターゲットの優先順位が確立されていることを確認しておくべきである。柔軟性と創造性もまた不可欠である。

　性的虐待、戦争による外傷体験や解離性障害に苦しむクライエントを治療する臨床家は、認知の編みこみが治療の持続的な成功を達成するために欠かせないことが分かるだろう。EMDRの使用に習熟しておくことに加えて、臨床家は臨床対象の治療法にも精通しておかなくてはならない。簡単に言えば、EMDRなしの治療を考えないクライエントの治療には、絶対にEMDRを用いるべき

ではない。こうした特別な臨床対象の治療に際しては教育、コンサルテーション、スーパービジョンを受けながらの経験が特に必要なのである。

　標準的な EMDR 手続きの適切な変法を使用すると、2歳前後の子どもに対してもうまく治療を進められる。両親の威信が治療者にも暗黙のうちに伝わっていると子どもが見て取ることができるような安全な環境を提供しなくてはならない。最初に EMDR に対して好ましい経験をし、加えて集中を促す方法を使用すると、子どもには速やかに良い効果が現われる。常に、治療者の創造性は、成功のためには不可欠である。

　家族療法もしくはカップル療法の経験を積んだ治療者のみが、カップルを扱うべきである。しかし一般的には、過去の彼らのやりとりに関連する問題となる記憶、現在の問題に影響を与えている子ども時代の体験、そして苦痛を増大させるような現在の状況について、パートナーは個別に一人ずつ治療すべきである。性的虐待の経験者であるパートナーと同様に、不倫の余波に苦悩するパートナーに対しても、特別な注意を払わなくてはならない。

　性的虐待の経験者には、安全な場所の練習を通して最初に EMDR に対して好ましい経験を提供することや、安全感やコントロール感を強めるためにさまざまなリラクセーション法を学んでもらうことが重要である。これらのクライエントには特別な脆弱性があるので、あらゆる臨床上の注意点を強調しておくべきであろう。治療開始前に適切な目標を確立しておくこと、予想される法的事項に関するインフォームドコンセントを得ておくことが不可欠である。以前には解離していた未解決のさまざまな記憶が治療中によみがえってくることもあるが、一方それが代理的な外傷化や虚偽に基づくものかもしれないことを認識しておくことも重要である。クライエントは、新しい問題について処理を進める前に、それまでに得た新しい情報の山場と感情の段階を統合するための十分な時間を与えられるべきである。

　単に身体障害保障を失うという恐れだけでなく、二次的疾病利得の問題によって、戦闘帰還兵の治療は滞ることがよくある。病前の生育歴、予想される加害者としての罪悪感や過剰な怒りばかりではなく、クライエントのこうした要素も考慮に入れた治療計画が必要である。高齢の帰還兵や女子帰還兵に関しても、特別な配慮が必要である。

　解離性障害の範疇には、EMDR で治療するのに最も危険性の高いクライエ

ントが入る。成功率は高いが、臨床家はこの特別な分野に関して通じているだけでなく、認知の編みこみに習熟し、標準的なEMDRの手続きを必要に応じて変更することに精通していなければならない。EMDRを開始する前に、どんなクライエントでも解離性障害のスクリーニングを行なうべきだろう。解離性障害の分野での治療ガイドラインやトレーニングについての注意点を付録Bに付け加えた。

　治療効果を評価するために、臨床家がすべての適切な多面的なチェックや注意点を用いることは不可欠である。必要なら作業を続けられるように、クライエントといつでも連絡を取れるようにしておくことが必要である。しかし、EMDR治療に対して反応しないクライエントがいることも忘れてはならない。どんなクライエントにおいても、苦痛が続くということは他の方法も導入すべきだという警告である。EMDRIAを通じて相談することはできるが、EMDRがそのクライエントに適切かどうかの最後の決定は臨床家自身の観察に基づいて行なう。

12章

理論、研究および、臨床的意味

> 五感、あまりに抽象的な知性、でたらめに選択的な記憶、先入観と仮説の組み合わせ、これらは非常に多くて、そのごく一部しか検討することができず、そのすべてを意識することなどできない。すべての真実のいかほどがこのような装置を通っているのか？
>
> C. S. ルイス

　この章の最初の節で私たちはEMDRの治療効果を支える基礎に関するいくつかの理論を検討する。不幸にも、これらの理論を確認するには脳生理学の領域は十分に解明されておらず、この状況は近い将来においても変わることはあまりなさそうである。しかしながら、神経心理学の領域に現われた新しい知見は、EMDRがそしてすべての心理療法がどのように働くのかについての理論に対する示唆を与えてきた。第2の節では、いくつかの基本的な研究の基準について述べ、PTSDをEMDRで扱った研究を展望し、これらの研究の短所を検討し、これからの研究のための提案をし、批判的な混乱の部分を展望する。この章の最後の節では現在の研究とEMDR使用の臨床的意味を取り扱う。

理論的説明

　EMDRは公園での私の偶然の観察から始まり、その発展および洗練されてきた過程は臨床観察の結果によるものである。なぜEMDRが働くのかを説明する理論は、事実の後に生じ、まだ確証されていない。しかしながら、EMDRの基本的メカニズムの完全な説明がなされないからといって、示された方法の効果が減じられるわけではない。少なくとも、こうした理論の一部は私たちが方法を改良する助けとなったので、臨床的に役立っている。

すべての情報処理モデルは神経生物学の言葉を用いている(例えば、Chemtob et al., 1988; Foa & Kozak, 1986, 1998; Lang, 1977, 1979; Teasdale, 1999)。神経生物学の領域はまだ新しいため、すべての心理療法の生理学的基礎は現在わかっておらず、すべての情報処理モデルは推論にすぎない。しかしながら、神経生物学のメカニズムを説明できないことは、概念上のパラダイムから由来した臨床手続きの発展とは関連していない。というのも、この手続きの効用は検証可能であるからだ。

適応的情報処理モデルへと導いたのは、まさにEMDRの治療効果の観察によるものであった。モデルが発展するにつれて展開した原理は、新しい治療適用、手続きの変法、臨床実践のためのプロトコルを予測することに成功している。情報処理モデルは治療のロードマップとして有用であることを示して来たし、また、大部分の主要な心理学の諸流派の主特徴を統合する統一的概念として有用であることがわかっている（Shapiro、印刷中a）。生理学の用語では、モデルはネットワークの活性化という生理学的知見と、感情的に正しい情報の同化と、包括的で適応的なネットワーク内部での調整を組み入れている。つまり、出来事の貯蔵された記憶は、意識へと運ばれ、関連した情報の経験が必要とされ、健康な方法で思い出され、その中に併合され、それから学び、その記憶はクライエントの全体の歴史の機能的な一部として位置を占める。もはや持続する否定的感情を伴う「外傷」ではなく、適切に情報を与え、導いてくれる多くの過去の経験の一つになる。

記憶装置の簡略表現として、「アクセスする」「刺激を与える」「動かす」がある。（1）非機能的に貯蔵された情報ネットワークにアクセスする、（2）情報処理システムに刺激を与え、変化できる状態を維持する、（3）自由連想の過程をモニターし、ターゲットが適応的な解決に変化するのを確認する手続きをはじめることによって情報を動かす。一般的に、情報が適切に動きを止めたら、臨床家はより適応的なネットワークに貯蔵されている正しい情報を慎重に編み込む。どんなうまくいく治療においても、ターゲットとなる情報を包含する連想ネットワークが活性化され、否定的な効果は緩和され、結果として生じる情報は適応的な形に変えられ、そして機能的に記憶に貯蔵される。どんな方法であれ、EMDRはこの遅れた学習を起こし、それも加速された速度で起こすようである。

EMDRは、すべての主要な心理学流派から合成された要素から成り立っている。例えば、精神力動理論の自由連想（Freud, 1900/1953; Jung, 1916; Wachtel 印刷中）、非機能的信念の同定とセルフコントロール技法（Beck, 1967; Ellis, 1962, Meichenbaum, 1977; Young, 1999; Young et al. 印刷中）、経験主義的フェミニスト療法のクライエント中心的アプローチ（Bohart & Greenberg, 印刷中; Brown, 印刷中; Gendlin, 1996; Greenbarg & Van Balen, 1998; Rogers, 1951)、行動主義で発見された現在の刺激と条件反応に注目する標準化されたプロトコルの使用（Craske, 1999; Smyth & Poole, 印刷中; Wolpe, 1958）は、肯定的な効果に貢献するEMDRの多くの要素の一部に過ぎない（Shapiro, 1999; Shapiro, 印刷中a）。

これらの要素のすべての貢献についてしっかりしたデータがないので、なぜEMDRが働くのかについての理論は現在のところ推測でしかないし、この状況はこの先何年も続くであろうことは驚くべきことではない。より伝統的に用いられた要素に加えて、EMDRは眼球運動や他の形の二重刺激の使用を含んでいる。この要素に多くの注意が払われてきており、終わりの方で、研究を展望する。今日まで、この使用の元になる基礎は確認されていない。しかし、幸いにも、はっきりと効果的な治療がなぜ機能するかについて、それを使う前に知らなければならないということはない。もし我々がそういう選択をしてきたら、あらゆる心理療法と多くの薬物療法は使うことができなかったであろう。似たような例として、なぜペニシリンが効くのかを発見するのに10年間かかったが、その肯定的な結果が劇的で信頼性が高かったので、その間使われていた。

どのようにしてEMDRが働くのかの理論を探求するために、私は先ず、ずっと以前の論文（Shapiro, 1991a）で提出した説明を見返し、そして関連する皮質機能に関するより最近の提案へと移る。一つの事は確かである。どんな説明が最終的に確認されても、多数の要因の複雑な相互作用を含んでいるにちがいない。そこには、EMDRの臨床実践の際の操作される手続きの要素と、あらゆる治療的実践で機能する神経生理学的メカニズムの両方が含まれる。

手続きの要素

どのようなEMDRの治療効果の評価でも、その手続きの要素すべてが考慮されなければならない。多くの手続きの要素は効果的な心理療法の要素を網羅

的に含んでいる（Hyer & Brandsma, 1997）。これらの要素の多くは、感情的に正しい経験を与えるように作られており、効果的な心理療法で古くから重要であると考えられ、精神力動主義、戦略的、認知行動主義の理論家たちが明言してきたものである(Alexander, 1956; Alexander & French, 1946; Foa & Kozak, 1986; Lang, 1979; Watzlawick, 1987)。以下の節ではそのような知見を育てるようなEMDRのいくつかの解釈を議論する。

中断ありのイクスポージャー

経験のために充分な準備ができたクライエントに中断ありのイクスポージャーを与えることはEMDRの重要な手続きの要素であると考えられる。第1章で見たように、イクスポージャーの形式はPTSDの行動的な治療における主要な積極的成分であると一般的に思われ、多数の研究は脱感作（Brom, Kleber, & Defares, 1989; Peniston, 1986）と直接的な治療イクスポージャー（Boudewyns & Hyer, 1990; Cooper & Clum 1989; Foa et al., 1991, 1999; Keane et al., 1989; Marks et al., 1998; Terrier et al., 1999）のような技法の効果に焦点を当てており、これらの技法においてはイクスポージャーの要素が主要なものになっている。研究での治療効果はそれぞれ60～90分の6～16回の治療セッションによって得られた。最も重要な臨床結果（PTSD診断のおおよそ75パーセントの消失）はMarksら（1998）によって報告されているが、10セッションのイメージと現実イクスポージャー、それに112時間のホームワーク（平均65％のコンプライアンス率）を用いている。

イメージイクスポージャー治療のみの臨床例（すなわち、治療者が援助する現実イクスポージャーを使わない）では、7セッションとさらに約20時間のイメージか現実のイクスポージャーのホームワーク（Foa et al., 1991, 1999）が試され、また、ホームワークなしの15セッションまでのみが試された（Tarrier et al., 1999）。この3つの研究では55～65％のPTSDが治癒した。一方、4つの公刊されたEMDR研究(Marcus et al., 1997; Rothbaum, 1997; Scheck et al., 1998; Wilson et al., 1995, 1997) では、2～3のEMDRセッションで77～90％のPTSDの治癒が報告され、多くの心理測定で参加者の得点が正常範囲に入った。外傷の経験者に対するイクスポージャー治療とEMDRの直接比較（Ironson et al., 印刷中; Vaughan et al., 1994）では、より少ないEMDR治療で同等の効果が示さ

れた。こうした知見はPTSD治療のメタアナリシスとも一致している（Van Etten & Taylor, 1998）。イクスポージャーがEMDRの治療の必要な要素であることはほぼ確実であるが、得られる治療効果の迅速さを説明する唯一のものとしては不充分に感じられる。

EMDRは中断ありのイクスポージャーに加えて多くの要素を含む統合されたアプローチである。それにもかかわらず、クライエントと臨床家の準備作業をして、苦痛となる想像上の経験に接触を保ち続けられるクライエントの能力を増大させることと、短いイクスポージャーと認知的な報告を聞くことを交互に行なうことは、EMDR治療のたぶん大変重要な側面である。たぶん、苦痛の高いレベルで行なう短く切りながら繰り返すイクスポージャーは、標準的なイクスポージャーの手続きに対するEMDRの方法の独特の貢献である。しかし、これは、長時間のイクスポージャー療法を支配する標準的な消去・馴化のモデルから予測される効果には反する（Chemtob et al., 2000; Rogers & Silver, 印刷中参照）。実際、展望論文の著者の中には、EMDRの効果は単に伝統的イクスポージャーによると述べる者があるが（例えば、Lohr et al., 1998; McNally, 1999）、BoudewynsとHyer（1996）が記したように「厳密なイクスポージャー療法では、（EMDRの基本的治療成分の一群の）多くは理論に反する」（p.192; Pitman et al., 1996aも参照）。最近の情報では、治療者も患者もこの手続きをより直接的なイクスポージャーより好むことが示されている。

BoudewynsとHyer（1996）は、EMDRの構造はクライエントがイクスポージャーから振り返りのコミュニケーション、またイクスポージャーに戻り、また、振り返りのコミュニケーションへ動くという手続きであると指摘している。Rennie（1994）は、同様の過程を心理療法における語りの「最良のもの」と述べている。クライエントは「内省的でない／参加者の」位置から、「内省的／観察者」の位置へと変化する。よって、内的な対話と外との対話の間の相互作用が生み出される。しかしながら、このタイプのイクスポージャー療法が成功するための正確な生理学的な理由は（以下に記された臨床に基礎を置いた推量を除いて）、本書の範囲を越えている（包括的な分析はRogers & Silver, 印刷中参照）。しかしながら、中断されたイクスポージャーのみの効果を評価する際に考慮すべきこととして、系統的脱感作の文脈で、イクスポージャーの同じような中断が、連続した不安の最高レベルの障害を軽減しない（Wolpe, 1958, 1990）

という明らかに矛盾した観察がある。実際、PTSDの人たちに系統的脱感作法を用いた一つの対照研究では、ほどほどの効果しか見いだされていない（Brom et al., 1989）。さらに、フラッディングの際、最小でも25～100分の連続的なイクスポージャーがストレスの有意な減少に必要と思われるという報告や(Chaplin & Levine, 1981; Foa & Kozak, 1986; Keane, 1995)、また、短いイクスポージャーよりむしろ長めのイクスポージャーが治療の最も効果的な形態として提案されてきた事実（Chaplin & Levine, 1981; Foa & McNally, 1996; Foa, Steketee, & Rothbaum; 1989; Marks, 1972; Marks el al., 1998）は銘記されるべきである。しかしながら、障害が減少したことを臨床で観察し（最初の15分以内のEMDRの再処理で1～5のSUDの単位〔McCullough, 印刷中; Shapiro & Forrest, 1997; Tinker & Wilson,, 1999］）、前述のEMDRの研究の結果や、たった3回のEMDRのセッションの後、ターゲットの記憶が、完全に、長期に維持されて脱感作されているという一貫した臨床報告を見ると、次のどちらかの提案が考えられる。すなわち、中断されたイクスポージャーを経験する前の徹底的な準備が、最も明白な治療効果を提供するか、イクスポージャーに加えたEMDRの他の側面もその成功の責任を負っているか、である。イクスポージャーの効果に貢献するような要因のいくつかは、EMDRの他の潜在的に重要な側面と同様に、以下の節で探究する。

統制感

活発な処理が始まると、統制感（Bandura, 1977, 2000; Seligman, 1995）と安定性が数多くの手続き要素を使う際に促進される（Hyer & Bradsma, 1997）。例えば、自分の外傷的なイメージを繰り返し浮かべては消すことを、クライエントは支持されながら行なう。その過程で苦痛となる内部の刺激に対して精神的に境界線を引く能力、操作する能力という統制感を持つ。この苦痛となる内的刺激に対して精神的に境界線を引き、コントロールするという新しく見つけた能力は、重要な機能を持つかもしれない。侵入的な症状に対する統制感の欠如はストレスの深刻度を増すと研究は示している（Ehlers, Mayou, & Bryant, 1998）。さらに、臨床家からの安心を与えてくれるような治療的な言葉を聞きながら、また、臨床の文脈での安全に気づきながら、短い時間苦痛の題材に注意を焦点づけることが、拮抗条件づけを促進する。少なくとも、治療者から保証して

らいながら、外傷的な記憶にクライエントが注意を短く向けることは、繰り返されたイクスポージャーが有効となる治療的文脈を提供する。この繰り返されたイクスポージャーは、回避反応と正反対のものであり、そして、この回避反応は病理の一部であり、維持にも関わっている。

身体感覚への注意

クライエントは外傷性のイメージによって引き起こされた身体的な感覚に一定時間注意するように励まされる。この接触によって、クライエントはこれらの感覚の認知的に偏った感情の解釈から、外傷の感覚的な影響を確認し、切り離すことができる（結果として「私は恐れている」とか、「私は怒っている」といったラベルを付けられた感情を伴って識別することができるようになる）。クライエントはターゲットに対する彼らの反応を観察することによって、病理的な認知より自分自身が大きいものと気づくようになることができる。これは、恐れの、区別できない圧倒的な感じから、認知的な気づきに焦点を移行することで起こる。この気づきとは例えば、「私は恐れの感情と関連した私のおなかの中の感覚を感じている。今度は私が恐れの感情と関連した、私の胸の中の感覚を感じている……」というようなものである。この認知的な分離によってクライエントが、感覚の可変性を認識できるようにする。これは、自己への気づきおよび自己効力感の感覚を増大させることができる認識である。感覚に対するこうした短い時間の注意によって、外傷的なイメージを作ったり、消したりの繰り返しを交互にするのと同じように、拮抗条件づけやイクスポージャーと同様の効果をもたらす。

認知的リフレーミング

クライエントが外傷から生じる否定的な自己評価を確認するのを援助することで、その不合理性に気づけるようになるかもしれないし、今の自己概念への出来事のインパクトを認識できるようになるかもしれない。肯定的な認知を定式化することに内在している再構築および再構成も治療過程を促進することができる（Beck, 1967; Ellis, 1962; Meichenbaum, 1977; Young, 1999; Young et al., 印刷中）。そして、初期の否定的な体験と矛盾するようなより適応的な情報との連想を築くことで情報処理を促す。肯定的な認知もクライエントが自分の認知

の歪みに気づけるように働くし、「トンネルの出口の明かり」を与え、治療を続ける勇気を与え、動機づける。EMDR 中にクライエントはしばしば自発的に認知的洞察を口にし（Shapiro & Forrest, 1997)、そして、植え付け段階ではそのような洞察を強めるのに構成されている。これらは新しい語りの文脈の中に具現化される。こうした創造は PTSD 症状の消失における本質的成分と見られてきた（Meichenbaum & Fetzpatrick, 1993)。より多くのクライエントにとって、自己概念における深い変容、自己受容と自己に対する新しい肯定的、現実的見方の統合がある。

記憶の要素に沿うこと

イメージ、否定的な認知および、身体感覚に焦点を当てることによって外傷記憶の主要な側面が列挙され、クライエントが機能不全の情報に接近することが可能になる。それから、この状態に特定的な情報は、肯定的な認知を通って感情的に正しい情報と結びつけられる。EMDR におけるターゲットとなる要素の治療的な配置は、Braun (1988) によって仮定された解離の BASK（行動、感情、感覚および知識）モデルと一致するように見える。外傷的な題材への手続き上の再接続は、クライエントが経験を理解するのを助け、そのとき、物語記憶への貯蔵を促進する。不十分に処理された外傷的記憶は断片的に貯蔵されると推測されてきた（van der Kolk, 1994; van der Kolk & Fisler, 1995参照)。もしそうならば、EMDR の手続きが外傷的な題材のさまざまな破片の間の適切なつながりを築き、物語記憶（もしくは顕在記憶）への情報の貯蔵を促進することが可能になる（van der Kolk, 印刷中)。

自由連想

クライエントは内的な体験にただ気づくようにと教示され、眼球運動の各セットの後に「今何がありますか？」と尋ねられる。この問いかけで、自動的に情報の新しい一片が心に浮かんでくる。これは出現順にターゲットとされる。現在ある外傷の詳細を経験する時間は大変短く、代わりに、関連する題材に順々に動いていく。この順々にターゲットとするやり方は、最も関連した苦痛の題材に接近するためにより効果的な方法で、（系統的脱感作法や直接的治療イクスポージャーで使われる）最初の外傷的なイメージに何度も返る手続きより優

れている（Rogers & Silver, 印刷中参照）。自由連想は全体の記憶ネットワークの主要な側面にアクセスし、処理されることを確実にするようである。これは確かに、精神力動の伝統においてよく認識された治療の側面である（Wachtel, 印刷中）。

マインドフルネス

「起こることは起こるままにして」や、外傷や付随する困難を「ただ感じて」という教示は、最初要求特性を減じるために含まれていた（Shapiro, 1989a, b）。こうした教示はクライエントが現在の安全感に留まることを援助するし、妨害することなく、内なる処理が機能することを可能にする。これが治療効果を増すのは、恐怖を恐れるクライエントの傾向を妨害するからで、この傾向はクライエントの進行中のストレスに貢献している傾向であり、治療効果を妨げ続けている。最近の研究は侵入的な症状への否定的な反応が症状の深刻度を増大させ（Ehlers et al., 1998）、情報処理を妨げることを示している。EMDR におけるこの安定した観察者のスタンスの育成は、さまざまな東洋的瞑想実践に固有のもので（Kabat-Zinn, 1990; Krystal et al., 印刷中）、弁証法的行動療法の「マインドフルネス」（Linehan, 1993）や、受容とコミットメント療法の「過激な受容」（Hayes, Wilson, & Strosahl, 1999）に、類似している。EMDR のこの側面の重要性は最近強調されるようになり、Servan-Shreiber（私信）によって Teasdale と同僚らの理論的枠組み（Teasdale & Barnard, 1993; Teasdale, 1999）との関連で言及された。彼らは異なった「心の状態」が感情情報の処理を解決のポイントまでどのように促進し、また反対に遅らせるのかの理論的枠組みを発展させてきた。「相互的認知的下位システム」の理論の記述において、Teasdale と Barnard（1993; Teasdale, 1999）は、「心のない感情」と、「概念化する／行動する」と、「心全体での経験／存在する」とを区別している。これは心理療法中に導かれ得る主要な状態の3つとされている。「心のない感情」モードでは、クライエントは、「自分の感情反応に浸り、同化し、自己への気づきはなく、内なる探求も熟考もない」（Teasdale, 1999）。心理療法の過程研究（Greenberg & Safran, 1987）は治療におけるそのような経験は乏しい結果を予測できると指摘している。

「概念化する／行動する」のモードでは、「意識は相対的に個人と離れた、

自己や感情（対象として）に関する思考で占められ、感情や感情に関する問題を理解したり、処理する目的指向的戦略についての思考で占められている。目的に関する現在の理想的な区別の評価によって占められている。こうした思考は即時的な現在の経験よりは、しばしば過去や未来に関連している」（Teasdale, 1999）。再び、このタイプの処理も心理療法における乏しい結果を予測できる（Greenbarg & Safran, 1987）。

最後に「心全体での経験／存在する」のモードでは、クライエントは「統合された認知－感情の内なる探求の経験をし、問題解決の指針としての現在の感情と『フェルトセンス』を使用する。そして、現在の主観的自己体験の非評価的意識を使用する。このモードで、感情、感覚、思考は概念的思考の対象としてよりも、直接に主観的経験の諸側面として感じることができる。『失われた』『浸った』心のない感情モードの特質と対照的に、直接的経験が関係しているのは、熟考的、主観的意識と瞬間瞬間の直接的直感的知識である」（Teasdale, 1999）。感情情報のこのタイプの処理は心理療法の良好な結果を予測し（Greenbarg & Safran, 1987）、その適用が大うつ病の再発予防に有効であるとされた（Teasdale et al., 2000）。

それゆえ、EMDRの効果は、再体験の感情的障害と、感情に対する非評価的「観察者」のスタンスの間の絶妙のバランスをまさしく引き出す能力に由来するのかもしれない。1回に30秒から数分、治療者からの邪魔もなく、強すぎる覚醒レベルによる邪魔もなく、この非評価的「観察者」のスタンスが維持されると、身体的、感情的、認知的、感覚的連想が起こり、その流れに関しても非評価的「観察者」のスタンスを持つのである。眼球運動か他の刺激がクライエントの注意を障害となる題材からそらす程度が、「心のない感情」を防ぐのと同時に、過度に「概念化する／行動する」のを妨げ、それゆえ、クライエントを障害となる題材の処理の際にほとんど「心全体での経験／存在する」モードに導く。それゆえ、各EMDRセッションでは処理のこのモードを繰り返し何度も経験することとなる。治療者は、セッションの流れをコントロールし、各「セット」の感覚刺激で促すのである。

眼球運動と他の二重注意刺激

EMDRで使われる眼球運動と他の二重注意刺激によって、さまざまな生理

学的メカニズムが活性化される。これが、EMDR の治療効果に貢献する際には、クライエントが、内的な苦悩と外的な意識を、同時に維持することによるのか、または運動固有の脳機能の活性化によるのか、または同時に現在の2つの刺激に注意を払うことによるのかといった可能性がある。サーカディックな眼球運動（素早く、弾道のような、1秒間に30°以上のもの; Levine & Shefner, 1991）を最初に治療者が用いるように提案されたが（Shapiro, 1989a, 1989b）、よりゆっくりした追視運動や左右交互のタッピングや音のような他の刺激も1990年以降、臨床効果をあげるものとして使われてきており、こうした知見を説明する何らかの理論が必要である。これらの可能性は以下の節で探索する。明らかに、こうした可能性の多くは議論の余地があるから、中には厳密な正確さの点からは認められないものもあるかもしれない。多くの異なるシステムの相互作用が働いている可能性もあるし、クライエントの特徴に依存した治療効果の違いを生み出している可能性もある。この章の後半で十分にテストするための変数を展望する。

定位反応

　EMDR についての私の初期の推論の一つ（Shapiro, 1991a）は、外傷的な記憶にアクセスすることに対するクライエントの反応は、ある自動的な生理学的状態を含んでいる（状態特有の配列で融合している）というものである。眼球運動を付加することで、生理学的状態や反応の違った配列を引き起こし、より早期の連想に侵入する。さらに、外傷的な記憶によって引き出された複雑で習慣的な生理反応を、中断するという働きを引き起こすかもしれない。同時に2つの配列によって生み出された混乱は、さらなる処理を引き起こすかもしれない。

　定位反応の誘発は、さまざまな理論において、刺激過程への第1の寄与要因として提案されてきた。注意が新しい刺激に向けられたとき、誘発されるのが、自然な興味と注意の反応である。定位反応の役割を概念化するのに、3つの異なったモデルがある。認知・情報処理（Lipke, 1992a, 2000; Nathanson, 1996）、神経生物学（Bergmann, 2000; Servan-Schreiber, 2000; Stickgold, 印刷中）、行動論（Armstrong & Vaughan, 1994; MacCullouch & Feldman, 1996）の3つである。Lipke

(2000)の推論によれば、処理は定位反応の単純な開始によって起こり、眼球運動や他の活動によって引き出された外部焦点が外傷的な連想ネットワークを途絶し、学習できるようになるというものである。Nathanson(1996)が提案しているのは、定位反応は、それまでの否定的な感情への連合を中断し、それが新しい情報の統合につながるというものである。

ArmstrongとVaughan(1994)と、MacCullouchとFeldman(1996)は、定位反応が引き起こされ、それが、逃避／回避行動を妨害するので、学習が起こると信じている。現代の神経生物学的知見によれば、Stickgold(印刷中)は、独立に彼の理論を拡大して、EMDRの左右交替性の刺激の効果を説明している。それは、クライエントに継続的に注意を身体の中心線をまたがってシフトするように強いている。彼の仮説によれば、この定位反応が、REM様の神経生物学的メカニズムを引き起こし、エピソード記憶の活性化を促し、皮質の意味記憶への統合を促す。ChristmanとGarvery(2000)が行なった独立した研究では、この理論に対する支持が得られた。交互の左方向、右方向の眼球運動は、エピソード記憶の課題には価値ある効果があったが、意味記憶課題や、検索記憶課題では効果がなかった。(次節に示すDyck〔1993〕が述べた)気そらしと定位反応の違いに関して、前述の理論家が概念化しているように、認知的視野において効果が変わる、眼球運動の速さの役割を評価する実験がある。Beckerと同僚ら(Becker, Todd-Overmann, Stoothoff, & Lawson, 1998; Becker, Nugent, & Tinker, 2000)が結論づけたことは、眼球運動は注意を必要とするにはある程度速くなければならず、しかし気をそらせるほど、速すぎてはいけない。この異なる反応の同一視は、Andradeら(1997)の研究も同じであり、二重注意課題に依存したさまざまな効果と、その複雑性を報告している。

包括的な研究は定義的な結論に達することが必要であるわけだが、こうした推測は、提案されている臨床実践の、クライエントには「片足を現在に、もう片足を過去に」確かに留めておくということと一致するようである。長く観察されてきたことであるが、最良の処理効果が起こったときには、クライエントは内的経験とあまり強く結びつかず、そして同時に外的な環境によって気をそらされもしないようにする。それぞれのクライエントが内的、外的注意の適切なバランスを得るために変数を定義することが、治療実践を助ける臨床的研究の最も実り多い路線の一つかもしれない。

気そらし

　眼球運動の役目の一つの解釈は、クライエントを外傷からそらすことである（Shapiro, 1991a）。Dyck（1993）は、クライエントが外傷的なイメージに集中できないために仮定された気そらしが脱条件づけを引き起こすと言う。すなわち、気そらしは外傷的な題材が前もって予想された不安によって強化されることを防ぐ。Dyck によれば、これは消去試行を構成している。この解釈の研究は実り豊かであるかもしれないが、これに関する多数の問題を明記する価値もある。先ず、Dyck が示唆しているのは、使われるべき気そらしの種類は心的外傷の優勢なモードに関係しているということである。例えば、聴覚のそらすものは外傷的な記憶の聴覚成分に最も有効であり、視覚のそらすものは、視覚的なイメージに最も効果的である。しかしながら、思考および認知が眼球運動のみの結果として即時に治療的な変容を示したので、この推論は臨床的には支持されなかった。2番目に、Dyck は長い時間の中で起こった一連の外傷や複数の外傷は、単一の出来事の心的外傷よりも、EMDR による治療により従順でないと仮定している。しかし、再び、この可能性は臨床の場で観察されなかった。より多くの出来事は、より多くの治療時間を必要とする一方で、それぞれの出来事は処理に従順である。さらに、多数の実験により、気そらしは治療の効果を増大させるよりむしろ弱めることを示した（Grandson, Foa, & Steketee, 1982, 1986; Satory, Rachman, & Grey, 1982; Rodriquez & Craske, 1993も参照）。そのため、現在の気そらしの概念は、EMDR の効果を理解するために重要な貢献をしないように思われる。しかし、眼球運動がその記憶に対するクライエントの反応を細かく測定するのに役立つことはあり得る。それは、Dyck が提案するように、イクスポージャーを一つの脱条件づけの経験にするといった方法で行なうことである。

催　眠

　心理療法の効果が急速であると、何であれ、催眠暗示によるのではと疑うことは理にかなっている。しかしながら、EMDR と催眠は臨床効果では大変異なっているし、催眠理論家の多くがこの違いに気づいてきた（例えば、Fine &

Berkowitz, 2001; Frscholz, Kowall, & Hammond, 2001; Phillips, 2001）。例えば、催眠の除反応はできごとの連続する瞬間瞬間（「一場面、一場面」）を含むように見えるが、EMDR で治療を受けているクライエントはある重要な要素から次の要素へ飛躍する傾向がある。EMDR のクライエントは催眠のクライエントに比べるとより警戒していて、意識的で、より不適切な暗示に感応しないように見える。例えば、臨床報告が一貫して報告しているのは、クライエントは生態学的に妥当でなく、結果として煽動するような暗示は拒絶するということである。同様に、EMDR は真実であるどんな信念も取り去らないことが報告された。不安と同様に適切で現在有用と思える信念はそっくりそのまま残るようである。

催眠状態にあるクライエントと比較して、EMDR の過程でのクライエントに被暗示性が見られないこと（Hekmat, Groth, & Rogers, 1994）は、2つの手続きによって引き出された優位半球での脳波での相違の結果（もしくはそれと関連した事象）かもしれない。EMDR 中の脳波を見ると、脳波パターンは正常な覚醒指標内であるが（Nicosia, 1995）、一方、催眠中の被験者については、明白なシータ波（Sabourin, Cutcomb, Crawford, & Pribram, 1990）、ベータ波（De-Pascalis & Penna, 1990）か、アルファ波（Meares, 1960）が特徴である。このように、脳波所見は EMDR のクライエントが催眠の状態でないことを示している。PTSD の治療において、催眠はごく限られた効果しか持っていないが（Brom et al., 1989）、EMDR による PTSD への治癒率は85％で、催眠に帰属できる治療効果を凌駕している。どのような治療においても肯定的な効果は被暗示性の高い者では高くなる傾向が一般的であるが、この付与的効果と、治療方法を評価する際の主要な原因要素と混同すべきでない。

細胞レベル、脳レベルの変化

外傷的記憶の解決は、機能不全的な題材の記憶が、題材の想起により通常始まるものとは異なる一連の出来事へと導く際に起こり始める。眼球運動が脳の状態を変化させ、こうした記憶の健康な再処理を促し、外傷的記憶への新しい連想を同定し、強め、最後には、外傷記憶の適応的な解決をブロックする、それまでのステレオタイプの連想や感情を弱めることを可能にする（Stickgold,

印刷中参照）と多くの理論家は推測している。このように、以前は弱かった連想が強まり、強かった連想は弱まる。我々はまだ、どのようにEMDR（や他のうまくいく治療）が脳におけるこうした状態変化をもたらすのかは語れないが、しかし、過去10年の間に、EMDRの効果に貢献している可能性のあるいくつかの脳の過程が同定されてきた。

　システムのレベルとして、今研究が示しているのは、異なる脳のレベルと異なる脳の状態の組み合わせで、脳が作り出す連想のタイプをコントロールしているのではないかということである。例えば、脳の左半球は、右半球より強い連想を活性化する。一方、右半球は左半球より弱い連想を活性化する(Nakagawa, 1991)。同様に、REM睡眠は弱い連想を活性化するようだし、一方、ノンREM睡眠は強い連想を専ら導く (Stickgold, Scott, Rittenhouse, & Hobson, 1999)。それゆえ、脳の状態の変化は、脳が作り出す連想のタイプの変化を導きうる。処理が解剖学的に右半球に動き、脳が機能的にREM睡眠に移行するに伴い、より焦点の狭い、予測的な、習慣的な連想から、より距離のある、予測できない、非常に創造的なものへと動く。

　細胞レベルでは、今日記憶の形成は「長期増強」の過程を意味しているとわかっており、対をなす神経細胞間のシナプス結合の効率を高める。シータリズムを伴う段階で、シナプスが刺激を受けると、この過程が最も簡単に促進される (Pavlides, Greenstein, Grudman & Winson, 1988)。この段階は、REM睡眠中に通常見られる脳波の階層で、動物が危機的なまた種に特異な行動を行なうときには覚醒時にも見られる (Winson, 1990)。そのような神経的な変化や以前に符号化された記憶は、「長期のうつ」によって、逆転されうるし、シータリズムを伴った段階を除いて、180°同じシナプスが刺激された時に、この第2の細胞過程が観察される (Abraham & Goddard, 1983)。そのような段階外の賦活はREM睡眠中に同様に起こることが報告されてきた (Poe, Nitz, McNaughton, & Barnes, 2000)。より最近では、ラットを使った行動学的研究において、恐怖の条件づけが、条件刺激にラットがさらされた際の扁桃核でのタンパク合成を阻害することで逆転できると示された (Nader, Schafe, & Le Doux, 2000)。こうした研究で、ラットは音と電撃を連合させるように訓練されたが、訓練後少なくとも2週間で、単に扁桃核における制止と対にされた音への再体験によって解条件づけができた。これらの過程は一緒になって、システムと細胞のレベル

において、EMDRの効果を支えているメカニズムの将来の神経生物学的モデルの土台を築いているのかもしれない。これらの推測の提供は、主として知的な刺激としてであって、EMDR治療の効果を確立したり、得たりするために必要な先触れとしてではないことを理解することは肝要である。

先に論じたように、多くの外傷的な記憶の解決は、機能不全の視点から適応的な視点までの変化を伴うように見える。EMDRの治療中に適応的な視点が漸次、それも急速に現われてくるようなので、ターゲットのネットワーク内での連想的な結合を導くルールが変化し、それを引き起こす連想情報の連続的な結合があると想像することは有用である。こうした構成物は仮説的であるが、それにもかかわらず変化の過程を概念化する方法としての情報処理理論家に（そしてたぶん臨床家にも）役に立つことがわかるだろう。

この考えは初版で初め紹介され、推測であることを明確に示したが、それでもそれによっていくつか混乱した批判があった（Herbert et al., 2000）。彼らはあたかも情報処理モデルの発展の統合的な部分であるかのように誤って報告している。さらに用語の難しさも報告している。しかし、先に第2章で記したように、私はこの本を通して「神経ネットワーク」という言葉を用い、「神経ネットワークという言葉を現在神経心理学者が使う意味を包含し、さらに認知・情動処理の追加的なレベルにまで広げている。正確な神経生理学的な用語でない言葉を使ってはいるが、EMDRの効果が生理学的なモデルの妥当性に基づいていないという点を強調することは特に重要である。Herbertら（2000）は、こうした抗議には耳を貸さず、さらに続く節で、こうした「内容のなさをごまかし、自称懐疑論者に水を差す言葉」（p.960）を用いていると指摘した。この不幸な陳述は展望過程の難しさを示している。特に、もし「懐疑論者」と批判者が、十分に神経生物学に精通しておらず、推論の意味を彼らが誤ってとらえると、意図した「知的な刺激」は、むしろ混乱と「偽り」の蓄積となってしまう。神経認知学的背景のない人すべてに、この理解の欠如を明確にする援助として、この領域で現在研究している認知神経科学者の専門知識をリストアップする（Stickgold, 1998; Stickgold, James, & Hobson, 2000）。結果として、こうした補助的な理論的推測は現在神経生物学として知られているものに統合されてきた。結局、私がこの本を通じて使う「神経ネットワーク」という用語は次の節で「神経学的ネットワーク」へと変わり、それはこれまでの神経生物学的理

論とこうした推論の一致を反映している。希望としてはこの節におけるいくつかの用語の変化は、例えば、前の版で使われていた「神経ネットワークの生物電気的電価」から今度の記述では代わりに「神経学的ネットワークの高い抵抗」へと変化し、さらなる文献へと個々に統合され、この多岐にわたる推論モデルを通して読者の理解を容易にするであろう。推論と臨床事例は本質的にこの版と前版とで同じである。しかし再度申し上げるが、これらは補助的な推論に過ぎない。

　現在の公式化は、EMDRで観察された機能不全から解決までの感情と移行の重要な関係に基礎を置いている。最初の機能不全の状態、処理の介入している段階、さらにクライエントによって示された最終の機能している視点を概念化する可能性として、過去と現在の経験の適応的な統合の間の新しい連想を見つける感情の連続的な段階の言語化が考えられる。それが、次に新しい感情的連想へのアクセスへつながるのである。感情を通して少なくとも部分的に情報が組織化されるというEMDRの治療セッションでの観察は、この方法に特有のものではない（Bower, 1981; Raiser, 1990）。本書で先に説明した概念から推定するとき、図10に私の付加的な推論を示す。推論は、連想のネットワーク（そして連想された認知内容）は感情によって部分的に組織化され、そしていったん、感情が賦活されると、そのネットワークはある安定パターンに落ち着く傾向があり、それは初めは記憶と連想にアクセスし、それがある感情に結びつくというものである。機能不全の感情が強ければ強いほど、ネットワークの安定性はより大きくなり、ネットワークが連想の記憶と感情の習慣的なセットの外側に動くことはより難しくなる。そのため、ターゲットとなる心的外傷はその神経学的なネットワークの乱れに対する高い抵抗によって、どんなより適応的な情報とも連結することが妨げられている。

　図10中のターゲットの記憶（Z）が臨床的な観察では、罪や恥の感情を含んでいて、伴う認知として、「私は忌まわしく、価値がない」がある。この記憶に関して蓄えられた情報は、機能不全の感情の高いレベルと関連した神経学的ネットワークの中にカプセルに包み込まれるようにある。仮説は、Zの感情を伴ったネットワークは最も自己破壊的な感情と自己評価を伴った情報を包含する。一方、Aの感情を伴ったネットワークは、最も適応的で、適切な感情と「私は魅力的だ／価値がある／健康だ」といった評価と連合している。このモ

デルにおいて、それぞれの神経学的ネットワークと関連した感情の電価は、様々な情報の山場と適応的な情報のセットやレベルを蓄えていて、文字ZからAによって表わされる。高いマイナス電価のターゲットのネットワーク（Z）は、より適応的な情報と連合することができない。より適応的な情報は、より中立かプラス電価を伴って他のネットワークに蓄えられているのである。すなわち、感情的電価の各レベルと関連した、それぞれ感情的に規定された神経学的ネットワークがあり、最大のプラス電価のネットワークを伴うほとんどのネットワークは、肯定的な題材（例えば、達成経験、ほめ言葉、セルフヘルプの本からの情報）の記憶を包含する。

　理論としては、処理システムがEMDRによって触発されたとき、2つの画期的出来事が起こる。まず、条件づけのラットで見られるのと同様の細胞メカ

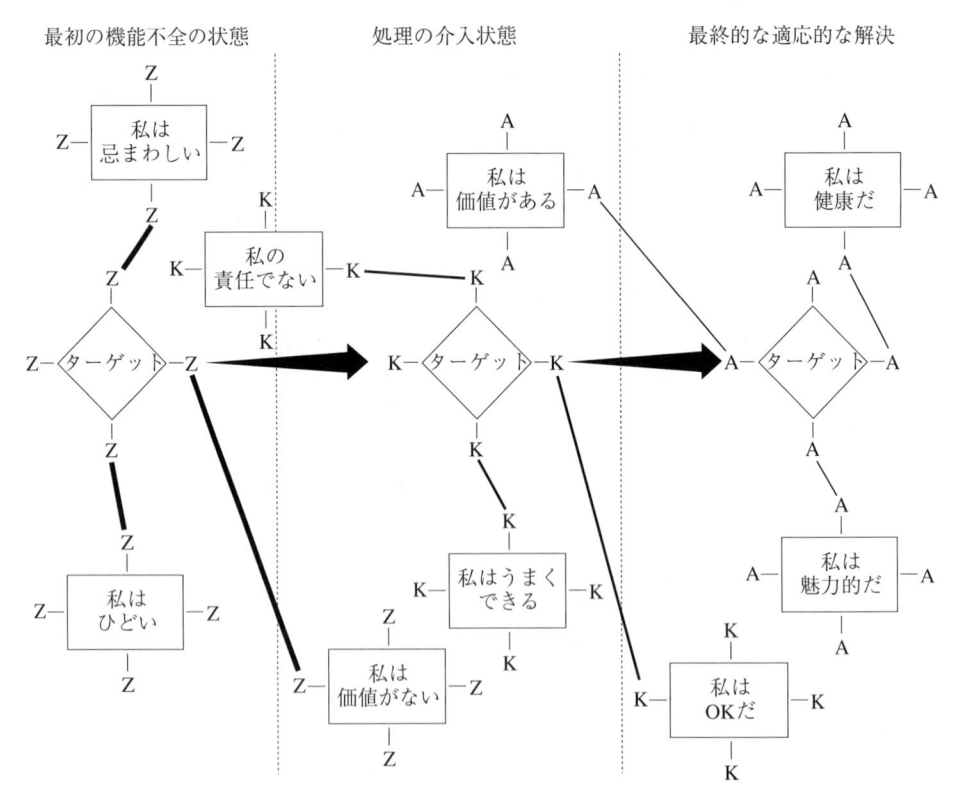

図10．情報処理での、生体電気的な電価、感情、認知の間の関係

ニズム、扁桃核でのタンパク合成が条件刺激の再生で制止されるのだが (Nader et al., 2000)、そのメカニズムによって、恥や罪悪感の感情とターゲット記憶 Z との連合強度が弱まり、図10の右へと記憶が比喩的に動くことを可能にする。しかし、さらに脳の状態が弱い連合に向かって偏るように動くと、EMDR は脳が感情ネットワークとの連合を形成し、強化することを可能にする。それは、電価的には徐々にマイナスが低く、プラスが高くなり、そこに蓄えられているより適応的な情報と結合していく。そのような結合の例は、機能不全の高いレベルから、例えば「私がいつも悪いんだ」という認知と連合したZの電価から、「私はうまくできる」のような認知と連合しているKの、より低い電価への動きである。この移行が明らかになるのは、否定的な感情との漸進的な脱結合、より適応的な認知の展開および、肯定的な記憶が意識に現われてきて、元々のターゲット記憶と連合することによってである。

感情／電価の仮説には、様々な臨床的な示唆がある。例えば、性的虐待の被害者はしばしば怪物によってばらばらにされるという恐ろしい悪夢を報告する。初期の外傷的な出来事を処理するためにREM睡眠による試みがなされるとすると、その時、怪物によってばらばらにされる悪夢は、初期の記憶を包含するネットワークに閉じこめられた高いレベルの感情に対する認知的な対応物である。例えば、元々の心的外傷、すなわち、大人が部屋に入り、彼女の脚を開き、性的虐待の強い恐怖を経験した。この記憶と連合した感情は、否定的な感情で区分され、ある神経学的ネットワークに今も閉じこめられていて、REM睡眠中に試みられた再処理によって、恐怖が復活する。こうしたレベルの恐怖は、現実に、成人のクライエントでは他の大人によって生じることはないが、制御できない怪物に直面することと関連づけることができる。怪物のシンボルはREM睡眠での処理の際に、感情状態が認知的に作り上げたものである。

EMDRが夢のイメージをターゲットとするために使われるとき、恐怖の高いレベル（Zの電価）が呼び起こされる。情報の充分な量が処理されるにつれ、感情は右に移行する。よりプラスの電価が可能になれば、異なった神経学的ネットワークの連結によって作られる適切な認知との接続が可能になる。感情の移行によって、象徴的な表現、認知の構築は、除去されることができ、クライエントは歪みなしで現在を見ることができる。例えば、ほら穴で怪物に追われる夢を見た性的虐待の被害者は、眼球運動の数回のセットの後に叫んだ。「そ

れは私が幼年時代に住んでいた家で私を追う継父だ」

　他の象徴的な表現は、感情の状態や、または身体感覚に対応する認知であることがしばしば認められる。第11章で記述されたある例は、悪魔にレイプされる侵入的イメージを持ったクライエントのケースであるが、EMDR の治療中に、彼女の父の友人によってレイプされる記憶が明らかになった。彼は一対のプラスチックの角をかぶって彼女に暴行したのであった。2つの異なった解釈は異なった情報を包含する平行的な電価の認知ネットワークの賦活によっているのかもしれない。このように、感情のレベルは等価な電価の認知内容を刺激する。

　感情／電価の仮説から生まれる他の可能な推定は、多くのクライエントで観察される次第に深刻化する自傷（切ること）や、次第に危険の度を増す性的な接触のような自己破壊的な行動がエスカレートすることである。クライエントは痛みの高いレベルを維持することになるかもしれない。それは自己嫌悪の状態か障害の他の側面と絡むような初期の虐待の記憶が再び刺激されるからである（Calof, 1992）。核となる記憶および一致する電価の感情が、クライエントの痛みの主観的レベルと一致している行動と連合することはあり得る。イクスポージャーを繰り返すことによって、その行動が脱感作されるにつれ、核となる記憶の電価は、障害の階層でかつてはもっと高かった他の行動を刺激するが、今は単に感情の別のレベルと同等である。例えば、関係はより虐待的になるように見えるが、しかし、クライエントは、同一の感情レベルでそれを経験する。この漸進的脱感作の過程は、臨床的には系統的脱感作法中に階層表の SUD のレベルが低下する途中に見られる。そのため、観察者によって見ると、レベルの上昇と見えるようなことは、実際はクライエントの変わっていない感情レベルから内的に出てきた行動である。

　くどいようだが、これらの神経生物学的メカニズムは純粋な推測である。しかし、EMDR の治療で臨床的に観察されることを理解しようとする試みは、夢のイメージ、自己破壊的な行動、および他の臨床的な現象の理解を促進するのに有益であることは理解していただけるであろう。観察された臨床的な行動に関して理論を立てることは、治療の方法の発展にも貢献可能である。例えば、EMDR での眼球運動の初期の概念化（Shapiro, 1991a; 1995）は、現在の影響する低電圧受容器（例えばそれらのシナプスのポテンシャル、Arai & Lynch, 1992;

Barrioneuevo, Schottler, & Lynch, 1980）と同等のものを引き起こし、結果的に、眼球運動の異なった方向や速度を使うといった、EMDRの実践でのめざましい革新につながった。多分、それぞれの新しい概念の形成は、さらなる成功した治療的革新を導くだろう。

夢見の睡眠

　私の最も初期の提案の一つ（Shapiro, 1989a）は、導かれた眼球運動がREM睡眠中に起こるのと同一の過程を刺激しているのかもしれないというものである。私は眼球運動とストレスの関係が逆制止の一つかもしれないと仮定した。すなわち、眼球運動はストレスの制止を助けるが、充分に高いストレスは眼球運動を制止する。第1章で展望したように、個別のいくつかの睡眠の研究は、こうした考えをいくらか支持している。心的外傷を負ったほとんどの人は、機能不全のREM睡眠の状態に苦しむように見える。例えば、帰還兵は悪夢の終わりよりはむしろ中間で目覚める（Ross et al., 1990）。さらに、最近の研究は、夢での否定的感情の強さと観察されたREMの量の間に直接的な相関が見られるようである（Hong et al., 1992）。この研究はより初期の理論に異議を唱えるもので、夢見の間の眼球運動は単に夢を見ている人が夢の環境を目で追っているのではないというものである。その上、認知的処理もしくは記憶の処理は、眼球運動とつながっているという推測は最近のいくつかの研究によって支持されているようである。新しい思考技法は、REMをずっと遮断し続けると失われるのである（例えば、Karni et al., 1992）。

　REM睡眠での眼球運動とEMDRでの眼球運動の関係についてのこの仮説は興味深く、特に、神経科学における業績の視点で、REMの状態の機能は情報の処理と記憶の貯蔵を行なっていることを示唆しているが（Fishbein & Gutwein, 1977; Gabel, 1987; Sutton, Mamelak, & Hobson, 1992; Winson, 1993）、現在眼球運動の役割を直接支持するものはない。しかしStickgold（印刷中）は、EMDRとREM睡眠の機能に直接的な神経生物学的共有物があると仮定し、さらにこの仮説をテストする適当な方法を提案した。この仮説に適合する予備実験的なデータも報告されている（Christman & Garvey, 2000）。記憶を全般的な意味ネットワーク上に皮質で統合するためにREM睡眠は非常に重要であるようだ

(Plihal & Born, 1997; Stickgold, 1998)。Stickgold（印刷中）は、EMDR において繰り返し注意を向け直すことが部分的な脳の活性の変化を引き出し、REM 睡眠中に生成されるのと似た神経調節を引き出すと提案している。これらの系の活性化は同時に脳を、REM 睡眠中に似た記憶の処理モードに変化させる可能性もある。このモードは、外傷的な記憶を関連した皮質のネットワークへ統合することを促進する。認知的処理、感情的処理の類似性を受けて、成功した EMDR の治療の前後で、クライエントの睡眠と REM パターンを比較してみることは興味深い。EMDR および REM パターンを比較する脳波研究もまた臨床適用にも有用な情報を供給するかもしれない。

リラクセーション反応

　私は眼球運動が条件づけられたリラクセーション反応を誘発すると仮定した（Shapiro, 1989a, 1991a）。この反応は網様体の経路（それは REM 状態中の筋制止を引き起こす）でか、副交感神経系を賦活する他のメカニズムで引き出されるのかもしれない。副交感神経系は、交感神経系を制止し、交感神経系は、心的外傷によって生み出された「闘争か逃走か」の恐怖反応と連合している。制止効果と関連した推測は、独自に Hedstrom（1994）と Stickgold（印刷中）によって進められてきた。

　過程の分析はほとんどないが、バイオフィードバック装置を用いたある研究で、眼球運動が強制されたリラクセーション反応を引き起こすらしいことを見いだしたので、この仮説は支持された（Wilson et al., 1996）。しかしながら、この研究は EMDR で用いられる他の刺激の臨床的効果を説明しない。すなわち、同様のリラクセーション反応（生理学的測定によって認められた）は指のタッピングによって刺激を与えられた統制群では見いだされなかった。この研究で用いられた、クライエントが自分で行なった指のタッピングと臨床家が行なう手のタッピングとの間にいくらかの重要な相違があるのかもしれないし、異なったメカニズムがその効果の原因となっているのかもしれない。しかしながら、副交感神経系が、視覚を一点に集中する課題で賦活されるという発見（Monnier, 1968）によって、眼球を固定する統制群を用いた研究で示された肯定的治療の効果を説明できるかもしれない(Pitman et al., 1996a; Renfrey & Spates,

1994)。

　慢性的な障害を負った帰還兵以外の対象で、生理学的な研究がもっと必要とされている。帰還兵たちは付随する心的外傷のために肯定的な結果を示さず、健常な被験者では、ターゲットとなる題材が十分障害となっていないために効果を示さないかもしれない。単一の心的外傷を持つPTSDレベルの被験者が、この仮説をさらに検討するために利用されるべきである。

皮質の同調化

　私が1989年に立てた仮説は、心理療法の効果と神経症の基礎に関するPavlov（1927）の理論を含んでいた。「興奮－抑制」の均衡と、Pavlovの概念に固有の、ある神経的な妨害についてのすべての考えを脇においても、心的外傷に関する何かが情報処理の妨害を引き起こすということは疑う余地がほとんどない。この妨害は最初のできごとをその不安の形態のままに残しておく。

　Pavlov（1927）によれば、心理療法の治療の本質は神経学的な均衡の回復である。この見方は、主要な歴史的人物であるFreud（1919-1955）およびJanet（1989-1973）や、今日の神経学や、神経生物学の専門家（Krystal et al., 1989; van der Kolk, 1994; van der Kolk & van der Hart, 1991; Watson et al., 1988）の立場と一致している。この仮定が妥当なら、EMDRが情報処理システムの再均衡化か刺激を促進すると結論することは論理的である。この点で、眼球運動は皮質の機能に直接的な効果があるかもしれないと私は提案した。この可能性に関して2つの独立した理論が提唱されている。いずれも神経生物学の研究に基礎を置き、根拠としての大脳両半球の関与を仮定している。

　両半球仮説がRussell（1992）、Nicosia（1994）とServan-Schreiber（2000）によって提示された。Bergmann（1998, 2000）の推測によると、EMDRは両半球の活性化によって、辺縁系のペースメーカーとしての機能を果たすのかもしれない。この機能はより高次の皮質の機能の下方制御や統合を促進する。EMDRの辺縁系に対する効果の予備実験的な証拠はLansing、AmenとKlindt（2000）の一事例の研究に見られてきた。SPECTスキャンがPTSDの人に対するEMDR治療の前後に行なわれ、顕著な改善が示された。

　EMDRの臨床で用いられる両側性の刺激が、実際の両半球の活性化によっ

て肯定的な治療効果に関連しているからか、定位反応の最適誘導を可能にするからか、他の要因によってであるかはまだ定かではない。しかし、クライエントと臨床家の報告では、二重の刺激がそれがないよりは望ましいし（例えば、Boudewyns & Hyer, 1996）、関連した初期の研究は幾つかの興味深い探索の道を与えてくれる。

　研究が示してきたのは、情動処理における半球の対称化であり、さらに、異なった情動は脳の活動における非対称的パターンと関連しているようである。Keller ら（2000）が共分散を除いた時に、うつはより小さい左半球の偏りと関連しており、不安はより大きい左半球の偏りと関連していた。いくつかの研究において、うつの個人は、右脳の知覚課題の成績が悪く（例えば、Rubinow & Post, 1992）、うつの人の右後頭葉皮質での脳活動が減少していることがわかった（例えば、Deldin, Keller, Gergen, & Miller, 2000）。一方、不安は右半球部位のより大きな活性と関連している（例えば、Heller, Etienne, & Miller, 1995）。例えば、PTSD の人が、外傷体験のスクリプトを聞いた時に、PET スキャンのデータは脳の右半球の辺縁系の賦活が増加しており、ブロッカ領域の賦活が減少しているという、賦活の部位別のパターンを示していた（Rauch, et al., 1996）。

　同期した大脳半球の賦活が有益な情報処理効果を生じるという見解は、凝視の操作によって、最初は中立的であった刺激に対して、肯定的な評価、否定的な評価という異なった効果を生み出すという別の研究によって支持されている（Drake, 1987）。多数の統制された研究の結果、右利きの被験者の凝視を右に位置する対象物に方向づけると、左に位置する対象物への凝視に比べて、より肯定的な評価反応となることが示された。この研究は、情動処理の際の半球非同期を含んだ仮説に基づいており、それによれば、左の半球が肯定的な感情に関連した情報を処理し、一方、右半球が否定的な感情を処理する（Drake, 1984, 1993; Drake & Seligman, 1989; Merckelback & van Oppen, 1989）。2 つの半球を交互に賦活することで統合的な情報処理が引き出せるかもしれないとする提案にこれらの研究はいくつかの支持を与えている。

　EMDR における左右交互の手のタッピングや音の効果は、研究ではまだ確立されていないが、これらの両側性の刺激の幅広い臨床での使用は、これらが一部のクライエントにおいて非常に効果的であるという症例的な報告で強く支持されている。この臨床適用は、同一の刺激（例えば、書き記された「説得的

な」議論）に対する左右の賦活による、肯定的と否定的な反応に関する研究でも、支持されている。Drake と共同研究者らは、聴覚や身体的な操作の使用で、予測通りの異なった反応を見いだしている。すなわち、被験者は右のヘッドフォンを通して聞いた記述に肯定的に反応し（例えば、良く思った）、左のヘッドフォンを通して聞いたものには否定的に反応した（Drake, 1991, 1993; Drake & Bingham, 1985; Drake & Sobrero, 1987）。さらに面白いことに、この一連の研究の研究者たちは、臨床効果の可能性を認識していたのである。彼らの提案に「未来の研究は実験的に誘発された凝視の変化が条件づけのような根本的な過程に影響を与えるかどうかを検討すべきである」とあるが、これは実際、現在 EMDR で実現されている（Merckelback & van Oppen, 1989, p.150）。内的状態への自ら向けた注意も、両半球の賦活と共に、治療的な EMDR の効果のために必要なものと仮定された（Russell, 1992）。

皮質の機能

　眼球運動は記憶の回復、コード化、貯蔵に特有の効果を持つ可能性があるようだ。眼球運動は認知処理のメカニズムに関連している（Antrobus, 1973; Antrobus et al., 1964）。一連の体系的な実験が明らかにしたのは、自発的な眼球運動は不快な情動と認知の変化と関連しているということである。「一連の思考が不快であるか、不安を惹起するものである時に、その思考を壊す試みは、結果としての眼球の動きを伴って、認知活動でのほとんどけたはずれの素早い一連の変化をとてもよく導くようである」（Antrobus et al, 1964, p.251）。著者らの推測は、一連のサッカードは思考の消散の自動的な試みと関連しているというものである。EMDR の開発の出発点は、この現象の主観的な観察であった（Shapiro, 1989a, 1989b）。

　Andrade ら（1997）は、視覚記憶の研究における二重注意の効果を検討している。自伝的イメージが使われると、イメージの鮮明性の低下には、EMDR タイプの眼球運動がタッピングより良く、このいずれも眼球固定より良かった。自伝的記憶の情動的強度の低減には、眼球運動がタッピングや眼球固定より良かった。Andrade らの結論は、作動記憶の視覚空間的なスケッチパッドを分割することによってこの効果が得られるというものである。これらの異なる効果

は、臨床実践のための重要な分派であるかもしれない。しかし、これらのさまざまな理論すべての意味するものを探索するさらなる研究が必要である。

PET 研究からのデータ（Tulving, Kapur, Craik, Moscovitch, & Houle, 1994）が示すのは、左と右の前頭葉が、エピソード記憶の回復とコード化に異なった役割を持つ可能性があることである。Christman と共同研究者（Christman & Garvey, 2000）は、エピソードプライミングが両半球の処理と関連があることを発見した。コード化と回復は反対側の半球で起こるが、同一半球でコード化と回復が起こる時には、意味プライミングがより大きい。記憶の回復に先立って、両側の眼球運動で両半球の活性化が引き出される時に、意味記憶でなく、エピソード記憶において、眼球運動が有益な効果をもたらすことを彼らは見いだした。Christman と Garvey が提案したのは、エピソード記憶の促進はサーカディックな眼球運動から引き出されるより広い領域の脳の活性化によるのではないかということである。これらの知見は、以前に記憶と眼球運動の関連について Stickgold（印刷中）が報告した推測を支持している。

この研究から引き出される一つの結論は、皮質のさまざまな機能が行動や注意のあらゆる活動に相互的な影響を与えるであろうということである。用いられた刺激のタイプは、焦点づけられた注意そのものや関連した定位反応ほどにはその点で重要でないのかもしれない。半球の賦活が引き起こされるのは、明らかに、注意の焦点を左右に移動させるかどうか、何らかの左右の運動活動が起こるかどうかによる。例えば、知覚心理学のいくつかの研究はサーカディックな眼球運動が被験者に、現実にそれが起こることを妨げられたときでさえ、終えたと思わせることができることを証明した。もし、例えば、眼球の筋肉を動かないようにして、被験者がある側に彼らの眼球を回そうと努力するなら、実際の動きはないのに、眼球が動いたかのように感じる（Brindley & Merton, 1960）。要するに、サーカディックな眼球運動では、脳は意志を登録するのであって、完了した行為を登録するのではない。この発見は、特殊な運動ということではなく定位反応のみが、情報処理メカニズムの賦活に必要であるという仮説と一致している。大脳半球の活動性が交互に高まることが EMDR 効果の要因の1つなら、眼球運動以外に、より多くの刺激、手のタッピング、音が有用であると認められることが期待される。事実、それぞれの眼球からの視神経が両方の半球と結ばれているので、一つの点に対する強制的な焦点づけが処理

の移行を誘発することがわかるであろう。もしくは、働いている第1の要因が定位反応であるかもしれないし、リズミカルな刺激のみがより素早い治療効果の助けとなっている可能性もある。

仮説をテストするために提案されている変数は、この章の後の節で展望する。しかし、どの場合でも、臨床の目的は外傷的な記憶に関するクライエントの気づきを維持し、一方で現在提供されている刺激に注意を集中する発火を用いて、処理メカニズムをたえず賦活することである。そのとき多分、最上の代替刺激によって処理効果が起こることが可能になる。そしてまた、外傷性の記憶と現在の刺激（そして治療効果を補助する付加的強化子）に同時に注意するように教示することで、臨床家がクライエントのコンプライアンスをモニターすることも可能になる。

統合的効果

EMDRの効果を記述する最も簡単な方法の一つは、その情報処理システムの活性化を描くことである。心的外傷に対する瞬時の生化学的反応が、それを神経生物学的な静止状態に孤立して残したので、ターゲットの出来事は処理されないままであった。クライエントが動く指を目で追うか、手のタッピング、音、壁のある決めた点に注意を向けると、活発な情報処理が始まり、現在の刺激に注意を向け始める。クライエントがこの刺激と、外傷的な記憶の両方に同時に注意を向けるよう言われると、活発な情報処理メカニズムが現在の刺激と同様にターゲットの出来事と連結され、それを処理する。この処理メカニズムは情報を適応的な解決に動かすために生理学的に構成されている。たぶん、急速な処理が起こるのは、臨床家が絶えずクライエントを適切なターゲットに（そしてターゲットとされた経験の構成項目の適切な配列に）導くことと、他の手続きの要素がクライエントの逃避を妨げるか連想的な処理を引き出すことによる。

しかしながら、実際の神経学的裏づけは数十年の間見いだされないかもしれない。それまでの間、EMDRの効果の臨床的観察は、神経生物学や記憶研究の領域の研究者に、生理学的な過程をよりよく理解する機会を供給する。EMDRの急速な治療効果は、長期の記憶とごく近い記憶を処理する異なった結果と同

様に、記憶連想、情動処理、認知処理の標準的パターンを観察するための機会を与えてくれる。このように、多くの経路で、EMDRは脳に窓を提供しているかもしれない。

統制群を用いた研究

どんな新しい方法の研究も、臨床観察と実験的な発見の双方を含むべきである。EMDRの研究は、現在、PTSDに関する研究の文脈で評価されようとしている。以下の節は（1）現在のPTSD研究と、臨床の方法すべての研究に提唱された研究基準を簡単に展望し、（2）EMDRのPTSD領域での臨床効果の比較研究を記述し、（3）前に記述した基準に照らして研究を評価し、（4）(a)臨床効果、(b)要因分析、(c)理論的仮説をテストする基礎的研究を評価する将来的な研究にアドバイスする。この章の最後では、より一般的な臨床的、専門的な懸案を概観した。

PTSDの治療研究の全般的不足

精神衛生の多くの領域での臨床効果の比較研究は不幸にも少なく、臨床実践より伝統的にはるかに遅れている。例えば、系統的脱感作法はJoseph Wolpeによって1952年に紹介されたけれども、多くのケース記録は6年後に報告され（Wolpe, 1958）、その効果を実証する最初の比較研究（Paul, 1966）が登場するのにさらに8年が必要であった。同様に、イメージを用いたフラッディングは、今やPTSDのための標準的な治療であるが、それに関する最初の臨床報告は1982年に示された（Fairbank & Keane, 1982; Keane & Kaloupek, 1982）。そして、その効果の妥当性を示した最初の独立した比較研究が発表されるまでに、7年間を待つことになった（Cooper & Clum, 1989）。PTSDの罹患者が莫大な数に上っていることを考えると、全般的に心的外傷の領域で、臨床効果の研究はあまりにも数が少ないようである。

1992年の終わりまでに、PTSDは公式に1980年のDSM-III（APA, 1980）で認められ分類されて13年を経ていたにもかかわらず、たった6つの臨床効果の無作為化比較研究が（薬物の効果研究を除いて）公刊された論文に見いだされる

のみであった（Solomon et al., 1992）。そしてそのうちの4つは男性のベトナム戦闘帰還兵のものであった。EMDRが1989年に紹介されて以来、トラウマを受けた対象に対してEMDRを適用した16の比較研究が現われた。しかし、2000年時点で、PTSDに対する認知行動療法の治療効果の研究は12しか発表されていない。そして、どのチームも同じプロトコルで評価を行なっていない（Shapiro, 印刷中-b）。精神力動的な研究は1つのみ、催眠の研究も1つがPTSDへの適用を研究している。明らかに、心的外傷を負った人々に関する臨床効果の研究を増やしていくことが強く求められている。

提唱されたEMDR研究基準

　この節ではいくつかの基礎研究の基準を概説する。この基準は、いかなる方法をも妥当にテストするに当たって合理的で、必要に見える。すでに行なわれたさまざまな研究の結果を評価するためにこの原理は用いられるようになるであろう。言うまでもなく、どんな治療的な手続きの評価も、比較臨床研究の最高の基準に従うべきである。以下に数え上げられた基準は十分なテストのための基本的なガイドラインである。本節の残りは、標準的な臨床実践の緊急性の中で、臨床研究に十分に精通していない研究者により見落とされてきた臨床的に妥当な要因を確立するために合理的に必要な原理をさらに拡張している。私の希望としては、本節が、臨床家が自分の方法の研究報告を評価することを十分にガイドする手助けとなれば幸いである。

　FoaとMeadows（1997）が示した研究デザインの7つの「黄金基準」は、（ⅰ）「ターゲットの症状を明確に定義する」ことで、これによって包含する基準と排除する基準を明確にして、改善を評価するために適切な測度を用いることが可能になる、（ⅱ）よい心理測定的特性を持つ「信頼性の高い、妥当性の高い測度」、（ⅲ）評価測度を収集するのに、治療を行なう人と異なった「ブラインドの評価者を用いる」、（ⅳ）評定者間信頼性を示した「評価者の訓練」、（ⅴ）「マニュアルで再現性を示した、特定的な治療プログラム」を用いて、一貫性と再現性のある治療の提供を行なう、（ⅵ）少なくとも2人の治療者による治療で、無作為化か、層化サンプリングによる「偏りのない治療の割り当て」、（ⅶ）治療の忠実性を評価した「治療の従順性」、である。

MaxfieldとHyer（印刷中）が示した3つの追加的な基準は、（ⅰ）治療条件を混乱させないことを確実にするために「同時並行的な治療がないこと」、（ⅱ）「多重的な測度を使用」し、面接、行動的、生理学的測度で、幅広い病理と効果を評価する、（ⅲ）ほとんどの人が障害を除けるような十分なセッションを参加者が受けられる「治療の十分な回数」、である。

以下の節では、どんな臨床的な方法を評価する際にも私が特に意味があると考える原理のいくつかをより詳細に探索している。比較研究において、臨床的に妥当な要因を確立するために外せないと考えるものを明らかにするために、トラウマ治療に適用されたEMDRが例として用いられる。読者はEMDRの手続きとプロトコルの、背景を知っていることから、様々な点を明確にすることができるであろう。しかし、ある臨床対象に対して評価されたどんな心理療法をテストする際にも、同じ原理が適用されることが期待される。そして、本節における方法論上の基準は、EMDRをトラウマの被害者に適用した幅広い研究結果を評価するのにも用いられるであろう。

方法の妥当性

研究者は評価されるアプローチ全体について訓練されるべきで、臨床実践で実際に使われるプロトコルを実行すべきである。忠実性のチェックが心理療法研究の「黄金基準」（Foa & Meadows, 1997）の1つと考えられていて、どんなアプローチであれ、その価値を評価するのに明らかに必要と考えられている。忠実性のチェックは有能なインストラクターか臨床家によって実行されるべきで、研究者のその方法の使用の妥当性を査定するのである。予定されている忠実性のチェック者は、治療以前の時点で、テストされる方法において有能であると評価されていて（Brom et al., 1989参照）、用いられる忠実性の評価測度において、信頼性を確立しているべきである。アプローチに関する研究者の有能性は、基準に合っているかを治療以前に評価されるべきで、例えば、うつに対して、認知-行動療法を適用することを評価するのに用いられるものと同じである（Elkin, 1994; Elkin, Gibbons, Shea, & Shaw, 1996; Jacobson et al., 1996）。

はっきりと、研究者によって、不正確に使われたり、自信なく使われた方法では、これらの方法についての知識の基礎に、ほとんどもしくは全く貢献しないし、虚偽の結論に通じることにもなり得る。

EMDRのような、複雑な方法では、研究で評価される前に、十分にスーパーバイズされた実習セッションのある訓練が、最低限期待される。しかしながら、訓練のみが有能さを保証するものではない。これは特に、幅広い実習と臨床経験という一般的な臨床技能が完全でない学生や研究者に当てはまる。理想的には、研究者は治療手続きの使用を観察すべきで、臨床家は、十分に訓練され、十分に経験があり、方法を使い慣れていて、うまく使えると評定された人であることが望ましい。これが可能でないとき、研究者は方法についての公式の訓練を受けるべきで、肯定的な忠実性のチェックを充分に一貫して得るために、試験的な研究での参加者で実習を十分行ない（必要ならば、適切なコンサルテーションとスーパービジョンで援助を受ける）、さらに、比較研究で組織的に検討する前に、それを使い慣れたと感じることが必要である。もちろん、こうした用心はどんな治療手続きでも重要と思われる。実際、これは公的な研究を実行する際、厳格な科学の研究者によって使われてきた方式（例えば、物理学、化学、生物学）である。持続的なスーパービジョンを受け、手続きの忠実性とプロトコルの維持のチェックは、臨床心理学の一般的な研究実践の確立された部分である必要がある。EMDR研究の2つのメタ分析が、実践の忠実性と治療効果との間に直接的な相関があったことを示していることは明記されるべきである（Maxfield & Hyer, 印刷中; Shapiro, 1999）。

治療者がEMDRや他の治療方法で有能であることを確認するのは重要である。これと等しく、十分に訓練された治療者でさえ、時間とともにプロトコルから離れていくのは珍しいことではないので、継続的に研究の間を通じてプロトコルに従順に行なっているかを評価することがなおざりにされることがあってはならない（Moncher & Prinz, 1991; Walz, Addis, Koerner, & Jacobson, 1993）。この理由のために、理想的には研究の全体から無作為に選ばれたセッションに関して、治療者が治療マニュアルに従っているかが、治療効果にブラインドな評価者によって独立に評価される必要がある（Moncher & Prinz, 1991）。

心理学的測度の選択

用いられる心理学的測度は、臨床対象と治療の変数に適切なものであるべきである。例えば、一つのトラウマ記憶に適用されるいかなる方法をテストするにも、研究者が用いる道具は、1つの記憶がうまく処理されたときの変化を評

定することができるものである必要がある。不幸にも実際は、多くのトラウマを抱えた対象を治療する目的のために心理学的測度は開発されてこなかった。臨床研究で行われている限られた数のセッションでは、そのような道具の開発は必須の要件である。例えば、多数の出来事による心的外傷（性的虐待とか軍隊の戦闘のような）を受けた被験者に、たった1つ（もしくは少数）の問題記憶を扱った場合、目標達成尺度（GAS）、PTSDの標準面接、ミネソタ多面式質問票（MMPI）、症状チェックリスト（SCL-90）といった全般的な心理学的測度は変化を検出できないようである。さらに、臨床観察が示すところによれば、全般的測定を多数の出来事による心的外傷例に用いるのならば、すべての彼らの主要なクラスターを代表する充分な数の記憶について、最低12週間のEMDRの治療を被験者は受けるべきであるようだ。さらに多くのセッションが二次的疾病利得に働きかけるために必要とされるだろう。この警告はどんな治療アプローチにも等しく当てはまる。

　単一記憶の再処理効果を評定するために一般的に用いられる唯一の標準化された尺度は、出来事インパクト尺度である。しかしながら、この道具がある記憶の治療後に変化を測定するために使われる場合、被験者はすでにターゲットとされた記憶に関してのみ侵入の数を評価するように、そして他のすべての侵入を無視するように特に指示されなければならない。この区別は多数のトラウマを持つ被験者には難しいだろう。さらに、こうした環境では、多くの中から一つの外傷的な出来事がうまく治療されたとしても、その特有の記憶の侵入は出来事インパクト尺度によって検出されないかもしれない。他の記憶が障害であり続け、回避の下位尺度に影響を与えるのである。EMDRでは、取り扱われた記憶の数が充分なら、出来事インパクト尺度の侵入の下位尺度はすぐに効果を示す。しかし、回避の下位尺度上で治療の効果を明らかにするためには、現在の刺激と将来の鋳型（第8章参照）が、EMDRで（日常生活のイクスポージャーのための十分な時間をかけて）普通ターゲットとされる必要がある。この手続きの系列は、すべての同様な測定に適用され、どんなPTSDの治療方法を評価する際にも当てはまる。

　また価値があり、そして（多くの中から選んだ）1つのターゲットの記憶の変化を検出できる数少ない自己報告の測定方法の一つは、SUD尺度である。それはストレス（Thyer, Papsdorf, Davis, & Vallecorsa, 1984）の客観的生理学的

指標と相関すると認められ、治療効果の他の測度と高い一致を見せてきた(Hyer, 1994)。SUD 尺度も、DSM のための構成臨床面接によって評定される際の PTSD の最上の指標の１つとして、最近よく引用されている（SCID; Keane, Thomas, Kaloupek, Lavori, & Orr, 1994）。

参加者選択

研究の参加者が満たすべき合理的な基準は、臨床的変化の可能性である。例えば、クライエントと十分な臨床作業をするには、潜在的な２次的疾病利得を最初に検討することなしにはできない。自分の PTSD が完治すると、障害認定や安定した保険を失う危険のある参加者は、明らかにどんな治療手続きにも反応しにくい可能性がある。二重診断と現行の薬物濫用は除外基準として一般的に使われる。経済的な補償のような２次的疾病利得問題のあるものを、参加者とする前に失格させるべきである。例外は最初にこれらの要因をターゲットとする長期の実験であろう。しかし、新しい臨床の方法の確立は、EMDR であれ、他の方法であれ、障害の補償を現在受けている慢性的な障害の戦闘帰還兵を対象にして大きな治療効果を得ることで求められるべきではない。

比較研究

PTSD の対象の臨床結果の比較研究には見込みのある方法が用いられるべきである。つまり、EMDR は他の標準的な治療と比較して試験されるべきである。標準的な治療とは、直接的な治療的イクスポージャー（系統的脱感作法、長期の暴露を含む）、ストレス免疫療法、他の認知行動療法と PTSD の治療で最も効果的な薬物療法と判断されている（Van Etten & Taylor, 1998）選択的セロトニン再取り込み阻害剤（SSRIs）による治療である。治療は倫理的に可能であれば、非治療の統制群と比較されるべきである（Kazdin, 1994）。評価は効き目、治療の長さと、被験者の脱落、効果の維持と般化の比較でなされるべきである。こうした点は、標準的臨床の実践において、臨床家にとって必須の関心事である。さらに、無作為割り当てによって、重要な意味のある治療反応が分からなくなることがよくあるので、鍵となる臨床変数による治療対応効果の分析が管理されるべきである(Smyth, de Jongh, Greenwald, Rogers & Maccio, 1999; 例えば Cooney, Kazdin, Litt, & Getter, 1991参照)。

要因分析

　要因分析はあらゆるアプローチの標準的手続きやプロトコルの変更が治療の効き目を高めるか、損なうかを決定するのに有用であろう。臨床治療の個別の側面が評価され臨床結果に関連づけられるときはいつでも、診断された臨床的な対象でテストされることが必ず必要である。明らかに、どんな複雑な手続きでも、もしその多くの要素のうちの1つが取り除かれると、ある臨床的結果が生まれるであろう。もし、準臨床的な対象にこの一部を削られた手続きが適用されると、2つの条件間の比較効果をなくしてしまう結果が期待される。すなわち、準臨床的な対象を、「正常範囲」に動かすのに必要な治療の量と、要素の量は、治療の全手続きと比較した時に、有意な差を観察するには小さすぎる可能性がある。

　診断を下されたPTSDの患者は以前には治療やプラシーボ効果に抵抗を示すと評価されていたので（Shalev et al., 1996; Solomon, et al., 1992）、臨床的なトラウマ治療での要因分析は、この対象のグループで管理されるべきである。第一に考慮すべきことは単一のトラウマの被害者を用いることで、これは研究で通常与えられる短い治療時間で、標準化された全般的な心理学的測度で十分な量の変化が示されることを確認するためである。多数のトラウマを負った戦闘帰還兵は、2次的疾病利得の問題や、1つや2つの記憶について治療の効果を判断するのが難しいので、要因分析には一般的にいい被験者ではない。もちろん、これらの研究では、統計的検定力を保証するために充分な数の被験者を用いるべきである。多くの要素を持った治療の一つの要素は、効果値を小さく示しがちであるので、要因分析研究のサンプルのサイズは、治療効果を単に示す研究に求められる数より普通大きくする必要がある（Kazdin, 1998）。測度としては、治療効果の標準的客観的テストを含むべきで（行動的測度を含んで）、独立変数のうちの1つには治療時間を用いるべきである。そのうえ、要因分析は完全な治療の文脈上でなされるべきで、治療の忠実性のチェックを含むべきである。適切な仮説がテストされることも非常に重要で、統制群を用いることも当然である（この節の後半にあるEMDRについて書き足した節参照）。

PTSD 治療での EMDR の統制群を用いた臨床効果の研究

　私が1989年に EMDR を紹介した際には、第1章で詳しく論じたように統制群を用いた研究（Shapiro, 1989a, 1989b）によった。最初は「EMD」と名付けたが、最初の論文に記したように、紙数の都合により書けなかったが、さまざまな付加的な手続きの要素が使われたので、「EMDR」研究としてデザインされた。記された方法の増強は、この治療が EMDR として知られるようになるまで継続された。すべての訓練された研究者に EMDR の手続きが教えられたが、1989年の論文に頼った研究者は（例えば、Montgomery & Ayllon, 1994）、「EMD」を用いたと言えるかもしれない。最初の研究は多くの注目を集め、さらなる研究を刺激する目的を果たした。用いられた被験者の数が少なかったことと他の要因のため、研究は予備実験的であり、独立した追試と注意深い臨床的観察により確認することが必要であった。

　続いての EMDR 研究は（以下に展望するが）、より標準化された診断基準と症状の測度を組み込み、また治療者と効果の測定の分離を行なったので、強力になってきている。表1のリストはすでに公刊された研究のそれぞれが満たしている「黄金基準」（Foa & Meadows, 1997）の数を示している。さらに、より体系だった評価を可能にするような他の基準（Maxfield & Hyer, 印刷中）の数も示している（これらの基準は前の節にあげた）。これらの研究の苦労は、認知行動的な方法を評価する苦労の引き合いによく出されるが（Waller, Mulick, & Spates, 2000）、研究の苦労が多ければ多いほど、臨床的な効果は大きくなる（Maxfield & Hyer, 印刷中）。

　最初の研究から12年の間に、EMDR を支持する PTSD 治療の報告は、匹敵する期間の系統的脱感作法とフラッディングのどちらよりも多く公刊された（第1章参照）。実際、現在のことろ、EMDR に関する独立した統制群を用いた研究は、PTSD の治療に用いられる他の標準化されたいずれの方法よりも多い（Van Etten & Taylor, 1998）。次の節で、最初に私は簡単に研究を展望し、また将来の研究で避けるべき欠陥のいくつかを述べるつもりである。

　以下の無作為割り当ての統制群を用いた EMDR の研究は、PTSD 及び、心的外傷後ストレスの治療における EMDR を研究している。

表 1 改訂黄金基準スケールと効果値

PTSD 研究	黄金基準											効果値		
	Total	＃1	＃2	＃3	＃4	＃5	＃6	＃7	＃8	＃9	＃10	EMDR 群	統制群	比較群
Boudewyns & Hyer	7.5	1	1	1	1	1	1	0.5	0	1	0	0.67	0.38	0.46
Carlson et al.	8.5	1	1	0	1	1	1	1	1	1	1	1.53	1.24	1.44
Devilly et al.	4.0	1	1	0	0.5	1	0	0	0	0.5	0	0.37	−0.01	−0.01
Devilly & Spence	6.0	1	1	0	0.5	1	0	0	0	0.5	1	0.75	1.81	−0.67
Jensen	4.5	1	0.5	0	0.5	1	1	0	0	0.5	0	−0.50	−1.0(wl)	1.01(wl)
Lee et al.	8.0	1	1	0	0.5	1	1	1	1	0.5	1	2.07	1.37	0.62
Marcus et al.	8.0	1	1	0.5	1	1	1	0.5	0.5	0.5	1	2.30	1.13	0.76
Rogers et al.	6.5	1	1	1	0.5	1	1	0.5	0	0.5	0	1.10	0.20	1.13
Rothbaum	8.0	1	1	1	1	1	0.5	1	0.5	0.5	0.5	2.22	0.56(wl)	2.85(wl)
Scheck et al.	7.0	0.5	1	1	1	1	1	0.5	1	0	0	1.60	0.52	0.76
Vaughan et al.	7.5	0.5	1	1	1	1	1	0.5	0.5	0.5	0.5	1.38	0.60	0.69
Wilson et al.	7.5	0.5	1	1	0.5	1	1	1	1	0	0.5	1.49	0.19(wl)	1.50(wl)
平均	6.92	0.875	0.958	0.542	0.708	1.00	0.792	0.542	0.542	0.500	0.458	1.23	0.58	0.88

注）黄金基準：＃1，診断；＃2，測度；＃3，ブラインドの独立した評価者；＃4，訓練された信頼できる評価者；＃5，マニュアル化された治療；＃6，無作為割つけ；＃7，EMDR 治療の忠実性；＃8，他の同時進行の治療がないこと；＃9，面接評価；＃10，十分な数のセッション。各黄金基準の値：1，基準への完全な合致；0.5，部分的な基準の合致；0，基準に合わない。効果値＝Cohen の d。"wl"＝待機統制群。出典：Maxfield and Hyer（印刷中）

市民を対象にした研究

1．Chemtob、Nakashima、Hamada と Carlson（印刷中）。ハリケーン・イニキの影響を受けた子どもを対象に、時間差群デザインで3セッションの EMDR の効果を評価した。前に受けた治療に反応しなかった子どもの PTSD の診断基準に合う32名を無作為に治療群と遅延治療群に振り分けた。子どもたちは、ハリケーン後3.5年間改善が見られず、最近1年間は何の治療も受けていなかった。治療の忠実性のチェックはプラスだったが、独立したブラインドの評価者はいなかった。3セッションの EMDR 治療の後に、56％の子どもがもはや PTSD の診断基準を満たさなかった。外傷後反応、不安、うつの質問紙で臨床的な改善が示された。6カ月後のフォローアップでもこの変化は安定していた。さらに、EMDR 治療後の1年は前年に比べて、保健室への来訪が顕著に減った。これが子どもに用いられた EMDR の評価の最初の統制群をもうけた研究で、トラウマを受けた子どもの EMDR の効果を支持する予備実験である。

2．Devilly と Spence（1999）。第一著者（兼第一研究治療者）Devilly によって開発された治療パッケージ「トラウマ治療プロトコル」（TTP）が EMDR と比較された。TTP は、長時間のイメージのイクスポージャー、ストレス免疫訓練、認知の再構成からなっていた（Foa et al., 1991に基づく）。23人の PTSD の市民の被験者が非無作為のブロックに振り分けられ、8セッションの治療を受けた。最初のセッションで、治療の説明を受けた後、EMDR の被験者の31％が EMDR を受ける前にドロップアウトした。すべての測度で、両治療とも有意に効果があったが、TTP はより効果的であったと報告された。問題は独立したブラインドの評価者の欠如と、無作為化の欠如である。治療の統合性は高いと評価されているが、用いられた EMDR 手続きの記述は、多くの欠陥とともに標準手続きの遵守がなされていないことを示している。

3．Edmond、Rubin と Wambach（1999）。子ども時代に性的虐待を受けた成人女性に対する EMDR の効果を検討した。PTSD の診断の評価はされていない。治療の忠実性は評価されず、独立したブラインドの評価者もいない。59人の女性が3つの条件、（1）個別の EMDR、（2）通常の個別治療、（3）遅延治療統制群、の一つに無作為に振り分けられた。6治療セッションが提供され、不安、外傷後ストレス、うつの症状の低減に非常に効果があった。治療直後に

各条件間に有意差はなかったが、3カ月後のフォローアップ時に、改善が維持されていたのは、EMDR の参加者のみであった。4つのうち2つの測度で、より大きな改善を示し、効果値も臨床的有意性を示唆していた。

　4．Ironson、Freund、Strauss と Williams（印刷中）。EMDR と長時間イメージイクスポージャーをトラウマ被害者の実際の治療で比較した。両治療とも有意な正の効果を示した。ドロップアウト率は、EMDR で有意に低かった。10人の EMDR クライエントのうち7人は、3回の活動セッションで、症状の70％の低減という基準で効果的に治療され、一方、長時間イメージイクスポージャーのクライエントは12人中2人のみであった（すなわち、3セッションの治療完了者は EMDR が70％、長時間イクスポージャーが17％）。忠実性は両条件共に、受け入れられうるものと報告された。

　5．Lee、Gavriel、Drummond、Richards と Greenwald（印刷中）。EMDR の効果が、ストレス免疫訓練と長時間イクスポージャーの組み合わせ（SITPE; Foa et al., 1999）と比較された。両条件で、治療の忠実性が専門家によって高いと報告された。PTSD の基準に合う22名の被験者の各々は、無作為に治療条件の一つに振り分けられた。それぞれの被験者は待機リストでの統制も受けた。多岐にわたる効果測度で明らかになったのは、治療終了時点での臨床的に有意な改善で、3カ月後のフォローアップでも効果は維持されていた。EMDR は SITPE よりもホームワークの時間の要求が少ない分、効率がよかった。治療終了時点で見つかった唯一の治療間の差は、PTSD 測度での侵入下位尺度で、EMDR が有意に大きな改善を示していたことである。フォローアップでは、EMDR がすべての測度で、より大きな改善を示していた。

　6．Marcus、Marquis と Sakai（1997）。PTSD と診断された67名の個人を Kaiser Permanente 病院の援助を受けた統制群の研究で評価した。EMDR は、認知的、精神力動的、もしくは行動的個人療法といった標準的な Kaiser の治療よりも優れていた。それぞれの群の多くの参加者は薬物療法も受けており、グループ治療や、スーパービジョンの約束もあった。参加者は、50分の治療セッションを制限なく受けた。平均のセッション数は報告されていない。治療の忠実性の高さは研究以前に報告され、独立した評価者は治療条件に関してブラインドされていなかった。PTSD 症状、うつ、不安の測度において、3セッションの治療後、標準 Kaiser 治療より、EMDR が有意に低い値を生み出した。3セ

ッションの後に、EMDR参加者の50％は、もはやPTSDの診断基準に合わなくなっていた。一方標準治療の方は20％であった。治療後に、EMDR群の77％がPTSDの診断基準に合わなくなっていた（うち、単一のトラウマ被害者では100％）が、統制群は50％であった。このフィールド研究は、EMDRが他の多く使われている治療形態より優れており、外的な妥当性が高い可能性を示している。

7．RenfreyとSpates（1994）。統制群を用いた要因分析の研究で、眼球運動の役割を評価した。23人の参加者のうち、21人がPTSDの診断基準に合っていた。3つの形態のEMDRが比較された。臨床家の指を追う眼球運動のEMDRと、光の棒を追う眼球運動のEMDRと、固定した注視点を使うEMDRを比較した。忠実性のチェックは報告されておらず、独立したブラインドの評価者もいない。参加者は2から6セッションを受けた。この研究の弱点は、この種の要因分析研究で統計的な有意性を無効にするような被験者の数の少なさである（治療終了時の各セルで6～7名）。眼球運動の条件に「より効率的」という言葉が使われているが、3つの条件すべてに、多面的な測度で肯定的な変化が生まれた。眼球運動群の85％がPTSD診断に合わなくなり、一方眼球固定群は57％であった。

8．Rothbaum（1997）。PTSDの診断を受けたレイプ被害者18名が無作為にEMDRか待機統制群に振り分けられた。受け入れられる治療忠実性が報告され、独立したブラインドの評価者がいた。3セッションのEMDR治療の後に、参加者の90％がPTSDの全部の基準に合わなくなっていた。一方、待機群は12％であった。EMDR参加者の平均スコアは、外傷後ストレス、うつ、解離を測定する道具で正常域の範囲まで減少した。遅延治療条件がEMDRを受けると、同様の反応率が報告された。

9．Scheck、Schaeffer、とGillette（1998）。16～25歳の60名の女性で、ハイリスクな行動と外傷的な履歴の持ち主がスクリーニングされ、EMDRか積極的な傾聴のどちらかの2セッションに無作為に振り分けられた。77％の女性が、ブラインドの独立した評価者により、PTSDと診断された。治療の忠実性は研究に先立って、臨床家の何人かで評価された。両群とも、結果として、外傷後の症状、うつ、不安、自己概念の測度で、有意な改善が見られた。EMDRの効果は、自己概念を除いたすべての測度でより大きかった。治療の効果は両群

とも3カ月後のフォローアップでも維持されていた。治療は相対的に短いものであったが、EMDRで治療された参加者は、すべての5つの測度で患者でない正常群の1標準偏差内に入った。結果は、注意、治療的ラポート、傾聴といった非特異的な効果のいくつかといった統制群よりEMDRが優れているという立場を支持している。

10. Shapiro（1989a）。22人のレイプ、性的虐待、戦闘の経験者を対象にした最初の統制された研究である。EMDRと変形したフラッディングを比較した。このフラッディングは研究者のその記憶と注意へのイクスポージャーを統制するためのプラセボ群として使われた。SUDと行動の測度で、治療条件、遅延治療条件において、肯定的治療効果が得られ、さらに1カ月後、3カ月後のフォローアップセッションで、独立に効果が確認された。この研究の弱点は、標準化された測度の欠如と、参加者をリファーした治療者や家族といった独立した評価者による行動変化の報告以外行動の測度がないことである。

11. Vaughan、Armstrong、Cold、O'Connor、JennekeとTarrier（1994）。統制された比較研究で、全体の78％がPTSDと診断された36人の参加者を、（1）イメージ・イクスポージャー、（2）応用筋弛緩法か、（3）EMDRの治療に無作為に振り分けた。治療は、3〜5セッションから成り、60分と40分の毎日の宿題が2〜3週間、イメージ・イクスポージャーと筋弛緩群にそれぞれ付加されていた。EMDR群では、全く付加的宿題はなかった。治療の忠実性のチェックの報告はなく、評価測度の管理は、ブラインドの独立した評価者が担当した。待機リスト群に比べて、すべての治療群で、PTSDの症状で有意な減少があった。さらに、EMDR群での減少が最大で、侵入症状に関して特に顕著であった。フォローアップでは、PTSD被験者の70％がPTSDの診断基準にもはや合わなくなっていた。

12. D. Wilson、Silver、CoviとFoster（1996）。統制群を用いた研究で、二重刺激の効果を調べた。PTSDに罹患した18人の被験者が、眼球運動、手掌のタッピング、もしくはイクスポージャーのみの条件に無作為に振り分けられた。高い治療の忠実性が前もって評価された。生理学的測度（皮膚電気反射、皮膚温、心拍数）とSUDで、有意差が見られた。結果として、眼球運動の条件でのみ、被験者の苦痛のセッション内の脱感作と、自動的に引き出された、見た目は強制されたような弛緩反応が見られた。これは、眼球運動のセットの間に

見られ、条件づけモデルを支持するように見える。本研究の弱点は、標準化された診断の欠如と、症状の評価の欠如である。

13．S. Wilson、Becker と Tinker（1995、1997）。統制群を用いた研究で、80人の心的外傷の被験者(37人は PTSD と診断された)を EMDR 治療か遅延 EMDR 治療の条件の５人の訓練された臨床家に、無作為に振り分けた。ブラインドの独立した評価者がすべての自己報告の測度を治療前後と、３カ月後のフォローアップ時に管理した。高い治療の忠実性が参加者の臨床家の多くによって前もって評価されていた。EMDR と待機リスト統制群の間で、PTSD 症状、うつ、不安の標準化された測度で、治療終了時及び、３カ月後のフォローアップ時に有意差が認められた。この改善は臨床的にも有意で、すべての測度の平均は正常範囲に移行した。トラウマと特に関連した測度は治療効果を最も大きく示した。待機リスト群に治療が施されたときに、治療効果は再現され、すべての測度で有意な効果があった。15カ月後のフォローアップ研究で、67人の参加者が、独立した評価者により再評価された。37人の最初の PTSD の参加者のうちの32名も含まれていた。効果は、被験者が PTSD と診断されていてもされていなくても等しく大きかった。この時点ですべてが EMDR 治療を受けた被験者なので、もはや統制群は存在せず、評価はブラインドでない。治療前に比べて84％において、PTSD 診断の低減が見られた。

戦闘帰還兵の研究

１．Boudewyns、Stwertka、Hyer、Albrecht と Sperr（1993）。試験的な研究で、無作為に20人の慢性入院患者帰還兵を２セッションの EMDR＋集団療法群、眼を閉じた EMDR＋集団療法群、集団療法群に振り分けた。自己報告された苦悩レベルと治療者の評価で、EMDR の付加によって有意な肯定的な結果が示された。標準化された指標及び生理学的測度では、変化は全く見いだされなかった。この結果は、補償を受けていた被験者の２次的疾病利得の割りに治療時間が不充分だったせいではないかと著者らは考察している。結果は、さらに研究を進めることを保証する程度に肯定的なものと考えられ、在郷軍人局によって財政的な援助がなされた。本研究では忠実性のチェックは報告されていない。

２．Boudewyns と Hyer（1996）。慢性的な PTSD の61名の戦闘帰還兵が無作

為に EMDR＋集団療法群、眼を閉じた EMDR＋集団療法群、集団療法群の3条件の一つに振り分けられた。すべての参加者は8セッションの集団療法を受け、EMDR 群と閉眼群は5〜7の治療セッションも受けた。この研究の弱点は、こうした多くのトラウマを抱えた対象に対して、たった1つか2つの記憶しか治療できない不十分な治療時間しかなかったことである。この第2の研究では、治療への忠実性は外部の評価者によって変数として報告され、クライエントはブラインドの独立した評価者によって評価された。すべての条件の参加者は、PTSD 症状を測定する構成面接において有意に改善し、群差はなかった。閉眼条件、EMDR 条件の被験者は、気分と生理学的測度において、集団療法統制群より優れた改善を示していた。EMDR か閉眼を集団療法に付加することが効果を促進することが示された。

3．Carlson、Chemtob、Rusnak、Hedlund と Muraoka（1998）。EMDR の効果を35人の慢性の PTSD に罹患したベトナム戦争以来の戦闘帰還兵で検討した。治療への臨床的な忠実性は外から評価され、肯定的であった。クライエントの評価は治療者により完了し、9カ月後には独立したブラインドの評価者が行なった。12セッションで参加者は大きな臨床的改善を示し、多くは症状から解放された。EMDR 条件で、78％の PTSD 診断が減少した。バイオフィードバックのリラクセーションや VA（退役軍人管理局）の臨床治療より EMDR は優れていることが証明された。結果は独立に、PTSD、不安、うつの測度で評価された。これは受け入れられる忠実性を達成し、こうした対象に対して提案された（第11章参照）、多くの EMDR セッションを用いた退役軍人の唯一の研究である。

4．Devilly、Spence と Papee（1998）。不完全な無作為化を用いて、51人のベトナム戦闘帰還兵で EMDR の効果を検討した。EMDR を眼球固定の EMDR と標準的な精神医学的支援と比較した。この研究の弱点は、この多くのトラウマを負った対象にたったの2セッションの治療しか提供していないことである。忠実性は報告されていないが、記述された手続きによれば怪しい。治療後の時点で、PTSD、うつ、不安、問題対処の測度ですべての群が有意な改善を示した。3群間に差はなかった。信頼できる変化の測度は、EMDR 群の67％、眼球固定 EMDR 群の42％、標準的な治療の10％が信頼できる改善を示していた。

5．Jensen（1994）。PTSD に罹患した25人のベトナムの戦闘帰還兵が、無作

為に待機リスト条件か、2セッションのEMDRに振り分けられた。インターンの研究者はEMDRプロトコルへの従順性という忠実性のチェックが低く、適用の技能も低かった。この研究のもう一つの弱点は、こうした多くのトラウマを負った退役軍人に対して治療時間の量が不十分であることで、診断的な測度において、改善は示されなかった。

6．Pitman、Orr、Altman、Longpre、Poireと Macklin (1996a)。Macklin、Metzger、Lasko、Berry、OrrとPitman (2000)。17名の慢性の外来帰還兵の統制群を用いた要因分析の研究。交差デザインを用いて参加者は、無作為に2つのEMDR群に振り分けられた。一つは眼球運動を使い、もう一つは強制された眼球固定、手のタッピング、手を振ることの組み合わせを使った。治療の忠実性は外部の評価者によって、変数として判断された。各群で、1つの記憶に6セッションが実施された。この研究の弱点は、サンプル数が小さいことと、多くのトラウマを負った対象にたった1つか2つの記憶しか治療できなかったことである。両群とも、自己報告のストレス、侵入、回避症状で有意な減少を示した。5年後の分析（Macklin et al., 2000）では、この研究の後の他の治療について統制は行なわれなかったが、1996年の参加者の13名が評価された。最初に見られた中程度の改善は消え、全員がPTSDの診断基準に合っていたと判断された。

7．Rogers、Silver、Goss、Obenchain、WillsとWhitney (1999)。本研究は、EMDRとイクスポージャーを比較するための過程報告として、初めデザインされた。治療への高い忠実性が確保され、ブラインドの独立した評価者がいた。12名の帰還兵が、最も苦痛な出来事に焦点を当てて、1セッションのイクスポージャーかEMDRを受けた。両条件ともに、出来事に特異的な変化を測定できるように改良された出来事インパクト尺度で改善が見られた。EMDRの治療では、セッション内のストレスと自己監視の侵入的な想起のレベルにおいてより大きな正の変化が示された。

EMDRの効果研究における方法論的問題

これらの研究の大部分で臨床的に肯定的な結果が得られた。しかし、以下の項で見るようにいくつかの問題が残されている。この方法論上の問題のいくつかはEMDRの将来の研究で解決が図られるべきである。前節で展望した研究の条件についての議論を発展させると、ここで議論すべき問題には、治療の忠

実性（すなわち、どのくらいよく手続きが管理されているか）の欠如、適切な臨床評価測度の欠如、2次的な疾病利得問題を抱えた被験者の使用がある。

治療の忠実性とプロトコルへの従順性

EMDR に関する公刊されたいくつかの研究では、使われた方法が臨床実践で使われる方法と一致していなかった。例えば、ある2つの PTSD 以外の研究（表1にはない）では、方法の訓練を受けていない研究者が限定された回数の少数の眼球運動のみを使っているにもかかわらず、全体的な方法についての結論まで導いている（Sanderson & Carpenter, 1992; Tallis & Smith, 1994）。これらの研究は両方とも、簡単なイクスポージャーと本質的に同等の効果を報告している。

これらの研究は他の技法から切り離された、限定された眼球運動の効き目についての推測を可能にするかもしれないが、結果は EMDR の方法全体の使用に何ら光を投げかけない。この本が明らかにするように、EMDR は複雑な方法で、表面的な眼球運動より多くのものを含んでいる。そのうえ、臨床実践の効果を最大にするために、眼球運動はクライエントに合わせなければならない。私たちが見てきたように、クライエントによってはある眼球の方向、速度に反応しないし、またあるものは治療の効果を続けるために、眼球運動を治療の経過中に系統的に変化させることを必要とする。

だから、EMDR の訓練を受けていない研究者が、4から7セットの眼球運動を同一の方向、速度、回数に固定して使用し、やっと認められる程度の改善しか報告しなくても驚くにはあたらない。例えば、Sanderson と Carpenter(1992) の診断されていない恐怖症クライエントの研究は、7つのセット(で3分以下)の制限された眼球運動の後に SUD スケール2単位のみの苦悩の減少を報告した。彼らの結果から、EMDR は恐怖症に実質的に有効でなかったと展望論文の著者は結論した（例えば、Lohr, Kleinknecht, Tolin, & Barrett, 1995）。この誤った結論はさらに、限定された眼球運動で治療に成功しなかった複合恐怖症の被験者のケース報告（Acierno, Tremont, Last, & Montgomery, 1994）によって一層ひどいものになった。さらにこれらの研究者は、私の初期の論文（Shapiro, 1989a, 1989b）に記述された手続きを不正確に実施し、被験者にそれぞれのセットの後にリラックスするように教示して、生理学的な指標がベースラインに

戻るまで治療を開始しなかった（それによって何度も自由連想過程を中断している）。予想通り、有意な肯定的結果は得られなかった。一方、望ましいプロトコルを用いた研究者は、肯定的な結果を得ている（例えば、De Jongh et al., 1999）。公刊された恐怖症の研究の包括的な展望によれば、標準化されたEMDRの恐怖症手続きの半分以上を用いた研究者は恐怖反応の完全な寛解を得ている。半分以下を用いたものは、雑多な結果となっている（Shapiro, 1999）。

訓練を受けた研究者であっても、訓練のみでは能力と治療の質は保証されないので、彼らが方法をどう使用したか、妥当性のチェックが行なわれるべきである。例えば、最近の研究で報告された妥当性チェックを表1に記したが(Pitman et al., 1996a)、治療の忠実性にはばらつきがあって、どのくらいうまく方法が用いられたかと治療の効果の間には正の関連が示された。さらに、公式なEMDRの訓練を終えていなかった2人の不慣れなインターンによる研究(Jensen, 1994)では低い忠実性が報告された。これは、研究を遂行する以前の明らかな問題点であって、彼らがプロトコルに従うことなく、難しく複雑な領域を模索しているということを示している（Lipke, 1999）。専門家の忠実性の評価のない他の研究も、効果を定義するのに限定的な価値しか持っていないし、予備実験的なデータとしてのみ見なすべきである(例えば、Devilly & Spence, 1999; Vaughn et al., 1994)。読者を混乱させる可能性を警戒して、公刊の際には、自分からこうした限界に言及することが大切である。

評価の道具

いくつかの研究では成功した治療結果を映し出すことができないような心理学的測度が使われてきた。多くの記憶の中から一つの記憶が再処理されたときの治療上の変化を明らかにすることができる標準化された心理学的測度は不幸にも、一般的に不足している。例えば、Boudewynsら(1993)、Devillyら(1998)とJensen（1994）の研究が見いだしたのは、被験者の扱われた記憶でのSUDのレベルのみの減少であって、他の測度は全般的なので（例えば、M-PTSD）、10以上の外傷的な戦闘記憶のうちの1つのみが実際治療されたときには、この全般的な指標は治療上の改善に鈍感であった（Fairbank & Keane, 1982）。というのもたった2セッションのみが行なわれたにすぎなかったのである。生理学的測定が行なわれるとき、それは用いられた治療研究に先立って決定されてい

るべきで、研究で割り当てられた治療時間内で考えられる治療的変化に敏感であることが必要である。この理由により、生理学的測度は、慢性で多数のトラウマを負った対象に、たった1つの記憶が治療される際には十分に効果を反映できないかもしれない。いずれにせよ、生理学的反応に反映されている情動が何であるかを判断することも必要である。例えば、電導皮膚反射の差は、恐怖と興奮や怒りの区別ができない可能性がある。

治療時間

　EMDR 研究のいくつかで対象とされている参加者は、ほんのわずかのセッションで、心理学的方法の正確な評価をするには、あまりに多くの2次的疾病利得の問題を抱えている。慢性の戦闘帰還兵が研究の被験者に使われたとき、包括的な治療をするためには、十分な数のセッション（例えば、12）が行われることが大事である。この基準に合う唯一の統制群を用いた研究は（Carlson et al., 1998）、大きな効果値を示し、PTSD 診断の78％が消退した。他の帰還兵の研究では、たった2セッションだけとか、たった1つか2つの記憶しか扱っていなかった。これらの研究(Boudewyns et al., 1993; Boudewyns & Hyer, 1996; Devilly & Spence, 1999; Jensen, 1994; Pitman et al., 1996a）での成果は、この条件を心に留めて評価されなければならない。不幸にも、ほとんどの臨床家が証明するように、2次的な疾病利得（例えば、退役軍人局の給付）は、これらの個人にとって生活の一部であることが多く（第4章と第11章に記したように）、あまり大きくない治療効果か、または均質でない治療効果が期待される場合には、2次的疾病利得は前もって扱われなければいけない。先述された EMDR の帰還兵研究のいくつかの結果は(例えば、Boudewyns & Hyer, 1996; Pitman et al., 1996a)、認知行動療法の雑誌で報告されたもの（例えば、Keane et al., 1989; Pitman et al., 1996a, 1996b 参照）に似ていることを明記しておくべきである。しかし、研究手続きと結果は標準的な EMDR の臨床実践と一致していない。この対象で報告されたような実質的な効果を得るには（Carlson et al., 1998; Lipke, 2000; Silver & Rogers, 印刷中、参照）、治療の全行程が必要である。例えば、Cerone（2000）の予備研究は、罪悪感の有意な緩和を報告したが、これは1つのターゲットの出来事との関連で標準化された測度で評価されており、この対象の症状の全般的緩和は、より多くの記憶を扱う包括的な治療が必要であろう。罪悪感と関連

した記憶が持つ抵抗は標準的な認知行動療法に対して強いことが報告されているが（Kubany, 1997; Kubany & Manke, 1995; Pitman et al., 1991; Meadows & Foa, 1998）、この予備研究の知見は、全行程の治療によりしっかりと検討されるべきである。同様に、子ども時代の幅広い虐待のサバイバーが研究の被験者として使われる時には、安定化のために準備段階に十分な作業を必要とし（Korn & Leeds, 印刷中; Leeds & Shapiro, 2000）、治療も数カ月が必要かもしれない（Marcus et al. 1997参照）。

EMDRと他のPTSD治療の比較

今日まで、EMDRとの直接的な比較が行なわれてきたのは、（1）待機統制群（Rothbaum, 1997; Wilson et al., 1995, 1997）、（2）退役軍人管理局医療センターの標準的な治療（Boudewyns & Hyer, 1996; Jensen, 1994）、（3）バイオフィードバックを用いたリラクセーション（Carlson et al., 1998）、（4）単純なリラクセーション（Vaughan et al., 1994）、（5）傾聴（Scheck et al., 1998）、（6）HMO（Marcus et al., 1997）で使われるさまざまな形態の個人心理療法（例えば、イクスポージャー、認知療法、精神力動療法）（7）いくつかのタイプのイクスポージャー療法（Vaughan, Armstrong, et al., 1994; Ironson et al., 印刷中; McFarlane, 2000; Rogers et al., 1999）、そして（8）イクスポージャーと認知療法の組み合わせ（Devilly & Spence, 1999; Lee et al., 印刷中; Power, McGold-rick, & Brown, 1999）であった。いく人かの展望論文の著者の結論（例えば、Lohr et al., 1998）に反して、この範囲の比較はPTSD療法の他の現存する形態で見られたものと同様であった。彼等が比較したのは、（1）イクスポージャー療法と待機統制群（Keane et al., 1989）、（2）イクスポージャー療法と退役軍人管理局医療センターの標準的な治療（Boudewyns et al., 1990; Boudewyns & Hyer, 1990; Cooper & Clum, 1989）、（3）イクスポージャーとストレス免疫訓練や支持的なカウンセリングか待機統制群と比べたもの（Foa, Rothbaum, Riggs, & Murdock, 1991; Foa et al., 1999）、そして（4）イクスポージャーと認知再構成療法とそのそれぞれ、両方にリラクセーションを付け加えたものとないもの（Marks et al., 1998; Tarrier et al., 1999）であった。

帰還兵の参加者を用いたEMDRと非EMDRの両方の研究の結果は、全般的に方法論的な問題を抱えているが（Feske, 1998; Shapiro, 1995; Solomon et al., 1992）、

市民を参加者としたEMDRと非EMDRの研究は曖昧ではない。EMDRの市民の研究は1つ（Devilly & Spence, 1999）を除けば、統制条件よりEMDRが優れていた。CBTの市民の研究で、イクスポージャーとストレス免疫訓練はほぼ同様であることがわかったが、両方は支持的なカウンセリングや待機リストより優れていた（Foa et al., 1991, 1999）。同様に、イクスポージャーと認知療法は同等であるが、リラクセーションよりも優れていた（Marks et al., 1998）。

表1に見られるように、これまで最も実験的に熱心に公刊されているEMDRの研究に、Leeら（印刷中）、Marcus et al. (1997)、Rothbaum (1997)、Scheckら（1997）、Wilsonら（1995, 1997）がある。市民のPTSD被験者を用いたこれらの実験は、3〜5時間のEMDR治療で77〜90％のPTSD寛解率が見られるか、多様な測度において、健常者の平均の1標準偏差内への低減が見られることもあった（Maxfield & Hyer, 印刷中、参照）。すべての市民のEMDR研究で報告された肯定的な結果への唯一の例外は、DevillyとSpenceによる研究で、これは、被験者の条件への無作為化の欠如、専門家の忠実性評価を含めていないこと、心理測定の管理が標準化されていないこと（Chemtob et al., 2000; Maxfield & Hyer, 印刷中）といった深刻な欠点を抱えている（表1参照）。EMDRが認知行動療法の比較条件と比べられた他の研究では、全般的により短い治療時間で、いくつかの測度でEMDRが優れており、他の測度では同等であった（Ironson et al., 印刷中; Lee et al., 印刷中; McFarlane, 2000; Power et al., 1999; Rogers et al., 1999; Vaughan, Armstrong, et al, 1994）。

Van EttenとTaylor（1998）によるすべての現存するPTSD治療に対するメタ分析では、行動療法、SSRI、EMDRが最も効果的な方法であった。この結果から、将来においてEMDRがこれらと比較されるべきであると結論されるかもしれない。Van EttenとTaylor（1998）は、EMDRが「最も効率的」な治療法（p.140、傍点は追加）のようであるとも結論している。しかし、言うまでもなく、効果と効率の質問に答えられるのは、メタ分析によるのではなく、当該の治療同士を角つきあわすように比べねばならない。不幸にも、どの2つの独立した研究チームによる行動学的研究も正確に同じプロトコルを使っていないので、そうした比較に用いる認知行動療法のプロトコルをどれにするか決定することが大変難しい。

EMDRのプロトコルは1990年以来、標準化された評価要素、昔か最近かの

心的外傷へのターゲット要素、外傷記憶への注意と「イクスポージャー」の短期間化、自由連想、認知の再構成、眼球や他の感覚モード（例えば、リズミカルなタッピング）の両側性の刺激など（Shapiro, 1991a, 1991b, 1991c, 1991d）は変わっていない。これらの明確化された手続きは1995年にShapiroが公刊したが（1995）、本版（2001）でも実質的には同じである。EMDRと対照的に、PTSDへの認知行動治療のプロトコルは、年を追って大幅に変化を続けてきた。例えば、実験的なテストに市民のPTSDに対する最初のイクスポージャー治療が提出されたとき（Foa et al., 1991）、90分のイメージを用いたイクスポージャーセッション7回と毎日ホームワークとしてイメージのイクスポージャーをすること、さらに、治療者主導の現実のイクスポージャーのホームワークも伴うことが推奨された。25時間のイクスポージャー治療はケースの55％において、PTSDの寛解を結果としてもたらした。Tarrierら（1999）は後にFoaのプロトコルを改良し、16回の1時間のセッションと、被験者によっては特殊な階層戦略を追加した。付け加えて、ホームワークの部分も削除した。Foaら（1991）のように、PTSD診断の消退は被験者の約半数であると報告している。直接的なイクスポージャー時間の変化、ホームワーク課題をなくしたこと、階層の導入に関連したインパクトはいまだに研究されていない。

　PTSDに対するイクスポージャー療法の他の唯一の比較研究はMarksら（1998）によるものである。この研究者らは、純粋なイメージのイクスポージャーを用い、同時に治療者が援助しながらの現実イクスポージャーを16週間に10回の90分治療セッションを持ち、さらに必要な被験者には1日1時間のイメージか現実かのホームワークを行なうように言った。被験者がこのプロトコルでイクスポージャーを実施する時間はさまざまで、112時間がイクスポージャーホームワークとして課されたが、平均の実施率は65％だった。50％以上のコンプライアンス従順率は肯定的な治療効果と関連があると報告された。この研究者の報告では、彼らのイクスポージャー療法で、彼らの被験者の75％がPTSD診断を消すことができた。FoaとTarrierのプロトコルで用いられた治療者援助の現実イクスポージャー、追加的に課されたホームワーク、イメージのイクスポージャーの相対的なインパクトは検討されていない。

　イクスポージャー療法の研究においてと同様に、PTSDへの認知療法の3つの実験的評価（Foa et al., 1991, 1999; Marks et al., 1998; Tarrier et al., 1999）の各々

は違ったプロトコルを用いている。Marks ら（1998）の研究が最も効果的で、およそ73時間のホームワーク（65%の実施率）の結果として、PTSDの寛解率75%を得ていた。上述した研究のように、PTSDの治療において認知行動療法の組み合わせ(すなわち、あるイクスポージャーとある認知療法の組み合わせ)を検討した5つの実験（Devilly & Spence, 1999; Echeburua, de Corral, Zubizaretta, & Sarasua, 1997; Foa et al., 1999; Glynn et al., 1999; Marks et al., 1998）の各々が違ったプロトコルを使っていた。すなわち、さまざまな形式と長さでのイメージイクスポージャーや、現実イクスポージャーとさまざまな形式の認知的再体制化、認知的挑戦、ストレス免疫の技能が、治療とホームワークの多様な組み合わせの中に組み込まれる。それぞれの主要なプロトコル手続きをテストする研究チームによって、定式化されているが、独立には検討されていない。

　EMDRと認知行動療法の相対的な効果を決めるのに、同一の実験において、2つの方法をそれぞれ互いに比較することが必要である。しかし、EMDRと認知行動療法の比較といったことを実行しようとすると標準的なイクスポージャーや認知療法プロトコルを再現する必要があるようで、多様な独立した研究者が同じ治療手続きを取る必要がある。臨床的な現実の緊急性を考慮に入れた方法でさまざまな治療をテストすることも重要である。例えば、前述した実験的な証拠（Marks et al., 1998）が、治療者援助の現実イクスポージャーを含めて、より高い寛解率を達成していることが示されたが、そのような面接室の外でのイクスポージャーが開業している臨床家に選択可能であろうか？　さらに言えば、ホームワークへのコンプライアンスでPTSDの寛解率が上がる実験的証拠があるが（Marks et al., 1998; Richards et al., 1994; Scott & Stradling, 1997）、そのような従順性が研究場面よりも臨床場面でより低いことも知られている（Scott & Stradling, 1997）。さらに考慮に値する事実は、Marksと共同研究者(1998; Richards et al., 1994)が記したように、研究治療者はイクスポージャー療法を行なう過程で、高い個人的ストレスを報告している。

臨床効果の比較研究のために提案された基準

　こうした懸念、さらに他のものも受けて、以下に、現存する方法の適切な比較テストに関する提案をする。

　1）研究者は臨床使用のための提案されたイクスポージャーや認知療法を標

準化することを試みるべきである。それにより、同じプロトコルが独立した研究者によって実験的にテスト可能である。

 2）研究者は、Foa と Meadows（1997）が提唱し、Maxfield と Hyer（印刷中）が拡張した「黄金基準」に従うべきである。特に重要なのは、実験が忠実性の評価を含んでいることである。これにより、研究で検討されているプロトコルが実際実践している臨床家に対して現在提唱され、用いられているものであることを確かめることができる。でないと、実験室での結果はほとんど、もしくは全く臨床実践に影響がなくなる。研究者は、評価される特定の対象への適用に関して、原理、手続き、プロトコルの知識を持っているべきである。

 3）イクスポージャー療法、認知療法、SSRI そして EMDR を検討する研究者は、用いられる治療のタイプ別の有効性、効果、効率、ドロップアウトを、臨床家やクライエントの好み（例えば、耐性と快適さ）同様注目すべきである。

 4）研究は、治療効果のフォローアップテストを含むべきで（望むべくは、1治療期間以上の間隔で）、効果の持続性と時間での道筋を見極める。この懸念は特に薬剤をテストする研究に当てはまり、フォローアップ研究が欠けていることが多いのである（van Etten & Taylor, 1998参照）。被験者が薬物療法をやめた後に、どの程度治療効果が維持されるのかの測度を含めることも重要である。こうした研究後の測度は科学的な興味のみでなく、臨床の患者がさらされる可能性のある、向精神薬の長期服用による悪影響の可能性を減らすための情報を与えるのである。

 5）可能ならば、研究チームは現実のフィールドで実践している臨床家を含めるべきで、これによって、研究の外的な妥当性を最大にすることができる。今日まで、この保証条項が適用されたのは、4つの EMDR 研究で（Chemtob et al., 印刷中; Ironson et al., 印刷中: Marcus et al., 1997: Scheck et al., 1998; Wilson et al., 1995)、薬剤の研究では数多くある（例えば、Brady et al., 2000; Davidson et al., 1990; Kosten, Frank, Dan, McDougle, & Giller, 1991）。

 6）研究が含むべき治療セッションの数は、テストされる臨床対象に適切であるべきである。例えば、多くのトラウマを負った被験者（例えば、戦闘帰還兵）には、1つのトラウマの被害者に推薦される3〜6セッションより、12セッションの方が、効果を上げそうである（Maxfield & Hyer, 印刷中; Shapiro, 1995, 1999参照）。

7）研究が含めるべき臨床の効果のテストは、表面的な臨床症状についてのみでなく、より全般的な人格特性のいくつかについても行なわれるべきである。後者の例としては、自己帰属、自己効力感、家族、社会や雇用の領域に影響を与える行動学的な変化、そして全般的な人生目標の設定がある。

8）理想的には、トラウマの影響や他の癒しの方法が基礎を置くメカニズムを明らかにするために、研究者が神経生理学的、神経生物学的データを集めるよう試みるべきである(Heber et al., 印刷中: Lansing et al., 2000; Levin et al., 1999)。

9）研究は、十分な数の被験者を集め、比較条件に対して違った反応をする被験者の特質を特定するような内部分析を実施すべきである。評価の変数を確立することから始めるのが重要である。そうすることで、異なる治療を求める個々のクライエントに提供でき得る。

多様な臨床適用

多くの現在の訴えが初期の苦痛な出来事に基づいているか、大きく影響されていることが明らかなので、EMDRがPTSDを越えて幅広く適用可能とわかってきたのは驚くに値しない。EMDR実践を導く適応的な情報処理モデルによれば、PTSDの患者で要と考えられているような記憶は「状態依存的な形態」(van der Kolk, Greenberg, Boyd, & Krystal, 1985参照)で保存されている。すなわち、元々の出来事の時に経験した感情、生理、認知の要素を含んでいる(Shapiro, 1995, 1998, 1999, 印刷中)。EMDRがPTSDによる苦痛のトラウマ記憶とPTSDとは診断されない症状のトラウマ記憶にも有効な治療法であるという証拠が、いくつかの大きな統制群を用いた研究で報告されている（例えば、Scheck et al., 1998; Wilson et al., 1995, 1997; Wilson, Becker, Tinker, & Logan, 印刷中）。これらの研究は、幅広い心理測定の測度で（例えば、不安、うつ、心身症状）、PTSDの被験者と非PTSDの被験者間にEMDRの治療効果として何ら明確な差は検出できないと報告している。

EMDR使用で（1）人格障害（Fensterheim, 1996a; Korn & Leeds, 印刷中; Manfield, 1999）、（2）解離性障害（Lazrove & Fine, 1996; Paulsen, 1995; Twombly, 2000）、（3）不安障害（De Jongh & Ten Broeke, 1998; De Jongh et al., 1999; Goldstein & Feske, 1994; Nadler, 1996; Shapiro & Forrest, 1997）、（4）身体表現性障害

（Brown, McGoldrick, & Buchanan., 1997; Grant & Threlfo, 印刷中; Philips, 2000）の肯定的なケース報告が公刊されているが、統制群を用いた研究がこうした報告を確認するために必要である。例えば、Brownら（1997）は、7つの身体醜形障害（BDD）のケースで、EMDRの適用を評価した。この障害は認知行動療法では8～20セッションが必要とされているが、結果はさまざまである（Neziroglu, McKay, Todaro, & Yaryura-Tobias, 1996; Veale et al., 1996; Wilhelm, Otto, Lohr, & Deckersbach, 1999）。対照的に、Brownら（1997）は、1～3のEMDRのセッションで病因となる記憶を処理して、BDDの消失が7つのうち、5つのケースで有ったと報告した。

しかし、適切な統制群を用いた研究をデザインする際に、その対象の潜在的な特別なニーズの文脈において、全体のEMDRプロトコルを評価することが重要である。Brownら（1997）の結果はBDDの治療にEMDRが可能性を持っていることを示したが、より包括的な臨床図式を評価するためには、将来の統制群を用いた研究ではより多くのセッションを実施すべきである。例えば、残っている症状に対して、また治療に反応しなかった2人の被験者も考えに入れて、これらの対象に対して、標準的なPTSDのプロトコルがどの程度有効であるのか？ターゲットを定めたり、準備するのに特別な調整が必要なのか？を探ることは、重要であろう。

不幸にも、多くの公刊されたEMDRの研究は、完全なEMDRのアプローチを用いることに失敗しているという深刻な妥協をしている。メタ分析（Shapiro, 1999）が示したように、公刊された恐怖症の研究のほとんどは（例えば、Bates, McGlynn, Montgomery, & Mattke, 1996; Lohr et al., 1995, 1996; Muris & Merckelbach, 1997; Muris, Merchelbach, van Haaften, & Nayer, 1997; Muris, Merkelbach, Holdrinet, & Sijsenaar, 1998）、8～11ステップの恐怖症にプロトコルのわずかに1～3ステップを用いているに過ぎない（Shapiro, 1995, 1999）。提唱されているEMDRの手続きの全体の枠組みに従わない例が広く見られることは、1991年以来、また1995年にはこのテキストの初版が出ているので、手続きの全体がすでに使用可能であったので、大変残念なことである。しかし、これはJoseph Wolpeが彼の革新的な手続きである系統的脱感作法に関して、彼が直面した状況と似ている。Wolpe（1990）は、系統的脱感作法の多くの研究において、自分の提唱した手続きが不完全に管理されたことで、致命的にダメにされたと報告し、研

究結果の独立した検討によって、治療の忠実性と治療効果の相関を示している。

研究の緊急性を考えれば（例えば、時間の考慮、実験者と被験者双方の役割上の制約）、臨床手続きを提唱されたものより短縮したいのはよくわかるが、提唱されたものは、本質を損なわないように作られている。そのような省略は、少なくともある臨床のクライエントでは、不幸にも手続きを弱体化する。例えば、標準的なEMDR手続きの包括的な生育歴聴取や準備の段階を省略すれば、研究者はさまざまなセルフコントロール技法を用いる被験者の能力の評価や、情報の効果的な処理に必要不可欠かも知れない能力の評価をする機会を自ら否定することになる。

本版と前の版（1995, p.92）で記したように、「そのようなセルフコントロールの技法をもしクライエントが使えないなら、EMDR治療は試みるべきではない。臨床家はさまざまな方法を試みて、クライエントが苦痛のレベルを下げられるようにすべきである。苦痛を下げることができないと、機能不全の題材にアクセスした時に、クライエントの恐怖は当然増すことになり、肯定的な治療効果を大きく損ねることとなる」。セッション内でも、次のセッションまでの間でも、自発的な処理からの苦痛や、現実生活での不安の引き金からの苦痛を緩和するために「毎日習慣的に、ほっとするため」（p.92）の手続きがすべてのクライエントに用いられるように薦める。さらに、「セルフコントロールの技法の使用は特に恐怖症のクライエントには重要である。クライエントはこの技法を面接室で、身につけた感じがするまで練習し、自信の測度で、不安や恐怖のあるレベルまで扱えると感じられるレベルに上るまで練習する」（p.223）のである。不安障害の公刊されたほとんどの研究が、単に周辺的なもしくは中程度の成功しか得ていないのだが、EMDRを適用する際に、この段階を省いているか、一部省略しているのは偶然でないかもしれない。

臨床的な時間の制限のないアプローチではなく、時間の限られた研究では準備段階のたった1セッションの効果の違いは、特にあるタイプの不安障害では重大である。例えば、パニック障害のクライエントの研究では、効果の期待できる結果が報告されているが（Feske & Goldstein, 1997; Goldstein & Feske, 1994）、広場恐怖を伴うパニック障害のクライエントの研究では同じことは言えない（Goldstein, de-Beuro, Chambless, & Wilson, 2001）。その中心的な研究者は次のように述べている（Goldstein私信、2000年9月3日）。

これまで私が診てきた成人期に始まったPTSDクライエントのセッション内で一貫して標準手続きがとられたという証拠は観察できなかった(Goldstein, deBeurs, Chambless, & Wilson, 印刷中)。クライエントの中には、セッション内の処理がうまくいく者もあったが、全体としては、ゆっくりでしかも不完全であった。クライエントによっては、また最初のシーンに対する感情的な反応を示さないまま完全なセッションを終える者もいる。彼らは感情的にはずっと喚起されているにもかかわらず、こういった反応を示す。

ここから、広場恐怖のクライエントが、例えばPTSDの人と、EMDR治療の処理や効果の上で、どのように異なるのかという疑問が湧いてくる。考えられる説明は、広場恐怖の人は強い感情に対してより回避的であるとか、恐怖のネットワークに関してより混乱しているとか、不安と恐怖の反応に関して正確な原因－結果の帰属をすることが難しいといった観察がある。私の信念として、とらえどころがないように見える力によって、圧倒され、混乱させられて、彼らは治療にやってくることが多いと思う。治療における最初の仕事は、たくさんの構造と安心を与えることと具体的な不安マネジメント技能への焦点づけである。治療の初期のステージでたぶん、EMDRのような感情を引き出す過程に取り組む準備はできていないのであろう。

この引用から明らかなように、広場恐怖症者に対するEMDRの将来の研究は、十分な準備段階を何セッションも持つ必要がある。そうでないと、プロトコルの残りを実行できない結果となる可能性がある。他の対象が同様に影響されるかもしれないのはまだ知られていない。他方、不安障害のいくつかがイクスポージャー治療によってよりうまくいくが、他のものはEMDRによってよりうまくいくようだ。これは、症状がより外傷的に貯蔵された病因に埋もれているからかもしれない。実験的な仮説を注意深く組み合わせ、標準的な臨床のケアを積み重ねることで、この問題に適切にアプローチできるであろう。

繰り返しになるが、EMDRは統合的なアプローチとして作られ、精神分析的（Fensterheim, 1996a; Solomon & Neborsky, 印刷中; Wachtel, 印刷中）、認知行動的（Fensterheim, 1996a; Smyth & Poole, 印刷中; Young et al., 印刷中）、経験主義的（Bohart & Greenberg, 印刷中）、そして、生理学的、身体志向的（Siegel, 印刷中; van der Kolk, 印刷中）治療アプローチの側面を取り入れている。こと

ほどさように、EMDRの手続きステップのどれかを削ったり、短縮したりすると、また標準的なプロトコルを変えたりすると、特にある個人や対象において、治療効果に悪い影響を及ぼしうる。それゆえ、ある対象に最初にEMDRを試す際には、何らかの削減を考える前に、すべての段階と手続きをそのまま実施すべきであるという常識へと至るようである。

活動的な要因の重みづけ

　要因分析が被っている被害は、不適切な統制条件、不適切な被験者対象、不十分な数の被験者といったものである。今やEMDRはPTSDに対する実証的に支持された治療と確認されているので（Chambess et al., 1998; Chemtob et al., 2000; Van Etten & Taylor, 1998; Waller et al., 2000)、この対象に適用される際に、手続きのさまざまな要因の相対的な重要性について尋ねるのは適当である(Kazdin, 1992)。ISTSSの治療ガイドラインのまとめに記されたように、「研究はEMDRがPTSDに対する効果的な治療法であるということを提案している。その効果の由来が、イクスポージャー治療の（認知療法の材料を少し入れた）別の形態だけであるのか、新しい原理に基づいているのかは明確でない」(Shalev, Friedman, Foa, & Keane 2000, p.366)。後半の疑問は特に興味深い。というのは、イクスポージャー治療についての論文で長く支持されていた原理や実践に反して、EMDRの手続きの適用は、自由連想の成分とともに（Rogers et al., 1999; Rogers & Silver, 印刷中; Shapiro, 1995, 1999)、(長時間のイクスポージャーより) 短く切ったイクスポージャー(Boudewyns & Hyer, 1996; Chaplin & Levine, 1981; Chemtob et al., 2000; Foa et al., 1989; Lyons & Scotti, 1995; Marks, 1972; Marks et al., 1998)が必要である。

　すべての臨床的手続きは、2つ以上の多くの部分からなっており、その相対的な重みづけや相互の関係は最初は明確ではない。このテキストで取り上げられているEMDRの個々の手続きの要素の相対的な重要性を決定するために、さらに、イクスポージャー、認知療法、左右交互の刺激（例えば、眼球運動、タッピング、音）の相対的な貢献度も決定するために、しっかりした要因分析が行なわれるべきである。しかし、個々の治療効果が最大化された、統制群を設けた研究方法でのみ行ないうるのである（Kazdin & Bass, 1989)。そうでな

いのなら、どの個々の要因の役割もノイズの中に失われるかもしれない。

要因分析

2つの質的に異なったタイプの要因分析がある。（1）臨床効果の研究と（2）要因の作用の研究である。臨床効果の研究では、クライエント・患者は手続きが試用されるための病理の診断を受け、全体的な手続きか（ここでは、実験群と呼ぶ）、全体的な手続きから要因の1つを差し引いた手続き（統制群）を実際の臨床実践と関連した臨床的な効果の測度を用いて経験してもらう。このタイプの研究の目的は特定の要因が、当該の臨床対象の効果的な治療結果に必要なのか、貢献しているのかを決定することである。

要因の活動の検討をする研究では、特定の要因の効果の基礎が検討される。この研究では、実験群は EMDR の実践で使われるものとして、1つの要因が経験され、残りの EMDR プロトコルは行なわれない。統制群には、何らかの理論的に関連した代替物が与えられる。この研究のタイプの参加者は擬似的な被験者（例えば、大学生）か、ある診断を受けた者である。

この2番目の種類の実験例としては、眼球運動と他の種類の左右交互の刺激の比較がある。一緒に何らかの第3の（真の統制）群もたぶんある。この種の研究は最初のものよりも仮説誘導的である。

以下の節では、このさまざまな選択肢について調査する。臨床的な要因分析が現場の臨床家には最も密接であるから、これらを先に扱う。その後、さまざまな理論的仮説を検討する研究の議論へと移る。

臨床効果の要因分析研究における要因分析のための変数の提案

以下は、EMDR の個々の成分に関する将来の研究で、適切な結果を生み出すための提案である。PTSD に対しては EMDR の効果がすでに評価されていて、期待される効果値が得られているので（Van Etten & Taylor, 1998参照）、この対象が用いられるべきである。さまざまな治療成分の重みづけが、対象によって変わっているようである。この臨床研究では、基本条件に、このテキストに記されているような手続きとプロトコル全体の標準的な EMDR を含むべきである。他の条件では、標準的な EMDR の手続きから1つの成分を差し引いたもの（例えば、刺激を加えない）か1つだけ変えたもの（例えば、左右の課

題でなく、1つの課題）を用いるべきである。

（1）**PTSDの診断の下った被験者を用いること**　実験的な結果の生態学的妥当性を最大にするために、臨床的な方法をテストすると主張する研究は臨床対象に用いられるべきであることは明らかだ。PTSD治療への要因の貢献度を決定しようと試みる研究は、普通、苦痛な記憶1つを持った学生といったアナログ（すなわち、疑似臨床的）被験者に頼るよりも実際に診断を受けた参加者を使うべきである。アナログの被験者はEMDRの要因のほんの少しが使われても、臨床的な方法すべてで得られるようなEMDR治療からの利益を得られるようである。したがって、疑似臨床の被験者での治療効果の量は、統制条件でも実験条件でも同じで、その中の要因の貢献は洗い流されてしまう。そのようなEMDRの短縮版が実際のPTSDに罹患した人に用いられたら、結果は大きく違ってくるだろう。彼らは特に治療に抵抗的と考えられているし、プラシーボの効果に抵抗的である（例えば、Solomon et al., 1992）。眼球運動のみの利用を調べた基礎研究が疑似臨床の対象で行なわれたが（例えば、Andrade et al., 1997）、そのような研究は、比較の効果値がどの条件でも、EMDRの手続きを追加的に用いなくとも最大化されているので、知識の基礎にちょっと付加することができるのみである。

（2）**適当なPTSD対象からの被験者を用いること**　PTSDの人たちを適切に選択することは要因分析において大変重要である。統制群を用いた研究は、数多くのトラウマではなく（例えば、戦闘帰還兵）、大きな1つのトラウマを負ったPTSDの参加者を用いるべきで、また、現在、その障害によって補償（例えば、障害者年金）を受けているべきでない。この被験者の基準に合わない研究は、(a) 治療セッションがこうした特に問題となる臨床対象に大きなインパクトを与えるには少なすぎる(例えば、2セッション)（例えば、Boudewyns et al., 1993; Devilly et al., 1998)、(b) 被験者の多くのストレスフルな記憶のうちの1つか2つに治療が限られている（例えば、Boudewyns & Hyer, 1996; Pitman et al., 1996a）。こうした限界をもった研究では、もし用いられたテストの測度が、典型的にこうした臨床対象に使われる（Fairbank & Keane, 1982参照）ような全般的なもの（例えば、戦闘関連PTSDのミシシッピ尺度）なら、肯定的な治療的変化は特に明らかにならないだろう。さらに、補償を受けている被

験者では２次的疾病利得の考慮があるので、治療効果を減じてしまうだろう。これらの要因は要因分析による区別に必要な明確な効果値の差を得られなくする。

（３）**十分に大きなサンプルを用いること**　臨床的な方法の要因分析での被験者の数は、条件間の潜在的に小さい差を明らかにできるだけの大きさを備えていなくてはいけない（Cohen, 1988; Kazdin & Bass, 1989; Rossi, 1990）。ある実験において必要な被験者の正確な数を左右するのは、もちろん実験の特質、有意差を検出できるのに必要なパワーの決定、テストされる測度、被験者の多様性などである。不幸にも、診断を受けた、テストを用いた、単回のトラウマの（そして、補償ももらっていない）被験者を使ったEMDRの要因分析の研究のほとんどは、非常にサンプルの数が限られていて（例えば、１条件７～９名）、標準化された測度を用いて期待されるのは小さな条件間の差で、明確な証拠を出すことができない。RenfreyとSpates（1994）の研究のような例は、条件の各々で、７～８名の被験者を検討している。大きな記述レベルの差にもかかわらず（すなわち、平均3.9回のEMDRセッションの後に、85％のPTSD診断が消え、一方、眼球運動なし条件では5.4セッションで57％が消えていた）、そして、眼球運動の成分が「より臨床的に効率的」（p.238）と観察されているのに、そのような小さい被験者数では、傾向としての統計的な有意性しか示されない。

（４）**統制条件の特性**　要因分析において、さまざまな条件は、お互いに分離されて、明確になっていることが重要であり、対比されている成分が理論的に意味があることが重要である（Beutler, 1991; Norcross & Rossi, 1994; Shapiro, 1995）。例えば、EMDRの「ありのままを味わう」要素の使用が検討されるならば、１つの条件は被験者が記憶の１要因を「なるように任せるのではなく」強制的に変えるようにしたものが当てられる。他の例では、もし自由連想の要因の使用が評価されるときならば、統制条件では、イクスポージャー療法のように、被験者に最初のターゲットにのみ注意するように言う。短く切られたイクスポージャーか自由連想かの使用を評価するのなら、対比するセルは明確である。参加者に壁面上の点に眼球を固定するものを含めるべきではない。これは、刺激の要因の変法である。これは左右交互ではない二重焦点条件であり、従って、「自由連想」や「イクスポージャー」の貢献を明確には評価できない。

EMDRで用いられた眼球運動について、もし二重刺激仮説が検討されるの

なら、眼球運動は眼球閉眼や眼球非固定と比較されるべきである。明らかに、定位反応理論は、この２つ両方の条件に関連したメカニズムである。定位反応理論の研究は、眼球運動のスピードも評価することを必要としていると記すべきである。というのも、Beckerと共同研究者たちが行なった研究で(Becker, Todd-Overmann, Stoothoff, & Lawson, 1998)、この要素が効果について鍵となることが発見されたからである。半球の偏りと二重刺激の特質についての仮説を検討するならば、眼球運動は左右交互の刺激条件と片側の条件と比較ができるであろう。この場合、上に示したような課題なしの条件（例えば、眼球閉眼）は、プラシーボ条件のベースラインを確立するのに必要である。

（5）包括的な心理測定　幅広い心理測定が、現場の臨床家によって認識される包括的な治療効果をテストするのに、使われるべきである。認知、感情、身体、行動の次元に沿った変化を生み出すために、すべての主要な心理学的オリエンテーションの側面がEMDRに統合される。この本を通して記されているように、臨床的な目標というのは明らかな苦痛を除きながら、人格の成長と発達の次元に働きかけることである。その際明らかに、異なる成分がさまざまな次元に別々のインパクトを与えている。例えば、ある研究（例えば、Cusack & Spates, 1999）が、肯定的な認知の使用を除いて、標準的なEMDRの手続きと比較を行なった。結果によれば、PTSDの症状へのプラスの影響の達成には何ら害がないことがわかった。しかし、自己効力感や将来的な対処能力が、標準的なEMDR治療に比べて、十分強められていないかもしれないが、その程度については評価はなされていない。このさまざまな領域を評価できる心理測度を用いることによってのみ、最終的な評価ができる。同様に、ある成分が、顕在的な症状の緩和に効果を持っていないようでも、クライエントのコンプライアンスや効率には貢献しているかもしれない。それゆえ、研究には現場の臨床家の関心に直接関連する多様な治療的変数に対する幅広い測定範囲が含まれるべきである。

（6）科学的基準　言うまでもなく、どんな治療的手続きを評価する際にも、前節で概観した統制群を用いた臨床的研究の最高の基準に従っているべきである（Foa & Meadows, 1997; Maxfield & Hyer, 印刷中、も参照）。この言葉は自明で、不必要に見えるかもしれないが、今日までの研究（例えば、Devilly et al., 1998; Sanderson & Carpenter, 1992; D. Wilson et al., 1996）の検討が示しているの

は、EMDRの要因分析は、この基準の半分も満たしていないということである。

現存の臨床的要因分析の展望

数多くのEMDRの要因分析がなされてきて、展望論文に引用されてきたが(Lohr et al., 1998; Lohr, Kleinknecht, & Tolin, & Barrett, 1995; Lohr, Lilienfeld, Tolin, & Herbert, 1999)、決まった基準に従っていないことから、現在の混乱があり、結論の出ない結果となっている(Chemtob et al., 2000; Feske, 1998; Perkins & Rouanzoin, 印刷中, 参照)。いくつかのデータの誤った報告が混乱を増幅させた(Lipke, 1999)。一つの例として、Lohrら(1998)の展望で、初期のシングルサブジェクトデザインは眼球運動の要因を支持していないと述べているが、実際にはまさにその逆である。例えば、いくつかの要因分析研究の一つで、診断を受けた戦闘に関係のないPTSD被験者を用いて、MontgomeryとAyllon (1994)は、肯定的な治療効果に眼球運動成分が必要であることを見いだした。彼らは報告している。「データは示している。PTSDの被験者に短い時間の繰り返しのイクスポージャーと認知的再体制化のみでは、肯定的な治療結果は十分に得られない」(Montgomery & Ayllon, 1994, p.228)。彼らは、6人の被験者のうち5人が眼球運動成分の追加によって、「事前に調べた自己報告のストレスが有意に減少し、このことは心理－生理学的覚醒の減少へと反映されている」(Montgomery & Ayllon, 1994, p.228) とさらに言っている。この結果にもかかわらず、臨床実践で最も一般的に用いられてきたバージョンのEMDRでは、MontgomeryとAyllon (1994) によって用いられた比較的シンプルなEMDの技法 (Shapiro, 1989a) の記述には見られないような多くの改善がなされており、現在の手続きは眼球運動(か他の形態の左右交互の刺激)なしでもいくらかの効果を見せるであろう。それゆえ、初めに取り上げた様々なガイドラインをまとめるより厳格な評価が強く示唆される。

EMDRの眼球運動成分は手続きのうちの効果的な要素であるという証拠は、統制群を用いた研究でも(例えば、Feske & Goldstein, 1997; D. Wilson et al., 1996, Lipke, 2000も参照)、シングルサブジェクトデザインの研究でも(例えば、Cerone, 2000; Lohr et al., 1995, 1996; Montgomery & Ayllon, 1994) 報告されてきた。実際、診断を受けた人々のすべての要因分析研究は、多くのトラウマを負った

戦闘帰還兵を除いて、いくつかの肯定的結果を示している。しかし、不幸にも、こうした研究の多くは、さまざまな方法論上の問題を抱えているので（Feske, 1998; Shapiro, 1995, 1996、参照）、さらなる研究が必要である。条件間の違いを見つけられなかった（例えば、Acierno et al., 1994; Dunn, Schwary, Hatfield, & Wiegele, 1996; Carrigan & Levis, 1999; Sanderson & Carpenter, 1992）その他の要因研究の問題点は、非臨床の対象を用いていること、標準的なEMDRのプロトコルの短縮型や省略型を用いていることである（De Jongh et al., 1999; Fensterheim, 1996b; Shapiro, 1995, 1996、参照）。さらに、これらの研究はほとんどの部分において、優れた効果研究の基本的な基準に合っていなかった(Feske, 1998; Shapiro, 1995, 1998)。問題のこの不幸な状態がより増大するのは、要因分析研究の中には（例えば、Bauman & Melnyk, 1994; Pitman et al., 1996）、プラセボ治療と思われていた統制条件に実際には左右交互の刺激を用いるものまであることで、これは、EMDRの実践家によって眼球運動に変わる臨床的に効果的な代替刺激として、うまく用いられてきたものである（Shapiro, 1991, 1994, 1995）。当然ながら、これらの実験では眼球運動と統制条件間の差は見られなかったが、興味深いことにそれは、ある種の二重刺激がEMDRで役立っている可能性を排除しない。それが示唆するところは、たぶん多くの刺激の形態が用いられ得るということである。

　EMDRの要因分析がこれまで報告してきたことから、眼球運動、一般的に二重焦点もしくは、方法の他の側面の役割がこれまで不十分にしか研究されてこなかったということは明らかである。統制群を用いた研究を行なうのに必要な資源が与えられるならば、将来の要因分析は、本文で先述され、前にまとめられた基準（Shapiro, 1994, 195, 1999）に従うことが強く求められる。そうすることで、理論的理解や臨床的実践に貢献できる。EMDR治療の神経生物学的副産物に関して提唱されているさまざまな理論があるが（例えば、Andrade et al., Bergmann, 1998, 1999, MacCulloch & Feldman, 1996; Servan-Schreiber, 2000; Siegel, 印刷中; Stickgold, 印刷中; van der Kolk, 印刷中）、研究者は慎重に統制条件の特性を考えることが特に重要である。

　先に述べたように、いくつかの研究で用いられた統制条件が、すでに臨床実践で効果があることが示されており（Shapiro, 1991c, 1994b, 1995a）、従って、分離が不十分で、理論的に区別ができていない。例えば、Pitmanら（1996a）

は、単一の統制条件、（1）リズミカルなタッピング、（2）壁の一点を見つめる、（3）治療者の手が被験者の視線を横切って行ったり来たりする、を用いている。条件が不幸にも複雑なので、十分な理論的解釈ができない。両方の条件において、二重の注意の方向づけ、左右半球の仮説が等しく代表されているので、この研究は、主として眼球の動きそのものが臨床的効果に不必要であることを示している。刺激成分のいくつかの形の使用には光が当たっていない。

　Pitmanら（1996a）で不注意に用いられた統制条件の不十分さは、Corbettaら（1998）の最近の神経生物学的研究においても支持されているようである。Pitmanら（1996）のように、（1）左右方向の眼球運動、（2）眼球は固定しつつ、両半球への注意を方向づけるという2つを比較して、脳の機能的活動の80％が重なり合っているという結果を得ている。著者によれば、「頭頂葉、前頭葉、側頭葉の部位のネットワークが両方の課題において活動的であった。この解剖学的な重なりは注意過程と目の運動過程が神経レベルで密接に統合されているという仮説と一致している」（p.761）。Corbetaらが検討した2つの条件は本質的に同じ神経的活性化と特徴づけられるので、たぶん、Pitmanらが用いた2つの条件が同じであることが真実で、効果の違いを見いだせなかった背景的な基礎であるのかもしれない。さらに、彼らの結果を混乱させているのは、Pitmanの研究で検討された被験者が多数のトラウマを負った戦闘帰還兵であることだ。前述したように、彼らはただ1つの記憶をターゲットにして、全般的な測度で差を見つけるには、大変難しい対象を代表している。

シングルサブジェクトデザインの使用

　ふさわしい統制群を用いた研究を行なうのが難しいので、要因分析もシングルサブジェクトデザインを用いて、同じ被験者内で、条件を変えて、異なるタイプの治療効果を調査する。この個々の効果の比較により、群間デザインでの被験者の多様性が生むノイズにわずらわされることなく、有意差の検出が可能になる。この方法には、行動学的研究の論文でしっかりとした基礎があり（例えば、Hersen & Barlow, 1976; Kazdin, 1992; Barlow, Hayes, & Nelson, 1984）、その起源はWolpe（1958）とJones（1924）の仕事にまで遡ることができる。今日まで報告された診断を受けたすべてのシングルサブジェクトデザインの研究は、眼球運動要因の使用に光を当てたことは明らかである。特に、Montgomery

とAyllon（1994）は、市民のPTSD患者のほとんど（すなわち、6人中5人）にEMDR治療の効果に眼球運動が必要であることを発見した。Cerone（2000）は7人のPTSD被験者に行った記憶の測度による比較結果を報告した。このカウンターバランスを取ったシングルサブジェクトデザインによって、眼球運動条件はターゲットの記憶の効果的な治療に必要であることが明らかになった。これは、眼球運動が最初であっても、眼球運動なし条件が先であっても同じであった。さらに、眼球運動なしが、眼球運動の後に続けて行なわれた場合には、区別できる肯定的な効果が付加されることはなかった。

PTSDの診断を受けた被験者を用いた2つの研究の報告結果は、特に、Lohrら（1995, 1996）のシングルサブジェクトデザインの知見と一致している。つまり、恐怖症に関連した病因的な記憶の主観的な苦痛を低減させるには、眼球運動が必要であるが、2次的な関連記憶には必要でないというものである。Cerone（2000）とMontgomeryとAyllon（1994）で用いられたPTSDのターゲットは、明らかに本質的に病因的であるので、蓄積された知見は非常に暗示的である。特に、すべて4つのシングルサブジェクトデザインの研究で（Cerone, 2000; Lohr et al., 1995, 1996; Montgomery & Ayllon, 1994）、眼球運動を加えることが病因的記憶の治療に、治療に抵抗した一人の被験者を除いて必要であった。眼球運動なし条件のみでは病因的記憶には効果がなかった。しかし、Lohrら（1995, 1996）によれば、先行する記憶や2次的な記憶には効果があったようだった。従って、高い成功率（すなわち、合計17人中16人の被験者）を示すこれら4つのシングルサブジェクトデザインの要因分析は、見込まれる効果の違いが、たぶん選ばれ、評価される記憶に関連していることを明確に示している。

テスト可能な仮説を見極める

さまざまなEMDRの成分の効果に興味を持っている研究者は、EMDRの手続きの残りのものから切り離した文脈で成分が検討された研究の検討から、実験（と仮説）の記述に誘導されるものを見つけるかも知れない。例えば、EMDRの眼球運動の成分は最も目に付く特徴であるから、眼球のコントロールとその一般的な記憶や認知との潜在的な関係の検討は、研究者にとって有用であるとわかるだろう。この適切なケースとして、ChristmanとGarvey（2000）は、EMDRで用いられた眼球運動がエピソード記憶の再認を高めるという仮説を実証的に

確かめた。これにより、Stickgold（印刷中）が提案した、EMDR 中に発せられる定位反応が REM 様の神経生物学的メカニズムを引き出すという理論が真実味を帯びてくる。彼の提案によれば、これがエピソード記憶の活性化を促し、皮質の意味記憶へと統合されていく。Stickgold（印刷中）は、さらにその仮説を検討するのに必要な実験を幾種類か提案している。

適切なもう一つのケースは、作業記憶に含まれる異なる神経生物学的基質に関して行なわれた実験である。Andrade ら（1997）が提案し、うまく実証した仮説は次のようなものである。EMDR の眼球運動の成分は「作業記憶の視覚空間的スケッチパッド（VSSP）の機能を妨害することにより、ストレスイメージの鮮明さを減じ、それによって、イメージに関連した情動の強さも減じる。（そして、他の）視覚空間的課題も治療的価値を持つ可能性がある」(p.209)。彼らの研究はまた、眼球運動条件が他の2つの二重注意課題よりも（例えば、発語、単純なタッピング）、イメージの鮮明性の低下に優れていることを示している。彼らは最初の仮説を知見に基づいて修正し、否定的情動の低減における眼球運動の予測される効果は、自伝的記憶の出来事に明確であり、実験室で人工的に作られるものにはそうでないとしている（Andrade et al., 1997）。

この後半の結論を裏付けるように思えるものは、先に触れた Lohr ら（1996）による、診断のついた2人の恐怖症者の臨床的要因分析研究の結果である。研究者は報告している。「2人の被験者の恐怖の言語報告はともに、一般的なプロトコルに眼球運動が加わったときに大きく変わった。眼球運動の付加はある恐怖イメージの嫌悪性の低減に必要であるとの結論を得た」(p.73)。今のポイントで最も重要なことは、統制条件、すなわち、眼球運動なしの EMDR の効果が特に強いのは、自伝的なイメージであるという事実である。

著者はさらに述べている。「EMDR 様の手続きは2つのその時のイメージに大きな影響を与えるように思える。しかし、病因的なイメージについてではない。眼球運動が加えられたときのみ、SUD の評価に大きな低減があった」(p.84)。Lohr ら（1996）の結果は外傷的な記憶と条件づけられた反応の差についての不確かな推測に信憑性を与えた。これらは貯蔵のされ方が異なり、さまざまな治療的手続きへの反応の仕方が異なるのである（De Jongh et al., 1999）。EMDR の研究に関して、彼らは、もしターゲットの記憶が本質的に自伝的でなく、病因的でもなければ、眼球運動ありの EMDR と類似の手続きとの差はほとんど

見つけることができないようだと指摘している。病因的、自伝的記憶は特にPTSDの診断と結びつくという事実が、この発見をより重要にしている。EMDRはもともとPTSDに効果的な治療として作られた（今や認められた）臨床的手続きである。EMDRの要因分析で、この事情に従うことの重要性は明らかである。この節のさまざまな点は次のようにまとめることができる。実験条件間の異なる結果の差を見いだすチャンスを増やすために、十分な数のPTSDの単回トラウマの被害者の自伝的で病因的記憶が、診断のついた多くの数の被験者で扱われるべきである。

さまざまな現在の仮説のテスト

多くの検討可能な仮説を、この章を通して見てきた。以下に、全般的に要因分析そのものに直接関わりそうなものいくつかを説明する。個々の研究者が検討する特殊な仮説にかかわらず、EMDRのターゲットと統制条件は、潜在的な混乱を防ぐために、以下の変数と共に選択されるべきである。各節ではこれらの意味について焦点を当てていく。このリストを上げるもう一つの理由は将来の検討を必要とする研究領域を特定するためである。明らかに、仮説の多くは混乱しているので、厳しい精査の重圧に耐えられないだろう。

ターゲットとされた障害の自伝的特性に関する仮説

仮説：眼球運動成分が優れているのは、自伝的記憶に関してで、実験室で与えられた障害に対してではない。

今日までの結果：眼球運動成分を用いて行なわれた初期の研究（Andrade et al., 1997）に基づいた予備実験の示唆によれば、自伝的イメージと関連した感情の強さを減じるのに、眼球運動条件は統制条件より優れている。実験室での手続き（例えば、暴力的な写真を見る、Andrade et al., 1997; Talis & Smith, 1994）で引き出された感情的な障害では、条件間の差はないようであった。したがって、研究のために選ばれたイメージや記憶のタイプが、観察された治療効果の特質を決定する可能性がある。

この初期の研究に基づいて、眼球運動（もしくは他の刺激）を単独で検討する時には、自伝的な記憶のみが用いられるべきであるように思える。実験室での手続き（例えば、暴力的な写真を見る）で引き出された障害は不適切である

ようだ。

記憶の病因的特性に関する仮説

仮説：EMDRの研究は、眼球運動成分の優越性を病因的な記憶に関して検討すべきで、2次的な出来事に関してではない。

今日までの結果：シングルサブジェクトデザインのEMDR研究に基づいて（Cerone, 2000; Montgomery & Ayllon, 1994; Lohr et al., 1995, 1996）、病因的な記憶が眼球運動条件に主に反応する。残りの手続きは、2次的な出来事に肯定的な効果を持っているようである。これは非外傷的な環境で記憶されたことによるのかもしれない（すなわち、条件づけ効果や般化効果; de Jongh et al., 1999）。EMDR手続きの他の部分をそのままにして、刺激を検討するときは、病因的自己生活歴的記憶のみが検討の主題とされるべきであるように思える。

定位反応のメカニズムに関する仮説

仮説：EMDRの研究は、課題なしの条件で比較するとき、二重刺激成分を優位と見るべきである。

今日までの結果：適当な条件下での直接の検討はない。理論家の間での最も広く持たれている仮説は圧倒的に定位反応に関わるものである（Armstrong & Vaughan, 1996; Lipke, 2000; MacCulloch & Feldman, 1996; Stickgold, 印刷中）。これは課題あり、課題なしの条件でテストされるべきである。何らかの二重刺激が定位反応を誘発すると考えられる。

両側性の刺激メカニズムに関する仮説

仮説：EMDRの研究は、一側性の条件で比較したとき、両側性の刺激成分に優位性を見るべきである。

今日までの結果：直接的な検討はない。両側性の刺激条件が、両半球の逐次的な活性化のために肯定的な効果を達成する可能性があると理論づけられてきた（Bergman, 1998; Nicosia, 1995; Servan-Schreiber, 2000）。異なる処理バイアスによる（Drake, 1987）とする理論もある。しかし、両側性の刺激が効果をあげるのは、定位反応によってかもしれないし（Stickgold, 印刷中参照）、もしくは、リズミカルな刺激のような他のさまざまな要因によってかもしれない。馴化に

ほとんど従属しないこの反応を引き出すので、両側性の条件がより「効率的」（Renfrey & Spates, 1994, p.238）であるようだ。どのような両側性刺激のテストでも、この仮説に照らして治療条件を選ぶべきである（以下を参照）。

刺激の気そらし的レベルに関する仮説

仮説：定位反応を引き出すのに必要な適切なレベルの注意があり、それを越えた刺激は気を散らし、処理を邪魔する。

今日までの結果：この理論は Becker と共同研究者（1998, 2000）が検討したもので、課題の程度が起こる治療効果にとって適切な認知的負荷を定めるというものである。課題が大きすぎ、気を散らすものになってしまう可能性がある。Smyth と Poole（印刷中）が明言しているように、これは独立した行動研究（Craske, 1999）で「気を散らすもの」と名づけられた課題の治療的効果についての矛盾した報告を説明するものかもしれない。Andrade ら（1997）は、自らの仮説を巧みに検討した。つまり、同時に与えられるいくつかの課題は、空間視覚的テンプレートの崩壊をそれぞれ起こす。これはまた、この仮説に照らしての解釈も考えられる。従って、さまざまな複雑性と程度の課題は課題なしの統制条件と比較されるべきである。

自由連想に関する仮説

仮説：自由連想を伴った EMDR は、クライエントがある特定の記憶に焦点づけた EMDR よりも優れている。

今日までの結果：直接的な検討はない。EMDR が最初に提案されたのは、ターゲットの記憶に一貫して戻る脱感作の手続きとしてであった。概念化とその後の実践が強調してきたのは、より包括的な治療効果が得られると思われる自由連想の成分であった。自由連想の成分は、一貫した治療効果にさまざまな利点を持つと報告されてきた（Rogers & Silver, 印刷中）。この成分を除いた研究（例えば、Acierno et al., 1994; Sanderson & Carpenter, 1992）は限定された結果しか達成できていない。しかし、彼らの報告は、EMDR の手続きステップの多くを省略しているので混乱がある。この仮説の検討は、EMDR 手続きに、標準的な方法との比較として、この成分においてのみ変更が加えられることを要求している。前に記したように、幅広い範囲の臨床変数つまり、般化効果、

自己効力感、治療時間などについて、潜在的な効果の判断が必要である。EMDR手続きのすべての成分はこのように評価されるべきである。

要因分析研究への推奨のまとめ

1）非臨床の対象の使用は、臨床手続きの残りから分離して個々の成分を検討する基本的な成分活動の研究にのみ適している。臨床成分試行においては、臨床的な対象のみが用いられるべきである。EMDRの残りの手続きが肯定的な効果を持つことが期待できるので、要因分析に細かい区別を要求するのは大変達成が難しい。臨床的に診断を下された対象を用いることが必要であるという警告は、すべての臨床的方法の検討に対する要請である（Wolpe, 1990）。

2）実験結果は、検討される仮説と測度に照らしてのみ評価されるべきである。例えば、Andradeら（1997）は、イメージの鮮明性に対する刺激成分の効果の違いを証明した。しかし、彼らがこれをやらなかったとしたら、その結果からこの実験に含まれなかった他の多くの測度があるから眼球運動がEMDRの臨床効果に貢献をしていないと言うことはできない。

3）EMDRで用いられた左右交互の刺激の相対的な貢献と背景にあるメカニズムを決定するのに、眼球運動のあるEMDRと他の外部刺激のあるEMDRを比較する一連の臨床効果研究を行なうことは有益であろう。統制条件の選択（例えば、眼球の固定、閉眼、音、手へのタッピング、他の課題で、リズミカルかどうかも変えた一側性のもしくは、両側性の刺激）は検討される仮説に沿って、変えればよい。もう一つ適切なのは課題なし（例えば、閉眼）統制条件かもしれない。

4）測定は、幅広い臨床領域で（行動測度も含めた）治療結果の標準的な客観的なテストを含めるべきである。治療時間もまた従属変数の一つとして用いるべきである。

5）臨床研究は、完全なEMDRの方法を用いるべきで、治療の忠実性のチェックも含めるべきである。本巻を通して記しているように、完全なEMDRの方法は眼球運動や他の外部刺激を用いることなしに、（特に、ある臨床対象を選べば）強力な治療効果を与え得る。しかし、そのような二重の注意刺激を付加することで、測定可能なほどに、治療全体のスピードと効果を高め、刺激の種類によって、効果も異なると提案されている。

6）多くの手続きが（刺激成分も加えて）EMDR に統合されており、個々に検討されるべきである。

7）評価される成分にかかわらず、適切な臨床要因分析では、セルのどれか1つで手続きのたった1つの側面のみを変化させ、EMDR の標準的な施行と比較して、テストすべきである。統制条件のいずれでも2つ以上の手続きを変化させると、変化の要因の堅実な検討ができなくなる。

8）手続きを実験的に検討するのにも、診断が下った十分な数の参加者を用いることが、細かい差を検出できる統計的パワーを達成するために強く求められる。シングルサブジェクトを用いようと、統制群デザインを用いようと、特に全般的な測度が用いられた際には、要する治療時間の総計は、臨床診断と同じレベルに考えられるべきである。

9）EMDR の方法全体が検討される実験での被験者は、PTSD の被害者に限られるべきで、それは、今日、この手続きが十分に検討された唯一の臨床対象であるからだ。治療効果を最大化するために診断された(単回トラウマの)PTSD の被験者を、要因分析に用いることの推奨は、独立した展望論文の著者たちから支持されてきた。ISTSS（国際トラウマティックストレス学会）の実践ガイドラインにまとめられているところによれば、

> 外傷の題材に多数の、短く切られたイクスポージャーを用いる手続きは効果的で、伝統的な理論的見解である長時間の継続的なイクスポージャーが必要であるということ（Eysenck, 1979）の再検討が求められる。そのような問題のさらなる研究は我々のトラウマ治療のメカニズムの理解を深めることを約束している。さらに適切にデザインされた分解研究は、EMDR のどの成分が有効であるかを特定するために行なわれる必要がある。理想的には、治療に反応しやすいと思われる患者で実施されるべきである（例えば、単回トラウマで、より急性のもの）。というのは、最小にしか反応しない患者の引き出された変化の差を比較するのは難しいからである（Chemtob et al., 2000, p.151-2）。

10）ある成分が不必要であると結論を下す前に、マッチングの効果も検討されるべきである。というのは、ある成分の必要性は、ある状況であって、他の

状況ではないということがありそうだからである。例えば、否定的な認知が必要であるのは、他の成分が、状況依存的な記憶のネットワークに十分アクセスするのに成功できなかった（例えば、低いSUDの評価で示される）時のみかもしれない。本章の前半ですでに示されたように、無作為化の処理が治療のマッチングの効果を見えなくし、この効果を特に中心にすえて検討しなければ、検出されないかもしれない。明らかに、この領域の研究は、仮説が提起され、検討されることが必要である。そして、多くの他の治療的な方法と同様に、EMDRの領域ではまだ新しい。しかし、クライエントと治療のマッチングの問題を十分に検討することに失敗すると、実践家に治療効果の研究を無関係なものとして治療を放棄させてしまう（Barlow et al., 1984, p.39）。もし要因分析研究が実践家の行動を変化させると、次にはマッチングの効果が明らかにされる必要があるだろう。

より広い臨床上の意味、専門的意味

研究と展望の不十分な基準

前に詳述したEMDRの現存の研究の方法論上の問題は、何もEMDRに特有のことではない。私はこの議論が臨床の研究者に対する、広い意味でのモーニングコールになることを望んでいる。数百万の人々が心的外傷の影響に苦しみ、年に数百万ドルが精神衛生の研究一般に費やされているが、PTSDの厳密に統制された臨床効果の研究はまだあまりに数が少ない。

さらに、臨床効果研究の質に関する一般的に受け入れられた基準は全くないし、治療手続きについての研究公刊のための普遍的に受け入れられたいくらか明確な編集ガイドラインもない。どんな個々の研究による発見も、経験を積んだ治療者が実際に実践する手続きの効果を正確に代表しない可能性があるので、こうした欠点は臨床家にとって公刊された研究の価値を大きく減じている（Beutler, 2000; Stricker, 1997）。例えば、MaxfieldとHyer（印刷中）は統制群を用いたEMDR研究のメタ分析を行ない、PTSD治療における効果を評価した。彼らは、公刊された研究のばらつきの大きさを発見し、よりよい方法がよりよく臨床効果を明らかにしていると結論している。この発見は細部に対する精細な

注意が、より明確に明らかにされた結果へとつながり得ることを示唆している。雑音の除去と測定ミスの減少は、治療効果のより正確な評価という結果につながる。黄金基準のスケール（Foa & Meadows, 1997からの援用）で測られた方法の基準は、効果値と高い相関を持っていた（表1参照）。彼らは効果値と治療の忠実性の間にも有意な相関を見いだしている。

　科学と実践の不幸な乖離は科学的な方法論の欠如のみに基づいているのではなく、現場の治療者が容易に見いだせるような適切な臨床変数が欠如していることにも基づいている（例えば、十分な治療のために必要な時間）。したがって、評価の専門家の組織の臨床分野と研究分野の両代表と、最も評価されている雑誌が、臨床の研究論文の質を改善し、標準化することを目指して、共同で討議資料を刊行するなら、それは心理療法の実践領域を大いに前進させるであろう。さらに、主要なDSMのカテゴリーのために提案されている心理学的測度が毎年更新されれば、この領域での新しい研究者の努力を標準化する助けになるであろう。

　臨床研究のレベルの向上は、現場で働く臨床家にとって大変重要になっている。たった一つの研究は、方法を受け入れることも、捨てることも起こさない。しかし、受容することができる研究の選考や公刊の裏にある原理には、臨床家にとってさらに遠く考えも及ばないものがある。心理学者は研究の科学的原則によって導かれたいという願望を長く語ってきた。しかし、科学の原則が実際に研究者自身を導いているかどうかという疑問が残る。例えば、研究の目的が主観的な経験を客観化することなら明らかに、臨床的な方法を研究者が主観的に利用することに対するいくつかの外的な検証がなければならない。

　多くの公刊された研究で示された、受け入れられる臨床の基準の欠乏が指摘しているのは、臨床研究に参加しているどの治療者が十分に慣れているのかに関して信頼性と妥当性が欠落しているということである。他方で、そのような研究の公刊が示唆していることは、何人かの雑誌の編集委員や研究者は、治療者として臨床の基準が甘く、それは広く行なわれ、さらに、見かけは受容されているであろうということである。この2つの並置は、クライエントにも科学にも役立たない。そのような疑義が持ち出されたのは、今が最初ではない。精神衛生の世界を通して私たちがこの問題に働きかけ続けることは極めて重要である（Fensterheim, 1994a; Goldfried, 1993; Hill, 1994; Orlinsky & Russell, 1994; Persons, 1994; Raw, 1993, 1995; D. A. Shapiro et al., 1994; Wolfe, 1994）。

　統制群を用いた研究が研究展望の中でどのように評価されるかも大きな関心事である。EMDR の文献での明らかな混乱は、元々のデータを一貫して読み間違える（Perkins & Rouanzoin, 印刷中）ことに基づいているように思える。例えば、明らかな脱感作の効果が、1 セッションで観察されることもしばしばあることで、EMDR を「1 セッションの治癒」として発展させるべきであると主張する者がいる（例えば、Herbert et al., 2000; Rosen, 1999）。Shapiro（1989 a）の初期の報告に「EMD の手続きは、ここに提示されたように、外傷記憶に関連した不安を脱感作するように働くが、すべての PTSD に関連した症状や困難を消去するものでも、被害者に対処戦術を与えるものでもない。」（p.221、傍点は今回追加）という警告があるにもかかわらずこうしたことが起こっている。この重要な限定的な言明に対する注意の欠如と展望論文著者の側のさまざまな同じような過ちが、不幸な多くの議論の背景にあるように思える。こうしたことは新しい心理療法では珍しいことではないのである（例えば、Fisch, 1965; Rouanzoin et al., 印刷中）。

　前述したように、EMDR は、多くの研究者や独立の課題班により、PTSD に効果的であると綿密に評価される一方で、声高な反対者の小グループは、EMDR の手続き、研究、普及のさまざまな側面に疑義を申し立てる20以上の論文を公刊してきた（例えば、Herbert et al., 2000; Lohr et al., 1999; Rosen et al., 1999）。しかし、この批判的議論は、最近の研究と歴史的データの両方で誤解と同時に誤報を引き起こしている（Fensterheim, 1993; Greenwald, 1997; Lipke, 1999; Perkins & Rouanzoin, 印刷中; Poole, De Jongh, & Spector, 1999; Shapiro, 1996, 1997, 1999; Spates, Waller, & Koch, 2000参照）。EMDR は不正確に「系統的脱感作」と同様のものとして引用されてきたが、階層表も作らず、リラクセーションもせず、低いレベルのターゲットに繰り返し戻ることもない。同様に、EMDR は単純なイクスポージャーの手続きとして記述されてきたが（Herbert et al., 2000; Lohr et al., 1998; Rosen et al., 1998）、短く切った注意をターゲットに向けるし、自由連想も使うし、気を散らすものも使うし、前に記したように、これらの成分すべてが標準的なイクスポージャーの手続きの原理からは明らかに正反対のものである（Boudeyns & Hyer, 1996; Chemtob et al., 2000; Rogers & Silver, 印刷中）。研究者は手続きへの十分な忠実性を持っており、「手続きを信奉している」と

言われているが（Lohr et al., 1995）、実際には、彼らは訓練を受けず、忠実性のチェックも劣っていた（Lipke, 2000; Shapiro, 1996）。忠実性の重要な要因としての価値が割り引かれてきた（Rosen, 1999）のは、手続きが変化するものと思われているからだが、実際には標準化されたマニュアルと基本のプロトコルは1990年以来変わっていない（Greenwald, 1999b; Shapiro, 1991a, 1991b, 1991c, 1991d）。特殊な要因分析が「眼球運動を支持しない」としてきたが（Lohr et al., 1998）、引用された研究を見るとその結果は支持している（Lipke, 1999; Perkins & Rouanzoin, 印刷中）。リストはまだ続くが、しかし、主要なポイントは、査読する際の専門家が、方法、被験者、歴史的データ、現存する関連論文に関してさえ、十分に知識が足りないという結論のようである（Perkins & Rouanzoin, 印刷中）。

したがって、台頭する心理療法の領域で展望論文が雑誌に提出されるとき、査読者には治療の主要な論文をよく知った人を含めることが提案される。例えば、上述したような多くの混乱は、すでに公刊された研究のデータや手続きの記述に詳しい査読者によって、編集段階で見つけられ得る。自由で足かせのない対話の正反対が科学の中心にあり、誤った情報のしつこい普及をする。原稿の提出と公刊の間に避けられない時間差があるので、訂正がなされるまでの十分な反応をするまでの間に誤りが広まり、増幅する傾向がある。

どのようにして臨床の治療効果研究をうまく実施し、展望するかという質問はもはや主要な学術的問題ではない。しかし、現場で働く臨床家に直接関係するものであり、今や保険会社がその研究の結果を拠り所にしている。もし、臨床家が自分のクライエントを治療する際に、どの治療方法を用いるか、用いないかの指示を受けようとするなら、臨床実践と一致した方法が用いられ、適切な被験者で、適切な心理学的測度で評価され、十分に知識のある、バランスのとれた同僚の展望を受けた結果から得た方法によるべきである。

臨床上の責任

研究の妥当性と賢明な展望の問題に加えて、個人の責任と治療の忠実性の問題もある（Shapiro, 1995b）。どんな肯定的な治療結果も、臨床家と技法とクライエントの間の相互作用の結果である。臨床家ははっきりと、これからクライエントとなる人のある介入に対する準備と適切さを評定し、事後を評価しなけ

ればならない。クライエントが不適切に評定されれば、治療は失敗するかもしれないので、臨床家はどのような治療評価過程の一部分に対してもこの可能性を考慮しておかなければならない。

　もちろん、ある治療技法は単純に効果がないのかもしれない。しかしながら、EMDRの場合、統制された研究で肯定的治療効果を示したものが多かっただけではなく、単一事例、集団事例の研究でも、標準化された評価を用いて成功した適用報告がたくさんなされている（第1章参照）。したがって、EMDRを用いている臨床家が、大部分のクライエントで肯定的な効果を上げることができなかったからといって、自動的にそれは技法に問題があるからだと仮定するべきでなく、少なくとも、問題はその用いられ方にあるという可能性を考えるべきである。

　多くの統制群を用いた研究で、トラウマの被害者に3～5回の治療セッションで、大きな臨床的効果が報告されてきた。この研究の目的は現場の臨床家を指導することである。EMDRで肯定的治療結果を得られなかった臨床家は、単にEMDRを自分の治療スタイルに組み込むことができなかった人であるかもしれない。調査によれば、イメージを用いたイクスポージャーの適用より、ストレスは小さいのではあるが（Lipke, 1994, 1995）、EMDRは強く焦点づけられた、相互的な臨床作業を含んでいて、相当に不快な感情を引き起こしうる。その手続き要因のどれかによって臨床家の中にも不快になる者がいるかもしれない。例えば、「処理がうまくいっている間は、クライエントの進む道から離れていなさい」という命令に従うのが難しいと感じる治療者がいるかもしれないし、一方、認知の編み込みが指示的すぎると感じる者もいるかもしれない。このように、別の方法では優秀な臨床家がEMDRで全く熟練できないということがあるのは、単に彼らがその方法に居心地が悪いからである。これは人が臨床の経歴の、中ほどや、後半に、どんな方法であれ新しい方法を学ぶことを試みる場合の危険のうちの一つである。私たちはEMDRのより多くのコースが標準的なより多くの大学院のカリキュラムの一部として広く受けられるようになるとき、この問題は軽減されるであろうと願望することができる。

　EMDRの原理と実践が魅力的だと感じる臨床家でも、EMDRの中に挑戦的な様相をまだ見つけるだろうし、彼らの技能レベルを成長させるためにワークをする必要があるだろう。私の公式のEMDR訓練セッションでは、EMDRは

「クッキーの型」のような方法でなく、それぞれのクライエントに合わせてあつらえなければならないことを絶えず強調している。またEMDRの訓練がEMDRを用いる能力を保証しないことも強調している。それは単に継続的な学習経験の始まりでしかない。この本は訓練ガイドや臨床のハンドブックとしての役割を果たすことによって、学習と保持の過程を援助するだろう。しかしながら臨床家（そして研究者）は、他の熟練した臨床家によるスーパービジョンやコンサルテーションでしか扱えない特定の弱点を持っていることもある。このことから、テストされている方法は現実に臨床実践で使われている方法であることを確かめるため、適切な忠実性のチェックを含んでいることが必須となる。

　臨床の観察から示唆できるのは、公式にトレーニングを受けた治療者か、経験のあるEMDRの臨床家によるスーパービジョンを受けた治療者であれば、適切に選ばれたクライエントに対して高い成功率を予想することができるということである。もし、このレベルでの成功が得られないとしたら、臨床家はより方法に熟練することに責任を負うべきである。評価と適用は同等に重要である。方法の適切な使用に関する教育は、それをどのように使うかということのみでなく、いつ（誰に）使うかということも含んでいる。もし、臨床家が方法について、十分に教育を受け実践しなければ、療法を吟味するクライエントにインフォームド・コンセントのための妥当な機会を与えることができない。

　この執筆の時点で、約40,000人の世界中の臨床家がEMDRの訓練を受けた。人によって、熟練や経験の度合いは違っている。中で、最も高度に熟練したグループは、EMDR国際学会（EMDRIA）の有資格者である。この資料は、治療者の資源の開発と継続研修に寄与しており、非営利の専門的組織であるEMDRIAを通じて取ることができる。EMDRIAの会員資格は公式の訓練や大学院コースを受けた臨床家、研究者と学生に開かれている。興味のある読者は付録Cの情報を検討するとよい。独立したEMDR専門家問題委員会も設立され、訓練のポリシーと専門的な活動を監督してきた。今やこの機能はEMDRIAの一部である。また、公式の訓練に関しての推薦されたガイドラインの最初の枠組みは、より最近のEMDRIAのガイドラインに沿って、付録Bに載せてある。

　それぞれの臨床家の技能レベルは、個々のクライエントとこれらのクライエントが接触する人たちに多大な影響を与える。あるクライエントが治療に成功すると、他のクライエントも影響を受け、援助を求める気になることがあるが、

失敗は多くの他の人を落胆させる。素晴らしい臨床ワークの喜びはクライエントの個人的な癒しに参加することができることである。成功した治療は世代全体に伝わり、さらに、次の世代にもさざ波のような効果を引き起こす。しかし重大なインパクトの可能性と共に、重大な責任も伴う。私たちが、この方法を学ぶために充分な配慮をしなければ、私たちは治療者としての責任を全うできない。最初のルールは「害を与えるな」であるが、私たちが全力を尽くすための準備が不十分なら害を与えることになる。私たちのクライエントは彼らの生命と彼らの精神 psyches (「魂」にあたるギリシア語) を私たちのケアに委ねる。唯一私たちの最高の誠実さ、最も教育を受けた技能レベルと私たちの最も深い共感が、彼らの要求への答であるべきであろう。

全般的な責任

前述したように、薬剤と EMDR の効果についての研究を除けば、慢性の PTSD の領域全体に存在する臨床方法の無作為化統制研究は25よりも少ない。世界的に経験されている、被害の幅広さ、影響を考えるとき、この少なさは驚くべきである。これを深刻に受けとめて、科学的な臨床心理学の領域は、最大の必要のある地域において実施できる治療方法の検討をより力を入れて行なうべきであることをここに提唱する。高いストレスのある出来事 (例えば、レイプ、戦闘、自然災害) に続く深い心理的な障害の罹患は専門的論文によく記されてきた (例えば、Green, 1994)。さらにこれは、有害な影響のちょっとしたまとまりへとつながる。例えば、一般的にストレス関連の状態からの被害が、説明できない病気のような、身体的兆候を呈する可能性は高く、入院期間の延長を必要とするかもしれず、結果として治療費の増大および欠勤に至ると認識されている (Boscarino, 1997; Cummings, 1996; Hoffman & Sasaki, 1997; Katon, 1996; Kimerling & Calhoun, 1994; Miranda, Perez-Stable, Munoz, Hargreaves, & Henke, 1991; Padgett, Patrick, Schlesinger, & Burns, 1993; Rainer, 1996; Rees, Richards, & Smith, 1998; Sansone, Sansone, & Wiederman, 1997; Solomon & Davidson, 1997; WHO, 1990)。

時に、問題の根源は１つの劇的な外傷的出来事ではなく、都市内部で、発展途上国で、内戦国で、直接または間接的に広く経験されているようなストレス性の出来事、外傷性の出来事の蓄積である (van der Kolk, McFarlane, & Weisaeth, 1996)。１つであれ、蓄積であれ、ストレッサーが結果的に生みだす心理的な、

身体的な反動は、個人の幸福を大きく害し、仕事のパフォーマンスレベルを下げる (Barrett, Green, Morris, Giles, & Croft, 1996; Bremner et al., 1993; Everley, 1995; Jenkins, Langlais, Delis, & Cohen, 1998)。心的外傷およびそれに関連したストレス状態がずっと放置されると、子どもの身体的発達に阻害的な影響を持ち、暴力および心理的障害の連環につながってしまうという知見にも関連している (Allen, Hauser, & Borman-Spurrell, 1996; Bremner et al., 1995; Classen, Koopman, Hales, & Spiegel, 1998; Ellason, Ross, Sainton, & Lawrence, 1996; Jenkins et al., 1998; Kozaric-Kovacic, Folnegovic-Smalc, Skrinjaric, Szajnberg, & Marusic, 1995; Koss, Woodruff, & Koss, 1990; Main, 1996; Mueser et al., 1998; Newman, Morrissey, McMackin, & Erwin, 1997; Pennebaker, Kiecolt-Glaser, & Glaser, 1998; Perry, 1997; Perry, Pollard, Blakley, Baker, & Vigilante, 1995)。

多くの発展途上国の国民が直接的にストレス反応につながる心理的、身体的問題の結果として障害を負ってきたことは疑いがない。外傷性の出来事にさらされたことによるほとんど明らかな影響には、PTSDの特徴である出来事の侵入思考、極端な驚愕反応がある一方で、容易に認識されない感情の不安定性（例えば、敵意、受動的、またはうつ的反応）といった結果もある。そのような影響は、ずっと放置されれば、物質乱用や身体的疾患に通じ得るし (van der Kolk & MacFarlane, 1996)、そして、記憶や集中力の問題は重大な仕事上の損害を引き起こし得る。

個人が遭っている心的外傷の被害が発展途上国で起こっていようが、先進国の都市部で生まれていようが、暴力が暴力を生んでおり、我々の最も広範に見られる社会的問題のいくつかは心的外傷の歴史と関連していることは明らかである (Folette, Polusny, Bechtle, & Naugle, 1996; Green, 1994; Hodgins & Cote, 1990; Jordan, Schlenger, Fairbank, & Caddell, 1996; Martin, Butzin, Saum, & Inciardi, 1999; Teplin, Abram, & McClelland, 1996)。心的外傷の治療の成功がハイリスクな行動および加害者の行動 (Greenwald, 1999; Scheck et al., 1999) の量をどの程度減らすか、そして将来の被害をどの程度防げるかを探索するための研究が必要とされている。そして、外傷化、認知的障害、加害者行動 (Perry, 1997; Perry, et al., 1995; Schore, 1994, 1997, 2000, 2001a, 2001b, 2001c; Seigel, 1999, 印刷中) と関連した神経生物学的変化が、マルチモードの治療計画の中でEMDRを上手に適用することで、もしくは他の治療でどの程度逆行させられるかを探索する

ためにも個別の研究が必要とされている（Schore, Seigel, Shapiro, & van der Kolk, 1998）。科学と臨床両方の実り豊かな統合が、局地レベル、地球レベル両方の緊急な社会的ニーズに適切に取り組む理想的な方法であることは自明のように思える。

さまざまな対象に対する急速な効果が論文に示されており（例えば、Ironson et al., 印刷中; Marcus et al., 1997; Rothbaum, 1997; Scheck et al., 1998; Wilson et al., 1995, 1997）、EMDR は、戦争、エイズ、飢饉、難民のような苦難の被害に遭った、あちら側の世界で有効に適用され得る手続きのようである。さらに、標準的なプロトコルのうまくいった適用の肯定的な報告が世界的にあり、文化に影響されない効果が提案されている（Artigas et al., 1999; Bergh Johannesson, 2000; Cohen & Lahad, 2000; Hofmann, 1999; Ichii & Kumano, 1999; Inagawa, 1999; Lamprecht, 2000; Tanaka & Inoue, 1999）。非営利の EMDR 人道主義支援プログラム（付録 C 参照）が世界的にトレーニングを提供し、その地域の臨床家に必要に応じて EMDR を使う方法を教えている。これに参加している世界中の臨床家は、国境を越えて、世界的な苦痛の救済を援助するために救いの手を伸ばしている。この被害の消滅を通して、世界的な暴力の連環を克服することの援助もできることを願っている。

援助の職業として、最も必要とされる場所があれば、どこへでも届けに行かなくてはいけない。使命を受けた臨床家と研究者の地球的なネットワークとして、人間を救うために、我々の治療的実践と科学的熱意を統合しなくてはいけない。この目的のために、すべての治療的訓練の知識と実践が必要である。本書のメッセージが全体でクリアーであったらと願う。臨床家は学んだすべてのものをクライエントの役に立つよう用いなければならない。EMDR はその統合過程の道具として与えられている。同様に、科学と実践両方の統合が我々を最もよく導くのに必要である。正確さの基準は高く、熱意があり、かつ臨床家の現実世界での関心に適当であらねばならない。臨床家は、世界の苦痛を直接的に救済する援助を行なう者である。苦痛の救済は我々の職業の責務である。

要約と結論

EMDR の臨床効果は多くのケース報告といくつかの統制された研究で示さ

れた。しかしながら、この情報処理の基にあるメカニズムはわかっておらず、神経心理学の知識と適切な測定道具の不足のために、たぶんまだ数年はこの状態が続くであろう。半球間の対称性のような説明さえも原因よりむしろ観察された効果を証言している。

しかしながら、多くの理論が EMDR の治療効果を説明するために提案された。いくつかの理論は方法の手続き的要素を含み、仮説の中には二重注意の成分を扱うものもある。後者には、眼球運動の治療効果を以下のものに帰属するものがある。ステレオタイプの反応の歪曲、気そらし、REM 睡眠の随伴事象、強要されたリラクセーション反応、皮質機能の活性化である。これらが統合した処理を誘発する。

すべての我々の心理療法的アプローチについて、もっとより科学的な研究がなされる必要があり、治療の忠実性、適切な標準化された心理測定と治療比較の使用、適切な対象の同定が、方法を十分にテストするために直接に扱われなければならないし、現場の臨床家を十分に導けるように研究の展望の情報を与える必要がある。

本書は、訓練を受け、経験のある EMDR のインストラクターによって行なわれたスーパービジョン付きの実習を補う目的で書かれている。EMDR の教育が、精神衛生機関内で、公式の、熱心な訓練セッションで行なわれようと、大学院カリキュラムの部分として行なわれようと、いずれにせよ、それは学習過程の始まりでしかない。いったん公式の訓練を終えると、EMDR、そして他の治療方法を用いるすべての治療者と研究者は、より経験のある実践家と継続的な練習、スーパービジョン、コンサルテーションを行なって、自分の技能を進歩させる責任を負う。

EMDR は数千のクライエントの苦しみをすでに解放し、友達や家族とクライエントの関係を通してもっと多くの何千もの人に影響を与えてきた。しかしながら、方法の有効性は、それを用いるために訓練を受けた臨床家のレベルと同等でしかない。EMDR の治療可能性は非常に大きい。そして、思慮深く、上手にこの方法を用いるための個々の臨床家の個人的な責任も、非常に大きい。

  私たちは自分自身のためにのみ生きることができない。
  1000もの繊維が私たちを仲間と結びつけている。

そして、この繊維の中で、交感神経の糸のように、
私たちの行為は原因として働き、また、結果として私たちに戻ってくる。

　　　　　　　　　　　　　　　　　　　　　　ハーマン・メルビル

付録 **A**

臨床の補助道具

　以下の例のチェックリスト用紙は、関連するデータを記録し、クライエントとの重要なコミュニケーションのデータを記録するのに役立つだろう。実際の使用には、もっと空白や紙が必要であろう。

EMDRのスクリーニングとデータのチェックリスト

名前：＿＿＿＿＿＿＿＿＿＿＿＿＿＿＿　　日付：＿＿＿＿＿＿＿＿＿＿＿＿＿＿＿
これまでのカウンセリングのタイプと量：＿＿＿＿＿＿＿＿＿＿＿＿＿＿＿＿＿＿
＿＿＿＿＿＿＿＿＿＿＿＿＿＿＿＿＿＿＿＿＿＿＿＿＿＿＿＿＿＿＿＿＿＿＿＿＿
現在の服薬：＿＿＿＿＿＿＿＿＿＿＿＿＿＿＿＿＿＿＿＿＿＿＿＿＿＿＿＿＿＿＿
☐客観テストの結果＿＿＿＿＿＿＿＿＿＿＿＿＿＿＿＿＿＿＿＿
☐精神状態のテストと解離性障害のスクリーニング＿＿＿＿＿＿＿＿＿＿＿＿＿
☐十分なラポート（安全感、真実を語る程度）＿＿＿＿＿＿＿＿＿＿＿＿＿＿＿
☐どんなセルフコントロールの技法を使える能力があると判断したか
＿＿＿＿＿＿＿＿＿＿＿＿＿＿＿＿＿＿＿＿＿＿＿＿＿＿＿＿＿＿＿＿＿＿＿＿＿

☐人格的、環境的安定性。注意を要する要因は
＿＿＿＿＿＿＿＿＿＿＿＿＿＿＿＿＿＿＿＿＿＿＿＿＿＿＿＿＿＿＿＿＿＿＿＿＿
☐生活の支援＿＿＿＿＿＿＿＿＿＿＿＿＿＿＿＿＿＿＿＿＿＿＿＿＿＿＿＿＿＿＿

☐身体的健康（懸念のある領域：神経的障害、妊娠、心臓血管系、呼吸器系、老人性の問題、発作、眼の問題など）＿＿＿＿＿＿＿＿＿＿＿＿＿＿＿＿＿＿＿

☐入院治療（医学的必要性、外傷記憶の性質、一人でいて危険があるか？　他者といて危険があるか？）＿＿＿＿＿＿＿＿＿＿＿＿＿＿＿＿＿＿＿＿＿＿＿
＿＿＿＿＿＿＿＿＿＿＿＿＿＿＿＿＿＿＿＿＿＿＿＿＿＿＿＿＿＿＿＿＿＿＿＿＿

―――――
注：この付録の用紙の複写は、本書の購買者の専門的な使用に限定される。

- □服薬の必要性 _____
- □薬物依存、アルコール依存（援助、プログラム、悪化の可能性について説明したか？）_____
- □法的な制約（処理の効果、法廷問題）_____
- □システムのコントロール _____
- □二次的疾病利得（活動計画）_____
- □タイミングについての考慮 _____
- □報告の必要性 _____
- □どのような言葉で理論を説明したか？　神経系、ブロックされた学習、**REM**、半球、その他 _____
- □インフォームドコンセント。方法が新しいこと（有望だが、保証はない）。ストレスとなる未解決の記憶が表面化することがある。予期せぬ反応として、苦痛な感情や感覚があり得る。次のセッションまでの間に悪夢、他の記憶といった苦痛が起こり得る。_____
- □眼球運動のテスト（クライエントの好み？　避けるべき動き？　代替刺激の使用？）_____
- □比喩（電車、引き金、トンネル、その他？）_____
- □安全な場所（場所と言葉の特定）_____
- □ストップサイン _____
- □その他 _____

EMDR 治療計画チェックリスト

名前：_____　　日付：_____
- □症状 _____
- □侵入的イメージ _____
- □否定的認知 _____
- □期間 _____
- □最初の原因 _____
- □追加の事柄 _____
- □他の訴え _____
- □現在の制限 _____
- □重要な人たち _____
- □望ましい状態 _____
- □技能、必要とされる他のグループ _____

1週間の日誌報告のための推奨される用紙

クライエントの日誌を付ける宿題へのコンプライアンスは、以下のようなフォームを与えることで援助可能である。クライエントにある用紙を与えて、必要な作業の量を限定してあげる。クライエントは各欄に、報告すべき経験が起こったら、短い記述のみを書く。最初の列は、日付で、以下の列は、経験について数語を書く。（1）引き金の出来事、（2）出てきたイメージ、（3）現れた認知・信念、（4）感情、（5）身体感覚と SUD レベル。この順に配置することで、次のセッションで出来事をターゲットにするときに必要なものと同じとなる。このことで、クライエントは障害を個々の部分に分けることを思い出す。何が起こったかを覚えておき、それを臨床家のもとに持っていくために必要なただの情報であることも知らせてくれる。いったん、記述が終わったら、クライエントはセルフコントロール技法を使って、障害を解消する。

日　付	引 き 金	イメージ	認　　知	感　　情	感覚とSUD

否定的認知、肯定的認知の選択

臨床家はクライエントに次ページの否定的認知、肯定的認知の例のリストを見せるのが有用と感ずるかもしれない。一般的に、クライエントは適切な選択をするか、例を出発点として自分の問題によりぴったりとくる選択を作り上げていく。責任、安全、選択にグループ分けすることが、最初の選択で役に立つことがある。しかし、多くの認知には微妙なニュアンスがあるから、2つ以上のカテゴリーにまたがったり、組み合わさったりする。選択はその個人に共鳴すべきものである必要があり、個人がその出来事を考えたとき、広がる機能不全の感情を明確にすべきものであることが望まれる。

一般的な否定的認知、肯定的認知のリスト

否定的認知	肯定的認知

責任・私が何か「間違っている」

私に愛はふさわしくない。	私に愛はふさわしい。私は愛せる。
私は悪い人間だ。	私は良い（優しい）人間だ。
私はひどい。	私は私なりに立派だ。
私は価値がない（不十分だ）。	私は価値がある。
私は恥ずべき存在だ。	私は誇りを持っている。
私は愛されない。	私は愛される。
私は十分じゃない。	私はそれだけの値打ちがある（りっぱだ。OKだ）。
私には悪事がふさわしい。	私には善行がふさわしい。
私は永遠に傷つけられた。	私は健康だ（になりうる）。
私は醜い(私の体は嫌われる体だ)。	私は美しい（魅力的だ・愛される）。
私は…の価値がない。	私は…の（する）価値がある。
私はバカだ(利口さが足りない)。	私は知的である（学べる）。
私は重要でない。	私は重要だ。
私はつまらない人間だ。	私は自分らしくしていい。
私は死んで当たりまえだ。	私は生きるのにふさわしい。
私はみじめがふさわしい。	私は幸せがふさわしい。
私はちがう(何にも属していない)。	私はこのままでいい。

責任・私が何か「間違い」を犯した

私には何かできたはずなのに。	私はできる限りやった。
私は間違いを犯した。	私はそれから学んだ（学べる）。
私はもっと思慮深くあるべきだった。	私はできる限りやっている（やるようになれる）。

安全・脆弱性

私は信頼されない。	私は信頼される。
私は自分を信頼できない。	私は自分を信頼できる（できるようになる）。

私は自分の判断を信用できない。	私は自分の判断を信用できる。
私は誰も信じられない。	私は信じられる人を選べる。
私は自分を守れない。	私は自分のことは自分でできる。
私は危険だ。	それは終わった。私は安全だ。
私は感情を感じては（表しては）いけない。	私は感情を感じても（表しても）安全なのだ。
私は自分のために何もできない。	私は自分の要求を伝えられる。

コントロール・選択

私はコントロールできない。	私はコントロールしている。
私には力がない（無力だ）。	私は選択できる。
私は弱い。	私は強い。
私の欲しいものは手に入らない。	私の欲しいものが手に入る。
私は失敗者だ（失敗する）。	私は成功できる。
私は成功できない。	私は成功できる。
私は完璧でなくてはいけない（みんなを喜ばせなければいけない）。	私は自分自身でいられる（失敗もできる）。
私には耐えられない。	私はそれを処理できる。
私は不十分だ。	私は能力がある。
私は誰も信じられない。	私は信じられる人を選べる。

EMDR 手続きの概略

EMDR の説明：（EMDR の説明方法はクライエントの年齢、背景、経験および知識によって異なる。）

　「トラウマが起こったときに、トラウマはそのときの情景、音、考え、感情と一緒に神経系の中に閉じ込められてしまっているようです。我々が EMDR で使う眼球運動は、神経系の鍵を開けて、脳がその体験を処理できるようにします。これは、REM と言われる夢を見ているときの睡眠の段階で起こっていることと同じかもしれません。眼球運動が無意識のものを処理する助けになるのです。覚えておいていただきたい大事なことは、治るのはあなた自身の脳の働きによるのであり、コントロールしているのはあなただということです」

細かい教示：「これからしばしば、あなたがどんな体験をしているのかを簡単にチェックします。できるだけはっきりと、何が起こっているのか教えていただきたいのです。変化が起こることもあれば、起こらないこともあります。どのくらい強く感じているかを 0 点から10点で答えていただくこともあります。それも変わることもあれば変わらないこともあります。これから起こることに『こうなるはずだ』ということは何もありません。ですから、それが起きるべきかどうかといった判断はしないで、できる限り正確に、起きていることを教えてください。起こることは起こるままにしてくだい。眼球運動をしばらくして、それからそのことについて話しましょう」

ストップ・サイン：「あなたがストップした方がいいと感じるときは、いつでも手を挙げてください」

適切な距離を確認する：「これくらいの距離やスピードで楽に感じますか？」

問題を取り上げる：「今日はどんなできごとについてやりましょうか？」

映像：「その出来事の最もひどい部分はどんな場面（映像）でしょうか？」

否定的な認知（NC）：「その映像を思い浮かべたときに一緒に出てくる、今のあなた自身についての否定的信念を表す言葉は何でしょうか？」（クライエントには現在時制で「私は……」という話し方をしてもらう。現在抱いている、自分についての否定的な信念である）

肯定的な認知（PC）：「その映像／事件を思い浮かべたとき、今ならあなた

自身についてどんなことを信じられたらよいと思いますか？」（PCは、自分についての現在の望ましい信念でなければならない）

VOC（PCのみについて）：「あなたがその映像／事件を思い浮かべたとき、それ（肯定的認知を繰り返す）は今あなたにとってどれくらい本当の感じがするか、1から7までの尺度で言ってください。1は完全に間違いの感じで、7は完全に正しい感じです」

感情・感じ：その事件やそれらの言葉（否定的認知）を思い出すと、今どんな感情が出てきますか？」

SUD_s：「0～10の尺度上で、0は困っていない、10は考えられる限り最も苦痛な状態です。あなたは今どれぐらい苦痛を感じているでしょうか？」

身体感覚の場所：「それ（その苦痛）を、あなたは身体のどこに感じますか？」

脱感作：「その映像と、否定的な言葉（否定的認知を繰り返す）とを思い浮かべて、身体でそれを感じている場所に注意しながら、私の指を目で追ってください」

1．眼球運動をゆっくりと始める。クライエントが楽にその運動に、ついてこられる範囲でスピードを速める。

2．12往復ごとに、あるいは目に見える変化のあったときに、「そう、いいですよ、その調子」と言う。

3．クライエントに次のように言うことが役に立つ（特に、もしクライエントが除反応を起こしているときには）。「そう。もう昔のこと。ただ感じてください」（速い列車のたとえも使う）

4．1セットのEMの後、クライエントに次のように言う。「それをいったん消してください」「それを追い払って、深呼吸してください」

5．「今、何がありますか？」あるいは「今、何に気づいていますか？」と聞く。

6．クライエントが動きを報告したら、「それと一緒にいてください」（クライエントの言葉を繰り返さずに）と言う。肯定的認知の植え付けへと進むには、クライエントの報告はSUD尺度で0あるいは1でなければならない。

肯定的認知の植え付け（望ましい肯定的な認知と、もとの記憶・映像と結び付けながら）：

1．「先程の言葉（肯定的認知を繰り返す）はまだぴったりしていますか？あるいは、何かもっとしっくりくる肯定的な言い方がありますか？」
2．「もとの事件とその言葉（選ばれた肯定的認知を繰り返す）を思い浮かべてください。1（全くの間違い）から7（全く正しい）までのうち、どれくらい正しい感じでしょう？」
3．「一緒に持ったままで」。クライエントを1セットのEMに導く。「今、もとの事件について考えると、それ（肯定的陳述）は、1から7までの尺度上でどのくらい正しいと感じられますか？」
4．VOC：1セットが終わるごとにVOCを測定する。クライエントがたとえ6あるいは7と報告しても、もうそれ以上強まらないところまで、EMを続けて強める。ボディスキャンに移る。
5．クライエントの報告が6以下のときには、適切さをチェックし、ブロックしている信念を扱い（もし必要なら）、さらに再処理を続ける。

ボディスキャン：「目を閉じて、その事件と肯定的認知に集中して、頭の中で身体全体を観察してみてください。何か感じている場所があれば教えてください」。もし、何か感覚が報告されたら、EMを行なう。もし肯定的・快適な感覚だったら、その肯定感を強めるためにEMを行なう。もし不快感が報告されたら、不快感がなくなるまで、再処理を行なう。

終了（説明）：「今日私たちがした処理は、セッション後も続くかもしれません。あなたは新しい洞察、考え、思い出あるいは夢に気づくかもしれないし、気づかないかもしれない。もしも気づいたら、あなたが体験していることに意識を向けて、（あなたが見ているもの、感じていること、考えていること、そしてその引き金を）大体でいいですから、ちょっと頭に留めて、日誌につけてください。この新しい題材については、次回で扱うことができます。もし必要を感じたら、電話をかけてきてくださって構いませんよ」

EMDRターゲットの評価用紙

問題を取り上げる：「今日はどんな出来事についてやりましょうか？」
映像：「その出来事の最もひどい部分はどんな場面（映像）でしょうか？」
否定的な認知（NC）：「その映像を思い浮かべたときに、一緒に出てくる今

のあなた自身についての否定的信念を表す言葉は何でしょうかか？」

肯定的な認知（PC）：「その映像（出来事）を思い浮かべたとき、今ならあなた自身についてどんなことを信じられたらよいと思いますか？」

VOC（PC のみについて）：「あなたがその映像（出来事）を思い浮かべたとき、それ（肯定的認知を繰り返す）は今あなたにとってどれくらい本当の感じがするか、1 から 7 までの尺度で言ってください。1 は完全に間違いの感じで、7 は完全に正しい感じです。」

　　1　　　2　　　3　　　4　　　5　　　6　　　7
　（全くの間違い）　　　　　　　　　　　　　　　（全く正しい）

感情・感じ：その事件やそれらの言葉（否定的認知）を思い出すと、今どんな感情が出てきますか？」

SUDs：「0〜10 の尺度上で、0 は困っていない、10 は考えられる限り最も苦痛な状態です、あなたは今どれぐらい苦痛を感じているでしょうか？」

　　1　　2　　3　　4　　5　　6　　7　　8　　9　　10
　（障害なし、中立）　　　　　　　　　　　　　　　　（最大の障害）

身体感覚の場所：「それ（その苦痛）をあなたは身体のどこに感じますか？」

過去の出来事を同定するための
フロートバックテクニックの用紙と手順

　機能不全の基盤を作る原因となった早期の記憶は、現在の出来事の前に処理されるべきである。この手続きは、クライエントが処理すべき早期の記憶を容易に同定できないときに使うことができるだろう。

　William Zangwill（Young, Zangwill, & Behery, in press）が訓練の目的のために用意した EMDR の手続きは、Watkins and Watkins（1997）によって論じられた「感情の懸け橋」と「身体感覚の懸け橋」を増す。これは、情報検索の多様な経路（感覚的印象、認知、感情そして身体感覚）を一つの手続きで結びつける。

　「さあ、＿＿＿＿＿の映像を思い浮かべてください、そして、＿＿＿＿＿（クライエントの苦痛となる映像と否定的認知を繰り返す）という否定的な言葉を思い浮かべてください。どんな感情が浮かんでくるか、それらを身体のどこに感じるか気をつけてください。そしてただ心を人生のより早期の時代に漂い、遡って

ください。何かを探そうとしないでください。ただ心を漂わせ、遡らせて、心に浮かんだ、あなたが同じようなことを経験した最初の場面を教えてください。
　　＿＿＿（否定的認知を繰り返す）を考えて。
　　＿＿＿（上の感情を繰り返す）を感じて。
　あなたの＿＿＿（クライエントが感情を報告した身体の部分を繰り返す）に。クライエントの反応をここに書く：＿＿＿＿＿＿＿＿＿＿＿＿＿＿＿＿
＿＿＿＿＿＿＿＿＿＿＿＿＿＿＿＿＿＿＿＿＿＿＿＿＿＿＿＿＿＿＿＿＿＿
＿＿＿＿＿＿＿＿＿＿＿＿＿＿＿＿＿＿＿＿＿＿＿＿＿＿＿＿＿＿＿＿＿＿

EMDR 資源の開発と植え付けのための
ガイドラインと手続き

　Leeds（1998; Leeds & Shapiro, 2001）が言明したように、多くの臨床家が安定化の段階に特別な注意を与え、肯定的な取り入れを発展させるのに EMDR を使うことにも特別な注意を与え、感情のコントロールを増やしてきた。以下のガイドラインと手続きは Leeds によって、訓練の目的のために適用され、臨床家に資源を与えてくれている。
　治療計画を立てるとき、臨床家は外傷の特定的な影響を認識できるだけでなく、感情的な自己制御の限られた容量を反映する症状も考慮することができなくてはいけない。資源の開発と植え付け（RDI; Leeds, 1998; Leeds & Korn, in press; Leeds & Shapiro, 2000）は、機能的な記憶ネットワークへのアクセスを強めることで、（感情的、行動的）状態を変えるクライエントの能力を十分増強する。

クライアントの準備と安定の段階を拡張する必要を示唆するもの

・クライエントの病歴が養育者からの初期のネグレクト、育児放棄か不十分な愛着を含んでいる。
・クライエントは失感情的である（感情をあげたり、記述できない）。
・クライエントは感情の氾濫を報告したり、こちらから観察できたりするが、引き起こす刺激を見つけられない。
・感情的ストレスの状況で、クライエントは話すことができなく、考えをはっきり表現することができない。

- 標準的な自己ケアの方法（構造化されたリラクセーション、安全な場所、イメージ）はストレスを軽減しない。
- クライエントは最近のストレスな出来事の筋の通った物語的な説明を与えることができない（あいまい、自己批判的）。
- クライエントは衝動をあまりコントロールできず、重要な目標や関係についても接近回避行動を示し、事故を起こしやすく、わけなく操作され、葛藤や親密さを避ける。
- クライエントは、限界設定や必要の主張、他者との対処の方法などを決定する情報源として、自分自身の知覚や感情を信用しない。
- クライエントは大人の見方、文化的に適切な人権のモデル、ニーズのモデル、行動のモデルが欠けている。
- クライエントは十分な社会的、経済的支援に接近するための、学習技能、労働技能を欠いている。

資源の開発と植え付けのための適切な資源の特性、タイプ

　RDIのための適切な資源は、肯定的な感情（興味、興奮、楽しみ、プライド）と連合されたもので、適応的な反応（真実を話す、危険から自分を守る、衝動を抑える）と連合されている。適切な資源は、内容やテーマが曖昧でなく、不快な感情（恐れ、ストレス、怒り、無力感、嫌悪、恥）の記憶を伴う子どもの自我状態と結びつかない。

　臨床家はクライエントの資源を大きく３つの経験領域で探すのが有効とわかるはずである。

1. 以下を含んだ**達成の資源**
- クライエント自身の最近か過去の対処的な反応か、自分の世話をした、自分を落ち着かせた経験の記憶。
- 機能的な感情状態か反応力を引き出す身体的な姿勢か動き。

2. 以下を含んだ**関係の資源**
- 肯定的な役割モデルの記憶。例えば、クライエントが個人的に知っていた、もしくは知っている人、本、マンガ、映画、テレビの登場人物で、勇気、ねばり強さ、限界設定、真実を言うなどのような自分に取り入れたい能力を示している人。

・支持してくれる他者の記憶。例えば、養育者、親戚、教師、肯定的な権威者、仲間、ペット、癒し・世話・愛情・保護を与えてくれる者。
3．海、岩、樹木のような自然界からのもの、もしくは、宗教的、原型的、原住民族的、トランスパーソナルなシンボルや経験を含んだ**シンボル的な資源**
・適応的に機能できるクライエントの能力を示すような夢や白日夢からの人物やシンボル。
・誘導イメージ過程から生まれたシンボル、例えば、統合した一人の人物のイメージ、強さを表す動物、変わらない強さを表す海。
・文化や宗教や精神資源からの記憶、イメージ、偶像、原住民族的人物。
・芸術、創造的作品からのイメージ。
・肯定的な資源にアクセスするか、利用するための新しいアイディアや見方を示すのに、臨床家が提案した比喩や物語。
・肯定的な感情状態を引き起こす音楽（面接中に演奏することも可能）。
・肯定的な目標状態や将来の自己のイメージ。

EMDRの資源の開発と植え付けを進めるのにさらに資源の開発を続ける必要がある場合がある

　養育者や権威者によるモデリングや、実際的な教えや道徳的な教え、お話、比喩を通して資源は開発される。臨床家はクライエントによっては両側性の刺激で植え付けられるための必要な資源が欠けていると感じるだろう。こうした場合、より基本的な資源の開発介入を何セッションかかけて行ない、両側性の刺激で植えつけられるまで充分に開発する。そのような資源の開発戦略は多くのタイプの心理療法で行なわれている。それらは、主張訓練におけるように、焦点を当てられたり、模範が示されたりする。また一般的であったり、自由度が高いこともある。治療的な協調も資源となりうる。

資源の開発と植え付けを考慮する際の予防措置

1．短い6～12往復の両側性の運動セットがRDIでは一般的に用いられる。これにより、最も強力に連合した肯定的記憶のみへの連想を可能にする。RDIでは、より弱く連合した外傷記憶のネットワークへの連合が起こる前に両側性の刺激の各セットを止める。

2．EMDR の外傷に焦点を当てた再処理の前にクライエントが解離性障害でないか、注意深くスクリーニングすることを臨床家に警告する（第4章と付録B参照）。RDI を与える前にも、このようなスクリーニングは本質である。解離性障害のクライエントで、準備していない別人格（自我状態）や人格同士の葛藤に RDI を使用すると、不適切な資源の選択や介入で、クライエントの自我システムの他の部分への脅威となり、計画外の除反応やセッション後も長く続くストレスといった危険にクライエントを置くことになる。解離性障害の基準に合うクライエントでは、付録Bに記した基準に従ってのみ RDI を考慮すべきである。

3．深刻な初期のネグレクトの生育歴を持つクライエントは肯定的な感情に耐えたり、調整したりできないことがあることも臨床家は考慮するべきである。そうしたクライエントへの RDI の手続きを行なう試みは、変化がないか、混乱、不安の増加といった否定的な反応を結果として引き起こしうる。これは、肯定的な感情への耐性が限られているか、RDI でよく起こる急激な感情の変化のためである。

EMDR の資源の開発と植え付けの基本プロトコル

Preliminary evidence of efficacy for EMDR resource development and installation in the stabilization phase of treatment of complex posttraumatic stress disorder. Journal of Clinical Psychology, 58 (12), 1465-1487. より許可を得て改変、掲載している。

資源の開発と植え付け（RDI）は、創造的で、融通性の高い手続きであり、それぞれのクライエント独自のニーズに合わせられる必要がある。以下は一般的な記述である。

必要な資源を見つける

「今のあなたの生活で、あるちょっと難しい状況について考えて欲しいのです。治療についてかもしれませんし、外傷的な記憶に直面したときの困難についてかもしれません。もしかしたら、誰か特定の人との難しい状況かもしれません。この状況について考えたときに、あなたにはどんな特質、資源、強さが欠けているでしょうか？　何が必要でしょうか？　その状況で何を自分自身に関して信じたいでしょうか？　どのように感じたいでしょうか？」

答えの可能性：「より強くありたい。（安全でいたい。よりつながっていたい。

地に足が着いていたい。より自信を持ちたい。より勇気を持ちたい。より自分を信頼した感じでいたい。より希望に満ちていたい。より決然としていたい。より柔軟でありたい。私は癒しの過程へのコミットメント感を強める必要がある。私は自分を信じたい。自分をなだめられるようになりたい。自分の感情への耐性を高めて、やり過ごしたい。よりよい境界を持ちたい。愛されると感じたい」

資源の開発－資源のさまざまなタイプの探求

達成した経験とイメージ「あなたが○○（たとえば、強い、安全、自信がある、穏やか、感情に耐えられる）と感じている時のことを考えてください。より○○（たとえば、勇気、自己信頼、柔軟性）を持って行動できている時のことを考えてください。その望ましい特質や感情を得られるのはどのような経験ですか？　あなた自身の部分で、あなたが頼りにできる自分がありますか（たとえば、賢者の自己、専門家の自己、戦士の自己）？　将来の、自分自身が望むような特質か資源を持っているイメージを思い浮かべることができますか？」

関係の資源（モデルと支持的人物）「あなたの生活上の人物を考えて、今でも昔でもいいですが、誰かこの特質を持っている、活用している人がいますか？

あなたの側にいて、励ましてくれたり、コーチをしてくれて、あなたが○○（たとえば、より強い、支えられている、より自信のあるなど）と感じるのを援助してくれる誰かを考えてください。友人、親戚、先生、養育者、治療者について考えてください。誰でもいいので、この特質を備えている人、あなたにとってのモデルの役割をしているか、できそうな人を考えてください（たとえば、有名人、本、映画、テレビ、アニメの登場人物）。あなたの人生で違いを作り出す人を考えてください。魂の先導役、希望や強さを与える人やものを持っていますか？　動物やペットで、こうした肯定的な感情や特質と結びつくものがありますか？」

比喩やシンボルの資源「あなたが○○（すなわち、穏やか、愛されている、つながっている、守られている、包まれている、平和である）と感じる他のイメージ、シンボル、比喩を考えてください。肯定的なイメージやシンボルで、あなたの芸術作品、夢、空想、イメージ誘導の実習で出てくるもの（たとえば、強くて、柔軟性のある木）を考えてください。」

資源の開発－より多くの情報へのアクセス

(一度にひとつの資源イメージ、連想を扱う)「その○○(例えば、経験、人、シンボルなど)を考えるとき、何が見えますか? 何が聞こえますか? どんなにおいがしますか? このイメージか記憶に焦点を当てた時、どんな感情に気づきますか? こうした感じを身体のどこに感じますか?」

映像：＿＿＿＿＿＿＿＿　音：＿＿＿＿＿＿＿＿　におい：＿＿＿＿＿＿＿＿
感情：＿＿＿＿＿＿＿＿　感覚の場所：＿＿＿＿＿＿＿＿

資源のチェック

「その○○(資源のイメージの記述を繰り返す)に焦点を当てて、○○(資源の音、におい、感覚、感じなどの記述を繰り返す)に気づくとき、どのように感じますか?」

(その後、資源が実際、難しい(目標の)状況に対処するのにクライエントの役に立つかどうか以下のように尋ねる)「○○(目標の状況)に焦点を当てて、○○(イメージと感情の記述を繰り返す)はどのくらい真実、どのくらい役立つ感じが、今しますか? 1が全く間違いか役立たない、7が完全に真実か、役立つだとしたら」

VOC：1　　2　　3　　4　　5　　6　　7

資源の反復

「○○(イメージの記述を繰り返す)に気づき続け、○○(感情、感覚、におい、音などの記述)に気づき続けましょう」(イメージ、音、感覚、感じを語順を変えたりしながら繰り返す。クライエントが否定的な連想や感情なしに資源に注意し、つながり続けられるかどうかチェックする。クライエントが否定的な連想や感情を報告したら、その資源では続けない。他の資源でやり直すことを考える)

資源の植え付け

「さて、○○(イメージ、関連した感情、感覚のクライエントの正確な言葉使いを繰り返してください)に焦点を当て続けながら、私の指(もしくは、音、光、タッピングなど)を追ってください」(そこで、臨床家は短めの両側性の刺激を、各セット、6-12往復で与える。各々の両側性の刺激の後、全般的な質問をする)「今何を感じたり、気づいたりしていますか?」。もし、クライエントが否定的な連想か感情を報告したら、先に進めたり、他の資源でやり直す過程を始める前に、否定的な材料をイメージの中で、入れ物(たとえば、箱、

金庫）などに入れる。

　　EM のセット　＿＿＿＿＿＿＿＿＿＿＿＿＿＿＿＿＿＿＿＿＿
　　EM のセット　＿＿＿＿＿＿＿＿＿＿＿＿＿＿＿＿＿＿＿＿＿
　　EM のセット　＿＿＿＿＿＿＿＿＿＿＿＿＿＿＿＿＿＿＿＿＿
　　EM のセット　＿＿＿＿＿＿＿＿＿＿＿＿＿＿＿＿＿＿＿＿＿

資源の強化：言語的手がかりや感覚手がかりとの結びつき

　「この資源と結びつきながら、さらに進めていくことを想像しましょう」

　（達成経験なら）「その経験を思い出すとき、自分について今言える最も肯定的な言葉は何でしょうか？」

　（モデルや支えてくれる人物なら）「その人があなたの側に立っていて、あなたが必要とするものを与えてくれていると想像してください。彼か彼女はあなたに言うべきこと、あなたが聞くべきことを正確にわかっていると想像してください。この人物と一体化していき、この人物の体内に入ると想像してみてください」

　（比喩的かシンボルの資源なら）「この資源を自分の手の中に持っていると想像してください」

　「このイメージか感じに包まれていると想像してください。この感じを呼吸と共に吸い込んでみましょう。あなたの体の中にこの肯定的な特質を感じる場所に気づいてください」（両測性の刺激のセットと共に、処理が援助的になる限り続けていく）

　　EM のセット　＿＿＿＿＿＿＿＿＿＿＿＿＿＿＿＿＿＿＿＿＿
　　EM のセット　＿＿＿＿＿＿＿＿＿＿＿＿＿＿＿＿＿＿＿＿＿

将来の鋳型の構築

　「将来あなたが○○（前に見つけてある難しいターゲット状況）に直面する時に、この資源を持っていると考えてください」

　（達成の経験なら）「効果的に対処するのに必要な○○（例えば、勇気、強さ、境界）を持っていると想像してください。その場面で○○（例えば、自信、平和、地に足のついた感じ）を感じていると想像してください」

　（モデルや支えてくれる人物なら）「この難しい状況に直面し、○○（例えば、支えてくれる人や関連した資源の名前）とつながっている感じを想像してください。あなたにとって、どんな感じなのか気づいてください。あなたの資

源となる人があなたが聞くべきことをちゃんと言ってくれているのを聞いてください」

　（比喩やシンボルの資源なら）「あなたの資源をまさにあなたが感じる必要があるように感じてください。あなたが経験する必要があるようにその資源を感じてください」（両測性の刺激の短いセットと共に、処理が援助的である限り続けていく）

　（選択された資源と一緒に、植え付けと将来の鋳型が、目標状況に対処できるようになるかどうか査定する）「○○（目標状況）に焦点を当てて、○○（イメージと感情の記述を繰り返す）はどのくらい真実、どのくらい役立つ感じが、今しますか？　1が全く間違いか役立たない、7が完全に真実か、役立つだとしたら」

VOC：1　　　2　　　3　　　4　　　5　　　6　　　7

　この過程は、クライエントが強めたいその特質か資源の各々に対して繰り返す。

資源の開発と植え付けの使用

　先のセッションで、資源が植え付けられたか、クライエントの日誌でフィードバックを探すなどして、チェックするとよい。クライエントが第2段階（トラウマ焦点のワークの準備）ができたら、先ず、トラウマの材料にアプローチするのに必要な資源を持ち出し、（両側性の刺激で）強めることからセッションを始めることができる。トラウマ焦点のEMDR再処理中に、臨床家は前に植え付けられた資源を、「自発的な処理が治療的な目標を達成するのに不十分な」時に、Shapiroが「新しい情報か新しい見方を導入する」戦略と定義した、認知の編み込みとして、用いることが可能である。

付録 **B**

クライエントの安全

　1990年に始まった訓練で、EMDR は実験的な手続きとして紹介された。この新しい心理療法のアプローチを責任を持って広めるために、訓練とクライエントの安全とを、上級の経験豊富な臨床家で構成される独立委員会が監督した。委員会の勧告を基に、ここに示したガイドラインの中核ができ上がっているので、読者はクライエントの安全に関する基本的事項の展望ができるだろう。

　この付録の第1節は EMDR 解離性障害課題班（the EMDR Dissociative Disorders Task Force）が推奨するガイドラインで構成されており、解離性障害の治療に EMDR を使う際の標準的な手引きと推薦図書のリストからなっている。

　第2節では、これまで EMDR の訓練方針を指導してきた EMDR 専門家問題委員会（the EMDR Professional Issues Committee〔EPIC〕）の勧告を紹介している。この一般的な勧告は今も実践する臨床家にとって適切である。

　第3節は EMDR 国際学会の訓練ポリシーを示しており、EMDR の訓練と臨床実践のガイドラインを提供している。目的はクライエントの安全を守り、EMDR の方法の統合性を維持し、免許を持たない素人の実践家の手による薄まったやり方の増殖を防ぐ方法を見つけることである。EMDR 訓練実践の歴史と、新しい心理療法の普及についての展望は Shapiro（1998）にある。Eye movement desensitization and reprocessing（EMDR）: Historical context, recent research, and future directions. In L.Vandercreek & T. Jackson（Eds.）Innovations in Clinical Practice: A Source Book（Vol. 16）. Sarasota, FL: Professional Resource Press.

第1節

EMDR解離性障害課題班推奨ガイドライン：
解離性障害の治療にEMDRを使う際の一般的な手引き

目 的

　この付録のこの節では解離性障害にEMDRを適用する際の一般的ガイドラインを提示しており、クライエントの安全に関する項目に重点を置いている。この節は、一通りの経験を積んだ臨床家で解離性障害の診断と治療に新たに取り組もうとしている者を対象としている。この手引きの目的は、治療基準や特定の訓練の必要性や資格ガイドラインを定義することではない。さらに、解離性障害や催眠についての専門的臨床判断や訓練にとって代わることでもない。

前 提

　このガイドラインの基礎となっている幾つかの前提を次に示す。（1）解離性障害患者のEMDR治療は心理療法的アプローチ全体のなかに埋め込まれたとき最も有効であり、単独では治療として効果がない。（2）臨床対象者の中には、未診断の解離性障害が多数存在する。（3）患者の治療にEMDRを初めて使う前に解離性障害の可能性を適切に評価しないと、患者と治療者と治療協調にとって大きな損失となる。（4）我々の理解が深まるにつれて、このガイドラインを改訂する必要があるだろう。次の段落でガイドラインを示しているが、そのガイドラインは治療者がEMDRについて患者を評価しEMDRの治療への安全な導入とその時期を決定するために使われる。

スクリーニング

　一見そうとはわからない解離性障害の存在を調べるために、治療者は訴えの内容に関係なくすべての患者にスクリーニングを行なうべきである。スクリーニングの方法にはDES（Bernstein & Putnam, 1986）、または解離性障害の精神状態調査 Mental Status Examination for Dissociative Disorders（Loewenstein, 1991）がある。セッション中に「人格交代」を観察した場合だけにスクリーニングを限定したのでは十分なスクリーニングをしたことにならない。スクリーニングの結果で解離性障害を疑わせる指数が低ければ、治療者はEMDRのプロトコルに従って現在の問題に対し適切な準備段階をふまえながら治療を進めること

ができる。

診断の明確化

スクリーニングの結果で解離性障害を疑わせる指数が高かったら、治療者は解離性障害面接スケジュール Dissociative Disorders Interview Schedule（DDIS; Ross, 1989）や DSM-IV 解離性障害のための長時間構成面接 lengthier Structured Clinical Interview for DSM-IV Dissociative Disorders（SCID-D; Steinberg, 1993）を使って診断を明確化するための手順を進めなければならない。あるいは、適切なコンサルテーションを受けるべきである。

解離性障害が存在したとき

解離性障害が存在することがわかったら、EMDR を進めるかどうかは治療者・患者双方の次の要素を考慮して決定するのが最も良い。

1. 治療者の要素

a. 治療者が解離性障害について訓練を十分受けているかがはっきりしていなければならず、それは次の2点による。（1）治療者がその分野の正式なコースを受講してきた。（2）治療者が解離性障害患者の心理療法に関してスーパーバイズを受けてきた。

b. 治療者が解離性障害の治療に熟練しているかどうかがはっきりしていなければならず、それは次に示す能力によって決まる。（1）攻撃的交代人格、子どもの交代人格、犯罪的交代人格との調停。（2）転移の予期と調節。（3）催眠現象と解離現象の認識と取り扱い。（4）危険管理。（5）薬物や入院による援助の必要性の判断。

c. 重い解離性の患者に EMDR を試みる前に、治療者は解離性障害でない患者に EMDR を使用した経験が豊富でなければならない。治療者には、EMDR 研究所のレベル2トレーニングにある「認知の編みこみ」の介入技術とそれ以外の積極的な介入技術が必要である。

d. 前述の技術がない場合には、治療者は患者を他の治療者に紹介するか、解離性障害患者に EMDR を使う前に解離性障害と催眠に関する訓練を新たに受けるべきである（追加トレーニングに関する節を参照せよ）。

e. 必要な技術を持ち訓練を受けていれば、治療者は患者に肯定的要素がある場合に限って（次の節を参照せよ）、注意深い治療計画に沿って EMDR を実行してかまわない。

2．患者の要素

EMDRを使うか使わないかにかかわらず、解離性障害患者の治療計画には患者の要素が重要である。しかし、EMDRは患者を急速に不安定にする可能性があるので、患者の要素はこの手続きに伴う危険性に直接に影響を与える。

a. 次の性質を患者が持つかを確かめて、EMDR治療に対する患者の適性を評価すること。（1）感情に耐える十分な能力。（2）安定した生活環境。（3）長期間の治療に伴う一時的な不快に耐える意志。（4）十分な自我の強さ。（5）適切な社会的援助とそれ以外の資源。（6）過去に治療を受け入れた経験があること。次の評価項目は、解離性の患者であればどの治療法においても評価しなければならない。しかし、EMDRはその影響力が強いので、適切な評価を怠った場合の危険性は、他の治療法よりも深刻である。

b. 次の兆候を患者が示しているかどうかをはっきりさせる。このような兆候がある場合にはEMDRの使用は勧められない。（1）現在も続く自傷行為。（2）激しい自殺衝動あるいは殺人衝動。（3）コントロール不可能なフラッシュバック。（4）めまぐるしい人格交代。（5）著しい年齢的弱さあるいは身体的弱さ。（6）末期的な病気。（7）他の医療を同時に必要とすること。（8）現在も続く虐待的関係。（9）除反応にかたくなに抵抗する交代人格。（10）著しく病的な人格、例えば、重症の自己愛性人格障害や反社会性人格障害や境界性人格障害。（11）統合失調症や激しい薬物乱用のような深刻な診断を2つ持つこと。

【注】このような兆候によって完全な禁忌が決まるわけではない。しかし、もしこのような兆候があるにもかかわらず治療者がEMDRを進めるなら、相当な危険と混乱が生じる。EMDRを使わなかったという目に見えない利益はこのような危険を補って余りあるに違いなく、安全の警戒がEMDRにとって代わるに違いない。このような混乱を調整した経験を豊富に持つ治療者だけが、前述の兆候を示す患者にEMDRを使って治療を進めることができる。

治療計画にEMDRを埋め込むこと

前述した治療者の要素と患者の要素とが適当なものであれば、EMDRを治療を進める一要素にしてかまわない。治療計画の総体は解離についての十分な知識に基づいて決めるのが一番良く、恐らく催眠、EMDR、行動療法、認知療

法、それ以外の治療法を含むだろう。

EMDRの準備

　EMDRセッション中に生じる問題を減らし、その衝撃を小さくするために治療者は患者がEMDRに覚悟して臨めるよう下準備しなければならない。同時に治療者は、クラフトが言う"予測できないことを予測する"必要がある。最低でも、人格システム全体とのインフォームドコンセントを満足に行なうために、治療者は注意深くこの手続きを説明すべきであり、それだけで十分に目的が達せられたわけではないと認識していなければならない。人格システムの同意が十分であればあるほどEMDRはスムースに進む傾向がある。人格システム全体に目を配っていれば、ある人格がEMDRを嫌がっていても、驚いた交代人格がEMDRをダメにしてしまうのを防げる。患者が覚悟してEMDRに臨むために治療者がする下準備には、次のような要素が影響する。（1）人格システムの複雑さ、（2）関連した人格部分に対するインフォームドコンセント、（3）各人格部分の協力、（4）解離障壁の透過性、（5）全人格システムの変わりたいという動機づけ。複雑でなく協力的で意識を共有している人格システムであれば、攻撃的で複雑で人格相互の疎通の悪い人格システムよりもEMDRの下準備は簡単である。EMDRの下準備はEMDR以外の治療行為と併行して進行し、EMDR以外の治療行為にはラポールの確立と感情抑制とそれ以外の技術の教授とが含まれるだろう。

治療の初期段階

　解離性障害の治療初期には、治療者はEMDRの使用を差し控えるべきである。特別な状況では例外が存在するが、その判断はコンサルテーションによる。

警　告

　眼球運動の使用が治療的に早過ぎると、解離障壁の透過性亢進が早まる危険がある。そのために人格システムの氾濫、制御不可能な不安定、自殺や殺人の危険性の増大が生じることがある。介入してもしなくても介入に失敗する危険が変わらなければ、危機介入として眼球運動だけを試みるべきである。

治療の中間段階

　治療上の統合段階すべてを通じて、治療者はEMDRの次のようなさまざまな使用法に気づくだろう。（1）EMDRの模範的な適用、除反応を通して外傷を中和すること、（2）EMDRのなかで自我状態療法（Ego State Therapy）（Watkins, 1992）を使って内部対話を促進すること、（3）EMDRのターゲットとすることで認知の歪みを再構成すること、（4）EMDRの植え付けを利用して今までと違う対処行動をとれるようになること、（5）植え付けによって自我を強化すること、（6）融合。

治療の最終段階

統合後や治療の最終段階でも、引き続いてEMDRには次のような適用があるだろう。（1）物事にうまく対処する能力のさらなる発展、（2）新しい環境への般化、（3）外傷、痛み、治癒の人生における意味を患者が見いだすことの手助け、（4）人生の目的の達成を阻んでいる障害の解決。

課題班のメンバー

解離性障害課題班のメンバーの名前をアルファベット順に、次に掲載する。

Catherine Fine, Ph. D.,Marilyn Luber, Ph. D.,Sandra Paulsen, Ph. D.,Gerald Puk, Ph. D., Curt Rouanzoin, Ph. D., and Walter Young, M. D.

追加のトレーニング

解離性障害の診断と治療について特別の訓練を希望する臨床家は、次の団体に連絡を取るべきである。国際解離学会 the International Society for the Study of Dissociation（ISSD）、電話番号（847）480-0899。www. issd. org, 60 Rerere Drive Ste. 500, Northbrook, IL 60062, U. S. A. ）。

推薦図書

解離の学習に役立つ資料を次に紹介する。

Bernstein, C., & Putnam, F. (1986). Development, reliability, and validity of dissociation scale. *Journal of Nervous and Mental Disease*, *174*, 727-735.

Braun, B. G. (1988). The BASK model of dissociation. *Dissociation*, *1*(1), 4-23.

Braun, B. G. (1986). *Treatment of multiple personality disorder*. Washington, DC: American Psychiatric Press.

Fine, C. G. (1991). Treatment stabilization and crisis prevention: Pacing the therapy of the multiple personality disorder patient. *Psychiatric Clinics of North America*, *14*(3), 661-676.

Goodwin, J. (1982). *Sexual abuse: Incest victims and their families*. Boston: Wright/PSG.

Kluft, R. P. (1988). Making the diagnosis of multiple personality disorder. In F. F. Flach(Ed.), *Diagnostics and psychopathology*. New York: Norton.

Kluft, R. P. (1985). *Childhood antecedents of multiple personality disorder*. Washington, DC: American Psychiatric Press.

Kluft, R. P. (1985). The treatment of multiple personality disorder(MPD)：Currents concept. In F. F. Flach (Ed.), *Directions in psychiatry*. New York: Hatherleigh.

Kluft, R. P., & Fine, C. G. (1993). *Clinical perspectives on multiple personality disorder*. Washington, DC: American Psychiatric Press.

Loewenstein, R. J. (1991). An office mental status examination for complex chronic dissociative symptoms and mulitple personality disorder. *Psychiatric Clinics of North America*, 14(3), 567-604.

Putnam, F. W. (1989). *Diagnosis and treatment of multiple personality disorder*. New York: Guilford.

Ross, C. A., Herber, S., Norton, G. R., Anderson, D., Anderson, G., & Barchet, P. (1989). The Dissociative Disorder Interview Schedule: A structured interview. *Dissociation*, 2(3), 169-189.

Ross, C. A. (1989). *Multiple personality disorder: Diagnosis, clinical features and treatment.* New York: Wiley.

Spiegel, D. (Ed.). (1993). *Dissociative Disorders: A clinical review*. Lutherville, MD : Sidran Press.

Steinberg, J. (1993). *Structured clinical interview for DSM-IV dissociative disorders*. Washington, DC: American Psychiatric Press.

Watkins, J. (1992). *Hypnoanalytic techniques*. New York: Irvington.

第2節

EMDR 専門委員会が推薦するガイドライン

1987年に Eye Movement Desensitizaton（EMD）という臨床的手続きが、Francine Shapiro, Ph. D. によって開発された。博士の最初の研究（1989）では、EMD は性的虐待の被害者とベトナム帰還兵の治療に使われた。1990年名前が Eye Movement Desensitization and Reprocessing（EMDR）に変わり、方法の中の認知と感情の再構成の側面が考慮されるようになった。文献に初めて登場して以来、EMDR にはたくさんの修正が加えられ、最初の論文は時代遅れになっていった。

EMDR が発展していく過程で臨床家のグループが委員会を作り、EMDR の実践に関する専門的で倫理的な事項を取り扱うことを基本的役割とした。このグループは、EMDR 専門家問題委員会（EPIC）と呼ばれ、分かち難く結びついている2つの基本的な問題、クライエントの福利と訓練を扱っている。

クライエントの福利

すべての心理療法で専門的実践の基礎にあるのはクライエントの利益への根

本的関心である。心理学者にとって、この関心はアメリカ心理学会（APA）の倫理原則の基礎になっており、これはすべての療法を始める前に考慮しなければならないガイドラインである（心理療法を実践している他の専門家も自分自身の同じような行動の綱領をもっている）。

クライエントの福利という事項は、さまざまな面と関連している。例えば、治療が始まる前にこれから使う手続きをクライエントに知らせなければならない。もちろん、このことからインフォームドコンセントの問題が生じ、EMDRのインフォームドコンセントにはさまざまな事柄とともにクライエントに過程に対して準備をさせることが含まれる。インフォームドコンセントのこのような一面は特に重要であるが、それはEMDRは非常に強い感情的反応をクライエントから引き出す可能性があるからである。湧き上がってくる感情はとても激しいので、心臓病、妊娠、眼の問題、解離性障害などの状態には特別の注意を払わなければならない。このような状態ならば、EMDRを始める前に注意深い熟慮と適切な専門家（医師、眼科医など）への相談が必要である。

EMDRは「すぐ準備できるもの」ではないと、心に留めておくことが大切である。すべてのクライエントに気まぐれに適用されるべきではない。クライエントの福利を守るためには、全生活史の聴取と注意深いスクリーニングとがEMDR治療に不可欠な2つの要素である。臨床家や研究者が特定のクライエントや問題に対してEMDRを研究し適用を続けている中で、新しいプロトコルが開発されつつあるし、それ以外のプロトコルが特定の問題とクライエントの要求とをより適切に扱うために洗練されつつある。

EMDRとクライエントの福利とに関する最も重要な問題の一つは、経過中に激しい感情状態（除反応）が起きるかもしれないという事実に関係している。従って、もしEMDRが適切に使われなかったら、クライエントは再外傷を負い、治療は止まってしまうだろう（すなわち苦痛な感情や身体的感覚を、その強さを弱めることなくもろに体験してしまう）。従って、臨床家が何をすべきかに関する確かな臨床的判断と直感的センスとを持つことが決定的に大切であり、EMDRの訓練で定めている方法論的ガイドラインに基づいて状況を適切・有効に扱う方法を知っていなければならない。

訓 練

多くの専門家と同じく心理療法家には、新しい技術や知識を身につけ、現在持っている技術を磨き、めったに使わない技術を復習するための訓練が必要である。特殊なサービスを提供する能力はとても重要なので、少なくとも2つのAPA倫理原則が心理学者に対して定められており、それが原則A（能力）と倫理基準1.04（能力の限界）である。同様の事項が、これと適合する倫理規準の中で、実践中の他の心理療法家に明示されている。特に、EMDRのような新しい方法が精神保健の世界に紹介されると、心理学者は「適切な手段をとって、自身の仕事の能力を確かなものにすると同時に患者、クライエント、学生、研究の参加者、それ以外の人々を危害から守ること」が義務づけられている（APA, 1992, p. 1600）。新しい方法の訓練は能力の問題と関連しており、それについては前述の倫理原則の節で既に述べている。このように、心理学者には「その分野や技法に能力のある人からの適切な学習、訓練、スーパービジョン、コンサルテーション」をまず利用することが倫理的に要請される（APA, 1992, p. 1600）。後者に関してEMDR委員会は、特定の個人にEMDRの訓練を行なう権限を与えている。このEMDRの訓練を受けた臨床家はEMDRを少なくとも2年間使用し、同時に、Shapiro博士が始めた訓練中の実習のスーパーバイズをするファシリテーターとして働く。これをこなした人だけが、EMDRの訓練セミナーで教える資格と能力を認められる。

EMDRはある種の人たちには馬鹿馬鹿しく単純に見えるかもしれないが、その使用には、倫理的観点からだけでなく、訓練を受け経験を積んだ臨床家の実務的観点からも、EMDRが認めた指導者と訓練セミナーからの訓練を受ける必要がある。前述したように、EMDRはクライエントから非常に激しい反応を引き出しうることが示されており、それゆえにそのような出来事に安全に有効に対処する方法を臨床家が知っていることが非常に大切である。経験豊かな臨床家のきめ細かいスーパービジョンを含む訓練を通してのみ、これらの技術やその他の技術を適切に学ぶことができる。

訓練は2つの水準に分けられ、両方とも講義の要素と技術の利用を具体化するスーパービジョンを受ける実習とを含んでいる。第1のレベルには、外傷への適用に関するEMDRの基本的側面と同時に、クライエントの安全について

の問題とガイドラインが含まれている。適用を効果的にするためには、さまざまな領域（感情、イメージ、認知、身体感覚）に注意を払う必要があり、クライエントに励ましや支持や安全な環境であることが伝わるような方法を取らなければならない。第1のレベルの訓練の強調点は、EMDRはクライエントに焦点を置いたアプローチだということであり、臨床家は侵入的にならないことを学ばなければならない。臨床家は「クライエントの過程に同行」できるようになるために訓練を受けるが、多くの人にとってこれは伝統的なモデルから受け継がれている方法で学んだ介入を、しないことを意味する。レベル1の訓練の恩恵がなかったら、適切なタイミングと適用についてのガイドラインを臨床家は手に入れることができず、クライエントの行く手に不注意に入り込み（遅いあるいは早過ぎる反応、反射、解釈、リフレーミングなどによって）、その結果クライエントの経験と進行に悪影響が生じるだろう。

訓練の第2レベルは、特定の診断や症状に対するEMDRプロトコルのより限定した適用に焦点を置いている。それに加えて、EMDRの積極性を強めた変形版を教え、その変形版はクライエントがどんな診断であってもひどく苦痛を感じている場合の治療に必要である。（第2レベルの訓練が最も有効なのは自分のクライエントにEMDRをある期間使った後であると知っておく必要がある）。インフォームドコンセントのときにクライエントに提供しなければならない最新の情報は、この2つのレベルの訓練で提示される。臨床家が、認められた訓練に参加していなければ、どのようにEMDRを使うのか、いつ使うのか、誰に対して使うのか、予想される効果と危険をどのように認識するのか、その危険をどう扱い最小限にとどめるのかといった問題について、十分な情報を得て経験に基づく指導を受けることは不可能である。もし臨床家に十分な情報が与えられていなければ、クライエントが十分情報を得ることは不可能であり、倫理原則のもう一つの信条-倫理基準4.02（インフォームドコンセント）に背くことになる。もしクライエントがEMDRの経験に対して適切な準備ができていなければ、再外傷化を受けてしまうだろう。

要約すると、認められた指導者の訓練に参加しない限り、臨床家が安全で効果的で倫理的なEMDRの実践はできないというのがEPICの見解である。訓練に参加していない治療者は、標準的EMDRプロトコルの経験に基づく使用、治療に関する最新の工夫、研究結果、最近明らかになったばかりの治療上の禁

忌、管理の問題についてとりわけ知らない。この領域の最新の知識は、EMDRの安全性と有効性を高めるために役に立っている。

このガイドラインによって、認められたEMDR指導者の訓練を受けることがクライエントの福利を守るために重要であると伝わることをEPICは希望している。EMDRが新しくて今も発展しつつある方法であるという事実を考慮すると、教える能力があると（EMDR研究所から）認められた人から学ぶための、そして適切な訓練とスーパービジョンから利益を得るための機会を、臨床家が利用することが慎重であり適切であるだろう。

EPICのメンバー

Lois Allen-Byrd, Ph. D.,MRI Research Associate; Virginia Lewis, Ph. D.,MRI Senior Research Fellow; Marquerite MoCorkle, Ph. D.,MRI Senior Research Fellow.

参考文献

American Psychological Association. (1992). Ethical Principles of Psychologists and Code of Conduct. *American Psychologist*, *47*, 1597-1611.

第3節

EMDR国際学会の専門的基準・訓練委員会

EMDR国際学会（EMDRIA）は、1995年に誕生した、独立した非営利の専門家組織である。その年に理事会が組織した最初の委員会の一つが、専門的基準・訓練委員会である。この委員会の使命はEMDRの訓練、教育の基準を作り、洗練し、監視することである。EMDRは強力な治療的アプローチであり、臨床家が外傷や外傷関連の状態に充分な下地を持っていることが要求される。大学、インターンシップ、機関でEMDRを教える者の基準を作り、洗練してきた。さらに、免許を持ち、認定を受けた者か、免許や認定へとつながるそれぞれの精神保健教育か大学院のプログラムや課程に在学中の者のみが、EMDRを臨床的な対象に適用するための訓練への参加資格を有する。

1999年に、専門的基準・訓練委員会はEMDRIAの理事会全員の賛成を受け

て、EMDR資格と、EMDR認定コンサルタントの基準を作り、洗練した。EMDR資格を得るには、志願者は以下の基準を満たさなければいけない。（1）EMDRIAが認定するEMDRの基礎訓練（18時間の講義と13時間の実習）を修了したこと。（2）独立にサービスを提供する精神保健の専門家として免許、資格、登録をしていること。（3）精神保健の分野での最低2年間の経験を証明する書類を提出すること。（4）最低25人のクライエントに最低50のEMDRセッションをしていることを証明する書類を提出すること。（5）EMDR認定コンサルタントから20時間のコンサルテーションを受けた証明書類を提出すること。（6）EMDR認定コンサルタントによる志願者のEMDR使用の質についての書面（EMDR評価用紙）を提出すること。（7）志願者の実践の倫理、専門家としての特性に関しての職場の同僚からの推薦状を提出すること。（8）過去2年間において、最低12時間のEMDRIAの単位（EMDRの継続研修）を終えている書類を提出すること。

　EMDR認定コンサルタントになるためには、以下の基準を満たさなければいけない。（1）EMDRに関するEMDRIA認定訓練プログラムを修了していること。（2）個人的にサービスを提供できる精神保健の専門家としての免許、資格、登録されていること。（3）精神保健分野における最低3年間の経験を証明する文書を提出すること。（4）最低75人のクライエントに対して、最低300回のセッションを行なったことを証明する文書を示すこと。（5）20時間のEMDRの「コンサルテーションのためのコンサルテーション」をEMDRの認定コンサルタントから受けたことを証明する文書を提出すること。（6）EMDR認定コンサルタントによる志願者のコンサルテーションの質についての書面（訓練コンサルタント評価用紙）を提出すること。（7）志願者の実践の倫理、専門家としての特性に関しての職場の同僚からの推薦状を提出すること。（8）過去2年間において、最低12時間のEMDRIAの単位（EMDRの継続研修）を終えている文書を提出すること。

　専門家基準・訓練委員会は、参加者にEMDRIAの単位を与えるワークショップ、セミナー、学会年次大会のすべてのその質と今日性をしっかり監視している。この委員会は他のEMDRIA委員会と協力し、一般人や他の学会組織の会員に、必要が生じれば、教育情報を教える。

　専門的基準・訓練委員会について、もしくはEMDRIAについてのより多く

の情報は、ホームページ www.emdria.org を訪れるか EMDR International Association, P. O. Box 141925, Austin, TX 78714-1925。Curtis C. Rouanzoin, PhD, Chair. Professional Standards and Training Committee of EMDR Internaitonal Association に連絡を取って欲しい。

付録 C

EMDR の資源

EMDR 国際学会

　EMDR 国際学会（The EMDR International Association：EMDRIA）は501（C）（6）非営利の専門家の会員組織である。学会の使命は「EMDR の実践、研究、教育の卓越性と統合性の最高基準を維持し、促進すること」である。組織の目的は EMDR に関する現在の教育、研究、発展を育成し、同時に EMDR 実践者の専門的で教育的な支援を与える。会員は正式な EMDR の訓練に参加した精神保健の専門家で、臨床的、研究的な目的にそれを使っている人である。組織は、会員に、新しい適用、懸念、研究を学ぶ機会を会議、論文、EMDR 年次大会のオーディオテープ、研究ディスカッション・リスト、すべての公認プログラムのリスト、ニュースレターを通して提供する。クライエントへのチラシや情報集は会員ならば買うことができる。季刊のニュースレターと年次大会は、臨床結果、新しいプロトコル、革新、関連した理論、臨床と研究の興味のための国際的な協力の機会の情報を広める。現在世界中に提携の組織がある。

　EMDRIA は EMDR の訓練を受けた実践家への支援システムであり、EMDR が専門的に継続的発展を遂げるメカニズムを与えている。EMDRIA を通して、実践家は EMDR についての最新の臨床情報、研究データに触れられる。EMDRIA に連絡を取るには、

EMDR International Association
P. O. Box 141925
Austin, TX 78714−1925
U. S. A.
電話：（512）451−5200
Fax：（512）451−5256

Web site: www.emdria.org
E-mail: emdria@aol.com

EMDR 人道支援プログラム

　EMDR 人道支援プログラム（EMDR Humanitarian Assistance Programs : EMDR–HAP）は、世界中の心的外傷の被害者に深い癒しの機会を与えることにコミットした治療者の国際的なボランティアのネットワークである。個人的な寄付金を基に設立され、EMDR–HAP の治療者は、都市部の組織、紛争地域、災害地、発展途上国に旅し、地域の精神保健専門家を身近な被害者に EMDR を行なえるように、無料か低料金で訓練する。新しく訓練を受けた治療者は、さらに専門的な援助を EMDR–HAP ボランティアから受けて、自分の地域で外傷の被害者に EMDR を使い始めるようになる。

　このような試みを含めたサービスを EMDR–HAP はザグエブ、サラエボ、北アイルランド、ケニヤ、ウクライナ、コロンビア、エルサルバドル、インド、セルビア、ハンガリー、トルコ、中東、バングラディッシュで提供してきた。さらに、EMDR–HAP 委員会は様々なアメリカ国内事業に取り組んでおり、それには都市部の治療者を訓練すること、都市暴力のサバイバーや目撃者を治療し、収監システムの中でのワークで犯罪連鎖構造を断ち切る EMDR の可能性を探索することが含まれている。EMDR–HAP のボランティアは天災であれ、人災であれサバイバーに直接的な援助をする。オクラホマ市の爆破事件では HAP のボランティアが深刻な情緒的痛みを持つ250人に700時間の無料の治療を行なった。

　EMDR–HAP のボランティアは、広報事務所を通して PTSD への意識を高めている。EMDR–HAP の代表は学会や、医療関係者の団体や地域サービス組織の前で話し、PTSD を治療する際の EMDR の効果について伝える。PTSD は未治療のままに放置されれば数十年と持続してしまう疾患である。

　EMDR–HAP は501（c）（3）非営利公益団体である。すべてのボランティアは EMDR の方法の訓練を受けており、精神保健の免許も持っている。苦しんでいるが治療の費用が払えない人々の回復のために毎年最低一週間の治療あるいは訓練を無料で提供する。HAP はこの努力をコーディネートし、宿泊施

設と、治療場所への旅費を出している。EMDR–HAP に連絡を取るには、

 EMDR Humanitarian Assistance Programs
 136 South Main Street, Suite 1
 New Hope, PA 18938 U.S.A
 または、
 P. O. Box 52164
 Pacific Grove, CA 93950 U.S.A
 Telephone:（215）862－4310
 FAX:（215）862－4312
 Web site: http://www.emdrhap.org
 E-mail: HAPnewhope@aol.com

訓練が受けられる機関

 EMDR を取り巻くメディアの注目が広がった不幸な副作用として、訓練を受けない臨床家や素人が彼らの勝手なやり方をクライエントに行なっていることがある。さらに、「眼球運動治療」のさまざまなワークショップがいろんな国に現れている。報告されたすべての例で、EMDR を代表しているとも言える手続き、プロトコル、安全策なしの眼球運動が使われている。この治療の誤使用に由来する潜在的な危険からクライエントが守られることが大切である。EMDR 国際学会は関連情報の情報交換所の役割を果たし、(本書で記述している) EMDR アプローチを臨床家に教えることを認められたすべてのプログラムの名簿を管理している。基準に合った大学コースやトレーニングセンターの修了で、EMDRIA の会員となれる。専門的ガイドライン、会員資格、他の訓練プログラムに関する情報を得るには、EMDRIA に連絡を取って欲しい。

EMDR 研究所

 EMDR 研究所（The EMDR Institute）は EMDRIA によって認められている多くの訓練プログラムの一つである。これまでに 2 万人以上の臨床家に EMDR の方法を訓練してきた。提携している訓練組織は、アメリカ、ヨーロッパ、南米、アジア、中東、アフリカ、オーストラリアにある。これらの組織は過去10

年以上教育目的に訓練された講師やファシリテーターの指導のもと、現在公認されたワークショップのプログラムを用いている。訓練には、講義の材料、治療テープ、そして、最も重要なのは、スーパービジョン付きの小グループ実習である。以下のロゴの使用は研究所が認める訓練、提携する訓練のみに限られている。初級の訓練以外に、EMDR 研究所は、(1) 多岐にわたる臨床対象に EMDR を有効に使ってきた専門家による専門発表、(2) 丸1日のスーパービジョンつき実習セッション、(3) ケースコンサルテーション、(4) インターネット・ディスカッション・リストを行なっている。訓練、提携、コンサルタント、必要資格に関しての情報は以下の所へ。

EMDR Institute
P. O. Box 51010
Pacific Grove, CA 93950, U. S. A.
電話 (831) 372-3900
FAX (831) 647-9881
Web site: www.EMDR.com
e-mail: inst@EMDR.com

付録 **D**

様々な臨床上の適用と評価

EMDR（または他の形態の心理療法）についての研究文献を読む際に、多くの混乱を避けるには、（1）作用のメカニズム、（2）構成要素の分析、（3）モデルの効用、または（4）その方法の臨床上の効果、に研究者が関心を持っているかどうかに注意することである。研究に関する提案は12章で述べた。この付録では、更なる評価の手続きと、方法とモデル両方のための研究の領域を提案する。EMDRの方法論は、様々なモデルと一致して用いることができるため、これらの研究は別個に、切り離して注意を払う価値がある。具体的には、その方法は本質的な治療効果を生じさせるのだろうか？　そしてそのモデルは臨床上の実践を適切な治療的適用へと上手に導くことができるのだろうか？

第1節　付加的なプロトコルとマニュアル化された資源

包括的な展望（Chambless et al., 1998）によると、主な心理療法の適用のうち、統制群を用いた効果研究によって十分に評価されたものはほんの少ししかない。さらに、経験的に支持されている方法の多くが、現場の臨床家によって用いられた時にクライエントに十分な効果を実際に提供できるかどうかをはっきりさせるには、さらなる研究を必要としている。効果と効率の両方の研究が不足しているため、クライエントが現在の方法によって、どの程度はっきりと改善するのかを確認する責任が重く臨床家の肩にかかっている。シングル・サブジェクト・デザイン研究を用いることによって、臨床家と研究者の両者による評価の過程が進められた。これは、この本書の12章で述べたように、正確な科学的実践と適切な臨床上の変数を統合させたことによるのである。

EMDRに関しては、有効性についての十分な経験的支持があるのはPTSDに関してのみである。それにもかかわらず、経験から生じた、幅広い範囲の障害を扱う、多くの他の適用が臨床的な観察から支持されている。例えば、うつ

の症状は、無力感や絶望感（例えば、「私は十分ではない」「私はコントロールできない」など）に関する感情や認知を含む記憶を処理することで、しばしば軽減される。EMDR は純粋に器質性の要因（例えば、ホルモンのバランスの乱れ）から生じるうつは改善できないようである。その一方で、経験から生じるうつは、この本書の中で述べた標準的な3つ股熊手のプロトコルを通じて軽減されることに注目することが大切である。この標準的なプロトコルと手順は、同様に幅広い機能不全になっているクライエントの性格特性や症状を扱うのにうまく用いられてきた。さらに、多くの新しいプロトコルが、パニック障害、強迫性障害、薬物依存、幼少期の問題、性機能障害、健康問題、その他を含む様々な臨床上の症状に対する EMDR の適用のために開発されてきている（以下参照）。

しかしながら、他の流派の多くの心理療法の適用と同様、EMDR の他の適用を評価したしっかりした臨床の効果研究がまだ少ししかないことを、臨床家は知っておく必要がある。それでも、活動中の臨床家は、クライエントの反応を注意深く査定することによって、提供されたプロトコルの効果を体系的に評価することができる。この過程を援助するために作成されたマニュアルは、「シングル・ケース・デザインを用いて EMDR を実証的に評価する：EMDR 治療者のためのステップ・バイ・ステップガイド Empirically evaluating EMDR with single-case designs: A step-by-step guide for EMDR therapists」(Rubin, A., 1999, New Hope, PA: EMDR Humanitarian Assistance Programs）である。この査定の過程は統制された研究を増加させるのに極めて重要である。なぜなら、それは公刊や専門的発表を通して適切な情報の普及になるからである。

全体的な EMDR のプロトコルは、（1）過去の出来事とそれらが現れたもの（例えば、悪夢や身体感覚）の処理、（2）症状を引き起こしたり、悪化させる現在の状況の処理、（3）適切な将来の行動への鋳型の創造・処理、を含んでいる。このプロトコルは標準的な8段階のアプローチの中に統合されている。様々な障害の EMDR 治療を報告するとき、用いられた一連のターゲットとプロトコルは、他の臨床家や研究者が模倣できるように、詳細に描写されるべきである。さらに進んで、標準化された EMDR の手続きへの更なる要素の付加、あるいはその一部の削除を伴う適用を査定する時、ある種の疑問が考慮されるべきである。標準的な EMDR の手続きはどのような結果をもたらすだろうか？

あらゆる測定可能な心理的領域（クライエントの快適さや治療へのコンプライアンスを増すことを含めて）へのどのような付加的な効果が、変更が加えられたことによって達成されたのか、さらにどのような状況下で達成されたのか？シングル・サブジェクト・デザイン研究は、臨床の文脈において注意深い査定をすることにより、この問題に取り組むのを助けてくれる。重要な注意点は、様々な流派の見解と技術を注意深く統合することから潜在的に多くのものが得られるが、その一方で、標準化された客観的な測度を用いた批判的な研究が欠けている現状の中でそのような混合が作り出されることで、治療効果を増すよりむしろ弱めてしまう危険性もあるということである。言うまでもなく、我々の研究が臨床的な知恵と科学的な評価の結合によって導かれることが重要である。

様々な適用についての情報は、先に引用した論文や本書、EMDR国際学会年次大会での録音された発表、そしてEMDR研究所が提供する専門のトレーニングから得ることができる。以下の臨床適用のマニュアルも、EMDR Humanitarian Assistance Programs（付録C）を通じて利用できる。

Grant, M. (1999). *Pain control with EMDR*. New Hope, PA: EMDR Humanitarian Assistance Programs.
Lipke, H. (1992). *EMDR in the treatment of combat-related PTSD*. Pacific Grove, CA: EMDR Institute.
Vogelmann-Sine, S., Sine, L. F., Smyth, N. J., & Popky, A. J. (1998). *EMDR chemical dependency treatment manual.* New Hope, PA: EMDR Humanitarian Assistance Programs.

臨床家は、EMDR国際学会の出版物と年次大会（付録C）を通じて、最新の臨床上の適用と研究の発展についての情報を常に得るようにしなければならない。さらに、EMDR国際学会の研究委員会が、評価と普及の過程においてガイドラインを提供している。

第2節　適応的情報処理モデル

本文の中で言及したように、適応的情報処理(Adaptive Information Processing;

AIP）モデルは、EMDRの治療セッションの間に観察された臨床上の現象を説明し、そして実践中の臨床家を効果的な適用に導くために作成されたものである。このモデルの一つの信条は、現在の病理の主な原因は、不十分に処理された因果的な経験で、そこには出来事に付随する感情と身体感覚が共に貯えられている、というものである。臨床上の観察は、その経験を処理することで、記憶が適応的な形態に変えられるにつれて、それらの要素が消失することを示している（第1章、第2章参照）。それゆえ、臨床家はその機能不全に貯えられた経験を同定し、標準的な三つ股熊手のアプローチの中でそれに焦点を当てることになる。

興味深いことには、AIPモデルは、原因となる記憶の処理を通じて幻肢痛の治療をうまく予測するという事実がある。これは、標準的な条件づけのモデルからAIPモデルを区別するよい例を提供する。このモデルにおいては、失われた脚を含む外傷体験の身体的要素は、それ自体が身体的に貯えられているように思われる。幻肢痛の有効な治療はまた、貯えられた身体的な記憶に付随する性格特性は存在しないという点で、自我状態モデル（Watkins & Watkins, 1997）とAIPパラダイムの差異を強調し、枢軸となる体験は意識的か無意識的かのどちらでもありうるという点で、抑圧と解離という伝統的な概念との差異を強調する。従って、様々な健康問題を含む他の症状へのEMDRの適用のために、AIPモデルのさらなる予測的な価値が探求されるべきである。またそのような評価においては、EMDRの適用の境界線を引くために臨床上の失敗も調べるべきであり、そして、希望を抱いて、その説明的・予測的価値を増すために、AIPモデルが洗練される方法も調べる必要がある。

AIPモデルの効用を調査する研究テーマもまたシングル・サブジェクト・デザインと過程分析を通して探求されるべきである。興味深いのは、処理の最中で認知／感情／身体的要素が相互作用する仕方である。臨床的な観察から、処理が起こるにつれて全ての要素が同時に変わることが示唆されている。しかしながら、効果の順序と、様々な記憶カテゴリーにおける感情的癒しの特定のパターン（第3章、第4章参照）を決定するためには注意深い過程の研究が必要である。また、（1）その病因となる出来事の処理に付随して症状と人格特性がどのように変わるのか、（2）そのことがその後の引き金に対する不安の除去と教育過程の両方の効果や効率を増加させる程度、そして、（3）治療の様々

な局面の間に行動的・対人関係の改善が生じる程度、を評価することも重要である。

　様々な明らかに経験から生じている障害に対するEMDRの適用の成功は、EMDRが苦痛となる人生経験をさまざまな臨床的な病気の兆候または悪化に寄与させることを減少、または消去するための助力ともなりうることを示唆している。例えば、統合失調症、双極性障害、そして機能不全の人格特性のような多くの診断は、遺伝と経験の相互作用から生じると長い間考えられてきた。注意深い評価によって、枢軸となる経験、またはそうした経験の幾つかのカテゴリーを処理することで、目に見える症状を消去することができる程度を明らかにすることができる。AIPモデルは、ある特定の障害を促進する遺伝的な素質は残ったままであっても、経験の処理により、その人が心理社会的なストレッサーにより適応的に反応できるようにすることが予測される。そうして目に見える症状は減り、潜在的に将来の回復力を増加させるだろう。当然、それらの可能性を査定するにあたって、（1）経験の適切なベースラインを取り、（2）EMDRプロトコルをその分野での伝統的知識や防衛手段と統合できるために、診断における専門知識をもった臨床家によってのみ使われるべきである。

　過程研究は、異なる障害が異なるタイプの人生早期の出来事の処理に特異的に反応するかどうかを同定するのにも役立つ。例えば、注意欠陥障害（Attention deficit disorder; ADD）がEMDRの治療を受けられない器質的な障害によって生じると信じられている一方で、AIPモデルはこの障害に付随して蓄積されてきた失敗の経験を処理することにより、いくらかの症状の改善が生じることを予測している。扱われていない外傷体験に関連している症状のために、ADDのうちいくつかのケースでは誤診がされているという報告もある。そのようなケースでは、処理した後その症状が完全に消失したことが観察されてきた。それゆえ、EMDRは、器質的な状態と経験的な状態の適切な区別を示すような臨床的な指標を表すことが必要とされる場合の慎重な評価の際に役立つかもしれない。

　さらに、AIPモデルでは、EMDRが、精神内部の構造を構築するための、発達障害を持った人々が精神内部の構造を構築するようになる触媒になり、また、必要な対人的教育を盛り込む助力をすることができると仮定している。そのような人格特徴の発達と回復力の調査が必要であり、それらは個人内の、そして

行動上の変化から測定することができるだろう。第12章で述べたように、早期の外傷体験の結果として生じた神経生理学的障害や発達障害が改善されることでその分、暴力の予防という重要な潜在的利益につながるだろう。この仮説を検討する初期の報告によれば、有望で永続性のある効果が示されている。

付録 E

EMDR の臨床家調査

　この付録は、EMDR の訓練を受けた初期の臨床家1,200人のクライエント10,000人以上に対する仕事をまとめた未公開の調査結果を収録している。この包括的レポートは、さらに厳密な統制群を用いた研究が発表されるまでの間、訓練プログラムの継続を決めるのに役立った。

　この調査の中間結果は外傷性ストレス国際学会 the International Society for Traumatic Stress Studies の1992年の年次会議で発表され、最終結果はアメリカ心理学会 the American Psychological Association の1994年の学会で口頭発表された。調査結果はこの本に収録されているが、それは多様な専門的発表と多数の発表論文とこの本とに広く引用されることで、この調査結果を早く広めるためである。

　この研究の当時は調査対象の臨床家すべてが2つの課程を修了していたわけではないことと、治療対象の集団に合わせた特殊なプロトコルが EMDR の方法論にまだ加えられてなかったことに注意してほしい。

眼球運動による脱感作と再処理法（EMDR）：
臨床家の効果と訓練の必要性に関する印象の量的研究

Howard Lipke, Ph. D.
DVA Medical Center, North Chicago
Finch University of Health Sciences/Chicago Medical School

　EMDR、あるいはそれ以外のすべての心理療法でも、その効果を調べるには統制群を用いた研究が絶対に欠かせないが、別種の調査——広範な臨床家の報告——もまた欠くことのできない重要性を持っている。治療結果の統制群を用いた研究では調査できる症例数と種類が限られていて、治療を注意深く規定しなければならないという現実的な障害がある。これは治療法の実際の臨床場面

での効果、適用と重要性の幅、使用の危険や限界についての多くが見失われやすいということを意味する。PutnamとLoewenstein（1994）が多重人格性障害（MPD）治療の調査について述べる際に同じ指摘をしている。

EMDRについてのこの調査は、フラッディングとインプロージョンの手続きが多くの臨床家が恐れているように危険か（例えば心臓代償不全を助長しやすい傾向）を調べる目的でShipleyとBoudewyns（1980）が用いた方法論に基づいており、通常の危険性を調べるだけでなく、治療中に起こり得るさまざまな問題に関するコメントを広く求め、好ましい結果が得られた症例のタイプを確かめることを試みている。解釈の客観性を高めるために、構造化された質問を用い、さらにその不足を補う目的で、構造化されていない質問ではできるだけ多くの表現を受け入れた。最近、EMDRの訓練方針が討論の中心になっているので、訓練の必要性に関する特別な質問も含めた。

方　法

被験者と手続き

この調査が始められたとき、既に1,500人以上の臨床家がFrancine ShpiroによるEMDRの訓練を受けていた。2カ所で研究者のために開かれた小訓練に参加した約25人を除く、全員に関する情報が確実に利用可能だった。記録上1992年2月1日以前に訓練を受けた全臨床家1,295人にEMDRに関する大規模な調査票が、1992年の8月15日から9月1日の間に送られた。1992年2月1日を選んだのは、調査の全被験者が最低6カ月のEMDRの臨床経験が積めるためであった。確実な情報の得られない2カ所の参加者のためには、訓練に参加した臨床家に調査票を分配するよう代表者に依頼した。

調査票を送られても返答しない治療者が多かったので（どんな調査にも起こり得る典型的問題）、得られた標本の代表者に質問する方法が理にかなっている。従って返答しなかった標本集団をすべて放棄すると、返答者は非返答者と重要な点で異なるという指摘がある程度正当性を持ってなされるかもしれない。例えば、非返答者はEMDRに極端な態度（否定的あるいは肯定的）を持っているが、なんらかの理由でそのような感情を公にしたくないのかもしれない。返答者と非返答者に違いがあるかどうかをはっきりさせるために、この集団から無作為抽出して2回目の郵送を行なった。

それゆえ、初回郵送に返答しなかった臨床家の10%を無作為に選び、1992年11月に第2回として89通の調査書を送った。返答しなかった被験者には少なくとも1回は電話をかけ（電話が通じなかった場合はメッセージを残した）、できることなら調査に参加するように促した。

　集計によると、調査票を送られた EMDR 臨床家1,295人からなる母集団のうち408人（31%）が返答し、初回に非返答の887人から無作為に抽出し2回目の郵送を行なった89人のうち35人（標本の39%）が返答した。初回の返答者と2回目の返答者には、調査結果に明らかな違いがなかった（表1、8、11、12を参照）。それで、この2つの調査結果を混ぜ合わせ、直接抽出と無作為抽出でもとの母集団の58%を443人の有効標本で代表することは合理的と判断した。また、2つのグループの返答がよく似ていることは、調査法の信頼性の高さを支持している。鍵となる質問を使って、2つの標本は別々に分析された。

　表1、2、3、4は、被験者の職業的背景を要約している。表1では、すべての被験者を必ず一度載せている。表2、3、4では、被験者は複数のカテゴリーに入っている。

　有資格の博士号レベルの心理学者（LP）の被験者が、一番高い割合を占めた。LP 被験者の下位分類は、個人開業の治療者が多かった。経験量は、報告

表1．被験者の職業

	初回の郵送		2回目の郵送	
	N	%	N	%
有資格の博士号をもった心理学者	198	49	10	29
有資格の結婚・家族・子どもカウンセラー	64	16	10	29
有資格のソーシャルワーカー	53	13	6	17
無資格の心理学者	46	11	4	11
学生	14	3	3	9
精神科医	13	3	1	3
公認の看護師	11	3	0	0
その他	8	2	1	3
計	407	100	35	100

表2. 被験者の所属する組織

	N
アメリカ心理学会	205
行動療法振興学会	68
国立ソーシャルワーカー学会	42
国際外傷性ストレス学会	31
アメリカ臨床催眠学会	30
アメリカ結婚・家族療法学会	18
アメリカ精神医学会	9
アメリカ看護学会	6

表3. 臨床経験年数

年	N
0-10	136
11+	246

表4. 被験者の勤務先

業務形態	N
開業	296
退役軍人局	59
州ないし民間の精神保健機関	46
大学所属	28
その他	25

での理論的方向性と同様に、被験者の広範囲の臨床的背景を示している。臨床家の個人的業績と革新的治療を見つけ歓迎する姿勢との関係が推測できて興味深い。

材　料

調査票は26項目からなり、そのうちの幾つかでは複数回答を求めた。確認のため被験者に職業、専門的訓練レベル、専門的組織への参加、EMDRの訓練

レベル、理論的方向性、雇用形態、EMDRの全体的な使用頻度、手続きに関する快適さ、EMDRを使わない理由、最近の使用頻度の変化を尋ねた。項目13ではEMDRを13段階で評価し、これまでに使った他の治療法と比較するように依頼した。この項目の返答の後で、被験者に深刻な副作用についての返答を要請した。項目13は特殊な言い回しを使っているので、EMDRを使わなかった場合が非公式の統制群となり、その結果、返答を意味ある文脈で解釈できる。

項目14から16では、一般的にEMDRが危険な集団、効果のない集団、効果のある集団を挙げるように被験者に依頼した。被験者には構造化されていない返答ができる空白を与え、自分の印象を書き込めるようにした。項目17では強迫性障害、発作性障害、多重人格性障害、心的外傷後ストレス障害の治療結果の報告を被験者に要請した。

項目18では被験者に、EMDR訓練でクライエントの役割をした個人的経験を尋ねた（ワークショップの実習セッションは、参加者の何人かに強烈な衝撃を与えたことがはっきりしていた）。項目19ではEMDRの訓練でのスーパービジョンを受けての実習の重要性を評価するように被験者に要求しているが、この項目はEMDR訓練の実習の必要性を疑問視する治療者の反応 (Baer et al., 1992) に対して作成された。

項目20では薬物療法と違法薬物がEMDRの効果に与える影響を述べるようにクライエントに要請し、項目21では治療者とクライエントが自分で自分に行なった眼球運動の頻度と効果を尋ね、項目22ではEMDRに関する他の問題のコメントを要請した。項目23から26では被験者にイクスポージャーの使用頻度を尋ね、イクスポージャーとEMDRとで効果、クライエントのストレス、治療手続きを管理する際の治療者のストレスを比較させた。

結　果

使用程度

表5、6、7は、被験者がEMDRを使用した程度を要約している。

広範囲の臨床家調査の強みは、統制群を用いた研究と比較してより多くのクライエントの情報が利用可能なことである（この場合、10,000以上）。そして、こちらのクライエントはより多様な問題を持ち、より自然な形の治療を受けている。

十分な数のクライエントがここに報告されおり、標的母集団でのEMDRの起こり得る否定的影響に関するこの調査の結論は有効であると信じるに足る。

効　果

表8、9、10、11では、さまざまな視点でEMDRの効果の主観的評価を要約している。

表8にはEMDRで起こり得る否定的影響を載せており、その幾つかは、成功した多くの心理療法でも起こり得る不快な一時的体験である。多くの被験者が多数の項目について「該当しない」のカテゴリーをチェックしている事実から、EMDRでは不快な体験が少ないと思われる。

表5．EMDRで治療されたクライエントの根本算数

	初回の郵送	2回目の郵送
計	10,756	633
有資格の博士号をもった心理学者	4,683	

表6．1人の治療者がEMDRで治療したクライエントの数

クライエントの総数のうちEMDRで治療したクライエントの数	N
0	27
1-10人	144
11-50人	167
50人以上	56

表7．EMDRを使ったときに治療者の感じる快適さの程度

快適さの程度の記述	N
他の手法と同じくらい快適	239
やや不快	86
非常に不快	17
計	342

心理療法中に、脆弱なクライエントによく起こる行為（希死念慮〔自殺企図がある場合とない場合〕、暴力、セッション後の解離、身体疾患、次のセッションのキャンセル、治療の不健全な終結）は、EMDRでは他の治療法よりかなり少ないと報告されている。眼球障害の危険は解釈が困難だった（下の問題を見よ）。ひどい興奮・パニックとセッション中の解離という2項目との関係がEMDRは他の治療よりも強く、抑圧していた題材を出現させやすいので、その点の影響が基本的特徴とされている。恐らく、調査結果のすべてのパター

表8．被験者によるEMDRと他の手法の比較（%）

「あなたがこれまでに用いた他の治療手法と比較して、EMDRでは次のような状態がどの程度起こりましたか？」	N	多い	同じくらい	少ない	該当しない
希死念慮	363	6	36	39	20
希死念慮と自殺企図	324	2	38	49	12
ひどい興奮・パニック	341	31	31	34	4
抑圧されていた題材の出現	357	86	10	3	2
セッション中の解離	353	29	41	20	10
セッション後の解離	330	14	46	32	9
眼の損傷	329	4	42	23	31
身体疾患	330	8	41	31	21
暴力	322	1	42	36	21
次回の予約のキャンセル	326	12	43	33	12
治療の中断	326	10	49	33	8
一般的な否定的副作用					
初回の郵送	326	8	39	46	7
有資格の心理学者	169	11	43	39	8
2回目の郵送	23	4	48	30	17
一般的な有益な治療効果					
初回の郵送	354	76	20	4	1
有資格の心理学者	178	76	21	3	1
2回目の郵送	23	70	26	4	

（注）頻度を選んだ被験者のパーセンテージ

表9. EMDRとイクスポージャーの比較（％）

	N	EMDRの方が大きい	等しい結果	EMDRの方が小さい	結果が一定でない
効果	91	57	19	19	5
クライエントのストレス	90	11	24	59	6
治療者のストレス	86	21	24	47	8

（注）それぞれの回答を選んだ被験者のパーセンテージ

ンを最も控えめに判断すると、EMDRセッション中に抑圧していた題材が浮上し、それに伴って、強烈な否定的影響と解離の両方あるいは一方が起こるということになる。しかし、否定的影響はセッション中だけに限られているので（もしかすると、要素がうまく統合されるからかもしれない）、他の手続きと比べてEMDRは希死念慮、自殺企図、身体疾患、暴力が少ない。

問題 眼球損傷についての構造化されていない質問の結果、確実な眼球損傷2件を除くすべてで一時的不快が報告されている。構造化されていない質問で被験者は、注目すべき(その事件が注目すべきものか否かは判断の問題だが)約70の否定的事件を報告している。それらの事件には、以前MPDと診断されていなかった患者に交代人格が突然出現した3例、セッション外での解離性のエピソード、暴力（虐待加害者の車に石を投げた）、精神病性うつ病と以前に診断されていた患者の幻聴の増加、深刻な自殺企図、ひどい頭痛が含まれる。症状を示した患者の何人かは入院した。あるクライエントにはそのような事件が治療的な突破口の前兆となり、別のクライエントには治療の進行に否定的影響を与えた。

効果の限界 一般にEMDRが無効な問題について、構造化されていない質問で尋ねると、強迫性障害（OCD）が最も多く引き合いに出された。後に、ある強迫性障害についての構造化されていない質問には、約半分の被験者が肯定的結果を報告し、残りの被験者はささやかな成功を報告した。被験者の一人は、クライエントが悪化し、自分自身を脅かす行動が再開したと報告している。EMDRは強迫性障害患者に、他の行動療法的方法と併用したときに最も効果がありそうである。人格の問題もまた、EMDRが無効な問題として引き合いに出され

ることが多かった（LP集団のなかで25）。無効だったクライエントにはたいがい回避、敵意、コントロールといった問題が報告されている。

有益な効果　一般的にEMDRが有効な問題を、構造化されていない質問で尋ねると、外傷後ストレス障害という返答がLP集団だけで120以上あった。返答の多くは非常に熱狂的だった。恐怖症、不安、パニック、うつ病、MPDはEMDRが有効であると、LP集団被験者10から25人が返答した。

発作障害　発作障害患者の治療でのEMDRの効果を要約するように、被験者に依頼した。被験者の一人はEMDRで軽い発作を起こしたと報告しており（クライエントは解離していたかもしれない）、別の一人はEMDRで非常に軽い発作が起こったと報告している。EMDRが発作を引き起こすと報告した被験者は一人もおらず、被験者の一人は発作頻度と強度が減少したと報告した。5人の被験者は、クライエントが怖がるのでEMDRを発作障害患者に用いなかったと報告した。10人の被験者が、最低一つの診断を持つ発作障害患者に発作を誘発しないでEMDRを行なえたと報告した。発作障害の診断を以前に受けていないクライエントに発作が起きたと報告した被験者は一人もいない。以上の所見から、EMDRは発作障害患者に禁忌ではないが注意を要する。

医薬と違法薬物の使用　「経験上、薬物療法や違法薬物の使用はEMDRの結果にどのような影響がありますか？」と被験者すべてに尋ねた。被験者の返答は、EMDRと薬の相互作用が複雑であることを示した。一般的に、抗うつ剤はEMDRの効果を損なわないらしく、幾つかの症例で効果の増強が認められた。4人の被験者は効果を減少させる薬にベンゾジアゼピンを選び、その一方で被験者の一人は抗不安薬が効果を増大させたと報告した。被験者の報告によれば、総合的に薬はEMDRの使用を不可能とするのではなく、症例によっては、特に重傷のうつ病の場合は、薬はEMDR治療の開始に重要な安定化を提供することができる。

自分自身へのEMDRの使用　EMDRのワークショップでは、クライエントに治療終結までは自分自身にEMDRを行なわないようにと勧めている。この調査では、自分自身にEMDRを行なう時期を尋ねなかったが、構造化されていない質問項目で、被験者がEMDRを自分に行なった体験と、クライエントが自分に行なった体験について尋ねた。被験者75人が眼球運動を自分自身に行なったと報告し、61人が少なくとも何人かのクライエントが自分自身に行なった

と報告した。被験者3人は、眼球運動で新しい記憶と問題が出てきたと報告した。我々には、どれくらい多くの人がワークショップのガイドラインを破って自分自身に眼球運動を使っているのかがわからないので、もしEMDRが自分自身に見境なく使われているとしたら、この3つの悪い体験の意味を起こり得る問題という視点から解釈することは難しい。この報告によれば、一般的に、EMDRを自分自身に使った場合は標準的EMDR治療と比べて効果が穏やかである。被験者65人の報告によれば、少なくともほどほどの肯定的効果があり、特にリッラクスを深めるのに効果があった。

イクスポージャーとの比較 Keane（1992）が指摘しているように、外傷後ストレス障害（PTSD）の治療についての統制群を用いた研究が不足している。治療についての研究発表のほとんどが、イクスポージャーの使用についてである。また、EMDRについて議論する際に研究者が方法のイクスポージャー的側面を指摘することが多い。このような理由で、そして、この研究の構想はイクスポージャーの手法であるフラッディングとインプロージョンとに関する研究から主に影響を受けているので（Shipley & Boudewyns, 1980）、EMDRをフラッディングやインプロージョンの手続きと直接比較する質問を含むことを決めた。注目しなければならないのは、EMDRのイクスポージャー的側面とフラッディングやインプロージョンの手続きとの有意な違いである。最も顕著な違いは、大半のEMDRセッションでごく短い時間しかイクスポージャーを行なわない点と、治療的進展に失敗したクライエントへの直面化として目標場面へのイクスポージャーを増やすかわりにEMDRでは認知再構成の介入が行なわれることである。

フラッディングとインプロージョンに関する項目で、この2つの方法の経験がある臨床家に療法を比較させた。

調査結果では、EMDRが治療効果とクライエントのストレスの程度の点で勝っていた（そして、より差は小さいが、治療者の受けるストレスの程度においても）。この所見は、被験者はEMDRよりイクスポージャーに経験が豊富な傾向があるという事実に照らしてみて、注目に値する。EMDRをあまり用いず、被験者がEMDRがフラッディングやインプロージョンよりも一般に効果がありストレスが少ないと気づかないのは、次のような要素が原因かもしれない。それは、新しい方法への治療者の不慣れ感、抑圧していた題材がEMDR

表10. 被験者によるEMDRの臨床使用頻度の変化

過去3カ月のEMDRの使用	N
増加	95
減少	77
不変	207

のセッション中に出現する可能性、腕を動かす筋肉疲労、重症の強迫症治療でフラッディングやインプロージョンよりもEMDRがより有効と認識されていないことである。考慮しなければならないもう一つの仮説は、フラッディングとインプロージョンはEMDR以上に、あるいは同程度に効果があるが、EMDRの方が効果があるとした被験者はイクスポージャー手続きを有効に行なえなかったというものである。

EMDRの使用頻度の変化に関する被験者の報告を表10に示した。それによると、EMDRの使用は大部分の被験者が過去3カ月間にEMDRの使用頻度を変えなかったという点からみて、非常に安定しているようだ。この項目の自由記述の部分への返答から、EMDRの使用を減らした最も多い理由はクライエントの問題や職場環境の変化であった。使用頻度が減った別の理由は、成功した別の手法を治療者が好んだこと、EMDRの失敗、EMDRを上手に使うためにさらに訓練が必要なこと、クライエントの拒否、スーパービジョンの欠如がある。

治療者の個人的な経験　EMDRワークショップの実習で受講者は、治療者とクライエントの両方を経験する。これはロールプレイではない。ターゲットは受講者が不快を感じる出来事である（ときには外傷的な出来事でもある）。EMDRの有効性を調べるこの調査の最後の項目として、ワークショップでクライエントの役割をしたときに受けた治療的効果を被験者に報告してもらった。

表11の結果には、クライエント自身が報告したEMDRの肯定的な効果を示している。この項目に返答した被験者集団は心理療法家から構成されているので、この事実を臨床的集団として一般化するには限界がある。一方、過去からの困難を解決する機会が以前にあったはずの心理療法家がEMDRの実習から多くの利益を得ていることから、この方法が実質的に有効であることがわかる。

表11. EMDRワークショップの実習セッションでクライエントの役をしたときの被験者の個人的体験の評価（%）

	N	非常に有害						非常に有益
		-3	-2	-1	0	1	2	3
初回の郵送	365	1	2	4	7	28	26	32
2回目の郵送	30	0	0	0	7	30	27	37

（注）有害—有益連続体において各位置を選んだ被害者のパーセント

訓練の必要性

　EMDRについての議論には訓練基準に関するものが含まれる。数人の臨床家は（Baer et al.,1992）、訓練は3時間のワークショップでは完結しないという主張に対して、広範な訓練を欠くEMDRの実践は不適切であるという暗黙の認識に対するのと同じように批判している。この調査では、EMDRの臨床的使用には広範な訓練（例えば、スーパービジョンを含む訓練）が必要かどうかについて、EMDRの訓練を受けた臨床家から意見を得るために質問をした（表12参照）。

　その結果は圧倒的で、ShapiroからEMDRの訓練を受けた臨床家はスーパービジョンのある実習に非常に価値があると信じており、これは3時間の訓練の成果に対するBaerら（1992）の批判と対立する所見である。

全般的考察

　ShipleyとBoudewynsがデータを集めていた当時は、フラッディングとインプロージョンがかなり多くの場所で教えられていたので、被験者となる臨床家の代表的標本を手に入れるのがとても難しかった。彼らは132の調査票を送り、70の被験者から返答を受け取り、フラッディングとインプロージョンを使った3,493症例が報告された（臨床家一人につき1例から500例の範囲で）。本調査は、EMDRが最初Shapiro一人によって開発され、本調査の当時はShapiroがEMDRのすべての訓練を監督していた事実を利用した。訓練を受けた臨床家の全体を調査できるので、標本抽出は必要なかった。EMDRの訓練はフラッディングやインプロージョンの訓練と違って標準化されているので、本調査を解釈する上で好都合だった。しかし、訓練が均一なため逆に、結果は同じ訓練

表12. スーパービジョンつきの実習の重要性 (%)

「スーパービジョンつきの実習をEMDR訓練に含むことは、どのぐらい重要ですか？」	N	非常に重要	いくらか重要	重要でない
初回の郵送	377	77	20	3
2回目の郵送	32	78	22	

(注) それぞれの回答を選んだ被験者のパーセント

を受けた臨床家にしか一般化できないという不都合があり、他の方法でEMDRを学んだ臨床家からは同じ結果が得られない可能性がある。

ShipleyとBoudewyns (1980) は、治療の否定的副作用について被験者に尋ねる際に少し工夫した言い回しを使った。彼らは想像上のイクスポージャーの危険を詳しく調べることに関心があったので、この手続きと今使っている別の手続きとの比較を被験者に依頼した。本調査では、以前に使った手続きとEMDRとを比較するよう被験者に依頼した。工夫した言い回しを使うことで、同一問題に関してEMDR治療が実践の場で他の治療法にとって代わる可能性を見込むことができた。

手短に要約すると、本調査データから判断して、EMDRの訓練を受けた臨床家の大部分はこの手法がPTSDやそれ以外の心理学的問題を持つクライエントにかなりの価値があると考えている。被験者の報告によれば、否定的効果はEMDRでも他の手続きと同じようにほとんど見られなかった。しかし、抑圧していた題材が出現する傾向が報告されており、被験者が実習的訓練の必要を認めていることから、注意が払われないと非治療的結果が生じる可能性があると予想される。調査の初回返答者が多いことと、評価すべてが初回の返答者と2回目の郵送で返答した初回の非返答者とのあいだで一致していることから、本調査結果は母集団を適切に代表していると言える。

本調査の所見はEMDRに関する継続的積極的調査の要求と矛盾しない。それに加えて、この心理療法の継続した臨床的使用と訓練を支持しているようである。

謝　辞

この調査は Medical Research Service, DVA Medical Center, North Chicago によって承認され、そのセンターから部分的に研究助成を受けた。しかし、この報告はそのセンターや the Department of Veterans Affairs の方針を反映して行なってはいない。James Alexander、Lynn Lipke、Robbie Dunton、A. J. Popky、William Zangwill、Francine Shapiro の援助に対して感謝の意を表明したい。

文　献

Baer, L.,Hurley, J. D.,Minichiello, W. E.,Ott, B. D.,Penzel, F.,& Ricciardi, J. (1992). EMDR work-shop: Disturbing issues? *Behavior Therapist*, *15*(5), 110-111.

Keane, T. (1992, October). Keynote address for the Annual Convention of the International Society for Traumatic Stress Studies, Los Angeles.

Putnam, F. W.,& Loewenstein, R. J. (1994). Treatment of multiple personality disorder: A survey of current practices. *American Journal of Psychiatry*, *150*(7), 1048-1052.

Shipley, R. H.,& Boudewyns, P. A. (1980). Flooding and implosive therapy: Are they harmful? *Behavior Therapy*, *11*, 503-508.

References

＊を付したものは邦訳が出ており、巻末に示した。

Abraham, W. C., & Goddard, G. V. (1983). Asymmetric relationships between homosynaptic long-term potentiation and heterosynaptic long-term depression. *Nature, 305,* 717-719.

Acierno, R., Tremont, G., Last, C., & Montgomery, D. (1994). Tripartite assessment of the efficacy of eye-movement desensitization in a multi-phobic patient. *Journal of Anxiety Disorders, 8,* 259-276.

Alexander, F. (1956). *Psychoanalysis and psychotherapy.* New York : Norton.

Alexander, F., & French, T. (1946). *Psychoanalytic therapy.* New York : Ronald Press.

Allen, J., Hauser, S., & Borman-Spurrell, E. (1996). Attachment theory as a framework for understanding sequelae of severe adolescent psychopathology : An 11-year follow-up study. *Journal of Consulting and Clinical Psychology, 64,* 254-263.

Allen, J. G., & Lewis, L. (1996). A conceptual framework for treating traumatic memories and its application to EMDR. *Bulletin of the Menninger Clinic, 60*(2), 238-263.

Amadeo, M., & Shagass, C. M. (1963). Eye movements, attention and hypnosis. *Journal of Nervous and Mental Disease, 136,* 139-145.

American Psychiatric Association. (1980). *Diagnostic and statistical manual of mental disorders* (3rd ed.). Washington, DC : Author.

＊American Psychiatric Association. (1994). *Diagnostic and statistical manual of mental disorders* (4th ed.). Washington, DC : Author.

Andrade, J., Kavanagh, D., & Baddeley, A. (1997). Eye-movements and visual imagery : a working memory approach to the treatment of post-traumatic stress disorder. *British Journal of Clinical Psychology, 36,* 209-223.

Anisman, H. (1978). Neurochemical changes elicited by stress. In H. Anisman & G. Bignami (Eds.), *Psychopharmacology of aversively motivated behavior.* New York : Plenum Press.

Antrobus, J. S. (1973). Eye movements and non-visual cognitive tasks. In V. Zikmund (Ed.), *The oculomotor system and brain functions* (pp. 354-368). London : Butterworths.

Antrobus, J. S., Antrobus, J. S., & Singer, J. (1964). Eye movements, accompanying daydreams, visual imagery, and thought suppression. *Journal of Abnormal and Social Psychology, 69,* 244-252.

Arai, A., & Lynch, G. (1992). Factors regulating the magnitude of long-term potentiation induced by theta pattern stimulation. *Brain Research, 598,* 173-184.

Armony, J. L., & LeDoux, J. E. (1997). How the brain processes emotional information. In R. Yehuda & A. C. McFarlane (Eds.), Psychobiology of posttraumatic stress disorder. *Annals of the New York Academy of Sciences, 821,* 259-270.

Armstrong, M. S., & Vaughan, K. (1996). An orienting response model of eye movement desensitization. *Journal of Behavior Therapy and Experimental Psychiatry, 27,* 21-32.

Armstrong, N., & Vaughan, K. (1994, June). *An orienting response model for EMDR.* Paper presented at the meeting of the New South Wales Behaviour Therapy Interest Group, Sydney,

Australia.

Artigas, L. A., Jarero, I., Mauer, M., Lopez Cano, T., & Alcal, N. (2000, September). *EMDR integrative treatment protocol and the butterfly hug.* Poster presented at the EMDRIA Conference, Toronto, Ontario, Canada.

Aserinsky, E., & Kleitman, N. (1953). Regularly occurring periods of eye motility and concomitant phenomena during sleep. *Science, 118,* 273.

Baker, N., & McBride, B. (1991, August). *Clinical applications of EMDR in a law enforcement environment : Observations of the psychological service unit of the L.A. County Sheriff's Department.* Paper presented at the Police Psychology (Division 18, Police & Public Safety Subsection) Mini-Convention at the 99th annual meeting of the American Psychological Association, San Francisco.

Balcom, D., Call, E., & Pearlman, D. (2000). Eye movement desensitization and reprocessing treatment of internalized shame. *Traumatology, 6*(2). www.fsu.edu/~trauma/v 6 i 2 a 2.html

Bandura, A. (1977). Self-efficacy : Toward a unifying theory of behavioral change. *Psychological Review, 84,* 191-215.

Bandura, A. (2000). Self-efficacy : The foundation of agency. In W. J. Perrig & A. Grob (Eds.), *Control of human behavior, mental processes, and consciousness : Essays in honor of the 60 th birthday of August Flammer* (pp. 17-33). Mahwah, NJ : Erlbaum.

Barber, J. P., Luborsky, L., Crits-Christoph, P., Thase, M. E., Weiss, R., Frank, A., Onken, L., & Gallop, R. (1999). Therapeutic alliance as a predictor of outcome in treatment of cocaine abuse. *Psychotherapy Research, 9,* 54-73.

Barlow, D. H., Hayes, S. C., & Nelson, R. O. (1984). *The scientist practitioner : Research and accountability in clinical and educational settings.* New York : Pergamon.

Barnard, P. J., & Teasdale, J. D. (1991). Interacting cognitive subsystems : A systemic approach to cognitive–affective interaction and change. *Cognition and Emotion, 5,* 1–39.

Barrett, D., Green, M., Morris, R., Giles, W., & Croft, J. (1996). Cognitive functioning and post-traumatic stress disorder. *American Journal of Psychiatry, 153,* 1492–1494.

Barrionuevo, G., Schottler, F., & Lynch, G. (1980). The effects of repetitive low–frequency stimulation on control and "potentiated" synaptic responses in the hippocampus. *Life Sciences, 27,* 2385-2391.

Bart, P. B., & Scheppele, K. L. (1980, August). *There ought to be a law : Women's definitions and legal definitions of sexual assault.* Paper presented at the annual meeting of the American Sociological Association, New York.

Bates, L. W., McGlynn, F. D., Montgomery, R. W., & Mattke, T. (1996). Effects of eye-movement desensitization versus no treatment on repeated measures of fear of spiders. *Journal of Anxiety Disorders, 10,* 55-569.

Bauman, W., & Melnyk, W. T. (1994). A controlled comparison of eye movement and finger tapping in the treatment of test anxiety. *Journal of Behavior Therapy and Experimental Psychiatry, 25,* 29-33.

Beck, A. T. (1967). *Depression.* New York : Hoeber-Harper.

*Beck, A. T. (1976). *Cognitive therapy and the emotional disorders.* New York : International Universities Press.

Becker, L. A., Nugent, N. R., & Tinker, B. (2000, September). *What about the eye movements in EMDR?* Paper presented at the annual meeting of the EMDR International Association, Toronto, Canada.

Becker, L. A., Todd-Overmann, A., Stoothoff, W., & Lawson, T. (1998, July). *Ironic memory,*

PTSD, and EMDR : *Do eye movements hinder the avoidance process leading to greater accessibility of traumatic memories?* Paper presented at the annual meeting of the EMDR International Association, Baltimore.

Beeman, M., Friedman, R. B., Grafman, J., Perez, E., Diamond, S., & Lindsay, M. B. (1994). Summation priming and coarse semantic coding in the right hemisphere. *Journal of Cognitive Neuroscience, 6,* 26-45.

Beere, D. B. (1992). More on EMDR. *Behavior Therapist, 15,* 110-111.

Bergh Johannesson, K. (2000). EMDR, eye movement desensitization and reprocessing [Ett säitt att arbeta med psykiska trauman och andra angestrelaterade tillstand]. *Insikten, 2,* 33-37.

Bergmann, U. (1998). Speculations on the neurobiology of EMDR. *Traumatology, 4*(1). Available : *http : //www.fsu.edu/~trauma/*

Bergmann, U. (2000). Further thoughts on the neurobiology of EMDR : The role of the cerebellum in accelerated information processing. *Traumatology, 6*(3). Available : *http : //www.fsu.edu/~trauma/*

Bernat, J. A., Ronfeldt, H. M., Calhoun, K. S., & Arias, I. (1998). Prevalence of traumatic events and peritraumatic predictors of posttraumatic stress symptoms in a nonclinical sample of college students. *Journal of Traumatic Stress, 11*(4), 645-664.

Bernstein, C., & Putnam, F. W. (1986). Development, reliability, and validity of a dissociation scale. *Journal of Nervous and Mental Disease, 174,* 727-735.

Beutler, L. E. (1991). Have all won and must all have prizes? Revisiting Luborsky et al.'s verdict. *Journal of Consulting and Clinical Psychology, 59,* 226-232.

Beutler, L. E. (2000). David and Goliath : When psychotherapy research meets health care delivery systems. *American Psychologist, 55,* 997-1007.

Black, J. L., & Keane, T. M. (1982). Implosive therapy in the treatment of combat-related fears in a World War II veteran. *Journal of Behavior Therapy and Experimental Psychiatry, 13,* 163-165.

Blackburn, A. B., O'Connell, W. E., & Richman, V. W. (1984). PTSD, the Vietnam veteran, and Adlerian natural high therapy : Individual psychology. *Journal of Adlerian Theory, Research and Practice, 40,* 317-332.

Blake, D. D., Abueg, F. R., Woodward, S. H., & Keane, T. M. (1993). Treatment efficacy in posttraumatic stress disorder. In T. R. Giles (Ed.), *Handbook of effective psychotherapy.* New York : Plenum Press.

Blanchard, E. B., & Abel, G. G. (1976). An experimental case study of the biofeedback treatment of a rape-induced psychophysiological cardiovascular disorder. *Behavior Therapy, 7,* 113-119.

Blanchard, E. B., & Hickling, E. J. (1997). *After the crash : Assessment and treatment of motor vehicle accident survivors.* Washington, DC : American Psychological Association.

Blanchard, E. B., Kolb, L. C., Pallmayer, T. P., & Gerardi, R. J. (1982). The development of a psychophysiological assessment procedure for posttraumatic stress disorder in Vietnam veterans. *Psychiatric Quarterly, 54,* 220-228.

Blore, D. C. (1997 a). Reflections on "a day when the whole world seemed to be darkened." *Changes : International Journal of Psychology and Psychiatry, 15,* 89-95.

Blore, D. C. (1997 b). Use of EMDR to treat morbid jealousy : A case study. *British Journal of Nursing, 6,* 984-988.

Boel, J. (1999). The butterfly hug. *EMDRIA Newsletter, 4*(4), 11-13.

Bohart, A. C., & Greenberg, L. S. (in press). EMDR and experiential psychotherapy. In F. Shapiro (Ed.), *EMDR and the paradigm prism.* Washington, DC : American Psychological

Association Press.

Boscarino, J. (1997). Diseases among men 20 years after exposure to severe stress : Implications for clinical research and medical care. *Psychosomatic Medicine, 59,* 605-614.

Boudewyns, P. A. (1976). A comparison of the effects of stress vs. relaxation instrumentation on the finger temperature response. *Behavior Therapy, 7,* 54-67.

Boudewyns, P. A., & Hyer, L. (1990). Physiological response to combat memories and preliminary treatment outcome in Vietnam veteran PTSD patients treated with direct therapeutic exposure. *Behavior Therapy, 21,* 63-87.

Boudewyns, P. A., & Hyer, L. A. (1996). Eye movement desensitization and reprocessing (EMDR) as treatment for post-traumatic stress disorder (PTSD). *Clinical Psychology and Psychotherapy, 3,* 185-195.

Boudewyns, P. A., Hyer, L.A., Peralme, L., Touze, J., & Kiel, A. (1994, August). *Eye movement desensitization and reprocessing for combat-related PTSD : An early look.* Paper presented at the 102nd annual meeting of the American Psychological Association, Los Angeles.

Boudewyns, P. A., Hyer, L., Woods, M. G., Harrison, W. R., & McCranie, E. (1990). PTSD among Vietnam veterans : An early look at treatment outcome with direct therapeutic exposure. *Journal of Traumatic Stress, 3,* 359-368.

Boudewyns, P. A., & Shipley, R. H. (1983). *Flooding and implosive therapy : Direct therapeutic exposure in clinical practice.* New York : Plenum Press.

Boudewyns, P. A., Stwertka, S. A., Hyer, L. A., Albrecht, J. W., & Sperr, E. V. (1993). Eye movement desensitization and reprocessing : A pilot study. *Behavior Therapy, 16,* 30-33

Bower, G. H. (1981). Mood and memory. *American Psychologist, 36,* 129-148.

Brady, K., Pearlstein, T., Asnis, G. M., Baker, D., Rothbaum, B., Sikes, C. R., & Farfel, G. M. (2000). Efficacy and safety of sertraline treatment of posttraumatic stress disorder : A randomized controlled trial. *Journal of the American Medical Association, 283,* 1837-1844.

Braun, B. G. (1988). The BASK model of dissociation. *Dissociation, 1,* 4-23.

Bremner, J., Randall, P., Scott, T., Bronen, R., Seibyl, J., Southwick, S., Delaney, R., McCarthy, G., Charney, D., & Innis, R. (1995). MRI-based measurement of hippocampal volume inpatients with combat-related posttraumatic stress disorder. *American Journal of Psychiatry, 152,* 973-981.

Bremner, J., Scott, T. Delaney, R., Southwick, S., Mason, J., Johnson, D., Innis, R., McCarthy, G., & Charney, D. (1993). Deficits in short-term memory in posttraumatic stress disorder. *American Journal of Psychiatry, 150,* 1015-1019.

Brende, J. O. (1981). Combined individual and group therapy for Vietnam veterans. *International Journal of Group Psychotherapy, 31,* 367-378.

Brende, J. O., & McCann, I. L. (1984). Regressive experiences in Vietnam veterans : Their relationship to war, posttraumatic symptoms and recovery. *Journal of Contemporary Psychotherapy, 14,* 57-75.

Breslau, N., Chilcoat, H. D., Kessler, R. C., & Davis, G. C. (1999). Previous exposure to trauma and PTSD effects of subsequent trauma : Results from the Detroit area survey of trauma. *American Journal of Psychiatry, 156,* 902-907.

Briere, J. N. (1996). *Therapy for adults molested as children : Beyond survival.* New York : Springer.

Brindley, G. S., & Merton, P. A. (1960). Absence of position sense in the human eye. *Journal of Physiology, 153,* 127-130.

Brom, D., Kleber, R. J., & Defares, P. B. (1989). Brief psychotherapy for posttraumatic stress

disorders. *Journal of Consulting and Clinical Psychology, 57,* 607-612.
Burgess, A. W., & Holmstrom, L. L. (1974). *Rape : Victims of crisis.* Bowie, MD : Robert J. Brady.
Bromet, E. J., Sonnega, A., & Kessler, R. C. (1998). Risk factors for DSM-III-R posttraumatic stress disorder : Findings from the National Comorbidity Survey. *American Journal of Epidemiology, 147*(4), 353-361.
Brown, K. W., McGoldrick, T., & Buchanan, R. (1997). Body dysmorphic disorder : Seven cases treated with eye movement desensitization and reprocessing. *Behavioural and Cognitive Psychotherapy, 25,* 203-207.
Brown, L. S. (in press). Feminist therapy and EMDR : A practice meets a theory. In F. Shapiro (Ed.), *EMDR and the paradigm prism.* Washington, DC : American Psychological Association Press.
Burgess, A. W., & Holstrom, L. L. (1974). *Rape : Victims of crisis.* Bowie, MD : Robert J. Brady.
Calof, D. (1992, June). *Self-injurious behavior : Treatment strategies.* Paper presented at the 4 th annual Eastern Regional Conference on Abuse and Multiple Personality, Alexandria, VA.
Carlson, E. B., & Putnam, F. W. (1993). An update on the dissociative experience scale. *Dissociation, 6,* 16-27.
Carlson, J. G., Chemtob, C. M., Rusnak, K., & Hedlund, N. L. (1996). Eye movement desensitization and reprocessing (EMDR) as treatment for combat PTSD. *Psychotherapy, 33*(1), 104-113.
Carlson, J. G., Chemtob, C. M., Rusnak, K., Hedlund, N. L., & Muraoka, M. Y. (1998). Eye movement desensitization and reprocessing for combat-related posttraumatic stress disorder. *Journal of Traumatic Stress, 11,* 3-24.
Carrigan, M. H., & Levis, D. J. (1999). The contributions of eye movements to the efficacy of brief exposure treatment for reducing fear of public speaking. *Journal of Anxiety Disorders, 13,* 101-118.
Cerone, M. R. (2000, November). *EMDR treatment of combat-related guilt : A study of the effects of eye movements.* Poster presented at the annual meeting of the International Society for Traumatic Stress Studies, San Antonio, TX.
Chambless, D. L., Baker, M. J., Baucom, D. H., Beutler, L. E., Calhoun, K. S., Crits-Christoph, P., Daiuto, A., DeRubeis, R., Detweiler, J., Haaga, D. A. F., Bennett Johnson, S., McCurry, S., Mueser, K. T., Pope, K. S., Sanderson, W. C., Shoham, V., Stickle, T., Williams, D. A., & Woody, S. R. (1998). Update on empirically validated therapies. *The Clinical Psychologist, 51,* 3-16.
Chaplin, E. W., & Levine, B. A. (1981). The effects of total exposure duration and interrupted versus continuous exposure in flooding therapy. *Behavior Therapy, 12,* 360-368.
Chemtob, C. M., Nakashima, J., Hamada, R., & Carlson, J. G. (in press). Brief treatment for elementary school children with disaster-related PTSD : A field study. *Journal of Clinical Psychology.*
Chemtob, C. M., Tolin, D. F., van der Kolk, B. A., & Pitman, R. K. (2000). Eye movement desensitization and reprocessing. In E. B. Foa, T. M. Keane, & M. J. Friedman (Eds.), *Effective treatments for PTSD : Practice guidelines from the International Society for Traumatic Stress Studies* (pp. 139-155, 333-335). New York : Guilford Press.
Chemtob, C., Roitblat, H., Hamada, R., Carlson, J., & Twentyman, C. (1988). A cognitive action theory of posttraumatic stress disorder. *Journal of Anxiety Disorders, 2,* 253-275.

Christi, M. J., & Chesher, G. B. (1982). Physical dependence on physiologically released endogenous opiates. *Life Science, 30,* 1173-1177.

Christman, S., & Garvey, K. (2000, November). *Episodic versus semantic memory : Eye movements and cortical activation.* Poster presented at the 41st Annual Meeting of the Psychonomic Society, New Orleans.

Chu, J. A. (1998). *Rebuilding shattered lives : Treating complex posttraumatic and dissociative disorders.* New York : Wiley.

Classen, C., Koopman, C., Hales, R., & Spiegel, D. (1998). Acute stress disorder as a predictor of posttraumatic stress symptoms. *American Journal of Psychiatry, 155,* 620-624.

Cocco, N., & Sharpe, L. (1993). An auditory variant of eye movement desensitization in a case of childhood posttraumatic stress disorder. *Journal of Behavior Therapy and Experimental Psychiatry, 24,* 373-377.

Cohen, A., & Lahad, M. (2000). Case report : Treatment of a PTSD patient with EMDR. *Technique. Sichot (Israel Journal of Psychotherapy), 14,* 235-240.

Cohen, J. (1988). *Statistical power analysis for the behavioral sciences* (2nd ed.). Hillsdale, NJ : Erlbaum.

Cohn, L. (1993). Art psychotherapy and the new eye desensitization and reprocessing treatment (EMD/R) method, an integrated approach. In E. Virshup (Ed.), *California art therapy trends* (pp. 275-290). Chicago : Magnolia Street.

Cooney, N. L., Kadden, R. M., Litt, M. D., & Getter, H. (1991). Matching alcoholics to coping skills or interactional therapies : Two-year follow-up results. *Journal of Consulting and Clinical Psychology, 59,* 598-601.

Cooper, N. A., & Clum, G. A. (1989). Imaginal flooding as a supplementary treatment for PTSD in combat veterans : A controlled study. *Behavior Therapy, 20,* 381-391.

Corbetta, M., Akbudak, E., Conturo, T. E., Snyder, A. Z., Ollinger, J. M., Drury, H. A., Linenweber, M. A., Petersen, S. E., Raichle, M. E., Van Essen, D. C., & Shulman, G. L. (1998). A common network of functional areas for attention and eye movements. *Neuron, 21,* 761-773.

Courtois, C. A. (1988). *Healing the incest wound : Adult survivors in therapy. A guidebook for therapists.* New York : Norton.

Courtois, C. A. (1999). *Recollections of sexual abuse : Treatment principles and guidelines.* New York : Norton.

Cousins, N. (1979). *Anatomy of an illness.* New York : Norton.

Cousins, N. (1989). *Head first : The biology of hope.* New York : Dutton.

Crabbe, B. (1996, November). Can eye-movement therapy improve your riding? *Dressage Today,* 28-33.

Craske, M. G. (1999). *Anxiety disorders : Psychological approaches to theory and treatment.* Boulder : Westview.

Crump, L. E. (1984). Gestalt therapy in the treatment of Vietnam veterans experiencing PTSD symptomatology. *Journal of Contemporary Psychotherapy, 14,* 90-98.

Cummings, N. A. (1996). Does managed mental health care offset costs related to medical treatment? In Arthur Lazarus (Ed.), *Controversies in managed mental health care.* Washington, DC : American Psychiatric Press.

Cusack, K., & Spates, C. R. (1999). The cognitive dismantling of eye movement desensitization and reprocessing (EMDR) treatment of posttraumatic stress disorder (PTSD). *Journal of Anxiety Disorders, 13,* 87-99.

Daniels, N., Lipke, H., Richardson, R., & Silver, S. (1992, October). *Vietnam veterans' treatment programs using eye movement desensitization and reprocessing.* Symposium presented at the annual meeting of the International Society for Traumatic Stress Studies, Los Angeles.

Datta, P.C., & Wallace, J. (1994, May). Treatment of sexual traumas of sex offenders using eye movement desensitization and reprocessing. Paper presented at the 11th annual symposium in Foresnic Psychology, San Francisco.

Datta, P. C., & Wallace, J. (1996, November). *Enhancement of victim empathy along with reduction of anxiety and increase of positive cognition of sex offenders after treatment with EMDR.* Paper presented at the EMDR Special Interest Group at the annual convention of the Association for the Advancement of Behavior Therapy, New York.

Davidson, J. R. T., Kudler, H. S., Smith, R. D., Mahorney, S. L., Lipper, S., Hammett, E. B., Saunders, W. B., & Cavenar, J. O. (1990). Treatment of posttraumatic stress disorder with amitriptyline and placebo. *Archives of General Psychiatry, 47,* 259-266.

Day, M. E. (1964). An eye movement phenomenon relating to attention, thought and anxiety. *Perceptual and Motor Skills, 19,* 443-446.

De Jongh, A., & Ten Broeke, E. (1994). Opmerkelijke veranderingen na één zitting met Eye Movement Desensitization and Reprocessing : Een geval van angst voor misselijkheid en braken. [Remarkable changes after one session of EMDR : Fear of nausea and vomiting]. *Tijdschrift voor Directieve Therapie en Hypnose, 14,* 89-101.

De Jough, A., & Ten Broeke, E. (1998). Treatment of choking phobia by targeting traumatic memories with EMDR : A case study. *Clinical Psychology and Psychotherapy, 5,* 1-6.

De Jongh, A., Ten Broeke, E., & Renssen, M. R. (1999). Treatment of specific phobias with eye movement desensitization and reprocessing (EMDR) : Protocol, empirical status, and conceptual issues. *Journal of Anxiety Disorders, 13,* 69-85.

Deldin, P. J., Keller, J., Gergen, J. A., & Miller, G. A. (2000). Right-posterior face processing anomaly in depression. *Journal of Abnormal Psychology, 109,* 116-121.

DePascalis, V., & Penna, P. M. (1990). 40 hz EEG activity during hypnotic induction and hypnotic testing. *International Journal of Clinical and Experimental Hypnosis, 38,* 125-138.

Devilly, G. J., & Spence, S. H. (1999). The relative efficacy and treatment distress of EMDR and a cognitive behavioral trauma treatment protocol in the amelioration of posttraumatic stress disorder. *Journal of Anxiety Disorders, 13,* 131-157.

Devilly, G. J., Spence, S. H., & Rapee, R. M. (1998). Statistical and reliable change with eye movement desensitization and reprocessing : Treating trauma with a veteran population. *Behavior Therapy, 29,* 435-455.

Doctor, R. (1994, March). Eye movement desensitization and reprocessing : A clinical and research examination with anxiety disorders. Paper presented at the 14th annual meeting of the Anxiety Disorders Association of America, Santa Monica, CA.

Drake, R. A. (1984). Lateral asymmetry of personal optimism. *Journal of Research in Personality, 18,* 497-507.

Drake, R. A. (1987). Effects of gaze manipulation on aesthetic judgments : Hemisphere priming of affect. *Acta Psychologica, 65,* 91-99.

Drake, R. A. (1991). Processing persuasive arguments : Recall and recognition as a function of agreement and manipulated activation asymmetry. *Brain and Cognition, 15,* 83-94.

Drake, R. A. (1993). Processing persuasive arguments : Discounting of truth and relevance as a function of agreement and manipulated activation asymmetry. *Journal of Research in Personality, 27,* 184-196.

Drake, R. A., & Bingham, B. R. (1985). Inducted lateral orientation and persuasibility. *Brain and*

Cognition, 4, 156-164.

Drake, R. A., & Seligman, M. E. P. (1989). Self-serving biases in causal attributions as a function of altered activation asymmetry. *International Journal of Neuroscience, 45,* 199-204.

Drake, R. A., & Sobrero, A. P. (1987). Lateral orientation effects upon trait–behavior and attitude -behavior consistency. *Journal of Social Psychology, 127,* 639-651.

Dunn T. M., Schwartz, M., Hatfield, R. W., & Wiegele, M. (1996). Measuring effectiveness of eye movement desensitization and reprocessing (EMDR) in non-clinical anxiety : A multisubject, yoked-control design. *Journal of Behavior Therapy and Experimental Psychiatry, 27*(3), 231-239.

Dyck, M. J. (1993). A proposal for a conditioning model of eye movement desensitization treatment for posttraumatic stress disorder. *Journal of Behavior Therapy and Experimental Psychiatry, 24,* 201-210.

Echeburua, E., de Corral, P., Zubizarreta, I., & Sarasua, H. B. (1997). Psychological treatment of chronic posttraumatic stress disorder in victims of sexual aggression. *Behavior Modification, 21,* 433-456.

Edmond, T., Rubin, A., & Wambach, K. G. (1999). The effectiveness of EMDR with adult female survivors of childhood sexual abuse. *Social Work Research, 23,* 103-116.

Ehlers, A., Mayou, R. A., & Bryant, B. (1998). Psychological predictors of chronic posttraumatic stress disorder after motor vehicle accidents. *Journal of Abnormal Psychology, 107,* 508-519.

Elkin, I. (1994). The NIMH Treatment of Depression Collaborative Research Program : Where we begin and where we are. In A. E. Bergin & S. L. Garfield (Eds.), *Handbook of psychotherapy and behavior change* (4th ed., pp. 114-139). New York : Wiley.

Elkin, I. (1999). A major dilemma in psychotherapy outcome research : Disentangling therapists from therapies. *Clinical Psychology : Science and Practice, 6,* 10-32.

Elkin, I., Gibbons, R. D., Shea, M. T., & Shaw, B. F. (1996). Science is not a trial (but it can sometimes be a tribulation). *Journal of Consulting and Clinical Psychology, 64,* 92-103.

Ellason, J., Ross, C., Sainton, K., & Lawrence, W. (1996). Axis I and II comorbidity and childhood trauma history in chemical dependency. *Bulletin of the Menninger Clinic, 60,* 39-51.

＊Ellis, A. (1962). *Reason and emotion in psychotherapy.* Secaucus, NJ : Citadel.

EMDR Humanitarian Assistance Programs (2001). *Lightstream Technique.* Available : www.emdria.org

EMDR International Association (2000). Principles and standards. Available : www.emdria.org

EMDR Network. (1991, September). Treating children with EMDR and artwork. Special report of the Children/Adolescents Special Interest Group, Sunnyvale, CA.

Everley, G. (1995). *Innovations in disaster and trauma psychology.* Elliot City, MD : Chevron Publishing.

Eysenck, H. J. (1979). The conditioning model of neurosis. *Behavioral and Brain Sciences, 2,* 155-199.

Fairbank, J. A., & Brown, T. (1987 a). Current behavioral approaches to the treatment of posttraumatic stress disorder. *Behavior Therapist, 3,* 57-64.

Fairbank, J. A., & Brown, T. (1987 b). Heterogeneity of posttraumatic stress reactions. *Behavior Therapist, 10,* 242.

Fairbank, J. A., Gross, R. T., & Keane, T. M. (1983). Treatment of posttraumatic stress disorder : Evaluating outcome with a behavioral code. *Behavior Modification, 7,* 557-568.

Fairbank, J. A., & Keane, T. M. (1982). Flooding for combat-related stress disorders : Assessment of anxiety reduction across traumatic memories. *Behavior Therapy, 13,* 499-510.

Fairbank, J. A., & Nicholson, R. A. (1987). Theoretical and empirical issues in the treatment of posttraumatic stress disorder in Vietnam veterans. *Journal of Clinical Psychology, 43,* 44-45.

Fensterheim, H. (1993). Editorial misjudgment [Letter to the editor]. *The Behavior Therapist, 16,* 188-189.

Fensterheim, H. (1994 a, July). *Eye movement desensitization and reprocessing with personality disorders.* Paper presented at the 10th annual meeting of the Society for the Exploration of Psychotherapy Integration, Buenos Aires, Argentina.

Fensterheim, H. (1994 b). Outcome research and clinical practice. *Behavior Therapist, 17,* 140.

Fensterheim, H. (1996 a). Eye movement desensitization and reprocessing with complex personality pathology : An integrative therapy. *Journal of Psychotherapy Integration, 6,* 27-38.

Fensterheim, H. (1996 b). Book review of Eye movement desensituization and reprocessing : Basic principles, protocols and procedures. *Journal of Behavior Therapy and Experimental Psychiatry, 27,* 69-71.

Feske, U. (1998). Eye movement desensitization and reprocessing treatment for posttraumatic stress disorder. *Clinical Psychology : Science and Practice, 5,* 171-181.

Feske, U., & Goldstein, A. (1997). Eye movement desensitization and reprocessing treatment for panic disorder : A controlled outcome and partial dismantling study. *Journal of Consulting and Clinical Psychology, 36,* 1026-1035.

Figley, C. R. (1978 a). Symptoms of delayed combat stress among a college sample of Vietnam veterans. *Military Medicine, 143,* 107-110.

Figley, C. R. (1978 b). Psychosocial adjustment among Vietnam veterans. In C. R. Figley (Ed.), *Stress disorders among Vietnam veterans : Theory, research, and treatment.* New York : Brunner/Mazel.

Figley, C. R. (1995). *Compassion fatigue : Secondary traumatic stress disorder from helping the traumatized.* New York : Brunner/Mazel.

Figley, C. R., & Carbonell, J. L. (1995, May). *Memory based treatments of traumatic stress : A systematic clinical demonstration program of research.* Paper presented at the Fourth European Conference on Traumatic Stress, Paris, France.

Fine, C. G. (1991). Treatment stabilization and crisis prevention : Pacing the therapy of the multiple personality disorder patient. *Psychiatric Clinics of North America, 14,* 661-675.

Fine, C. G. (1994, June). *Eye movement desensitization and reprocessing (EMDR) for dissociative disorders.* Paper presented at the Eastern Regional Conference on Abuse and Multiple Personality, Alexandria, VA.

Fine, C. G., & Berkowitz, S. A. (2001). The wreathing protocol : The imbrication of hypnosis and EMDR in the treatment of dissociative identity disorder and other maladaptive dissociative responses. *American Journal of Clinical Hypnosis, 43,* 275-290.

Fisch, R. (1965). Resistance to change in the psychiatric community. *Archives of General Psychiatry, 13,* 359-366.

Fisch, R., Weakland, J. H., & Segal, L. (1982). *The tactics of change : Doing therapy briefly.* San Francisco : Jossey-Bass.

Fishbein, W., & Gutwein, B. M. (1977). Paradoxical sleep and memory storage processes. *Behavioral Biology, 19,* 425-464.

Foa, E. B., Dancu, C. V., Hembree, E. A., Jaycox, L. H., Meadows, E. A., & Street, G. P. (1999). A comparison of exposure therapy, stress inoculation training, and their combination in reducing posttraumatic stress disorder in female assault victims. *Journal of Counseling and Clinical Psychology, 67,* 194-200.

Foa, E. B., Keane, T. M., & Friedman, M. J. (2000). Introduction. In E. B. Foa, T. M. Keane, & M. J. Friedman (Eds.), *Effective treatments for PTSD : Practice guidelines from the International Society for Traumatic Stress Studies* (pp. 1-17). New York : Guilford Press.

Foa, E. B., & Kozak, M. J. (1986). Emotional processing of fear : Exposure to corrective information. *Psychological Bulletin, 99,* 20-35.

Foa, E. B., & Kozak, M. J. (1998). Clinical applications of bioinformational theory : Understanding anxiety and its treatment. *Behavior Therapy, 29,* 675-690.

Foa, E. B., & Meadows, E. A. (1997). Psychosocial treatments for posttraumatic stress disorder : A critical review. *Annual Review of Psychology, 48,* 449-480.

Foa, E. B., & McNally, R. J. (1996). Mechanisms of change in exposure therapy. In R. M. Rapee (Ed.), *Current controversies in the anxiety disorders* (pp. 329-343). New York : Guilford.

Foa, E. B., & Rothbaum, B. D. (1998). *Treating the trauma of rape : Cognitive-behavioral therapy for PTSD.* New York : Guilford.

Foa, E. B., Rothbaum, B. O., Riggs, D., & Murdock, T. (1991). Treatment of posttraumatic stress disorder in rape victims : A comparison between cognitive–behavioral procedures and counseling. *Journal of Consulting and Clinical Psychology, 59,* 715-723.

Foa, E. B., Steketee, G., & Rothbaum, B. O. (1989). Behavioral/cognitive conceptualizations of post–traumatic stress disorder. *Behavior Therapy, 20,* 155-176.

Foley, T., & Spates, C. R. (1995). Eye movement desensitization of public-speaking anxiety : A partial dismantling. *Journal of Behavior Therapy and Experimental Psychiatry, 25,* 321-329.

Follette, V. M., Polusny, M. A., Bechtle, A. E., & Naugle, A. E. (1996). Cumulative trauma : The impact of child sexual abuse, adult sexual assault, and spouse abuse. *Journal of Traumatic Stress, 9,* 25-35.

Forbes, D., Creamer, M., & Rycroft, P. (1994). Eye movement desensitization and reprocessing in posttraumatic stress disorder : A pilot study using assessment measures. *Journal of Behavior Therapy and Experimental Psychiatry, 25,* 113-120.

Forman, B. D. (1980). Psychotherapy with rape victims. *Psychotherapy : Theory, Research and Practice, 17,* 304-311.

Foster, S., & Lendl, J. (1995). Eye movement desensitization and reprocessing : Initial applications for enhancing performance in athletes. *Journal of Applied Sport Psychology, 7*(Suppl.), 63.

Foster, S., & Lendl, J. (1996). Eye movement desensitization and reprocessing : Four cases of a new tool for executive coaching and restoring employee performance after setbacks. *Consulting Psychology Journal : Practice and Research, 48,* 155-161.

Foster, S., & Lendl, Y. (in press). Peak performance EMDR : Adapting trauma treatment to positive psychology outcomes. *EMDRIA Newsletter : Special Edition.*

Frank, E., Anderson, B., Stewart, B. D., Dancu, C., Hughes, C., & West, D. (1988). Efficacy of cognitive behavior therapy and systematic desensitization in the treatment of rape trauma. *Behavior Therapy, 19,* 403-420.

Frank, E., & Stewart, B. D. (1983 a). Physical aggression : Treating the victims. In E. A. Bleckman (Ed.), *Behavior modification with women.* New York : Guilford Press.

Frank, E., & Stewart, B. D. (1983 b). Treatment of depressed rape victims : An approach to stress-induced symptomatology. In P. J. Clayton & J. E. Barrett (Eds.), *Treatment of depression : Old controversies and new approaches.* New York : Raven Press.

Frank, E., Turner, S. M., & Duffy, B. (1979). Depressive symptoms in rape victims. *Journal of Affective Disorders, 1,* 269-277.

Freud, S. (1953). Interpretation of dreams. In J. Strachey (Ed. & Trans.), *The standard edition of the complete psychological works of Sigmund Freud* (Vols. 4 & 5). London : Hogarth Press. (Original work published 1900)

Freud, S. (1955). Introduction to psychoanalysis and the war neuroses. In J. Strachey (Ed. & Trans.), *The standard edition of the complete psychological works of Sigmund Freud* (Vol. 17). London : Hogarth Press. (Original work published 1919)

Freud, S. (1964) Moses and monotheism. In J. Strachey (Ed. & Trans.), *The standard edition of the complete psychological works of Sigmund Freud* (Vol. 23). London : Hogarth Press. (Original work published 1939)

Freud, S., Ferenczi, S., Abraham, K., Simmel, E., & Jones, E. (1921). *Psychoanalysis and the war neurosis.* New York : International Psychoanalytic Press.

Friedman, H., Rohrbaugh, M., & Krakauer, S. (1988). The time-line genogram : Highlighting temporal aspects of family relationships. *Family Process, 27,* 293-303.

Friedman, M. J. (1988). Toward rational pharmacotherapy for posttraumatic stress disorder : An interim report. *American Journal of Psychiatry, 145,* 281-285.

Friedman, M. J. (1997). Posttraumatic stress disorder. *Journal of Clinical Psychiatry 58*(Suppl. 9), 33-36.

Frischholz, E. J., Kowall, J. A., & Hammond, D. C. (2001). Introduction to the special section : Hypnosis and EMDR. *American Journal of Clinical Hypnosis, 43,* 179-182.

Gabel, S. (1987). Information processing in rapid eye movement sleep : Possible neurophysiological, neuropsychological, and clinical correlates. *Journal of Nervous and Mental Disease, 175,* 193-200.

Gale, A., & Johnson, F. (Eds.). (1984). *Theoretical and applied aspects of eye movement research.* New York : Elsevier.

Gendlin, E. T. (1996). *Focusing-oriented psychotherapy : A manual of the experiential method.* New York : Guilford Press.

Glynn, S. M., Eth, S., Randolph, E. T., Foy, D. W., Urbaitis, M., Boxer, L., Paz, G. G., Leong, G. B., Firman, G., Salk, J. D., Katzman, J. W., & Crothers, J. (1999). A test of behavioral family therapy to augment exposure for combat-related posttraumatic stress disorder. *Journal of Consulting and Clinical Psychology, 67,* 243-251.

Goldfried, M. R. (1980). Toward the delineation of therapeutic change principles. *American Psychologist, 35,* 991-999.

Goldfried, M. R. (1993, November). Implications of research for the practicing therapist : An unfulfilled promise? *Clinician's Research Digest* (Suppl. 10).

Goldstein, A., & Feske, U. (1993). Eye movement desensitization and reprocessing an emerging treatment for anxiety disorders. *ADAA Reporter, 4,* 1, 12.

Goldstein, A., & Feske, U. (1994). Eye movement desensitization and reprocessing for panic disorder : A case series. *Journal of Anxiety Disorders, 8,* 351-362.

Goldstein, A. J., de Beurs, E., Chambless, D. L., & Wilson, K. A. (in press). EMDR for panic disorder with agoraphobia : Comparison with waiting list and credible attention-placebo control condition. *Journal of Consulting and Clinical Psychology, 68,* 947-956.

Gosselin, P., & Matthews, W. J. (1995). Eye movement desensitization and reprocessing in the treatment of test anxiety : A study of the effects of expectancy and eye movement. *Journal of Behavior Therapy and Experimental Psychiatry, 26,* 331-337.

Gould, E. (1994, March). EMDR treatment of adult survivors of sexual abuse. Paper presented at the 14th annual meeting of the Anxiety Disorders Association of America, Santa Monica, CA.

Grainger, R. D., Levin, C., Allen-Byrd L., Doctor, R. M., & Lee, H. (1997). An empirical evaluation of eye movement desensitization and reprocessing (EMDR) with survivors of a natural disaster. *Journal of Traumatic Stress, 10,* 665-71.

Grant, M. (1999). *Pain control with EMDR.* Pacific Grove, CA : EMDR Humanitarian Assistance Programs.

Grant, M., & Threlfo, C. (in press). EMDR in the treatment of chronic pain. *Journal of Clinical Psychology.*

Grayson, J. B., Foa, E. B., & Steketee, G. (1982). Habituation during exposure treatment : Distraction versus attention-focusing. *Behaviour Research and Therapy, 20,* 323-328.

Grayson, J. B., Foa, E. B., & Steketee, G. (1986). Exposure *in vivo* of obsessive–compulsives under distracting and attention-focusing conditions : Replication and extension. *Behaviour Research and Therapy, 24,* 475-479.

Green, B. (1994). Psychosocial research in traumatic stress : An update. *Journal of Traumatic Stress, 7,* 341-362.

Greenberg, L. S., & Safran, J. D. (1987). *Emotion in psychotherapy.* New York : Guilford Press.

Greenberg, L. S., & Van Balen, R. (1998). The theory of experience-centered therapies. In L. S. Greenberg, J. C. Watson, & G. Lietaer (Eds.), *Handbook of experiential psychotherapy* (pp. 28-60). New York : Guilford Press.

Greenberg, R., Katz, H., Schwartz, W., & Pearlman, C. (1992). A research-based reconsideration of the psychoanalytic theory of dreaming. *Journal of the American Psychoanalytic Association, 40,* 531-550.

Greenwald, R. (1994). Applying eye movement desensitization and reprocessing (EMDR) to the treatment of traumatized children : Five case studies. *Anxiety Disorders Practice Journal, 1,* 83-97.

Greenwald, R. (1996 a). Is EMDR being held to an unfair standard? Rejoinder to Van Ommeren (1996). *Professional Psychology : Research and Practice, 28,* 306.

Greenwald, R. (1996 b). The information gap in the EMDR controversy. *Professional Psychology : Research and Practice, 27,* 67-72.

Greenwald, R. (1998). Eye movement desensitization and reprocessing (EMDR) : New hope for children suffering from trauma and loss. *Clinical Child Psychology and Psychiatry, 3,* 279-287.

Greenwald, R. (1999 a). *Eye movement desensitization reprocessing (EMDR) in child and adolescent psychotherapy.* New York : Jason Aronson.

Greenwald, R. (1999 b). The power of suggestion : Comment on EMDR and mesmerism : A comparative historical analysis. *Journal of Anxiety Disorders, 13,* 611-615.

Hayes, S. C., Wilson, K. G., & Strosahl, K. D. (1999). *Acceptance and commitment therapy : An experiential approach to behavior change.* New York : Guilford Press.

Haynes, S. N., & Mooney, D. K. (1975). Nightmares : Etiological, theoretical and behavioral treatment considerations. *Psychological Record, 25,* 225-236.

Heber, R., Kellner, M., & Yehuda, R. (in press) Salivary cortisol levels and the cortisol response to dexamethasone before and after EMDR : A case report. *Journal of Clinical Psychology.*

Hedstrom, J. (1991). A note on eye movements and relaxation. *Journal of Behavior Therapy and Experimental Psychiatry, 22,* 37-38.

Hekmat, H., Groth, S., & Rogers, D. (1994). Pain ameliorating effect of eye movement desensitization. *Journal of Behavior Therapy and Experimental Psychiatry, 25,* 121-130.

Heller, W., Etienne, H. A., & Miller, G. A. (1995). Patterns of perceptual asymmetry in depression and anxiety : Implications for neuropsychological models of emotion. *Journal of Abnor-*

mal Psychology, 104, 327-333.
Henry, S. L. (1996). Pathological gambling : Etiological considerations and treatment efficacy of eye movement desensitization/reprocessing. *Journal of Gambling Studies, 12,* 395-405.
Hepper, P. P., & Hepper, M. (1977). Rape : Counseling the traumatized victim. *Personnel and Guidance Journal, 56,* 77-80.
Herbert, J. D., Lilienfeld, S. O., Lohr, J. M., Montgomery, R. M., O'Donohue, W. T., Rosen, G. M., & Tolin, D. F. (2000). Science and pseudoscience in the development of eye movement desensitization and reprocessing : Implications for clinical psychology. *Clinical Psychology Review, 20,* 945-971.
Herbert, J. D., & Mueser, K. T. (1992). Eye movement desensitization : A critique of the evidence. *Journal of Behavior Therapy and Experimental Psychiatry, 23,* 169-174.
Herbert, J. D., & Mueser, K. T. (1995) What is EMDR? *The Harvard Mental Health Letter, 2*(2).
Herman, J. L. (1992 a). *Trauma and recovery.* New York : Basic Books.
Herman, J. L. (1992 b). Complex PTSD : A syndrome in survivors of prolonged and repeated trauma. *Journal of Traumatic Stress, 5,* 377-391.
Hersen, M., & Barlow, D. H. (1976). *Single case experimental designs : Strategies for studying behavior change.* New York : Pergamon.
Hill, C. E. (1994). From an experimental to an exploratory naturalistic approach to studying psychotherapy process. In R. L. Russell (Ed.), *Reassessing psychotherapy research.* New York : Guilford Press.
Hobson, J. A., Stickgold, R., & Pace-Schott, E. F. (1998). The neuropsychology of REM sleep dreaming. *NeuroReport 9 :* R 1-R 14.
Hodgins, S., & Cote, G. (1990). Prevalence of mental disorders among penitentiary inmates in Quebec. *Canadian Mental Health, 38,* 1-4.
Hoffman, K., & Sasaki, J. (1997). Comorbidity of substance abuse and PTSD. In C. Fullerton & R. Ursano (Eds.), *Posttraumatic stress disorder : Acute and long-term responses to trauma and disaster.* New York : American Psychiatric Press.
Hofmann, A. (1999). *EMDR in der therapie psychotraumatischer belastungssyndrome.* Stuttgart, Germany : Thieme Verlag.
Hong, C., Gillin, C., Callaghan, G. A., & Potkin, S. (1992). Correlation of rapid eye movement density with dream report length and not with movements in the dream : Evidence against the scanning hypothesis. *Annual Meeting Abstracts, Association of Professional Sleep Societies,* Poster #12.
Horowitz, M. J. (1973). Phase-oriented treatment of stress response syndromes. *American Journal of Psychotherapy, 27,* 506-515.
Horowitz, M. J. (1974). Stress response syndromes, character style, and dynamic psychotherapy. *Archives of General Psychiatry, 31,* 768-781.
Horowitz, M. J. (1976). *Stress response syndromes.* New York : Aronson.
Horowitz, M. J. (1979). Psychological response to serious life events. In V. Hamilton & D. M. Warburton (Eds.), *Human stress and cognition.* New York : Wiley.
Horowitz, M. J. (1983). Post-traumatic stress disorders. *Behavioral Sciences and the Law, 1,* 9-23.
Horowitz, M. J. (1998). *Cognitive psychodynamics : From conflict to character.* New York : Wiley.
Horowitz, M. J., & Becker, S. S. (1972). Cognitive response to stress : Experimental studies of a "compulsion to repeat trauma." In R. Holt & E. Peterfreund (Eds.), *Psychoanalysis and contemporary science* (Vol. 1). New York : Macmillan.

Horowitz, M. J., & Kaltreider, N. B. (1980). Brief psychotherapy of stress response syndromes. In T. B. Karasu & L. Ballak (Eds.), *Specialized techniques in individual psychotherapy.* New York : Brunner/Mazel.

Horowitz, M. J., Marmar, C., Weiss, D. S., Dewitt, K. N., & Rosenbaum, R.(1984). Brief psychotherapy of bereavement reactions : The relationship of process to outcome. *Archives of General Psychiatry, 41,* 438-448.

Horowitz, M. J., Wilmer, N., & Alvarez, W. (1979). Impact of event scale : A measure of subjective stress. *Psychosomatic Medicine, 41,* 209-218.

Hyer, L. (1994 a). *A treatment outcome study of PTSD in rape victims.* Research proposal submitted to NIMH.

Hyer, L. (1994 b). The trauma response : Its complexity and dimensions. In L. Hyer (Ed.), *Trauma victim : Theoretical issues and practical suggestions.* Muncie, IN : Accelerated Development.

Hyer, L. (1995). Use of EMDR in a "dementing" PTSD survivor. *Clinical Gerontologist, 16,* 70-73.

Hyer, L., & Brandsma, J. M. (1997). EMDR minus eye movements equals good psychotherapy. *Journal of Traumatic Stress, 10,* 515-522.

Hyer, L., Fallon, J. H., Harrison, W. R., & Boudewyns, P. (1987). MMPI overreporting by Vietnam combat veterans. *Journal of Clinical Psychology, 43,* 79-83.

∗ Ichii, M., & Kumano, H. (1996). Application of eye movement desensitization (EMD) to the acute stress disorder victims suffered from the Great Hanshin-Awaji Earthquake. *Japanese Journal of Brief Psychotherapy, 5,* 53-68.

∗ Inagawa, M. (1999). Application of EMDR to cases of sexual victimization. *Kokoro no rinsho a ra karuto, 18,* 49-55.

Ironson, G. I., Freund, B., Strauss, J. L., & Williams, J. (in press) A comparison of two treatments for traumatic stress : A community-based study of EMDR and prolonged exposure. *Journal of Clinical Psychology.*

Jacobson, E. (1938). *Progressive relaxation.* Chicago : University of Chicago Press.

Jacobson, N. S., Dobson, K. S., Truax, P. A., Addis, M. E., Koerner, K., Gollan, J. K., Gortner, E., & Prince, S. E. (1996). A component analysis of cognitive–behavioral treatment for depression. *Journal of Consulting and Clinical Psychology, 64,* 295-304.

Janet, P. (1973). *L'Automatisme psychologique.* Paris : Société Pierre Janet. (Original work published 1889)

Janoff-Bulman, R. (1985). The aftermath of victimization : Rebuilding shattered assumptions. In C. R. Figley (Ed.), *Trauma and its wake.* New York : Brunner/Mazel.

Jarero, I., Artigas, L., Mauer, M., Lopez Cano, T., & Alcala, N. (1999, November). *Children's post travmatic stess after natural disasters : Integrative treatment protocols.* Poster presented at the annual meeting of the International Society for Traumatic Stress Studies, Miami, FL.

Jenkins, M., Langlais, P., Delis, D., & Cohen, R. (1998). Learning and memory in rape victims with posttraumatic stress disorder. *American Journal of Psychiatry, 155,* 278-279.

Jensen, J. A. (1994). An investigation of eye movement desensitization and reprocessing (EMD/R) as a treatment for posttraumatic stress disorder (PTSD) symptoms of Vietnam combat veterans. *Behavior Therapy, 25,* 311-326.

Johnson, C. H., Gilmore, J. D., & Shenoy, R. S. (1982). Use of a feeding procedure in the treatment of a stress-related anxiety disorder. *Journal of Behavior Therapy and Experimental Psychiatry, 13,* 235-237.

Johnson, K. (1998). *Trauma in the Lives of Children*. Alemeda, CA : Hunter House.
Jones, M. C. (1924). A laboratory study of fear : The case of Peter. *Pedagogical Seminar, 31,* 308-315.
Jordan, K. B., Schlenger, W. E., Fairbank, J. A., & Caddell, J. M. (1996). Prevalence of psychiatric disorders among incarcerated women : Convicted felons entering prison. *Archives of General Psychiatry, 53,* 513-519.
*Jung, C. G. (1916). *Analytic psychology*. New York : Moffat.
Kabat-Zinn, J. (1990). *Full catastrophe living : The program of the Stress Reduction Clinic at the University of Massachusetts Medical Center*. New York : Dell.
Kadushin, C., Boulanger, G., & Martin, J. (1981). Long-term stress reactions : Some causes, consequences, and naturally occurring support systems. In A. Egendorf, C. Kadushin, P. S. Laufer, G. Rothbart, & L. Sloan (Eds.), *Legacies of Vietnam : Comparative adjustment of veterans and their peers* (Vol. 4). Washington, DC : Government Printing Office.
Karni, A., Tanne, D., Rubenstein, B. S., Askenasi, J. J., & Sagi, D. (1992). No dreams, no memory : The effect of REM sleep deprivation on learning a new perceptual skill. *Society for Neuroscience Abstracts, 18,* 387.
Kaslow, F. W., Nurse, A. R., & Thompson, P. (in press). Utilization of EMDR in conjunction with family systems therapy. In F. Shapiro (Ed.), *EMDR and the paradigm prism : Experts of diverse orientations explore an integrated treatment*. Washington, DC : American Psychological Association Press.
Katon, W. (1996). Panic disorder : Relationship to high medical utilization, unexplained physical symptoms, and medical costs. *Journal of Clinical Psychiatry, 57,* 11-17.
Kazdin, A. E. (1994). Methodology, design, and evaluation in psychotherapy research. In A. E. Bergin & S. L. Garfield (Eds.), *Handbook of psychotherapy and behavior change* (4th ed., pp. 19-71). New York : Wiley.
Kazdin, A. E. (1998). *Research design in clinical psychology* (3rd ed.). Needham Heights, MA : Allyn & Bacon.
Kazdin, A. E., & Bass, D. (1989). Power to detect differences between alternative treatments in comparative psychotherapy outcome research. *Journal of Consulting and Clinical Psychology, 57,* 138-147.
Keane, T. M. (1995). The role of exposure therapy in the psychological treatment of PTSD. *National Center for PTSD Clinical Quarterly, 5*(4), 1-6.
Keane, T. M., Caddell, J. M., Martin, B., Zimering, R. T., & Bender, M. E. (1985). A behavioral approach to assessing and treating posttraumatic stress disorder in Vietnam veterans. In C. R. Figley (Ed.), *Trauma and its wake*. New York : Brunner/Mazel.
Keane, T. M., Fairbank, J. A., Caddell, J. M., & Zimmering, R. T., (1989). Implosive (flooding) therapy reduces symptoms of PTSD in Vietnam combat veterans. *Behavior Therapy, 20,* 245-260.
Keane, T. M., Fairbank, J. A., Caddell, J. M., Zimering, R. T., & Bender, M. E. (1985). A behavioral approach to assessing and treating posttraumatic stress disorder in Vietnam veterans. In C. R. Figley (Ed.), *Trauma and its wake*. New York : Brunner/Mazel.
Keane, T. M., & Kaloupek, D. G. (1982). Imaginal flooding in the treatment of a posttraumatic stress disorder. *Journal of Consulting and Clinical Psychology, 50,* 138-140.
Keane, T. M., Scott, W. O., Chavoya, G. A., Lamparski, D. M. J., & Fairbank, J. A. (1985). Social support in Vietnam veterans with posttraumatic stress disorder : A comparative analysis. *Journal of Consulting and Clinical Psychology, 53,* 95-102.

Keane, T. M., Thomas, R. S., Kaloupek, D. G., Lavori, P., & Orr, S. (1994, August). *Psychophysiology of posttraumatic stress disorder : Results of a multisite clinical trial.* Symposium conducted at the 102nd annual meeting of the American Psychological Association, Los Angeles.

Keane, T. M., Zimering, R., & Caddell, J. M. (1985). A behavioral formulation of posttraumatic stress disorder in Vietnam veterans. *Behavior Therapist 8,* 9-12.

Keller, J., Nitschke, J. B., Bhargava, T., Deldin, P. J., Gergen, J. A., Miller, G. A., Heller, W. (2000). Neuropsychological differentiation of depression and anxiety. *Journal of Abnormal Psychology, 109,* 3-10.

Kilpatrick, D. G., & Best, C. L. (1984). Some cautionary remarks on treating sexual assault victims with implosion. *Behavior Therapy, 15,* 421-423.

Kilpatrick, D. G., & Calhoun, K. S. (1988). Early behavioral treatment for rape trauma : Efficacy or artifact? *Behavior Therapy, 19,* 421-427.

Kilpatrick, D. G., & Veronen, L. J. (1983). Treatment for rape-related problems : Crisis intervention is not enough. In L. H. Cohen, W. L. Claiborn, & G. A. Specter (Eds.), *Crisis intervention.* New York : Human Sciences Press.

Kilpatrick, D. G., Veronen, L. J., & Resick, P. A. (1982). Psychological sequelae to rape : Assessment and treatment strategies. In D. M. Doleys & R. L. Meredith (Eds.), *Behavioral medicine : Assessment and treatment strategies.* New York : Plenum Press.

Kimerling, R., & Calhoun, K. (1994). Somatic symptoms, social support, and treatment seeking among sexual assault victims. *Journal of Consulting and Clinical Psychology, 62,* 333-340.

King, D. W., King, L. A., Foy, D. W., & Gudanowski, D. M. (1996). Prewar factors in combat-related postttraumatic stress disorder : Structural equation modeling with a national sample of female and male Vietnam veterans. *Journal of Consulting and Clinical Psychology, 64,* 520-531.

Kirschenbaum, J. (1996). Eye movement desensitization and reprocessing : Some comments. *Child and Family Behavior Therapy, 18*(4), 37-39.

Kitchen, R. H. (1991). Relapse therapy. *EMDR Network Newsletter, 1,* 4-6.

Kitchur, M. (2000, December). The strategic developmental model for EMDR : A sequential treatment strategy for diverse populations, facilitative of developmental recapitulation, with implications for neurobiological maturation. *The EMDRIA Newsletter,* Special Edition, 4-10.

Kleinknecht, R. A. (1993). Rapid treatment of blood and injection phobias with eye movement desensitization. *Journal of Behavior Therapy and Experimental Psychiatry, 24,* 211-217.

Kleinknecht, R., & Morgan, M. P. (1992). Treatment of post-traumatic stress disorder with eye movement desensitization and reprocessing. *Journal of Behavior Therapy and Experimental Psychiatry, 23,* 43-50.

Kluft, R. P. (1985). The natural history of multiple personality disorder. In R. P. Kluft (Ed.), *Childhood antecedents of multiple personality.* Washington, DC : American Psychiatric Press.

Kluft, R. P. (1987 a). First rank symptoms as a diagnostic clue to multiple personality disorder. *American Journal of Psychiatry, 144,* 293-298.

Kluft, R. P. (1987 b). Making the diagnosis of multiple personality disorder. In P. Flach (Ed.), *Diagnostics and psychopathology.* New York : Norton.

Kluft, R. P., & Fine, C. G. (1993). *Clinical perspectives on multiple personality disorder.* Washington, DC : American Psychiatric Press.

Kolb, L. C. (1984). The posttraumatic stress disorders of combat : A subgroup with a conditioned emotional response. *Military Medicine, 149,* 237-243.

Kolb, L. C. (1987). Neurophysiological hypothesis explaining posttraumatic stress disorder. *American Journal of Psychiatry, 144,* 989-995.

Korn, D. L., & Leeds, A. M. (in press). Preliminary evidence of efficacy for EMDR resource development and installation in the stabilization phase of treatment of complex posttraumatic stress disorder. *Journal of Clinical Psychology.*

Koss, M., Woodruff, W., & Koss, P. (1990). Relation of criminal victimization to health perceptions among women medical patients. *Journal of Consulting and Clinical Psychology, 58,* 147-152.

Kosten, T. R., Frank, J. B., Dan, E., McDougle, C. J., & Giller, E. L. (1991). Pharmacotherapy for posttraumatic stress disorder using phenelzine or imipramine. *Journal of Nervous and Mental Disease, 179,* 366-370.

Kozaric-Kovacic, D., Folnegovic-Smalc, V., Skrinjaric, J., Szajnberg, N., & Marusic, A. (1995). Rape, torture, and traumatization of Bosnian and Croatian women : Psychological sequelae. *American Journal of Orthopsychiatry, 65,* 428-433.

Krupnick, J. L., & Horowitz, M. J. (1981). Stress response syndromes : Recurrent themes. *Archives of General Psychiatry, 38,* 428-435.

Krystal, J. H., Kosten, T. R., Southwick, S., Mason, J. W., Perry, B. D., & Giller, E. L. (1989). Neurobiological aspects of PTSD : Review of clinical and preclinical studies. *Behavior Therapy, 20,* 177-198.

Krystal, S., Prendergast, J., Krystal, P., Fenner, P., Shapiro, I., & Shapiro, K. (in press). Transpersonal psychology, Eastern nondual philosophy and EMDR. In F. Shapiro (Ed.), *EMDR and the paradigm prism.* Washington, DC : American Psychological Association Press.

Kubany, E. S. (1997). Thinking errors, faulty conclusions, and cognitive therapy for trauma-related guilt. *National Center for PTSD Clinical Quarterly, 7*(1), 6-9.

Kubany, E. S., & Manke, F. P. (1995). Cognitive therapy for trauma-related guilt : Conceptual bases and treatment outlines. *Cognitive and Behavioral Practice, 2*(1), 27-61.

Kuch, K. (1987). Treatment of PTSD following automobile accidents. *Behavior Therapist, 10,* 224, 242.

Kudler, H. S., Blank, A. S., Jr., & Krupnick, J. L. (2000). Psychodynamic therapy. In E. B. Foa, T. M. Keane, & M.J. Friedman (Eds.), *Effective treatments for PTSD : Practice guidelines from the International Society for Traumatic Stress Studies* (pp. 176-198, 339-341). New York : Guilford Press.

Lamprecht, F. (2000) *Praxis der traumatherapie : Was kann EMDR leisten.* München, Germany : De Deutsche Bibilothek-CI-Einheitsaunahme.

Lang, P. J. (1977). Imagery in therapy : An information processing analysis of fear. *Behavior Therapy, 8,* 862-886.

Lang, P. J. (1979). A bioinformational theory of emotional imagery. *Psychophysiology, 16,* 495-512.

Lansing, K. M., Amen, D. G., & Klindt, W. C. (2000, November). *Tracking the neurological impact of CBT and EMDR in the treatment of PTSD.* Paper presented at the annual meeting of the Association for the Advancement for Behavior Therapy, New Orleans.

Laufer, R. S., Yager, T., Frey-Wouters, E., & Donnellan, J. (1981). Post-war trauma : Social and psychological problems of Vietnam veterans in the aftermath of the Vietnam War. In A. Egendorf, C. Kadushin, P. S. Laufer, G. Rothbart, & L. Sloan (Eds.), *Legacies of Vietnam : Comparative adjustment of veterans and their peers.* New York : Center for Policy Research.

Lazarus, A. A., & Lazarus, C. N. (1991). *Multimodal life history inventory.* Champaign, IL : Research Press.

Lazarus, C. N., & Lazarus, A. A. (in press). EMDR : An elegantly concentrated multimodal procedure? In F. Shapiro (Ed.), *EMDR and the Paradigm Prism*. Washington, DC : American Psychological Association Press.

Lazrove, S. (1994, November). Integration of fragmented dissociated traumatic memories using EMDR. Paper presented at the 10th annual meeting of the International Society for Traumatic Stress Studies, Chicago.

Lazrove, S., & Fine, C. G. (1996). The use of EMDR in patients with dissociative identity disorder. *Dissociation, 9,* 289-299.

Lazrove, S., Triffleman, E., Kite, L, McGlasshan, T., & Rounsaville, B. (1998). An open trial of EMDR as treatment for chronic PTSD. *American Journal of Orthopsychiatry, 69,* 601-608.

LeDoux, J. E. (1996). *The emotional brain : The mysterious underpinnings of emotional life.* New York : Simon & Schuster

Lee, C., Gavriel, H., Drummond, P., Richards, J., & Greenwald, R. (in press). Treatment of posttraumatic stress disorder : A comparison of stress inoculation training with prolonged exposure and eye movement desensitization and reprocessing. *Journal of Clinical Psychology.*

Lee, K. A., Vaillant, G. E., Torrey, W. C., & Elder, G. H. (1995). A 50-year prospective study of the psychological sequelae of World War II combat. *American Journal of Psychiatry, 152,* 516 -522.

Leeds, A. M. (1998). Lifting the burden of shame : Using EMDR resource installation to resolve a therapeutic impasse. In P. Manfield (Ed.), *Extending EMDR : A casebook of innovative applications.* New York : Norton.

Leeds, A. M., & Shapiro, F. (2000). EMDR and resource installation : Principles and procedures for enhancing current functioning and resolving traumatic experiences. In J. Carlson & L. Sperry (Eds.), *Brief therapy strategies with individuals and couples.* Phoenix, AZ : Zeig/Tucker.

Leigh, J., & Zee, D. (1983). *The neurology of eye movements.* Philadelphia : F. A. Davis.

Levin, C. (1993, July/August). The enigma of EMDR. *Family Therapy Networker,* 75-83.

Levin, C., Grainger, R. K., Allen-Byrd, L., & Fulcher, G. (1994, August). *Efficacy of eye movement desensitization and reprocessing for survivors of Hurricane Andrew : A comparative study.* Paper presented at the 102nd annual meeting of the American Psychological Association, Los Angeles.

Levin, P., Lazrove, S., & van der Kolk, B. A. (1999). What psychological testing and neuroimaging tell us about the treatment of posttraumatic stress disorder (PTSD) by eye movement desensitization and reprocessing (EMDR). *Journal of Anxiety Disorders, 13,* 159-172.

Levine, M. W., & Shefner, J. M. (1991). *Fundamentals of sensation and perception* (2nd ed.). Pacific Grove, CA : Brooks/Cole.

Levine, S. (1991). Additional visualizations for emotional and physical pain contained. In *Guided meditations, explorations, and healings.* New York : Doubleday.

Levis, D. J. (1980). Implementing the technique of implosive therapy. In A. Goldstein & E. B. Foa (Eds.), *Handbook of behavioral interventions : A clinical guide.* New York : Wiley.

Lilienfeld, S. O. (1996). EMDR treatment : Less than meets the eye? *Skeptical Inquirer, 20,* 25-31.

Lindy, J. D., Green, B. L., Grace, M., & Titchener, J. (1983). Psychotherapy with survivors of the Beverly Hills Supper Club fire. *American Journal of Psychotherapy, 37,* 593-610.

Linehan, M. M. (1993). *Cognitive–behavioral treatment of borderline personality disorder.* New

York : Guilford Press.

Lipke, H. (1992 a). *Manual for the teaching of Shapiro's EMDR in the treatment of combat-related PTSD.* Pacific Grove, CA : EMDR Instititute.

Lipke, H. (1992 b, October). *Preliminary survey results of 1,200 EMDR-trained clinicians.* Paper presented at the annual meeting of the International Society for Traumatic Stress, Los Angeles.

Lipke, H. (1994, August). *Survey of practictioners trained in eye movement desensitization and reprocessing.* Paper presented at the 102nd annual meeting of the American Psychological Association, Los Angeles.

Lipke, H. (1995). Eye movement desensitization and reprocessing (EMDR) : A quantitative study of clinician impressions of effects and training requirements. In F. Shapiro, *Eye movement desensitization and reprocessing : Basic principles, protocols and procedures* (pp. 376-386). New York : Guilford Press.

Lipke, H. (1999). Comments on "Thirty years of behavior therapy..." and the promise of the application of scientific principles. *The Behavior Therapist, 22,* 11-14.

Lipke, H. (2000). *EMDR and psychotherapy integration.* Boca Raton, FL : CRC Press.

Lipke, H., & Botkin, A. (1992). Brief case studies of eye movement desensitization and reprocessing with chronic post–traumatic stress disorder. *Psychotherapy, 29,* 591-595.

Lipsey, M. W., & Wilson, D. B. (1993). The efficacy of psychological, educational, and behavioral treatment : Confirmation from meta-analysis. *American Psychologist, 48,* 1181-1209.

Litz, B. T., & Keane, T. (1989). Information processing in anxiety disorders : Application to the understanding of post-traumatic stress disorder. *Clinical Psychology Review, 9,* 243-257.

Lohr, J. M., Kleinknecht, R. A., Conley, A. T., Dal Cerro, S., Schmidt, J., & Sonntag, M. E. (1992). A methodological critique of the current status of eye movement desensitization (EMD). *Journal of Behavior Therapy and Experimental Psychiatry, 23* (3),159-167.

Lohr, J. M., Kleinknecht, R. A., Tolin, D. F., & Barrett, R. H. (1995). The empirical status of the clinical application of eye movement desensitization and reprocessing. *Journal of Behavior Therapy and Experimental Psychiatry, 26* (4), 285-302.

Lohr, J. M., Lilienfeld, S. O., Tolin, D. F., & Herbert, J. D. (1999). Eye movement desensitization and reprocessing : An analysis of specific versus nonspecific factors. *Journal of Anxiety Disorders, 13,* 185-207.

Lohr, J. M., Tolin, D., & Kleinknecht, R. A. (1995). An intensive investigation of eye movement desensitization of medical phobias. *Journal of Behavior Therapy and Experimental Psychiatry, 26,* 141-151.

Lohr, J. M., Tolin, D. F., & Kleinknect, R. A. (1996). An intensive investigation of eye movement desensitization of claustrophobia. *Journal of Anxiety Disorders, 10,* 73-88.

Lohr, J. M., Tolin, D. F., & Lilienfeld, S. O. (1998). Efficacy of eye movement desensitization and reprocessing : Implications for behavior therapy. *Behavior Therapy, 29,* 123-156.

London, P. (1964) *The modes and morals of psychotherapy.* New York : Holt, Rinehart & Winston.

Lovett, J. (1999). *Small wonders : Healing childhood trauma with EMDR.* New York : Free Press.

Lyons, J. A., & Keane, T. M. (1989). Implosive therapy for the treatment of combat-related PTSD. *Journal of Traumatic Stress, 2,* 137-152.

Lyons, J. A., & Scotti, J. R. (1995). Behavioral treatment of a motor vehicle accident survivor : An illustrative case of direct therapeutic exposure. *Cognitive and Behavioral Practice, 2,* 343-

364.
MacCulloch, M. J., & Feldman, P. (1996). Eye movement desensitization treatment utilizes the positive visceral element of the investigatory reflex to inhibit the memories of post-traumatic stress disorder : A theoretical analysis. *British Journal of Psychiatry, 169,* 571-579.

Macklin, M., Metzger, L. J., Lasko, N. B., Berry, N. J., Orr, S. P., & Pitman, R. K. (2000). Five-year follow-up study of eye movement desensitization and reprocessing therapy for combat-related posttraumatic stress disorder. *Comprehensive Psychiatry, 41,* 24-27.

Main, M. (1996). Introduction to the special section on attachment and psychopathology : 2. Overview of the field of attachment. *Journal of Consulting and Clinical Psychology, 64,* 237-243.

Malleson, N. (1959). Panic and phobia. *Lancet, 1,* 225.

Malloy, P. F., Fairbank, J. A., & Keane, T. M. (1983). Validation of a multimethod assessment of PTSD in Vietnam veterans. *Journal of Consulting and Clinical Psychology, 51,* 488-494.

Mandai, O., Guerrien, A., Sockeel, P., Dujardin, K., & Leconte, P. (1989). REM sleep modifications following Morse code learning session in humans. *Physiology and Behavior, 46,* 639-646.

Manfield, P. (Ed.). (1998). *Extending EMDR.* New York : Norton.

Maquest, P., Peters, J. M., Aerts, J., Delfiore, G., Degueldre, C., Luxen, A., & Franck, G. (1996, September 12). Functional neuroanatomy of human rapid-eye-movement sleep and dreaming. *Nature, 12,* 163-166.

Marcus, S. V., Marquis, P., & Sakai, C. (1997). Controlled study of treatment of PTSD using EMDR in an HMO setting. *Psychotherapy, 34,* 307-315.

Marcus, S. V., Marquis, P., & Sakai, C. (2001). *Three- and six-month follow-up of EMDR treatment of PTSD in an HMO setting.* Paper submitted for publication.

Marks, I. M. (1972). Flooding (implosion) and allied treatments. In W. S. Agras (Ed.), *Behavior modification : Principles and clinical applications.* Boston : Little, Brown.

Marks, I. M. (1987). *Fears, phobias and rituals.* New York : Oxford University Press.

Marks, I. M., Lovell, K., Noshirvani, H., Livanou, M., & Thrasher, S. (1998). Treatment of post-traumatic stress disorder by exposure and/or cognitive restructuring : A controlled study. *Archives of General Psychiatry, 55,* 317-325.

Marquis, J. N. (1991). A report on seventy-eight cases treated by eye movement desensitization. *Journal of Behavior Therapy and Experimental Psychiatry, 22,* 187-192.

Marquis, J. N., & Puk, G. (1994, November). *Dissociative identity disorder : A commonsense and cognitive−behavioral view.* Paper presented at the annual meeting of the Association for Advancement of Behavior Therapy, San Diego, CA.

Marshall, W. L. (1985) The effects of variable exposure in flooding therapy. *Behavior Therapy, 16,* 117-135.

Martin, S. S., Butzin, C. A., Saum, C. A., & Inciardi, J. A. (1999). Three-year outcomes of therapeutic community treatment for drug-involved offenders in Delaware : From prison to work release to aftercare. *The Prison Journal, 79,* 294-320.

Martinez, R. A. (1991). Innovative uses. *EMDR Network Newsletter, 1,* 5-6.

Martinez, R. A. (1992, March). *The alchemy of success : Turning losses into wins.* Keynote speech presented at the International EMDR Annual Conference, Sunnyvale, CA.

*Maslow, A. H. (1970). *Motivation and personality.* New York : Harper & Row.

Maxfield, L. (1999). Eye movement desensitization and reprocessing : A review of the efficacy of EMDR in the treatment of PTSD. *TraumatologyE, 5*(4), *http : //www.fsu.edu/~trauma/a 1 v 5 i 4.htm*

Maxfield, L., & Hyer, L. A. (in press). The relationship between efficacy and methodology in studies investigating EMDR treatment of PTSD. *Journal of Clinical Psychology.*

Maxfield, L., & Melnyk, W. T. (2000). Single session treatment of test anxiety with eye movement desensitization and reprocessing (EMDR). *International Journal of Stress Management, 7,* 87-101.

McCann, D. L. (1992). Post-traumatic stress disorder due to devastating burns overcome by a single session of eye movement desensitization. *Journal of Behavior Therapy and Experimental Psychiatry, 23,* 319-323.

McCann, L., & Pearlman, L. A. (1990). Vicarious traumatization : A framework for understanding the psychological effects of working with victims. *Journal of Traumatic Stress, 3,* 131-150.

McClelland, J. L. (1995). Constructive memory and memory distortions : A parallel-distributed processing approach. In D. L. Schacter (Ed.), *Memory distortions : How minds, brains, and societies reconstruct the past* (pp. 69-90). Cambridge, MA : Harvard University Press.

McCullough, L. (in press). Exploring change mechanisms in EMDR applied to "small t trauma" in short term dynamic psychotherapy : Research questions and speculations. *Journal of Clinical Psychology.*

McDermott, W. F. (1981). *The influence of Vietnam combat on subsequent psychopathology.* Paper presented at the 89th annual meeting of the American Psychological Association, Los Angeles.

McFarlane, A. (2000, November). *Comparison of EMDR with CBT in PTSD patients.* Paper presented at the annual meeting of the International Society for Traumatic Stress Studies, San Antonio, TX.

McGoldrick, M., & Gerson, R. (1985). *Genograms in family assessment.* New York : Norton.

McGoldrick, M., Gerson, R., & Shellenberger, S. (1999). *Genograms : Assessment and intervention* (second edition). New York : Norton.

McKay, D. (1999). Two-year follow-up of behavioral treatment and maintenance for body dysmorphic disorder. *Behavior Modification, 23,* 620-629.

McNally, R. J. (1999). Research on eye movement desensitization and reprocessing (EMDR) as a treatment for PTSD. *PTSD Research Quarterly, 10*(1), 1-7.

McNally, V. J., & Solomon, R. M. (1999, February) The FBI's critical incident stress management program. *FBI Law Enforcement Bulletin,* 20-26.

Meadows, E. A., & Foa, E. B. (1998). Intrusion, arousal, and avoidance : Sexual trauma survivors. In V. M. Follette & J. I. Ruzek (Eds.), *Cognitive–behavioral therapies for trauma* (pp. 100-123). New York : Guilford Press.

Meares, A. (1960). *A system of medical hypnosis.* New York : Julian Press.

Melzack, R. (1992, April). Phantom limbs. *Scientific American, 120,* 126.

*Meichenbaum, D. (1977). *Cognitive–behavior modification.* New York : Plenum Press.

Meichenbaum, D., & Fitzpatrick, D. (1993). A constructivist narrative perspective on stress and coping : Stress inoculation applications. In L. Goldberger & S. Breznitz (Eds.), *Handbook of stress : Theoretical and clinical aspects* (2nd ed.) (pp. 706-723). New York : Free Press.

Mennemeier, M., Crosson, B., Williamson, D. J., Nadeau, S. E., Fennell, E., Valenstein, E., & Heilman, K. M. (1997). Tapping, talking, and the thalamus : Possible influence of the intralaminar nuclei on basal ganglia function. *Neuropsychologia, 35* (92), 183-193.

Merckelback, H., & van Oppen, P. (1989). Effects of gaze manipulation on subjective evaluation of neutral and phobia-relevant stimuli. *Acta Psychologica, 70,* 147-151.

Messer, S. C., & Beidel, D. C. (1994). Psychosocial correlates of childhood anxiety disorders.

Journal of American Academy of Child and Adolescent Psychiatry, 33, 975-983.
Miller, B. V., & Levis, D. J. (1971). Effect of varying short visual exposure times to a phobic test stimulus on subsequent avoidance behavior. *Behaviour Research and Therapy, 9,* 17-21.
Miller, E. (1994). *Letting go of stress.* Menlo Park, CA : Source Cassette Tapes.
Miller, T. W., & Buchbinder, J. T. (1979, December). *Clinical effects of cognitive–behavior therapy with a posttraumatic war neurosis Vietnam veteran.* Paper presented at the meeting of the Association for Advancement of Behavior Therapy, San Francisco.
Mineka, S., & Kihlstrom, J. F. (1978). Unpredictable and uncontrollable events : A new perspective on experimental neurosis. *Journal of Abnormal Psychology, 87,* 256.
Miranda, J., Perez-Stable, E. Munoz, R., Hargreaves, W., & Henke, C. (1991). Somatization, psychiatric disorder, and stress in utilization of ambulatory medical services. *Health Psychology, 10,* 46-51.
Moncher, F. J., & Prinz, R. J. (1991). Treatment fidelity in outcome studies. *Clinical Psychology Review, 11,* 247-266.
Monnier, M. (1968). *Functions of the nervous system.* London : Elsevier.
Montgomery, R. W., & Ayllon, T. (1994). Eye movement desensitization across subjects : Subjective and physiological measures of treatment efficacy. *Journal of Behavior Therapy and Experimental Psychiatry, 25,* 217-230.
Monty, R. A., Fisher, D. F., & Senders, J. W. (1978). *Eye movements and the higher psychological functions.* Hillsdale, NJ : Erlbaum.
Monty, R. A., & Senders, J. W. (1976). *Eye movements and psychological processes.* Hillsdale, NJ : Erlbaum.
Mowrer, O. H. (1960). *Learning theory and behavior.* New York : Wiley.
Mueser, K., Goodman, L., Trumbetta, S., Rosenberg, S., Osher, F., Vidaver, R., Auciello, P., & Foy, D. (1998). Trauma and posttraumatic stress disorder in severe mental illness. *Journal of Consulting and Clinical Psychology, 66,* 493-499.
Muris, P., & Merckelbach, H. (1997). Treating spider phobics with eye movement desensitization and reprocessing : A controlled study. *Behavioral and Cognitive Psychotherapy, 25,* 39-50.
Muris, P., Merkelbach, H., Holdrinet, I., & Sijsenaar, M. (1998). Treating phobic children : Effects of EMDR versus exposure. *Journal of Consulting and Clinical Psychology, 66*(1), 193-198.
Muris, P., Merckelbach, H., van Haaften, H., & Nayer, B. (1997). Eye movement desensitization and reprocessing versus exposure *in vivo*. *British Journal of Psychiatry 171,* 82-86.
Nader, K., Schafe, G. E., & LeDoux, J. E. (2000). Fear memories require protein synthesis in the amygdala for reconsolidation after retrieval. *Nature, 406,* 722-726.
Nadler, W. (1996). EMDR : Rapid treatment of panic disorder. *International Journal of Psychiatry, 2,* 1-8.
Nakagawa, A. (1991). Role of anterior and posterior attention networks in hemispheric asymmetries during lexical decisions. *Journal of Cognitive Neuroscience, 3,* 313-321.
Nathanson, D. L. (Ed). (1996). *Knowing feeling : Affect, script, and psychotherapy.* New York, Norton.
Neilsen, T. (1991). Affect desensitization : A possible function of REMs in both waking and sleeping states. *Sleep Research, 20,* 10.
Nelson, S. (1992, March). *Partners of sexual abuse victims.* Paper presented at the annual EMDR International Conference, Sunnyvale, CA.
Neurotek. (2000). Eye tracking device to assist the EMDR clinician. *www.neurotek.com*

Newman, E., Morrissey, C., McMackin, R., & Erwin, B. (1997, Winter). Addressing PTSD and trauma-related symptoms among criminally involved male adolescents. *Traumatic StressPoints,* 7.

Neziroglu, F., McKay, D., Todaro, J., & Yaryura-Tobias, J. A. (1996). Effect of cognitive behavior therapy on persons with body dsymorphic disorder and comorbid Axis II diagnoses. *Behavior Therapy, 27,* 67-77.

Nicosia, G. (1994, March). *A mechanism for dissociation suggested by the quantitative analysis of electroencephalography.* Paper presented at the International EMDR Annual Conference, Sunnyvale, CA.

Nicosia, G. (1995). Brief note : EMDR is not hypnosis : EEG evidence. *Dissociation, 3,* 65.

Norcross, J. C. (Ed.). (1986). *Handbook of eclectic psychotherapy.* New York : Brunner/Mazel.

Norcross, J. C., & Goldfried, M. R. (Eds.). (1992). *Handbook of psychotherapy integration.* New York : Basic Books.

Norcross, J. C., & Rossi, J. S. (1994). Looking weakly in all the wrong places? Comment on Shapiro et al. (1994). *Journal of Consulting and Clinical Psychology, 62,* 535-538.

Norcross, J. C., & Shapiro, F. (in press). Integration and EMDR. In F. Shapiro (Ed.), *EMDR and the paradigm prism : Experts of diverse orientations explore an integrated treatment.* Washington, DC : American Psychological Association Press.

Nurse, A. R., Thompson, P., & Kaslow, F. (in press). EMDR facilitated couple and family therapy. In F. Shapiro (Ed.), *EMDR and the paradigm prism.* Washington, DC : American Psychological Association Press.

O'Brien, E. (1993, November/December). Pushing the panic button. *Family Therapy Networker,* pp. 75-83.

Ochs, L. (1993). *EEF [Electroencephalographic entrainment feedback] : Preliminary head injury data.* Paper presented at the Association of Applied Psychophysiology and Biofeedback Convention, Los Angeles.

Ogelsby, C. (1999, September). *Report of a study of EMDR with college athletes.* Symposium presented at the Annual Conference of the Association for the Advancement of Applied Sport Psychology, Banff, Canada.

Orlinsky, D. E., & Russell, R. L. (1994). Tradition and change in psychotherapy research : Notes on the fourth generation. In R. L. Russell (Ed.), *Reassessing psychotherapy research.* New York : Guilford Press.

Padgett, D., Patrick, C., Schlesinger, H., & Burns, B. (1993). Linking physical and mental health : Comparing users and non-users of mental health services in medial care utilization. *Administration and Policy in Mental Health, 20,* 325-341.

Page, A. C., & Crino, R. D. (1993). Eye-movement desensitisation : A simple treatment for post-traumatic stress disorder? *Australian and New Zealand Journal of Psychiatry, 27,* 288-293.

Parnell, L. (1996). Eye movement desensitization and reprocessing (EMDR) and spiritual unfolding. *Journal of Transpersonal Psychology, 28,* 129-153.

Parnell, L. (1997). *Transforming trauma.* New York : Norton.

Parnell, L. (1999). *EMDR in the treatment of adults abused as children.* New York : Norton.

Paul, G. L. (1966). *Insight versus desensitization in psychotherapy : An experiment in anxiety reduction.* Stanford, CA : Stanford University Press.

Paulsen, S. (1995). Eye movement desensitization and reprocessing : Its cautious use in the dissociative disorders. *Dissociation, 8,* 32-44.

Paulsen, S., Vogelmann-Sine, S., Lazrove, S., & Young, W. (1993, October). *Eye movement de-*

sensitization and reprocessing : Its role in the treatment of dissociative disorders. Symposium presented at the 10th annual meeting of the International Society for the Study of Multiple Personality Disorders, Chicago.

Pavlides, C., Greenstein, Y. J., Grudman, M., & Winson, J. (1988). Long-term potentiation in the dentate gyrus is induced preferentially on the positive phase of q-rhythm. *Brain Research, 439,* 383-387.

*Pavlov, I. P. (1927). *Conditioned reflexes.* New York : Liveright.

Pearson, M. A., Poquette, B. M., & Wasden, R. E. (1983). Stress-inoculation : The treatment of post-rape trauma : A case report. *Behavior Therapist, 6,* 58-59.

Pelletier, K. R. (1977). *Mind as healer, mind as slayer.* New York : Delacorte.

Pellicer, X. (1993). Eye movement desensitization treatment of a child's nightmares : A case report. *Journal of Behavior Therapy and Experimental Psychiatry, 24,* 73-75.

Peniston, E. G. (1986). EMG biofeedback-assisted desensitization treatment for Vietnam combat veterans post-traumatic stress disorder. *Clinical Biofeedback Health, 9,* 35-41.

Peniston, E. G., & Kulkosky, P. J. (1991). Alpha-theta brainwave neuro-feedback therapy for Vietnam veterans with combat-related post-traumatic stress disorder. *Medical Psychotherapy, 4,* 47-60.

Pennebaker, J., Kiecolt-Glaser, J., & Glaser, R. (1998). Confronting traumatic experience and immunocompetence : A reply to Neale, Cox, Valdimarsdottir, and Stone. *Journal of Consulting and Clinical Psychology, 56,* 638-639.

Perkins, B., & Rouanzoin, C. (in press). A critical examination of current views regarding eye movement desensitization and reprocessing (EMDR) : Clarifying points of confusion. *Journal of Clinical Psychology.*

Perry, B. (1997). Incubated in terror : Neurodevelopmental factors in the cycle of violence. In J. Osofsky (Ed.), *Children, youth and violence : Searching for solutions.* New York : Guilford Press.

Perry, B., Pollard, R., Blakley, T., Baker, W., & Vigilante, D. (1995). Childhood trauma, the neurobiology of adaptation, and "use-dependent" development of the brain : How "states" become "traits." *Infant Mental Health Journal, 16,* 271-290.

Persons, J. (1994). Why don't my patients do as well as the ones in outcome studies? *Behavior Therapist, 17,* 60.

Phillips, K. A., McElroy, S. L., Keck, P. E., Jr., Pope, H. G., Jr., & Hudson J. I. (1993). Body dysmorphic disorder : 30 cases of imagined ugliness. *American Journal of Psychiatry, 150,* 302-308.

*Phillips, M. (2000). *Finding the energy to heal.* New York : Norton.

Phillips, M. (2001). Potential contributions of hypnosis to ego-strengthening procedures in EMDR. *American Journal of Clinical Hypnosis, 43,* 247-262.

Pitman, R. K., Altman, B., Greenwald, E., Longpre, R. E., Macklin, M. L., Poire, R. E., & Steketee, G. S. (1991). Psychiatric complications during flooding therapy for posttraumatic stress disorder. *Journal of Clinical Psychiatry, 52,* 17-20.

Pitman, R. K., Orr, S. P., Altman, B., Longpre, R. E., Poire, R. E., & Lasko, N. B. (1993, May). *A controlled study of EMDR treatment for post-traumatic stress disorder.* Paper presented at the 146th annual meeting of the American Psychiatric Association, Washington, DC.

Pitman, R. K., Orr, S. P., Altman, B., Longpre, R. E., Poire, R. E & Macklin, M. L. (1996 a). Emotional processing during eye-movement desensitization and reprocessing therapy of Vietnam veterans with chronic post-traumatic stress disorder. *Comprehensive Psychiatry, 37,* 419-

Reiser, M. (1990). *Memory in mind and brain.* New York : Basic Books.

Renfrey, G., & Spates, C. R. (1994). Eye movement desensitization and reprocessing : A partial dismantling procedure. *Journal of Behavior Therapy and Experimental Psychiatry, 25,* 231-239.

Rennie, D. (1994). Story-telling in psychotherapy : The client's subjective experience. *Psychotherapy, 31,* 234-244.

Resick, P. A., Jordan, C. G., Girelli, S. A., Hutter, C. K., & Marhoerfer-Dvorak, S. (1988). A comparative outcome study of behavioral group therapy for sexual assault victims. *Behavior Therapist, 19,* 385-401.

Resick, P., & Schnicke, M. (1992). Cognitive processing therapy for sexual assault victims. *Journal of Consulting and Clinical Psychology, 60,* 748-756.

Richards, D. A., Lovell, K., & Marks, I. M. (1994). Post-traumatic stress disorder : Evaluation of a behavioral treatment program. *Journal of Traumatic Stress, 7,* 669-680.

Ringo, J. L., Sobotka, S., Diltz, M. D., & Bruce, C. M. (1994). Eye movements modulate activity in hippocampal, parahippocampal, and inferotemporal neurons. *Journal of Neurophysiology, 71,* 1-4.

Rodriguez, B., & Craske, M. G. (1993). The effects of distraction during exposure to phobic stimuli. *Behavior Research and Therapy, 31,* 549-558.

Rogers, C. R. (1951). *Client-centered therapy.* Boston : Houghton Mifflin.

Rogers, S., & Silver, S. M. (in press). Is EMDR an exposure therapy? A review of trauma protocols. *Journal of Clinical Psychology.*

Rogers, S., Silver, S., Goss, J., Obenchain, J., Willis, A., & Whitney, R. (1999). A single session, controlled group study of flooding and eye movement desensitization and reprocessing in treating posttraumatic stress disorder among Vietnam war veterans : Preliminary data. *Journal of Anxiety Disorders, 13,* 119-130.

Rosen, G. R. (1999). Treatment fidelity and research on eye movement desensitization and reprocessing (EMDR). *Journal of Anxiety Disorders, 13,* 173-184.

Rosen, G. R., McNally, R. J., Lohr, J. M., Devilly, G. J., Herbert, J. D., & Lilienfeld, S. O. (1998, October). A realistic appraisal of EMDR. *The California Psychologist, 27,* 25.

Rosen, J. C., Reiter, J., & Orosan, P. (1995). Cognitive–behavioral body image therapy for body dysmorphic disorder. *Journal of Consulting and Clinical Psychology, 63,* 263–269.

Rosenthal, R. (1976). *Experimenter effects in behavioral research.* New York : Irvington.

Ross, C. (1991). Epidemiology of multiple personality disorder and dissociation. *Psychiatric Clinics of North America, 14,* 503-517.

Ross, R. J., Ball, W. A., Dinges, D. F., Kribbs, N. B., Morrison, A. R., & Silver, S. M. (1990, May). *REM sleep disturbance as the hallmark of PTSD.* Paper presented at the 143rd annual meeting of the American Psychiatric Association, New York.

Ross, R. J., Ball, W. A., Kribbs, N. B., Morrison, A. R., Silver, S. M., & Mulvaney, F. D. (1994). Rapid eye movement sleep disturbance in posttraumatic stress disorder. *Biological Psychiatry, 35,* 195-202.

Ross, R. J., Ball, W. A., Sullivan, K. A., & Caroff, S. N. (1989). Sleep disturbance as the hallmark of posttraumatic stress disorder. *American Journal of Psychiatry, 146,* 697-707.

Rossi, E. L. (1986). *The psychobiology of mind–body healing.* New York : Norton.

Rossi, J. S. (1990). Statistical poser of psychological research : What have we gained in 20 years? *Journal of Consulting and Clinical Psychology, 58,* 646-656.

Rothbaum, B. O. (1992). How does EMDR work? *Behavior Therapist, 15,* 34.

429.

Pitman, R. K., Orr, S. P., Altman, B., Longpre, R. E., Poire, R. E., Macklin, M. L., Michaels, J., & Steketee, G. S. (1996 b). Emotional processing and outcome of imaginal flooding thera in Vietnam veterans with chronic posttraumatic stress disorder. *Comprehensive Psychiatry, 3* 409-418.

Plihal, W., & Born, J. (1997). Effects of early and late nocturnal sleep on declarative and proce dural memory. *Journal of Cognitive Neuroscience, 9,* 534-547.

Poe, G. R., Nitz, D. A., McNaughton, B. L., & Barnes, C. A. (2000). Experience-dependent phase-reversal of hippocampal neuron firing during REM sleep. *Brain Research, 855,* 176-180.

Pollack, S. D., Cicchetti, D., Hornung, K., & Reed, A. (2000). Recognizing emotion in faces : Developmental effects of child abuse and neglect. *Developmental Psychology, 36,* 679-688.

Poole, D., De Jongh, A., & Spector, J. (1999). Power therapies : Evidence versus emotion. A reply to Rosen, Lohr, McNally and Herbert. *Behavioral and Cognitive Psychotherapy, 27,* 3-8.

Powell, K. G., McGoldrick, T., & Brown, K. W. (1999). *A controlled comparison of eye movement desensitization and reprocessing versus exposure plus cognitive restructuring versus waiting list in the treatement of posttraumatic stress disorder.* Report to Scottish Home and Health Department, Edinburgh, Scotland.

Puffer, M. K., Greenwald, R., & Elrod, D. E. (1998). A single session EMDR study with twenty traumatized children and adolescents. *Traumatology, 3* (2).

Puk, G. (1991 a). Treating traumatic memories : A case report on the eye movement desensitization procedure. *Journal of Behavior Therapy and Experimental Psychiatry, 22,* 149-151.

Puk, G. (1991 b, November). *Eye movement desensitization and reprocessing : Treatment of a more complex case, borderline personality disorder.* Paper presented at the annual meeting of the Association for Advancement of Behavior Therapy, New York.

Puk, G. (1992, May). *The use of eye movement desensitization and reprocessing in motor vehicle accident trauma.* Paper presented at the 8th annual meeting of the American College of Forensic Psychology, San Francisco.

* Putnam, F. W. (1989). *Diagnosis and treatment of multiple personality disorder.* New York : Guilford Press.

Rabavilas, A. D., Boulougouris, J. C., & Stefanis, C. (1976). Duration of flooding sessions in the treatment of obsessive-compulsive patients. *Behaviour Research and Therapy, 14,* 349-355.

Rachman, S. (1978). *Fear and courage.* New York : Freeman.

Rachman, S. (1980). Emotional processing. *Behavior Research and Therapy, 18,* 51-60.

Rainer, J. (1996). The pragmatic relevance and methodological concerns of psychotherapy outcome research related to cost effectiveness and costoffset in the emerging health care environment. *Psychotherapy, 33,* 216-224.

Rauch, S., van der Kolk, B. A., Fisler, R., Alpert, N. M., Orr, S. P., Savage, C. R., Fischman, A. J., Jenike, M. A., & Pitman, R. K. (1996). Symptom provocation study of post-traumatic stress disorder using positron emission tomography and script-drive imagery. *Archives of General Psychiatry, 53,* 380-387.

Raw, S. (1993). Does psychotherapy research teach us anything about psychotherapy? *Behavior Therapist, 16,* 75-76.

Raw, S. (in press). A plaintive plea for the deintegration of psychotherapy and psychotherap outcome research. *Journal of Psychotherapy Integration.*

Rees, C., Richards, J., & Smith, L. (1998). Medical utilisation and costs in panic disorder : comparison with social phobia. *Journal of Anxiety Disorders, 12,* 421-435.

Rothbaum, B. O. (1997). A controlled study of eye movement desensitization and reprocessing for posttraumatic stress disordered sexual assault victims. *Bulletin of the Menninger Clinic, 61,* 317-334.

Rothbaum, B. O., Meadows, E. A., Resick, P., & Foy, D. W. (2000). Cognitive–behavioral therapy. In E. B. Foa, T. M. Keane, & M. J. Friedman (Eds.), *Effective treatments for PTSD : Practice guidelines from the International Society for Traumatic Stress Studies* (pp. 60-83, 320-325). New York : Guilford Press.

Rouanzoin, C. (1994, March). *EMDR : Dissociative disorders and MPD.* Paper presented at the 14th annual meeting of the Anxiety Disorders Association of America, Santa Monica, CA.

Rubin, A. (1999). *Empirically evaluating EMDR with single-case designs : A step-by-step guide for EMDR therapists.* New Hope, PA : EMDR Humanitarian Assistance Programs.

Rubin, A., Bischofshausen, S., Conroy-Moore, K., Dennis, B., Hastie, M., Melnick, L., Reeves, D., & Smith, T. (in press). The effectiveness of EMDR in a child guidance center. *Research on Social Work Practice.*

Rubinow, D. R., & Post, R. M. (1992). Impaired recognition of affect in facial expression in depressed patients. *Biological Psychiatry, 31,* 947-953.

Russell, M. C. (1992). *Towards a neuropsychological approach to PTSD : An integrative conceptualization of etiology and mechanisms of therapeutic change.* Unpublished doctoral dissertation, Pacific Graduate School of Psychology, Palo Alto, CA.

Rychtarik, R. G., Silverman, W. K., Van Landingham, W. P., & Prue, D. M. (1984). Treatment of an incest victim with implosive therapy : A case study. *Behavior Therapy, 15,* 410-420, 423-425.

Sabourin, M. G., Cutcomb, S. D., Crawford, H., & Pribram, K. (1990, December). EEG correlates of hypnotic susceptibility and hypnotic trance : Spectral analysis and coherence. *International Journal of Psychophysiology, 10,* 125-142.

Salter, A. (1961). *Conditioned reflex therapy.* New York : Capricorn.

Sanderson, A., & Carpenter, R. (1992). Eye movement desensitization versus image confrontation : A single-session crossover study of 58 phobic subjects. *Journal of Behavior Therapy and Experimental Psychiatry, 23,* 269-275.

Sansone, R., Sansone, L., & Wiederman, M. (1997). Increased health care utilization as a function of participation in trauma. *American Journal of Psychiatry, 154,* 1025-1027.

Sartory, G., Rachman, S., & Grey, S. J. (1982). Return of fear : The role of rehearsal. *Behaviour Research and Therapy, 20,* 123-133.

Scheck, M. M., Schaeffer, J. A., & Gillette, C. S. (1998). Brief psychological intervention with traumatized young women : The efficacy of eye movement desensitization and reprocessing. *Journal of Traumatic Stress, 11,* 25-44.

Scheppele, K. L., & Bart, P. B. (1983). Through women's eyes : Defining danger in the wake of sexual assault. *Journal of Social Issues, 39,* 63-81.

Schindler, F. E. (1980). Treatment by systematic desensitization of a recurring nightmare of a real life trauma. *Journal of Behavior Therapy and Experimental Psychiatry, 2,* 53-54.

Schore, A. N. (1994). *Affect regulation and the origin of self : The neurobiology of emotional development.* Hillsdale, NJ : Erlbaum

Schore, A. N. (1997). Early organization of the nonlinear right brain and development of a predisposition to psychiatric disorders. *Development and Psychopathology, 9,* 595-631.

Schore, A. N. (2000). Attachment and the regulation of the right brain. *Attachment and Human Development, 2,* 23-47.

Schore, A. N. (2001 a). Contributions from the decade of the brain to infant mental health : An overview. *Infant Mental Health Journal, 22,* 1-6.

Schore, A. N. (2001 b). Effects of secure attachment relationship on right brain development, affect regulation, and infant mental health. *Infant Mental Health Journal, 22,* 7-66.

Schore, A. N. (2001 c). The effects of early relational trauma on right brain development, affect regulation, and infant mental health. *Infant Mental Health Journal, 22,* 201-269.

Schore, A. N., Siegel, D. J., Shapiro, F., & van der Kolk, B. A. (1998,January). *Developmental and neurobiological underpinnings of trauma.* Plenary panel presented at Understanding and Treating Trauma : Developmental and Neurobiological Approaches Conference, Los Angeles.

Scott, M.J., & Stradling, S. G. (1997). Client compliance with exposure treatments for posttraumatic stress disorder. *Journal of Traumatic Stress, 10,* 523-526.

Scrignar, C. B. (1983). *Stress strategies : The treatment of anxiety disorders.* New York : Karger.

Seligman, M. E. P. (1995). The effectiveness of psychotherapy. *American Psychologist, 50,* 965-974.

Servan-Schreiber, D. (2000) Eye movement desensitization and reprocessing : Is psychiatry missing the point? *Psychiatric Times, 17,* 36-40.

Shalev, A. Y., Bonne, O., & Eth, S. (1996). Treatment of posttraumatic stress disorder : A review. *Psychosomatic Medicine, 58,* 165-182.

Shalev, A. Y., Friedman, M. J., Foa, E. B., & Keane, T. M. (2000). Integration and summary. In E. B. Foa, T. M. Keane, & M. J. Friedman (Eds.), *Effective treatments for PTSD : Practice guidelines from the International Society for Traumatic Stress Studies* (pp. 359-379). New York : Guilford Press.

Shapiro, D. A., Startup, M., Bird, D., Harper, H., Reynolds, S., & Suokas, A. (1994). The highwater mark of the drug metaphor : A meta-analytic critique of process-outcome research. In R. L. Russell (Ed.), *Reassessing psychotherapy research.* New York : Guilford Press.

Shapiro, F. (1989 a). Efficacy of the eye movement desensitization procedure in the treatment of traumatic memories. *Journal of Traumatic Stress Studies, 2,* 199-223.

Shapiro, F. (1989 b). Eye movement desensitization : A new treatment for posttraumatic stress disorder. *Journal of Behavior Therapy and Experimental Psychiatry, 20,* 211-217.

Shapiro, F. (1991 a). Eye movement desensitization and reprocessing procedure : From EMD to EMDR : A new treatment model for anxiety and related traumata. *Behavior Therapist, 14,* 133-135.

Shapiro, F. (1991 b). Eye movement desensitization and reprocessing : A cautionary note. *Behavior Therapist, 14,* 188.

Shapiro, F. (1991 c). Stray thoughts. *EMDR Network Newsletter, 1,* 1-3.

Shapiro, F. (1991 d). *Training manual : Eye movement desensitization and reprocessing.* Pacific Grove, CA : EMDR Institute.

Shapiro, F. (1993). Eye movement desensitization and reprocessing (EMDR) in 1992. *Journal of Traumatic Stress, 6,* 417-421.

Shapiro, F. (1994 a). Eye movement desensitization and reprocessing : A new treatment for anxiety and related trauma. In L. Hyer (Ed.), *Trauma victim : Theoretical and practical suggestions.* Muncie, IN : Accelerated Development.

Shapiro, F. (1994 b). Alternative stimuli in the use of EMD(R). *Journal of Behavior Therapy and Experimental Psychiatry, 25,* 89.

Shapiro, F. (1994 c). EMDR : In the eye of a paradigm shift. *Behavior Therapist, 17,* 153-157.

Shapiro, F. (1994 d). International update. *EMDR Network Newsletter, 1,* 14-16.
Shapiro, F. (1995 a). *Eye movement desensitization and reprocessing : Basic principles, protocols and procedures* (1st ed.). New York : Guilford Press.
Shapiro, F. (1995 b). Doing our homework. *Family Therapy Networker,* September/October, 49-50.
Shapiro, F. (1996). Errors of context and review of eye movement desensitization and reprocessing research. *Journal of Behavior Therapy and Experimental Psychiatry, 27,* 313-317.
Shapiro, F. (1997). EMDR : Setting the record straight. *Contemporary Psychology, 42,* 363-364.
Shapiro, F. (1998). Eye movement desensitization and reprocessing (EMDR) : Historical context, recent research, and future directions. In L. Vandercreek & T. Jackson (Eds.) *Innovations in clinical practice : A source book* (Vol. 16). Sarasota, FL : Professional Resources Press.
Shapiro, F. (1999) Eye movement desensitization and reprocessing (EMDR) and the anxiety disorders : Clinical and research implications of an integrated psychotherapy treatment. *Journal of Anxiety Disorders, 13,* 35-67.
Shapiro, F. (2001). The challenges of treatment evolution and integration. *American Journal of Clinical Hypnosis, 43,* 183-186.
Shapiro, F. (in press-a). *EMDR and the paradigm prism : Experts of diverse orientations explore an integrated treatment* Washington, DC : American Psychological Association Press.
Shapiro, F. (in press-b). EMDR twelve years after its introduction : Past and future research. *Journal of Clinical Psychology.*
Shapiro, F., & Forrest, M. (1997). *EMDR.* New York : Basic Books.
Shapiro, F., & Solomon, R. (1995). Eye movement desensitization and reprocessing : Neurocognitive information processing. In G. Everley & J. Mitchell (Eds.), *Critical incident stress management.* Elliot City, MD : Chevron.
Shapiro, F., Vogelmann-Sine, S., & Sine, L. (1994). Eye movement desensitization and reprocessing : Treating trauma and substance abuse. *Journal of Psychoactive Drugs, 26,* 379-391.
Sharpley, C. F. Montgomery, I. M., & Scalzo, L. A. (1996). Comparative efficacy of EMDR and alternative procedures in reducing the vividness of mental images. *Scandinavian Journal of Behaviour Therapy, 25,* 37-42.
Shaw, B. F., Elkin, I., Yamaguchi, J., Olmsted, M., Vallis, T. M., Dobson, K. S., Lowery, A., Sotsky, S. M., Watkins, J. T., & Imber, S. D. (1999). Therapist competence ratings in relation to clinical outcome in cognitive therapy of depression. *Journal of Consulting and Clinical Psychology, 67,* 837-846.
Shepherd, J., Stein, K., & Milne, R. (2000). Eye movement desensitization and reprocessing in the treatment of post-traumatic stress disorder : A review of an emerging therapy. *Psychological Medicine, 30,* 863-871.
Shin, L. M., McNally, R. J., Kosslyn, S. M., Thompson, W. L., Rauch, S. L., Alpert, N. M., Metzger, L. J., Lasko, N. B., Orr, S. P., & Pitman, R. K. (1999). Regional cerebral blood flow during script-driven imagery in childhood sexual abuse-related PTSD : A PET investigation. *American Journal of Psychiatry, 156,* 575-584.
Shor, R. E., & Orne, E. C. (1962). *Harvard Group Scale of Hypnotic Susceptibility, Form A.* Palo Alto, CA : Consulting Psychologists Press.
Siegel, B. S. (1989). *Peace, love and healing.* New York : Harper & Row.
Siegel, D. J. (1999). *The developing mind : Toward a neurobiology of interpersonal experience.* New York : Guilford Press.
Siegel, D. J. (in press). The developing mind and the resolution of trauma : Some ideas about in-

formation processing and an interpersonal neurobiology of psychotherapy. In F. Shapiro (Ed.), *EMDR and the paradigm prism.* Washington, DC : American Psychological Association Press.

Silver, S. M., Brooks, A., & Obenchain, J. (1995). Eye movement desensitization and reprocessing treatment of Vietnam war veterans with PTSD : Comparative effects with biofeedback and relaxation training. *Journal of Traumatic Stress, 8,* 337-342.

Silver, S. M., & Rogers, S. (in press). *Light in the heart of darkness : EMDR and the treatment of war and terrorism survivors.* Norton.

* Simonton, O. C., & Creighton, J. (1982). *Getting well again.* New York : Bantam.

Smyth, N. J., de Jongh, A., Greenwald, R., Rogers, S., & Maccio, E. M. (1999, June). *The future of EMDR clinical research : Where are we? Where do we next need to go?* Symposium presented at the annual conference of the EMDR International Association, Las Vegas.

Smyth, N. J., & Poole, D. (in press). EMDR and cognitive behavior therapy : Exploring convergence and divergence. In F. Shapiro (Ed.), *EMDR and the paradigm prism.* Washington DC : American Psychological Association Press.

Solomon, G., & Temoshok, L. (1987). An intensive psychoimmunologic study of long-surviving persons with AIDS. *Annals of the New York Academy of Science, 496,* 647-655.

Solomon, M., & Neborsky, R. J. (Eds.). (in press). *Short term therapy for long term change.* New York : Norton.

Solomon, R. M. (1994, June). *Eye movement desensitization and reprocessing and treatment of grief.* Paper presented at the 4th International Conference on Grief and Bereavement in Contemporary Society, Stockholm, Sweden.

Solomon, R. M. (1995, February). *Critical incident trauma : Lessons learned at Waco, Texas.* Paper presented at the Law Enforcement Psychology Conference, San Mateo, CA.

Solomon, R. M. (1998). Utilization of EMDR in crisis intervention. *Crisis Intervention, 4,* 239-246.

Solomon, R. M., & Dyregrov, A. (2000). Eye movement desensitization and reprocessing (EMDR) : Rebuilding assumptive worlds. *Tidsskrift for Norsk Psykologforening, 37,* 1024-1030.

Solomon, R. M., & Kaufman, T. (1994, March). *Eye movement desensitization and reprocessing : An effective addition to critical incident treatment protocols.* Paper presented at the 14th annual meeting of the Anxiety Disorders Association of America, Santa Monica, CA.

Solomon, R. M., & Shapiro, F. (1997). Eye movement desensitization and reprocessing : An effective therapeutic tool for trauma and grief. In C. Figley (Ed.), *Death and trauma.* New York : Taylor & Francis.

Solomon, S., & Davidson, J. (1997). Trauma : Prevalence, impairment, service use, and cost (1997). *Journal of Clinical Psychiatry, 58,* 5-11.

Solomon, S. D., Gerrity, E. T., & Muff, A. M. (1992). Efficacy of treatments for posttraumatic stress disorder. *Journal of the American Medical Association, 268,* 633-638.

Spates, C. R., & Burnette, M. M. (1995). Eye movement desensitization and reprocessing : Three complex cases. *Journal of Behavior Therapy and Experimental Psychiatry, 26,* 51-55.

Spates, C. R., Waller, S., & Koch, E. I. (2000). A critique of Lohr, Tolin, and Lipke's commentary : Of messages and messengers. *Behavior Therapist, 23,* 148-154.

Spector, J., & Huthwaite, M. (1993). Eye-movement desensitisation to overcome post-traumatic stress disorder. *British Journal of Psychiatry, 163,* 106-108.

Spector, J., & Read, J. (1999). The current status of eye movement desensitization and reprocessing (EMDR). *Clinical Psychology and Psychotherapy, 6,* 165-174.

Spiegel, C., Kraemer, H. C., Bloom, J. R., & Gottheil, E. (1989, October). Effect of psychosocial treatment on survival of patients with metastatic breast cancer. *Lancet,* 888-891.

Spiegel, D. (1984). Multiple personality as a post-traumatic stress disorder. *Psychiatric Clinics of North America, 7,* 101-110.

Spiegel, D. (1993). Multiple posttraumatic personality disorder. In R. P. Kluft & C. G. Fine (Eds.), *Clinical perspectives on multiple personality disorder.* Washington, DC : American Psychiatric Press.

Squire, L. R. (1992). Memory and the hippocampus : A synthesis from findings with rats, monkeys, and humans. *Psychological Review, 99,* 195-231.

Stampfl, T. G., & Levis, D. J. (1967). Essentials of implosive therapy : A learning-theory-based psychodynamic behavioral therapy. *Journal of Abnormal Psychology, 72,* 496.

Steketee, G., & Foa, E. B. (1987). Rape victims : Post-traumatic stress responses and their treatment : A review of the literature. *Journal of Anxiety Disorders, 1,* 69-86.

Steketee, G., & Goldstein, A. J. (1994). Reflections on Shapiro's reflections : Testing EMDR within a theoretical context. *Behavior Therapist, 17,* 156-157.

Stern, R., & Marks, I. (1973). Brief and prolonged flooding : A comparison in agoraphobic patients. *Archives of General Psychiatry, 28,* 270-276.

Stickgold, R. (1998). Sleep : Off-line memory reprocessing. *Trends in Cognitive Science, 2,* 484-492.

Stickgold, R. (in press). EMDR : A putative neurobiological mechanism of action. *Journal of Clinical Psychology.*

Stickgold, R., James, L., & Hobson, J. A. (2000) Visual discrimination learning requires post-training sleep. *Nature Neuroscience, 2,* 1237-1238.

Stickgold, R., Scott, L., Rittenhouse, C., & Hobson, J. A. (1999). Sleep induced changes in associative memory. *Journal of Cognitive Neuroscience, 11,* 182-193.

Stone, N. M., & Borkovec, T. D. (1975). The paradoxical effect of brief CS exposure on analogue phobic subjects. *Behaviour Research and Therapy, 13,* 51-54.

Strayer, R., & Ellenhorn, L. (1975). Vietnam veterans : A study exploring adjustment patterns and attitudes. *Journal of Social Issues, 31,* 81-91.

Stricker, G. (1997). Are science and practice commensurable? *American Psychologist, 52,* 442-448.

Stricker, G., & Gold, J. R. (Eds.). (1993). *Comprehensive handbook of psychotherapy integration.* New York : Plenum Press.

Sutton, J. P., Mamelak, A. N., & Hobson, J. A. (1992). Modeling states of waking and sleeping. *Psychiatric Annals, 22,* 137-143.

Sweet, A. (1995). A theoretical perspective on the clinical use of EMDR. *Behavioral Therapist, 18,* 5-6.

Tallis, F., & Smith, E. (1994). Does rapid eye movement desensitization facilitate emotional processing? *Behaviour Research and Therapy, 32,* 459-461.

*Tanaka, K., & Inoue, K. (1999). EMDR treatment for childhood traumatic memories : A case of seasonal depression as an anniversary phenomenon. *Kokoro no rinsho a ra karuto, 18,* 69-75.

Tarrier, N., Pilgrim, H., Sommerfield, C., Faragher, M. R., Graham, E., & Barrowclough, C. (1999). A randomized trial of cognitive therapy and imaginal exposure in the treatment of chronic posttraumatic stress disorder. *Journal of Counseling and Clinical Psychology, 67,* 13-18.

Teasdale, J. D. (1999). Emotional processing, three modes of mind and the prevention of relapse in depression. *Behaviour Research and Therapy, 37*(Suppl. 1), 53-77.

Teasdale, J. D., & Barnard, P. J. (1993). *Affect, cognition and change : Re-modelling depressive thought.* Hove, UK : Erlbaum.

Teasdale, J. D., Segal, Z. V., Williams, J. M. G., Ridgeway, V. A., Soulsby, J. M., & Lau, M. A. (2000). Prevention of relapse/recurrence in major depression by mindfulness-based cognitive therapy. *Journal of Consulting and Clinical Psychology, 68,* 615-623.

Teitelbaum, H. A. (1954). Spontaneous rhythmic ocular movements : Their possible relationship to mental activity. *Neurology, 4,* 350-354.

Ten Broeke, E., & De Jongh, A. (1993). Eye movement desensitization and reprocessing (EMDR) : Praktische toepassing en theoretische overwegingen [Eye reprocessing (EMDR) : Practical applications and theorethical considerations]. *Gedragstherapie, 26,* 233-254.

Teplin, L. A., Abram, K. M., & McClelland, G. M. (1996). Prevalence of psychiatric disorders among incarcerated women : Pretrial jail detainees. *Archives of General Psychiatry, 53,* 505-519.

Thomas, R., & Gafner, G. (1993). PTSD in an elderly male : Treatment with eye movement desensitization and reprocessing (EMDR). *Clinical Gerontologist, 14,* 57-59.

Thyer, B. A., Papsdorf, J. D., Davis, R., & Vallecorsa, S. (1984). Autonomic correlates of the subjective anxiety scale. *Journal of Behavior Therapy and Experimental Psychiatry, 15,* 3-7.

Tilly, A. J., & Empson, J. A. (1978). REM sleep and memory consolidation. *Biological Psychology, 6,* 293-300.

Tinker, R. H., & Wilson, S. A. (1999). *Through the eyes of a child : EMDR with children.* New York : Norton.

Tinker, R. H., Wilson, S. A., & Becker, L. (1997, July). *Treatment of phantom limb pain with EMDR.* Paper presented at the annual meeting of the EMDR International Association, San Francisco.

Tulving, E., Kapur, S., Craik, F. I. M., Moscovitch, M., & Houle, S. (1994). Hemispheric encoding/retrieval asymmetry in episodic memory : Positron emission tomography findings. *Proceedings of the National Academy of Science, 91,* 2016-2020.

Turner, S. M. (1979, December). *Systematic desensitization of fears and anxiety in rape victims.* Paper presented at the 13th annual meeting of the Association for Advancement of Behavior Therapy, San Francisco.

Turner, S. M.. & Frank, E. (1981). Behavior therapy in the treatment of rape victims. In L. Michelson, M. Hersen, & S. M. Turner (Eds.), *Future perspectives in behavior therapy.* New York : Plenum Press.

Twombly, J. H. (2000). Incorporating EMDR and EMDR adaptations into the treatment of clients with dissociative identity disorder. *Journal of Trauma and Dissociation, 1,* 61-81.

United Kingdom Department of Health. (2001). Treatment choice in psychological therapies and counselling evidence based clinical practice guideline (United Kingdom Government publication). London : Author. Web : *http : //www.doh.gov.uk/mentalhealth/treatmentguideline/*

van der Kolk, B. A. (1987). The drug treatment of post-traumatic stress disorder. *Journal of Affective Disorders, 13,* 203-213.

van der Kolk, B. A. (1994). The body keeps the score : Memory and the evolving psychobiology of posttraumatic stress. *Harvard Review of Psychiatry, 1,* 253-265.

van der Kolk, B. A. (1996). Trauma and memory. In B. A. van der Kolk, A. C. McFarlane, & L. Weisaeth (Eds.), *Traumatic stress : The effects of overwhelming experience on mind, body, and society* (pp. 279-302). New York : Guilford Press.

van der Kolk, B. A. (in press). Beyond the talking cure : Somatic experience and subcortical imprints in the treatment of trauma. In F. Shapiro (Ed.), *EMDR and the paradigm prism.* Washington, DC : American Psychological Association Press.

van der Kolk, B. A., & Fisler, R. (1995). Dissociation and the fragmentary nature of traumatic memories : Overview and exploratory study. *Journal of Traumatic Stress, 8,* 505-525.

van der Kolk, B. A., Greenberg, M., Boyd, H., & Krystal, J. (1985). Inescapable shock, neurotransmitters, and addiction to trauma : Toward a psychobiology of posttraumatic stress. *Biological Psychiatry, 20,* 314-325.

van der Kolk, B. A., Hopper, J. W., & Osterman, J. A. (in press). Exploring the nature of traumatic memory : Combining clinical knowledge and laboratory methods. *Journal of Aggression, Maltreatment, and Trauma.*

van der Kolk, B. A., & McFarlane, A. (1996). The black hole of trauma. In B. A. van der Kolk, A. McFarlane, & L. Weisaeth (Eds.), *Traumatic stress : The effects of overwhelming experience on mind, body, and society* (pp. 3-23). New York : Guilford Press.

＊van der Kolk, B. A., McFarlane, A. & Weisaeth, L. (1996). *Traumatic Stress : The effects of overwhelming experience on mind, body, and society,* NY : Guilford Press.

van der Kolk, B. A., & van der Hart, O. (1991). The intrusive past : The flexibility of memory and the engraving of trauma. *American Imago, 48,* 425-454.

Vanderlaan, L. (2000, December). The resolution of phantom limb pain in a 15–year old girl using eye movement desensitization and reprocessing. *The EMDRIA Newsletter : Special Edition, pp. 31-34.*

Van Etten, M. L., & Taylor, S. (1998). Comparative efficacy of treatments for posttraumatic stress disorder : A meta-analysis. *Clinical Psychology and Psychotherapy, 5,* 126-144.

Vaughan, K., Armstrong, M. F., Gold, R., O'Connor, N., Jenneke, W., & Tarrier, N. (1994). A trial of eye movement desensitization compared to image habituation training and applied muscle relaxation in posttraumatic stress disorder. *Journal of Behavior Therapy and Experimental Psychiatry, 25,* 283-291.

Vaughan, K., Wiese, M., Gold, R., & Tarrier, N. (1994). Eye-movement desensitisation : Symptom change in post-traumatic stress disorder. *British Journal of Psychiatry, 164,* 533-541.

Veale, D., Gournay, K., Dryden, W., Boocock, A., Shah, F., Wilison, R., & Walburn, J. (1996). Body dysmorphic disorder : A cognitive behavioural model and pilot randomised controlled trial. *Behaviour Research and Therapy, 34,* 717-729.

Veronen, L. J., & Kilpatrick, D. G. (1980). Self-reported fears of rape victims : A preliminary investigation. *Behavior Modification, 4,* 383-396.

Viola, J., & McCarthy, D. (1994). An eclectic inpatient treatment model for Vietnam and Desert Storm veterans suffering from post-traumatic stress disorder. *Military Medicine, 159,* 217-220.

Vogelmann-Sine, S., Sine, L. F., & Smyth, N. J. (1999). EMDR to reduce stress and trauma-related symptoms during recovery from chemical dependency. *International Journal of Stress Management, 6,* 285-290.

Vogelmann-Sine, S., Sine, L. F., Smyth, N. J., & Popky, A. J. (1998). *EMDR chemical dependency treatment manual.* New Hope, PA : EMDR Humanitarian Assistance Programs.

Wachtel, P. L. (in press). EMDR and psychoanalysis. In F. Shapiro (Ed.), *EMDR and the paradigm prism.* Washington, DC : American Psychological Association Press.

Waller, S., Mulick, P., & Spates, C. (2000). *A meta-analysis of leading psychological interventions for PTSD : The effect of selected moderator variables.* Paper presented at the 3rd World Conference of the International Society of Traumatic Stress Studies, Melbourne, Australia.

Waller, S., Mulick, P., & Spates, C. R. (2000). Interventions for PTSD : A meta-analysis and quantitative review. Paper presented at the 3rd World Congress or the International Society of Traumatic Stress Studies, Melbourne, Australia.

Walz, J., Addis, J. E., Koerner, K., & Jacobson, N. J. (1993). Testing the integrity of a psychotherapy protocol : Assessment of adherence and competence. *Journal of Consulting and Clinical Psychology, 63,* 620-630.

Watkins, J., & Watkins, H. (1997). *Ego states, theory and therapy.* New York : Norton.

Watson, J. P., Hoffman, L., & Wilson, G. V. (1988). The neuropsychiatry of post-traumatic stress disorder. *British Journal of Psychiatry, 152,* 164-173.

Watzlawick, P. (1987). If you desire to see, learn how to act. In J. K. Zeig (Ed.), *The evolution of psychotherapy.* New York : Brunner/Mazel.

Weiss, D. S., & Marmar, C. R. (1995) The impact of event scale-revised. In J. P Wilson & T. M. Keane (Eds.), *Assessing psychological trauma and PTSD : A practitioner's handbook.* New York : Guilford Press.

Wernik, U. (1993). The role of the traumatic component in the etiology of sexual dysfunctions and its treatment with eye movement desensitization procedure. *Journal of Sex Education and Therapy, 19,* 212-222.

Weston, D. (1994, December). *Clinical applications of EMDR in HIV/AIDS care.* Paper presented at the 6th International Conference on Psychology of Health, Immunity and Disease, Hilton Head Island, SC.

Whisman, M. (1996, June). *An integrative treatment of panic disorder and OCD.* Presentation at the EMDR International Association Annual Conference. San Francisco, CA.

White, G. D. (1998). Trauma treatment training for Bosnian and Croatian mental health workers. *American Journal of Orthopsychiatry, 63,* 58-62.

Wilensky, M. (2000). Phantom limb pain. *EMDRAC Newsletter, 4,* 2-3.

Wilhelm, S., Otto, M. W., Lohr, B., & Deckersbach, T. (1999). Cognitive behavior group therapy for body dysmorphic disorder : A case series. *Behaviour Research and Therapy, 37,* 71-75.

Williams, J. M. G., Teasdale, J. D., Segal, Z. V., & Soulsby, J. (2000). Mindfulness-based cognitive therapy reduces overgeneral autobiographical memory in formerly depressed patients. *Journal of Abnormal Psychology, 109,* 150-155.

Wilson, D., Silver, S. M., Covi, W., & Foster, S. (1996). Eye movement desensitization and reprocessing : Effectiveness and autonomic correlates. *Journal of Behavior Therapy and Experimental Psychiatry, 27,* 219-229.

Wilson, J. P. (1978). *Identity, ideology, and crises : Part 2. The Vietnam veteran in transition.* Cincinnati, OH : Disabled American Veterans.

Wilson, S. A., Becker, L. A., & Tinker, R. H. (1995). Eye movement desensitization and reprocessing (EMDR) treatment for psychologically traumatized individuals. *Journal of Consulting and Clinical Psychology, 63,* 928-937.

Wilson, S. A., Becker, L. A., & Tinker, R. H. (1997). Fifteen-month follow-up of eye movement desensitization and reprocessing (EMDR) treatment for PTSD and psychological trauma. *Journal of Consulting and Clinical Psychology, 65,* 1047-1056.

Wilson, S. A., Becker, L. A., Tinker, R .H., & Logan, C. R. (in press). Stress management with law enforcement personnel. A controlled outcome study of EMDR versus a traditional stress management program. *International Journal of Stress Management.*

Wilson, S., Tinker, R., Becker, L. A., Hofmann, A., & Cole, J. W. (2000, September). *EMDR treatment of phantom limb pain with brain imaging (MEG).* Paper presented at the annual meeting of the EMDR International Association, Toronto.

Wilson, S., Tinker, R., Hofmann, A., Becker, L. & Marshall, S. (2000, November). *A field study of EMDR with Kosovar-Albanian refugee children using a group treatment protocol.* Paper presented at the annual meeting of the International Society for the Study of Traumatic Stress, San Antonio, TX.

Winson, J. (1990). The meaning of dreams. *Scientific American, 263,* 86-96.

Winson, J. (1993). The biology and function of rapid eye movement sleep. *Current Opinion in Neurobiology, 3,* 243-247.

Wolfe, B. E. (1994). Adapting psychotherapy outcome research to clinical reality. *Journal of Psychotherapy Integration, 4,* 160-166.

Wolff, R. (1977). Systematic desensitization and negative practice to alter the aftereffects of a rape attempt. *Journal of Behavior Therapy and Experimental Psychiatry, 8,* 423-425.

Wolpe, J. (1958). *Psychotherapy by reciprocal inhibition.* Stanford, CA : Stanford University Press.

*Wolpe, J. (1990). *The practice of behavior therapy* (4th ed.) . New York : Pergamon Press.

Wolpe, J., & Abrams, J. (1991). Post-traumatic stress disorder overcome by eye movement desensitization : A case report. *Journal of Behavior Therapy and Experimental Psychiatry, 22,* 39-43.

World Health Organization. (1990). *Introduction of a mental health component into primary health care,* ISBN 924156136. Order number 1150334.

Young, J. E. (1990). *Cognitive therapy for personality disorders : A schema-focused approach.* Sarasota, FL : Professional Resource Exchange.

Young, J. E. (1999). *Cognitive therapy for personality disorders : A schema-focused approach* (rev. ed.). Sarasota, FL : Professional Resource Press.

Young, J. E., & Brown, G. (1994). Young schema questionnaire (2nd ed.). In J. E. Young, *Cognitive therapy for personality disorders : A schema-focused approach* (rev. ed., pp. 63-76). Sarasota, FL : Professional Resource Press.

Young, J. E., Zangwill, W. M., & Behary, W. E. (in press). Combining EMDR and schema-focused therapy : The whole may be greater than the sum of the parts. In F. Shapiro (Ed.), *EMDR and the paradigm prism.* Washington, DC : American Psychological Association Press.

Young, W. (1992). Observations of using EMDR in patients with a history of sadistic and ritual abuse. *EMDR Network Newsletter, 2,* 10-11.

Young, W. (1994). EMDR treatment of phobic symptoms in multiple personality. *Dissociation, 7,* 129-133.

Young, W. (1995). EMDR : Its use in resolving the trauma caused by the loss of a war buddy. *American Journal of Psychotherapy, 49,* 282-291.

Zabukovec, J., Lazrove, S., & Shapiro, F. (2000). Self-healing aspects of EMDR : The therapeutic change process and perspectives of integrated psychotherapies. *Journal of Psychotherapy Integration, 10,* 189-206.

Zager, E. L., & Black, P. (1985). Neuropeptides in human memory and learning processes. *Neurosurgery, 17,* 355-369.

Zilberg, N., Weiss, D. S., & Horowitz, M. (1982). Impact of event scale : A crossvalidation study and some empirical evidence supporting a conceptual model of stress response syndromes. *Journal of Consulting and Clinical Psychology, 50,* 407-414.

日本語で読める文献

References 欄で＊を付したもの。すべて網羅できている自信はない。版の異なるものも含んでいる。

アメリカ精神医学会著；高橋三郎・大野裕・染谷俊幸訳（1996）DSM-IV 精神疾患の診断・統計マニュアル．医学書院

A.T.ベック著；大野裕訳（1990）認知療法　精神療法の新しい発展　岩崎学術出版社

A.エリス著；野口京子訳（1999）理性感情行動療法　金子書房

市井雅哉・熊野宏昭（1996）急性ストレス障害の阪神・淡路大震災被災者に対する眼球運動による脱感作法（EMD）の適用．ブリーフサイコセラピー研究，5，53-68．

稲川美也子（1999）性的被害に対する EMDR の適用．こころの臨床アラカルト，18(1)，49-55．

P.ジャネ著；松本雅彦訳（1981）心理学的医学　みすず書房

C.G.ユング著；小川捷之訳（1976）分析心理学　みすず書房

J.ルドゥー著；松本元ほか訳（2003）エモーショナル・ブレイン：情動の脳科学　東京大学出版会

A.H.マズロー著；小口忠彦訳（1987）人間性の心理学：モチベーションとパーソナリティ　産業能率大学出版部

D.マイケンバウム著；根建金男監訳（1992）認知行動療法：心理療法の新しい展開　同朋舎出版

I.P.パヴロフ著；川村浩訳（1975）大脳半球の働きについて　上・下－条件反射学　岩波文庫

K.R.ペルティエ著；黒沼凱夫訳（1998）心が生かし心が殺す：ストレスの心身医学　日本教文社

M.フィリップス著；田中究監訳（2002）最新心理療法－EMDR・催眠・イメージ法・TFT の臨床例　春秋社

F.W.パトナム著；安克昌・中井久夫訳（2000）多重人格性障害：その診断と治療　岩崎学術出版社

O.C.サイモントン・S.M.サイモントン著；近藤裕監訳（1982）がんのセルフ・コントロール　創元社

田中究・井上浩一（1999）子ども時代の虐待の記憶を EMDR で扱う－記念日現象が明らかとなった季節性うつ病の一例－．こころの臨床アラカルト　18(1)，69-75

B.A.ヴァン・デア・コルク・A.C.マクファーレン・L.ウェイゼス編；西澤哲監訳（2001）トラウマティック・ストレス：PTSD およびトラウマ反応の臨床と研究のすべて　誠信書房

J.ウォルピ著；内山喜久雄監訳（1987）神経症の行動療法　新版行動療法の実際　黎明書房

索　引

あ

愛着　313
悪夢　12, 25, 35, 48, 58, 90, 105, 118, 128, 131, 136, 140, 184, 224, 268, 271, 278, 306, 309, 42, 359, 364, 397, 399
　　失う恐怖　133
　　日誌の記入　198, 351
あごの緊張　219
味　449, 182
アルコール乱用　113, 115, 362
暗示的(非宣言的／運動的)記憶　4, 20, 50
安全性の要因　56, 81, 82-83, 105, 272, 278, 290, 296, 346
　　ガイドライン
　　　　EMDR解離性障害課題班　479-484
　　　　EMDR専門家問題委員会　484-488
　　解離性障害　121-123
　　子どもの－　337
　　支援ネットワーク　112
　　情緒的障害　110-111
　　除反応での－　207, 208-209, 210-211, 212, 221, 238, 239
　　人格の安定性　111-112
　　神経学的障害　113-114
　　身体的健康　112-113
　　心的外傷を受けたクライエントの－　301-311
　　性的虐待のサバイバー　375-377
　　治療のタイミング　46, 119-120
　　てんかん　114
　　入院患者の治療　対　外来患者の治療　113
　　認知の編み込みでの－　300, 319, 330
　　－の評価　45, 109-111, 128-129, 197-198, 203, 294,
　　法的問題　116-117, 法的問題も参照
　　目の問題　76, 114-115
　　薬物治療の必要性　120-121
　　ラポートのレベル　臨床家-クライエント間の絆参照
安全な場所　78, 170, 197, 199-200, 204, 217, 233, 276, 349, 367, 376
　　イメージ　147-150, 291
　　視覚化　82, 87, 111, 197, 201, 291
　　－の創造　147-150,
安定性
　　環境の－　112, 233-236
　　人格の(情緒的な)－　81, 87, 90, 111-112, 113, 214-216, 283, 349-350
アンフェタミン　116
EMDR専門家問題委員会　454, 478, 484
　　－ガイドライン　484-488
EMDR解離性障害課題班推奨ガイドライン　121, 479-484
EMDR研究所　493-494
EMDR国際学会(EMDRIA)　488-491
EMDR人道主義支援プログラム　492
EMDRについての研究　x-xii, 30, 449-452
　　研究参照　付録D
　　提案された基準　407-411, 421-424, 428-430, 449-452
　　比較研究　411, 425-430
　　成分分析　412, 434-452
　　方法の妥当性　408-409, 421-423, 431-434
　　被験者の選択　411, 423-425
　　心理指標の選択　409-411
　　仮説の検討　422-4447
　　－の必要性　458
　　－の展望　11-15, 411-452
EMDRの作用機序の理論的説明　33, 379-406, 442-449, 458, 適応的情報処理も参照
　　眼球運動／他の刺激　388-406
　　手続きの成分　379-389
　　統合的な効果　405
　　二重焦点仮説　二重焦点仮説参照
医学モデル　21
怒り　39, 75, 195, 219, 228, 259, 283, 302, 318, 346, 362, 366-368
　　－の言語化　320, 325-326
　　性的虐待の被害者の－　304-305, 307, 311, 320, 323, 344, 253-255
憤り　347, 353, 365, 366-368
痛み　51, 52, 103, 110, 153, 279, 280, 284, 287, 292, 320, 353, 398
　　幻肢痛　17
　　治療中の目の－　115
　　イメージ　58, 65, 66, 78, 106, 165, 186, 205, 255-257, 266, 268
　　安全な場所　安全な場所参照
　　外傷的なできごと(最近の)　269-270
　　苦痛な－　35, 49, 158

551

悪夢も参照　199-200, 278, 359
子どもの―　342, 358
―への再方向づけ　224
処理のブロックを解除するための視覚的手がかり　221
―の選択　158
想像上の(将来)　275-277, 280, 283
ターゲットの記憶の操作　214
免疫システムの―　285-286, 296
―の変化　46, 63, 97-99, 106, 116, 154, 178, 180, 193, 223, 237, 293, 309-310
　―の消失　185
　―の創造と消失の反復　40, 53, 58, 168, 175, 384
　脱感作中の―　182-185
―誘導　197, 201, 210, 267, 294
指を追っている―　289-290
インフォームド・コンセント　82, 116, 487
インプロージョン　25
植え付け段階　70, 72, 73, 84-86, 105, 173, 203, 222, 225, 236, 254, 256, 267
　恐怖症　274-275
　背景情報　80-81, 84-86, 192-195
うつ　5, 56, 331, 344, 388, 402, 496
運転恐怖　275
エイズ　280
エクスポージャー技法　16, 28, 直接的な治療的エクスポージャーも参照
　短く切ったエクスポージャー　382-384
　エクスポージャー技法と比べてのEMDR　28, 425-430
SUD尺度　80, 410
追うこと　79-80, 146-147, 216, 421, 指を追うことも参照
　子どもに対する両手の技法　339
オーディオ・テープ
　ストレスコントロール　82, 87, 111, 197, 200, 201, 267, 290, 336
　日誌としての―　336
音と聴覚的刺激　30, 37, 49, 50, 58, 63, 76, 80, 94, 97, 104, 115, 222, 268, 271, 276, 345, 404
　再処理における―　216, 222
　脱感作における―　185-188
　―における変化　99, 180, 182, 185
大人の見方　53-54, 300, 301, 307, 308-310, 264-324, 325, 326, 327-329, 330, 354

か

外傷体験　3-4, 20-22, 35, 48-49, 53-54, 63, 295, 347,
388, 主要な見出し語、子ども、PTSDも参照
多くの―　55, 89, 95, 96, 243, 244, 409
―の記憶　(外傷的な)記憶参照
―の効果の研究　415-419
子ども時代の―　子ども参照
再外傷化　208, 216, 288, 289, 487
最近の外傷的できごと　269-272
―の成分　167-169
―のその後　184, 456-457
代理的な―　288-289, 359, 360
単一の―　89, 242, 245-246, 409
単一の出来事の―　265, 268, 272
認知の編み込み治療　300-311
―の被害者　主要な見出し語、帰還兵、性暴力の被害者参照
プロトコル　265, 267, 273
連続的な　392
外傷化による脳の変化　392-399
外傷化の身体的影響　392-399
回避行動　24, 25, 144, 152, 246, 268, 385, 390
解離経験尺度　122
解離性障害　14, 59, 108, 158, 189-190, 198, 289, 350, 357, 361, 370-373, 375
EMDR解離性障害課題班推奨ガイドライン　373, 484-490
除反応における―　214, 218, 238-239
推薦図書　483-484
治療者の役割(要素)　480
―のBASKモデル　386
保護手段　120-123
解離性同一性障害　121-123, 370-373
化学物質依存　14(薬物依存症)、115(化学物質乱用)
過呼吸　276
過去のふりかえり　243-249
加速情報処理モデル　33
家族療法　251, 283, 343-347
カップルセラピー　343-347, 376
　合同・個別セッション　344-346
　配偶者の性的虐待　343
不倫　346-347
かなめ(ターゲット)　38-39, 51, 54, 55-57, 57-60, 93-103, 180-181, 244, 258, 301, 316, 363
ガン　280, 281-288
眼球運動　8, 168-169, 174-175, 186, 284, レム睡眠参照
　安全な場所のエクササイズにおける―　150
　―によって活性化された身体的メカニズム　388

索　引

-405
　－に替わるもの　79, 115, 216, 388-389, 425, 428,
　　（違う形態の）刺激参照
　気逸らしとしての－　391
　急速な（サーカディックな）－　8, 147, 399-400
　子どもの－　339-340
　－が困難であるクライエント　232
　自己管理の－　自己管理の－参照
　情報処理システムと－　75-80
　垂直の－　293
　－のセット　セット参照
　治療者の自己適用　288-289
　－をテストする　146-147
　トラッキング　233, 指を追うこと参照
　－の皮質への影響の効果　403-405
　－の比喩　152, 211
　変化する－　77-78, 79, 103, 176, 179, 193, 206, 213,
　　217, 218
　臨床家による－の誘導　75-76
眼球運動研究　17, 413-430, 442-447, 449-452
眼球運動による脱感作法　9, 9-12, 484
　EMDRへの名前の変化　15-18, 31-32, 484
眼球運動による脱感作と再処理法　主要な見出し
　語、治療(EMDR)参照
　－の意味　449-457
　仮説　35, 379-384, 442-447
　－の起源　8-9,
　クライエント中心　クライエントが求める臨床
　　的な支援参照
　ケース研究　ケース研究参照
　使用の禁忌　103, 114, 114-115, 331, 370-371, 374
　成分　治療(EMDR)基本成分参照
　積極的なバージョン　認知の編み込み参照
　手続き
　　スーパーバイズを受けての実習　スーパーバ
　　　イズを受けての実習参照
　　－の手続きの概略　466-468
　　標準　266-267, 328, 350-351
　名前　ix, 1
　背景情報　v-vii, 1-32
　－の目標　治療の目標参照
　関係の問題　124, 131-133, 134, 135, 230, 231, 237,
　　250-252, 305, 306, 326, 349, 366
　カップルセラピー　343-347, 376
感情　47, 49-52, 53, 55, 65, 74, 78, 95-96, 108, 110,
　　111, 178, 180, 229, 266, 301, 322, 467, 主要な見
　　出し語、恐怖も参照
　新しい－　188-189

　－の安定性　人格の安定性参照
　EMDR専門委員会が推薦するガイドライン　484
　　-488
　－からの解放　安全な場所参照
　－の解離　271
　機能不全の－　366
　－と距離を取る方略　214
　－の言語化　159-161
　子どもの－　53, 229, 230, 339, 340
　混乱した－の回帰　150
　再処理中の－　206, 207, 214, 233, 237
　再評価　244
　－状態、性的虐待の被害者の　28-29, 353-355
　身体感覚と－　167, 385
　説明できない－　123
　－をターゲットにする　66, 74
　脱感作での－　188-189, 191
　脱感作における－　188-190
　－の強さ　82, 85, 110
　適切な－の欠如　60
　－の同定　165
　日誌の記入　198-200
　－の認知的な気づき　70, 385
　妊婦の－への考えられる影響　113
　否定的な－　2, 17, 19, 35, 48, 50, 84, 127, 146, 150
　　-153, 258
　－の評価システム　SUD 尺度参照
　－の表出　325, 367
　－のブリッジング　122
　－の変化　40, 46, 61, 78, 83, 97, 100-101, 106, 176,
　　182
　－の抑圧　208
　REM睡眠と－　12, 397
感情／バレンス仮説　392-399
記憶
　新しい－　178, 182
　－を扱う際の警告　356-361
　偽りの－　356371
　失うことの恐れ　233-234, 365-366,
　外傷的な－　9-11, 19, 20, 25, 35, 90, 269, 391
　機能不全な－　20
　－の欠如　59, 123
　子ども時代　19, 31, 49-52, 59, 65, 91, 99, 108-109,
　　124-127, 163, 174, 207, 210, 226-228, 229, 230
　催眠と－　357-358
　試金石の－　試金石の記憶参照
　－の処理
　　いくつかの記憶を関連させて処理すること

93-96
　加速された− 174-180
　単一の記憶の処理効果 96-103
　パターン 91-104, 182-190
　ブロックされた−の処理　ブロックされた処理参照
　進行 248
宣言的(語りの/明示的)− 4, 20, 50, 386
全体 121
ターゲットとされた−　ターゲット参照
　−の貯蔵 20, 49-52
　日誌への記入 198
　−のネットワーク 38-39, 151
非宣言的な(動的な/暗示的)− 4, 20, 50, 386
　−の不確定性 358-361
　まとまり　まとまり参照
　最も早い− 226-230
　養分を与える− 226-230
記憶システム 4, 20, 50, 122, 386
気が狂うことへの恐れ 233
帰還兵(退役軍人) 9, 10, 13-14, 23, 25, 48, 55, 58, 94, 112, 118, 361-370, 407, 410, 412, 419-421, 心的外傷後ストレス障害も参照
　安全な場所のエクササイズ 147-150
　−の怒りの問題 366-368
　ケース研究 10, 11-12, 26, 39-45, 118, 222, 230-231, 251, 260, 316, 326, 361, 369-370
　研究 25, 406, 419-421, 424
　コントロールの問題 362-363
　自己卑下 362
　社会問題 118, 236, 335, 364, 365, 376-377
　女性の− 369
　−の所属の問題 364-365
　−の治療 40-45, 157, 221, 315-316, 379
　二次的疾病利得の問題 363, 364, 376
　認知の編み込み 221, 365, 366, 368-370
　否認と移行の状態 365-366
　例となるセッションの逐語録 39-45
　老齢の− 369
　忘れることの恐怖 364-365
器質的脳障害 113-114
気逸らし 391, 446
拮抗条件づけ 384
機能不全 37, 39, 46-52, 54, 56, 67
機能不全な親子関係 126-140, 302-310, 314, 主要な見出し語, 子ども参照
　ケース研究 318
虐待 255, 302, 305, 310, 349, 358, 子ども、虐待の被害者、児童虐待、性的虐待の被害者、性暴力被害者も参照
虐待的な結婚 124, 125-127
教育
　クライエントの−(将来)　将来の鋳型参照
　クライエントの−(背景) 298, 313, 330
　臨床家の− 64, 122, 453-455, 臨床家のためのトレーニングも参照
驚愕反応 271
恐怖 4, 24, 27, 50, 54, 90, 98, 145, 155-157, 160, 162-164, 200, 209, 249, 252, 253, 302, 312, 313, 319, 335
　恐怖への− 272, 273, 291
　コンプライアンスの問題と− 117-119, 257-258, 335
　最近の心的外傷と− 269-271
　障害者への− 282
　−の症状 276
　睡眠への− 306
　運転− 275
　−の適切性 335
　飛行− 230, 259-260, 272, 275, 276
　非常な− 303, 311, 319, 397
　変化への− 234-236
　−によってブロックされる処理 232-236
　ヘビー 274
　見捨てられ− 181, 348, 360
　忘れることへの− 364-365
恐怖症 13, 30, 191, 291
　過程− 272, 273-277
　−の研究 12-14, 422-423, 431
　単一− 272-273
　−のためのプロトコル 265, 272-277, 295
極的な反応 100
緊張 219, 220, 232, 237, 259
屈辱 248
クライエント 20, 21, 332-334, 主要な見出し語、帰還兵、性暴力の被害者も参照
　−の安全性の要因　安全性の要因、安全な場所参照
　外傷を負った患者 301-311
　−の解離　解離性障害参照
　−の教育　肯定的な鋳型参照
　刑事上の− 118
　−が言語化する援助 73
　高齢者 81, 103, 112
　子ども 337-342
　−にコンプライアンスがない問題 332-337

索 引

−の障害のレベル 46, 81, 89, 168
　深刻な障害の− 認知の編み込み、解離性障害参照
神経学的な障害のある− 113-114
−の生活史 生活史の聴取過程参照
セルフイメージ 自己評価参照
−の選択 81, 107, 140-141
−のターゲットとされた題材 ターゲット参照
−の徴候 125-127
治療者と−のやりとり 臨床家とクライエントのやりとり参照
治療セッション（逐語録）中の− 39-46
治療中の−の感情的な混乱 82, 90, 96, 101, 109, 155, 179
−の治療への準備性 治療(EMDR)への準備性参照
−の抵抗 232-236, 256, 347
−の認知を同定し、変えること 69-73
−からのフィードバック 78
−の変化 257-258
物質乱用問題の− 115
−の見方 300-301
−の目標 127, 137, 333
−の薬物療法の必要 120
−の臨床家との絆 臨床家-クライエント間の絆参照
臨床家による−の監視の必要性 257-258
−が求める臨床的な支援 207, 208-210, 259-260, 353-355, 361, 487
クライエントのケースの査定 準備と評定も参照
クライエントの福祉、EMDR 専門家問題委員会ガイドライン 484-490
クライエントへの説明 82, 119, 143, 145-146, 150-157, 164, 174, 371, 466, 482、デブリーフィング、臨床的責任も参照
　戦闘帰還兵 362
クラック・コカイン 116
警戒の必要性 148
警察の記録 98, 116
ケース研究 58, 358-359
　運転恐怖 275,
　ガン患者 283, 286
　記憶の錯誤性 358-360
　機能不全の親子関係 318
　虐待的な結婚 124-127
　ケース研究の使用 155
　結婚問題 237
　自殺者の家族 278

地震の被災者 269
四肢麻痺患者 281
児童虐待の被害者 102, 109, 125, 127-140, 155, 163, 196, 227, 235, 302, 341, 342, 397
職場での− 227, 228
性暴力被害者 性暴力の被害者、ケース研究参照
戦闘帰還兵 帰還兵、ケース研究参照
船舶の事故 184
代理外傷 360
多数の恐怖を抱える者 422-423, 432-433
電気的な拷問 113
辱められた記憶 97-98
飛行恐怖 230, 259-260
ヘビ恐怖 274
暴力被害者 324
発作に関連した 114
臨死体験 113
傾聴 177
ゲシュタルト療法 61, 326
嫌悪 302, 311, 320, 321
原家族の題材 61
研究 ケース研究、EMDR についての研究、PTSD についての研究も参照
　EMDR と PTSD の症状 23-29, 413-414
　帰還兵 帰還兵研究参照
　恐怖症のクライエント 12-14, 422-423, 430-432
　再現性の問題 413, 414, 421-425, 426, 431-434, 440
　最初の研究 9, 12
　資源の開発と植え付け(RDI)プロトコル 111, 170, 347
　自然災害の被害者 13, 41-414, 415
　性暴力の被害者 27-29, 415, 417
　提案された基準 407, 415-449
　−の展望 413-421
　統制群を用いた− 13, 24, 25, 26, 406-449
　二重注意刺激 31, 35, 55, 144, 388-389, 447
　パイロット研究 9-12, 409
　レムと認知的処理 399
研究の黄金基準 407, 413, 414, 429
研究の展望、混乱 451-452
言語化 51, 55, 73, 96, 100, 219, 223, 254, 320-327, 354, 395
洞察 187-188
認知 −159-164, 168, 177-178
　否定的な陳述 185-186
　不釣り合いな陳述 186-187

ブロックされた信念の― 231
現在への直面 244, 249-252
幻肢痛 17, 498
源泉現象 236-238
洪水の被災者 270
肯定的な鋳型 65-66, 70, 73-74, 81, 88, 141, 200, 227, 250, 251, 252-257, 257-258, 262, 268, 273, 275, 295, 314, 327-330, 334, 335
肯定的な認知 20, 53, 65, 104, 132, 134, 168, 195, 225, 230-231, 254, 256, 258, 266, 373, 385, 386, 438, 466, 467, 植え付け段階も参照
　―の一般的リスト 464-465
　―の言語化 162-164, 168, 177-178, 303
　子どものための― 341-342
　背景情報 70-74
　不適切な― 74
行動
　適応的な― 253
　―のためのプロトコル 268
行動学的アプローチ 24, 61, 228, 382, 424, 425-426
　PTSDへの― 24-27
コカイン 113, 116
言葉 54, 99
　年齢相応の― 338
　語られない言葉 219-220
　言語化 言語化参照
言葉の虐待 222
子ども 13, 95, 314, 319, 327, 281-343, 376
　加害者と― 253
　ケース研究 ケース研究、児童虐待の被害者参照
　―の具体的な感情の定義 339
　―の死 278, 279
　児童虐待の被害者 102, 125-127, 155, 207, 214, 235, 242, 248, 358
　性的虐待の被害者 59, 65, 116, 163, 189, 208, 223-224, 246, 248, 260, 315, 319, 330, 341, 353-355, 359, 397
　性的虐待の被害者の生活史聴取の逐語　録 127-140
　創作的な治療 342
　―の注意レベル 340
　―の治療 337-342
　治療セッション、逐語録 302-310
　認知 68, 72-73, 340-341
　後の人生まで記憶されている―の経験 48, 49-52, 59-60, 68, 91, 99, 108-109, 124-127, 155, 162, 174, 207, 210-211, 228, 229, 230, 257, 300, 315-317, 326, 354
PTSDの― 49
　ブロックされた処理 53-54, 223
　―の見方 53-54
　―の見捨てられの問題 181
　目で追うこと 339
　離婚した親の― 347
コンタクトレンズ 115
コンプライアンスがない問題 332-337
混乱 155, 174, 315

さ
罪悪感 71, 146, 156, 278, 283, 300
最初のできごと、過去のできごと 247
再処理
　家族の成員 281, 344-346
　悲しみに襲われたクライエント 277-208
　恐怖症のクライエント 272-277
　ボディスキャンと― 195-196
　難しいクライエント 除反応、ブロックされた処理参照
　―の目標 308
再評価段階 81, 88, 105, 201, 202, 204, 241, 243, 244, 249, 262, 267, 295
催眠 62, 116, 122, 197, 207, 210, 271, 291, 294, 371, 372, 391-392
　記憶と― 357-358
支援ネットワーク 112, 113, 117, 117-119, 215-216, 283
視覚化 イメージ、安全な場所の視覚化参照
時間の要因 21, 46, 119-120, 196-197, 211-212, 213, 245-246, 271-272, 338, 351-355, 375, 431-432
　終了 196-198
適応的情報処理 53-57
認知の編み込みと― 300, 301-302, 329
引き出された―の歪み 207, 372
試金石の記憶 50-52, 53-54, 59
刺激 主要な見出し語、指のタッピング、音と聴覚的な刺激参照
　眼球運動 眼球運動参照
　顕著な― 94
　子どものための 340
　再処理中の― 211, 216
　違う形態の 30-31, 35, 37-38, 63, 76, 79-80, 113, 115, 169, 350, 435, 437-439
　理論的な説明 388-406
資源の開発と植え付け(RDI)プロトコル 110, 170, 347, 468

索 引

思考　206
　肯定的な―　187
　侵入的な―　2, 10, 24, 25, 35, 39, 48, 118, 245-246,
　　249, 267, 283, 346, 347, 364, 369
　脱感作中の―　185-188
　日誌への記入　198
自己監視（治療後）　261
自己管理の眼球運動　115, 157, 265, 281, 287, 288-
　290, 296
自己治癒過程　36, 52, 56, 62, 63, 105, 144, 146-147,
　285, 287, 301
仕事の成績　258
事故の被害者　14, 184, 228, 250
自己破壊的行動　398
自己卑下　361
自己評定　36, 41-43, 48-49, 50, 51-52, 60, 66-69, 70,
　73, 133, 134-135, 158-164, 170, 253-254, 388
　植え付け段階の―　植え付け段階参照
　認知的編み込みと―　298
自己への許し　55, 316
自殺　87, 110, 113, 278, 371, 300
四肢麻痺　281
地震の被害者　269
視神経　404
自責　29, 50, 54, 67, 208, 315, 347
自然災害　13, 66, 228, 269, 272, 413-416
疾患のプロトコル　265, 280-288, 295
実証的に支持された治療　7, 406-412
失読症　126, 339
シナプスの変化　392-399
ジャネ　21, 401
就職活動　256
収入の喪失の可能性　帰還兵、帰還兵の社会問題、
　二次的利得参照
重要な状況　253-254
終了　81, 87, 105, 177, 191, 196-197, 218, 226, デブ
　　リーフィング、日誌（クライアント）参照
　安全性の評価　197-198
　イメージ誘導　111, 197
　手続き　218, 262, 290-294
　デブリーフィングと日誌　105, 177, 198-202, 468
自由連想　61, 380, 386-387, 427, 434, 437, 446
主観的障害単位(SUD)尺度　11, 40, 65, 75, 83, 89,
　100, 105, 121, 165, 166, 168, 202, 203, 245, 262,
　266, 359, 384, 411, 418, 422, 423
　再処理における―　222, 225, 229, 230, 237
　脱感作における―　191, 192
準備と評定　80, 81-83, 83-84, 105, 110-111, クライ

　　エントへの説明、臨床的責任参照
　準備　143-157
　　安全な場所の創造　147-150
　　EMDRモデルの記述　150-153
　　眼球運動のテスト　146-147
　　期待　153-155
　　恐怖を扱う　155-157
　評価　157-169
　　イメージの選択　158-159
　　SUD尺度の評価　165-166
　　感情の同定　165
　　肯定的な認知の決定　162-164
　　身体感覚の同定　166-167
　　認知の妥当性の評価　164-165
　　否定的認知の同定　159-162
障害の解決　52-53, 56, 63, 128, 適応的な解決も参
　照
条件づけ　25, 249, 250, 275, 345, 393, 400-401
症状チェックリスト90(SCL-90)　410
情報処理　3, 16-20, 30, 34-37
　EMDRセッション後の―　110
　加速―　適応的な情報処理参照
　感情／バレンス仮説　395-399
　機能不全から機能へ　46, 61, 63
　システムの活性化　75-79
　自発的な―　301, 302
　―の出現　92, 96, 07, 187, 217
　神経生理学的―　35
　適応的な解決　適応的な解決参照
　ブロックされた―　ブロックされた処理参照
　山場　（処理の）山場参照
　レム睡眠と―　レム睡眠参照
将来の鋳型　肯定的な鋳型参照
除反応
　安全性の要因　207, 208, 210-211, 212, 221, 238-
　　239
　EMDRのための―の定義　108-109
　ガイドライン　108, 206-208
　　EMDR職業問題委員会のための　475-476
　促進　208-216
　ケース研究　46, 60, 92, 141, 156, 188, 197, 288, 290,
　　296, 298, 329, 369, 476
　再処理における―　205, 206-217, 232, 238-239,
　　347
　催眠の―　121-122, 372, 391
　持続する―　216-217
　堂々巡り　堂々巡り参照
　未解決の―　120, 156, 290, 349

処理の身体的徴候　身体感覚参照
処理のパターン　91-103, 182-190
処理を開く方略　46, 63, 217-239, 認知の編み込み
　　も参照
　イメージ
　　－の外観　223
　　－の変化　298
　　－への再方向づけ　224
　動き　220, 302, 326
　動きのない加害者の視覚化　230-223
　源泉現象　236-238
　効果音　222
　肯定的な認知のチェック　225
　肯定的な陳述　224-225
　視覚的手がかり　221-222
　身体感覚
　　－への焦点づけ　218-222
　　－の場所の圧迫　221
　スキャニング（走査）　221-222
　対話　222
　ターゲット
　　前の－　225-226
　　第一の－　217-225
　　－に戻る　225-226
　他の眼球運動　218
　他の形態　222-226
　直面する恐怖　232-236
　治療の階層　224, 235
　否定的な認知への再方向づけ　224
　不成功の－　298
　ブロックしている信念を探す　230-232
　養分を与える記憶　226-230
人格障害　5, 14, 19, 22, 61, 430, 499
シングルサブジェクトデザイン　441-442
神経学的障害　113-114
神経生物学的モデル　380
神経生物学的理論　30, 389-390, 394
神経ネットワーク　34, 63, 70, 73, 102, 122, 162, 258,
　　299, 300, 312, 313, 327, 329, 380, 392-396
　異なる－　47-48
　子ども時代の感情　54, 59
　障害の解決と－　52, 55-56
　静止状態の体験と－　49-52
「真実を言う」同意　144-145
身体感覚　61, 75, 84, 92, 95, 108-110, 167, 186, 205,
　　313, ボディスキャンも参照
　－への圧力　221
　－からの解放　安全な場所参照

感情と－　49, 167, 199, 274, 385
　－の言語化　320-327
　子ども時代の－　230
　再処理における－　206, 214, 215, 218-221
　－から生じる動き　220
　ターゲットとなる－　65, 66, 166-167
　脱感作における－　187-190
　同定された－　166-167, 174
　－の場所　266-267
　光の流れ技法での－　292-293
　－の変化　63, 78, 95, 101-103, 106, 176-177, 180,
　　182, 189, 237, 306-308
　わずらわしい－　153, 179, 228, 303-305
身体疾患　13-14, 123
　－へのプロトコル　280-288, 295
身体醜形障害(BDD)　14, 16, 431
身体的健康　112-113, 280-288, 369
心的外傷後ストレス障害　4, 9, 12, 14, 23-24, 25, 30,
　　47, 66, 148, 259, 287, 331, 335, 346, 359, 382, 406,
　　411, 425-428, 帰還兵、解離性同一性障害、性
　　暴力の被害者も参照
　SUD尺度と－　410
研究　研究参照
研究の不足　23, 406
子どもの－　50, 53-55
自然な回復　29
症状　12, 31, 35, 63, 230, 主要な見出し語、フラ
　　ッシュバック参照
診断　280
評価　認知の妥当性(VOC)尺度参照
単一のできごと　124
遅延した　369
治療的なアプローチ　23-31, 413, 425-428
　プラシーボ効果と－　412
　－のプロトコル　267-268, 295
　レイプに関連した－　27-29
侵入的症状　282
信念　336, 認知も参照
　－で結びついた記憶　93-94
　否定的な－　85, 124, 154, 230-232, 235, 257, 303
　ブロックする－　230-232, ブロックされた処理
　　も参照
　－の変化　63, 168, 180, 392
シンボル　57, 61, 90, 397
心理測定　409-411
睡眠
　悪夢　悪夢参照
　－への恐怖　306

索 引 **559**

　　―障害　11-12, 123, 348
　　―の制限　323
　　夢　REM睡眠参照
スーパーバイズを受けての実習　13, 104, 107, 121, 179, 186, 202-203, 203-204, 217, 329, 356, 454
　　再評価段階　261-262
　　準備と評価　169
　　除反応　238, 239
　　生活史の聴取　140
　　認知の編み込み　298, 329
　　ブロックされた処理　238, 239
スキャニング（走査）　221-222
頭痛　147, 179, 305, 309, 322, 323
ストップサイン　96, 124, 152, 174, 211, 200
ストレス　24, 201, PTSD参照
　　オーディオテープ　ストレスコントロールオーディオテープ参照
　　眼球運動セットの自己管理的使用　288-290, 296
　　―の緩和　リラクセーション技法、安全な場所参照
　　3段階プログラムのストレス免疫　27
　　ストレス管理技法　24
　　夢見の睡眠での―　399-400
ストレス免疫療法　28
SPECTスキャン　401
性に関する問題　252
生活史の聴取過程　19, 55-57, 80-82, 105, 107-141, 200, 226, 244, 246, 248, 262
　　安全性の要因　109-123
　　EMDRへのクライエントの準備性　108-109
　　恐怖症のクライエント　273-277
　　子どもと―　337-339
　　最近の外傷的なできごと　269-270
　　逐語録（性的虐待の被害者）　127-140
　　治療計画と―　123, 140
成功
　　―への恐怖　258, 334
　　―の割合　453, 454
精神力動的モデル　23-24, 57, 61, 235, 356
性的機能障害　344, 360
性暴力の被害者　2, 13, 27-29, 47-48, 50, 55, 67-68, 118, 221, 250, 255, 270, 272, 347-356
　　悪夢　91, 397
　　新しい―　355
　　安全性と安定性　349-350
　　安全な場所のエクササイズ　147-150
　　感情の段階　95, 353-355
　　記憶

　　誤った―　356, 360
　　警告　356-361
　　ブロックされた処理　36, 47
　　クライエント中心アプローチ　353
　　ケース研究　67, 161, 163, 196, 246, 200
　　研究　28, 415, 418
　　肯定的な鋳型　255
　　子ども　子どもの性的虐待被害者参照
　　視覚化の技法　223
　　自責　51, 67, 70
　　情報の山場　353
　　身体感覚　188-189
　　生活史聴取の逐語録　127-140
　　たび重なるレイプ　94, 95, 128
　　―の治療　28-29, 156, 254-257, 315-319, 347-361, 376
　　　構造　350-351
　　　ターゲット　66-68
　　　認知の変化　71
　　　レイプの被害者に用いる直接的治療的エクスポージャー　28
　　治療のための準備　339-350
　　デートにおけるレイプ　126
　　認知の編み込み　301-330
　　　セッションの逐語録　303-310, 320-325
　　　配偶者の幼少期の虐待体験　343-344
　　　―のPTSD　27
　　　まとまり　248
　　　―の目標　347-349
　　（心的外傷を負ったクライエントの）責任の問題　301-312, 319, 330
摂食障害　140
セッション後の帰宅方法　294
セット　36, 40, 42, 43, 45, 77-79, 85, 91, 92, 96, 97, 99, 104, 154, 165, 166, 196, 271, 288, 289
　　植え付けでの―　192-195, 257
　　加速処理での―　173-180
　　記憶の進歩　248
　　子どもでの―　341-342
　　―間の再焦点する時間　175-176, 213
　　再処理での―　205, 213, 216, 218-220, 222, 224, 225, 233
　　脱感作での―　84, 180-187, 190-192
　　認知の編み込みでの―　300-301, 304-305, 306-310, 311, 313-314, 320-324, 326
セルフコントロール　111, 132, 197, 251, 273, 安全な場所も参照
　　終了と―　290-291

宣言的な(語りの)記憶　4, 20, 50
(外傷を負ったクライエントの)選択の問題　301-311, 319, 329
全般的な責任　455-457
双極性障害　499
創作療法　328, 336, 342, 367, 375
想像力の使用　276-277, 280, 284, 317, 342
ソクラテス的方法　318-319

た

ターゲット　39, 47, 48, 53, 57-60, 63, 65-66, 84, 88-93, 94, 95, 97, 98, 99, 104-106, 124, 127, 139-140, 155, 183, 205, 265, 296, 332, 334-335, イメージ、かなめ、プロトコルも参照
　新しい材料　261
　多くの－　247-249
　改訂された　241
　感情と－　66, 74-75
　記憶の視覚的操作　214
　クライエントの評価　47, 48, 49, 140
　子ども時代の経験の－　49
　資源の開発と植え付け(RDI)プロトコル　111, 170, 347, 471-477
　時代順の－　336, 386
　－の重要性　65-66, 86
　生活史聴取での－　127-140
　聴覚的成分　音と聴覚的刺激参照
　日誌への記入と－　198-202
　－の臨床的な効果　65
　－の臨床家による選択　81, 89-91
　標準的なEMDRプロトコルにおける－　245-247
　セッションの逐語録　39-46
　ブロックされた初めの－　217-226, ブロックされた処理も参照
　フロートバック技法　469-470
　補助的な－　226-238
　優先させること　90, 275, 334
　連続的な－　124, 395
対象
　さまざまな－　331-378
　被験者の選択　411, 412, 424, 435-437, 447
　臨床的な－　13
代償不全　87
多重人格障害(MPD)　解離性同一性障害参照
脱感作　11, 23, 27, 28, 29, 30, 62, 81, 105, 144, 173, 194, 203, 266, 382, 383, 406
　新しい感情　188
　イメージ　182-185, 224, 342

音と思考　185-188
感覚の変化　188-190
背景情報　83-90
評価　190-192
不釣り合い　186
連想処理　182-190
達成(統制感)　384-385, 471
妥当性のチェック　忠実性のチェック参照
他の方法　223, ブロックされた処理参照
知覚された達成　384-385
チャンネル　38-39, 40, 41, 42, 43, 46, 51, 63, 92, 100, 180, 181, 184, 190, 191, 196-197, 222, 224, 225, 287, 289, 295
注意欠損・多動性障害　113, 340, 470
忠実性のチェック　408, 409, 412, 422-423, 477-452
聴覚的刺激　音と聴覚的刺激参照
直接的な治療的エクスポージャー　11, 16, 25-26, 109, 169, 209, 382-384, 386-387, 406, 413-421
治療(EMDR)　主要な見出し語、脱感作も参照
　イメージ　66, 158-159
　うまくいった－の結果　119, 127, 258
　－の階層　224
　介入とクライエントの適合性　312-313
　カップルの－　343-347, 376
　帰還兵の－　帰還兵参照
　基本成分　30-31, 65-75
　　感情と障害のレベル　74-75, 165, 168-169
　　肯定的認知　肯定的認知参照
　　－の重要性　167-169
　　身体感覚　75
　　提案される－の分析　412
　　否定的認知　否定的認知参照
　計画　80, 81-82, 104-105, 123-127, 140-141
　　EMDR治療計画チェックリスト　462
　－の結論　257-261
　子どもの－　337-343
　－の終結　259-261
　－の準備性　57, 81-82, 107-109, 110, 157-158, 349
　セッション
　　合同－／個別－　344-346
　　－の数　80, 242, 260
　　例となる－の逐語録　39-46
　　－のターゲット　89-91, 206
　　－のタイミング　時間の要因参照
　　典型的な－　61, 119-120
　性暴力被害者　性暴力の被害者の治療参照
　セッション間の障害　110, 120, 140-141, 198, 203-204, 294, 349

索　引

創作療法
　　—の段階　65, 80-88, 104-105
　　　第1段階　生活史の聴取、治療(EMDR)、計画参照
　　　第2段階　準備と評価参照
　　　第3段階　準備と評価参照
　　　第4段階　脱感作参照
　　　第5段階　認知の植え付け参照
　　　第6段階　ボディスキャン参照
　　　第7段階　終了参照
　　　第8段階　再評価参照
　　忠実性のチェック　忠実性チェック参照
　　二次的利得　二次的利得参照
　　入院患者の治療　対　外来患者の治療　113, 372
　　フォローアップの約束　202, 257-258, 263
　　プロトコル　プロトコル参照
　　—後に方向を見失うこと　120, 197, 294
　　—の目的　104
　　—の目標　治療の目標参照
　　臨床的観察　53-55
治療の目標　127, 137, 170, 309, 313, 334, 344, 348-349, 375
定位反応　389-390, 402, 404, 438, 446
手がかり　59, 94, 105, 149, 206
　　非言語的な—　178, 211-212, 216, 219-220, 233, 238, 326
　　視覚的な—　221, 342
適応的な解決　10, 17, 21, 36, 39, 47, 52-53, 57, 59, 100, 245, 300, 314, 329, 394
　　—の定義　34-36
適応的な情報処理　3-6, 15-16, 31, 34, 51, 113, 194, 299, 313, 330, 331, 380, 497-500
　　解離性障害と—　371-373
　　記憶の—　48, 173-180
　　作業仮説　33-37
　　時間要因　55-57
　　ターゲット　ターゲット、かなめ参照
　　—の段階　202,
　　背景情報　18-20
　　モデル　4, 19-22, 33-64, 380, 430, 497-500
出来事インパクト尺度　246, 410
できごと、信念の真実性　67, 72, 225, 251, 312, 359, 360, 371, 391
手の動き　75-79, 216, ストップサイン参照
　　子どもの感情を表すための—　339
手のタッピング　30, 37, 63, 75, 80, 104, 115, 147, 216, 400, 405, 421
デブリーフィング　81, 87, 105, 111, 177, 189, 198-202, 219, 232, 235, 245-246, 258, 267, 294, 296, 322, 327, (クライエントの)日誌も参照
てんかん　114
同化　19, 50, 51-52, 53, 61, 225, 253, 255, 262, 300, 312, -313, 319, 380, 認知の編み込みも参照
道具的学習　回避行動参照
統合的なアプローチ　3, 7, 30-31, 60-62, 88, 351-352, 380-381
統制感の喪失　275, 363
堂々巡り　186, 216-217, 262, 298, 299, 305, 315-316, 317, 318, 329, 374
特殊な状況　265-296
途上国　455-457

な

仲間集団　117, 118
泣く　211, 213, 216, 316, 369
におい　49, 182
二次的利得　83, 117-119, 127, 225, 232, 234, 236, 244, 274, 282, 295, 334, 363-364, 376, 410, 411
二重注意刺激　1, 30, 35, 37-38, 55, 144, 388-389, 447
二重焦点仮説　1, 35, 37, 63, 80, 109, 168-169, 207, 213-214, 238, 367, 389
(クライエントの)日誌　87, 88, 105, 236, 255, 256, 267, 268, 276, 281, 289, 294, 295, 351, 367, 374, 468, デブリーフィングも参照
　　コンプライアンスがない問題としての—　335-337
　　システムの問題　250-252
　　背景情報　198-202
　　フォローアップ技法としての—　215-263
入院　113, 123, 141
認知　49, 66, 104, 186, 204
　　感情と—　94, 385
　　肯定的な—　肯定的認知参照
　　　—の妥当性　認知の妥当性(VOC)スケール参照
　　子どもの—　341
　　同定と例外　69-73, 159-164, 351
　　否定的な—　否定的認知参照
　　—の変化　認知の再構成、極端な反応参照
認知行動的なアプローチ　27-29, 425-428
認知の編み込み　186, 217, 218, 239, 261, 303-330, 331, 353, 374, 375, 453, 処理を開く方略も参照
　　イメージの—　298
　　動きの—　220, 327
　　帰還兵　222, 364, 365, 368-370
　　—の基礎　300-301

客観的な— 302
心的外傷のクライエントの— 301-311
性的虐待の被害者の—、セッションの逐語録 303-310, 320-324
選択 313-329
陳述 297, 298, 307-308, 312, 314, 322
認知の再構成 17, 28, 29, 31, 47, 48, 58, 97, 98, 106, 177, 235, 302, 植え込みの段階も参照
　—の背景情報 27-29
認知の妥当性(VOC)尺度 11, 65, 70-71, 83, 85, 105, 164-165, 168, 197, 203, 230, 231, 266, 267, 276, 328, 467
　再評価での— 245-262
　認知の植え付けでの— 193
認知療法 23, 27, 29, 61
妊婦 113, 125
ネットワーク 150, 151, 神経ネットワーク、支援ネットワーク参照
　関連する 15, 22
　記憶 38-39, 150-152
脳生理学 63, 392-397, 403-405, 主要な見出し語、皮質機能、神経ネットワークも参照
　シナプスの変化 393-394, 396-400
脳波の分析 392
脳波パターン 392-394, 400, 402
喉の緊張 219

は

バイオフィードバック 400, 420, 425
吐き気 78, 103, 179
恥 126, 146, 156, 345
BASK(行動、感情、感覚、知識)解離モデル 386
発達的欠損(障害) 3, 5-6, 20, 22, 254-255, 262, 499
パニック 13, 125, 230, 259, 275-276, 291, 342, 348
パフォーマンスの向上 338-339
パブロフ 21, 25, 34, 401
犯罪の加害者(犯罪者) 71, 81, 126, 219, 223-224, 287, 302, 304, 311, 319, 320-322, 324, 354, 357, 358, 360
　距離を取る方略 179, 223-224, 341
　—との相互作用 96-99, 219, 254, 321-323, 352, 354
反応パターン 91-103, 108-109, 127, 254
　いくつかの記憶の連想的な処理 96-103
　1つの記憶の処理効果 2, 46, 47, 59-60, 63, 73, 74, 75-76, 81, 87, 88-90,
PTSDへの生物化学的アプローチ 22, 47-48, 56
PTSDについての研究 23-31, 406-408, 411-421, 425 -430
光の流れ技法 290, 292-293, 296
引き金 65, 81, 90, 105, 151, 268, 276, 278, 345, 刺激参照
非言語的な手がかり 非言語的な手がかり参照
飛行恐怖 230, 259-260, 272, 275, 276
皮質機能 30, 31-32, 56, 381, 403-405
皮質の同期化 401-403, 445
非宣言的な(動的な／暗示的)記憶 4, 20, 50
悲嘆(悲しみ、悲哀) 13, 58, 75, 195, 233, 283, 316, 351, 366
　—の言語化 325-327
　—のプロトコル 277-280, 295
否定的な認知 11, 29, 46, 49, 65, 74, 83, 86, 104, 126, 132, 134, 139, 174, 228, 231, 236, 247, 251, 266, 373, 466
　—の言語化 177-178
　—への再方向づけ 224
　—の同定 159-162, 168
　背景情報 66-69
　—のリスト 69, 160, 464-465
比喩／類推 316-317
病理(症状) 18-20, 31, 34, 59-60, 67, 297, 331, 主要な見出し語、機能不全参照
　既往歴 125
　子ども時代の見方と病理 49-50, 54, 300
　病理の一部としてのコンプライアンスなし 334, 335
　罹病期間 125
広場恐怖 432-434
不安 11, 24-26, 27-28, 39, 44, 54, 56, 76, 90, 93, 98, 156, 159, 196, 222, 228, 249, 267-268, 313, 391
　—のプロトコル 267-268
　予期— 276
フィードバック 78, 145-146, 147, 154, 212, 266, 277, 293, 335-336, 374
フォローアップ治療 202, 257-258, 262
副交感神経系 400
侮辱 97, 126, 220, 304
物質乱用 14, 113, 115-116, 140, 362, 411
プラシーボ効果 412, 418, 436
フラッシュバック 12, 24-27, 35, 48, 90, 105, 109, 118, 123, 184-185, 230, 268, 359, 364
フラッディング 直接的な治療エクスポージャー参照
ふりをしてみる方略 317
フロイト v, 22, 34, 381, 401
ブロックされた処理 20-21, 47-48, 58, 186, 188, 191,

索　引　　**563**

194-195, 401
開始する方略　処理を開く方略参照
ケース研究　58-60
　再処理での－　205, 216, 217-238, 239
　指標　58-60
　性暴力被害者　36
堂々巡り　堂々巡りを参照
認知の編み込みと－　297, 298-299, 300, 305, 306, 329, 374
プロトコル　56-57, 61, 62, 265-296, 495-497
　EMDR（標準的な）－　24, 27, 88, 242, 262, 265, 294, 316
　EMDR 研究のための提案　411
　外傷的なできごと　267, 295
　過去についての－　243-249
　過剰な悲嘆の－　277-280, 295
　恐怖症の－　265, 272-277, 295
　現在についての－　249-252
　現在の不安と行動　268
　最近の－　269-272
　疾患と身体的な障害の－　280-288, 296
　将来についての－　252-257
　断片化した除反応　372
不倫　346-347
フロートバックテクニック　469
閉所恐怖　275
PET（陽電子放射撮影法）　404
ヘビ恐怖　273
変化　63
変化することへの恐怖　234-236
ベンゾジアゼピン　121
法廷証言　98, 116-117, 356
法的問題　116-117, 358
防御ガラスの壁　215, 224
暴力被害者　324
補完傾向理論　24
発作障害　114
ボディスキャン　75, 81, 86-87, 105, 173, 195-196, 203, 225, 245, 267, 270, 275, 329, 372, 468

ま

マインドフルネス（ありのままを味わう）　16, 387-388, 437
マウラーの2要因学習理論　24
マズロー　6, 21
まとまり　55, 89, 105, 126, 135, 244, 248, 254
ミネソタ多面目録(MMPI)　410
無力感　52, 53, 58, 67, 69, 93, 125, 133, 138, 160, 186, 220, 287, 301, 327, 341, 343
明示的（語りの／宣言的）記憶　4, 20, 50, 386
メタ知覚　50
目の問題　76, 216, 485
　EMDR の結果としての－　114-115
痛み　103
筋肉が弱いこと　79115
難読症　126, 339
盲目もしくは視覚的障害　80
めまい　56, 78, 399-400
免疫システム　283-287, 296
「もう一度健康になる」（サイモントン、クレイトン）　285-286
妄想　357
目撃者の証言　98, 116-117

や

薬物濫用　14, 113, 115, 362, 411
薬物療法　21, 22, 56, 120-121, 141, 246
火傷の犠牲者　14
夜尿　224, 342
山場（処理の）　178, 187, 190, 192, 211-212, 225, 238, 298, 351, 353
　外傷の被害者　302, 305, 309, 310-311, 319, 329
指を追うこと　146-147, 155, 350, 421
　イメージで－　289-290
指のタッピング　80
夢を見る睡眠　レム睡眠も参照
許し　355
ユング　22
養分を与える記憶　226-230
より小さなトラウマ　4, 449, 63, 141

ら

ライヒ派の治療　61
離婚　347
リズミカルな視覚的刺激　40, 42, 43, 75-80
両側性の刺激　389-390, 401-403, 427, 445, 472
リラクセーション技法　82, 87, 111, 140, 141, 197, 199, 201, 267, 287, 290, 291, 336, 349, 372, 376, 安全な場所参照
リラクセーション反応　35, 63, 400-401
理論的収束　22-31
　説明された EMDR 理論　1, 150-153
臨死体験　113
臨床家　57, 61, 79, 157, 452-455, 臨床家-クライエント間の絆、肯定的鋳型、ターゲット参照
安全性の要因　安全な場所、安全性の要因参照

眼球運動の自己適用　288-290
記入用紙　461-470
強烈な情動表出への−の反応　207, 208-210
−のクライエントとのやりとり　臨床家とクライエントのやりとり参照
−によるクライエントの選択　81, 111, 122
クライエントへの説明　クライエントへの説明参照
スーパービジョン　スーパーバイズを受けての実習参照
操作的な原理　260-261
−ターゲット記憶の選択　127-140
態度　103, 110, 144, 178, 208-210, 312, 332-337, 352
治療セッション中の−（逐語録）　39-45
−の調査　13, 501-514
−のためのトレーニング　スーパーバイズを受けての実習、−のためのトレーニング参照
認知を同定する援助、−の変化、−と期待　69-74, 159-164, 169, 351
−の能力　333
パラダイムのシフト　15-18
−によるビジュアライゼーション技法　210
悲嘆するクライエントとの−のワーク　278-280, 326
プロトコルの使用　プロトコル参照
臨床的な責任　臨床的な責任参照
臨床家-クライエント間の絆　82, 104, 110, 144-145, 158, 169, 175, 210, 299, 臨床家-クライエントのラポートも参照
臨床家-クライエント間の契約　273, 276, 336, 367
臨床家-クライエントのラポート　110, 144, 169, 237, 332, 337, 臨床家-クライエント間の絆参照
臨床家とクライエントの電話での接触　198, 199
臨床家とクライエントのやりとり　107, 144-145, 175-178, 276, 360, 臨床家-クライエント間の絆、クライエントへの説明参照
植え付け段階の−　192-195
クライエントとしての子ども　337-343
契約　276, 336
再処理における−　205, 208-211, 212-213, 214, 216, 218-220, 233
生活史聴取過程の−の逐語録　127-140
脱感作における−　180-192
手を握ること　216
電話での接触　198, 199
認知の編み込みにおける−　298, 312-313, 329
光の流れの技法の−　292-293

ラポートのレベル　110
臨床家のためのトレーニング　202-204, 454, スーパーバイズを受けての実習も参照
EMDRIA のガイドライン　488-490
EPIC のガイドライン　484-490
解離性障害　482
−の機会　486-488, 493-494
−の重要性　vii-viii, x, 114-115, 141, 179, 203, 230, 332, 356, 370, 452-455
臨床的責任　95, 100, 101, 102, 103, 104, 105, 106, 107-108, 114, 115, 117-118, 119-120, 122-123, 141, 163, 167-169, 170, 198-199, 272, 282-284, 288, 294-296, 375, 452, 主要見出し語、クライエントへの説明も参照
ガイドライン　123-127
再評価での−　247-248, 252, 255, 263
処理における−　205, 206, 214-215, 225
認知的編み込みでの−　301-303
レイプ　性暴力の被害者参照
レム睡眠　37, 90, 339, 340
EMDR との類似性　56, 145-146, 390, 399-400
ロナルド・A・マルチネス　281

わ

忘れることの恐怖　364-365

監訳者あとがき

　本書は Francine Shapiro 著の"Eye Movement Desensitization and Reprocessing: Basic Principles, Protocols and Procedures"の第1版（1995）と第2版（2001）のコンビネーションの日本語訳である。翻訳としては、ドイツ語、イタリア語、ポルトガル語、セルビア語、スペイン語、ロシア語に次ぐ7番目の言語ということで、いかに重要な書であるかが伺い知れる。この日本語版は第1章、第12章、付録（A～D）は第2版から、他の第2章から第11章までと付録Eは第1版からという構成になっている。本書の翻訳作業は1996年に始まり、第1版の各章の訳出をしていただいた先生方には早くに原稿をいただきながら、訳語の統一、文体の統一などを図っているうちに、時間が経ち、アメリカで第2版が出版されて刊行の機を逸してしまった。原著者の Shapiro 博士からどうしても第1章と第12章は新しい第2版のものにして欲しいと依頼されて、一度入稿した原稿にストップをかけることとなった。第1章は導入的な章であり、第12章は研究や理論について述べた章である。第1版から第2版までの間に EMDR は研究や理論化について多くの進歩を遂げた。さまざまな批判を受け、新しい研究がそれに応えるという形で格段の前進があった。外部からの評価も、1998年に APA（アメリカ心理学会）、1999年には ISTSS（国際トラウマティックストレス学会）、2001年英国保健省、2002年イスラエル政府、2004年にイタリア政府と相次いで EMDR を PTSD に対する妥当性のある治療法として認めるという動きがあった。日本においてもこの間に毎年行なわれてきた EMDR トレーニングの修了者は500名を越え、修了者の組織である EMDR-Network, Japan（www.emdr.jp）は EMDR 研究所や EMDRIA との提携のもと、継続研修やニューズレター、地方の勉強会、クライエントの紹介など EMDR の質の高い臨床、研究の発展のために努めてきた。種まきの時期から、たわわな実りの時期に来ている気がする。日本で育ってきている臨床家を後押しするために付録も第2版のものに改めた。これは臨床家の直接的なツールとなるようなものが多く含まれており、多くのクライエントの救いとなるだろう。
　こうして何と8年もの歳月がかかってしまった本書の翻訳作業が終わりを迎

えようとしており、感慨もひとしおである。本当に多くの方の助けを借りて今ようやく世に出ようとしている。各章の訳者の方々はEMDRの普及に努めてきたファシリテーターの太田茂行さん、北村雅子さん、田中 究さんを初め、各地でEMDRや心理療法、精神医学に専心する実力ある先生方で、大変心強かった。この間に訳者の一人であり、EMDR普及にも尽力された高崎吉徳氏が本書の発刊を待たずに逝去されたことは誠に断腸の思いであった。琉球大学大学院修士の吉川陽子さん、中村亜由美さん、森田 桂さん、田仲織江さん、安里優子さん、北海道医療大学大学院の本間美紀さん、琉球大学教育学部生の山城小志麻さん、早稲田大学文学部卒業生岡田太陽さん、他にもゼミや心理学教室のみなさんにはさまざまな支援をいただいた。記して感謝したい。そして、最後にこうした紆余曲折にもかかわらず、終始暖かく見守って、本書の実現のために本当にご尽力いただいた二瓶社の吉田三郎氏に深く深く感謝したい。

2004年3月22日　早くも夏の到来を思わせる南の島にて

市井雅哉

訳者紹介

監訳者
市井雅哉

 1961年 滋賀県生まれ
 1992-93年 アメリカ、テンプル大学大学院留学（ロータリー財団奨学生）
 1994年 早稲田大学大学院文学研究科博士後期課程心理学専攻単位取得退学
 1994年 早稲田大学人間科学部助手
 1996年 琉球大学教育学部助手
 1997年 琉球大学教育学部講師
 2000年 琉球大学教育学部助教授
 現　在 兵庫教育大学発達心理臨床センター教授
     EMDR Institute トレーナー
     EMDRIA 認定コンサルタント、インストラクター
     日本 EMDR 学会理事長

［主要著訳書］「子どものトラウマと心のケア」（共著）誠信書房、「認知行動療法の理論と実際」（共著）培風館、「認知行動療法—臨床と研究の発展」（共訳）金子書房、「認知療法ケースブック」（共著）星和書店、「認知行動療法」（共訳）同朋舎、「ストレス対処法」（監訳）講談社、「子どものストレス対処法」（監訳）岩崎学術出版社、「臨床心理学研究法」（共著）誠信書房

各章の訳者

 第1章 **久保田康愛**（大村病院精神科医、専門：統合失調症、精神療法）
 第2章 **岡嵜順子**（済生会中津病院内科勤務臨床心理士、相愛大学・武庫川女子大学非常勤講師、スクールカウンセラー、EMDR セラピスト、専門：心身症、トラウマ回復支援、交流分析、芸術療法）
 第3章 **岩井圭司**（兵庫教育大学教授、EMDR セラピスト、専門：臨床精神医学、心的外傷論、統合失調症の精神病理学、学校精神保健）
 第4章 **有村達之**（九州大学大学院医学研究院助手、専門：臨床心理学、認知行動療法、患者満足度、失感情症）

第5章　田中ひな子（原宿カウンセリングセンター臨床心理士、EMDRセラピスト、専門：摂食障害、PTSD、嗜癖、解決志向アプローチ）
第6章　細澤　仁（兵庫教育大学講師、専門：精神分析，精神医学、精神療法）
第7章　太田茂行（生活心理相談室ナヌーク所長　EMDR Institute ファシリテーター、専門：PTSD、うつ、嗜癖、解離、インナーチャイルドワーク）
第8章　長田　清（長田クリニック院長、スクールカウンセラー、EMDRセラピスト、専門：解決志向アプローチ、認知療法、催眠、内観療法）
第9章　高崎吉徳（高崎クリニック院長、故人）
第10章　北村雅子（筑波記念病院・川越心理研究相談室臨床心理士、EMDR Institute ファシリテーター、専門：トラウマ、PTSD、カップルカウンセリング、催眠）
第11章　田中　究（神戸大学精神神経科助手、EMDR Institute ファシリテーター、専門：精神病理学、児童青年期精神医学、外傷性精神医学、精神療法）
第12章　市井雅哉（監訳者）
付　録　胡桃沢伸（阪本病院精神科医、専門：統合失調症、児童思春期、精神療法）
　　　　細澤　仁（前掲）

EMDR
外傷記憶を処理する心理療法

2004年6月10日	第1版	1刷
2017年7月31日		5刷

著　者　　フランシーン・シャピロ
監　訳　　市井雅哉
発行所　　有限会社二瓶社
　　　　　TEL 03-4531-9766
　　　　　FAX 03-6745-8066
　　　　　郵便振替 00990-6-110314
　　　　　e-mail: info@niheisha.co.jp

印刷製本　　亜細亜印刷株式会社

万一、乱丁・落丁のある場合は購入された書店名を明記のうえ小社までお送りください。送料小社負担にてお取り替え致します。但し、古書店で購入したものについてはお取り替えできません。なお、本書の一部あるいは全部を無断で複写複製することは、法律で認められた場合を除き、著作権の侵害となります。
定価はカバーに表示してあります。

ISBN 978-4-86108-008-1　C3011
Printed in Japan